중대재해
처벌법

**김·장 법률사무소
중대재해대응팀**

SERIOUS ACCIDENTS
PUNISHMENT ACT

박영사

서 문

　사업 또는 사업장, 공중이용시설 및 공중교통수단을 운영하거나 인체에 해로운 원료나 제조물을 취급하면서 안전·보건조치의무를 위반하여 인명피해를 발생하게 한 사업주, 경영책임자, 공무원 및 법인의 처벌 등을 규정함으로써 중대재해를 예방하고 시민과 종사자의 생명과 신체를 보호하겠다는 목적으로 제정된 「중대재해 처벌 등에 관한 법률(약칭 '중대재해처벌법')」이 2022년 1월 27일자로 시행되었습니다.

　이 법은 중대재해의 예방과 관련 시민 및 종사자의 생명·신체를 보호하는 데 목적이 있다고 규정하고 있으나, 사업주나 경영책임자 등에 대한 형사처벌을 대폭 강화하였다는 것이 가장 큰 특징이라고 할 수 있습니다. 그러면서도 처벌의 전제가 되는 중대산업재해와 중대시민재해를 예방하기 위하여 구체적으로 어떤 조치를 해야 하는지에 대하여는 관련 조항만으로는 명확하게 알 수 없게 되어 있고, 그 시행령도 추상적인 의무를 규정하고 있거나 다수의 관련 법률을 인용하고 있어서 전문가조차도 분명한 답을 내리기 어려운 것이 현실입니다.

　중대재해처벌법은 입법과정에서부터 찬반 논란이 많았고, 최종 마련된 법에 대하여도 일각에서는 규정도 모호하고 법정형도 너무 높다고 하는 반면, 다른 일각에서는 법의 적용 범위가 좁아 실효성이 떨어지고, 법안의 표현이 모호하여 경영책임자들을 처벌하기가 쉽지 않다고 하는 등 입장의 차이에 따라 여러 비판이 제기되고 있습니다.

　이에 김·장 법률사무소에서 산업재해사건이나 시민재해사건에 관하여 고객의 자문업무를 수행하거나 형사사건 변론을 수행해 온 변호사들이 그동안 축적된 경험과 지식, 노하우를 활용하여 중대재해처벌법을 좀 더 쉽게 설명하면서 개개의 조항에 어떤 문제점이 있고, 어떻게 해석하는 것이 합리적인지 등을 기술함으로써 이 법의 적용 대상이 되고 있는 분들에게 조금이라도 도움을 드리고자 이 책을 집필하게 되었습니다.

　　당초 계획으로는 중대재해처벌법이 시행되기 전에 발간하려고 하였으나, 중대
재해처벌법에서 대부분의 의무를 위임하고 있는 시행령의 제정이 늦어졌고, 실제
중대재해처벌법에 따른 의무를 이행하는 과정에 중요한 가이드라인이 될 수 있는
주무 부처(고용노동부, 환경부, 국토교통부, 소방청 등)의 입장까지 확인하려다 보니 법
시행 이후로 늦춰졌습니다.

　　이 책은 크게 제1편 중대재해처벌법에 대한 해설, 제2편 중대재해처벌법의 적
용과 관련하여 자주 묻는 질문과 답변을 정리한 Q&A, 제3편 관련 법령이나 참고
자료로 구성되어 있습니다. 제1편에서는 중대재해처벌법의 입법목적과 형사처벌
규정을 개관하고, 의무주체 및 보호대상, 적용범위를 알아본 후 중대산업재해와 중
대시민재해로 나누어 개인사업주와 경영책임자등이 준수해야 할 의무의 내용을 소
개하였으며, 마지막으로 각 의무를 위반하였을 경우의 형사처벌 및 징벌적 손해배
상 등 보칙에 대하여 설명하였습니다. 제2편에서는 실제 기업 등에서 김·장 법률
사무소에 많이 문의한 내용들을 중심으로 질문과 답변을 정리하여 독자들이 궁금
해 하는 사항들을 참고할 수 있도록 하였습니다. 제3편에서는 관련 법령 및 시행령
등에서 인용하고 있는 표나 관련 자료들 중 본문에 넣기가 어려운 것 등을 실어 독
자들이 쉽게 관련 자료를 찾아볼 수 있도록 하였습니다.

　　이 책에서 가장 중요한 부분이라고 할 수 있는 제1편의 해설 부분에서는 법령
해석과 아울러 해석상 제기되고 있는 문제점이나 의견을 소개하고, 집필진 내부에
서 견해의 대립이 있는 부분들도 소개를 하였으며, 고용노동부, 환경부, 국토교통부
등에서 발간한 해설서나 가이드라인도 가능하면 많이 소개하여 독자들이 여기저기
흩어져 있는 관련 자료를 따로 찾아보지 않아도 되도록 하였습니다. 또한 이 법이
입법목적 달성을 위해 전례 없이 형사처벌을 강화하는 수단을 사용하고 있기 때문
에 그 해석에 있어 너무 합목적적 접근보다는 형사법의 일반원칙에 기초하여 접근
하는 것이 사법정의 실현에 긴요하다는 생각을 갖게 되었고, 이러한 취지를 최대한
반영해 보려 노력하였습니다. 그러면서도 이미 법이 시행되고 있는 현실을 감안하
여 이 법이 요구하고 있는 필요한 안전·보건에 관한 조치가 무엇이고 구체적으로
는 어떻게 준비를 해야 하는지 등을 충분히 설명함으로써 종사자와 시민 등의 안전
을 확보하고, 의무위반에 따른 형사처벌을 받게 되는 위험성을 낮추려고 노력하였
습니다.

　집필진 중에는 늦더라도 좀 더 완성도 높은 해설서를 발간하자는 의견도 있었지만, 법 시행으로 관련 해설서를 필요로 하는 많은 독자들에게 조금이라도 도움이 되기 위하여는 부족하더라도 우선 발간하고 계속 보완해 나가는 것이 좋겠다고 판단하였습니다. 앞으로 학자들과 실무자들의 해석론이 개진되고, 관련 사례, 수사기관의 수사 사례, 법원의 판례가 축적될 것으로 예상됩니다. 그에 따라 이 해설서도 신속하게 보완하여 독자 여러분께 제공해 드릴 것을 약속드립니다.

　마지막으로, 바쁘신 중에도 흔쾌히 이 책의 집필에 참여해 주신 집필진 여러분, 또 이 책이 나오기까지 격려해 주시고 도와주신 김·장 법률사무소의 여러 변호사님들과 담당 직원 여러분들, 기꺼이 이 책의 출판을 허락해 주신 박영사 관계자 분들께 감사의 인사를 드립니다.

2022년 4월 봄날
김·장 법률사무소 사무실에서
집필진을 대표하여 임재동 씀

목 차

제 1 편
중대재해처벌법 해설

제 2 편
질문과 답변(Q&A)

제3편
참고자료

제 1 편

중대재해처벌법 해설

제1장

총 론

1. 입법배경 및 목적

> 제1조 (목적) 이 법은 사업 또는 사업장, 공중이용시설 및 공중교통수단을 운영하거나 인체에 해로운 원료나 제조물을 취급하면서 안전·보건 조치의무를 위반하여 인명 피해를 발생하게 한 사업주, 경영책임자, 공무원 및 법인의 처벌 등을 규정함으로써 중대재해를 예방하고 시민과 종사자의 생명과 신체를 보호함을 목적으로 한다.

2021. 1. 26. 공포된 「중대재해 처벌 등에 관한 법률」(법률 제17907호, 약칭 '중대재해처벌법', 이하 '법' 또는 '중대재해처벌법'이라 한다)이 2022. 1. 27.부터 시행되었다. 다만, 이 법 시행 당시 개인사업자[1] 또는 상시근로자가 50명 미만인 사업 또는 사업장(건설업의 경우에는 공사금액 50억원 미만의 공사)에 대해서는 공포 후 3년이 경과한 날인 2024. 1. 27.부터 시행되고(부칙 제1조 제1항), 상시근로자가 5명 미만인 사업 또는 사업장의 개인사업주 또는 경영책임자등에게는 제2장(중대산업재해)의 규정이 적용되지 않는다(법 제3조).

이 법에서는 법의 제정 목적을 "사업 또는 사업장, 공중이용시설 및 공중교통수단을 운영하거나 인체에 해로운 원료나 제조물을 취급하면서 안전·보건 조치의

---

[1] 부칙 제1조(시행일)에서 '개인사업자'라는 용어를 사용하고 있으나 뒤에서 살펴보는 바와 같이 법 제3조(적용범위) 이하에서 사용되고 있는 '개인사업주'를 지칭하는 것으로 보인다.

무를 위반하여 인명피해를 발생하게 한 사업주, 경영책임자, 공무원 및 법인의 처벌 등을 규정함으로써 중대재해를 예방하고 시민과 종사자의 생명과 신체를 보호함을 목적으로 한다"고 규정하여(법 제1조), 사업주와 경영책임자등에게 사업 또는 사업장, 공중이용시설 및 공중교통수단 운영, 인체에 해로운 원료나 제조물을 취급함에 있어서 일정한 안전조치의무를 부과하고 이를 위반하여 인명피해가 발생한 경우에는 이들을 처벌하여 근로자와 일반시민의 생명과 신체를 보호하는 것이 목적이라고 밝히고 있다.

다시 말하면, 중대재해처벌법은 중대산업재해와 중대시민재해를 포괄하는 개념인 중대재해의 예방을 위해 사업주와 경영책임자등에게 안전 및 보건 확보의무를 부과하고, 이 의무를 위반하여 인명피해를 발생하게 한 사업주와 경영책임자, 법인 또는 기관 등을 처벌하기 위한 법으로 설명되고 있다.

기존에도 산업재해가 발생하면 사업주와 행위자를 산업안전보건법에 의하여 처벌하는 것이 가능하였고, 형법상 업무상과실치사상죄(형법 제268조)로도 처벌이 가능하였으며, 이 두 죄의 관계는 형법 제40조에 따라 하나의 행위가 2개 이상의 죄에 해당하는 소위 '상상적 경합범'으로 중한 죄에 정한 형벌로 처벌하였다. 또한 중대시민재해가 발생하면 각 개별법[2]에서 정한 처벌규정 외에도 형법상의 업무상과실치사상죄 등으로 처벌이 가능하였다.

그럼에도 불구하고 중대재해처벌법이 제정된 주된 이유는 실제 관련 사업장이나 건설 현장에서 이루어지는 작업 업무 등에 직접 관여하지 않은 기업의 최고경영자 등에 대하여 산업안전보건법위반이나 업무상과실치사상죄로 처벌하는 것이 쉽지 않았다는 점 때문이다.

먼저, 산업안전보건법위반의 경우, 대부분의 안전·보건 조치의무 수범자(受範者, 의무를 이행하여야 할 의무자)가 사업주로 되어 있고,[3] 따라서 법인 사업주의 경우

---

2 개별법의 예로는 선원법(제162조), 시설물의 안전 및 유지관리에 관한 특별법(제63조 제2항, 제64조 제2항), 건축물관리법(제51조 제2항), 화재예방, 소방시설 설치·유지 및 안전관리에 관한 법률(제48조), 철도의 건설 및 철도시설 유지관리에 관한 법률(제45조), 철도안전법(제78조), 항공안전법(제139조), 항만법(제107조), 하천법(제93조), 건축법(제106조, 제107조), 식품위생법(제93조, 제94조) 등을 들 수 있다.

3 산업안전보건법은 대부분의 조치의무 주체를 사업주로 규정하고 있으나, 일부 '누구든지(제56조 제3항, 제80조 제1항·제2항, 제87조 제1항, 제92조 제1항, 제117조 제1항, 제141조 제3항, 제153조 제2항)', '건축물이나 설비의 소유자 등(제119조 제1항·제2항, 제122조 제1항, 제124조 제3항,

에는 법인 자체가 의무를 부담하는 주체로서 처벌 대상이 된다. 그리고, 법인의 대표자나 법인의 대리인, 사용인, 종업원은 '양벌규정이 역(逆)적용'[4]되면서 '위반행위자'에 해당되어야 하고, 위반행위자에 해당되더라도 고의가 인정되어야 처벌이 가능하였다.[5]

이에 관한 대법원의 판시를 보면, "구 산업안전보건법은 제23조 제1항에서 사업주의 안전상의 조치의무를 규정하면서 제71조에서 사업주가 아닌 자에 의하여 구법 위반행위가 이루어진 경우에도 사업주를 처벌할 수 있도록 규정하고 있으므로, 구법 제67조 제1호, 제23조 제3항 위반죄는 사업주가 자신이 운영하는 사업장에서 산업안전기준에 관한 규칙이 정하고 있는 안전조치를 하지 않은 채 제23조 제3항에 규정된 안전상의 위험이 있는 작업을 하도록 지시하거나 그 안전조치를 하지 않은 상태에서 위 작업이 이루어지고 있다는 사실을 알면서도 이를 방치하는 등 그 위반행위가 사업주에 의하여 이루어졌다고 인정되는 경우에 한하여 성립하는 것이지, 단지 사업주의 사업장에서 위와 같은 위험성이 있는 작업이 필요한 안전조치를 하지 않은 채 이루어졌다는 사실만으로 성립하는 것은 아니다"라고 하였다.[6]

실제 사례에서 법원은 사업 또는 사업장의 규모나 특성, 근로자 수, 통상적인 방법에 따른 업무 수행인지 여부, 대표이사 등의 현장 방문 여부와 빈도, 안전 관련 위임 전결 규정이나 관리 실태, 실제 보고라인과 보고 여부 등을 고려하여 대표이사 등의 고의 여부를 판단하였다. 그런데 사업의 규모가 크고 현장에 상주하지 않는 대표이사 등의 경우에는 이와 같은 판례 법리에 따라 의무위반 행위자가 아니라거나 고의가 인정되지 않아 법원에서 무죄가 선고되는 사례가 많았다.

제164조 제3항 등)'으로 규정하고 있는 경우도 있다.

4 통상의 경우 행위자(사람)가 의무의 주체로서 의무 위반을 하게 되면 법인이 양벌규정으로 처벌을 받게 되는데, 산업안전보건법은 의무의 주체가 법인이기 때문에 실제 의무 주체가 아닌 행위자를 어떤 근거로 처벌하느냐가 문제되었다. 법원은 양벌규정(현행 산업안전보건법 제173조. "법인의 대표자나 법인 또는 개인의 대리인, 사용인, 그 밖의 종업원이 그 법인 또는 개인의 업무에 관하여 제167조 제1항 또는 제168조부터 제172조까지의 어느 하나에 해당하는 위반행위를 하면 그 행위자를 벌하는 외에 그 법인에게 다음 각 호의 구분에 따른 벌금형을, 그 개인에게는 해당 조문의 벌금형을 과(科)한다") 중 '그 행위자를 벌하는 외에'라는 부분이 대표자 등 실제 행위자를 처벌하는 근거 규정이 된다고 해석하고 있으며, 이를 '양벌규정의 역적용'이라 한다.

5 대법원 1995. 5. 26. 선고 95도230 판결, 대법원 2010. 9. 9. 선고 2008도7834 판결 등.

6 대법원 2007. 3. 29. 선고 2006도8874 판결, 대법원 2008. 8. 11. 선고 2007도7987 판결, 대법원 2010. 9. 9. 선고 2008도7834 판결, 대법원 2011. 9. 29. 선고 2009도12515 판결 등.

다음으로, 업무상과실치사상죄의 경우도, 업무상과실치사상죄에서의 업무상의 과실은 업무와 관련한 일반적 · 추상적 주의의무만으로는 부족하고, 그 업무와 관련하여 다해야 할 구체적이고 직접적인 주의의무를 할 수 있었음에도 하지 아니한 경우를 뜻하고, 따라서 건설공사 발주나 도급에 있어 공사의 시공이나 개별 작업에 관하여 구체적 · 실질적으로 지시감독할 지위에 있지 않고 일반적 · 추상적으로 지시감독할 지위와 책임만을 가진 자에게는 구체적 · 직접적인 주의의무를 인정하기 어려워,[7] 공사나 개별 작업 등에 직접적으로 관여하지 않는 대표이사 등 경영진을 업무상과실치사상죄로 처벌하기도 어려웠다.[8]

이와 같은 법리적 문제로 인하여 중대재해가 발생하더라도 실질적으로 안전에 관한 최종적인 의사결정 권한이 없는 현장소장이나 공장장 등 현장 책임자들 위주로 형사처벌이 이루어지고, 의사결정 권한을 가지고 있는 대표이사 등 경영진에 대한 처벌이 이루어지지 않거나 처벌이 약한 것으로 볼 수 있는 상황들이 발생하였다. 이런 이유로 건설 현장이나 작업 현장에서 유해 · 위험 요인 등이 개선되지 아니한 채 작업이 계속되어 중대재해가 끊이지 않으므로 실질적으로 안전 · 보건에 관한 최종적인 의사결정권한이 있는 사업주, 경영책임자 등에 대한 처벌을 강화하여야 한다는 주장이 지속적으로 제기되었고, 이를 반영하여 중대재해처벌법이 제정되기에 이른 것이다.[9]

중대재해처벌법에 대하여는 우리나라의 산업안전보건 수준이 낮은 이유를 찾아보려는 진지한 노력(예방기준을 정교하고 실효성 있게 만들고 예방 인프라를 충실하게 구축, 운영하려는 노력)은 하지 않고, 가장 손쉬운 방법인 제재 수준 강화에만 집중되

---

7 대법원 1994. 5. 24. 선고 94도660 판결, 대법원 1986. 7. 22. 선고 85도108 판결(파기환송심 대구고등법원 1987. 3. 18. 선고 86노1294 판결), 대법원 2002. 5. 31. 선고 2002도1342 판결, 대법원 2002. 4. 12. 선고 2000도3295 판결, 대법원 1989. 1. 31. 선고 88도1683 판결, 대법원 1989. 11. 24. 선고 89도1618 판결 등.

8 특히, 다수의 사상자가 발생한 시민재해의 경우 언론이나 국민의 법감정 등을 고려하여 살인죄로까지 기소하기도 하나, 살인의 고의가 인정되지 않아 무죄가 선고되기도 하고, 업무상주의의무위반 행위가 인정되는 경우에도 사망 등의 결과와의 인과관계 입증이 어려워 무죄가 선고되는 경우도 많았다.

9 중대재해처벌법의 입법과정에서 2007년 영국의 소위 '기업살인법(Coporate Manslaughter and Coporate Homicide Act)'이 참고가 되었다고 하는데, 정작 위 법에서는 기업이나 단체만을 벌금형으로 처벌하고, 경영책임자등에 대한 처벌규정은 두고 있지 않다고 한다(권오성, "소위 기업살인법 도입 논의의 노동법적 함의", 노동법포럼 제28호(2019. 11.), p. 143).

어 있고, 이로써 정치권과 행정기관은 할 일을 다하고 있다는 인상을 국민들에게 주게되어 실질적인 개선의 방치로 이어질 가능성이 높다는 비판,[10] 음주운전 사망사고를 실효적으로 줄이려면 음주운전 치사죄만 엄벌하는 것이 아니라 상시적으로 음주운전 자체를 처벌해야 하고, 이를 위해서는 음주운전의 처벌기준(측정방법, 측정절차, 음주수치)이 명확해야 하며, 매우 낮은 비율로 적발되는 음주운전만을 엄벌하는 것보다는 음주운전의 적발률을 현저히 높이는 것이 음주운전의 실질적인 감소에 훨씬 도움이 된다는 것이 형사정책학의 정설인데, 음주운전을 처벌하지 않으면서 음주운전치사죄만 엄벌하고 그에 더하여 음주운전 처벌기준조차도 명확하지 않다는 비판[11] 등이 제기된다.

중대재해처벌법이 개인사업주와 경영책임자등에 대한 처벌을 강화한 것은 맞지만 개인사업주와 경영책임자등으로 하여금 안전 및 보건 확보의무를 이행하게 함으로써 중대재해를 예방하고 궁극적으로 국민의 생명과 신체를 보호한다는 지향점을 가지고 있다는 점 또한 부인할 수 없다. 법이 시행된 이상 법의 취지에 따라 안전보건관리체계를 구축하고 이행하는 등 안전 및 보건 확보 의무를 성실히 이행하여 이로 인한 법적 리스크를 줄이고, 위와 같은 안전 및 보건 확보 의무 이행을 통해 산업재해 예방을 위해 노력하는 것이 중요할 것이다.

2. 주요 특징

중대재해처벌법은 산업안전보건법과 달리 '경영책임자등'이라는 개념을 도입하여 주된 의무 주체로 규정하고, '종사자'의 개념을 도입하여 보호 대상의 범위를 확장하였으며, 법정형을 산업안전보건법에 비하여 상향하였다.

또한 산업안전보건법에서의 안전보건관리가 '사업장' 단위로 이루어진다면 중대재해처벌법은 종사자의 안전과 보건이 유지되고 증진될 수 있도록 '사업' 전반을 관리해야 하는 의무를 부과하고 있다. 그러므로 산업안전보건법의 수범자인 안전보건관리책임자는 당해 사업장에서 사업의 실시를 실질적으로 총괄·관리하는 권한

---

10 정진우, "중대재해처벌법 제정과정에서의 법적 쟁점과 남겨진 과제", 과학기술법연구(27권, 2호), 한남대학교 과학기술법연구원, 2021, p. 49.
11 김용희, 「중대재해처벌법의 적용을 둘러싼 형사법적 쟁점 검토」에 대한 토론문", 중대재해처벌법 시행 대비 법무부·고용노동부 공동학술대회 자료집 (2021. 12. 1.), p. 65.

과 책임을 지는 자로서[12] 법령상 세부적으로 규정된 안전보건조치의무를 이행할 책임이 있는 반면, 중대재해처벌법의 수범자인 경영책임자등은 사업 또는 안전보건 관련 업무를 대표하고 총괄하는 자로서 개별 사업이나 사업장에 국한되지 않는 전사적인 안전보건관리체계를 구축해야 할 의무를 부담한다. 경영책임자가 어느 사업장에서 안전보건조치가 취해지지 않은 채 작업이 이루어지고 있다는 사실을 몰랐다면 산업안전보건법위반의 고의가 인정되기 어려워 타인에 의한 의무 위반을 알수 없었던 사정을 소명하면 되지만, 중대재해처벌법상 경영책임자등에게 요구되는 의무에 대하여는 주기적으로 점검을 하였다는 등의 사실을 적극적으로 소명해야 의무 이행이 인정되는 경우도 있을 수 있다.

중대재해처벌법은 자신의 근로자(종사자)뿐만 아니라 도급, 용역, 위탁 등을 행한 경우 제3자의 근로자(종사자)에 대해서까지 안전 및 보건 확보의무를 부담하도록 하였다. 물론 기존의 산업안전보건법에서도 수급인의 근로자가 도급인의 사업장에서 작업을 하는 경우 도급인에게 안전조치의무를 부과하고 도급인이 이를 위반하는 경우에는 형사책임을 물을 수 있었으며(산업안전보건법 제169조 제1호, 제63조, 3년 이하의 징역 또는 3천만원 이하의 벌금에 처한다), 수급인의 근로자가 사망하는 경우에는 가중처벌하였지만(산업안전보건법 제167조 제1항, 제63조, 7년 이하의 징역 또는 1억원 이하의 벌금에 처한다), 중대재해처벌법은 도급인의 안전 및 보건 확보의무를 도급인이 사업 또는 사업장을 실질적으로 지배·운영·관리하는 경우(법 제4조)뿐만 아니라 도급인의 사업 또는 사업장이 아니라 하더라도 그 시설, 장비, 장소 등에 대하여 실질적으로 지배·운영·관리하는 책임이 있는 경우로까지 확대(법 제5조)하였다.

또한 중대재해처벌법은 보칙에서 민사적, 행정적 제재에 관한 규정을 두고 있다. 중대산업재해가 발생한 법인 또는 기관의 경영책임자등은 고용노동부장관이 정하는 바에 따라 안전보건교육을 이수해야 하고 이를 이행하지 아니할 경우 5천만원 이하의 과태료에 처해질 수 있고(법 제8조), 제4조에 따른 의무를 위반하여 발생한 중대산업재해에 대하여 고용노동부장관이 사업장의 명칭, 발생 일시와 장소, 재해의 내용 및 원인 등 그 발생사실을 공표할 수 있도록 하였으며(법 제13조), 법무

---

12 대법원 2004. 5. 14. 선고 2004도74 판결 등.

부장관은 형이 확정되면 그 범죄사실을 관계기관의 장에게 통보하도록 하였고(법 제12조), 징벌적 손해배상제도를 도입하여 개인사업주 또는 경영책임자등이 고의 또는 중대한 과실로 이 법에서 정한 의무를 위반하여 중대재해를 발생하게 한 경우 손해액의 5배까지 배상책임을 질 수 있도록 규정하고 있다(법 제15조).

이처럼 중대재해처벌법은 산업재해예방의 효과를 거두기 위하여 형사적 제재뿐만 아니라 민사적, 행정적 제재를 두고 있다. 그러나, 이와 같은 강력한 제재 규정들에 대하여 헌법적인 문제점도 제기되고 있다. 예컨대 '안전보건교육'의 경우 불이행시 과태료의 제재가 가해지는 등 강제력을 수반한 처분이므로 부수적 형벌이라고도 할 수 있는 '수강명령'[13]과 크게 다를 바 없음에도 중대산업재해가 발생하기만 하면 유죄판결은 물론 조사나 수사도 종결되지 않은 상태에서 고용노동부장관이 명하는 안전보건교육 수강의무를 부과하고 있어 무죄추정의 원칙에 반한다는 비판,[14] 징벌적 손해배상에 대하여는 형사처벌이 현실적으로 어려운 경우 대체수단으로 인정되어야지, 형사처벌의 대상이 되는 행위에 대해 징벌적 손해배상을 하는 것은 이중제재에 해당한다는 비판[15]이 있다.

중대재해처벌법과 산업안전보건법의 비교

구 분	중대재해처벌법	산업안전보건법
장소	'사업' 단위	'사업장' 단위
보호대상	종사자	근로자
법적의무	안전보건에 관한 포괄적인 경영상의 관리책임으로서 안전·보건확보의무 안전보건관리체계의 구축·이행 재해 재발방지 대책의 수립·이행	산업안전보건기준에 관한 규칙이 정한 구체적인 조치의무 사업주의 안전조치 위험기계나 폭발성 물질 등 위험물

---

13 산업안전보건법 제174조에서 규정하고 있는 수강명령은 판사의 판결에 따라 결정된다.
14 정진우, "중대재해처벌법 쟁점과 과제", 한국경영자총협회 주관 2021. 8. 11.자「중대재해처벌법령 개선 토론회」자료집, pp. 20~21. 이와 관련하여 중대재해처벌법 제8조를 '법 제4조 또는 제5조를 위반하여 제2조 제2호 가목의 중대산업재해에 이르게 한 사업주 또는 경영책임자등에게 유죄의 판결(선고유예를 제외한다)을 선고하거나 약식명령을 고지하는 경우에 이수명령을 병과할 수 있다'는 내용으로 개정하는 것이 필요하다는 견해가 있다(가영현, "중대재해처벌법의 쟁점과 개선방안", 건축시공, 제21권 제2호(2021), p.10).
15 정진우, 위 토론회 발표 자료, pp. 22~23.

	중앙행정기관 등이 시정 등을 명한 사항 이행조치 안전·보건 관련 의무이행에 필요한 관리상의 조치	질사용시 굴착·발파 등 위험작업시 추락·붕괴우려 있는 등 위험장소에서 작업시 사업주의 보건조치 유해가스나 병원체 등 위험물질 신체에 부담을 주는 등 위험작업 환기·청결 등 적정기준 유지
수범자	개인사업주, 경영책임자등	사업주
적용범위	5인 미만 사업 또는 사업장 적용 제외 (50인 미만 사업 또는 사업장, 50억 미만 공사는 3년 후 시행)	전 사업 또는 사업장 적용 (업종·규모 등에 따라 일부 적용 제외)
중대(산업)재해	산업안전보건법상 산업재해 중 ① 사망자 1명 이상 ② 동일한 사고로 6개월 이상 치료가 필요한 부상자 2명 이상 ③ 동일한 유해요인으로 급성중독 등 직업성질병자 1년내 3명 이상	산업재해 중 ① 사망자 1명 이상 ② 3개월 이상 요양이 필요한 부상자 동시 2명 이상 ③ 부상자 또는 직업성 질병자 동시 10명 이상
법정형	자연인 (사망) 1년 이상 징역 또는 10억원 이하 벌금 (부상·질병) 7년 이하 징역 또는 1억원 이하 벌금 법인 (사망) 50억원 이하 벌금 (부상·질병) 10억원 이하 벌금	자연인 (사망) 7년 이하 징역 또는 1억원 이하 벌금 (안전·보건조치의무위반) 5년 이하 징역 또는 5천만원 이하 벌금 법인 (사망) 10억원 이하 벌금 (안전·보건조치의무위반) 5천만원 이하 벌금
손해배상	고의 또는 중과실시 손해액의 5배 이하의 징벌적 손해배상	없음

3. 형사처벌 개관

가. 형사처벌 규정

중대재해처벌법 본문은 제1조부터 제16조까지 총 16개의 조항으로 이루어져 있는데, 그중 4개 조항(법 제6조, 제7조, 제10조, 제11조)이 형사처벌 조항이다. 전체 조문의 4분의 1이 처벌조항으로 되어 있고, 나머지 조문들도 상당 부분 처벌조항을 적용하기 위한 전제 규정으로 볼 수 있다.

앞에서 언급한 바와 같이 산업안전보건법에서는 '사업주'에게 안전조치 및 보건조치 의무[16]를 부여하고 있어, 특히 사업주가 법인인 경우 재해가 발생하더라도 법인의 대표이사 등을 처벌할 수 없게 되는 경우가 적지 않았고, 이러한 문제를 해결하는 방안으로 중대재해처벌법에서는 명시적으로 사업주는 물론 '경영책임자등'에게 '안전 및 보건 확보의무'를 부여(법 제4조, 제5조, 제9조)하고, 처벌조항에서도 역시 '경영책임자등'을 형사처벌 대상으로 규정하였다. 그동안 법인의 경영책임자등은 법인에 소속된 안전보건관리책임자를 포함한 근로자들의 안전의무 이행에 대하여 일반적 관리·감독 책임을 부담하였으나, 중대재해처벌법에서는 사업주인 법인과 함께 경영책임자등에게 직접적이고 구체적으로 '안전 및 보건 확보의무'를 부담시키고 이를 위반하여 중대재해에 이르게 한 때에는 '경영책임자등'을 형사처벌하도록 규정한 것이다.[17]

또한 중대재해처벌법에서는 중대산업재해와 중대시민재해를 나누어 각 처벌규정을 두고 있다. 중대산업재해 또는 중대시민재해의 결과가 발생하였을 때 형사처벌이 되는 것이고, 중대재해의 결과가 발생하지 않았다면 안전 및 보건 확보의무를 이행하지 않았다는 점만으로는 처벌되지 않는다. 안전 및 보건 확보의무의 내용은 일반적·추상적 주의 의무를 총망라한 것이 아니라 중대재해처벌법상 사업주 또는

---

[16] 산업안전보건법 제38조(안전조치) ① 사업주는 다음 각 호의 어느 하나에 해당하는 위험으로 인한 산업재해를 예방하기 위하여 필요한 조치를 하여야 한다. 제39조(보건조치) ① 사업주는 다음 각 호의 어느 하나에 해당하는 건강장해를 예방하기 위하여 필요한 조치(이하 "보건조치"라 한다)를 하여야 한다.

[17] 이를 두고 '경영자 자신의 책임을 독자적으로 묻는다는 점에서 경영자 처벌의 독립모델이라고도 할 만하다'는 평가가 있다. 최정학, "중대재해처벌법 −기업경영자 처벌의 논리−" 서울대학교 노동법연구 제51호(2021) pp. 3~4.

경영책임자등에게 부여된 의무로 동법 시행령 등에서 구체적으로 규정하고 있다.

나. 중대산업재해 관련 처벌 규정

사업주 또는 경영책임자등은 사업주나 법인 또는 기관이 실질적으로 지배·운영·관리하는 사업 또는 사업장에서 종사자의 안전·보건상 유해 또는 위험을 방지하기 위하여 법 제4조 제1항 각 호에 따른 조치를 하여야 한다. 제3자에게 도급, 용역, 위탁 등을 행한 경우 그 시설이나 장비, 장소 등에 대하여 실질적으로 지배·운영·관리하는 책임이 있을 때에도 제3자의 종사자에게 위험이 발생하지 아니하도록 동일한 조치를 취해야 한다. 이러한 조치를 취하지 아니하여 중대산업재해가 발생한 경우 사업주 또는 경영책임자등에 대하여 형사처벌을 하도록 하고 있다(법 제6조). 또한 법인이나 기관에 대하여도 양벌규정을 두어 처벌하도록 하고 있다(법 제7조).

제6조 (중대산업재해 사업주와 경영책임자등의 처벌) ① 제4조 또는 제5조를 위반하여 제2조 제2호 가목의 중대산업재해에 이르게 한 사업주 또는 경영책임자등은 1년 이상의 징역 또는 10억원 이하의 벌금에 처한다. 이 경우 징역과 벌금을 병과할 수 있다.

② 제4조 또는 제5조를 위반하여 제2조 제2호 나목 또는 다목의 중대산업재해에 이르게 한 사업주 또는 경영책임자등은 7년 이하의 징역 또는 1억원 이하의 벌금에 처한다.

③ 제1항 또는 제2항의 죄로 형을 선고받고 그 형이 확정된 후 5년 이내에 다시 제1항 또는 제2항의 죄를 저지른 자는 각 항에서 정한 형의 2분의 1까지 가중한다.

제7조 (중대산업재해의 양벌규정) 법인 또는 기관의 경영책임자등이 그 법인 또는 기관의 업무에 관하여 제6조에 해당하는 위반행위를 하면 그 행위자를 벌하는 외에 그 법인 또는 기관에 다음 각 호의 구분에 따른 벌금형을 과(科)한다. 다만, 법인 또는 기관이 그 위반행위를 방지하기 위하여 해당 업무에 관하여 상당한 주의와 감독을 게을리하지 아니한 경우에는 그러하지 아니하다.

1. 제6조 제1항의 경우 : 50억원 이하의 벌금
2. 제6조 제2항의 경우 : 10억원 이하의 벌금

다. 중대시민재해 관련 처벌 규정

사업주나 법인 또는 기관이 실질적으로 지배·운영·관리하는 사업 또는 사업장에서 생산·제조·판매·유통 중인 원료나 제조물의 설계·제조·관리상의 결함, 공중이용시설 또는 공중교통수단의 설계·설치·관리상의 결함으로 인하여 그 이용자 또는 그 밖의 사람들에게 안전·보건상 유해 또는 위험이 발생하지 않도록 사업주 또는 경영책임자등은 법 제9조 제1항 및 제2항 각 호에 따른 조치를 취해야 한다. 공중이용시설 또는 공중교통수단과 관련하여 제3자에게 도급, 용역, 위탁 등을 행한 경우도 마찬가지다. 이러한 조치를 취하지 아니하여 중대시민재해가 발생한 경우 사업주 또는 경영책임자등은 법 제10조에 따라 형사처벌을 받게 된다. 또한 중대시민재해의 경우에도 법인이나 기관에 대하여 양벌규정을 두어 처벌하도록 하고 있다(법 제11조).

제10조 (중대시민재해 사업주와 경영책임자등의 처벌) ① 제9조를 위반하여 제2조 제3호 가목의 중대시민재해에 이르게 한 사업주 또는 경영책임자등은 1년 이상의 징역 또는 10억원 이하의 벌금에 처한다. 이 경우 징역과 벌금을 병과할 수 있다.
② 제9조를 위반하여 제2조 제3호 나목 또는 다목의 중대시민재해에 이르게 한 사업주 또는 경영책임자등은 7년 이하의 징역 또는 1억원 이하의 벌금에 처한다.

제11조 (중대시민재해의 양벌규정) 법인 또는 기관의 경영책임자등이 그 법인 또는 기관의 업무에 관하여 제10조에 해당하는 위반행위를 하면 그 행위자를 벌하는 외에 그 법인 또는 기관에게 다음 각 호의 구분에 따른 벌금형을 과(科)한다. 다만, 법인 또는 기관이 그 위반행위를 방지하기 위하여 해당 업무에 관하여 상당한 주의와 감독을 게을리하지 아니한 경우에는 그러하지 아니하다.
1. 제10조 제1항의 경우 : 50억원 이하의 벌금
2. 제10조 제2항의 경우 : 10억원 이하의 벌금

라. 형사처벌 규정의 형사법적 관점에서의 문제점

이와 같이 범죄가 성립하는 데 있어 가장 기본이 되는 구성요건해당성을 판단하기 위해서는 각각의 구성요건이 의미하는 것이 무엇인지가 명확해야 하는데 중대재해처벌법의 문제점 중 하나는 책임 주체인 경영책임자등의 개념을 포함하여 법에 사용된 개념들이 불명확하다는 것이다.

먼저, 중대재해처벌법에 의하면 '경영책임자등'이란 '사업을 대표하고 사업을 총괄하는 권한과 책임이 있는 사람 또는 이에 준하여 안전보건에 관한 업무를 담당하는 사람'을 말하는데, 후자의 경영책임자로 인정되기 위해서는 어떠한 요건이 필요한 것인지(등기 임원이어야 하는지, 대표의 직책이 있어야 하는 것인지 등), '이에 준하여'의 의미는 무엇인지, '또는'과 관련하여 전자와 후자 중 어느 한 사람만 책임을 부담하는 것인지, 후자가 책임을 지는 경우에 전자는 면책이 가능한 것인지, 전자와 후자의 권한과 책임은 어떻게 분배하여야 하는 것인지, 공동대표이사나 각자 대표이사의 경우에는 누가 경영책임자에 해당하는지, 자회사와 모회사 관계, 사업 부문별로 구성된 회사의 경우 누가 경영책임자에 해당하는지, 건설공사발주자의 경우에도 경영책임자에 해당하는지 등이 해석상 문제된다.

다음으로, 사업주와 경영책임자등의 안전 및 보건 확보의무와 관련하여, 제4조에 규정된 '실질적으로 지배·운영·관리하는 사업 또는 사업장'의 의미는 무엇인지, 제5조에 규정된 '실질적으로 지배·운영·관리하는 책임이 있는 경우'는 어떤 경우를 의미하는지, 제4조와 제5조와의 관계는 어떠한지, 안전 및 보건 확보의무 이행으로 인해 파견근로자 보호 등에 관한 법률위반 문제가 발생할 여지는 없는지, 사무직에 종사하는 근로자만을 사용하는 사업장으로서 산업안전보건법상 적용 제외가 인정되는 사업장의 경우에도 중대재해처벌법이 적용되는지 등이 문제된다.

그 외에도 안전 및 보건 확보의무의 대상인 '종사자'의 개념과 관련하여, 수급인, 현장실습생(산업연수생) 등이 종사자에 포함되는지 문제되고, 중대재해처벌법 및 시행령도 불명확한 규정을 사용하거나 규정 상호간에 상충되는 내용이 있는 등 해석상 어려움이 있다. 위 문제점들에 대하여는 해당 설명 부분에서 상세히 검토하기로 한다.

중대재해처벌법은 경영책임자등을 수범자로 하기 때문에 그 의무의 내용이 다소 추상적이고 불명확해 보이는 것은 어쩔 수 없는 면이 있다. 법 규정의 불명확성과 같은 문제는 법의 시행 과정에서 보다 심도 있는 논의와 판례를 통해 구체화되는 과정을 거치며 어느 정도 해결될 것으로 보인다. 다만 개별 사례에서는 안전보건 확보의무 위반과 중대재해 발생 사이의 인과관계 인정 여부, 고의의 인정 여부 등이 중요한 쟁점이 될 것으로 보이는데 이는 전통적인 형사법 영역에서 끊임없이 다투어져 온 쟁점이다. 입법목적도 중요하지만 근대 형사법의 근간을 이루는 대원칙인 죄형법정주의, 책임주의의 테두리 안에서 합리적인 해석을 통해 입법목적에 부합하게 운용될 수 있도록 노력해야 할 것이다.

제2장

의무의 주체 및 보호 대상

중대재해처벌법은 '사업주 또는 경영책임자등'이 부담하는 안전 및 보건 확보 의무에 대하여 규정하고 있고 이를 이행하지 아니하여 중대재해의 결과가 발생하였을 때 형사처벌을 하도록 하고 있다. 그러므로 중대재해처벌법의 주된 수범자 및 처벌 대상인 '사업주 또는 경영책임자등'을 어떻게 해석할 것인지가 실무상 중요한 쟁점이 될 것이다.

또한 중대재해처벌법은 산업안전보건법과 달리 '종사자'라는 개념을 도입하여 중대산업재해의 피해자라고 할 수 있는 보호 대상의 인적 범위를 확장하였고, 사업주나 법인 또는 기관이 '실질적으로' 지배·운영·관리하는 사업 또는 사업장에 대하여도 안전 및 보건 확보의무를 이행하도록 하는 등 물적 범위도 확장하고 있다. 나아가 중대재해처벌법은 산업현장에서 노무를 제공하는 자의 안전만이 아니라 일반시민의 안전까지 보호법익으로 삼아 중대재해의 유형 중 하나로 '중대시민재해'에 대하여도 규정하고 있다.

이하에서는 중대재해처벌법에서 규정하고 있는 의무를 이행해야 하는 주체가 누구인지, 그러한 의무를 부과하고 의무를 이행하지 않은 데 대한 제재를 가함으로써 보호하고자 하는 대상이 누구인지에 대하여 검토하고 그러한 논의를 바탕으로 법이 적용되는 범위에 대하여 살펴보기로 한다.

1. 의무의 주체

가. 개인사업주[1]

'사업주'란 자신의 사업을 영위하는 자, 타인의 노무를 제공받아 사업을 하는 자를 말한다(법 제2조 제8호). 노무를 제공하는 타인의 범위에 특별한 제한을 두고 있지 않아 그 개념을 상당히 넓게 정의하고 있다.

> 제2조 (정의)
> 8. "사업주"란 자신의 사업을 영위하는 자, 타인의 노무를 제공받아 사업을 하는 자를 말한다.

이는 산업안전보건법상의 사업주 개념이 노무를 제공하는 자와의 고용관계를 전제로 규정되어 있는 점과 비교된다. 즉, 산업안전보건법에서 규정하는 '사업주'는 '근로자를 사용하여 사업을 하는 자'를 말하고(산업안전보건법 제2조 제4호), 이때의 '근로자'는 근로기준법 제2조 제1항 제1호에 따라 '직업의 종류와 관계없이 임금을 목적으로 사업이나 사업장에 근로를 제공하는 자'를 말한다(같은 조 제3호). 산업안전보건법위반죄는 기본적으로 사업주의 소속 근로자 보호를 위한 안전·보건 조치의무를 전제로 하는 것이므로 재해 근로자와 고용관계에 있는 사업주가 행위의 주체가 된다.

이에 반하여 중대재해처벌법은 중대재해의 위험으로부터 종사자 및 일반 시민들의 생명과 신체를 보호하는 데 그 목적이 있으므로, 안전·보건 확보의무의 주체가 되는 사업주의 범위가 노무를 제공하는 사람과 고용관계에 있는 자에 한정되지 않는다. 따라서 중대재해처벌법상 사업주에 해당하는 범위가 산업안전보건법상의 경우보다 넓다.

사업주는 개인이 될 수도 있고 법인이 될 수도 있다. 개인사업주는 개인이 직

---

[1] 아래에서 보는 바와 같이 여기서의 '사업주'는 '개인사업주'를 가리킨다고 보는 것이 타당하므로, 이하에서 의무의 주체를 언급할 때는 '개인사업주 또는 경영책임자등'으로 표현하기로 한다.

접 사업체를 운영하여 영업이익이나 손해가 모두 개인에게 귀속되는 경우이고, 법인사업주는 법인격을 가지는 회사 등이 사업주인 경우로 실질적으로는 법인의 의사결정에 따라 자연인이 법인의 업무를 처리하게 된다.

그런데 중대재해처벌법에서는 '사업주' 외에 '법인'과 '기관'이라는 표현도 사용되고 있고 의무의 주체를 '사업주 또는 경영책임자등'이라고 표현하여 사업주와 경영책임자등에게 동일한 내용의 의무를 부과하고 있다. 이러한 점에 비추어 볼 때 중대재해처벌법상의 사업주는 개인사업주를 말한다고 해석하는 것이 타당하다. 고용노동부도 중대재해처벌법이 산업안전보건법과 달리 제반 의무를 개인으로서의 사업주와 경영책임자 등에게 부과하고 개인사업주가 아닌 사업주를 경영책임자 등과 구분하여 법인 또는 기관으로 표현하고 있는 점에 비추어 볼 때 중대재해처벌법 제3조 이하에서 규정하는 사업주는 행위자로서 개인사업주만을 의미한다고 보고 있다.[2]

나. 경영책임자등

'경영책임자등'이란 '사업을 대표하고 사업을 총괄하는 권한과 책임이 있는 사람' 또는 '이에 준하여 안전보건에 관한 업무를 담당하는 사람(법 제2조 제9호 가목)'과 중앙행정기관의 장, 지방자치단체의 장, 「지방공기업법」에 따른 지방공기업의 장, 「공공기관의 운영에 관한 법률」 제4조부터 제6조까지의 규정에 따라 지정된 공공기관의 장(같은 호 나목)을 말한다.

> 제2조 (정의)
> 9. "경영책임자등"이란 다음 각 목의 어느 하나에 해당하는 자를 말한다.
>   가. 사업을 대표하고 사업을 총괄하는 권한과 책임이 있는 사람 또는 이에 준하여 안전보건에 관한 업무를 담당하는 사람
>   나. 중앙행정기관의 장, 지방자치단체의 장, 지방공기업법에 따른 지방공기업의 장, 공공기관의 운영에 관한 법률 제4조부터 제6조까지의 규정에 따라 지정된 공공기관의 장

---

2 고용노동부, 「중대재해처벌법해설」(2021), p. 20.

중대재해처벌법이 제정된 이유 중 하나는 재해 발생의 원인이 직접적인 안전보건조치의무의 불이행 외에 안전보건조치가 제대로 작동할 수 있는 토대를 마련하지 못한 데 있을 수 있는데 후자의 잘못에 대하여 사업의 경영을 총괄하는 권한과 책임이 있는 사람에게 책임을 물어야 한다는 요청이 컸다는 점이다. 중대재해처벌법은 이러한 책임 주체로서 '경영책임자등'이라는 개념을 두고 있기 때문에 그 해석은 위와 같은 입법 목적에 부합하는 방향으로 이루어질 가능성이 크다. 이하에서는 법문상 사업을 대표하고 사업을 총괄하는 권한과 책임이 있는 사람을 '사업총괄책임자', 이에 준하여 안전보건에 관한 업무를 담당하는 사람을 '안전보건업무책임자',[3] 법 제2조 제9호 나목에 해당하는 사람을 '공공기관의 장 등'으로 지칭하기로 한다.

1) 개념

가) 사업총괄책임자

사업총괄책임자는 법 제2조 제9호 가목 전단의 '사업을 대표하고 사업을 총괄하는 권한과 책임이 있는 사람'을 말한다. '대외적으로는 사업을 대표'하고 '대내적으로는 사업을 총괄'하는 권한과 책임이 있다는 것이 개념적 징표라고 할 수 있다.

기업의 경우 상법상 주식회사 또는 유한회사라면 대표이사가 이에 해당할 수 있다. 대표이사는 회사를 대표하고 회사의 영업에 관하여 모든 행위를 할 권한이 있는 기관이다(상법 제389조, 제209조, 제562조). 단체의 경우 이사장, 대표 등이 사업총괄책임자로 될 수 있다.

또한 사업총괄책임자는 실질적으로 대표성을 가지고 사업을 총괄 운영하는 권한이 있는 자를 말하는 것이므로 형식적인 직함과 관계없이 최종적인 의사 결정권을 가지고 있는지 여부에 따라 달리 판단될 수 있다. 예컨대 공식적으로는 대표이사의 직함을 가지고 있는 자라 하더라도 그가 의사결정을 함에 있어서는 내부적으로 실질적 경영권자인 회장의 승인을 얻어야 한다고 하면 회장이 사업총괄책임자가 될 수도 있다. 즉, 중대재해처벌법상 사업총괄책임자에 해당하는지 여부는 1) 대외적으로 그 회사에 대한 대표성을 가지고 있는지 여부, 2) 회사가 영위하는 사업

---

3 이 용어는 산업안전보건법 제15조의 '안전보건관리책임자'나 제62조의 도급사업의 경우에 지정해야 하는 '안전보건총괄책임자'와는 다른 개념이다.

을 총괄 지휘하는 업무를 담당하고 있는지 여부, 3) 사업 전반에 대한 최종적인 의사 결정 권한이 있는지 여부 등을 종합적으로 고려하여 판단하여야 할 것이다.

나) 안전보건업무책임자

법 제2조 제9호 가목 후단의 '이에 준하여 안전보건에 관한 업무를 담당하는 사람'을 말한다. '이에 준하여'란 '사업을 대표하고 사업을 총괄하는 권한과 책임이 있는 사람에 준하여'라는 의미라고 할 수 있다. 즉, 안전보건에 관한 업무에 있어 사업총괄책임자에 준하는 정도의 권한과 지위를 가지고 있을 것을 요한다.

안전보건 관련 분야는 전문성을 요하고 직접 관리해야 할 영역이 많아 기업에서는 이를 전담하는 임원을 두는 경우가 많다. 이러한 임원이 안전보건업무책임자에 해당한다고 볼 수 있는지가 문제된다.

중대재해처벌법에서 '경영책임자등'을 법의 수범 주체로 정한 취지는, 중대재해 발생의 근본 원인이 안전·보건을 체계적으로 관리하는 시스템이 제대로 구축되어 있지 않은 데 있다고 보아 그에 대한 책임은 그 시스템을 구축할 책임이 있는 자, 즉 사업을 총괄하는 권한과 책임이 있는 자가 부담하는 것이 맞다고 보는 데에서 비롯된 것이다.

이러한 점을 고려할 때 안전보건업무책임자가 안전보건에 관한 업무에 대하여 사업총괄책임자에 준하는 정도의 권한과 지위를 가지고 있다고 하기 위해서는 최소한 사업 전체의 안전·보건 시스템 구축에 필요한 조직을 편성할 수 있는 권한과 그와 관련된 인사와 예산에 대한 전결 권한이 주어져야 할 것으로 보인다. 따라서 기업이 여러 사업장을 운영하는 경우 일부 사업장의 안전·보건 관리만을 책임지는 사람은 안전보건업무책임자로 인정되기 어려울 것으로 보인다. 나아가 제3자에게 업무의 도급, 용역, 위탁 등을 하는 경우 수급인의 안전조치 능력평가, 안전보건 관리비용, 안전보건을 위한 공사기간 보장 등을 실질적으로 이행할 수 있으려면 회사가 하청업체와 도급계약을 체결하면서 계약 상대방, 도급금액 및 공사기간을 결정함에 있어서도 실권을 가져야 한다.

중대재해처벌법의 입법취지와 같이 실질적인 권한을 가지고 있는 경영진이 직접 안전보건환경을 제대로 구축하고 관리하도록 하기 위해서는 ① 사업 또는 사업장의 특성 및 규모에 비추어 안전보건 업무를 총괄하여 담당하고 결정할 수 있는 지위에 있는 안전보건업무책임자가, ② 해당 안전보건 조직 및 인력에 관한 인사상, 예산상의 최종적 결정 권한을 행사할 수 있어야 한다.

이와 같은 안전보건업무책임자의 권한이 이사회 결의 등을 통해 실질적으로 부여되고, 이사회에 독자적으로 안전보건 관련 사항을 보고하고 승인받을 수 있는 권한도 주어진다면 더 바람직할 것이다.

이와 관련하여 고용노동부는 "이에 준하여 안전보건에 관한 업무를 담당하는 사람이란, 사업 또는 사업장 전반의 안전 및 보건에 관한 조직, 인력, 예산 등에 관하여 대표이사 등 경영책임자에 준하여 총괄하는 권한과 책임을 가지는 등 최종 결정권을 가진 사람을 의미한다"고 하면서 "안전보건 업무를 전담하는 최고책임자라 하더라도 사업 경영대표자 등으로부터 사업 또는 사업장 전반의 안전·보건에 관한 조직, 인력, 예산에 관한 총괄 관리 및 최종 의사 결정권을 위임받은 경우로 평가될 수 있는 경우가 아니라면 '이에 준하여 안전·보건에 관한 업무를 담당하는 사람'으로 볼 수 없다"는 입장을 취하고 있다.[4]

한편, 중대재해처벌법상의 안전보건업무책임자와 산업안전보건법상의 안전보건관리책임자·안전보건총괄책임자의 관계가 문제된다. 산업안전보건법에서 규정하는 안전보건관리책임자는 사업장을 실질적으로 총괄하여 관리하는 사람으로 선정하여야 하고(산업안전보건법 제15조 제1항), 안전보건총괄책임자는 소속 근로자 및 그 수급인이 사용하는 근로자가 같은 장소에서 작업을 할 때에 생기는 산업재해를 예방하기 위한 업무를 총괄 관리하기 위하여 도급사업주에 의해 지정된 안전보건관리책임자(산업안전보건법 제62조)를 의미하는 것으로, 중대재해처벌법에서 말하는 '경영책임자등'과는 다른 차원의 개념이다. 즉, 산업안전보건법상의 안전보건관리책임자

---

4 고용노동부, 앞의 해설서, p. 22. 그러나 이에 대하여 한국경영자총협회 등 경제단체에서는 "경영책임자등의 개념과 범위가 불명확하여 중대재해처벌법에 따른 의무주체 대상을 파악하기 어려운 문제점이 있다"며 "경영책임자등의 정의 규정에서 말하는 '이에 준하여 안전보건에 관한 업무를 담당하는 사람'에 대한 개념을 시행령에 구체적으로 규정해야 하고 사업장의 안전·보건업무를 총괄·관리하는 산업안전보건법상의 안전보건관리책임자도 경영책임자가 될 수 있도록 규정을 마련할 필요가 있으며 '안전보건에 관한 업무를 담당하는 사람'이 사업을 대표하고 사업을 총괄하는 권한과 책임이 있는 사람에 준하는 권한을 보유한 경우에는 그 범위(권한과 책임) 내에서 사업대표는 책임이 면해지도록 관련 규정을 신설해야 한다"고 주장하고 있다(한국경영자총협회 등, 중대재해처벌법 시행령 제정안에 대한 경제계 공동건의서, pp. 38~40). 죄형법정주의의 원칙상 형사처벌법규는 명확하게 규정되어야 한다는 점에서 경청할 만한 주장이다.

나 안전보건총괄책임자는 사업장 단위로 선정될 수도 있어 중대재해처벌법에서의 안전보건업무책임자에 해당될 수 있는지 여부를 일률적으로는 판단할 수는 없고 구체적 사안에서 그가 안전 및 보건 업무 분야에 있어 사업 또는 사업장 전체의 조직, 인사, 예산 등에 대한 최종 결정 권한을 가지고 있는지 여부에 따라 달라질 것이다.

다) 공공기관의 장 등

중대재해처벌법은 입법과정에 논란이 되었던 공무원에 대한 가중처벌 조항[5]은 채택하지 않은 대신 '경영책임자 등'의 범위에 중앙행정기관의 장, 지방자치단체의 장, 「지방공기업법」에 따른 지방공기업의 장, 「공공기관의 운영에 관한 법률」 제4조부터 제6조까지의 규정에 따라 지정된 공공기관의 장(법 제2조 제9호 나목)도 포함되는 것으로 정하고 있다. 가목과 달리 복수의 경영책임자 개념을 규정하지 않고 일의적으로 규정하고 있다.

2) 실무상 쟁점

가) 공동대표이사의 경우

사업을 대표하고 사업을 총괄하는 권한과 책임이 있는 사람이 2명 이상 있다면 2명 모두 경영책임자등이 될 수 있으며 안전보건 확보의무 역시 공동으로 부여된 것으로 볼 수도 있다. 복수의 대표이사가 공동으로만 대표이사의 행위를 할 수 있는 공동대표이사(상법 제389조 제2항)로 되어 있는 경우, 기본적으로 모두 경영책임자등이 될 것이지만 공동대표이사 1인이 다른 공동대표이사에게 대표권행사의 특정사항에 관하여 개별적으로 위임하는 것은 가능하므로[6] 공동대표이사 제도의 운영실태가 각 회사별로 다를 수 있고, 따라서 회사 내에서의 직무, 책임과 권한 및

---

5 예컨대 박주민 의원 발의안 제12조에서는 '공무원 처벌 특례'라는 제목으로 1) 사업 또는 사업장이나 공중이용시설 및 공중교통수단에 대한 위험의 예방 및 안전관리와 보건관리 의무의 준수 여부의 감독 업무, 2) 사업 또는 사업장이나 공중이용시설 및 공중교통수단의 건축 및 사용에 대한 인·허가 업무, 3) 사업 또는 사업장에서 취급하거나 생산·제조·판매·유통 중인 원료나 제조물의 안전·보건조치의무와 관련된 감독 및 인·허가 업무의 결재권자인 공무원이 그 권한과 관련된 주의의무를 위반하여 중대재해를 야기한 때에는 1년 이상의 징역 또는 3천만원 이상 3억원 이하의 벌금에 처한다고 규정하고 있었다.
6 대법원 1989. 5. 23. 선고 89다카3677 판결.

기업의 의사결정 구조 등을 종합적으로 고려하여 실질적으로 해당 사업에서 최종 경영책임자등이 누구인지가 판단될 것이다.[7]

나) 각자대표이사의 경우

복수의 대표이사가 '각자대표이사'로 선임되어 있는 경우 1인의 대표이사가 단독으로 최종적인 의사결정을 할 수 있기 때문에 안전보건에 관한 최종적인 책임과 권한을 보유하고 실제로 관여하여 의사결정을 행한 대표이사가 경영책임자등으로 인정될 것이나, 안전보건에 관한 최종적인 책임과 권한을 공동으로 행사한 사실이 밝혀지는 등 사안에 따라서는 공범으로 의율될 수도 있다.

각자대표이사 체제에서 1인만 경영책임자로 인정되려면 사전에 각 대표이사의 권한과 책임이 명확하게 설정되어야 할 것이고 안전보건업무의 보고 및 지시 체계 등도 명확히 분리되어 있어야 할 것이다.

다) CSO(Chief Safety Officer)의 경우

실무상 기업의 CSO(Chief Safety Officer)[8]가 이 법에서 말하는 안전보건업무책임자에 해당한다고 볼 수 있는지 문제가 된다. 생각건대 CSO라는 형식적인 직함만으로 '안전보건업무책임자'에 해당하는지 여부를 판단할 수는 없고 그가 안전 및 보건 업무 영역에서 최고경영자에 준하는 최종적인 결정권한을 가지고 있는지 여부에 따라 달리 판단될 수 있다.

기업의 규모가 커짐에 따라 대표이사가 기업의 모든 업무를 담당하도록 하는 것은 그 자체로 불가능할 뿐만 아니라 전문성이 떨어질 수 있다. 따라서 기업에 따라서는 재무를 담당하는 CFO(Chief Financial Officer), 기업 내부의 사업을 총괄하는 COO(Chief Operating Officer) 등을 두고 해당 분야를 책임지도록 하는 경우가 있다. 같은 취지에서 안전·보건에 관한 다양한 경험과 전문성을 갖춘 임원을 CSO로 임명하여 CSO로 하여금 기업 전체의 안전, 보건 업무를 담당하도록 하는 것은 근로자의 생명과 신체를 보호하고자 하는 중대재해처벌법의 입법취지에도 부합한다고

---

7 고용노동부, 앞의 해설서, p. 22.
8 기업에 따라서는 환경 분야까지 함께 하여 CSEO(Chief Safety & Environment Officer)를 두는 경우도 있다.

할 것이다.

다만, CSO가 실질적인 권한이 없이 대표이사 대신 중대재해처벌법의 책임을 지는 소위 '바지사장'으로 이용되어서는 아니 될 것이고, 따라서 CSO가 안전, 보건의 영역에 있어 조직과 인사, 예산과 관련하여 형식적으로는 최종 결정 권한을 가지고 있다 하더라도 실질적으로는 대표이사에게 개별적인 결정에 관하여 보고하는 등 대표이사가 사실상 최종적인 의사결정 권한을 행사한다면 CSO에게 안전보건업무책임자로서의 지위가 인정되기는 어렵다고 할 것이다.

리) 사업총괄책임자의 면책가능성 여부

실무상 가장 문제되는 쟁점 중 하나는 안전보건업무책임자를 두었을 때 대표이사와 같은 사업총괄책임자가 면책될 수 있는지 여부이다. 이는 법 제2조 제9호 가목의 '또는'의 의미에 대하여 양자택일의 선택적 의미로 해석할 수 있는지에 대한 논의와도 연결된다.

제1견해는 중대재해처벌법상 사업총괄책임자란 사업을 대표하고 사업을 총괄하는 권한과 책임이 있는 자로 특정되어야 하며 여기에 더하여 안전보건에 관한 업무담당자로서 사업총괄책임자에 준하는 사람(안전보건업무책임자)이 있다면 그 사람역시 경영책임자등으로서 안전보건확보의무위반치사상죄의 정범이 되고, 안전보건확보의무를 위반함으로써 중대재해를 초래하는 경우 '사업총괄책임자'와 '안전보건업무책임자'는 공동정범으로서 죄책을 지게 된다고 보는 견해이다.[9] 이 견해에 의하면 '안전보건업무책임자'를 둔다고 하여 '사업총괄책임자'가 면책되는 것은 아니다. 고용노동부도 '이에 준 하여 안전보건에 관한 업무를 담당하는 사람'이 선임되어 있다는 사실만으로 사업을 대표하고 사업을 총괄하는 권한과 책임이 있는 사람의 의무가 면제된다고 볼 수 없다[10]고 하여 제1견해의 입장에 있는 것으로 보인다.

---

9 권혁, "중대재해처벌법의 법체계적 지위와 해석상 쟁점 연구", 대검찰청·노동법이론실무학회 공동학술대회 자료집(2021. 10. 29.), pp. 34~35. 다만 이 견해에 의하더라도 형사책임의 다과는 경영책임자와 안전보건 담당 책임자 사이에 안전보건확보의무 이행에 관한 최종 결정권의 행사나 그 결정에 관여한 정도를 따져서 구체적이고 개별적으로 판단되어야 하므로 경영책임자가 안전보건확보의무의 이행과 관련하여 안전보건 담당 책임자의 결정에 직간접적으로나마 전혀 개입할 여지조차 없다면 경영책임자는 비록 법상 경영책임자등에는 해당하지만 비난 가능성이 없으므로 형벌이 부과되지는 않는다고 한다.
10 고용노동부, 앞의 해설서, p. 23.

제2견해는 '또는'이라는 규정 문언의 사전적 의미는 둘 중 하나를 선택하여 결정한다는 의미이므로 중대재해처벌법 규정에서 '경영책임자등'은 '사업총괄책임자' 또는 '안전보건업무책임자' 중 어느 한 명을 의미하는 것으로 해석해야 하며, 안전보건 확보의무 이행에 관한 최종적인 의사결정권을 갖는 안전보건업무책임자가 별도로 있고 대표이사에게 이러한 권한이 없는 경우에도 대표이사가 단지 사업을 대표하고 총괄하는 자라는 이유만으로 안전보건업무책임자와 함께 여전히 경영책임자등의 지위에 있다고 보는 것은 책임주의에 반한다고 보는 견해이다.[11] 이 견해에 의하면 '안전보건업무책임자'가 있는 경우 그가 경영책임자등으로서 중대재해처벌법상 안전보건확보의무 이행의 주체가 되고 그 책임을 지게 되어 결국 사업총괄책임자는 면책될 수 있다.

중대재해처벌법에서 '경영책임자등'의 개념을 두고 그의 의무를 규정한 것이 중대재해가 발생한 경우 무조건 대표이사와 같은 사업총괄책임자를 처벌해야 하기 때문이라고는 볼 수 없다. 만일 중대재해가 발생하였을 경우 반드시 대표이사와 같은 사업총괄책임자를 처벌해야 한다는 것이 법의 취지라면 굳이 '경영책임자등'이라는 개념을 도입할 필요 없이 대표이사만을 수범자로 하여 해당 의무와 제재조항을 규정하면 될 것이기 때문이다. 중대재해처벌법이 대표이사와 같이 사업을 대표하고 총괄하는 권한과 책임이 있는 사람을 수범자로 하면서도 '경영책임자등'이라는 개념을 두어 '이에 준하여 안전보건에 관한 업무를 담당하는 사람'을 포함시킨 취지는 해당 의무이행의 주체가 반드시 사업총괄책임자여야 하는 것은 아니라는 점을 전제로 안전보건확보의무 이행의 주체가 될 수 있는 요건을 분명히 한 것이라고 할 수 있다.

법 제4조 등 의무 규정의 형식이 "… 경영책임자등은 … 조치를 하여야 한다"라고 되어 있는 것을 보더라도 해당 의무는 '사업을 대표하고 사업을 총괄하는 권한과 책임이 있는 사람'인지 '이에 준하여 안전보건에 관한 업무를 담당하는 사람'인지 구분 없이 '경영책임자등'이 부담하는 의무로 해석된다. 즉, 중대재해처벌법은 경영책임자등이 중대재해를 예방하기 위하여 어떤 의무를 이행해야 하는지에 방점이 있는 법률이기 때문에 사업 전반의 시스템을 구축할 수 있는 최종적인 권한을

---

11 최진원, "중대재해처벌법 관련 실무상 쟁점", 국회의원 박대수 주최 정책토론회 자료집(2021. 11. 22.), pp. 39~40.

보유한 자가 의무를 이행한 것이라면 그가 대표이사(사업총괄책임자)인지, 안전보건 담당 임원(안전보건업무책임자)인지 여부는 관계가 없다고 보는 것이 법의 취지에 맞는 해석이다.

국회 법제사법위원회에서 경영책임자등의 규정에 관한 몇차례의 논쟁 끝에 '사업을 대표하고 사업을 총괄하는 권한과 책임이 있는 사람 또는 이에 준하여 안전보건에 관한 업무를 담당하는 사람'으로 정한 것은 안전 및 보건에 관해 실질적으로 최종적인 권한 및 책임을 가지는 사람을 '경영책임자등'으로 보고 책임을 부과하겠다는 취지로 해석된다.[12] 안전 및 보건에 관한 최종적인 권한을 가진 사람이 별도로 있음에도 불구하고 항상 대표이사가 함께 처벌 대상이 된다고 보는 해석은 입법자의 의도에 부합하지 않을 뿐만 아니라 책임주의 원칙에도 반한다. '안전보건업무책임자'는 안전보건 분야에 있어 대표이사와 같은 사업총괄책임자에 준하여 최종적인 권한을 행사할 수 있다는 전제에서 만들어진 개념으로, 대표이사에 준하는 권한을 행사하는 만큼 사고에 대한 책임 역시 그가 진다고 보는 것이 책임주의 원칙에 부합한다.

이에 대하여 중대재해처벌법이 제정된 것은 법인의 대표이사 등이 안전보건관리책임자 등에게 안전보건에 관한 책임을 위임함으로써 산업안전보건법상의 책임을 회피하는 경우가 빈번하여 산업재해 예방을 위한 산업안전보건법의 실효성이 반감된다는 반성적 고려에 기인한 것인데 안전보건업무책임자가 단독으로 경영책임자등으로서 책임을 질 수 있다고 해석할 경우 대표이사가 안전보건업무책임자를 두는 방법으로 또 책임을 회피하게 되어 결국 법의 제정 취지가 무색해진다는 반론도 제기될 수 있을 것이다.

그러나 법인에 안전보건업무책임자를 두는 것은 대표이사가 자신에게 부과된 안전보건확보의무와 책임을 다른 사람에게 전가하는 것이 아니라 법인이 그 사무 중 안전보건에 관한 업무를 대표이사와 같은 사업총괄책임자가 아닌 '안전보건업무책임자'에게 부여하는 것으로 보아야 한다. 그리고 안전보건업무책임자가 단순히 직함만 보유하고 있거나 안전보건 업무에 대하여 최종적인 의사 결정권을 가지고 있지 않다면 중대재해처벌법상의 '경영책임자등'으로 인정받을 수 없기 때문에 논

---

12 제383회 법제사법위원회(법안심사제1소위원회) 회의록 제5호, 국회사무처, 2021. 1. 6. p. 57~59. 제383회 국회본회의 회의록 제2호, 국회사무처, 2021. 1. 8. p. 44.

의의 전제 자체가 성립되지 않고 결국 대표이사와 같은 '사업총괄책임자'가 '경영책임자등'으로서 책임을 부담하게 된다.

한편, 중대재해 사건이 실제로 발생하였을 경우 수사기관에서는 일단 제1견해와 같은 입장에서 '안전보건업무책임자'뿐만 아니라 '사업총괄책임자'까지 모두 의무 위반의 책임이 있는 '경영책임자등'에 해당한다고 보고 수사를 진행할 가능성이 높아 보인다. 이는 대표이사가 공동으로 존재할 때도 마찬가지이다. 그러나 수사기관이 제2견해의 입장에 있다 하더라도 해당 사건에 관계된 기업의 안전보건 업무를 담당하고 있는 임원이 법에서 요구하는 안전보건업무책임자의 실질을 갖추어 '경영책임자등'으로 인정될 수 있는지 여부는 수사를 통해 확인해야 하기 때문에 일단은 대표이사까지 모두 수사 대상으로 삼고 수사를 진행할 수 있다.

또한 어느 견해에 의하더라도 누구에게 형사책임을 귀속시킬 것인가의 문제는 구체적 사안에 따라 조직과 인력 운용 시스템, 보고체계 등을 확인하여 해당 의무 사항을 이행해야 하는 책임이 누구에게 있는지, 최종 권한과 책임이 있는 사람을 누구로 볼 것인가에 대한 판단으로 귀결될 것이다.

마) 특수목적법인(SPC)의 경영책임자등

특수목적법인(SPC)이 수행하는 공사현장에서 안전보건 확보의무를 부담하는 경영책임자등은 어떻게 보아야 하는지도 문제될 수 있다. 예컨대 A, B, C, D 회사가 출자하여 구성한 컨소시엄이 민간투자사업을 수주한 후 SPC를 설립하고 A, B 회사의 해당 사업 실무자 甲, 乙이 공동으로 SPC의 대표이사가 되어 공사를 진행하던 중 중대산업재해가 발생한 경우 甲, 乙이 경영책임자등으로서 책임을 지는지, A, B, C, D 회사의 대표이사들이 경영책임자등으로 인정될 여지는 없는지 등이 문제된다.

이는 A, B, C, D와 SPC의 관계, SPC의 설립 형태, 甲, 乙의 실질적인 책임과 권한 범위 등 구체적 사실관계에 따라 달라질 수 있다. A, B, C, D가 모두 투자자로서 참여하기는 하였으나 A와 B만 SPC의 경영에 관여하고 C와 D는 금융이익만 배당받기로 하였다면 C와 D는 경영책임자등의 책임을 부담하지 않을 수 있다. 그러나 C와 D 역시 경영에도 관여를 하였다면 책임이 없다고 보기는 어렵고 어떤 방식으로 경영에 관여를 하였는지에 따라 달라질 수 있다. 또한 甲, 乙이 경영책임자등으로서 책임을 지는지는 그들이 실질적으로 SPC의 사업을 총괄하고 대표한다고 할 수 있는지 여부에 따라 판단될 것이다. 이는 甲, 乙이 A, B로부터 독립하여 최종적인 의사결정권한을 가지고 있는지가 중요한 판단기준이 될 수 있고, SPC는 별도의 사업을 목적으로 구성된 법인이므로 A, B의 본래 사업이 아니라 해당 SPC의 사업을 기준으로 판단해야 한다.

결국 SPC가 A, B, C, D와 완전히 별개인 독립된 사업체이고 甲, 乙이 실질적으로 SPC의 사업을 대표하고 총괄하는 자들이라면 그들이 경영책임자등으로서 중대산업재해 발생에 대한 책임을 지게 될 것이지만, SPC가 A, B, C, D로부터 독립된 법인으로 보기 어렵고 사실상 A, B, C, D의 각 대표들이 모인 협의체가 SPC를 경영하고 있는 것이라면 A, B, C, D의 각 대표들이 경영책임자등으로서의 책임을 부담할 가능성도 있다.

바) 사업부문별 경영책임자등 인정가능성

하나의 기업에 복수의 사업부문이 있는 경우 각 부문별로 경영책임자등을 별도로 두고 각 부문의 안전보건 관련 업무만을 전담하도록 하는 것이 가능한지 문제된다.

중대재해처벌법에서 규정하고 있는 경영책임자등은 개별 사업이나 사업장에 국한되지 않는 전사적인 안전보건체계 구축이 가능한 권한과 능력을 가진 자라고 할 것이므로, 각 사업 부문이 별개 사업으로서 독립성이 인정되지 않는다면 안전보건 담당 임원이 복수의 사업부문 중 일부만을 책임지는 경우에는 경영책임자등으로 인정받기 어려울 것으로 보이고, 복수의 안전보건 담당 임원들의 상위에 있는 대표이사가 경영책임자등으로 인정될 가능성이 높다.

만일 각 사업부문이 별개의 사업으로 인정될 수 있을 정도로 독립성을 갖추고 있는 경우, 즉 각 부문이 조직도상 구분되어 있고 각 부문별로 각자 대표이사가 선임되어 있으며 인사, 예산도 독립적으로 편성되어 있는 경우에는 각 사업부문이 별개의 독립된 사업으로 인정될 수 있으므로 사업부문별로 경영책임자등을 두는 것도 가능할 것이다. 다만, 이 경우에도 복수의 사업 전체를 총괄하는 대표이사 등이 별개로 존재하고, 해당 대표이사가 각 사업의 안전보건 업무에도 관여하거나 권한과 책임이 있다고 인정되는 경우라면, 복수의 사업 전체를 총괄하는 대표이사 역시 경영책임자로 인정될 가능성이 있다.

사) 모자회사

모회사의 경영책임자등은 자회사에 대하여도 안전 및 보건 확보의무를 부담하여 자회사에서 발생한 중대재해에 대하여 형사책임을 지게 되는지 문제된다. 개별 사안에 따라 다를 수 있는데, 만약 모회사가 자회사의 주주로서의 권리행사를 하는 정도에 머무르고 각각 별개의 독립된 법인으로 경영을 하고 있다면 모회사의 경영책임자등이 의무를 부담한다고 할 수 없다. 그런데 모회사의 임직원이 자회사의 대표이사를 겸임하며 자회사가 모회사에 완전히 종속되어 있는 관계라면 자회사의 대표이사에게 최종 의사결정권이 있다고 보기 어려울 수 있다. 그런 관계에 있다면 자회사 대표이사에게 최종 의사결정권이 없고 모회사가 자회사의 구체적인 운영에 개입하며 자회사는 사업소를 법인화 한 형태에 불과하고 자회사를 사실상 독립된 법인이라 보기 어려울 것이다.

이 경우 자회사에서 중대재해가 발생한 경우 이는 자회사만의 리스크가 아니라 모회사에까지 영향을 미칠 수밖에 없다. 게다가 자회사가 조직, 인사, 예산상 독립된 사업을 영위하고 있다고 보기도 어려운 면이 있어 자회사의 대표이사가 아니라 모회사의 대표이사가 자회사의 경영책임자등으로 인정될 여지도 있다.

아) 외국인투자법인의 경영책임자등

등기부등본상 대표이사(Representative Director, RD)는 외국인으로 외국 본사나 지역사무소에서 근무하고, 한국 내 대표(General Manager, GM)의 역할은 국내에 거주하는 한국인이 담당하고 있는 외국인투자법인(이하 '외투법인')들이 있다. 외국인 대표이사는 등기부등본에 그와 같이 기재되어 있을 뿐 실질적으로 외투법인 업무에 관여하지 않고 한국인 GM이 한국 내 업무를 총괄하면서 안전·보건에 관한 기본 방침, 인사/조직/예산 등을 결정한다면 그 한국인 GM이 경영책임자등으로 평가될 것이다. 반면에 외국인 대표이사가 외국에 있으면서 외투법인의 한국 내 업무, 특히 안전·보건에 관하여 중요한 최종적인 결정을 한다면 그가 경영책임자등으로 중대재해처벌법에 따른 의무와 책임을 부담하게 될 수도 있다.

외투법인의 한국내 본사는 서울에 있고 공장은 지방에 있으면서, 공장의 안전·보건에 대해서는 외국 본사나 지역 사무소의 업무 담당 임원(Functional Head) 또는 안전·보건 담당 임원이 전적으로 관할하는 경우가 있다. 외투법인의 등기부등본상 대표이사로 되어 있는 자가 서울 본사뿐 아니라 지방 공장에 대하여 일응 경영책임자등 역할을 하는 것으로 수사기관에서는 보고 수사를 시작할 것이나, 지방 공장의 안전·보건에 대하여 대표이사에게 전혀 권한이 없는 것으로 드러나면, 수사기관은 지방 공장의 안전·보건에 대하여 최종적·궁극적인 권한을 갖는 자로서 대표이사에 준하는 지위에 있는 자가 누구인지 살펴보게 될 것이다. 그에 따라, 비록 외국에 있다 할지라도 외국 본사나 지역 사무소의 업무 담당 임원(Functional Head) 또는 안전·보건 담당 임원이 공장과 관련하여 중대재해처벌법에 따른 책임을 부담할 경영책임자등으로 인정될 가능성도 배제할 수 없을 것이다.

또한, 외투법인 그룹 중 법인 A의 안전·보건 인력이 동 그룹 내 다른 법인 B의 안전·보건에 관하여 업무 지원(shared service)을 제공하는 경우, 법인 B에서 중대재해가 발생하면 어느 법인의 경영책임자등이 중대재해처벌법에 따른 책임을 부담하게 될 것인지 문제될 수 있다. 법인 A에서 법인 B로 제공되는 안전·보건 업무 지원과 관련하여 기본 방침 설정, 인사·조직·예산 운영 등의 제반 중대재해처벌법 의무사항에 대하여 누가 실질적이고 최종적인 결정을 하는지에 따라 결정된다고 볼 수 있을 것이다. 법인 A로부터 안전·보건과 관련된 업무 지원을 제공받지만 기본적으로 법인 B가 판단하여 운영, 결정한다면 법인 B의 경영책임자등이 중대재해처벌법에 따른 책임을 부담하게 될 것이고, 만약 법인 A와 법인 B가 협의하여 운영 및 결정이 이루어진다면 각각의 경영책임자등이 공동으로 중대재해처벌법에 따른 책임을 부담하게 될 수도 있을 것이다.

외국 회사가 한국 회사와 합작(Joint Venture) 법인을 구성하여 한국에서 사업을 운영하는 경우 원칙적으로 합작 법인에서 사업을 총괄 대표하거나 그에 준하여 안전·보건을 총괄하는 사람이 있으면 그가 그 합작 법인의 경영책임자등으로 인정될 것이다. 만약 외국 회사가 최대 투자자로서 합작법인의 운영을 실질적으로 통할·결정하고 그와 같은 운영 업무에 안전·보건도 포함되어 있다면 그 외국 회사에서 그와 같은 역할을 하는 자가 합작 법인의 경영책임자등으로 인정될 수도 있을 것이다.

2. 보호 대상

가. 종사자

중대재해처벌법상 중대산업재해의 보호대상이 되는 '종사자'란 ① 「근로기준법」상의 근로자(법 제2조 제7호 가목), ② 도급, 용역, 위탁 등 계약의 형식에 관계없이 그 사업의 수행을 위하여 대가를 목적으로 노무를 제공하는 자(나목), ③ 사업이 여러 차례의 도급에 따라 행하여지는 경우에는 각 단계의 수급인 및 수급인과 위 ①, ②의 관계에 있는 자(다목)를 의미한다. 산업안전보건법상의 보호 대상이 되는 '근로자'가 사업주와의 고용관계를 전제로 하는 자에 한정되는 것과 비교된다.[13]

1) 「근로기준법」상의 근로자

「근로기준법」상의 '근로자'란 '직업의 종류와 관계없이 임금을 목적으로 사업이나 사업장에 근로를 제공하는 자'를 의미한다(근로기준법 제2조 제1항 제1호).

근로기준법상 근로자에 해당하는지 여부는 계약의 형식이 고용계약인지 도급계약인지에 관계없이 그 실질에 있어 근로자가 사업 또는 사업장에 임금을 목적으로 종속적인 관계에서 사용자에게 근로를 제공하였는지 여부에 따라 판단하여야 한다.[14]

---

[13] 대법원 2010. 5. 13. 선고 2010도2615 판결에서는 "산업안전보건법 제66조의2, 제23조 제1항 위반죄는, 단순히 사용자의 소속 근로자에 대한 관리감독 소홀에 대한 책임을 묻는 것이 아니라, 사업주가 자신이 운영하는 사업장에서 산업안전기준에 관한 규칙이 정하고 있는 바에 따른 안전조치를 취하지 않은 채 안전상의 위험성이 있는 작업을 하도록 지시하거나 안전조치가 취해지지 않은 상태에서 위와 같은 작업이 이루어졌다고 인정되는 경우에 성립하는 범죄로서, 사업주가 소속 근로자를 보호하기 위하여 안전조치를 취하여야 할 의무를 전제로 하는 것이므로, 사업주와 근로자 사이에 실질적인 고용관계가 있어야 한다(대법원 2009. 5. 14. 선고 2008도101 판결 등 참조). 여기서 실질적인 고용관계 유무는 고용계약이나 도급계약 등 근로계약의 형식에 좌우되는 것은 아니나, 근로의 실질에 있어 근로자가 종속적인 관계에서 사용자에게 근로를 제공하는 사정이 인정되는 경우에 한하여 실질적인 고용관계를 인정할 수 있다(대법원 2002. 8. 27. 선고 2002도27 판결, 대법원 2006. 4. 28. 선고 2005도3700 판결 등 참조)"고 판시하고 있다.

[14] 대법원 2020. 6. 25. 선고 2020다207864 판결에서는 "위에서 말하는 종속적인 관계가 있는지는 업무 내용을 사용자가 정하고 취업규칙 또는 복무(인사)규정 등의 적용을 받으며 업무수행과정에서 사용자가 상당한 지휘·감독을 하는지, 사용자가 근무시간과 근무장소를 지정하고 근로자가 이에 구속을 받는지, 노무제공자가 스스로 비품·원자재나 작업도구 등을 소유하거나 제3자를 고용하여 업무를 대행케 하는 등 독립하여 자신의 계산으로 사업을 영위할 수 있는지, 노무제공을

근로자에는 공무원도 포함된다.[15] 공무원은 국가공무원법, 지방공무원법 등에 따라 산업안전보건법 일부 규정(안전관리자 선임 등)은 그 적용이 배제되나 중대재해처벌법의 보호 대상에는 포함된다.

2) 사업의 수행을 위하여 대가를 목적으로 노무를 제공하는 자

도급, 용역, 위탁 등 계약의 형식에 관계없이 그 사업의 수행을 위하여 대가를 목적으로 노무를 제공하는 자도 '종사자'에 포함된다.

임금을 목적으로 종속적인 관계에서 사용자에게 근로를 제공하는 관계가 아니라 할지라도 대가를 목적으로 노무를 제공하기만 하면 중대재해처벌법상 종사자에 해당될 수 있다. 산업안전보건법에서는 산업재해로부터 보호할 필요가 있음에도 근로기준법이 적용되지 아니하는 특수형태근로종사자[16] 등을 보호 대상으로 별도 규정하면서 ① 주로 하나의 사업에 노무를 상시적으로 제공하고 보수를 받아 생활해야 하고 ② 노무를 제공할 때 타인을 사용하지 아니하여야 하며 ③ 시행령에서 정하는 직종에 종사해야 한다는 요건을 두고 있다. 그러나 이와 같은 요건이 충족되지 않더라도 '대가를 목적으로' '노무를 제공하는 자'라면 중대재해처벌법상의 종사자에 해당된다. 즉, 노무 제공시 타인을 사용해도 되고 다수의 사업에 노무를 제공해도 되며 직종에도 제한이 없다.

대가를 목적으로 노무를 제공하는 자여야 하기 때문에 자원봉사자나 지인의 사업장에서 호의로 일을 도와준 사람 등은 종사자에 해당하지 않는다.

이와 관련하여 직업교육훈련촉진법상 취업 및 직무수행에 필요한 지식, 기술 및 태도를 습득할 수 있도록 직접 현장에서 실시하는 직접 교육 및 훈련을 받는 사람인 현장실습생(산업연수생도 같다)은 근로기준법상 근로자가 아니고 대가를 목적

통한 이윤의 창출과 손실의 초래 등 위험을 스스로 안고 있는지와 보수의 성격이 근로 자체의 대상적 성격인지, 기본급이나 고정급이 정하여졌는지 및 근로소득세의 원천징수 여부 등 보수에 관한 사항, 근로제공관계의 계속성과 사용자에 대한 전속성의 유무와 정도, 사회보장제도에 관한 법령에서 근로자로서 지위를 인정받는지 등의 경제적 · 사회적 여러 조건을 종합하여 판단하여야 한다"고 판시하고 있다.

15 대법원 1998. 8. 21. 선고 98두9714 판결.

16 특수형태근로종사자는 경제적 종속관계 하에서 노무를 제공하는 자로서 일하는 방식은 전속관계 하에서의 근로자와 유사하지만 경영 위험을 스스로 부담하는 등 자영업자로서의 속성도 가지고 있기 때문에 근로기준법상 근로자에 해당하지 않는 자를 말한다. 보험모집인, 건설기계운전자, 학습지 교사, 대출모집인, 대리운전기사, 골프장 캐디, 택배 기사 등이 이에 해당한다.

으로 노무를 제공하는 자도 아니기 때문에 현장실습생이 작업 중 사망하였을 때 사업주를 중대재해처벌법위반죄로 처벌할 수 있는지가 문제된다.

이에 대하여는, 산업안전보건법 제166조의2에서 산업안전 관련 현장실습생에 대한 특례를 두면서 산업안전보건법 제38조부터 제41조까지 등에 관한 규정을 준용하도록 하고 있는데 그 결과 사업주의 안전보건조치의무 이행에 관한 한 '현장실습생'은 '근로자'로 간주되고 따라서 종사자의 개념에 포함되며, 중대재해처벌법이 산업안전보건법상 산업재해를 전제로 규정하고 있는데 현장실습 중 발생한 재해는 '산업재해'가 되므로 산업재해가 인정되는 이상 종사자 요건이 인정되지 않더라도 중대재해처벌법상 '중대산업재해'로 인정될 수 있고, 결국 사업주는 중대재해처벌법위반의 책임을 진다는 견해,[17] 산업안전보건법상 현장실습생에 대한 특례규정을 통해 현장실습생이 재해를 입었을 때 산업재해가 인정되고 그것이 일정 요건을 갖춰 중대재해처벌법상 중대산업재해에 해당된다고 하더라도 종사자가 아닌 자에 대하여 중대재해처벌법상의 안전 및 보건조치의무를 부담한다고 보아 법 제6조의 형사책임을 진다고 하면 죄형법정주의에 반할 소지가 있으므로 산업안전보건법상의 특례규정을 근거로 중대재해처벌법이 적용된다고 하는 것은 타당하지 않다는 견해, 노무의 대가는 금전적 수익만이 아니라 학습의 기회를 제공받는 것도 포함되고 실습계약을 통해 대가를 목적으로 노무를 제공하는 사람으로 볼 수 있다고 보는 견해가 있을 수 있다.

고용노동부는 2020년 10월부터 산업안전보건법의 근로자 안전보건을 위한 필수 규정 등이 현장실습생에게 준용(제166조의2)됨에 따라 근로감독을 실시하고 있지만 중대재해처벌법이 적용될 것인지 여부에 대하여는 명확한 입장을 밝히고 있지 않다. 그러나 실습생의 경우 근로자성 인정 여부에 대하여 개별적 판단이 필요하다고 하면서 직업훈련촉진법에 따라 특성화고등학교 현장에서 이루어지고 있는 현장실습과 같이 순수하게 훈련이나 교육을 목적으로 실습이 이루어지는 경우라면 임금을 목적으로 근로를 제공하는 근로자라고 할 수 없고, 이와 달리 도제학교와 일부 대학교에서 이루어지고 있는 일학습병행제에 참여하고 있는 '훈련근로자'의 경우는 '훈련근로계약서'라는 명칭의 근로계약서를 작성하고 일과 학습을 병행하고

---

17 권혁, 앞의 발표자료, pp. 37~38.

있는 근로자이므로 근로기준법이 전면적으로 적용된다는 것이 고용노동부의 입장 (고용노동부 유권해석 근기 68207-966, 2002. 3. 8. 등)이므로, 근로자성 인정 여부에 따라 중대재해처벌법 적용 여부를 판단할 것으로 보인다.

생각건대, 현장실습생이 실질적으로 중대재해처벌법의 종사자에 해당하는지 여부에 따라 판단하는 것이 타당할 것으로 보인다. 즉, 현장실습생에게 중대산업재 해가 발생한 경우 사업주와 현장실습생 사이의 채용에 관한 계약내용, 작업의 성질 과 내용, 보수 지급 여부 등 그 근로의 실질적인 내용을 검토하였을 때 직업교육 및 훈련이 주목적인 현장실습에서 더 나아가 사업주와 사용종속관계에 있다고 판 단되는 경우 근로자에 해당하여[18] 중대재해처벌법이 적용될 것이다.[19]

3) 수급인 및 수급인과 근로관계 또는 대가목적노무제공관계에 있는 자

가) 수급인

사업이 여러 차례의 도급에 따라 행하여지는 경우에 각 단계의 수급인도 종사 자로 규정하고 있다. 도급계약의 당사자라고 할 수 있는 수급인을 종사자 범주에 포함시켜 중대재해처벌법의 보호 대상으로 삼고 있는 것이다. 이는 산업안전보건법 상 도급사업주가 수급인의 근로자에 대하여 안전보건 조치의무를 부담하는 경우에 도 수급인에 대하여는 해당 의무를 부담하지 않는 것[20]과 다르다.

이와 관련하여 개인 기업 형태(근로자를 고용하여 사업을 영위)의 수급인이 보호 를 받으려면 그도 노무를 제공하는 사람이어야 한다는 견해가 있다.[21] 이 견해는 법 제5조에서 '사업주 또는 경영책임자 등은 … 「제3자의 종사자」에게 중대산업재 해가 발생하지 아니하도록 제4조의 조치를 하여야 한다'고 하여 그 보호대상에 수 급인(제3자)은 포함되지 않는 것으로 규정하고 있기 때문에 이를 고려하면 종사자

---

18 대법원은 "고등학교 졸업예정자인 실습생에 대하여 계약내용, 작업의 성질과 내용 등을 살펴 사 용종속관계가 있음이 인정되는 경우 근로기준법의 적용을 받는 근로자에 해당한다"고 판시한 바 있다(대법원 1987. 6. 9. 선고 86다카2920 판결).

19 참고로, 최근 국회에 제출된 중대재해처벌법 개정 법률안(2022. 1. 7. 이은주 의원 등 16인 발의) 에서는 '종사자'의 범위에 직업교육훈련촉진법에 따른 현장실습계약을 체결한 직업교육훈련생을 추가(법 제2조 제7호 라목 신설)하고 있다.

20 대법원 2019. 7. 26. 선고 2018도7650 판결.

21 전형배, "중대재해처벌법의 해석상 쟁점", 노동법포럼 제34호(2021. 11.), p. 276.

로서 보호받는 수급인은 스스로 노무를 제공하는 사람이라고 보는 것이다. 이에 따르면 제5조에서 보호 대상이 아닌 것으로 규정한 제3자 자체는 노무를 제공하지 아니하는 제3자를 의미한다고 한다. 법에서 종사자의 개념을 둔 취지가 노무를 제공한 사람에 대하여 근로관계와 무관하게 보호할 필요가 있다는 것이므로 직접 노무를 제공하지 않는 수급인까지 종사자의 개념에 포함시킬 근거는 없다고 보이고 타당한 해석이라고 판단된다.

한편, 중대재해처벌법상 '중대산업재해'는 '산업안전보건법 제2조 제1호에 따른 산업재해 중 특정 결과를 야기한 재해'를 말하는 것(법 제2조 제2호)으로 산업안전보건법상의 산업재해 개념에 포섭될 수 없으면 중대산업재해로도 볼 수 없는데, 수급인은 도급계약의 당사자로서 근로자성이 없기 때문에 수급인이 재해를 당한 경우는 산업재해에 해당되지 않고, 결과적으로 중대재해처벌법상의 중대산업재해에도 해당되지 않는 것이 아닐까 하는 의문이 있을 수 있다. 이는, 산업안전보건법상 '산업재해'란 '노무를 제공하는 사람이 업무에 관계되는 건설물·설비·원재료·가스·증기·분진 등에 의하거나 작업 또는 그 밖의 업무로 인하여 사망 또는 부상하거나 질병에 걸리는 것'을 말하는데 '노무를 제공하는 사람'에 근로자성이 아예 없는 개인사업주까지 포함된다고는 볼 수 없기 때문에 개인사업주가 노무를 제공하다가 재해를 당한 경우는 산업재해에 해당되지 않는다고 해석하는 데서 비롯된 의문이다. 이와 같은 해석에 따르면 수급인이 일을 하다가 재해를 당한 경우는 법 제2조 제7호 다목 규정에도 불구하고 중대재해처벌법의 보호를 받지 못한다는 결론에 이른다.

그러나, 개인사업주가 노무를 제공하다가 재해를 당한 경우를 산업재해의 개념에서부터 배제시킬 것은 아니라고 본다. 개정 산업안전보건법(법률 제16272호, 2020. 1. 16. 시행)상 '산업재해'의 개념에서 재해를 당한 사람의 범위를 '근로자'에서 '노무를 제공하는 사람'으로 개정한 것은 변화된 노동력의 사용실태에 맞게 법의 보호대상을 넓힌다는 취지로, '노무를 제공하는 사람'이 근로자성을 전제로 하는 의미라고 단정할 수는 없기 때문이다. 다만 사업주에게 부과되는 산업안전보건법상 안전보건 조치의무는 근로자와의 관계에서 인정되는 것이므로 노무를 제공하는 사람에게 근로자성이 인정되지 않으면 특수형태근로종사자와 같은 예외적인 경우가 아닌 한 사업주가 산업안전보건법상 안전보건 조치의무 미이행으로 인한 책임을 지지 않는 것일 뿐이다. 즉, 산업재해 그 자체와 산업재해에 대한 사업주의 산업안전보건법상 책임은 개념적으로 구분할 필요가 있다.

개인사업주라 하더라도 산업안전보건법상 '노무를 제공하는 사람'에 해당될 수 있고 그가 노무를 제공하다가 재해를 입을 경우 산업재해의 개념에 포섭될 수 있다. 또한 대가를 목적으로 노무를 제공하는 자의 경우 중대재해처벌법상 '종사자'에 해당하는바, 개인사업주로부터 노무를 제공받은 사업주가 산업안전보건법상의 책임은 지지 않으면서 중대재해처벌법상의 책임은 지게 되는 경우도 있을 수 있다. 이는 그 개인사업주의 지위가 '수급인'인 경우에도 마찬가지로 볼 수 있다는 것이 입법자의 의도에 부합되는 해석으로 보인다.

나) 수급인과 근로관계 또는 노무제공관계에 있는 자

사업이 여러 차례의 도급에 따라 행하여지는 경우에 각 단계의 수급인에게 근로를 제공하는 사람, 대가를 목적으로 노무를 제공하는 사람도 종사자에 포함된다. 도급계약이 여러 차례 체결된 경우에 각 단계별로 수급인의 종사자의 지위에 있는 모든 이들이 도급인과의 관계에서 종사자에 해당될 수 있다.

한편, 산업안전보건법상 사업주의 책임은 고용관계를 전제로 소속 근로자를 보호하기 위하여 안전보건조치를 하여야 할 의무에서 비롯된 것이다. 그러므로 도급인은 원칙적으로 자신의 근로자가 아닌 수급인의 근로자에 대하여 안전보건 조치의무가 없다 할 것이고, 도급인에게 그와 같은 의무를 부담시키기 위해서는 별도의 입법이 필요하다. 구 산업안전보건법(법률 제16272호로 개정되기 전의 것) 제29조가 여기에 해당한다 할 것인데 그 요건이 너무 엄격하여[22] 실무상 적용에 어려움이 있었고 근로자 보호에 미흡하다는 비판이 많았다. 검찰 실무에서는 도급인과 수급인의 근로자 사이에 실질적 고용관계가 인정된다고 볼 사정이 있을 때에는 도급인이 직접 사업주로서의 책임을 지는 것으로 의율하여 기소하기도 하였다.[23]

---

[22] 종전 산업안전보건법상 도급인에게 수급인 근로자에 대한 안전보건 조치의무가 인정되기 위해서는 ① 같은 장소에서 행하여지는 사업으로, ② 사업의 일부를 도급하거나 전문분야에 대한 공사의 전부를 도급하고, ③ 해당 장소는 산업재해의 발생 위험이 있는 22개의 장소여야 하며, ④ 도급인과 수급인의 근로자는 같은 장소에서 작업하여야 한다는 요건이 필요하였다.

[23] 중대재해처벌법 제정을 촉발시킨 태안화력발전소 하청업체 근로자 사망 사건(소위 '김용균 사망 사건')에서 검찰은 원청이 하청 소속 근로자들에 대하여 실질적, 구체적, 직접적으로 업무지시 및 관리, 감독하였기 때문에 원청과 근로자 사이에 실질적 고용관계가 존재한다고 보아 원청의 대표

이에 개정 산업안전보건법(법률 제16272호, 2020. 1. 16. 시행)은 도급인 책임 인정을 위한 종전의 요건을 삭제하고 '도급인은 관계수급인의 근로자가 도급인의 사업장에서 작업을 하는 경우에 자신의 근로자와 관계수급인의 근로자의 산업재해를 예방하기 위하여 안전 및 보건시설의 설치 등 필요한 안전조치 및 보건조치를 하여야 한다'라고 규정하여 도급인의 책임 범위를 확대하였다.

중대재해처벌법의 보호 대상인 '종사자' 개념은 위와 같은 개정 산업안전보건법의 보호 대상보다 더욱 넓다고 할 수 있다. 도급계약이 수차례 단계적으로 체결된 경우 도급계약의 당사자 지위에 있는 수급인뿐만 아니라 직접 계약관계 없는 각 단계의 수급인 모두를 포함하고, 각 수급인의 근로자, 나아가 각 수급인에게 노무를 제공하는 자들까지 모두 보호 대상이 된다.

나. 이용자 또는 그 밖의 사람

중대재해처벌법상 중대시민재해의 보호대상은 '이용자 또는 그 밖의 사람'이다. 재해자의 범위를 원료나 제조물, 공중이용시설, 공중교통수단의 이용자로 한정하지 않는다. 중대시민재해에 관한 의무규정 및 처벌규정은 일반 시민의 안전을 보호법익으로 하고 있다. '이용자 또는 그 밖의 사람'이 곧 시민이라고 해석해도 무방할 것이다.

3. 적용 범위 및 적용 시기

> 제3조 (적용범위) 상시근로자가 5명 미만인 사업 또는 사업장의 사업주 (개인사업주에 한정한다. 이하 같다) 또는 경영책임자등에게는 이 장의 규정을 적용하지 아니한다.

이사도 함께 기소하였으나 1심 법원은 원청과 근로자 사이에 실질적 고용관계를 인정하기 어렵다는 이유로 무죄를 선고하였다(대전지방법원 서산지원 2022. 2. 10. 선고 2020고단809 판결). 구의역 스크린도어 정비원 사망 사건의 경우에도 검찰은 피해 정비원이 원청과 실질적 고용관계에 있는 것으로 의율하여 기소하였으나 무죄 판결이 선고, 확정되었다(대법원 2019. 11. 14. 선고 2019도13257 판결).

부칙 제1조 (시행일) ① 이 법은 공포 후 1년이 경과한 날부터 시행한다. 다만, 이 법 시행 당시 개인사업자 또는 상시근로자가 50명 미만인 사업 또는 사업장(건설업의 경우에는 공사금액 50억원 미만의 공사)에 대해서는 공포 후 3년이 경과한 날부터 시행한다.

가. 상시근로자 5인 이상인 사업 또는 사업장

중대산업재해에 관하여 규율하고 있는 법 제2장의 규정은 상시근로자[24]가 5명 미만인 사업 또는 사업장의 개인사업주 또는 경영책임자등에게는 적용하지 아니한다.

근로기준법상 '사업'이란 경영상의 일체를 이루는 기업체 그 자체를 말하며, 경영상의 일체를 이루면서 유기적으로 운영되는 기업 조직은 하나의 사업이다.[25] 중대재해처벌법이 기업의 안전보건관리체계 미비로 인해 일어나는 중대재해 사고를 사전에 방지하기 위하여 사업을 대표하는 경영책임자등에 대한 처벌규정을 두고 있는 입법취지를 고려할 때 '사업 또는 사업장'이란 경영상 일체를 이루면서 유기적으로 운영되는 기업 등 조직 그 자체를 의미하며 사업장이 장소적으로 인접할 것을 요하지 않는다. 어떤 기업이 본사와 지사, 생산 업무를 담당하는 공장, 기술개발을 하는 연구소 등 부설기관을 두고 있을 때 이는 전체적으로 하나의 사업 또는 사업장으로 보게 된다.

'근로자'란 근로기준법상의 근로자를 말하고,[26] '상시근로자'란 상시 사용되고 있는 것이 객관적으로 판단될 수 있는 상태의 근로자를 말한다. '상시'라 함은 '평상시'의 준말로 일정한 기간 계속되는 시기를 뜻한다. 그러므로 기간의 정함이 없는 근로계약을 체결한 통상의 근로자뿐만 아니라 기간제 근로자, 일용근로자[27] 등 고용형태를 불문하고 상태적으로 근로하는 모든 근로자를 포함하여 산정한다.

---

24 상시근로자 수 산정방법에 대해 중대재해처벌법 및 시행령에 별도의 규정이 없어 근로기준법에 따라 산정한다. 상시근로자 수는 해당 사업 또는 사업장에서 법적용 사유 발생일 전 1개월 동안 사용한 근로자의 연인원을 같은 기간 중의 가동일수로 나누어 산정한다. 즉 '상시사용근로자 수 = 일정사업기간 내 사용 근로자 연인원 수 / 일정사업기간 내의 사업장 가동일수'이다(근로기준법 시행령 제7조의2 제1항).
25 대법원 1993. 2. 29. 선고 91다21381 판결, 대법원 2018. 7. 26. 선고 2018도7650 판결 등.
26 고용노동부, 앞의 해설서, p. 34.
27 대법원 2000. 3. 14. 선고 99도1243 판결.

그러나 법 제2조 제7호 나목(도급, 용역, 위탁 등 계약의 형식에 관계 없이 그 사업의 수행을 위하여 대가를 목적으로 노무를 제공하는 자) 및 다목(도급, 용역, 위탁 등을 행한 제3자의 근로자)에 해당하는 사람은 개인사업주 또는 경영책임자등이 안전 및 보건 확보의무를 부담하는 대상인 종사자에 해당할 뿐 해당 사업 또는 사업장의 상시근로자에는 포함되지 않는다.[28] 따라서 도급인 소속의 상시근로자가 5명 미만인 경우 수급인 소속 상시근로자가 5명 이상이 된다 하더라도 도급인은 법 제2장 규정의 적용을 받지 않게 된다. 반대로 도급인의 상시근로자가 5명 이상이라면 수급인의 상시근로자가 5명 미만이라 하더라도 도급인은 자신의 근로자뿐만 아니라 수급인과 수급인의 근로자에 대하여도 법 제2장에 규정된 안전 및 보건 확보의무를 부담하고 위반에 따른 책임도 진다.

다만, 산업안전보건법 시행령 제16조 제3항(안전관리자의 선임을 요하는 사업장)과 산업안전보건법 시행령 제52조(안전보건총괄책임자를 지정해야 하는 사업장)는 관계 수급인의 상시근로자를 도급인의 상시근로자에 포함하여 산정하도록 하고 있는데, 이러한 경우에는 예외적으로 수급인의 상시근로자도 도급인의 상시근로자 수에 포함하여 계산하여야 할 것이다.

여기서 법 제3조가 '상시근로자가 5명 미만인 사업 또는 사업장의 사업주(개인사업주에 한정한다, 이하 같다) 또는 경영책임자등에게는 이 장의 규정을 적용하지 아니한다'고 규정되어 있어 문언상으로만 보면, 상시근로자가 5명 미만인 사업장의 경우 법 제2장의 규정이 적용되지 않는 사업주가 개인사업주에 한정된다고 하므로 반대해석상 법인사업주의 경우에는 상시근로자가 5명 미만이어도 제2장의 규정이 적용된다고 해석되는 것인지가 문제된다.

이에 대하여는 ① 법문에 '개인사업주에 한정한다'고 되어 있으므로 법인사업주의 경우에는 예외 없이 중대재해처벌법 규정이 모두 적용된다는 견해[29]와, ② 중대재해처벌법 제3조는 상시근로자 5명 미만의 사업 또는 사업장에 대하여 의무규정과 처벌규정의 적용을 면제하려는 취지이고, 법인에 대하여 중대재해처벌법 제7조의 양벌규정을 적용하려면 행위자인 경영책임자등의 처벌이 전제되어야 하는데 중대재해처벌법 제3조의 규정상 상시근로자 5명 미만인 법인의 경영책임자등에게

28 고용노동부, 앞의 해설서, p. 33.
29 신승욱/김형규, 「중대재해처벌법」(2021), p. 42.

는 처벌규정이 적용되지 않으므로 법인의 경우에도 처벌이 어렵다는 견해[30]가 있다.

전자의 견해에서는 판례가 양벌규정에 의한 영업주(법인)의 처벌에 있어서 종업원의 범죄성립이나 처벌을 요하는지 여부와 관련하여 "양벌규정에 의한 영업주의 처벌은 금지·위반행위자인 종업원의 처벌에 종속하는 것이 아니라 독립하여 그 자신의 종업원에 대한 선임·감독상의 과실로 인하여 처벌되는 것이므로 종업원의 범죄성립이나 처벌이 영업주 처벌의 전제조건이 될 필요는 없다"는 입장이므로,[31] 상시근로자 5인 미만인 사업장의 경영책임자는 처벌받지 않더라도 법인사업주만 양벌규정으로 처벌받는 것이 이론상 가능하다는 것을 논거로 한다.

생각건대, 상시근로자가 5인 미만인 사업 또는 사업장을 법 적용 범위에서 제외하게 된 입법경위에 비추어 볼 때 사업주가 법인인지 개인인지에 따라 영세사업자의 보호 필요성이 달라지는 것은 아니고, 법사위 회의록[32]이나 본회의 회의록[33]의 기재 내용을 보더라도 제3조의 규정은 상시근로자가 5인 미만인 경우 법 제2장의 규정을 적용하지 않는다는 취지일 뿐 개인사업주와 법인사업주를 구분하여 해석할 만한 단서는 어디에도 없다. 그러므로 입법자의 의도에 부합하게 상시근로자가 5인 미만인 경우 모두 적용이 제외된다고 해석하는 것이 타당하다고 본다.

이와 같은 논란은 원래 법 제3조가 본회의 상정을 이틀 앞둔 시점까지도 법안에 없다가 막판 논의 과정에 들어간 조항으로 해당 조항이 적용 범위에 대한 규정이라는 이유로 중대산업재해 관련 규정들 중 첫번째 조항으로 위치하게 되었는데, 그 과정에 당초 법률안 제3조가 제4조로 자리를 옮기게 되면서 기존 법률안의 "제3조(사업주와 경영책임자등의 안전 및 보건 확보의무) ① 사업주(개인사업주에 한정한다. 이하 같다) 또는 경영책임자등은 사업주나 법인 또는 기관이 실질적으로 지배·운영·관리하는 사업 또는 사업장에서 종사자의 안전·보건상 유해 또는 위험을 방지하기 위하여 … 하여야 한다"는 규정 중 '개인사업주에 한한다. 이하 같다'라는 부분을 '사업주'가 최초로 언급되는 제3조(적용범위)로 옮김에 따라 발생한 것으로 보인다.

결국 법 제3조가 적용을 제외하는 범위에 대하여 규정하는 조항인데 단지 이하

---

30 송인택 외 4, 「중대재해처벌법해설」(2021), p. 90.
31 대법원 2006. 2. 24. 선고 2005도7673 판결, 대법원 1987. 11. 10. 선고 87도1213 판결 등.
32 제383회 법제사법위원회(법안심사제1소위원회) 회의록 제5호, 국회사무처, 2021. 1. 6. p. 19.
33 제383회 국회본회의 회의록 제2호, 국회사무처, 2021. 1. 8. p. 44.

에서 반복되는 '사업주'라는 용어가 먼저 등장했다는 이유로 적용범위를 규정하는 내용을 그대로 차용하여 그 대상을 다시 한정하는 듯한 형식으로 규정하는 바람에 해석상 혼란이 발생한 것으로 보인다.

상시근로자가 5명 미만인 사업 또는 사업장의 개인사업주 또는 경영책임자에게 적용되지 아니하는 '이 장(제2장, 중대산업재해)의 규정'과 관련하여, 규정 형식상으로는 제2장의 규정만 적용이 배제되고 제4장의 보칙규정(제12조 형확정사실통보, 제13조 중대산업재해발생사실공표, 제15조 징벌적손해배상 등)은 적용이 배제되지 않는 것으로 해석될 여지가 있지만 입법취지를 고려해 보면 제4장의 보칙규정에서도 제2장의 중대산업재해 규정이 적용되는 것을 전제로 한 규정들은 당연히 적용되지 않는다고 해석하는 것이 타당하다고 생각된다.

나. 개인사업자 또는 상시근로자 50명 미만인 사업 또는 사업장

이 법 시행 당시 개인사업자 또는 상시근로자가 50명 미만인 사업 또는 사업장(건설업의 경우에는 공사금액 50억원 미만의 공사)에 대해서는 공포 후 3년이 경과한 날(2024. 1. 27.)부터 시행한다. 이 법 시행 당시에는 50명 미만이었으나 2024. 1. 27. 이전에 50명 이상이 된 법인이나 기관의 경우 50명 이상이 된 시점부터 적용대상이 된다.

여기서 다른 조항에서 사용하고 있는 '개인사업주'와 달리 '개인사업자'라는 개념을 사용하고 있으면서 그에 대한 개념 정의 규정은 없어 개인사업주와 다른 개념인지 여부가 문제된다.

이에 대하여는 부칙 제1조 단서의 '개인사업자'는 '개인사업주'와 동일한 의미라고 하는 견해(즉, 입법과정에서 표현상의 오류로 보는 견해)[34]와 개인사업자는 부가가치세법 등에서 사용되는 과세대상자로서 법인사업자에 대비되는 사업의 주체가 개인인 경우를 의미하고, 법문에 3년간 유예대상자를 '개인사업주'가 아니라 '개인사업자'로 표현하고 있으므로 개인사업자에 대하여만 3년간 적용이 유예된다고 해석

---

[34] 고용노동부는 개인사업자를 개인사업주와 동일하게 해석하여 개인사업주에 대하여는 부칙 제1조 단서에 따라 상시근로자 수에 관계 없이 3년간은 법 적용이 유예된다는 입장으로 보인다(고용노동부, 앞의 해설서, p. 37)

하는 견해가 있다.

생각건대, 중대재해처벌법에서 '사업주'의 개념에 대하여는 정의규정을 두고 있으면서(제2조 제8호) '사업자'에 대하여는 정의 규정을 두고 있지 않는 점, 중대재해처벌법에 부가가치세법 등에서 사용하는 사업자 개념을 사업주와 구별하여 법의 적용시기를 달리 정할 합리적 이유가 없는 점 등을 종합해 보면, 동일한 개념으로 해석하는 것이 타당하다고 본다.

건설업의 경우, 사업 또는 사업장 단위가 아니라 개별 건설공사를 단위로 공사금액이 50억원 이상인지 여부를 기준으로 시행 시기가 결정된다. 여기서 공사금액이 해당 사업장에서 수행되는 공사의 전체 금액을 말하는지, 아니면 도급인과 수급인 등이 각자 수주한 공사금액을 말하는지가 문제될 수 있다. 이에 대하여 고용노동부는 '법 부칙 제1조 제1항 단서에 따른 공사금액 50억원 미만의 공사는 건설공사가 수행되는 각 사업장(공사현장) 단위로 판단하되, 공사금액은 당사자가 계약을 체결한 총 공사금액으로서, 시공사인 도급인은 발주자와 계약한 금액을 기준으로, 수급인은 도급인과 체결한 공사금액을 기준으로 판단'하며 '이때 총 공사금액은 부가가치세를 합산하여 산정한다'는 입장을 취하고 있다.[35]

고용노동부의 입장에 따르면 수급인의 작업 영역에서 중대재해사고가 발생한 경우 해당 작업을 담당한 수급인은 도급인과 계약을 체결한 공사금액이 얼마인지에 따라 법 적용 대상 여부가 결정되고 도급인은 해당 사고가 어느 영역에서 발생하든 발주자와 체결한 총 공사대금이 50억원 이상이 되면 법 적용 대상이 되는 결론에 이른다.

생각건대, 건설업에 대하여 사업 또는 사업장 단위가 아니라 개별 건설공사의 공사금액을 기준으로 시행 시기를 유예한 것은 건설업을 영위하는 법인이나 기관 자체의 규모보다 사고가 발생한 해당 공사 자체의 규모를 기준으로 판단하는 것이 필요하다는 취지로 해석되고, '해당 공사'는 도급인과 수급인 간에 체결된 도급 계약에 따른 공사를 가리킨다고 보아야 하고 도급인과 수급인에게 각각 별개의 기준을 적용할 근거는 없어 보인다. 그러므로 도급인의 경우에도 사고가 발생한 해당 도급계약의 공사금액을 기준으로 법 적용시기를 판단해야 한다는 반론도 가능하다

---

35 고용노동부, "중대재해처벌법령 FAQ", 2022. 1. p. 16.

고 판단된다.

다. 적용대상 사업장 여부가 문제되는 경우

1) 사무직에 종사하는 근로자만을 사용하는 사업장

중대재해처벌법은 경영책임자가 '재해예방에 필요한 인력 및 예산 등 안전보건 관리체계의 구축 및 그 이행에 관한 조치(법 제4조 제1항 제1호)'를 하도록 규정하면 서 구체적인 사항은 대통령령으로 정하도록 하고 있고(같은 조 제2항), 중대재해처 벌법 시행령 제4조는 그 구체적인 사항을 규정하면서 산업안전보건법상 여러 규정 을 인용하거나 전제로 하여 규정하고 있다. 그런데 산업안전보건법은 법의 적용범 위를 규정한 제3조의 단서에서 '유해·위험의 정도, 사업의 종류·규모 및 사업의 소재지 등을 고려하여 대통령령으로 정하는 사업 또는 사업장에는 산업안전보건법 의 전부 또는 일부를 적용하지 않을 수 있다'고 규정하고 있으므로 이러한 적용 제 외 사업 또는 사업장에 해당할 경우 중대재해처벌법 시행령 제4조의 의무도 적용 되지 않게 된다. 예컨대 산업안전보건법 시행령 제2조 제1항에서는 법의 일부를 적 용하지 않는 사업 또는 사업장 및 적용제외 법규정을 [별표 1]에서 규정하고 있는 데, 제5호 다목은 '사무직에 종사하는 근로자만을 사용하는 사업장(사업장이 분리된 경우로서 사무직에 종사하는 근로자만을 사용하는 사업장을 포함)'은 산업안전보건법의 일부 규정의 적용을 제외[36]하고 있어, '사무직에 종사하는 근로자만을 사용하는 사 업장'에 대하여는 중대재해처벌법 적용이 배제되는지 여부가 문제된다.

이에 대하여는 중대재해처벌법이 직무의 종류에 따른 법의 적용 제외 여부를 규정하고 있지 않으므로 해당 사업 또는 사업장의 상시근로자가 모두 사무직인 사 업 또는 사업장도 중대재해처벌법이 적용된다는 견해[37]와 본사 사업장 등이 사무직 에 종사하는 근로자만을 사용하는 사업장에 해당하는 경우 산업안전보건법 일부 규정들의 적용이 제외될 뿐 아니라 해당 규정을 준용하는 중대재해처벌법 시행령

---

[36] 산업안전보건법 제2장 제1절(안전보건관리체제)·제2절(안전보건관리규정), 제3장(안전보건교육), 제5장 제2절(도급인의 안전조치의무, 제64조 제1항 제6호는 제외)의 적용을 배제하고, 다만 제4 장(유해·위험방지조치)은 적용하도록 하고 있다.

[37] 고용노동부, 앞의 해설서, p. 34

제4조의 의무들도 적용 제외를 받을 수 있다는 견해[38]가 대립하고 있다.

생각건대, 사무직에 종사하는 근로자만을 사용하는 사업장이라고 하더라도 모든 산업안전보건법상의 규정이 적용되지 않는 것이 아니므로 일률적으로 중대재해처벌법이 적용된다거나 적용되지 않는다고 해석할 수는 없고, 각 개별 규정을 살펴 판단하여야 할 것으로 판단된다.

2) 해외 법인

중대재해처벌법은 사업장 소재지에 대하여 별도의 제한 규정을 두고 있지 않기 때문에 해외에 있는 사업장에서 중대재해가 발생한 경우 중대재해처벌법이 적용되는지 여부는 형법총칙(제3조 내지 제6조) 규정에 따른다. 그러므로 내국인이 국외에서 중대재해처벌법을 위반한 경우에도 원칙적으로는 적용대상이 되고(형법 제3조), 외국에서 발생한 중대재해로 우리 국민이 피해자가 된 경우 가해자가 외국인이라 하더라도 중대재해처벌법이 적용될 수는 있다(형법 제6조 본문). 다만 후자의 경우 해당 국가에서는 범죄를 구성하지 아니하는 경우가 다수여서 실제 적용되는 사례는 거의 없을 것으로 보인다(같은 조 단서).

이와 관련하여 대검찰청은 '외국법에 따라 설립된 국내기업의 해외법인도 국내기업 소속 근로자가 출장, 파견을 통해 업무를 수행하고 있고 국내법인 또는 기관이 해당 사업을 실질적으로 지배·운영·관리한다면 해외법인의 사업장이라 하더라도 중대재해처벌법이 적용된다'는 입장인 것으로 알려졌다.[39] 이를 두고 해외에 설립된 법인은 법 적용 대상이 아니라는 고용노동부의 입장과 배치되는 해석이라고 보는 견해도 있으나, 검찰의 입장은 해외법인이 법의 적용 대상이 될 수 있다는 원론적인 설명을 한 것일 뿐 구체적인 사안을 염두에 둔 판단은 아닌 것으로 보인다. 즉, 내국인의 국외에서의 행위에도 중대재해처벌법이 적용된다는 것이고 국내 기업이 해외법인의 사업을 실질적으로 지배·운영·관리한 경우 적용 대상이 될 수 있다는 것이다. 그러나 현실적으로는 해외 사업장에서 발생한 사고와 관련하여 우리나라 수사기관이 수사를 진행하는 것은 국제법적인 문제 때문에 용이하지 않을 것으로 보인다. 또한 국내 기업이 해외 법인의 사업 또는 사업장을 실질적으로 지배·운영·관리한

---

38 최진원, 앞의 토론회 발표 자료, p. 53.
39 "오락가락 중대법... 고용부 '해외법인은 제외' 검찰 '적용대상'", 매일경제신문, 2022. 2. 10.

다고 볼 수 있는 경우도 상정하기 어렵다는 점에서 현실적으로는 쉽지 않아 보인다.

라. 상시근로자 산정시 포함 여부가 문제되는 경우

1) 파견근로자

'근로자파견'이란 파견사업주가 근로자를 고용한 후 그 고용관계를 유지하면서 근로자파견계약의 내용에 따라 사용사업주의 지휘, 명령을 받아 사용사업주를 위한 근로에 종사하게 하는 것을 말한다(파견근로자 보호 등에 관한 법률 제2조 제1호, 이하 '파견법'이라고 한다). 그리고 '파견근로자'란 파견사업주가 고용한 근로자로서 근로자 파견의 대상이 되는 사람을 말한다(파견법 제2조 제5호). 사용사업주의 상시근로자 수를 산정함에 있어 이와 같은 파견근로자를 포함시키는지 여부가 문제된다.

중대재해처벌법은 노무를 제공하는 법적 형태를 중시하는 입법이 아니라 노무를 제공하는 모든 사람의 생명과 신체를 보호하는 것이 목적이므로 하나의 사업장 안에서 노무를 제공하는 방식이 무엇이든 동일한 사고의 위험이나 동일한 유해인자의 위험에 노출되어 노무를 제공하는 사람은 모두 상시근로자 수를 산정함에 있어 포함시켜야 한다고 해석하는 견해[40]와 파견법 제35조가 중대재해처벌법의 경우를 포함하는 규정을 두고 있지 않고, 중대재해처벌법은 매우 엄격한 형벌을 규정하고 있다는 점 등에서 그 적용범위를 명문의 규정 없이 확대하여 해석하는 것은 죄형법정주의 원칙상 바람직하지 않고, 파견근로자는 상시근로자에서 제외된다는 견해가 있다.

생각건대, 근로기준법 시행령에서는 상시근로자 수를 산정할 때 파견법 제2조 제5호에 따른 파견근로자를 제외하도록 정하고 있는데(근로기준법 시행령 제7조의2 제4항), 이와 같은 명문의 규정에 반하는 해석은 받아들이기 어렵다. 파견근로자를 사용하는 사용사업주를 사업주로 보아 근로기준법이나 산업안전보건법을 적용하는 문제와 파견근로자를 상시근로자 수 산정에 포함시켜야 하는지의 문제는 별개의 문제로

---

[40] 전형배, 앞의 논문, pp. 276~277. 한편, 고용노동부는 파견법 제35조(파견 중인 근로자의 파견근로에 관하여는 사용사업주를 산업안전보건법 제2조 제4호의 사업주로 본다)의 규정 및 도급·용역·위탁 등의 관계에서만 적용되는 안전 및 보건확보의무를 별도로 규정하고 있는 체계 등을 고려할 때 파견근로자는 개인사업주나 법인 또는 기관의 상시근로자에 포함된다는 입장이다(고용노동부, 앞의 해설서, p. 34).

보아야 할 것이다. 이는 도급, 용역, 위탁 등의 경우 제3자의 근로자는 개인사업주나 경영책임자등이 안전보건 확보의무를 부담하는 대상이 될 수는 있지만 도급인의 해당 사업 또는 사업장의 상시근로자에 포함되지는 않는 것과 같은 논리 구조이다.

파견근로자에 대하여는 파견법 제35조에 의하여 사용사업주가 산업안전보건법상의 안전보건 조치의무를 부담하고, 중대재해처벌법 제2조 제7호에 의하여 종사자의 지위를 가지게 되지만, 그렇다고 하여 사용사업주의 상시근로자 수를 산정함에 있어 근로자로 간주하여 포함시키는 것은 법문의 한계를 벗어난 해석으로 보인다. 결국 사용사업주의 상시근로자 수에 파견근로자를 포함시키지 않음으로써 상시근로자 수가 5인 미만이 된 경우 사용사업주의 경영책임자등은 법 제4조 및 제5조의 안전보건 확보의무를 부담하지 않는다.

2) 현장실습생(산업연수생)

현장실습생의 경우 순수한 기술이나 지식 습득을 목적으로 하고 대가를 받지 않으므로 근로기준법상 근로자로 볼 수 없고, 따라서 상시근로자 수 산정에서도 제외될 것이다. 고용노동부도 "산업연수생이 순수한 기술, 기능 또는 지식의 습득을 목적으로 국내에 연수차 체류하고 있는 경우라면 근로기준법상 근로자로 볼 수 없으며 따라서 상시근로자 산정에서 제외할 수 있다"라는 입장이다.[41]

앞의 종사자에 대한 설명에서 언급한 바와 같이 현장실습생이나 산업연수생의 경우에도 근로를 제공한 데 대한 대가를 수수하는 경우에는 근로기준법상의 근로자에 해당할 수 있고, 따라서 그러한 경우에는 상시근로자 수 산정에 포함시켜야 할 것이다.

---

41 고용노동부 유권해석 근기 68207-966, 2002. 3. 8.

중대산업재해

1. 개념

가. 중대재해처벌법상 정의

중대재해처벌법에서의 중대산업재해란 산업안전보건법 제2조 제1호에 따른 산업재해 중 ① 사망자가 1명 이상, ② 동일한 사고로 6개월 이상 치료가 필요한 부상자가 2명 이상 또는 ③ 동일한 유해요인으로 급성 중독 등 대통령령으로 정하는 직업성 질병자가 1년 이내에 3명 이상 발생한 경우를 말한다(법 제2조 제2호).

이는 산업안전보건법에서의 '중대재해'가 산업재해 중 ① 사망자가 1명 이상 발생한 재해 또는 ② 3개월 이상의 요양이 필요한 부상자가 동시에 2명 이상 발생한 재해, ③ 부상자 또는 직업성 질병자가 동시에 10명 이상 발생한 재해를 말하는 것(산업안전보건법 제2조 제2호, 같은 법 시행규칙 제3조)과 차이가 있다.

나. 산업안전보건법상 산업재해

중대산업재해는 산업안전보건법의 산업재해를 전제로 하고 있기 때문에 산업재해의 개념에 포섭되지 않는 것에 대하여는 중대산업재해를 논할 수 없다. 산업재해는 노무를 제공하는 사람이 업무에 관계되는 건설물·설비·원재료·가스·증기·

분진 등에 의하거나 작업 또는 그 밖의 업무로 인하여 사망 또는 부상하거나 질병에 걸리는 것을 말한다(산업안전보건법 제2조 제1호).

다. 사망자가 1명 이상 발생한 경우

사망의 경우 그 원인에 대하여 특별히 제한을 두지 않고 있으므로 산업재해에 해당하는 경우라면 사고에 의한 사망뿐만 아니라 질병에 의한 사망도 중대산업재해에 포함된다. 사고 당시에는 종사자가 사망하지 않았으나 일정 시간 경과 후 사망에 이른 경우 그때부터 중대산업재해가 발생한 것으로 된다.

그런데, 질병에 의한 사망과 관련하여 예컨대 암으로 사망자가 발생한 경우에 중대재해처벌법이 적용되는지 여부가 문제될 수 있다. '중대산업재해'에 해당하기 위하여는 「산업안전보건법」 제2조 제1호에 따른 산업재해에 해당하여야 하고(법 제2조 제2호), '중대시민재해'에 해당하기 위하여는 특정 원료 또는 제조물, 공중이용시설 또는 공중교통수단의 설계·제조·설치·관리상의 결함을 원인으로 하여 발생한 재해에 해당하여야 한다(법 제2조 제3호). 따라서 직업성 질병이 특정 원료나 제조물을 원인으로 발생하거나 납이나 수은에 의한 급성중독 등 중대재해처벌법 시행령이 정하는 직업성 질병(시행령 제2조 별표 1 직업성 질병)에 해당된다면 중대재해처벌법이 적용될 수 있고, 업무 스트레스로 인하여 암이 발병된 사실이 입증된다면 산업재해에 해당하여 중대재해로 인정될 수도 있을 것이나, 암의 발병이 업무로 인한 것임을 입증하는 것이 쉽지 않을 것으로 보인다.

한편, 자살은 자해행위에 따른 사망으로 원칙적으로 산업재해에 해당되지 아니하나, 업무상 사유로 정상적인 인식능력이 떨어진 상태에서 자살한 경우에는 산업재해에 해당될 수 있고(산업재해보상보험법 제37조 제2항), 대법원도 "업무로 인하여 질병이 발생하거나 업무상 과로나 스트레스가 그 질병의 주된 발생원인에 겹쳐서 질병이 유발 또는 악화되고, 그러한 질병으로 인하여 정상적인 인식능력이나 행위선택능력, 정신적 억제력이 결여되거나 현저히 저하되어 합리적인 판단을 기대할 수 없을 정도의 상황에서 자살에 이르게 된 것이라고 추단할 수 있는 때에는 업무와 사망 사이에 상당인과관계를 인정할 수 있다"[1]고 하여 산업재해보상보험법상의

---

[1] 대법원 2019. 5. 10. 선고 2016두59010 판결.

업무상재해로 인정하기도 하는 점 등을 고려할 때 직장내 괴롭힘이나 성희롱 등으로 인하여 근로자가 자살한 경우 중대재해처벌법이 적용될 가능성도 있다. 다만, 산업재해보상보험법상 업무상재해로 인정된다고 하여 산업재해로 인정된다고는 할 수 없고,[2] 직장내 괴롭힘 등으로 인한 자살의 중대재해처벌법 적용가능성 여부는 중대재해처벌법 제4조 제1항 제4호의 안전·보건 관계 법령에 근로기준법, 남녀고용평등법 등도 포함되는지 여부, 자살로 인한 재해와 업무와의 상당인과관계 외에도 개인사업주 또는 경영책임자등의 안전보건 확보의무 위반과의 상당인과관계 인정 여부 등에 따라 결론이 달라질 수 있을 것이다.

아울러 최근 코로나바이러스감염증-19(COVID-19, 이하 '코로나19'라고 한다) 확산과 관련하여, 근로자가 코로나19 확진을 받아 사망하거나 3개월 이상의 치료를 요하는 확진 환자가 10명 이상 발생한 경우에도 중대재해처벌법 적용 대상이 되는지 문제될 수 있다. 코로나19는 전 세계적 감염병으로서 특정 사업장의 유해위험요인이라고 할 수 없어 중대재해처벌법상 중대산업재해 적용의 전제가 되는 '산업안전보건법 제2조 제1호에 따른 산업재해'라고 보기는 어려울 것으로 생각된다. 그러나 업무에 관계되는 건설물·설비·원재료·가스·증기·분진 등에 의하거나 작업 또는 그 밖의 업무로 인하여 코로나19에 걸렸고 개인사업주나 경영책임자등이 안전·보건 관계 법령에서 정한 의무를 이행하지 아니하여 확진 또는 환자가 확산되어 중대재해가 발생하였다는 점이 입증될 경우에는 중대재해처벌법이 적용될 가능성도 있다고 할 것이다. 다만 근로자가 수행한 업무와 재해와의 상당인과관계, 경영책임자등의 의무 위반과 재해 발생과의 상당인과관계 등이 인정되기는 쉽지 않을 것으로 보인다.

라. 동일한 사고로 6개월 이상 치료가 필요한 부상자가 2명 이상 발생한 경우

동일한 사고란 하나의 사고 또는 시간적·장소적으로 근접성을 갖는 일련의 과정에서 발생한 사고를 말한다.[3] 예컨대 화재, 폭발 사고 시 직접적으로 화상을 입은

---

2 산업재해보상보험법상 업무상재해는 근로자에 대한 신속한 보상을 목적으로 하므로 업무와의 인과관계성을 상대적으로 폭넓게 인정하는 것이어서 그대로 산업안전보건법상 산업재해에 적용할 수는 없다(권혁, 앞의 발표자료, p. 36).
3 고용노동부, 앞의 해설서, p. 11.

경우 외에 폭발압 충격으로 인한 추락, 파편으로 인한 충돌 등을 포함한다. 그러나 사고가 발생한 원인이 같다 하더라도 시간적·장소적 근접성이 없는 경우에는 동일한 사고라고 할 수 없다.

6개월 이상 치료가 필요하다는 말은 해당 부상에 대한 직접적인 치료에 6개월 이상이 필요하다는 의미로, 진단서 등에 '약 6개월'로 기재된 경우도 해당하는지, 처음받은 진단서와 달리 진료기간이 추가된 진단서를 제출한 경우 그대로 합산하여 계산해야 하는지 등이 실무상 문제될 수 있다. 결국 진단서나 의사의 소견서 등을 기초로 하여 '약 6개월은' 6개월을 포함하는 의미인지, 늘어난 기간이 직접적 치료행위에 필요한 기간인지, 단지 재활기간까지 포함하거나 법적용을 위하여 특별한 사유 없이 치료기간만 연장한 것인지 등을 판단해야 할 것이다.

마. 동일한 유해요인으로 직업성 질병자가 1년 이내에 3명 이상 발생한 경우

'유해요인'이란 중대재해처벌법 시행령 별표 1에서 급성중독 등 직업성 질병의 원인으로 열거하고 있는 각종 화학적 유해인자, 유해작업 등을 말하고, '동일한 유해요인'이란 노출된 각 유해인자와 유해물질의 성분, 작업의 양태 등이 객관적으로 동일한 경우를 말한다.[4]

'직업성 질병'이란 작업환경 및 일과 관련한 활동에 기인한 건강장해를 의미하는데, 중대재해처벌법은 직업성 질병의 범위에 대하여 '급성중독'을 예로 들면서 대통령령에서 정하도록 위임하였다. 그리고 시행령 제2조 및 [별표 1]에서는 중금속·유기용제에 의한 중독, 생물체에 의한 감염질환, 기온·기압 등에 기인한 질병 등 24가지를 규정하였다.

중대재해 처벌 등에 관한 법률 시행령 [별표 1]

직업성 질병(시행령 제2조 관련)

1. 염화비닐·유기주석·메틸브로마이드(bromomethane)·일산화탄소에 노출되어 발생한

---

4 고용노동부, 앞의 해설서, p. 12.

중추신경계장해 등의 급성중독

2. 납이나 그 화합물(유기납은 제외한다)에 노출되어 발생한 납 창백(蒼白), 복부 산통(産痛), 관절통 등의 급성중독

3. 수은이나 그 화합물에 노출되어 발생한 급성중독

4. 크롬이나 그 화합물에 노출되어 발생한 세뇨관 기능 손상, 급성 세뇨관 괴사, 급성신부전 등의 급성중독

5. 벤젠에 노출되어 발생한 경련, 급성 기질성 뇌증후군, 혼수상태 등의 급성중독

6. 톨루엔(toluene)·크실렌(xylene)·스티렌(styrene)·시클로헥산(cyclohexane)·노말헥산(n-hexane)·트리클로로에틸렌(trichloroethylene) 등 유기화합물에 노출되어 발생한 의식장해, 경련, 급성 기질성 뇌증후군, 부정맥 등의 급성중독

7. 이산화질소에 노출되어 발생한 메트헤모글로빈혈증(methemoglobinemia), 청색증(靑色症) 등의 급성중독

8. 황화수소에 노출되어 발생한 의식 소실(消失), 무호흡, 폐부종, 후각신경마비 등의 급성중독

9. 시안화수소나 그 화합물에 노출되어 발생한 급성중독

10. 불화수소·불산에 노출되어 발생한 화학적 화상, 청색증, 폐수종, 부정맥 등의 급성중독

11. 인[백린(白燐), 황린(黃燐) 등 금지물질에 해당하는 동소체(同素體)로 한정한다]이나 그 화합물에 노출되어 발생한 급성중독

12. 카드뮴이나 그 화합물에 노출되어 발생한 급성중독

13. 다음 각 목의 화학적 인자에 노출되어 발생한 급성중독

　가. 「산업안전보건법」 제125조 제1항에 따른 작업환경측정 대상 유해인자 중 화학적 인자

　나. 「산업안전보건법」 제130조 제1항 제1호에 따른 특수건강진단 대상 유해인자 중 화학적 인자

14. 디이소시아네이트(diisocyanate), 염소, 염화수소 또는 염산에 노출되어 발생한 반응성 기도과민증후군

15. 트리클로로에틸렌에 노출(해당 물질에 노출되는 업무에 종사하지 않게 된 후 3개월이 지난 경우는 제외한다)되어 발생한 스티븐스존슨 증후군(stevens-johnson syndrome). 다만, 약물, 감염, 후천성면역결핍증, 악성 종양 등 다른 원인으로 발생한 스티븐스존슨 증후군은 제외한다.

16. 트리클로로에틸렌 또는 디메틸포름아미드(dimethylformamide)에 노출(해당 물질에 노출되는 업무에 종사하지 않게 된 후 3개월이 지난 경우는 제외한다)되어 발생한 독성 간염. 다만, 약물, 알코올, 과체중, 당뇨병 등 다른 원인으로 발생하거나 다른 질병이 원인이 되어 발생한 간염은 제외한다.

17. 보건의료 종사자에게 발생한 B형 간염, C형 간염, 매독 또는 후천성면역결핍증의 혈액
    전파성 질병
18. 근로자에게 건강장해를 일으킬 수 있는 습한 상태에서 하는 작업으로 발생한 렙토스
    피라증(leptospirosis)
19. 동물이나 그 사체, 짐승의 털·가죽, 그 밖의 동물성 물체를 취급하여 발생한 탄저, 단
    독(erysipelas) 또는 브루셀라증(brucellosis)
20. 오염된 냉각수로 발생한 레지오넬라증(legionellosis)
21. 고기압 또는 저기압에 노출되거나 중추신경계 산소 독성으로 발생한 건강장해, 감압병
    (잠수병) 또는 공기색전증(기포가 동맥이나 정맥을 따라 순환하다가 혈관을 막는 것)
22. 공기 중 산소농도가 부족한 장소에서 발생한 산소결핍증
23. 전리방사선(물질을 통과할 때 이온화를 일으키는 방사선)에 노출되어 발생한 급성 방
    사선증 또는 무형성 빈혈
24. 고열작업 또는 폭염에 노출되는 장소에서 하는 작업으로 발생한 심부체온상승을 동반
    하는 열사병

입법 과정에 과로사의 원인인 뇌심혈관계질환과 근골격계질환을 비롯하여 난청, 진폐증, 직업성 암 등도 직업성 질병에 포함해야 한다는 주장이 있었으나 위 질병들은 인과관계 확인이 어렵고 사업주의 예방가능성도 현저히 떨어지기 때문에 중대산업재해로 적용하는 것은 부적절하다고 판단되어 대상에서 제외되었다. 또한 중대재해처벌법은 사고성 재해를 방지하기 위한 것이라는 점을 고려할 때 만성질환을 중대산업재해의 범위에 포함하는 것은 입법취지에 부합하지 않는다.

직업성 질병자가 1년에 3명 이상 발생하면 중대산업재해에 해당하고 증상의 정도에 대하여 추가로 요구되는 조건은 없다.[5] 그러나 수일 내로 회복 가능한 경미한 질병이 중대산업재해에 포함되는 것은 중대한 재해에 대해 경영책임자등을 처벌하고자 제정된 법률 취지와 맞지 않고, 중대시민재해 규정과의 정합성을 고려할 때 중증도 요건이 필요하다고 생각된다.[6]

직업적 요인이 개인적 소인(素因)에 부가되어 발생하는 작업관련성 질병도 광의의 직업성 질병에 해당될 수는 있으나 중대재해처벌법상 직업성 질병에 포함되

---

5 중대시민재해의 경우 동일한 원인으로 3개월 이상 치료가 필요한 질병자가 10명 이상 발생할 것
  이 요구된다.
6 한국경영자총협회 외 35(이하에서는 '경총 등'이라고 함), 앞의 건의서, pp. 2~3.

기는 어렵다고 할 수 있다. 중대재해처벌법상의 직업성 질병은 작업환경 및 일과 관련한 활동이 유일한 발병 원인이거나 그 원인이 되었을 것이 유력해야 하기 때문이다.[7]

1년 이내에 3명 이상 발생한 경우를 요건으로 하는바, 발생한 시점이나 1년 이내의 기산점을 언제로 볼 것인지에 대하여 법이나 시행령에 규정되어 있지 않아 그 해석이 문제된다. 이에 대하여 유해·위험요인에 노출된 날을 특정할 수 있는 경우는 노출된 날을 그 발생일로, 특정할 수 없는 경우에는 의사의 최초 소견일(진단일)을 발생일로 판단하고, 1년 이내를 판단하는 기산점은 세 번째 직업성 질병자가 발생한 시점부터 역산하여 산정해야 한다는 의견[8]과 산업재해보상보험법상 산재요양 승인일을 기준으로 해야 한다는 견해가 있다.[9]

발생한 시점이나 1년의 시기와 종기를 언제로 볼 것인지는 형사처벌 여부와 직결되는 문제인 만큼 법령에 명확하게 규정하는 것이 필요해 보인다.

2. 개인사업주 또는 경영책임자등의 안전 및 보건 확보의무

제4조 (사업주와 경영책임자등의 안전 및 보건 확보의무) ① 사업주 또는 경영책임자등은 사업이나 법인 또는 기관이 실질적으로 지배·운영·관리하는 사업 또는 사업장에서 종사자의 안전·보건상 유해 또는 위험을 방지하기 위하여 그 사업 또는 사업장의 특성 및 규모 등을 고려하여 다음 각 호에 따른 조치를 하여야 한다.
1. 재해예방에 필요한 인력 및 예산 등 안전보건관리체계의 구축 및 그 이행에 관한 조치
2. 재해 발생 시 재발방지 대책의 수립 및 그 이행에 관한 조치
3. 중앙행정기관·지방자치단체가 관계 법령에 따라 개선, 시정 등을 명한 사항의 이행에 관한 조치
4. 안전·보건 관계 법령에 따른 의무이행에 필요한 관리상의 조치
② 제1항 제1호·제4호의 조치에 관한 구체적인 사항은 대통령령으로 정한다.

---

7 고용노동부, 앞의 해설서, p. 13.
8 고용노동부, 앞의 해설서, p. 14.
9 경총 등, 앞의 건의서, p. 7.

가. 개관

중대재해처벌법은 개인사업주 또는 경영책임자등에게 개인사업주나 법인 또는 기관이 실질적으로 지배·운영·관리하는 사업 또는 사업장에서 일하는 모든 종사자에 대한 안전 및 보건 확보의무를 부과하고 있다.

개인사업주 또는 경영책임자등은 종사자의 안전·보건상 유해 또는 위험을 방지하기 위하여 그 사업 또는 사업장의 특성 및 규모 등을 고려하여 법 제4조 제1항 제1호부터 제4호까지의 조치를 하여야 하고, 법 제4조 제1항 제1호와 제4호의 경우에는 구체적인 사항을 대통령령에 위임하였다. 법 제4조 제1항 제1호에 대한 구체적인 내용은 시행령 제4조에서, 법 제4조 제1항 제4호에 대한 구체적인 내용은 시행령 제5조에서 각 규정하고 있다.

중대재해처벌법은 중대산업재해와 관련하여 개인사업주 또는 경영책임자등이 부담하는 안전 및 보건 확보의무의 인적 범위에 '종사자'라는 개념을 도입함으로써 기본적으로 근로자를 대상으로 하는 산업안전보건법에 비하여 그 범위를 확장하였고, 물적 범위와 관련해서도 '실질적으로 지배·운영·관리하는 사업 또는 사업장'이라고 규정함으로써 기본적으로 사업장을 대상으로 하는 산업안전보건법에 비하여 그 범위를 확장하였다.

여기서 '실질적으로 지배·지배·운영·관리하는 사업 또는 사업장'이란 하나의 사업 목적 하에 해당 사업 또는 사업장의 조직·인력·예산 등에 대한 결정을 총괄하여 행사하는 경우를 의미하고, 그러한 사업 또는 사업장의 종사자라면 계약의 형식에 관계 없이 대가를 목적으로 노무를 제공하는 자, 각 단계별 수급인 그리고 수급인의 근로자 모두의 안전과 보건을 위하여 안전 및 보건 확보의무를 이행하여야 한다.[10]

개인사업주 또는 경영책임자등이 실질적으로 지배·운영·관리하는 사업 또는 사업장에서 종사자의 안전·보건상 유해·위험을 방지하기 위하여 준수하여야 할 안전보건 확보의무를 시행령 규정까지 포함하여 정리해 보면 다음과 같다.

---

10 고용노동부, 앞의 해설서, p. 41.

경영책임자등이 준수하여야 할 안전·보건 확보의무

① 안전보건관리체계 구축 및 이행 조치(법 제4조 제1항 제1호)

  〈시행령 제4조〉

  • 안전보건에 관한 목표와 경영방침 설정
  • 안전보건 전담조직 설치
  • 유해·위험요인 확인 개선절차 마련, 이행 점검 및 필요조치
  • 안전·보건에 관한 필요한 예산 편성 및 집행
  • 안전보건관리책임자 등의 충실한 업무수행 지원 및 평가
  • 안전보건 전문인력 배치 및 업무시간 보장
  • 종사자 의견 청취 절차 마련 및 개선방안 이행 점검
  • 중대산업재해 발생시 조치 매뉴얼 마련 및 조치 여부 점검
  • 도급, 용역, 위탁 시 평가기준·절차 마련 및 점검

② 재해발생 시 재발방지 대책 수립 및 이행 조치(제2호)

③ 중앙행정기관 등이 관련법령에 따라 시정 등을 명한 사항의 이행 조치(제3호)

④ 안전·보건 관계 법령상 의무 이행에 필요한 관리상의 조치(제4호)

  〈시행령 제5조〉

  • 안전·보건 관계법령 의무 이행 점검 및 조치
  • 유해위험한 작업에 관한 안전보건교육 실시 점검 및 조치

사업주 또는 경영책임자등(소상공인기본법 제2조에 따른 소상공인은 제외)은 위 시행령 제4조, 제5조의 규정에 따른 조치 등의 이행에 관한 사항을 서면(전자문서 포함)으로 작성하여 그 조치 등을 이행한 날로부터 5년간 보관하여야 한다(시행령 제13조).

나. 안전보건관리체계 구축 및 이행에 관한 조치(법 제4조 제1항 제1호)

제4조 (사업주와 경영책임자등의 안전 및 보건 확보의무) ① 사업주 또는 경영책임자등은 사업주나 법인 또는 기관이 실질적으로 지배·운영·관리하는 사업 또는 사업장에서 종사자의 안전·보건상 유해 또는 위험을 방지하기 위하여 그 사업 또는 사업장의 특성 및 규모 등을 고려하여 다음 각 호에 따른 조치를 하여야 한다.
1. 재해예방에 필요한 인력 및 예산 등 안전보건관리체계의 구축 및 그 이행에 관한 조치

　　'안전보건관리체계'란 사업 또는 사업장에서 일하는 모든 근로자들이 안전하고 건강하게 일할 수 있도록 개인사업주 또는 경영책임자등이 인력, 조직, 예산 등을 활용하여 사업 또는 사업장의 유해·위험 요인을 파악하여 제거, 관리, 통제하고 미비점이 발견되는 경우에는 이를 개선하는 일련의 시스템을 말한다.

　　한편, 고용노동부는 여기에서의 '안전보건관리체계'는 사업장의 안전보건관리에 관여하는 조직의 구성과 역할을 의미하는 산업안전보건 법 제2장 제1절의 '안전보건관리체제'와는 구별되는 개념으로, 중대재해처벌법이 개인사업주 또는 경영책임자등에게 요구하는 바는 단순히 조직의 구성과 역할분담을 정하라는 의미에 한정되는 것이 아니라 종사자의 안전과 보건이 유지되고 증진될 수 있도록 사업전반을 운영하라는 의미로 이해해야 한다고 한다.[11]

　　시행령 제4조는 개인사업주 또는 경영책임자로 하여금 안전도 경영의 일부라는 인식하에 안전 목표를 설정하고 위 목표 달성을 위한 예산을 편성하고, 관련자들이 업무를 제대로 이행하는지를 평가하는 등 9가지 의무사항의 이행을 통하여 중대산업재해 예방을 위한 시스템을 갖추도록 요구하고 있으나, 법에서 '안전보건관리체계의 구축 및 그 이행에 관한 조치'라고만 되어 있어, 처벌법규의 구성요건 부분에 대한 기본사항에 대하여 보다 구체적인 기준이나 범위를 정함이 없이 대통령령에 포괄적으로 위임함으로써 헌법상 포괄위임입법 금지원칙 및 죄형법정주의의 명확성의 원칙에 반한다는 비판이 있다.[12]

시행령 제4조 (안전보건관리체계의 구축 및 이행 조치) 법 제4조 제1항 제1호에 따른 조치의 구체적인 사항은 다음 각 호와 같다.
1. 사업 또는 사업장의 안전·보건에 관한 목표와 경영방침을 설정할 것
2. 「산업안전보건법」 제17조부터 제19조까지 및 제22조에 따라 두어야 하는 인력이 총 3명 이상이고 다음 각 목의 어느 하나에 해당하는 사업 또는 사업장인 경우에는 안전·보건에 관한 업무를 총괄·관리하는 전담 조직을 둘 것. 이 경우 나목에 해당하지 않던 건설사업자가 나목에 해당하게 된 경우에는 공시한 연도의 다음 연도 1월 1일까지 해당 조직을 두어야 한다.

---

11 고용노동부, 앞의 해설서, pp. 41~42.
12 정진우, 앞의 토론회 발표자료, pp. 7~8.

가. 상시근로자 수가 500명 이상인 사업 또는 사업장

나. 「건설산업기본법」 제8조 및 같은 법 시행령 별표 1에 따른 토목건축공사업에 대해 같은 법 제23조에 따라 평가하여 공시된 시공능력의 순위가 상위 200위 이내인 건설사업자

3. 사업 또는 사업장의 특성에 따른 유해·위험요인을 확인하여 개선하는 업무절차를 마련하고, 해당 업무절차에 따라 유해·위험요인의 확인 및 개선이 이루어지는지를 반기 1회 이상 점검한 후 필요한 조치를 할 것. 다만, 「산업안전보건법」 제36조에 따른 위험성평가를 하는 절차를 마련하고, 그 절차에 따라 위험성 평가를 직접 실시하거나 실시하도록 하여 실시 결과를 보고받은 경우에는 해당 업무절차에 따라 유해·위험요인의 확인 및 개선에 대한 점검을 한 것으로 본다.

4. 다음 각 목의 사항을 이행하는 데 필요한 예산을 편성하고 그 편성된 용도에 맞게 집행하도록 할 것

가. 재해 예방을 위해 필요한 안전·보건에 관한 인력, 시설 및 장비의 구비

나. 제3호에서 정한 유해·위험요인의 개선

다. 그 밖에 안전보건관리체계 구축 등을 위해 필요한 사항으로서 고용노동부장관이 정하여 고시하는 사항

5. 「산업안전보건법」 제15조, 제16조 및 제62조에 따른 안전보건관리책임자, 관리감독자 및 안전보건총괄책임자(이하 이 조에서 "안전보건관리책임자등"이라 한다)가 같은 조에서 규정한 각각의 업무를 각 사업장에서 충실히 수행할 수 있도록 다음 각 목의 조치를 할 것

가. 안전보건관리책임자등에게 해당 업무 수행에 필요한 권한과 예산을 줄 것

나. 안전보건관리책임자등이 해당 업무를 충실하게 수행하는지를 평가하는 기준을 마련하고, 그 기준에 따라 반기 1회 이상 평가·관리할 것

6. 「산업안전보건법」 제17조부터 제19조까지 및 제22조에 따라 정해진 수 이상의 안전관리자, 보건관리자, 안전보건관리담당자 및 산업보건의를 배치할 것. 다만, 다른 법령에서 해당 인력의 배치에 대해 달리 정하고 있는 경우에는 그에 따르고, 배치해야 할 인력이 다른 업무를 겸직하는 경우에는 고용노동부장관이 정하여 고시하는 기준에 따라 안전·보건에 관한 업무 수행시간을 보장해야 한다.

7. 사업 또는 사업장의 안전·보건에 관한 사항에 대해 종사자의 의견을 듣는 절차를 마련하고, 그 절차에 따라 의견을 들어 재해 예방에 필요하다고 인정하는 경우에는 그에 대한 개선방안을 마련하여 이행하는지를 반기 1회 이상 점검한 후 필요한 조치를 할 것. 다만, 「산업안전보건법」 제24조에 따른 산업안전보건위원회 및 같은 법 제64조·제75조에 따른 안전 및 보건에 관한 협의체에서 사업 또는 사업장의 안전·보건에 관하여

논의하거나 심의·의결한 경우에는 해당 종사자의 의견을 들은 것으로 본다.

8. 사업 또는 사업장에 중대산업재해가 발생하거나 발생할 급박한 위험이 있을 경우를 대비하여 다음 각 목의 조치에 관한 매뉴얼을 마련하고, 해당 매뉴얼에 따라 조치하는지를 반기 1회 이상 점검할 것

　가. 작업 중지, 근로자 대피, 위험요인 제거 등 대응조치

　나. 중대산업재해를 입은 사람에 대한 구호조치

　다. 추가 피해방지를 위한 조치

9. 제3자에게 업무의 도급, 용역, 위탁 등을 하는 경우에는 종사자의 안전·보건을 확보하기 위해 다음 각 목의 기준과 절차를 마련하고, 그 기준과 절차에 따라 도급, 용역, 위탁 등이 이루어지는지를 반기 1회 이상 점검할 것

　가. 도급, 용역, 위탁 등을 받는 자의 산업재해 예방을 위한 조치 능력과 기술에 관한 평가기준·절차

　나. 도급, 용역, 위탁 등을 받는 자의 안전·보건을 위한 관리비용에 관한 기준

　다. 건설업 및 조선업의 경우 도급, 용역, 위탁 등을 받는 자의 안전·보건을 위한 공사기간 또는 건조기간에 관한 기준

기본적으로 시행령 내용은 중대산업재해 예방과 관련된 조문 위주로 구성되어 있어 중대재해 예방 측면에서는 의미가 있으나, 형사처벌 규정의 구성요건으로서 역할을 하기에는 불명확한 규정이 사용되어 있는 등 실제 형사처벌에 있어서는 한계가 있을 것으로 예상된다. 형사처벌 규정의 구성요건은 죄형법정주의 원칙상 그 규정의 의미가 명확하여야 하고, 수범자 누구라도 그 의미를 명확히 인식할 수 있어야 법이 요구하는 행위를 하지 않거나 법이 금지하고 있는 행위를 한 수범자를 처벌할 수 있으며, 형사법에서는 법문의 의미를 넘어서 유추 해석을 통해 그 의미를 확장할 수는 없고, 위와 같이 유추해석을 통해 확장된 내용대로 이행하지 않았다고 하더라도 이를 법 위반으로 처벌할 수는 없기 때문이다.

1) 안전·보건에 관한 목표와 경영방침 설정(시행령 제4조 제1호)

시행령 제4조 (안전보건관리체계의 구축 및 이행조치) 법 제4조 제1항 제1호에 따른 조치의 구체적인 사항은 다음 각 호와 같다.

1. 사업 또는 사업장의 안전·보건에 관한 목표와 경영방침을 설정할 것

가) 개관

개인사업주나 경영책임자등은 사업 또는 사업장의 안전·보건에 관한 목표와 경영방침을 설정하여야 한다.

현실적으로 개인사업주나 경영책임자등이 사업 또는 사업장의 안전·보건에 관한 목표와 경영방침을 설정하지 아니하였다고 하더라도 그 사유만으로 중대재해가 발생하는 경우는 흔치 않을 것이다.

그럼에도 불구하고 안전보건관리체계의 구축 및 이행과 관련하여 사업 또는 사업장에서 안전·보건에 관한 목표와 경영방침 설정 의무를 첫 번째 의무로 규정한 것은 개인사업주나 경영책임자등의 안전 경영에 대한 확고한 인식이 확립되어 있어야만 사업 또는 사업장에서 일하는 종사자들의 안전 문화가 바뀔 수 있고, 종국적으로는 사업 또는 사업장에서 중대재해를 예방할 수 있다는 생각이 전제되어 있는 것이다.

안전·보건에 관한 목표와 경영방침을 구체적으로 설정하고, 위 목표를 달성하기 위하여 인력, 조직, 예산 등을 적극적으로 활용하는 등 안전보건관리체계를 구축 및 이행하고, 안전보건담당자 및 근로자들을 충실히 교육시키는 등 안전문화 정착을 위하여 노력한 경우에는 중대산업재해가 발생하더라도 유리한 방어수단이나 양형자료로 사용될 수 있을 것이다.

나) 안전·보건에 관한 목표와 경영방침의 설정

개인사업주나 경영책임자등은 사업 또는 사업장의 안전·보건에 관한 목표와 경영방침을 설정한 이상 시행령 제4조 제1호 의무는 이행한 것으로 평가될 것이므로 구체적인 내용은 개인사업주나 경영책임자등이 임의로 정할 수 있다. 다만, 너무 추상적인 내용이나 형식적인 내용만을 담고 있다면 위 의무를 제대로 이행하지 못했다고 평가받을 수 있으므로 개인사업주나 경영책임자등은 사업 또는 사업장의 규모나 특성 등을 고려하여 실현 가능한 목표나 경영방침을 설정하여야 할 것이다. 실현 불가능하거나 실현이 현저히 곤란한 목표와 경영방침을 설정하거나 너무 많은 내용의 목표와 경영방침을 설정한 후 이를 이행하지 못하게 되면 오히려 시행령 제4조 제1호 의무 위반으로 평가될 수도 있다.

안전·보건에 관한 목표나 경영방침은 향후 지속적으로 개선하고 실행해 나갈

방향에 관한 것이므로 그 실현 시기에 따라 단기, 중기, 장기로 나누어 목표나 경영 방침을 설정할 수 있고, 중장기 과제의 경우에는 이를 실현하기 위한 구체적인 로 드맵도 포함시킬 수 있을 것이다. 그러나 이러한 내용들이 포함되어 있지 않더라도 안전·보건에 관한 목표나 경영방침을 설정한 이상 위 의무 위반으로 평가할 수는 없을 것이다.

개인사업주나 경영책임자등이 안전·보건에 관한 목표와 경영방침을 설정하더 라도 실제로 사업 또는 사업장에서 일하는 종사자들이 이를 인식하고 현장에서 실 천하여야 하는 것이므로 그 목표 및 경영방침을 종사자들과 공유하는 것이 중요하 고, 따라서 안전·보건에 관한 목표와 경영방침을 수립하는 과정에서 종사자들의 의견을 반영할 수도 있을 것이다.

또한, 안전·보건에 관한 목표와 경영방침을 설정하게 되면 사업장에서 가장 잘 보이는 곳에 이를 게시하거나 업무 일지 등에 게재하는 방법으로 종사자들과 목 표와 경영방침을 공유하여 종사자들이 안전·보건에 관한 목표와 경영방침을 인식 하고 실천할 수 있도록 해야 한다.

고용노동부는 '반복적인 재해 등에도 불구하고 이를 감소하기 위한 경영적 차 원에서의 노력이나 구체적 대책 방안 등을 반영한 목표나 경영 방침을 수립하지 아니하는 경우에는 안전·보건을 확보하기 위한 수단으로서의 목표나 경영방침 수 립을 명백히 해태한 것으로 평가될 수도 있다'고 하고 있다.[13] 그러나 고용노동부는 뒤에서 보는 바와 같이 '산업안전보건법 제14조가 규정하는 대표이사의 안전보건계 획은 '매년' 사업장의 상황을 고려한 안전보건경영계획인 반면, 중대재해처벌법상 의 안전보건계획에 관한 목표와 경영방침은 사업을 수행하면서 항상 고려하여야 하는 안전보건에 관한 기본적인 경영철학과 의사결정의 방침이 담겨 있어야 한다' 고 하면서도 중대재해처벌법상의 안전보건에 관한 목표와 경영방침에 구체적인 대 책 방안을 반영하여야 한다고 하는 것은 납득하기 어렵다. 이러한 내용은 매년 작 성되는 산업안전보건법상의 안전보건계획에 반영하는 것이 맞을 것이다. 또한 이러 한 고용노동부의 해석은 유추해석금지의 원칙 등과 관련하여 위와 같은 경우를 의 무 위반으로 평가할 수 있는지, 더 나아가 그 위반행위로 인하여 중대재해가 발생

---

13 고용노동부, 앞의 해설서, p. 46.

하였다고 평가할 수 있을지(즉, 안전보건에 관한 목표와 경영방침 설정 불이행과 중대산업재해 사이의 인과관계가 인정될 수 있을지) 여부는 향후 구체적인 사안에서 쟁점이 될 것으로 보인다.

다) 경영방침 설정시 고려할 사항

개인사업주와 경영책임자등은 안전·보건에 관한 목표와 경영방침을 설정함에 있어 그 내용이 사업 또는 사업장의 특성과 조직의 규모에 적합하고, 달성 가능한 내용으로서 측정 가능하거나 성과평가가 가능하며, 안전보건 경영철학과 안전 관련 법령 준수의지 등을 포함하도록 할 필요가 있다. 또한 해당 내용을 간결하게 문서화하고 공표하여 조직의 모든 구성원 및 이해관계자가 인식할 수 있게 하고 적합성과 유효성을 정기적으로 검토하는 것이 바람직하다.

한편, 2021. 1. 1.부터 개정 산업안전보건법이 시행됨에 따라 상법 제170조에 따른 주식회사 중 상시근로자 500명 이상을 사용하는 회사와 토건 시공능력 순위 1,000위 이내인 건설회사의 대표이사는 매년 회사의 안전보건계획을 수립하여 이사회에 보고하고 승인을 받아야 한다.

산업안전보건법 제14조 (이사회 보고 및 승인 등) ① 「상법」 제170조에 따른 주식회사 중 대통령령으로 정하는 회사의 대표이사는 대통령령으로 정하는 바에 따라 매년 회사의 안전 및 보건에 관한 계획을 수립하여 이사회에 보고하고 승인을 받아야 한다.
② 제1항에 따른 대표이사는 제1항에 따른 안전 및 보건에 관한 계획을 성실하게 이행하여야 한다.
③ 제1항에 따른 안전 및 보건에 관한 계획에는 안전 및 보건에 관한 비용, 시설, 인원 등의 사항을 포함하여야 한다.

산업안전보건법 시행령 제13조 (이사회 보고·승인 대상 회사 등) ① 법 제14조 제1항에서 "대통령령으로 정하는 회사"란 다음 각 호의 어느 하나에 해당하는 회사를 말한다.
1. 상시근로자 500명 이상을 사용하는 회사
2. 「건설산업기본법」 제23조에 따라 평가하여 공시된 시공능력(같은 법 시행령 별표 1의 종합공사를 시공하는 업종의 건설업종란 제3호에 따른 토목건축공사업에 대한 평가 및 공시로 한정한다)의 순위 상위 1천위 이내의 건설회사
① 법 제14조 제1항에 따른 회사의 대표이사(「상법」 제408조의2 제1항 후단에 따라 대표

이사를 두지 못하는 회사의 경우에는 같은 법 제408조의5에 따른 대표집행임원을 말한다) 는 회사의 정관에서 정하는 바에 따라 다음 각 호의 내용을 포함한 회사의 안전 및 보건에 관한 계획을 수립해야 한다.

1. 안전 및 보건에 관한 경영방침
2. 안전·보건관리 조직의 구성·인원 및 역할
3. 안전·보건 관련 예산 및 시설 현황
4. 안전 및 보건에 관한 전년도 활동실적 및 다음 연도 활동계획

이와 관련하여 고용노동부에서 '대표이사의 안선보건계획 수립 가이드'를 마련하여 제시하였는데, 위 가이드의 내용은 중대재해처벌법에서의 안전·보건에 관한 목표와 경영방침을 설정하는 데 있어서도 참고가 될 것으로 보인다.

위 가이드에 따르면 대표이사의 안전보건계획은 회사의 사고나 재해를 막는 활동을 실천하기 위한 기본이 되는 것으로, SMART 기법을 활용하여 회사의 안전보건을 실질적으로 개선할 수 있도록 계획을 수립할 것을 제안하고 있다. SMART 기법이란 ① 구체성이 있는 목표를 설정할 것(Specified), ② 성과측정이 가능할 것(Measurable), ③ 목표달성이 가능할 것(Attainable), ④ 현실적으로 적용 가능할 것(Realistic), ⑤ 시기가 구체적인 실행계획일 것(Time-limited)을 의미한다.[14]

라) 산업안전보건법상 대표이사의 안전보건계획 수립·보고 의무와의 관계

그렇다면 중대재해처벌법상 경영책임자등에게 부여된 안전·보건에 관한 목표와 경영방침 설정 의무는 산업안전보건법 제14조에 따른 대표이사의 안전보건계획 수립·보고 의무와 어떤 관계에 있는지가 문제된다.

산업안전보건법 제14조는 대표이사가 회사 전반의 안전 및 보건에 관한 계획을 주도적으로 수립하고, 성실하게 이행하도록 함으로써 안전보건경영시스템 구축을 유도하는 데 그 입법목적이 있다.

회사의 대표이사가 안전 및 보건에 관한 계획을 이사회에 보고하지 아니하거나 승인을 받지 아니하더라도 산업안전보건법상 형사처벌 규정은 없고, 1천만원 이하의 과태료 사안에 불과하나(산업안전보건법 제175조 제4항 제2호), 중대재해처벌법

---

14 고용노동부, "산업재해 예방을 위한 2022 안전·보건계획 수립 가이드북", 2022. 1. p. 10.

상에서는 안전·보건에 관한 목표와 경영방침을 설정하지 않은 것으로 보아, 안전보건관리체계 구축 및 이행에 관한 조치의무 위반으로 평가될 수도 있다.

안전·보건에 관한 목표와 경영방침은 산업안전보건법 제14조가 규정하는 대표이사의 안전 및 보건에 관한 계획과 상당 부분 중복될 수 있다. 다만, 대표이사가 수립하여 보고하는 안전보건계획은 '매년' 사업장의 상황을 고려한 안전보건 경영계획이라면, 중대재해처벌법이 요구하는 '안전·보건에 관한 목표'와 '경영방침'은 사업을 수행하면서 각 부문에서 항상 고려하여야 하는 안전보건에 관한 기본적인 경영철학과 의사결정의 일반적인 지침이라고 할 수 있다.[15]

그러나, 기업의 형태에 따라 회사의 상법상 대표이사와 실질적인 경영책임자등이 불일치하는 경우가 있을 수 있는데, 이러한 경우에 회사의 상법상 대표이사와 실질적인 경영책임자등이 중대재해처벌법상 의무와 산업안전보건법상 의무를 어떻게 이행하여야 하는지 여부가 문제된다. 즉, 회사의 상법상 대표이사는 안전보건업무에 실질적으로 관여하지 않고 안전보건업무담당자가 실질적인 경영책임자등으로서 대표이사에 준하여 안전 및 보건에 관한 조직, 예산, 인력 등 총괄 책임과 권한을 가지는 경우 중대재해처벌법상 위 안전보건업무담당자가 안전·보건에 관한 목표와 경영방침을 설정하여야 하는데, 회사의 상법상 대표이사는 이와는 별도로 이사회에 안전 및 보건에 관한 계획을 보고하고 승인을 받아야 하는 것인지, 회사의 상법상 대표이사가 위와 같이 안전 및 보건에 관한 계획을 수립하여 이사회에 보고하고 승인을 받게 되면 위 상법상 대표이사가 중대재해처벌법상 경영책임자등으로 평가될 우려가 없는지 등이 문제될 수 있다.

이에 대하여는, 회사의 상법상 대표이사가 안전·보건에 관한 계획을 수립하여 이사회에 보고하고 승인을 받더라도 이는 산업안전보건법상의 의무를 이행한 것일 뿐, 이 때문에 중대재해처벌법상 경영책임자등으로 평가되어서는 아니 된다는 견해 (제1설)와 회사의 상법상 대표이사가 이사회에 안전·보건에 관한 계획을 보고하고 승인을 받게 된다면 회사의 상법상 대표이사가 위 계획을 이행하여야 할 의무를 부담하게 되므로 경영책임자등으로 평가될 수 있다는 견해(제2설)[16]가 있을 수 있다.

---

15 고용노동부, 앞의 해설서, p. 44.
16 최명선, "현장에서 바라본 중대재해처벌등에관한법률 적용의 쟁점과 과제", 중대재해처벌법 시행 대비 법무부·고용노동부 공동학술대회 자료집(2021. 12. 1.), p. 78.

제1설에 의하면 중대재해처벌법과 산업안전보건법의 규정상·체계상 불일치 문제를 해결할 수 있으나, 대표이사로 하여금 안전보건에 관한 책임을 부여한 산업안전보건법 제14조를 무력화하는 문제가 있다. 반면에 제2설에 의하면 산업안전보건법상 대표이사의 의무이행 규정에는 충실한 해석이나 안전보건업무책임자는 경영책임자등으로 인정될 여지가 없게 될 수도 있어 중대재해처벌법이 경영책임자등을 복수로 규정하고 있는 취지를 몰각시킬 수 있는 문제가 있을 수 있다.

생각건대, 보고 주체를 대표이사로 한 산업안전보건법은 중대재해처벌법이 시행되기 전에 제정되었고 추상적인 안전보건계획을 보고하였다는 이유만으로 경영책임자등이 된다고 한다면 중대재해처벌법상 안전보건업무책임자를 경영책임자등의 한 유형으로 규정한 입법취지에 반하는 결과가 될 수도 있는 점, 대표이사가 수립해야 하는 안전보건계획과 경영책임자등이 설정해야 하는 안전보건목표와 경영방침이 동일한 개념이라고 볼 수 없는 점 등을 고려할 때 제1설과 같이 해석하는 것이 타당하다. 이 견해에 따를 경우 실질적인 경영책임자등이 안전·보건에 관한 목표와 경영방침을 설정한 후 회사의 대표이사가 그 내용을 그대로 이사회에 보고하여 승인받거나 실질적인 경영책임자등과 대표이사가 공동으로 이사회에 보고하고 승인받는 등의 방법이 대안으로 검토될 수 있을 것이다.

2) 안전·보건 업무 전담조직 설치(시행령 제4조 제2호)

시행령 제4조 (안전보건관리체계의 구축 및 이행조치) 법 제4조 제1항 제1호에 따른 조치의 구체적인 사항은 다음 각 호와 같다.

2. 「산업안전보건법」 제17조부터 제19조까지 및 제22조에 따라 두어야 하는 인력이 총 3명 이상이고 다음 각 목의 어느 하나에 해당하는 사업 또는 사업장인 경우에는 안전·보건에 관한 업무를 총괄·관리하는 전담 조직을 둘 것. 이 경우 나목에 해당하지 않던 건설사업자가 나목에 해당하게 된 경우에는 공시한 연도의 다음 연도 1월 1일까지 해당 조직을 두어야 한다.

　가. 상시근로자 수가 500명 이상인 사업 또는 사업장

　나. 「건설산업기본법」 제8조 및 같은 법 시행령 별표 1에 따른 토목건축공사업에 대해 같은 법 제23조에 따라 평가하여 공시된 시공능력의 순위가 상위 200위 이내인 건설사업자

가) 개관

사업 또는 사업장의 종류, 상시근로자 수가 많을수록 개인사업주 또는 경영책임자등이 직접 하나부터 열까지 모든 안전 및 보건 확보의무를 챙겨서 이행하는 것은 쉽지 않다. 이에 개인사업주 또는 경영책임자등은 자신을 보좌하여 사업이나 사업장에서 안전 및 보건에 관한 업무를 총괄·관리하기 위한 인력이 필요하고, 중대재해처벌법은 위 업무를 전담하는 조직을 구성하도록 하고 있다.

시행령 제4조 제2호에서는 '안전·보건에 관한 업무를 총괄·관리하는 전담 조직'의 설치를 의무로 규정하고 있으나, 구체적인 내용에 관하여는 아무런 규정이 없다. 위 전담 조직이 안전·보건에 관한 업무를 총괄·관리한다고 규정하고 있을 뿐 조직의 구성이나 인원, 구체적인 역할, 산업안전보건법상의 안전보건관리체제[17]와의 관계 등에 대해서는 전적으로 해석에 맡기고 있다.

나) 안전보건 전담조직을 설치해야 하는 사업 또는 사업장

(1) 안전관리자, 보건관리자, 안전보건관리담당자, 산업보건의 등 3명 이상의 인력이 필요한 사업 또는 사업장

안전·보건에 관한 업무를 총괄·관리하는 전담 조직을 두어야 하는 사업 또는 사업장은 안전관리자, 보건관리자, 안전보건관리담당자, 산업보건의 등의 인력이 3명 이상 필요한 사업 또는 사업장이어야 한다.

안전관리자는 산업안전보건법 제17조에서, 보건관리자는 제18조에서, 안전보건관리담당자는 제19조에서, 산업보건의는 제22조에서 각 규정하고 있다.

안전관리자 선임의 경우 산업안전보건법 시행령 제16조 제1항 「별표 3」에 따라 토사석 광업 등 23개 사업은 상시근로자 50명 이상 500명 미만이면 1명 이상, 500명 이상이면 2명 이상의 안전관리자를 각 두어야 하고, 농업·임업 및 어업 등 22개 사업의 경우 상시근로자 1,000명 미만이면 1명 이상, 1,000명 이상이면 2명 이상의 안전관리자를 각 두어야 하며, 건설업의 경우에는 공사금액에 따라 1명에서

---

17 산업안전보건법 제2장 안전보건관리체제 제14조 내지 제28조 내용 참조.

11명 이상의 안전관리자를 각 두어야 한다.[18]

보건관리자 선임은 산업안전보건법 시행령 제20조 제1항 「별표 5」에 따라 광업 등 22개 사업의 경우 상시근로자 50명 이상 500명 미만이면 1명 이상, 500명 이상 2,000명 미만이면 2명 이상, 2,000명 이상이면 2명 이상(의사 또는 간호사 1명 이상 포함)의 보건관리자를 각 두어야 하고, 위 22개 사업을 제외한 제조업의 경우 상시근로자 50명 이상 1,000명 미만이면 1명 이상, 1,000명 이상 3,000명 미만이면 2명 이상, 3,000명 이상이면 2명 이상(의사 또는 간호사 1명 이상 포함) 보건관리자를 각 두어야 하며, 농업, 임업 및 어업 등 20개 사업의 경우 상시근로자 50명 이상 5,000명 미만 1명 이상, 5,000명 이상이면 2명 이상(의사 또는 간호사 1명 이상 포함)의 보건관리자를 각 두어야 하고, 건설업의 경우 공사금액 800억원 이상(건설산업기본법 시행령 「별표 1」에 따른 토목공사업에 속하는 공사의 경우에는 1천억원 이상) 또는 상시근로자 600명 이상인 경우 1명 이상의 보건관리자를 두어야 한다.[19]

안전보건관리담당자 선임은 산업안전보건법 시행령 제24조에 따라 제조업, 임업, 하수, 폐수 및 분뇨 처리업, 폐기물 수집, 운반, 처리 및 원료 재생업, 환경 정화 및 복원업 등 5개 사업의 사업주는 상시근로자 20명 이상 50명 미만인 사업장에 안전보건관리담당자 1명 이상을 선임해야 한다.

산업보건의 선임은 산업안전보건법 시행령 제20조 제1항 「별표 5」에 따라 보건관리자를 두어야 하는 사업으로서 상시근로자 수가 50명 이상인 사업장은 산업보건의를 선임하여야 한다. 다만, 의사를 보건관리자로 선임한 경우, 보건관리전문기관에 보건관리자의 업무를 위탁한 경우에는 선임하지 아니하여도 된다.

산업안전보건법 제3조에 의하면 유해·위험의 정도, 사업의 종류, 사업장의 상시근로자 수(건설공사의 경우에는 건설공사 금액) 등을 고려하여 대통령령으로 정하는 종류의 사업 또는 사업장에는 이 법의 전부 또는 일부를 적용하지 아니할 수 있다고 규정하고 있고, 산업안전보건법 시행령 별표 1 「법의 일부를 적용하지 않는 사업 또는 사업장 및 적용 제외법 규정(제2조 제1항 관련)」에서 사업의 종류에 따라 산업안전보건법 적용이 배제되는 조항을 규정하고 있다.[20]

---

18 자세한 내용은 제3편 참고자료 산업안전보건법 시행령 「별표 3」 참조.
19 자세한 내용은 제3편 참고자료 산업안전보건법 시행령 「별표 5」 참조.
20 자세한 내용은 제3편 참고자료 산업안전보건법 시행령 「별표 1」 참조.

따라서 「광산안전법」 적용 사업(광업 중 광물의 채광·채굴·선광 또는 제련 등의 공정으로 한정하며, 제조공정은 제외한다), 「원자력안전법」 적용 사업(발전업 중 원자력 발전설비를 이용하여 전기를 생산하는 사업장으로 한정한다), 「항공안전법」 적용 사업(항공기, 우주선 및 부품 제조업과 창고 및 운송관련 서비스업, 여행사 및 기타 여행보조 서비스업 중 항공 관련 사업은 각각 제외한다), 「선박안전법」 적용 사업(선박 및 보트 건조업은 제외한다)의 경우에는 산업안전보건법에 따른 안전관리자 선임 의무가 없으므로 안전관리자를 제외한 전문 인력의 수가 3인 이상인지 여부에 따라 안전·보건에 관한 업무를 총괄·관리하는 전담조직 설치 여부를 결정하여야 한다.

한편, 산업안전보건법 시행령 제16조 제5항 및 제20조 제3항, 산업안전보건법 시행규칙 제10조에 따라 도급인의 사업장에서 이루어지는 도급사업에서 도급인이 그 사업의 관계수급인 근로자에 대한 안전관리를 전담하는 안전관리자를 선임한 경우에는 그 사업의 관계수급인은 해당 도급사업에 대한 안전관리자를 선임하지 않을 수 있다.

그러나 관계수급인이 실제로 위 규정에 따라 안전관리자를 선임하지 않았더라도 중대재해처벌법상 안전 전담 조직을 설치하는 요건인 안전관리자 등 전문 인력이 3인 이상인지 여부를 판단함에 있어서는 이를 고려하지 않고 원래 선임하여야 하는 안전관리자를 포함하여 3인 이상인지 여부를 판단하여야 한다.

산업안전보건법 시행규칙 제10조 (도급사업의 안전관리자 등의 선임) 안전관리자 및 보건관리자를 두어야 할 수급인인 사업주는 영 제16조 제5항 및 제20조 제3항에 따라 도급인인 사업주가 다음 각 호의 요건을 모두 갖춘 경우에는 안전관리자 및 보건관리자를 선임하지 않을 수 있다.
1. 도급인인 사업주 자신이 선임해야 할 안전관리자 및 보건관리자를 둔 경우
2. 안전관리자 및 보건관리자를 두어야 할 수급인인 사업주의 사업의 종류별로 상시근로자 수(건설공사의 경우에는 건설공사 금액을 말한다. 이하 같다)를 합계하여 그 상시근로자 수에 해당하는 안전관리자 및 보건관리자를 추가로 선임한 경우

또한, 기업활동 규제완화에 관한 특별조치법에 따라 '배치된 것으로 간주되는 산업안전보건법에 따른 안전관리자 등 전문인력'도 개인사업주나 법인 또는 기관이

모든 사업장에 두어야 하는 전문 인력의 수 산정 시 포함하여야 한다.[21]

(2) 상시근로자 500명 이상인 사업 또는 사업장과 시공능력의 순위가 상위 200위 이내인 건설사업자

위와 같은 방법에 따라 임명하여야 하는 안전관리자 등이 3명 이상이고, 상시근로자 수가 500명 이상인 사업 또는 사업장과 건설산업기본법 제8조 및 같은 법 시행령 별표 1에 따른 토목건축공사업에 대해 같은 법 제23조에 따라 평가하여 공시된 시공능력의 순위가 상위 200위 이내인 건설사업자인 경우에는 안전·보건에 관한 업무를 총괄·관리하는 전담 조직을 두어야 한다.

시공능력의 순위가 상위 200위 밖인 건설사업자라고 하더라도 상시근로자 500명 이상인 사업 또는 사업장인 경우에는 전담조직을 설치하여야 한다.

이에 대하여 경영계에서는 건설산업기본법상 시공능력 순위 51~200위인 건설회사는 상시근로자가 평균 204명[22]인 중소규모 업체에 해당되며, 업종특성상 본사도 최소한의 필요인력(경리, 서무 등)으로 운영되고 있어 전담조직을 별도로 설치하는 것이 부담이라는 이유로 전담조직 설치기준을 시공능력 50위 이내로 완화하고, 시공능력 순위로만 전담조직을 두도록 개정해야한다고 주장하고 있다.[23]

다) 안전·보건업무 전담조직의 설치

위에서 살펴본 요건에 해당하는 사업 또는 사업장의 사업주 또는 경영책임자는 '안전·보건에 관한 업무를 총괄·관리하는 전담조직'을 두어야 한다.

중대재해처벌법은 사업장이 아니라 사업 전체를 그 규율 대상으로 하고 있는 점, 경영책임자등의 개념 표지에서도 사업을 대표한다는 내용이 들어가는 점, 안전보건관리체계의 구축 및 이행이 경영책임자등의 의무로 규정되어 있는 점, 안전보건관리체계의 구축 및 이행 방안으로 안전·보건 업무 전담 조직을 규정하고 있는 점 등에 비추어 보면 여기서의 "안전·보건 업무 전담 조직" 또한 '사업 전체의' 안전·보건에 관한 업무를 총괄·관리하여야 한다. 이러한 취지에서 시행령 입법예고

---

21 고용노동부, 앞의 해설서, p. 51.
22 2020. 12. 31. 기준, 시공능력평가 51~200위의 1사(社)당 상시근로자 수는 평균 204명이고, 상시근로자 500명 이상은 시공능력 순위로는 50위 이내 정도라고 한다(경총 등, 앞의 건의서, p. 16).
23 경총 등, 앞의 건의서, p. 18.

안에는 단순히 "안전·보건에 관한 업무를 전담하는 조직을 둘 것"이라고 규정하고 있었으나, 최종적으로는 "안전·보건에 관한 업무를 총괄·관리하는 전담 조직"으로 수정되었다.

전담조직이 사업 전체의 안전·보건에 관한 업무를 총괄·관리하여야 하므로 사업 내 모든 사업장을 총괄·관리할 수 있도록 기업의 조직도 상에 위치해 있어야 한다. 따라서 개별 사업장 단위인 공장 등에 위 조직을 설치하고 해당 공장 등의 안전·보건 업무만 전담하는 경우에는 본 조의 안전·보건 업무 전담조직으로 평가받지 못할 수 있다. 다만, 기업의 특성상 본사가 아닌 특정 공장을 중심으로 안전·보건 관련 이슈가 집중되어 있는 등의 사정으로 전담조직을 특정 공장에 설치할 필요가 있다고 판단되는 경우 해당 공장에 조직을 설치하고 전사적인 안전·보건 업무를 총괄하는 것도 가능하다고 보아야 한다.

기업에 따라서는 성격이 다른 여러 사업 부문으로 이루어져 있는 경우가 있는데, 각 부문의 규모나 기능, 각 부문간 사업의 인사·예산·조직상 분리 정도, 각 부문별 사업의 구분 정도 등에 따라 각 부문이 독자적인 별개의 사업으로 인식될 정도로 인적·물적 독립성이 인정된다면 예외적으로 각 부문장이 경영책임자등으로 인정될 수 있고 전담조직도 부문별로 설치하는 것이 가능하다.

고용노동부는 안전·보건 업무 전담조직은 경영책임자등의 안전 및 보건 확보 의무 이행을 위한 집행조직으로서 실질적으로 법 제4조 및 제5조에 따른 의무를 총괄하여 관리할 수 있어야 하고, 구체적으로는 사업 또는 사업장의 안전보건관리 체계를 관리·감독하는 등 사업주 또는 경영책임자등을 보좌하고, 개인사업주나 법인 또는 기관의 안전·보건에 관한 컨트롤타워로서의 역할을 하는 조직을 의미한다고 한다.[24]

법문상 사업 내 모든 사업장 등을 총괄·관리할 수만 있다면 반드시 경영책임자등의 직속으로 있어야 할 필요는 없을 것으로 보이나, 중대재해처벌법의 입법 취지나 전담조직의 설치가 개인사업주 또는 경영책임자등에게 부여된 의무라는 점 등을 고려하면 전담 조직을 개인사업주 또는 경영책임자등의 직속으로 두는 것이 바람직할 것으로 보인다.

---

24 고용노동부, 앞의 해설서, p. 47.

고용노동부는 전담조직은 사업장이 여러곳에 분산되어 있는 경우에 사업장 단위로 선임되어 있는 산업안전보건법상 안전관리자, 보건관리자 등과는 별개의 조직이므로 개인사업주 또는 경영책임자등은 사업장 단위로 안전관리자 등이 선임되어 있더라도 시행령 제4조 제2호의 요건에 해당되는 경우에는 별도의 인력으로 전담조직을 설치하여야 한다고 하나,[25] 법령상 사업장의 안전보건조직이 안전보건전담직을 겸임할 수 없다는 제한 규정이 없고, 각 사업장별로 선임되어 있는 이러한 조직이 전사적인 안전보건활동을 하면서 기획이나 총무 등 다른 업무를 겸하지 않고 안전보건에 관한 업무만을 수행한다면 전담조직을 둔 것으로 볼 수 있을 것이다.[26]

조직이라는 성격상 최소한 2인 이상이 구성되어 있어야 할 것으로 보이나, 인원 등에 대해서는 규정한 바가 없으므로 구체적인 인원 규모는 그 사업 또는 사업장의 특성 및 규모 등을 고려하여 자율적으로 결정하면 된다.

안전·보건에 관한 업무를 총괄·관리하여야 하는 업무 특성상 전담조직의 구성원들은 안전·보건에 대한 전문적인 지식이나 실무 경험 등을 보유한 사람들이 포함되어 있어야 하고, 전담조직이므로 안전·보건에 관한 업무 이외에 다른 업무를 병행해서는 아니 된다.

고용노동부는 '안전·보건에 관한 업무를 총괄·관리한다'는 것의 의미는 중대재해처벌법령 및 안전·보건 관계 법령에 따른 종사자의 안전·보건상 유해·위험방지 정책의 수립이나 안전·보건 전문인력의 배치, 안전·보건 관련 예산의 편성·집행관리 등 법령상 필요한 조치의 이행이 이루어지도록 하는 등 사업 또는 사업장의 안전 및 보건 확보의무를 수행하는 것을 말하고, '전담' 조직으로 두도록 규정하고 있으므로 해당 조직은 부서장과 해당 부서원 모두 안전·보건에 관한 업무만 총괄·관리하여야 하며, 안전·보건과 무관하거나 생산관리, 일반행정 등 안전·보건과 목표의 상충이 일어날 수 있는 업무를 함께 수행할 수 없다고 설명하고 있다.[27]

그러나, 실제 수사나 재판 과정에서 시행령 제4조 제2호의 의무를 이행했는지 여부를 판단함에 있어서 조직의 구성이나 조직도상의 위치, 조직의 명칭이나 다른

---

25 고용노동부, 앞의 해설서, p. 48.

26 김상민, "중대재해처벌법 시행령(안)의 법리적 검토", 한국경영자총협회 주관 중대재해처벌법령 개선 토론회 자료집(2021. 8. 11.) pp. 6~7 및 김동욱, "애매한 중대재해처벌법, 모호한 정부 해설서", 한국경제 2021. 11. 23.자 기고문도 같은 입장이다.

27 고용노동부, 앞의 해설서, p. 48.

업무 병행 여부 등 형식적인 판단보다는 우선적으로 위 조직이 안전·보건에 관한 업무를 실질적으로 총괄·관리하였는지 여부가 의무 위반의 주요한 판단 기준이 될 것으로 보인다.

3) 유해·위험요인의 확인 및 개선 업무절차 마련, 점검(시행령 제4조 제3호)

시행령 제4조 (안전보건관리체계의 구축 및 이행조치) 법 제4조 제1항 제1호에 따른 조치의 구체적인 사항은 다음 각 호와 같다.

3. 사업 또는 사업장의 특성에 따른 유해·위험요인을 확인하여 개선하는 업무절차를 마련하고, 해당 업무절차에 따라 유해·위험요인의 확인 및 개선이 이루어지는지를 반기 1회 이상 점검한 후 필요한 조치를 할 것. 다만, 「산업안전보건법」 제36조에 따른 위험성평가를 하는 절차를 마련하고, 그 절차에 따라 위험성 평가를 직접 실시하거나 실시하도록 하여 실시 결과를 보고받은 경우에는 해당 업무절차에 따라 유해·위험요인의 확인 및 개선에 대한 점검을 한 것으로 본다.

가) 개관

시행령 제4조 제1호, 제2호가 중대산업재해 발생과 직접적인 관련성은 낮은 조항이기 때문에 형사처벌과 관련하여 위 조항들이 적용되기 위해서는 인과관계 입증에 많은 노력이 필요할 것으로 예상되는 데 비하여, 시행령 제4조 제3호는 중대산업재해 발생의 원인과 관련성이 높은 조항이므로[28] 형사처벌과 관련하여 핵심 쟁점이 될 가능성이 높아 보인다. 따라서 개인사업주 또는 경영책임자등의 안전보건관리체계의 구축 및 이행 의무와 관련하여 가장 중요한 내용이라고 할 수 있다.

개인사업주 또는 경영책임자등은 사업 또는 사업장의 특성에 따른 유해·위험요인[29]을 확인하여 개선하는 업무절차를 마련하고, 해당 업무절차에 따라 유해·위험요인의 확인 및 개선이 이루어지는지를 반기 1회 이상 점검한 후 필요한 조치를

---

[28] 이와 관련해서는 '제5장 형사처벌' 부분에서 다시 설명하기로 한다.

[29] 중대재해처벌법상 유해·위험요인에 대한 정의 규정은 없으나 산업안전보건법 제36조 제1항, 고용노동부 고시 제2020-53호 '사업장 위험성 평가에 관한 지침' 제3조 제1항 제2호에 따르면 '유해·위험요인'이란 '유해·위험을 일으킬 잠재적 가능성이 있는 것의 고유한 특징이나 속성을 말한다'고 하는바, 같은 의미로 이해된다.

하여야 한다. 다만, 「산업안전보건법」 제36조에 따른 위험성 평가를 하는 절차를 마련하고, 그 절차에 따라 위험성 평가를 직접 실시하거나 실시하도록 하여 실시 결과를 보고받은 경우에는 해당 업무절차에 따라 유해·위험요인의 확인 및 개선에 대한 점검을 한 것으로 본다.

결국 사업주는 산업안전보건법에 따라 위험성 평가를 해야 하므로, 개인사업주 또는 경영책임자등은 산업안전보건법 제36조에 따른 위험성 평가를 실시하도록 하고 그 결과를 보고받음으로써 이 의무이행을 대체할 것으로 예상된다. 이에 따라 개인사업주 또는 경영책임자등은 중대재해처벌법에 의하여 사업장에서의 유해·위험요인에 대한 인식가능성이 커졌고, 그만큼 이를 개선, 점검하여야 할 중요성도 높아졌다고 할 것이다.

다만 경영책임자등이 사업 또는 사업장의 유해·위험요인에 대한 확인 등을 직접 하여야 하는 것은 아니고, 사업장 내 유해·위험요인에 대한 확인 및 개선이 가능하도록 하는 절차를 마련하고 그 절차대로 사업장에서 이행되고 있는지를 점검하는 등 관리토록 하려는 것이다.[30]

종래 산업안전보건법위반 사건 관련 판결 등에서 대표이사 등이 사업장에서의 구체적인 유해·위험요인에 대한 인식이 없었다는 이유 등으로 산업안전보건법위반에 대한 고의가 부정되는 사례가 있었는데, 중대재해처벌법 시행으로 사업장에서의 구체적인 유해·위험요인에 대한 인식이 없었다는 주장을 하는 경우 중대재해처벌법상 경영책임자등의 유해·위험요인 확인, 개선절차 마련 및 필요한 조치를 할 의무를 위반한 것으로 평가받을 가능성이 높다.

나) 유해 · 위험요인을 확인하여 개선하는 업무절차 마련

유해·위험요인을 확인하여 개선하는 업무절차는 사업 또는 사업장의 고유한 업무 특성으로 인한 유해·위험요인을 확인하고 이를 개선하는 일련의 절차를 말한다.

개인사업주 또는 경영책임자등은 건설물, 기계·기구·설비, 원재료, 가스, 증기, 분진, 근로자의 작업행동 또는 그 밖의 업무로 인한 유해·위험 요인을 찾아내어 이를 개선하여야 하고, 기계·기구 및 설비 등을 설치·이전하거나 그 주요 구조

---

30 고용노동부, 앞의 해설서, p. 54.

를 변경하는 경우에도 유해·위험 요인을 제거한 후 작업을 할 수 있도록 하여야
한다.[31]

다) 유해·위험요인의 확인 및 개선 이행에 대한 반기 1회 이상 점검

개인사업주 또는 경영책임자등은 위와 같이 마련된 업무절차에 따라 유해·위
험요인을 확인하고, 개선조치가 이행되고 있는지 여부를 반기 1회 이상 점검하여야
한다.

산업안전보건법 제36조에 따른 위험성평가를 하는 절차를 마련하고, 그 절차에
따라 위험성평가를 직접 실시하거나 실시하도록 하여 경영책임자등이 실시 결과를
보고받은 경우에는 해당 업무절차에 따라 유해·위험요인의 확인 및 개선에 대한
점검을 한 것으로 본다.

따라서 위험성평가 제도를 도입하여 해당 절차에 따라 위험성평가를 모두 실
시하고 이에 더하여 그 실시 결과를 경영책임자등이 보고받았다면 중대재해처벌법
에 따른 유해·위험요인의 확인 및 개선에 대한 점검을 반기 1회씩 연 2회 모두 실
시한 것으로 간주할 수 있다.[32] 다만 위험성평가 등을 형식적으로 이행하여 제대로
된 개선조치가 이루어지지 않아 중대산업재해를 야기하였다면 유해·위험요인의
확인 및 개선에 관한 점검 의무 위반의 책임을 질 수 있다. 실무상 위험성평가 실
시 및 보고 등 유해위험요인 확인 및 점검조치가 실질적으로 이루어졌다고 평가할
수 있는지가 쟁점이 될 것으로 보인다.

라) 유해·위험요인의 확인 및 개선에 대한 점검 후 필요한 조치

개인사업주 또는 경영책임자등이 마련된 업무절차에 따라 유해·위험요인의 확
인 및 개선이 이루어지는지 반기 1회 이상 점검하고, 유해·위험요인 확인 및 개선
과 관련하여 부족하거나 개선할 점이 발견되는 경우에는 개선 조치가 이루어질 수
있도록 필요한 조치를 하여야 한다. 즉, 중대산업재해 발생을 예방하기 위하여 개
인사업주 또는 경영책임자등은 안전 및 보건과 관련하여 점검을 하게 되면, 그 점
검 결과에 따라 미비점 등을 보고받고 그 미비점을 개선하도록 지시하며, 위 미비

---

31 고용노동부, 앞의 해설서, p. 53.
32 고용노동부, 중대재해처벌법령 FAQ 중대산업재해부분, 2022, p. 33.

점이 개선되었는지 여부를 보고받고 확인하는 시스템을 갖출 필요가 있다.

시행령 제4조 제3호는 안전보건관리체계 구축을 위하여 가장 중요한 조항일 뿐만 아니라 실제로 수사나 재판 과정에서도 쟁점이 될 가능성이 큰 조항이므로[33] 개인사업주 또는 경영책임자등은 유해·위험요인의 확인 및 개선 업무절차를 마련하고 실제 해당 절차에 따라 확인 및 개선이 이루어지는지를 충실히 점검해야 한다. 개선이 필요한 부분에 대해서는 반드시 개선 지시를 하고, 개선이행 여부를 확인하는 시스템을 구축하여야 한다. 또한 안전보건관리체계를 구축하기 위하여 노력한 점에 대한 자료는 문서화하여 보관해 둘 필요가 있다.

마) 의무이행의 대체 – 산업안전보건법상의 위험성 평가

산업안전보건법 제36조 (위험성평가의 실시) ① 사업주는 건설물, 기계·기구·설비, 원재료, 가스, 증기, 분진, 근로자의 작업행동 또는 그 밖의 업무로 인한 유해·위험 요인을 찾아내어 부상 및 질병으로 이어질 수 있는 위험성의 크기가 허용 가능한 범위인지를 평가하여야 하고, 그 결과에 따라 이 법과 이 법에 따른 명령에 따른 조치를 하여야 하며, 근로자에 대한 위험 또는 건강장해를 방지하기 위하여 필요한 경우에는 추가적인 조치를 하여야 한다.
② 사업주는 제1항에 따른 평가 시 고용노동부장관이 정하여 고시하는 바에 따라 해당 작업장의 근로자를 참여시켜야 한다.
③ 사업주는 제1항에 따른 평가의 결과와 조치사항을 고용노동부령으로 정하는 바에 따라 기록하여 보존하여야 한다.
④ 제1항에 따른 평가의 방법, 절차 및 시기, 그 밖에 필요한 사항은 고용노동부장관이 정하여 고시한다.

중대재해처벌법상 유해·위험요인 업무처리절차 마련에 대한 이행상황 점검 의무는 산업안전보건법 제36조에 따른 위험성평가의 실시로 갈음할 수 있다(시행령 제4조 제3호 단서).

산업안전보건법상 위험성평가란 유해·위험요인을 파악하고 해당 유해·위험요인에 의한 부상 또는 질병의 발생가능성(빈도)과 중대성(강도)을 추정·결정하고 감

---

[33] 실무상으로는 경영책임자등이 유해·위험요인을 확인, 점검하였으나 발견하지 못한 유해·위험요인으로 인해 사고가 발생한 경우에는 경영책임자등이 의무를 다하지 못한 것이 되는지도 쟁점이 될 것으로 예상된다(김동욱, "「중대재해처벌법의 법체계적 지위와 해석상 쟁점 연구」에 대한 토론문", 대검찰청·노동법이론실무학회 공동학술대회 자료집, p. 68).

소대책을 수립하여 실행하는 일련의 과정을 말한다.

　　사업주는 건설물, 기계·기구·설비, 원재료, 가스, 증기, 분진, 근로자의 작업행동 또는 그 밖의 업무로 인한 유해·위험 요인을 찾아내어 부상 및 질병으로 이어질 수 있는 위험성의 크기가 허용 가능한 범위인지를 평가하여야 하고, 그 결과에 따라 산업안전보건법과 산업안전보건법에 따른 명령에 따른 조치를 하여야 하며, 근로자에 대한 위험 또는 건강장해를 방지하기 위하여 필요한 경우에는 추가적인 조치를 취하여야 한다(산업안전보건법 제36조). 위험성 평가의 방법, 절차 및 시기, 그 밖에 필요한 사항은 고용노동부 고시로 정하도록 위임하고 있고, 관련 고시인 '사업장 위험성 평가에 관한 지침(고용노동부 고시 제2020-53호)'에서 구체적으로 정하고 있다.

　　위험성평가는 사업주의 주도하에 안전보건관리책임자가 총괄·관리하고, 안전관리자, 보건관리자, 안전보건관리담당자가 위험성평가 실시에 관하여 안전보건관리책임자를 보좌하고 지도·조언한다. 관리감독자는 유해·위험요인을 파악하고 그 결과에 따라 개선조치를 시행하는데, 근로자는 해당 작업의 유해·위험요인 파악, 위험성 감소 대책 수립 및 위험성 감소 대책 이행 여부 확인에 참여하는 등의 방법으로 실시하게 된다.

　　위험성평가는 실시 시기별로 ① 사업장 설립일로부터 1년 이내에 실시해야 하는 최초평가, ② 최초평가 후 매년 정기적으로 실시해야하는 정기평가, ③ 사업장 건설물의 설치·이전·변경 또는 해체, 기계·기구, 설비, 원재료 등의 신규 도입 또는 변경, 건설물, 기계·기구, 설비 등의 정비 또는 보수(주기적·반복적 작업으로서 정기평가를 실시한 경우에는 제외), 작업방법 또는 작업절차의 신규 도입 또는 변경, 중대산업사고 또는 산업재해(휴업 이상의 요양을 요하는 경우에 한정) 발생, 그 밖에 사업주가 필요하다고 판단한 경우에 실시하는 수시평가가 있고(사업장 위험성평가에 관한 지침 제15조), 위험성평가 대상의 유해·위험요인, 위험성 결정의 내용, 위험성 결정에 따른 조치의 내용, 그 밖에 위험성평가의 실시 내용을 확인하기 위하여 필요한 사항으로서 고용노동부령이 고시하는 사항[34] 등을 포함하여 위험성평가 결과와 조치사항을 기록하여 3년간[35] 보존하여야 한다(산업안전보건법 시행규칙 제37조 제2항).

---

[34] 위험성평가를 위해 사전 조사한 안전보건 정보, 그 밖에 사업장에서 필요하다고 정한 사항을 말한다(사업장 위험성평가에 관한 지침 제14조 제1항).

개인사업주 또는 경영책임자등이 산업안전보건법상의 위험성 평가를 실시하고 그 결과를 보고받은 경우에는 유해·위험요인의 확인 및 개선에 대한 점검을 한 것으로 간주되나, 점검 후 필요한 조치에 대한 의무 이행까지 간주되는 것은 아니므로 위험성 평가 결과 유해·위험요인의 확인 및 개선이 제대로 이루어지지 아니한 부분에 대해서는 개인사업주 또는 경영책임자등은 필요한 조치를 하여야 한다.

4) 필요한 예산 편성 및 집행(시행령 제4조 제4호)

시행령 제4조 (안전보건관리체계의 구축 및 이행조치) 법 제4조 제1항 제1호에 따른 조치의 구체적인 사항은 다음 각 호와 같다.

4. 다음 각 목의 사항을 이행하는 데 필요한 예산을 편성하고 그 편성된 용도에 맞게 집행하도록 할 것
   가. 재해 예방을 위해 필요한 안전·보건에 관한 인력, 시설 및 장비의 구비
   나. 제3호에서 정한 유해·위험요인의 개선
   다. 그 밖에 안전보건관리체계 구축 등을 위해 필요한 사항으로서 고용노동부장관이 정하여 고시하는 사항

가) 개관

중대산업재해를 예방하기 위해서는 인력, 시설, 장비가 필요하고, 사업 또는 사업장의 유해·위험 요인을 개선하거나 위험성 평가 결과에 따른 조치 등을 이행하기 위해서는 예산이 필요할 수밖에 없으므로 이에 대한 예산을 편성하고 그 편성된 용도에 맞게 집행할 의무를 부과하고 있다.

즉, 개인사업주 또는 경영책임자등은 재해예방을 위해 필요한 안전·보건에 관한 인력, 시설, 장비의 구비와 유해·위험요인의 개선 및 안전보건관리체계 구축 등을 위하여 필요한 예산을 편성하고, 그 편성된 용도에 맞게 집행하도록 하여야 한다.

종래 산업현장에서 안전·보건에 관한 인력, 시설 및 장비의 구비에 관련된 예

---

35 중대재해처벌법상의 조치 등의 이행사항은 서면으로 작성하여 5년간 보존해야 하는 반면(중대재해처벌법 시행령 제13조), 그중 일부 조치의무를 대체하는 위험성평가에 관한 기록은 3년간 보존하도록 되어 있는데(산업안전보건법 시행규칙 제37조 제2항), 해당 의무이행에 대체하여 위험성평가를 실시하였다는 것을 입증하기 위하여는 산업안전보건법상 위험성평가 관련 서면도 5년간 보존하여야 할 것이다.

산을 비용 절감 등의 명목으로 삭감하거나 예산 부족 등을 이유로 안전·보건에 관한 예산 집행이 이루어지지 않는 등 안전·보건 분야가 예산 편성이나 집행에 있어 다른 분야보다 후순위로 밀리는 경우가 있었기 때문에 이러한 관행 등을 시정하고 개인사업주 또는 경영책임자등의 인식을 개선하기 위하여 도입된 것이다.

다만, 수사와 재판과정에서 법을 적용함에 있어서는 '필요한 예산'의 개념이 불명확하여 해당 기업의 안전보건관리책임자등이 검토하여 작성한 자료에만 근거하여 필요한 예산 해당 여부를 판단하게 된다면 예산이 필요한 범위 내에서 적절하게 편성되었는지 여부를 객관적으로 확인하기 쉽지 않고, 또한 예산 편성 및 집행 의무 위반과 중대재해 발생 사이에 인과관계가 직접 인정되는 경우는 현실적으로 많지 않을 것이어서 중대산업재해 예방을 위해 필요한 예산 편성 및 집행 의무를 위반하였는지 여부를 판단하는 것도 쉽지 않을 것으로 예상된다.

일선 현장에서 인력, 시설, 장비의 구비 등을 요구하였음에도, 이를 무시한 채 작업을 진행하여 재해가 발생하는 경우를 상정하여 규정한 것으로 보이는데, 이러한 경우를 상정한다고 하더라도 필요한 예산 편성 및 집행 의무 조항은 그 대상과 범위를 너무 추상적으로 광범위하게 규정하여 수사기관에서도 인과관계 입증이 부담으로 작용될 것으로 보이고, 이와 관련하여 과도한 자료 요구를 하거나 압수수색을 하는 경우에는 기업 경영에도 큰 장애가 초래될 수도 있을 것이다.

나) 예산 편성 항목

개인사업주 또는 경영책임자등이 예산을 편성해야 하는 항목은 '재해예방을 위해 필요한 인력, 시설 및 장비의 구비', '제3호에서 정한 유해·위험요인의 개선에 필요한 예산', '그 밖에 안전보건관리체계 구축 등을 위해 필요한 사항으로서 고용노동부장관이 정하여 고시하는 사항'이다.

재해 예방을 위해 안전관리자, 보건관리자, 안전보건관리담당자 등 전문인력뿐만 아니라 안전 전담 조직 등의 구성을 위해서는 인력이 필요하므로 그에 따른 예산을 편성하도록 한 것이고, 안전 관련 시설이나 장비의 경우에도 구입에 필요한 예산을 편성하도록 한 것이다.

'고용노동부장관의 고시'는 기존의 건설업의 경우 적용되는 산업안전보건법 제72조, 「건설업산업안전보건관리비 계상 및 사용기준(고용노동부고시 제2020-63)」에 따른 '산업안전보건관리비계상 기준'이 재해예방을 위해 필요한 인력, 시설 및 장비의 구입에 필요한 예산의 기준이 될 수 있다.[36]

예산을 편성하는 과정에서는 우선순위가 고려될 수밖에 없는데, 안전·보건이라는 이유로 순위가 후순위로 밀려서는 아니 될 것이다. 그럼에도 불구하고 한정된 자원으로 예산을 편성하기 위해서는 부득이 예산 편성 과정에서 심사를 거쳐 편성 여부를 결정할 수밖에 없을 것이고, 안전·보건과 관련된 예산의 경우에는 예산심사위원회와 같은 기구 설치를 통해 예산 편성의 적정성을 담보할 수 있을 것이다.

시행령 제4조 제3호에 따라 확인된 유해·위험요인의 개선을 위해서도 인력, 시설 및 장비의 구비가 필요할 수 있으므로 이에 필요한 예산도 편성하여야 한다.

통상의 경우에는 유해·위험요인의 개선에 필요한 예산을 포괄적으로 미리 편성해 놓고, 실제 유해·위험요인에 대한 점검 후 위 예산의 범위에서 개선 조치를 하게 될 것이지만 기 편성된 예산의 부족을 이유로 개선조치를 차기 회계연도로 미루는 것은 중대재해와의 인과관계가 인정되는 경우 처벌될 수 있으므로 즉시 추가 예산을 편성하고 관련 개선조치를 하여야 할 것이다.

다) 편성된 용도에 맞게 예산을 집행하도록 할 것[37]

개인사업주 또는 경영책임자등은 재해 예방을 위하여 필요한 안전·보건에 관한 예산이 편성된 용도에 맞게 집행하도록 하여야 한다. 편성된 예산이 다른 용도에 사용되고 이로 인하여 중대산업재해가 발생하는 경우에는 안전보건 확보의무를 이행하지 아니하였다고 판단될 수도 있을 것이다.

예산은 다음 해의 자금 집행에 대한 계획이므로 실제 예산을 집행하는 경우 안전·보건에 관한 예산이 모자라는 경우도 있을 수 있고, 위 예산이 남는 경우도 있을 것이다. 이러한 경우에 위 예산을 어떻게 처리할 것인지에 대해서는 별도의 규정을 마련할 필요가 있을 것이다.

---

36 고용노동부, 앞의 해설서, p. 68.
37 고용노동부, 앞의 해설서, p. 69.

5) 안전보건관리책임자 등에게 필요한 권한과 예산 부여 및 업무수행 평가(시행령 제4조 제5호)

> 시행령 제4조 (안전보건관리체계의 구축 및 이행조치) 법 제4조 제1항 제1호에 따른 조치의 구체적인 사항은 다음 각 호와 같다.
> 5. 산업안전보건법」 제15조, 제16조 및 제62조에 따른 안전보건관리책임자, 관리감독자 및 안전보건총괄책임자(이하 이 조에서 "안전보건관리책임자등"이라 한다)가 같은 조에서 규정한 각각의 업무를 각 사업장에서 충실히 수행할 수 있도록 다음 각 목의 조치를 할 것
> 　가. 안전보건관리책임자등에게 해당 업무 수행에 필요한 권한과 예산을 줄 것
> 　나. 안전보건관리책임자등이 해당 업무를 충실하게 수행하는지를 평가하는 기준을 마련하고, 그 기준에 따라 반기 1회 이상 평가·관리할 것

가) 개관

개인사업주 또는 경영책임자등에게 사업 또는 사업장에서 일하는 모든 종사자들에 대한 안전 및 보건 확보의무를 부과하고 있으나, 개인사업주 또는 경영책임자등이 사업장에서 구체적인 안전조치 및 보건조치를 직접 이행할 수는 없으므로 실질적으로 안전보건관리업무를 담당하고 있는 안전보건관리책임자, 관리감독자 및 안전보건총괄책임자(이하 '안전보건관리책임자등'이라 한다)를 통하여 사업장에서 종사자를 보호하기 위한 안전·보건에 관한 제반 업무를 이행하여야 한다. 따라서 중대재해처벌법은 개인사업주 또는 경영책임자등으로 하여금 안전보건관리책임자등이 해당 업무 수행을 충실히 수행할 수 있도록 필요한 권한과 예산을 주고, 평가 및 관리함으로써 사업장의 안전 조치 및 보건 조치에 대한 실효성을 높이려고 하였다.

개인사업주 또는 경영책임자등은 각 사업장의 안전보건관리책임자등이 각각의 업무를 충실히 수행할 수 있도록 ① 안전보건관리책임자등에게 해당 업무 수행에 필요한 권한과 예산을 주고, ② 안전보건관리책임자등이 해당 업무를 충실하게 수행하는지를 평가하는 기준을 마련하고, 그 기준에 따라 반기 1회 이상 평가·관리하여야 한다.

시행령 제4조 제5호 나목에서 규정된 평가기준 마련과 평가·관리는 안전보건

관리책임자등으로 하여금 업무를 충실히 이행하도록 독려함으로써 중대재해를 예방한다는 측면에서는 의미가 큰 규정이라고 할 것이다. 그러나, 형사적인 관점에서 볼 때 시행령 제4조 제5호 가목의 경우 의무 위반시 중대재해발생과 인과관계가 인정될 가능성이 있지만, 시행령 제4조 제5호 나목의 평가기준 마련과 평가·관리 의무를 위반하더라도 중대재해발생과 인과관계를 인정하기는 쉽지 않을 것으로 보이고, 과연 업무를 어느 정도 수행해야 '충실히', '충실하게' 수행한 것이 되는지 형사처벌 규정으로서 명확하지 않다는 비판이 제기된다.[38]

나) 안전보건관리책임자등의 업무

(1) 안전보건관리책임자(산업안전보건법 제15조)

안전보건관리책임자는 사업장을 실질적으로 총괄하여 관리하는 사람으로서 통상적으로 사업장의 현장소장이나 공장장 등을 말한다.[39] 안전보건관리책임자의 업무는 산업안전보건법 제15조에 규정되어 있다.

산업안전보건법 제15조 (안전보건관리책임자) ① 사업주는 사업장을 실질적으로 총괄하여 관리하는 사람에게 해당 사업장의 다음 각 호의 업무를 총괄하여 관리하도록 하여야 한다.
1. 사업장의 산업재해 예방계획의 수립에 관한 사항
2. 제25조 및 제26조에 따른 안전보건관리규정의 작성 및 변경에 관한 사항
3. 제29조에 따른 안전보건교육에 관한 사항
4. 작업환경측정 등 작업환경의 점검 및 개선에 관한 사항
5. 제129조부터 제132조까지에 따른 근로자의 건강진단 등 건강관리에 관한 사항
6. 산업재해의 원인 조사 및 재발 방지대책 수립에 관한 사항
7. 산업재해에 관한 통계의 기록 및 유지에 관한 사항
8. 안전장치 및 보호구 구입 시 적격품 여부 확인에 관한 사항
9. 그 밖에 근로자의 유해·위험 방지 조치에 관한 사항으로서 고용노동부령으로 정하는 사항

---

38 김상민, 앞의 토론회 발표자료, p. 5. 이러한 비판을 받아들여 시행령 제4조 제5호에서는 가목과 나목의 조치를 하면 '충실히' 수행할 수 있도록 한 것이라고 해석될 수 있도록 규정을 수정하였으나, 나목에서 '성실하게 수행하는지를 평가하는 기준'이라고 하고 있어 여전히 문제로 남아 있다.
39 다만 대표이사가 현장에 상주하는 경우에는 안전보건관리책임자로 지정되므로 대표이사가 경영책임자등과 안전보건관리책임자의 지위를 동시에 가진다.

(2) 관리감독자(산업안전보건법 제16조)

관리감독자는 사업장의 생산과 관련되는 업무와 그 소속 직원을 직접 지휘·감독하는 직위에 있는 사람으로서 통상적으로 사업장 내 부서의 장을 말한다. 관리감독자의 업무는 산업안전보건법 시행령 제15조에 규정되어 있다.

산업안전보건법 제16조 (관리감독자) ① 사업주는 사업장의 생산과 관련되는 업무와 그 소속 직원을 직접 지휘·감독하는 직위에 있는 사람(이하 "관리감독자"라 한다)에게 산업 안전 및 보건에 관한 업무로서 대통령령으로 정하는 업무를 수행하도록 하여야 한다.

산업안전보건법 시행령 제15조 (관리감독자의 업무 등) ① 법 제16조 제1항에서 "대통령령으로 정하는 업무"란 다음 각 호의 업무를 말한다.
1. 사업장 내 법 제16조 제1항에 따른 관리감독자(이하 "관리감독자"라 한다)가 지휘·감독하는 작업(이하 이 조에서 "해당작업"이라 한다)과 관련된 기계·기구 또는 설비의 안전·보건 점검 및 이상 유무의 확인
2. 관리감독자에게 소속된 근로자의 작업복·보호구 및 방호장치의 점검과 그 착용·사용에 관한 교육·지도
3. 해당 작업에서 발생한 산업재해에 관한 보고 및 이에 대한 응급조치
4. 해당 작업의 작업장 정리·정돈 및 통로 확보에 대한 확인·감독
5. 사업장의 다음 각 목의 어느 하나에 해당하는 사람의 지도·조언에 대한 협조
   가. 법 제17조 제1항에 따른 안전관리자(이하 "안전관리자"라 한다) 또는 같은 조 제4항에 따라 안전관리자의 업무를 같은 항에 따른 안전관리전문기관(이하 "안전관리전문기관"이라 한다)에 위탁한 사업장의 경우에는 그 안전관리전문기관의 해당 사업장 담당자
   나. 법 제18조 제1항에 따른 보건관리자(이하 "보건관리자"라 한다) 또는 같은 조 제4항에 따라 보건관리자의 업무를 같은 항에 따른 보건관리전문기관(이하 "보건관리전문기관"이라 한다)에 위탁한 사업장의 경우에는 그 보건관리전문기관의 해당 사업장 담당자
   다. 법 제19조 제1항에 따른 안전보건관리담당자(이하 "안전보건관리담당자"라 한다) 또는 같은 조 제4항에 따라 안전보건관리담당자의 업무를 안전관리전문기관 또는 보건관리전문기관에 위탁한 사업장의 경우에는 그 안전관리전문기관 또는 보건관리전문기관의 해당 사업장 담당자

라. 법 제22조 제1항에 따른 산업보건의(이하 "산업보건의"라 한다)
6. 법 제36조에 따라 실시되는 위험성평가에 관한 다음 각 목의 업무
   가. 유해·위험요인의 파악에 대한 참여
   나. 개선조치의 시행에 대한 참여
7. 그 밖에 해당 작업의 안전 및 보건에 관한 사항으로서 고용노동부령으로 정하는 사항

(3) 안전보건총괄책임자(산업안전보건법 제62조)

안전보건총괄책임자는 도급인의 사업장에서 관계수급인 근로자가 작업을 하는 경우에 도급인의 근로자와 관계수급인 근로자의 산업재해를 예방하기 위한 업무를 총괄하여 관리하도록 지정된 그 사업장의 안전보건관리책임자를 말한다.

산업안전보건법 시행령 제52조에 따라 안전보건총괄책임자를 지정해야 하는 사업의 종류 및 사업장의 상시근로자 수는 관계수급인에게 고용된 근로자를 포함한 상시근로자가 100명(선박 및 보트 건조업, 1차 금속 제조업 및 토사석 광업의 경우에는 50명) 이상인 사업이나 관계수급인의 공사금액을 포함한 해당 공사의 총공사금액이 20억원 이상인 건설업으로 한다.

안전보건총괄책임자의 직무는 산업안전보건법 시행령 제53조에 규정되어 있다.

산업안전보건법 제62조 (안전보건총괄책임자) ① 도급인은 관계수급인 근로자가 도급인의 사업장에서 작업을 하는 경우에는 그 사업장의 안전보건관리책임자를 도급인의 근로자와 관계수급인 근로자의 산업재해를 예방하기 위한 업무를 총괄하여 관리하는 안전보건총괄책임자로 지정하여야 한다. 이 경우 안전보건관리책임자를 두지 아니하여도 되는 사업장에서는 그 사업장에서 사업을 총괄하여 관리하는 사람을 안전보건총괄책임자로 지정하여야 한다.
② 제1항에 따라 안전보건총괄책임자를 지정하여야 하는 사업의 종류와 사업장의 상시근로자 수, 안전보건총괄책임자의 직무·권한, 그 밖에 필요한 사항은 대통령령으로 정한다.

산업안전보건법 시행령 제53조 (안전보건총괄책임자의 직무 등) ① 안전보건총괄책임자의 직무는 다음 각 호와 같다.
1. 법 제36조에 따른 위험성평가의 실시에 관한 사항

2. 법 제51조 및 제54조에 따른 작업의 중지
3. 법 제64조에 따른 도급 시 산업재해 예방조치
4. 법 제72조 제1항에 따른 산업안전보건관리비의 관계수급인 간의 사용에 관한 협의·조정 및 그 집행의 감독
5. 안전인증대상기계등과 자율안전확인대상기계등의 사용 여부 확인

다) 업무수행에 필요한 권한과 예산 부여

개인사업주 또는 경영책임자등은 안전보건관리책임자가 사업장에서 업무를 수행하고 안전관리자와 보건관리자를 지휘·감독하는 데 필요한 권한과 예산을 주어야 한다. 또한 개인사업주나 경영책임자등은 관리감독자에게 자신이 지휘·감독하는 작업과 관련한 기계·기구 또는 설비의 안전·보건 점검 및 이상 유무의 확인, 소속된 근로자의 작업복·보호구 및 방호장치의 점검과 그 착용·사용에 관한 교육·지도 등에 필요한 시간, 비용 지원 등 업무 수행을 위한 권한과 예산을 주어야 한다.

라) 평가기준 마련

개인사업주 또는 경영책임자등은 각 사업장의 안전보건관리책임자등이 해당 업무를 충실하게 수행하는지를 평가하는 기준을 마련하여야 한다.

고용노동부는 해당 업무를 충실하게 수행하는지를 평가하는 기준은 안전보건관리책임자등이 해당 법령에 의해 정해진 의무를 제대로 수행하고 있는지에 대해 평가 항목을 구성하는 것을 의미하고, 각각 해당 업무 수행 능력과 성과 등을 평가하는 경우에 산업안전보건법에 따른 업무 수행 및 그 충실도를 반영할 수 있는 평가 항목이 포함되어야 하며, 평가 기준은 가능한 한 구체적이고 세부적으로 마련함으로써 형식적인 평가가 아니라 실질적인 평가가 될 수 있어야 한다고 설명하고 있다.[40]

실질적인 평가를 위해서는 법령에 정해진 의무를 안전보건관리책임자등에 대한 평가 항목으로 하되, 기업이 영위하는 사업의 업종, 규모, 조직구조, 재해 발생 여부 등 개별 기업의 상황에 맞추어 평가 기준을 설정하여야 할 것이다.

---

[40] 고용노동부, 앞의 해설서, p. 74.

마) 반기 1회 이상 평가 및 관리

개인사업주 또는 경영책임자등은 안전보건관리책임자등의 업무 수행에 대하여 평가 기준에 따라 반기 1회 이상 평가·관리하여야 한다.

기업에 따라서는 대표이사가 안전보건관리책임자로 선정되어 있는 경우도 있는데, 중대재해처벌법하에서는 개인사업주 또는 경영책임자등이 평가자이고 안전보건관리책임자등이 평가 대상자이므로 평가자와 평가 대상자가 같을 수도 있다. 이러한 경우 경영책임자등이 자신을 평가하는 것은 의미가 없으므로 자신을 제외한 관리감독자를 평가하라는 취지로 해석된다. 다만, 중대재해처벌법의 입법취지와 평가의 실효성을 확보하기 위해서는 평가자와 평가 대상자가 일치되지 않도록 조직 구조 또는 안전보건관리책임자등의 지정을 변경할 필요가 있어 보인다.

개인사업주 또는 경영책임자등은 다른 업무수행 평가시에 안전보건관리책임 등에 대하여 산업안전보건법에 따른 업무 수행에 대하여 평가를 같이하면 되고, 반드시 다른 업무수행 평가와 별도로 할 필요는 없다. 다만 중대재해처벌법에 따른 안전보건관리책임 등에 대한 업무수행 평가는 반기 1회 이상 하여야 하므로, 다른 업무수행 평가와 평가시기나 회수가 다를 경우에는 별도로 진행할 수밖에 없다.

앞에서 살펴본 것처럼 평가 기준 마련과 평가·관리 의무를 이행하지 않더라도 중대재해 발생과 인과관계가 인정되는 경우는 많지 않을 것이나, 위와 같은 평가·관리 의무를 수회에 걸쳐 제대로 이행하지 아니하여 평가가 좋지 않은 안전보건관리책임자등이 교체되지 아니한 채 안전 및 보건에 관한 업무 수행을 충실히 하지 않는 경우가 발생하고 이로 인하여 중대재해가 발생하는 경우에는 인과관계가 인정될 수도 있다.

따라서 산업안전보건법에 따른 업무 수행과 관련한 평가 결과가 현저히 낮은 경우에는 개인사업주 또는 경영책임자등은 그에 상응하는 조치를 취하여야 할 것이다.

6) 충분한 안전관리자 등 전문 인력 배치(시행령 제4조 제6호)

> 시행령 제4조 (안전보건관리체계의 구축 및 이행조치) 법 제4조 제1항 제1호에 따른 조치의 구체적인 사항은 다음 각 호와 같다.

6. 「산업안전보건법」 제17조부터 제19조까지 및 제22조에 따라 정해진 수 이상의 안전관리자, 보건관리자, 안전보건관리담당자 및 산업보건의를 배치할 것. 다만, 다른 법령에서 해당 인력의 배치에 대해 달리 정하고 있는 경우에는 그에 따르고, 배치해야 할 인력이 다른 업무를 겸직하는 경우에는 고용노동부장관이 정하여 고시하는 기준에 따라 안전·보건에 관한 업무 수행시간을 보장해야 한다.

가) 개관

개인사업주 또는 경영책임자등은 산업안전보건법 제17조부터 제19조까지 및 제22조에 따라 정해진 수 이상의 안전관리자, 보건관리자, 안전보건관리담당자 및 산업보건의를 배치하여야 한다. 다만, 다른 법령에서 해당 인력의 배치에 대해 달리 정하고 있는 경우에는 그에 따르고, 배치해야 할 인력이 다른 업무를 겸직하는 경우에는 고용노동부장관이 정하여 고시하는 기준에 따라 안전·보건에 관한 업무 수행시간을 보장해야 한다.

중대재해처벌법은 안전보건관리책임자등으로 하여금 충실히 업무를 수행하도록 보장함과 동시에 안전 또는 보건에 관한 전문가인 안전관리자, 보건관리자, 안전보건관리담당자 및 산업보건의를 배치하여 사업장에서 구체적인 안전 및 보건조치 의무를 지도하고 조언하는 역할을 충실히 수행하도록 적정한 안전보건 전문가 인력배치와 안전보건업무 수행시간을 보장함으로써 사업장에서의 안전·보건조치의 실효성을 확보하고자 한 것이다.

나) 안전관리자, 보건관리자, 안전보건관리담당자 및 산업보건의 배치

안전관리자는 안전에 관한 기술적인 사항에 관하여 사업주 또는 안전보건관리책임자를 보좌하고 관리감독자에게 지도·조언하는 업무를 수행하는 사람을 말하고, 보건관리자는 보건에 관한 기술적인 사항에 관하여 사업주 또는 안전보건관리책임자를 보좌하고 관리감독자에게 지도·조언하는 업무를 수행하는 사람을 말한다. 안전보건관리담당자는 안전 및 보건에 관하여 사업주를 보좌하고 관리감독자에게 지도·조언하는 업무를 수행하는 사람을 말한다.

구체적으로 몇 명을 두어야 하는지에 대하여는 업종, 상시근로자 수, 공사금액

등에 따라 달라지는데 이에 대하여는 앞에서 설명한 것과 동일하다.

다) 다른 법령에서 달리 정하고 있는 경우 해당 법령을 따를 것

예컨대 「기업활동 규제완화에 관한 특별조치법」 제29조는 일정한 요건을 갖춘 경우에 안전관리자 또는 보건관리자를 채용한 것으로 간주하므로 위 요건에 해당하는 때에는 해당 전문인력을 배치하지 않은 경우에도 시행령 제4조 제5호에 따른 전문인력 배치 의무를 이행한 것으로 본다.

라) 겸직이 가능한 경우

상시근로자 300명 이상을 사용하는 사업장(건설업의 경우에는 공사금액이 120억원 (「건설산업기본법 시행령」 별표 1의 종합공사를 시공하는 업종의 건설업종란 제1호에 따른 토목공사업의 경우에는 150억원) 이상인 사업장)의 안전관리자는 해당 사업장에서 업무를 전담해야 하므로(산업안전보건법 제17조 제3항, 산업안전보건법 시행령 제16조 제2항), 상시근로자 300명 미만을 사용하는 사업장, 건설업의 공사금액 120억원 미만인 사업장(토목공사업의 150억원 미만 사업장)의 경우에는 안전관리자는 다른 업무와의 겸직이 가능하다고 할 것이다.

산업안전보건법 시행령 제18조 (안전관리자의 업무 등) ① 안전관리자의 업무는 다음 각 호와 같다.
1. 법 제24조 제1항에 따른 산업안전보건위원회(이하 "산업안전보건위원회"라 한다) 또는 법 제75조 제1항에 따른 안전 및 보건에 관한 노사협의체(이하 "노사협의체"라 한다)에서 심의·의결한 업무와 해당 사업장의 법 제25조 제1항에 따른 안전보건관리규정(이하 "안전보건관리규정"이라 한다) 및 취업규칙에서 정한 업무
2. 법 제36조에 따른 위험성평가에 관한 보좌 및 지도·조언
3. 법 제84조 제1항에 따른 안전인증대상기계등(이하 "안전인증대상기계등"이라 한다)과 법 제89조 제1항 각 호 외의 부분 본문에 따른 자율안전확인대상기계등(이하 "자율안전확인대상기계등"이라 한다) 구입 시 적격품의 선정에 관한 보좌 및 지도·조언
4. 해당 사업장 안전교육계획의 수립 및 안전교육 실시에 관한 보좌 및 지도·조언
5. 사업장 순회점검, 지도 및 조치 건의
6. 산업재해 발생의 원인 조사·분석 및 재발 방지를 위한 기술적 보좌 및 지도·조언

---

7. 산업재해에 관한 통계의 유지·관리·분석을 위한 보좌 및 지도·조언

8. 법 또는 법에 따른 명령으로 정한 안전에 관한 사항의 이행에 관한 보좌 및 지도·조언

9. 업무 수행 내용의 기록·유지

10. 그 밖에 안전에 관한 사항으로서 고용노동부장관이 정하는 사항

또한 보건관리자는 상시근로자 300명 미만을 사용하는 사업장에서는 업무에 지장이 없는 범위에서 다른 업무를 겸할 수 있다(산업안보건법 제18조 제3항, 산업안전보건법 시행령 제20조 제2항).

산업안전보건법 시행령 제22조 (보건관리자의 업무 등) ① 보건관리자의 업무는 다음 각 호와 같다.

1. 산업안전보건위원회 또는 노사협의체에서 심의·의결한 업무와 안전보건관리규정 및 취업규칙에서 정한 업무

2. 안전인증대상기계등과 자율안전확인대상기계등 중 보건과 관련된 보호구(保護具) 구입 시 적격품 선정에 관한 보좌 및 지도·조언

3. 법 제36조에 따른 위험성평가에 관한 보좌 및 지도·조언

4. 법 제110조에 따라 작성된 물질안전보건자료의 게시 또는 비치에 관한 보좌 및 지도·조언

5. 제31조 제1항에 따른 산업보건의의 직무(보건관리자가 별표 6 제2호에 해당하는 사람인 경우로 한정한다)

6. 해당 사업장 보건교육계획의 수립 및 보건교육 실시에 관한 보좌 및 지도·조언

7. 해당 사업장의 근로자를 보호하기 위한 다음 각 목의 조치에 해당하는 의료행위(보건관리자가 별표 6 제2호 또는 제3호에 해당하는 경우로 한정한다)

  가. 자주 발생하는 가벼운 부상에 대한 치료

  나. 응급처치가 필요한 사람에 대한 처치

  다. 부상·질병의 악화를 방지하기 위한 처치

  라. 건강진단 결과 발견된 질병자의 요양 지도 및 관리

  마. 가목부터 라목까지의 의료행위에 따르는 의약품의 투여

8. 작업장 내에서 사용되는 전체 환기장치 및 국소 배기장치 등에 관한 설비의 점검과 작업방법의 공학적 개선에 관한 보좌 및 지도·조언

9. 사업장 순회점검, 지도 및 조치 건의

10. 산업재해 발생의 원인 조사·분석 및 재발 방지를 위한 기술적 보좌 및 지도·조언
11. 산업재해에 관한 통계의 유지·관리·분석을 위한 보좌 및 지도·조언
12. 법 또는 법에 따른 명령으로 정한 보건에 관한 사항의 이행에 관한 보좌 및 지도·조언
13. 업무 수행 내용의 기록·유지
14. 그 밖에 보건과 관련된 작업관리 및 작업환경관리에 관한 사항으로서 고용노동부장관
    이 정하는 사항

안전보건관리담당자는 산업안전보건법 시행령 제25조 각 호에 따른 업무에 지장이 없는 범위에서 다른 업무를 겸할 수 있다(산업안전보건법 시행령 제24조 제3항). 다만, 업무를 겸직하는 경우에도 고용노동부의 고시에 따라 기준 이상의 시간을 안전 및 보건업무를 수행할 수 있도록 보장하여야 한다. 고용노동부 고시[41]에서는 안전관리자, 보건관리자 및 안전보건관리담당자 각각의 안전·보건에 관한 업무수행을 위한 최소시간은 연간 585시간(재해위험이 높은 업종은 702시간) 이상이 되어야 하고, 다만 사업장의 상시근로자 수(산업안전보건법 시행령 별표 3 및 별표 5의 '사업장의 상시근로자의 수'와 동일한 방법으로 산출)가 100명 이상인 경우에는 위 최소시간에 100명 이상 200명 미만인 사업장의 경우에는 100시간을, 200명 이상 300명 미만인 사업장의 경우에는 200시간을 추가하도록 하고 있다.

산업안전보건법 시행령 제25조 (안전보건관리담당자의 업무) 안전보건관리담당자의 업무는 다음 각 호와 같다. <개정 2020. 9. 8.>
1. 법 제29조에 따른 안전보건교육 실시에 관한 보좌 및 지도·조언
2. 법 제36조에 따른 위험성평가에 관한 보좌 및 지도·조언
3. 법 제125조에 따른 작업환경측정 및 개선에 관한 보좌 및 지도·조언
4. 법 제129조부터 제131조까지의 규정에 따른 각종 건강진단에 관한 보좌 및 지도·조언
5. 산업재해 발생의 원인 조사, 산업재해 통계의 기록 및 유지를 위한 보좌 및 지도·조언
6. 산업 안전·보건과 관련된 안전장치 및 보호구 구입 시 적격품 선정에 관한 보좌 및 지도·조언

---

[41] 고용노동부 고시 제2022-14호 '안전·보건에 관한 업무 수행시간의 기준 고시'.

7) 종사자 의견 청취 절차 마련 및 이행점검(시행령 제4조 제7호)

> 시행령 제4조 (안전보건관리체계의 구축 및 이행조치) 법 제4조 제1항 제1호에 따른 조치의 구체적인 사항은 다음 각 호와 같다.
>
> 7. 사업 또는 사업장의 안전·보건에 관한 사항에 대해 종사자의 의견을 듣는 절차를 마련하고, 그 절차에 따라 의견을 들어 재해 예방에 필요하다고 인정하는 경우에는 그에 대한 개선방안을 마련하여 이행하는지를 반기 1회 이상 점검한 후 필요한 조치를 할 것. 다만, 「산업안전보건법」 제24조에 따른 산업안전보건위원회 및 같은 법 제64조·제75조에 따른 안전 및 보건에 관한 협의체에서 사업 또는 사업장의 안전·보건에 관하여 논의하거나 심의·의결한 경우에는 해당 종사자의 의견을 들은 것으로 본다.

가) 개관

사업 또는 사업장에서 안전·보건에 관한 사항이 제대로 이행되고, 안전 문화가 정착되기 위해서는 종사자들이 안전보건관리체계 구축 및 이행의 전 과정에 적극적으로 관여하는 것이 중요하므로 안전·보건에 관한 목표나 경영방침의 설정, 예산 편성, 유해·위험 요인에 대한 확인 절차 등에 종사자들의 의견을 반영할 필요가 있다.

따라서 개인사업주 또는 경영책임자등은 사업 또는 사업장의 안전·보건에 관한 사항에 대해 종사자의 의견을 듣는 절차를 마련하고, 그 절차에 따라 의견을 들어 재해 예방에 필요하다고 인정하는 경우에는 그에 대한 개선방안을 마련하여 이행하는지를 반기 1회 이상 점검한 후 필요한 조치를 하여야 한다.

다만, 「산업안전보건법」 제24조에 따른 산업안전보건위원회 및 같은 법 제64조, 제75조에 따른 안전 및 보건에 관한 협의체에서 사업 또는 사업장의 안전·보건에 관하여 논의하거나 심의·의결한 경우에는 해당 종사자의 의견을 들은 것으로 본다.

나) 사업 또는 사업장의 안전·보건에 관한 사항에 대해 종사자의 의견을 듣는 절차를 마련할 것

종사자라면 누구나 자유롭게 유해·위험요인 등을 포함하여 안전·보건에 관한 의견을 개진할 수 있도록 하되, 종사자의 의견을 듣는 절차는 사업 또는 사업장의 규모, 특성에 따라 달리 정할 수 있으며, 다양한 방법을 중첩적으로 활용하는 것도 가능하다.

사내 온라인 시스템이나 건의함을 마련하여 활용할 수도 있고, 사업장 단위 혹은 팀 단위로 주기적인 회의나 간담회 등을 개최하여 의견을 청취하는 등 의견 제시 절차는 다양하게 마련할 수 있다.

아울러, 작업 시작 전 이루어지는 TBM(Tool Box Meeting)에서 종사자의 의견을 청취하는 것도 얼마든지 가능하고 필요하다고 할 것이다.

다) 종사자의 의견이 재해 예방에 필요하다고 인정하는 경우에는 그에 대한 개선방안을 마련하여 이행하는지를 반기 1회 이상 점검할 것

종사자의 의견을 청취하고 난 후 그 의견을 반영할 것인지 여부 등을 판단하기 위한 방식이나 절차, 기준 등을 마련해 두는 것이 필요하다. 다만, 재해예방을 위하여 필요하다고 인정되는지 여부에 대한 구체적인 판단 기준을 일률적으로 정할 수는 없으며, 해당 사업 또는 사업장의 특성, 규모 등을 종합적으로 고려하여 합리적이고 자율적으로 결정해야 할 사항이다.[42]

종사자의 의견은 재해 예방을 위해 필요한 안전·보건 확보를 위한 것이므로 제시되는 의견이 안전·보건에 관한 사항이 아닌 경우에는 청취된 의견에 대한 개선방안이 마련되지 않아도 법 위반은 아닐 것이지만, 종사자의 의견이 재해 예방을 위해 반드시 필요한 내용이라는 점이 명백함에도 개선방안 마련 및 이행이 되지 않았고 만약 필요한 조치가 이루어졌더라면 중대산업재해가 발생하지 않았을 것이라고 인정되는 경우에는 개인사업주 또는 경영책임자등이 그러한 조치를 하지 않음으로써 중대산업재해가 발생한 것에 대한 책임을 부담하게 될 수 있다.[43]

그러므로 종사자의 의견을 듣는 절차를 거치는 경우 그 의견의 취사 여부를 결정하는 기준과 절차를 분명하고 투명하게 운영할 필요가 있다. 또한 종사자가 제시한 의견이 무엇인지, 수용하지 않는다면 그 이유는 무엇인지 정확하게 기록을 남길 필요가 있고 반영하지 않는 이유에 대하여 해당 종사자에게 설명하는 등의 조치도 필요하다고 할 것이다.

---

[42] 고용노동부, 앞의 해설서, p. 83.
[43] 고용노동부, 앞의 해설서, p. 83.

라) 의무의 대체 – 산업안전보건법상 종사자 의견 청취 절차

산업안전보건법에서 종사자의 의견을 청취하는 절차로 산업안전보건위원회, 안전 및 보건에 관한 협의체 규정을 두고 있으므로 개인사업주 또는 경영책임자등이 위 규정에 따라 사업 또는 사업장의 안전·보건에 관하여 논의하거나 심의·의결한 경우에는 별도로 종사자의 의견 청취 절차를 마련하지 않더라도 해당 종사자의 의견을 들은 것으로 보는 것이다.

명문의 규정상 산업안전보건위원회, 안전 및 보건에 관한 협의체에서의 논의, 의결로써 갈음할 수 잇는 대상은 종사자의 의견청취이고, 그에 따른 개선방안 마련이나 이행조치는 갈음할 수 없다.

(1) 산업안전보건위원회

산업안전보건법 제24조 (산업안전보건위원회) ① 사업주는 사업장의 안전 및 보건에 관한 중요 사항을 심의·의결하기 위하여 사업장에 근로자위원과 사용자위원이 같은 수로 구성되는 산업안전보건위원회를 구성·운영하여야 한다.
② 사업주는 다음 각 호의 사항에 대해서는 제1항에 따른 산업안전보건위원회(이하 "산업안전보건위원회"라 한다)의 심의·의결을 거쳐야 한다.
1. 제15조 제1항 제1호부터 제5호까지 및 제7호에 관한 사항
2. 제15조 제1항 제6호에 따른 사항 중 중대재해에 관한 사항
3. 유해하거나 위험한 기계·기구·설비를 도입한 경우 안전 및 보건 관련 조치에 관한 사항
4. 그 밖에 해당 사업장 근로자의 안전 및 보건을 유지·증진시키기 위하여 필요한 사항
③ 산업안전보건위원회는 대통령령으로 정하는 바에 따라 회의를 개최하고 그 결과를 회의록으로 작성하여 보존하여야 한다.
④ 사업주와 근로자는 제2항에 따라 산업안전보건위원회가 심의·의결한 사항을 성실하게 이행하여야 한다.
⑤ 산업안전보건위원회는 이 법, 이 법에 따른 명령, 단체협약, 취업규칙 및 제25조에 따른 안전보건관리규정에 반하는 내용으로 심의·의결해서는 아니된다.
⑥ 사업주는 산업안전보건위원회의 위원에게 직무 수행과 관련한 사유로 불리한 처우를 해서는 아니된다.
⑦ 산업안전보건위원회를 구성하여야 할 사업의 종류 및 사업장의 상시근로자 수, 산업안전보건위원회의 구성·운영 및 의결되지 아니한 경우의 처리방법, 그 밖에 필요한 사항은 대통령령으로 정한다.

산업안전보건위원회는 사업장의 안전 및 보건에 중요 사항을 심의·의결하기 위하여 사업장에 근로자위원과 사용자위원이 같은 수로 구성·운영되고, 사업장의 산업재해 예방계획의 수립에 관한 사항, 안전보건관리규정의 작성 및 변경에 관한 사항, 안전보건교육에 관한 사항, 작업환경측정 등 작업환경의 점검 및 개선에 관한 사항, 근로자의 건강진단 등 건강관리에 관한 사항, 중대재해에 관한 사항, 유해하거나 위험한 기계·기구·설비를 도입한 경우 안전 및 보건 관련 조치에 관한 사항 등 해당 사업장 근로자의 안전 및 보건을 유지·증진시키기 위하여 필요한 사항 등을 심의·의결한다.

산업안전보건위원회를 구성하여야 할 사업의 종류 및 사업장의 상시근로자 수, 산업안전보건위원회의 구성·운영 및 의결되지 아니한 경우의 처리방법, 그 밖에 필요한 사항은 대통령령으로 정하도록 되어 있는데, 산업안전보건법 시행령 제34조는 [별표 9]에서 이를 규정하고 있다.

산업안전보건법시행령 [별표 9]

산업안전보건위원회를 구성해야 할 사업의 종류 및 사업장의 상시근로자 수(제34조 관련)

사업의 종류	사업장의 상시근로자 수
1. 토사석 광업 2. 목재 및 나무제품 제조업; 가구제외 3. 화학물질 및 화학제품 제조업; 의약품 제외(세제, 화장품 및 광택제 제조업과 화학섬유 제조업은 제외한다) 4. 비금속 광물제품 제조업 5. 1차 금속 제조업 6. 금속가공제품 제조업; 기계 및 가구 제외 7. 자동차 및 트레일러 제조업 8. 기타 기계 및 장비 제조업(사무용 기계 및 장비 제조업은 제외한다) 9. 기타 운송장비 제조업(전투용 차량 제조업은 제외한다)	상시근로자 50명 이상

10. 농업 11. 어업 12. 소프트웨어 개발 및 공급업 13. 컴퓨터 프로그래밍, 시스템 통합 및 관리업 14. 정보서비스업 15. 금융 및 보험업 16. 임대업; 부동산 제외 17. 전문, 과학 및 기술 서비스업(연구개발업은 제외한다) 18. 사업지원 서비스업 19. 사회복지 서비스업	상시근로자 300명 이상
20. 건설업	공사금액 120억원 이상(「건설산업기본법 시행령」 별표 1의 종합공사를 시공하는 업종의 건설업종란 제1호에 따른 토목공사업의 경우에는 150억원 이상)
21. 제1호부터 제20호까지의 사업을 제외한 사업	상시근로자 100명 이상

(2) 도급인과 수급인의 안전 및 보건에 관한 협의체

산업안전보건법 제64조 (도급에 따른 산업재해 예방조치) ① 도급인은 관계수급인 근로자가 도급인의 사업장에서 작업을 하는 경우 다음 각 호의 사항을 이행하여야 한다.
1. 도급인과 수급인을 구성원으로 하는 안전 및 보건에 관한 협의체의 구성 및 운영
② 제1항에 따른 도급인은 고용노동부령으로 정하는 바에 따라 자신의 근로자 및 관계수급인 근로자와 함께 정기적으로 또는 수시로 작업장의 안전 및 보건에 관한 점검을 하여야 한다.
③ 제1항에 따른 안전 및 보건에 관한 협의체 구성 및 운영, 작업장 순회점검, 안전보건교육 지원, 그 밖에 필요한 사항은 고용노동부령으로 정한다.

산업안전보건법 시행규칙 제79조 (협의체의 구성 및 운영) ① 법 제64조 제1항 제1호에 따른 안전 및 보건에 관한 협의체(이하 이 조에서 "협의체"라 한다)는 도급인 및 그의 수급인

전원으로 구성해야 한다.
② 협의체는 다음 각 호의 사항을 협의해야 한다.
1. 작업의 시작 시간
2. 작업 또는 작업장 간의 연락방법
3. 재해발생 위험이 있는 경우 대피방법
4. 작업장에서의 법 제36조에 따른 위험성평가의 실시에 관한 사항
5. 사업주와 수급인 또는 수급인 상호 간의 연락 방법 및 작업공정의 조정
③ 협의체는 매월 1회 이상 정기적으로 회의를 개최하고 그 결과를 기록·보존해야 한다.

도급인은 관계수급인의 근로자가 도급인의 사업장에서 작업을 하는 경우, 도급인과 수급인 전원을 구성원으로 하는 안전 및 보건에 관한 협의체를 구성·운영하여야 하고, 협의체는 매월 1회 이상 정기적으로 회의를 개최하여 작업의 시작 시간, 작업 또는 작업장 간의 연락방법, 재해발생 위험이 있는 경우 대피방법, 작업장에서의 위험성평가의 실시에 관한 사항, 사업주와 수급인 또는 수급인 상호 간의 연락 방법 및 작업공정의 조정 등을 협의하여야 한다. 월 1회 이상 개최하는 정기 회의는 그 결과를 기록하여 보존하여야 한다.

중대재해처벌법상 '종사자'는 도급관계에 국한하지 않고 도급·용역·위탁 등 계약의 형식에 관계 없이 그 사업의 수행을 위하여 대가를 목적으로 노무를 제공하는 자(예컨대 특수형태근로자)도 포함되는데, 이들의 경우 안전보건협의회 구성의무가 없어 별도로 의견청취 절차를 마련하여 의견을 듣고, 필요시 개선방안을 마련하여 이행점검 등 필요한 조치를 하여야 한다

(3) 건설공사의 안전 및 보건에 관한 노사협의체

산업안전보건법 제75조 (안전 및 보건에 관한 협의체 등의 구성·운영에 관한 특례) ① 대통령령으로 정하는 규모의 건설공사의 건설공사도급인은 해당 건설공사 현장에 근로자위원과 사용자위원이 같은 수로 구성되는 안전 및 보건에 관한 협의체(이하 "노사협의체"라 한다)를 대통령령으로 정하는 바에 따라 구성·운영할 수 있다.
② 건설공사도급인이 제1항에 따라 노사협의체를 구성·운영하는 경우에는 산업안전보건위원회 및 제64조 제1항 제1호에 따른 안전 및 보건에 관한 협의체를 각각 구성·운영하

는 것으로 본다.

③ 제1항에 따라 노사협의체를 구성·운영하는 건설공사도급인은 제24조 제2항 각 호의 사항에 대하여 노사협의체의 심의·의결을 거쳐야 한다. 이 경우 노사협의체에서 의결되지 아니한 사항의 처리방법은 대통령령으로 정한다.

산업안전보건법 시행령 제63조 (노사협의체의 설치 대상) 법 제75조 제1항에서 "대통령령으로 정하는 규모의 건설공사"란 공사금액이 120억원(「건설산업기본법 시행령」 별표 1의 종합공사를 시공하는 업종의 건설업종란 제1호에 따른 토목공사업은 150억원) 이상인 건설공사를 말한다.

공사금액이 120억원(「건설산업기본법 시행령」 별표 1의 종합공사를 시공하는 업종의 건설업종란 제1호에 따른 토목공사업은 150억원) 이상인 건설공사의 건설공사도급인은 해당 건설공사 현장에 근로자위원과 사용자위원이 같은 수로 구성되는 안전 및 보건에 관한 협의체(노사협의체)를 구성·운영할 수 있다.

건설공사도급인이 노사협의체를 구성·운영하는 경우에는 산업안전보건위원회 및 도급인과 수급인의 안전 및 보건에 관한 협의체를 구성·운영하는 것으로 보고, 노사협의체의 심의·의결 사항은 산업안전보건위원회 심의·의결 사항과 동일하다.

8) 매뉴얼 마련 및 조치 여부 점검(시행령 제4조 제8호)

시행령 제4조 (안전보건관리체계의 구축 및 이행조치) 법 제4조 제1항 제1호에 따른 조치의 구체적인 사항은 다음 각 호와 같다.

8. 사업 또는 사업장에 중대산업재해가 발생하거나 발생할 급박한 위험이 있을 경우를 대비하여 다음 각 목의 조치에 관한 매뉴얼을 마련하고, 해당 매뉴얼에 따라 조치하는지를 반기 1회 이상 점검할 것

　가. 작업 중지, 근로자 대피, 위험요인 제거 등 대응조치

　나. 중대산업재해를 입은 사람에 대한 구호조치

　다. 추가 피해방지를 위한 조치

가) 개관

개인사업주 또는 경영책임자등은 사업 또는 사업장에 중대산업재해가 발생하

거나 발생할 급박한 위험이 있을 경우를 대비하여 ① 작업 중지, 근로자 대피, 위험요인 제거 등 대응조치, ② 중대산업재해를 입은 사람에 대한 구호조치, ③ 추가 피해방지를 위한 조치에 관한 매뉴얼을 마련하고, 해당 매뉴얼에 따라 조치하는지를 반기 1회 이상 점검하여야 한다.

이 의무는 중대산업재해가 발생하거나 발생할 급박한 위험이 있는 경우에 대비하여 매뉴얼을 마련하고, 해당 매뉴얼에 따라 조치 여부를 점검하도록 함으로써 실제 사업 또는 사업장에서 중대산업재해가 발생하더라도 매뉴얼에 따라 체계적으로 해당 조치를 취하여 그 피해를 최소화하려는 것이다. 따라서 매뉴얼은 종사자 전원에게 공유되어야 한다.

나) 중대산업재해가 발생하거나 발생할 급박한 위험이 있는 경우

중대산업재해가 발생한 경우 사업주는 즉시 해당 작업을 중지시키고 근로자를 작업장소에서 대피시키는 등 안전 및 보건에 관하여 필요한 조치를 하여야 하고, 중대산업재해가 발생한 사실을 알게 된 경우에는 고용노동부령으로 정하는 바에 따라 지체 없이 고용노동부장관에게 보고하여야 한다(산업안전보건법 제54조 제2항).

기업들의 경우 중대산업재해가 발생한 경우에 대비한 매뉴얼은 구비되어 있는 경우가 많으나, 중대산업재해가 발생할 급박한 위험이 있는 경우에 대비한 매뉴얼이 구비되어 있는 경우는 많지 않으므로 이 부분에 대한 매뉴얼이 제대로 구비되어 있지 아니한 경우 매뉴얼 재정비가 필요하다.

'중대산업재해가 발생할 급박한 위험이 있는 경우'의 의미에 대하여 중대재해처벌법에서 규정하고 있지 않는데, 매우 위급한 상황만을 염두에 두고 대응 매뉴얼을 마련하였다가 그보다 덜 위급한 상황에서 사고가 발생하여 대응절차가 마련되어 있지 않다고 평가되어 형사처벌될 수도 있으므로, 기업들로서는 이러한 상황을 방지하기 위하여 다소 낮은(또는 보통의) 위험요인만 있더라도 대응 매뉴얼을 마련하고, 반기 1회 이상 확인, 점검할 수밖에 없을 것으로 보인다.[44]

이에 대하여는 산업안전보건법의 유사 규정을 참고할 수 있을 것이다. 산업안전보건법 제52조 제1항에서 '근로자는 산업재해가 발생할 급박한 위험이 있는 경우에

---

[44] 김상민, 앞의 토론회 발표자료, pp. 7~8.

는 작업을 중지하고 대피할 수 있다'고 규정하고 있는데, 고용노동부는 2019. 1. 발간한 「산업안전보건법 전부개정법률 주요내용 설명자료」에서 '산업재해가 발생할 급박한 위험이 있는 경우'의 의미와 관련하여 다음과 같은 경우를 예로 들고 있다.[45]

① 높이가 2m 이상인 장소에서의 작업으로서 작업발판, 안전난간 또는 안전방망이 전반적으로 설치되지 않아 추락사고의 우려가 현저히 높은 경우
② 비계, 거푸집 동바리, 흙막이 지보공 등 가시설물의 설치가 기준에 적합하지 않거나 부적합한 자재의 설치 또는 사용불량으로 붕괴사고의 우려가 높은 경우
③ 토사, 구축물, 공작물 등의 변형 또는 변위가 발생하거나 예상되어 붕괴사고의 우려가 높은 경우
④ 가연성 또는 인화성 물질 취급장소에서 동시에 화기작업을 실시하여 화재 및 폭발사고의 우려가 높은 경우
⑤ 화학물질 취급공정에서 부속설비의 심각한 고장, 변형 등으로 중대산업사고 발생의 우려가 높은 경우
⑥ 밀폐공간작업으로 작업전 산소농도 측정을 하지 않거나 적정공기 기준을 준수하지 않아 산소결핍에 의한 질식사고의 우려가 높은 경우
⑦ 관리대상 유해물질의 가스·증기 또는 분진의 발산원을 밀폐하는 설비 또는 국소배기장치를 설치하지 않아 취급근로자의 건강장해가 현저히 우려되는 경우

위 사례들을 참고하여 사업 또는 사업장의 특성에 맞게 중대산업재해가 발생할 급박한 위험이 있는 경우를 상정하고, 그에 대한 매뉴얼을 작성하여야 한다.

다) 작업 중지, 근로자 대피, 위험요인 제거 등 대응조치

산업안전보건법에 의하면 사업주, 안전보건총괄책임자뿐만 아니라 근로자의 경우에도 작업중지 권한이 있으므로 이들의 작업 중지권에 관한 내용이 매뉴얼에 포함되어야 하고, 근로자가 작업을 중지한 경우 이를 보고 받은 관리감독자 등이 취해야 하는 안전 및 보건에 관하여 필요한 조치도 매뉴얼에 포함되어야 한다(산업안전보건법 제51조, 제54조, 제62조).

작업 중지 후 근로자 대피, 위험요인 제거 등 대응조치에 대한 내용 또한 매뉴

---

[45] 고용노동부, 산업안전보건법 전부 개정법률 주요 내용 설명자료, 2019. 1. p. 79.

얼에 포함되어야 한다(산업안전보건법 제52조).

토사·구축물의 붕괴, 화재·폭발, 유해하거나 위험한 물질의 누출 등으로 인하여 중대산업재해가 발생하여 그 재해가 발생한 장소 주변으로 산업재해가 확산될 수 있다고 판단되는 불가피한 경우에는 해당 사업장 작업 전체를 중지하는 내용을 포함시키는 것도 고려해 볼 수 있다.

도급인은 관계수급인의 근로자가 도급인의 작업 장소에서 발파작업을 하는 경우나 작업 장소에서 화재·폭발, 토사·구축물 등의 붕괴 또는 지진 등이 발생한 경우에 대비한 경보체계 운영과 대피방법 등에 관한 훈련을 하여야 하므로(산업안전보건법 제64조 제1항 제5호), 해당 작업이 예정되어 있는 사업장의 경우 위 내용이 매뉴얼에 포함시킬 수 있을 것이다.

한편, 개인사업주나 경영책임자 등은 산업재해가 발생할 급박한 위험이 있다고 근로자가 믿을 만한 합리적인 이유가 있을 때에는 작업을 중지하고 대피한 근로자에 대하여 해고나 그 밖의 불리한 처우를 해서는 아니 된다(산업안전보건법 제52조 제4항).

종사자가 안전·보건에 관한 사항에 대해 의견을 제시하였다는 이유로 종사자 또는 종사자가 소속된 수급인등에게 불이익한 조치를 하여서는 아니 됨은 물론이고, 오히려 적극적으로 의견을 개진하도록 촉진하는 내용이 절차상에 포함되는 것이 바람직하다.[46]

라) 중대산업재해를 입은 사람에 대한 구호 및 추가 피해방지를 위한 조치

중대산업재해 발생시 119 등 긴급연락망 체계를 갖추어 신속하게 구호조치가 이루어질 수 있는 방안뿐만 아니라 사업 또는 사업장의 특성에 따른 기본적인 응급조치 내용 등도 포함되어야 할 것이다.

사업 또는 사업장의 특성에 따라 중대산업재해가 발생한 이후에도 추가 위험이 계속 존재하는 경우가 있으므로 적정한 보호장비를 갖춘 상태에서 현장에 접근하고, 그 외에는 현장에 접근을 금지하는 등 피해 확산 방지 방안 등도 포함되어야할 것이다.

---

[46] 고용노동부, 앞의 해설서, pp. 88~89.

9) 도급, 용역, 위탁시 안전보건 확보(시행령 제4조 제9호)

시행령 제4조 (안전보건관리체계의 구축 및 이행조치) 법 제4조 제1항 제1호에 따른 조치의
구체적인 사항은 다음 각 호와 같다.
9. 제3자에게 업무의 도급, 용역, 위탁 등을 하는 경우에는 종사자의 안전·보건을 확보하
   기 위해 다음 각 목의 기준과 절차를 마련하고, 그 기준과 절차에 따라 도급, 용역, 위
   탁 등이 이루어지는지를 반기 1회 이상 점검할 것
   가. 도급, 용역, 위탁 등을 받는 자의 산업재해 예방을 위한 조치 능력과 기술에 관한
      평가기준·절차
   나. 도급, 용역, 위탁 등을 받는 자의 안전·보건을 위한 관리비용에 관한 기준
   다. 건설업 및 조선업의 경우 도급, 용역, 위탁 등을 받는 자의 안전·보건을 위한 공사
      기간 또는 건조기간에 관한 기준

가) 개관

중대재해처벌법은 종사자라는 개념을 도입하여 수급인의 근로자에 대해서도
도급인에게 안전 및 보건 확보 의무를 부과하고 있고, 제3자에게 업무의 도급, 용
역, 위탁 등을 하는 경우 개인사업주 또는 경영책임자등에게 도급, 용역 위탁 등을
받는 자들에 대하여 일정한 조건을 갖추고 있는지 여부를 점검하도록 하고 있다.

중대재해처벌법이 도급, 용역, 위탁 등을 하는 자는 사업 또는 사업장에서 일
하는 자신의 근로자뿐만 아니라 모든 수급인의 근로자까지 포함하여 안전보건관리
체계를 구축하고 이를 이행하도록 의무를 부과하고 있지만(법 제4조, 제5조), 도급인
으로서의 안전 및 보건 확보만으로는 한계가 있으므로 수급인들의 안전 및 보건에
대한 능력이나 기술에 대한 평가 기준을 마련하고, 수급인들의 안전 및 보건에 관
한 조치를 제한할 수 있는 안전·보건을 위한 비용과 공사기간 등에 대한 기준을
마련하도록 한 것이다.

개인사업주 또는 경영책임자등이 도급, 용역, 위탁 등을 하는 경우에 종사자의
안전·보건을 확보하기 위하여 ① 도급, 용역, 위탁 등을 받는 자의 산업재해 예방
을 위한 조치 능력과 기술에 관한 평가기준·절차, ② 도급, 용역, 위탁 등을 받는
자의 안전·보건을 위한 관리비용에 관한 기준, ③ 건설업 및 조선업의 경우 도급,

용역, 위탁 등을 받는 자의 안전·보건을 위한 공사기간 또는 건조기간에 관한 기준과 절차를 마련하고, 마련한 기준과 절차에 따라 도급, 용역, 위탁 등이 이루어지는지를 반기 1회 이상 점검하여야 한다.

나) 도급, 용역, 위탁 등을 받는 자의 안전 · 보건 확보를 위한 기준과 절차 마련

(1) 산업재해 예방을 위한 조치 능력과 기술에 관한 평가기준 및 절차

산업안전보건법[47]은 사업주에게 적격 수급인 선정 의무를 부과하고 있으나, 이를 위반하더라도 처벌 규정도 없고 과태료 처분 대상도 아니어서 일종의 선언적 규정에 불과하였다.

그러나, 중대재해처벌법에서는 산업안전보건법보다 더 구체적으로 수급인의 안전·보건에 관한 조치 능력과 기술에 관한 평가 기준과 절차를 마련하고, 그 기준과 절차에 따라 도급, 용역, 위탁 등이 이루어지는지를 반기 1회 이상 점검하도록 의무를 부과하고 있다. 위 의무를 위반한 경우에는 안전보건관리체계 구축 및 그 이행에 관한 조치의무 위반으로 평가되며, 이로 인하여 중대산업재해가 발생하는 경우에는 개인사업주 또는 경영책임자등은 중대재해처벌법위반으로 처벌받을 수 있다.

도급, 용역, 위탁을 받는 자가 산업재해 예방을 위한 조치 능력과 기술이 있는지 여부는 해당 사업 또는 사업장의 규모, 특성 등을 고려하여 기준 등을 마련하여야 하고, 마련된 기준에 따라 도급, 용역, 위탁 업체의 산업 재해 예방 능력이나 기술을 실질적으로 평가한 후, 그 결과가 업체 선정 과정에 반영되어야 할 것이다.

평가기준에는 수급인의 안전·보건 확보를 위한 안전보건관리체계 구축 여부, 안전보건관리규정, 작업절차 준수, 안전보건교육 실시, 위험성 평가 참여 등 산업안전보건법에 명시된 기본적인 사항의 준수 여부, 중대산업재해 발생 여부 등과 함께 도급받은 업무와 관련된 안전조치 및 보건조치를 위한 능력과 기술 역량에 관한 항목도 포함되어야 한다.[48]

---

47 산업안전보건법 제61조(적격 수급인 선정 의무) 사업주는 산업재해 예방을 위한 조치를 할 수 있는 능력을 갖춘 사업주에게 도급하여야 한다.
48 고용노동부, 앞의 해설서, p. 91.

(2) 안전·보건을 위한 관리비용에 관한 기준

도급, 용역, 위탁 등을 하는 자가 사업의 특성이나 규모 등을 고려하여 도급, 용역, 위탁 등을 받는 자의 안전·보건을 위한 관리비용에 관한 기준을 마련하여야 한다.

개인사업주 또는 경영책임자등이 도급, 용역, 위탁 등을 하는 경우에 이익을 극대화하기 위하여 안전·보건을 위한 관리비용을 줄이는 등의 방법을 사용하는 경우가 있고, 이로 인하여 산업재해가 빈발하였던 점 등을 고려한 규정이므로 위 기준을 마련함에 있어서 도급, 용역, 위탁 등을 받는 자의 의견이나 전문가 등의 의견을 반영하여 합리적인 관리비용에 관한 기준을 마련하여야 할 것이다.

개인사업주 또는 경영책임자등이 도급, 용역, 위탁 등을 받는 자의 안전·보건을 위한 관리비용에 관한 기준을 마련하는 경우에도 수급인이 사용하는 시설, 설비, 장비 등에 대한 안전 및 보건에 필요한 비용, 종사자의 개인 보호구 확보를 위한 비용 등 구체적인 항목별로 기준을 마련하는 것이 바람직하고, 이러한 비용을 산업재해 예방 외의 목적으로 사용하지 못하도록 하여야 한다.

산업안전보건법은 건설공사와 선박의 건조 또는 수리의 경우에 도급이 많이 이루어지는 점 등을 고려하여 산업안전보건관리비 계상 규정을 두고 있다(산업안전보건법 제72조). 이에 따라 건설공사발주자가 도급계약을 체결하거나 건설공사의 시공을 주도하여 총괄·관리하는 자는 건설공사 사업 계획을 수립할 때에는 산업재해 예방을 위하여 사용하는 비용(산업안전보건관리비)을 도급금액 또는 사업비에 계상하여야 하고, 선박의 건조 또는 수리를 최초로 도급받은 수급인은 사업 계획을 수립할 때에는 산업안전보건관리비를 사업비에 계상하여야 하고, 건설공사 도급인과 선박의 건조 또는 수리를 최초로 도급받은 수급인은 산업안전보건관리비를 산업재해 예방 외의 목적으로 사용해서는 아니 된다.

(3) 안전·보건을 위한 공사기간 또는 건조기간에 관한 기준

건설업이나 조선업의 경우에 공사기간 또는 건조기간의 단축이 산업재해 발생의 주요한 원인이 되었다는 점을 고려하여 건설업 및 조선업의 경우 도급, 용역, 위탁 등을 받는 자의 안전·보건을 위한 공사기간 또는 건조기간에 관한 기준을 마련

하도록 한 것이다.

산업안전보건법에서도 건설공사발주자 또는 건설공사도급인은 설계도서 등에 따라 산정된 공사기간을 단축해서는 아니 되고, 공사비를 줄이기 위하여 위험성이 있는 공법을 사용하거나 정당한 사유 없이 정해진 공법을 변경해서는 아니 된다고 규정하고 있고(산업안전보건법 제69조), 천재지변 등으로 인하여 건설공사가 지연되어 산업재해 예방을 위하여 공사기간의 연장을 요청하는 경우에는 특별한 사유가 없으면 공사기간을 연장하도록 규정하고 있다(산업안전보건법 제70조).

따라서 공사기간 또는 건조기간에 관한 기준을 마련함에 있어서도 도급, 용역, 위탁 등을 받는 자의 의견이나 전문가 등의 의견을 반영하여 합리적인 기간에 대한 기준을 마련하여야 한다. 천재지변이나 전쟁 등 당사자의 귀책사유 없는 사유로 인하여 작업이 지연되는 경우에는 이에 따른 공사기간 또는 건조기간의 연장에 관한 기준도 마련하는 것이 바람직하다.

다) 안전 · 보건 확보를 위한 기준과 절차에 따른 이행 여부 점검

개인사업주나 경영책임자등은 위와 같이 마련된 기준과 절차에 따라 도급, 용역, 위탁 등이 이루어지는지를 반기 1회 이상 점검하여야 한다.

위와 같이 마련된 기준과 절차에 따라 도급, 용역, 위탁 등을 받는 업체를 평가하여 산업재해 예방을 위한 조치 능력과 기술이 있고, 안전 · 보건을 위한 관리비용 등이 충분히 책정되어 있는 업체를 선정하여야 하고, 건설업 및 조선업의 경우에는 공사기간 또는 건조기간의 적정성도 함께 고려하여 업체가 선정되도록 하여야 한다.

다. 재발방지대책 수립 및 이행에 관한 조치(법 제4조 제1항 제2호)

제4조 (사업주와 경영책임자등의 안전 및 보건 확보의무) ① 사업주 또는 경영책임자등은 사업주나 법인 또는 기관이 실질적으로 지배·운영·관리하는 사업 또는 사업장에서 종사자의 안전·보건상 유해 또는 위험을 방지하기 위하여 그 사업 또는 사업장의 특성 및 규모 등을 고려하여 다음 각 호에 따른 조치를 하여야 한다.
2. 재해발생시 재발방지대책의 수립 및 그 이행에 관한 조치

1) 개관

개인사업주 또는 경영책임자등은 사업 또는 사업장에서 종사자의 안전 및 보건을 확보하기 위하여 재해 발생시 재발방지 대책의 수립 및 그 이행에 관한 조치를 하여야 한다. 이 재발방지 대책의 수립 및 그 이행에 관한 조치의무는 법 제4조 제1항 제1호나 제4호에서 규정하고 있는 조치의무와는 달리 구체적인 사항에 대하여 대통령령에 위임하지 않고 있어 법률 규정 자체로 구체적인 의무의 내용을 해석하고 판단할 수밖에 없다.

이에 대하여는 사업장에서는 재해 강도나 범위의 측면에서 매우 다양한 재해가 발생하고 있는데, 재해 강도나 범위의 한정 없이 모든 재해에 대해 경영책임자가 재발방지대책을 수립하고, 그 이행에 관한 조치를 하여야 한다고 규정하고 있어 과잉금지원칙에 위반될 소지가 크고, '재발방지대책 수립 및 이행에 관한 조치'도 모호하고 막연하여 행위의 윤곽에 대해서도 파악하기 어려워 명확성의 원칙에 위반된다는 비판이 있다.[49]

2) '재해'의 의미

중대재해처벌법은 법 제4조 제1항 제2호에서 말하는 '재해'의 의미와 관련해서 산업안전보건법 제2조 제1호, 제2호[50]와 같이 용어의 뜻을 설명하는 정의(定義) 규정이 없어 그 범위가 문제된다. 재해가 발생하였을 때 개인사업주 또는 경영책임자등에게 재발방지 대책의 수립 및 그 이행에 관한 조치를 하도록 요구하는 것은 재해의 발생 여부가 통제 가능한 범위 내에 있다는 것을 전제로 한다. 개인사업주나 경영책임자등이 통제할 수 없는 영역에서 일어난 재해(예컨대 자연재해, 코로나―19와 같은 감염병 등)에 대하여까지 형사책임의 전제가 되는 의무를 부여하는 것은 책임주의의 원칙에 반하는 해석이므로 여기에서의 재해는 모든 재해를 말하는 것이

---

49 정진우, 앞의 토론회 발표자료, pp. 7~8, 경총 등, 앞의 건의서, p. 41.
50 산업안전보건법 제2조(정의) 이 법에서 사용하는 용어의 뜻은 다음과 같다.
  1. "산업재해"란 노무를 제공하는 사람이 업무에 관계되는 건설물·설비·원재료·가스·증기·분진 등에 의하거나 작업 또는 그 밖의 업무로 인하여 사망 또는 부상하거나 질병에 걸리는 것을 말한다.
  2. "중대재해"란 산업재해 중 사망 등 재해 정도가 심하거나 다수의 재해자가 발생한 경우로서 고용노동부령으로 정하는 재해를 말한다.

아니라 산업재해를 의미한다고 할 것이다. 다만, 모든 산업재해를 포함하는 개념인지, 아니면 중대산업재해만을 의미하는 것인지에 대하여는 다툼이 예상된다.

이에 대하여는 ① 중대재해처법법에서 '중대산업재해'와 '재해'는 각 구별하여 용어를 사용하고 있는데, '중대산업재해'라고 하지 않고, '재해'라고 규정하고 있으므로, 중대산업재해에 한정되지 않고 산안법상의 산업재해를 포함하는 것이라는 견해, ② 중대재해처벌법 제2장 중대산업재해에서 규정하고 있는 '재해'의 의미를 산업안전보건법상의 '산업재해'까지 포함하는 것으로 해석한다면 이는 확장해석을 통해서 형사처벌 대상을 부당하게 확대하는 결과를 가져오게 되고, 법 제2장의 제목이 '중대산업재해'로 되어 있으므로 제2장에서 규제 및 처벌대상으로 하는 '재해'의 범위는 '중대산업재해'로 한정해야 한다는 견해, ③ 위 두 견해의 절충적인 입장에서 산업재해 중 일정한 범위로 제한하는 견해가 있을 수 있다. 절충적인 입장의 견해로는 다시 고용노동부와 같이 하인리히법칙(1:29:300의 법칙)[51]에 기초하여 사소한 사고도 반복되면 큰 사고로 이어질 위험이 있으므로 경미한 산업재해라 하더라도 그 원인분석 및 재발방지 조치를 통해 중대산업재해를 초기에 예방할 필요가 있고, 따라서 여기서의 재해는 반드시 중대재해만을 의미하는 것은 아니고 경미하더라도 반복되는 산업재해도 포함되는 개념으로 해석하는 견해,[52] 산업재해의 반복성과 상당성에 비추어 적어도 재해가 발생하였을 때에 재발되지 않도록 경영책임자 차원에서 나서야 할 정도에 이르러야 한다는 견해, 산업안전보건법상의 산업재해 중 중대재해(산업안전보건법 제2조 제2호)를 의미하는 것으로 해석하는 견해, 산업안전보건법상의 재해 중 산업안전보건기준에 관한 규칙에서 정하고 있는 안전조치의무위반으로 발생한 산업재해로 해석하는 견해 등이 있다.

생각건대, 법 제2장의 제목이 '중대산업재해'로 되어 있는 것은 해당 장이 중대시민재해의 장과 대비하여 중대산업재해와 관련된 장이라는 의미라고 볼 수도 있는 점, 이 규정에서 '중대산업재해'라고 표현하지 않고 '재해'라고만 규정하고 있으며, 경미한 사고도 재발방지 대책을 마련하지 않고 방치하여 중대산업재해가 발생하는 것을 방지하려는 것이 입법 취지로 보이는 점 등을 종합해 보면, '재해'의 의

---

51 어떤 대형사고가 발생하기 전에는 그와 관련된 수십 차례의 경미한 사고와 수백 번의 징후들이 반드시 나타난다는 것을 뜻하는 통계적 법칙으로, 큰 재해는 항상 사소한 것들을 방치할 때 발생하므로 문제나 오류를 초기에 신속히 대처해야 한다는 의미로 사용된다.

52 고용노동부, 앞의 해설서, p. 94.

미를 '중대산업재해'에 한정하여 해석하기는 어려워 보인다.

한편, 경영책임자등이 모든 재해에 대하여 무조건 재발방지 대책을 수립해야 한다고 보는 것은 매우 비현실적이기도 하거니와 형사책임의 범위가 무한정 확장되는 문제가 있어 타당하지 않고, 중대재해처벌법에서 경영책임자등을 형사처벌하는 것은 개별적인 안전보건조치의무를 이행하지 않은 데 대한 책임이 아니라 안전보건에 관한 구조적 문제가 원인이 되어 중대산업재해가 발생한 데 대한 책임을 묻는 입법취지에도 부합하지 않는다.[53]

그렇다고 하여 절충적인 견해와 같이 산업안전보건법상의 산업안전보건기준에 관한 규칙 위반으로 인한 산업재해나 산업안전보건법상의 중대재해로 한정하는 해석론은 그와 같이 제한적으로 해석하여야 할 필요성은 인정되나 그렇게 해석해야 하는 법적 근거가 부족하고, 재발되지 않도록 경영책임자 차원에서 나서야 할 정도에 이른 재해라고 해석하는 것도 어느 정도의 재해가 그에 해당하는지 판단이 어려워 형사처벌규정의 해석기준으로 삼기는 어려워 보인다.

결국, 중대재해처벌법상의 정의규정에서 그 해법을 찾아야 할 것인데, 중대재해처벌법 제2조 제2호는 '중대산업재해란 산업안전보건법 제2조 제1호에 따른 산업재해 중 다음 각목의 어느 하나에 해당하는 결과를 야기한 재해를 말한다'라고 규정하고 있으므로, 결과가 사망자 1명 이상 등의 결과를 발생한 중대산업재해뿐만 아니라 결과는 그에 해당하지 않더라도 산업안전보건법상의 산업재해인 경우까지 포함하는 것으로 해석할 수 있을 것이다. 이와 같이 해석할 경우 중대산업재해 관련 규정과 마찬가지로 '재해'라고만 규정하고 있는 중대시민재해의 경우에도 통일적인 해석이 가능하게 될 것이다.

3) 재발방지대책 수립의무의 발생 시기

재발방지 대책 수립 및 이행에 관한 조치가 요구되는 재해 발생 시점이 법 시행 이전이었던 경우에도 중대재해처벌법상 처벌규정이 적용될 수 있는지 문제된다.

이에 대해서는 중대재해처벌법이 시행되기 이전에 발생한 사고라고 하더라도

---

53 고용노동부가 재해의 의미에 대하여 '모든 산업재해'라고 하지 않고 '경미하더라도 반복되는 산업재해'라고 한 것도 같은 취지로 이해된다. 다만 어떤 경우에 '반복되는 산업재해'라고 볼 것인지 여전히 명확하지 않다.

중대재해처벌법이 시행됨과 동시에 개인사업주나 경영책임자등에게는 과거에 있었던 재해에 대하여 재발을 방지하기 위한 대책을 수립하고 그 이행에 관하여 적절한 조치를 취해야 하는 의무가 생겼다고 해석하는 견해와 중대재해처벌법 시행 이후의 안전·보건 확보의무 불이행이 인정될 경우에는 당연히 형사책임이 발생하겠지만 소급금지원칙 등을 고려할 때 중대재해처벌법 시행 이전에 발생한 사고에 대한 재발방지 대책 수립 미흡으로 형사처벌하기는 어려울 것이라는 견해[54]가 있다.

생각건대, 법 시행 이전에 있었던 재해에 대하여 재발방지대책을 수립해야 하는 의무가 법 시행 시점부터 생겼다고 해석한다면 과거의 재해가 언제 있었던 것인지를 불문하고 모든 재해에 대하여 재발방지대책을 수립해야 한다는 논리로 귀결될 수 있어 죄형법정주의에 반하게 되므로, 중대재해처벌법 시행 이후에 발생한 산업재해부터 적용된다고 해석하는 것이 타당하다고 본다.

4) 재발방지대책수립 및 그 이행에 관한 조치의 내용

개인사업주와 경영책임자등이 부담하는 재발방지 대책 수립 및 그 이행에 관한 조치가 구체적으로 어떤 내용인지에 대해 시행령에서 별도로 구체화하고 있지 않은데, 과연 개인사업주와 경영책임자등이 사업 또는 사업장 내에서 발생하는 수많은 개별 산업재해 건건마다 구체적인 내용의 재발방지 대책을 수립하고 이를 이행할 의무를 부과하는 것인지 문제된다.

이에 대하여 재해 발생시 재발방지대책 수립은 이미 발생한 재해에 관한 사후조치를 전제로 하는 것으로서, 발생한 재해에 대한 조사와 결과 분석, 현장 담당자 및 전문가의 의견 수렴 등을 통해 유해·위험 요인과 발생 원인을 파악하고, 동일·유사한 재해가 발생하지 않도록 파악된 유해·위험 요인별 제거·대체 및 통제 방안을 검토하여 종합적인 개선 대책을 수립하는 일련의 조치를 말한다는 견해,[55] 사업장 내에서 발생하는 수많은 다양한 재해 유형에 대해 개인사업주와 경영책임자등에게 세세한 모든 대책을 직접 수립 및 이행할 의무가 있다고 하는 것은 현실적으로 어려운 점 등에 비추어볼 때 개인사업주와 경영책임자등의 의무는 관련 사규를 정비한다거나 보고, 점검시스템 개선 등의 조치를 통해 산업재해 발생 유형을 관리하고

---

54 송인택 외 4, 앞의 책, p. 172.
55 고용노동부, 앞의 해설서, p. 95.

통제함으로써 재발방지를 위한 시스템을 갖추는 것을 의미한다는 견해가 있다.

시스템적 조치만으로 재발방지대책이 이행되었다고 보기는 어렵고 이러한 시스템적 조치와 아울러 해당 재해의 발생원인과 직접적으로 관련된 재발방지대책을 모두 이행해야 하는 것으로 해석하는 것이 입법취지에 부합된다고 생각된다.

라. 개선·시정명령 이행에 관한 조치(법 제4조 제1항 제3호)

제4조 (사업주와 경영책임자등의 안전 및 보건 확보의무) ① 사업주 또는 경영책임자등은 사업주나 법인 또는 기관이 실질적으로 지배·운영·관리하는 사업 또는 사업장에서 종사자의 안전·보건상 유해 또는 위험을 방지하기 위하여 그 사업 또는 사업장의 특성 및 규모 등을 고려하여 다음 각 호에 따른 조치를 하여야 한다.
3. 중앙행정기관·지방자치단체가 관계 법령에 따라 개선, 시정 등을 명한 사항의 이행에 관한 조치

개인사업주나 경영책임자등은 중앙행정기관·지방자치단체가 관계 법령에 따라 개선, 시정 등을 명한 사항의 이행에 관한 조치를 해야 할 의무가 있다. 위 의무도 제4조 제2호와 마찬가지로 구체적인 내용에 대해 시행령에 위임하고 있지 않기 때문에 법 규정 자체로 경영책임자등의 의무 이행 여부를 판단해야 한다.

'중앙행정기관·지방자치단체가 관계 법령에 따라 개선, 시정 등을 명한 사항'은 '중앙행정기관 또는 지방자치단체가 관계법령에 따라 시행한 행정처분인 개선·시정명령'을 의미하고, 행정지도나 권고, 조언은 포함되지 않으며, 개선·시정명령은 원칙적으로 서면으로 시행되어야 한다.[56]

---

[56] 행정절차법 제24조(처분의 방식) ① 행정청이 처분을 할 때에는 다른 법령등에 특별한 규정이 있는 경우를 제외하고는 문서로 하여야 하며, 다음 각 호의 어느 하나에 해당하는 경우에는 전자문서로 할 수 있다.
  1. 당사자등의 동의가 있는 경우
  2. 당사자가 전자문서로 처분을 신청한 경우
② 제1항에도 불구하고 공공의 안전 또는 복리를 위하여 긴급히 처분을 할 필요가 있거나 사안이 경미한 경우에는 말, 전화, 휴대전화를 이용한 문자 전송, 팩스 또는 전자우편 등 문서가 아닌 방법으로 처분을 할 수 있다. 이 경우 당사자가 요청하면 지체 없이 처분에 관한 문서를 주어야 한다.
③ 처분을 하는 문서에는 그 처분 행정청과 담당자의 소속·성명 및 연락처(전화번호, 팩스번호,

중앙행정기관·지방자치단체가 관계 법령에 따라 개선, 시정 등을 명한 사항(이하 '개선·시정명령'이라고 한다)이 이행되지 않는 경우에는 해당 관계 법령에 따라 형사처벌 또는 과태료에 처하는 경우가 있는데, 이와 같은 해당 법령에 따른 처분을 받았다고 하더라도, 이와는 별도로 개선·시정명령의 미이행으로 인해 중대산업재해가 발생하였다면 중대재해처벌법 제6조에 따른 처벌대상이 될 수 있다.

여기서 개선·시정 명령의 근거 법령에 관하여 단순히 '관계 법령'으로만 규정하고 있을 뿐 동조 제4호에서와 같이 안전·보건 관계 법령으로 한정하고 있지 않기 때문에 해석상 그 범위가 문제될 수 있으나, 중대재해처벌법상 개인사업주나 경영책임자등에게 중한 형사처벌을 부과하고 있다는 점, 사업 또는 사업장에서 종사자의 안전·보건상 유해 또는 위험을 방지하기 위한 조치라는 점 등을 고려할 때 '관계 법령'은 동조 제4호에서 규정하고 있는 안전·보건 관계법령으로 해석하는 것이 타당할 것으로 생각된다. 따라서 개선·시정 명령은 안전 또는 보건 확보와 관련있는 사항이어야 하고, 안전·보건확보와 전혀 무관한 내용에 대해 중앙행정기관 등이 개선이나 시정 등을 명했다고 하더라도 이는 중대재해처벌법의 규율대상으로 보기 어렵다고 할 것이다.[57]

한편, 위 규정에 대해서도 동조 제2호와 마찬가지로 '이행에 관한 조치'는 어느 범위까지 관여해야 하는지 충분히 인식할 수 없어 명확성의 원칙에 반하고, 총괄관리 등으로 한정되어 있지 않아 조치의 내용과 범위가 지나치게 포괄적으로 되어 있는 등 죄형법정주의 측면에서 문제가 많다는 지적이 있다.[58] 헌법재판소는 특정 처벌규정의 내용을 파악함에 있어 평균인의 입장에서 전문가의 조언을 받거나 전문서적 등을 참고하더라도 자신의 행위가 법에 위반되는 것인지 아닌지를 정확히 예측할 수 없다면 그 규정은 불명확하여 무효가 된다고 보고 있고, 일반 추상적 표현을 불가피하게 사용하더라도 예비의 방법, 정의 규정을 별도로 두는 방법, 주관적 요소를 가중하는 방법 등으로 보다 구체적인 입법이 가능한지를 헌법 위반의 판단기준으로 보고 있다.[59] 이러한 기준에 의할 때 사업을 총괄하고 대표하는 지위에 있는 경영책임자 등에게 부여된 '이행에 관한 조치'의 범위를 특정하고 한정하기가

전자우편주소 등을 말한다)를 적어야 한다.
57 고용노동부, 앞의 해설서, p. 96.
58 정진우, 앞의 토론회 발표자료 p. 9.
59 헌법재판소 2005. 3. 31. 선고 2003헌바12 전원재판부.

쉽지 않다.

이에 대하여 개인사업주와 경영책임자등이 다양한 종류의 수많은 개별 개선·시정명령 사항 건건마다 구체적인 이행에 관한 조치를 취해야 하는 것은 아니고 관련 사규를 정비한다거나 보고하고 이행되도록 하는 시스템적 조치를 하면 된다는 견해가 있을 수 있다.

그러나, 법 제4조 제1항 제3호의 의무가 개인사업주 또는 경영책임자등에게 개선·시정명령을 직접 이행하도록 하는 것은 아니라고 하더라도, 개선·시정명령이 행해진 사실 및 구체적인 내용에 대하여 경영책임자등에게 보고하는 시스템 구축만으로 족하다고는 볼 수 없고, 개선·시정명령의 이행에 관한 조치가 이루어지도록 점검하고 확인할 수 있는 시스템을 구축하고, 해당 시스템에 따라 안전·보건에 관한 개선·시정명령이 이행되도록 하여야 할 것이다. 법 제4조 제1항 제4호의 의무가 '관계 법령에 따른 의무이행에 필요한 관리상의 조치'라고 규정되어 있는 것과 달리 이 의무는 '관계 법령에 따라 개선, 시정 등을 명한 사항의 이행에 관한 조치'라고 규정되어 있다는 점에서 '이행'에 대한 실효성 있는 점검이 필요하기 때문이다(산업안전보건법 제36조). 한편 개선·시정명령의 이행에 관한 조치의무는 경과 규정이 없으므로 법 시행일 이후에 개선·시정명령이 내려진 경우에 적용된다고 할 것이고, 법 시행 이전에 개선시정명령의 원인이 된 안전보건 관련 법령위반 등의 행위가 있었던 경우에도 행정명령이 법 시행 후에 내려진 경우에는 적용된다고 할 것이다.

마. 안전·보건 관계 법령에 따른 의무이행에 필요한 관리상의 조치(법 제4조 제1항 제4호)

> 제4조 (사업주와 경영책임자등의 안전 및 보건 확보의무) ① 사업주 또는 경영책임자등은 사업주나 법인 또는 기관이 실질적으로 지배·운영·관리하는 사업 또는 사업장에서 종사자의 안전·보건상 유해 또는 위험을 방지하기 위하여 그 사업 또는 사업장의 특성 및 규모 등을 고려하여 다음 각 호에 따른 조치를 하여야 한다.
> 4. 안전·보건 관계 법령에 따른 의무이행에 필요한 관리상의 조치

1) 개관

개인사업주 또는 경영책임자등은 안전·보건 관계 법령에 따른 의무이행에 필요한 관리상의 조치를 해야 한다. 해당 조치에 관한 구체적인 사항은 대통령령으로 정하도록 위임하여(법 제4조 제2항) 시행령 제5조 제2항 각 호에서 구체적인 조치사항에 대하여 규정하고 있다.

여기에서 '안전·보건 관계 법령'이란 해당 사업 또는 사업장에 적용되는 것으로서 종사자의 안전·보건을 확보하는 데 관련되는 법령을 말한다(시행령 제5조 제1항). 또한 여기에서의 조치의무는 안전·보건 관계 법령상 부과되어 있는 개별적이고 구체적인 의무에 대한 직접적인 이행 의무가 아니라, 종사자의 안전 및 보건 확보를 위하여 관계 법령상 부과된 의무가 현장에서 잘 이행되도록 하는 데 점검하고, 미이행시 이행되도록 하는 관리상의 조치 의무를 말하는 것이다.

결국 중대산업재해가 발생하였을 때 안전·보건 관계 법령상 의무위반이 있었다는 사실 그 자체만으로 여기에서의 조치의무 위반이 인정되는 것이 아니라, 시행령 제5조 제2항에서 규정하고 있는 구체적인 사항을 이행하지 않는 등 안전·보건 관계 법령상의 의무 이행에 필요한 '관리상의 조치'를 제대로 하지 않았을 때 개인사업주 또는 경영책임자등의 의무 위반이 인정된다. 여기서 '관리상의 조치'의 내용에 대하여는 시행령 제5조 제2항 제1호 내지 제4호에서 규정하고 있다.

> 시행령 제5조 (안전·보건 관계 법령에 따른 의무이행에 필요한 관리상의 조치) ① 법 제4조 제1항 제4호에서 "안전·보건 관계 법령"이란 해당 사업 또는 사업장에 적용되는 것으로서 종사자의 안전·보건을 확보하는 데 관련되는 법령을 말한다.
> ② 법 제4조 제1항 제4호에 따른 조치에 관한 구체적인 사항은 다음 각 호와 같다.
> 1. 안전·보건 관계 법령에 따른 의무를 이행했는지를 반기 1회 이상 점검(해당 안전·보건 관계 법령에 따라 중앙행정기관의 장이 지정한 기관 등에 위탁하여 점검하는 경우를 포함한다. 이하 이 호에서 같다)하고, 직접 점검하지 않은 경우에는 점검이 끝난 후 지체 없이 점검 결과를 보고받을 것
> 2. 제1호에 따른 점검 또는 보고 결과 안전·보건 관계 법령에 따른 의무가 이행되지 않은 사실이 확인되는 경우에는 인력을 배치하거나 예산을 추가로 편성·집행하도록 하는 등

해당 의무 이행에 필요한 조치를 할 것

3. 안전·보건 관계 법령에 따라 의무적으로 실시해야 하는 유해·위험한 작업에 관한 안전·보건에 관한 교육이 실시되었는지를 반기 1회 이상 점검하고, 직접 점검하지 않은 경우에는 점검이 끝난 후 지체 없이 점검 결과를 보고받을 것

4. 제3호에 따른 점검 또는 보고 결과 실시되지 않은 교육에 대해서는 지체 없이 그 이행의 지시, 예산의 확보 등 교육 실시에 필요한 조치를 할 것

2) 안전·보건 관계법령의 범위(시행령 제5조 제1항)

시행령 제5조 (안전·보건 관계 법령에 따른 의무이행에 필요한 관리상의 조치) ① 법 제4조 제1항 제4호에서 "안전·보건 관계 법령"이란 해당 사업 또는 사업장에 적용되는 것으로서 종사자의 안전·보건을 확보하는 데 관련되는 법령을 말한다.

중대재해처벌법은 개인사업주 또는 경영책임자등에게 안전·보건 관계 법령에 따른 의무이행에 필요한 관리상의 조치 의무를 부과하면서 그 조치에 관한 구체적인 사항은 대통령령에 위임하고 있는바, 조치사항에 대하여는 시행령에서 구체적으로 규정하고 있는 반면 조치 의무의 근거가 되는 안전·보건 관계 법령에 대하여는 구체적인 범위를 특정하지 않고 있다.

안전·보건 관계 법령의 범위를 구체적으로 특정하는 것에 대하여 시행령 제정 과정에 일부 논의는 있었으나 최종적으로 "안전·보건 관계 법령이란 해당 사업 또는 사업장에 적용되는 것으로서 종사자의 안전·보건을 확보하는 데 관련되는 법령을 말한다"라고 그 의미를 포괄적으로 규정하기에 이르렀다.

결국 안전·보건 관계 법령에 해당하는지 여부는 해석에 맡겨졌다고 할 것인바, 근로자들의 안전과 보건을 확보하기 위해 제정된 산업안전보건법과 산업안전보건기준에 관한 규칙 등 그 관련 법령이 기본이 되겠지만, 중대재해처벌법의 입법취지에 비추어 근로자뿐만 아니라 종사자의 안전·보건에 관계되는 법령은 모두 포함된다고 해석될 것이다.[60]

따라서 법률의 목적이 근로자의 안전 및 보건 확보를 위한 것으로서 관련 규정

---

[60] 고용노동부, 앞의 해설서, p. 98.

을 담고 있는 광산안전법, 선원법, 연구실 안전환경 조성에 관한 법률 등은 물론이고 법률 제정 목적은 일반 공중의 안전을 확보하기 위한 내용이지만, 개별조항에서 '직접적으로' 근로자 등 노무를 제공하는 자의 안전 · 보건 확보를 위한 내용을 규정한 폐기물관리법 등도 포함될 수 있다.

고용노동부는 산업안전보건법, 광산안전법, 원자력안전법, 항공안전법, 선박안전법, 연구실 안전환경 조성에 관한 법률, 폐기물관리법, 생활물류서비스산업발전법, 선원법, 생활주변방사선안전관리법 등을 안전 · 보건 관계 법령의 예시로 들고 있다.[61]

근로기준법이 안전 · 보건 관계 법령에 해당되는지에 대해서도 논란이 있다. 근로기준법상 소정(所定)근로시간에 관한 정의 규정(근로기준법 제2조 제8호)이 산업안전보건법 제139조 제1항의 근로시간을 인용[62]하고 있고, 근로자의 안전과 보건에 관하여는 산업안전보건법에서 정하는 바에 따르는 것으로 규정(동법 제76조)하고 있는 점 등을 고려할 때, 안전 · 보건 관계 법령의 범위에 굳이 포함시킬 필요가 없다고 볼 수도 있으나, 근로기준법상 보건에 관하여 질병과 요양범위, 시기 및 재해보상 등을 구체적으로 규정하고 있어(동법 제8장 제78조 내지 제92조) 안전 · 보건 관계 법령에 포함된다고 해석하는 것이 타당할 것으로 생각된다.

이 부분에 대하여는 개인사업주 및 경영책임자등이 안전 · 보건 관계법령을 당연히 알아야 한다고 할 수도 있겠지만 형사처벌이 수반되는 규정이므로 죄형법정주의원칙에 따른 명확성의 원칙상 법률 또는 법률의 위임을 받은 시행령 등에서 해당 법령을 구체적으로 특정하거나 '산업안전보건법 및 그 부속법령'을 지칭하는 것으로 명확하게 규정하는 것이 바람직할 것으로 생각된다.[63]

---

61 고용노동부, 앞의 해설서, p. 104.
62 산업안전보건법 제139조(유해 · 위험작업에 대한 근로시간 제한 등) ① 사업주는 유해하거나 위험한 작업으로서 높은 기압에서 하는 작업 등 대통령령으로 정하는 작업에 종사하는 근로자에게는 1일 6시간, 1주 34시간을 초과하여 근로하게 해서는 아니된다.
63 이와 관련하여 범죄의 구성요건인 '안전 · 보건 관계법령'의 범위를 명확하게 정하지 않을 경우 감독관의 재량으로 판단할 수밖에 없어 자의적인 법 집행이 예상되고, 이는 기업들이 알아서 관계 법령을 찾아 지키지 않으면 형사처벌을 하겠다는 것과 다름없어 아무리 준법의지가 있는 기업일지라도 지켜야 할 의무내용이 무엇이고 어디까지인지 알 수 없다면 사실상 법을 완벽히 준수하는 것은 불가능하다는 비판이 있다(경총 등, 앞의 건의서, pp. 21~22).

3) 관리상의 조치의 내용

가) 안전·보건 관계 법령에 따른 의무이행 여부에 대한 점검 및 그 결과에 따른 조치(시행령 제5조 제2항 제1호, 제2호)

> 시행령 제5조 (안전·보건 관계 법령에 따른 의무이행에 필요한 관리상의 조치) ② 법 제4조 제1항 제4호에 따른 조치에 관한 구체적인 사항은 다음 각 호와 같다.
> 1. 안전·보건 관계 법령에 따른 의무를 이행했는지를 반기 1회 이상 점검(해당 안전·보건 관계 법령에 따라 중앙행정기관의 장이 지정한 기관 등에 위탁하여 점검하는 경우를 포함한다. 이하 이 호에서 같다)하고, 직접 점검하지 않은 경우에는 점검이 끝난 후 지체 없이 점검 결과를 보고받을 것
> 2. 제1호에 따른 점검 또는 보고 결과 안전·보건 관계 법령에 따른 의무가 이행되지 않은 사실이 확인되는 경우에는 인력을 배치하거나 예산을 추가로 편성·집행하도록 하는 등 해당 의무 이행에 필요한 조치를 할 것

　개인사업주 또는 경영책임자등은 안전·보건 관계 법령에 따른 의무이행 여부를 반기 1회 이상 점검해야 하고, 직접 점검하지 않는 경우에는 점검이 끝난 후 지체 없이 점검 결과를 보고받아야 한다. 사업 또는 사업장 내 자체 점검 역량이 부족하여 그 점검의 실효성을 기대하기 어렵다고 판단되면 안전·보건 관계 법령에 따라 중앙행정기관의 장이 지정한 기관 등에 위탁하여 점검할 수도 있는데 이러한 경우에도 경영책임자등이 직접 점검하지 않는 경우에 해당하므로 점검이 끝난 후 지체 없이 수탁기관으로부터 점검 결과를 보고받아야 한다.

　이와 같은 개인사업주 또는 경영책임자등의 점검 의무는 해당 사업 또는 사업장의 구체적인 사정에 따라 다양한 방식과 조직을 통해 실행할 수 있다. 중대재해처벌법에서는 개인사업주 또는 경영책임자등에게 안전·보건 관계 법령상의 의무를 직접 이행하도록 하는 의무를 부과하는 것이 아니라 의무이행에 필요한 관리상의 조치의무를 부과하고 있으므로, 점검과 관련한 '관리상의 조치 의무'는 각 사업장의 법적 의무 이행 과정을 전반적으로 관리, 점검하고 그 결과를 평가하는 조직을 두어 경영책임자가 그 조직을 통해 사업장의 법적 의무 이행 여부와 문제점 등을 보고받고 개선 조치를 취하도록 하는 등의 제반 조치 의무를 의미한다.

　개인사업주 또는 경영책임자등의 의무 중 시행령 제4조 제3호에 따른 '유해·

위험요인에 대한 확인·점검'은 해당 사업 또는 사업장의 특성에 맞게 자율적으로 절차를 마련하여 점검하고 개선하는 일련의 과정인 데 반해, 시행령 제5조 제2항 제1호의 '안전·보건 법령에 따른 의무이행 점검'은 해당 사업 또는 사업장에 적용되는 개별 법령상의 의무를 이행하고 있는지 확인, 점검하는 것으로 양자는 그 성격이나 내용, 대상이 다르다.

여기서, 의무이행 여부에 대한 점검과 보고가 형식적으로 이루어지는 '부실 점검'의 경우나, 개인사업주 또는 경영책임자등은 관계 법령상 의무 이행 여부에 대한 철저한 점검을 지시하였으나 점검 또는 보고가 제대로 이루어지지 않은 경우에 개인사업주 또는 경영책임자등에게 그 의무 위반에 대한 책임을 귀속시킬 수 있는지 여부가 문제된다.

이에 대하여 의무이행 여부를 점검할 의무는 원칙적으로 개인사업주 또는 경영책임자등에게 부여된 것이므로 부실 점검과 불이행에 따른 최종적인 책임은 개인사업주 또는 경영책임자등에게 귀속된다고 보는 견해[64]도 있으나, 조치의무 위반으로 중대산업재해가 발생하는 경우 형사책임이 부과되는 형사법 체계에서 조치의무 위반에 대한 고의가 있어야 하므로, 개인사업주 또는 경영책임자등이 부실점검이나 불이행을 지시했다거나 적어도 그런 사정을 알면서도 방치하는 등의 사정이 있어야만 그 책임을 귀속시킬 수 있을 것이다.

또한 개인사업주 또는 경영책임자등은 안전·보건 관계 법령에 따라 중앙행정기관의 장이 지정한 기관 등에 위탁하여 의무이행 여부를 점검할 수 있는데, 그 범위는 해당 안전·보건 관계 법령에 따라 정해진 해당 기관의 업무에 관한 내용, 즉 해당 기관의 전문성이 인정되는 분야로 제한된다고 보아야 한다. 예를 들어 산업안전보건법의 경우 안전관리전문기관(산업안전보건법 제17조), 보건관리전문기관(동법 제18조), 안전보건진단기관(동법 제47조), 건설재해예방전문지도기관(동법 제73조) 등을 지정 기관으로 볼 수 있는바, 위 기관에 점검 업무를 위탁하는 경우, 법령에 따라 정해진 업무에 한정하여 점검할 수 있다고 할 것이다.[65]

한편, 산업안전보건법은 상시근로자 300명 이상의 사업장에 대해서는 안전보건관리담당자의 업무를 안전관리전문기관 또는 보건관리전문기관에 위탁할 수 없

---

64 고용노동부, 앞의 해설서, p. 102.
65 고용노동부, 앞의 해설서, p. 102.

도록 규정(동법 제19조 제4항)하고 있는바, 중대재해처벌법에서 규정하고 있는 의무 이행 여부에 대한 점검의 위탁은 산업안전보건법에 따른 안전보건관리 업무의 위탁과는 구분되므로, 상시근로자 300명 이상의 사업장도 점검 의무에 대한 위탁은 가능하다고 할 것이다.[66]

개인사업주 또는 경영책임자등은 시행령 제5조 제2항 제1호에 따른 점검 결과 안전·보건 관계 법령에 따른 의무가 이행되지 않은 사실이 확인되는 경우에는 인력을 배치하거나 예산을 추가로 편성·집행하도록 하는 등 해당 의무 이행에 필요한 조치를 취해야 한다.

개인사업주 또는 경영책임자등은 사업을 대표하고 총괄하는 자로서 안전·보건에 관한 인력과 예산 등에 대한 최종 결정권한을 가지므로, 의무이행 여부를 점검·보고 받도록 하는 데 그치지 않고, 점검 결과에 따라 의무 이행이 필요한 인력과 예산의 추가 편성·집행 등과 관련한 관리상 조치 의무도 부담하게 한 것이다.

나) 유해·위험한 작업에 관한 안전·보건 교육 실시 여부 점검 및 교육 실시에 필요한 조치(시행령 제5조 제2항 제3호, 제4호)

> 시행령 제5조 (안전·보건 관계 법령에 따른 의무이행에 필요한 관리상의 조치) ② 법 제4조 제1항 제4호에 따른 조치에 관한 구체적인 사항은 다음 각 호와 같다.
> 3. 안전·보건 관계 법령에 따라 의무적으로 실시해야 하는 유해·위험한 작업에 관한 안전·보건에 관한 교육이 실시되었는지를 반기 1회 이상 점검하고, 직접 점검하지 않은 경우에는 점검이 끝난 후 지체 없이 점검 결과를 보고받을 것
> 4. 제3호에 따른 점검 또는 보고 결과 실시되지 않은 교육에 대해서는 지체 없이 그 이행의 지시, 예산의 확보 등 교육 실시에 필요한 조치를 할 것

개인사업주 또는 경영책임자등은 안전·보건 관계 법령에 따라 의무적으로 실시해야 하는 유해·위험한 작업에 관한 안전·보건에 관한 교육이 실시되었는지를 반기 1회 이상 점검하고, 직접 점검하지 않은 경우에는 점검이 끝난 후 지체 없이 점검결과를 보고받아야 한다. 이와 같은 점검 또는 보고 결과 실시되지 않은 교육이 있을 경우 지체 없이 그 이행의 지시, 예산의 확보 등 교육 실시에 필요한 조치

---

[66] 고용노동부, 앞의 해설서, p. 102.

를 취해야 한다.

안전·보건 관계 법령상 의무적으로 실시해야 하는 유해·위험 작업에 관한 안전·보건 교육은 특히 종사자의 안전·보건 확보와 밀접한 관련이 있으므로 안전한 작업을 위해 필요한 내용을 종사자들이 충분히 습득할 수 있도록 관리하고 점검할 의무를 개인사업주 또는 경영책임자등에게 직접 부여한 것이다.

여기에서 실시 여부를 점검해야 하는 대상은 안전·보건 관계 법령상 실시 의무가 있는 '유해·위험한 작업'에 관한 교육으로, 모든 안전·보건 교육에 대하여 점검해야 하는 것은 아니다. 산업안전보건법상 근로자에 대한 안전보건교육(산업안전보건법 제29조), 물질안전보건자료대상물질 취급 교육(동법 제114조) 외에도 항공안전법상 위험물취급에 관한 교육(항공안전법 제72조), 선박안전법상 위험물 안전운송 교육(선박안전법 제41조의2) 등이 이에 해당한다고 할 것이다.

개인사업주 또는 경영책임자등이 직접 점검하지 않은 경우에는 점검이 끝난 후 지체 없이 점검결과를 보고받아야 하며, 실시되지 않은 교육에 대해서는 지체 없이 이행지시, 예산확보 등 교육 실시에 필요한 조치를 취해야 한다. 시행령 제5조 3호·4호의 교육과 관련하여, 1차 수급인 외 2차, 3차 등 직접 계약관계가 없는 N차 수급인이 있는 경우에 경영책임자가 어디까지 교육의 실시 여부를 확인하고 미이행시 이행지시 등의 조치를 해야하는지 불분명한데,[67] 경영책임자에게 이들에게까지 직접 교육 의무가 있다고 보기는 어렵고, 의무주체가 수급인 등 제3자인 경우에는 해당 교육을 실시하도록 요구하는 등의 필요한 조치를 의미한다.

3. 도급, 용역, 위탁 등 관계에서의 안전 및 보건 확보의무

제5조 (도급, 용역, 위탁 등 관계에서의 안전 및 보건 확보의무) 사업주 또는 경영책임자등은 사업주나 법인 또는 기관이 제3자에게 도급, 용역, 위탁 등을 행한 경우에는 제3자의 종사자에게 중대산업재해가 발생하지 아니하도록 제4조의 조치를 하여야 한다. 다만, 사업주나 법인 또는 기관이 그 시설, 장비, 장소 등에 대하여 실질적으로 지배·운영·관리하는 책임이 있는 경우에 한정한다.

---

67 김상민, 앞의 토론회 발표자료, p. 10.

가. 개관

산업현장에서 도급, 용역, 위탁 등으로 인하여 소위 '위험이 외주화'되어 수급업체 근로자들의 안전·보건이 위협받고 있다는 의견이 있었고, 이를 반영하여 산업안전보건법을 일부 개정하여 도급인의 책임을 강화한 바 있다. 그럼에도 불구하고 수급업체 근로자들의 안전·보건 환경이 개선되고 있지 못하다는 비판이 계속되었고, 결국 중대재해처벌법이 제정되게 된 주요한 이유가 되었다.

개인사업주나 법인 또는 기관이 제3자에게 도급, 용역, 위탁 등을 하였을 때 해당 시설, 장비, 장소 등에 대하여 실질적으로 지배·운영·관리하는 책임이 있는 경우에는 개인사업주 또는 경영책임자등은 제3자의 종사자에게 중대산업재해가 발생하지 아니하도록 법 제4조에서 정하는 안전 및 보건 확보를 위한 조치를 하여야 한다.

그런데 시행령 제4조 제9호에서는 '제3자에게 업무의 도급, 용역, 위탁 등을 하는 경우에는 종사자의 안전·보건을 확보하기 위해 다음 각목의 기준과 절차를 마련하고 그 기준과 절차에 따라 도급, 용역, 위탁 등이 이루어지는지를 반기 1회 이상 점검할 것'이라고 규정하고 있다(제9호). 이와 관련하여, 제3자에게 업무를 도급, 용역, 위탁하는 경우에는 제9호의 의무만 이행하면 되는지, 아니면 제1호부터 제8호까지의 의무도 모두 이행해야 하는지 문제되는데, 중대재해처벌법 제5조가 "제3자의 종사자에게 중대산업재해가 발생하지 아니하도록 제4조의 조치를 하여야 한다"라고 규정하고 있어 법 제4조가 규정하고 있는 모든 조치를 이행하여야 하는 것으로 해석된다. 이러한 경우에는 수급인의 종사자는 도급인의 종사자의 지위를 겸하게 되는데, 산업안전보건법에서 도급인이 관계 수급인의 근로자에 대한 안전조치 및 보건조치를 하더라도(제63조) 수급인 사업주의 근로자에 대한 안전조치 및 보건조치 의무(제37조, 제38조)는 면제되지 않는바, 중대재해처벌법의 경우에도 동일하게 해석해야 할 것으로 보인다.[68]

---

[68] 김동욱, 앞의 토론문, p. 70.

나. 제3자에게 도급, 용역, 위탁 등을 행한 경우

중대재해처벌법이 '도급'에 대하여 별도의 정의 규정을 두고 있는 것은 아니지만 산업안전보건법[69] · 민법[70] · 건설산업기본법[71] 등의 관련 규정 및 중대재해처벌법의 입법취지에 비추어 보면 산업안전보건법에서의 개념과 같이 '그 명칭이나 형식에 관계없이 물건의 제조 · 건설 · 수리 또는 서비스 제공 등 어떤 일을 수행할 것을 타인에게 맡기는 계약'으로 해석될 수 있을 것이다.[72]

앞에서 언급한 바와 같이 2020. 1. 16.부터 시행된 개정 산업안전보건법상 도급인은 관계수급인 근로자가 도급인의 사업장에서 작업을 하는 경우에 자신의 근로자와 관계수급인 근로자의 산업재해를 예방하기 위하여 안전 및 보건 시설의 설치 등 필요한 안전조치 및 보건조치를 하여야 하는 것으로 책임 범위가 확대되었다. 그리고 중대재해처벌법에서는 더 나아가 도급인의 사업장(도급인이 작업장소를 제공하거나 지정하고 지배 · 관리하는 장소까지 포함)에서 작업하는 경우가 아니라 하더라도 해당 작업과 관련한 시설, 장비, 장소 등에 대하여 실질적으로 지배 · 운영 · 관리하는 책임이 있는 경우에는 안전 및 보건 확보의무를 부담하게 되고, '도급' 외에 '용역', '위탁' 등을 한 경우에도 법 제5조에 따른 책임을 부담하고(같은 법 제67조), 안전보건조정자 선임의무(같은 법 제68조), 공사기간 단축 및 공법 변경금지의무(같은 법 제69조), 건설공사기간의 연장의무(같은 법 제70조), 설계변경의무(제71조), 산업안전보건관리비 계상의무(같은 법 제72조)가 부과되어 있다.

여기서 '건설공사발주'의 경우 위 '도급, 용역, 위탁 등'을 한 것으로 보아 책임

---

[69] 산업안전보건법 제2조(정의) 이 법에서 사용하는 용어의 뜻은 다음과 같다.
6. "도급"이란 명칭에 관계없이 물건의 제조 · 건설 · 수리 또는 서비스의 제공, 그 밖의 업무를 타인에게 맡기는 계약을 말한다.

[70] 민법 제664조(도급의 의의) 도급은 당사자 일방이 어느 일을 완성할 것을 약정하고 상대방이 그 일의 결과에 대하여 보수를 지급할 것을 약정함으로써 효력이 생긴다.

[71] 건설산업기본법 제2조(정의) 이 법에서 사용하는 용어의 뜻은 다음과 같다.
11. "도급"이란 원도급, 하도급, 위탁 등 명칭과 관계없이 건설공사를 완성할 것을 약정하고, 상대방이 그 공사의 결과에 대하여 대가를 지급할 것을 약정하는 계약을 말한다,

[72] 고용노동부의 「개정 산업안전보건법 시행(2020. 1. 16.)에 따른 도급시 산업재해예방 운영지침(2020. 3.)」에 의하면, 「산업안전보건법」상 도급은 '일의 완성 또는 결과'에 대하여 '보수를 지급'할 것을 요건으로 하는 「민법」상 도급계약뿐만 아니라, 그 명칭이나 형식에 관계없이 자신의 업무를 타인에게 맡기는 계약을 의미하며 이때 타인에게 맡기는 업무가 부수적이거나 보조적인 경우에도 적용된다.

을 물을 수 있는지 문제된다. "건설공사발주자"는 '건설공사를 도급하는 자로서 건설공사[73]의 시공을 주도하여 총괄·관리하지 아니하는 자(다만 도급받은 건설공사를 다시 도급하는 자는 제외)'로, 산업안전보건법상 도급인에게 부여된 안전보건조치의무가 적용되지 않고(산업안전보건법 제2조 제7호), 총 공사금액이 50억원 이상인 공사의 건설공사 발주자는 산업재해예방을 위하여 건설공사의 계획단계에서의 유해·위험요인과 이의 감소방안을 포함한 기본안전보건대장 작성, 설계단계에서의 위 기본안전보건대장상의 감소방안을 포함한 설계안전보건대장 작성, 시공단계에서 설계안전보건대장을 수급인에게 제공하여 안전한 작업을 위한 공사안전보건대장을 작성하게 하고 이행여부를 확인할 의무를 부담한다(산업안전보건법 제67조). 이처럼 건설공사발주자의 경우 산업안전보건법에서는 명문의 규정으로 '도급인'의 개념에서 제외되었는데 중대재해처벌법은 관련 규정을 두고 있지 않아 해석상 논란이 있을 수 있다.

법 제5조가 도급, 용역, 위탁 '등'이라고 규정하는 등 추가 유형의 계약이 있을 수 있음을 전제하고 있고, 발주도 도급의 일종(산업안전보건법 역시 이와 같은 전제에서 건설공사발주자를 도급인에서 제외한다고 규정한 것임)인데 중대재해처벌법은 산업안전보건법과 달리 도급의 개념에서 발주를 제외한다는 명문 규정을 두고 있지 않으므로 건설공사발주자에게도 법 제5조가 적용될 수 있다는 견해가 있을 수 있으나,[74] 중대재해처벌법 발의안에는 포함되어 있던 '발주'가 법안심사 과정에서 삭제되었다는 점에서[75] 입법자의 의도는 건설공사발주자에게 제5조를 적용하지 않겠다는 것으로 보이는 점, 건설공사발주자는 건설공사의 시공을 주도하여 총괄·관리하지 않기에 도급인의 책임을 부과하지 않게 된 필요성은 중대재해처벌법 적용에서

---

[73] 여기서 건설공사란 「건설산업기본법」 제2조 제4호에 따른 건설공사, 「전기공사업법」 제2조 제1호에 따른 전기공사, 「정보통신공사업법」 제2조 제2호에 따른 정보통신공사, 「소방시설공사업법」에 따른 소방시설공사, 「문화재수리 등에 관한 법률」에 따른 문화재 수리공사를 말한다(산업안전보건법 제2조 제11호 가목 내지 마목).

[74] 고용노동부는 "건설공사 발주자는 건설공사 기간 동안 해당 공사 또는 시설·장비·장소 등에 대하여 실질적으로 지배·운영·관리하였다고 볼 만한 사정이 없는 한 해당 건설공사 현장의 종사자에 대하여 도급인으로 제4조 또는 제5조에 따른 책임을 부담하지 않는 경우가 일반적이다(고용노동부, 앞의 해설서, p. 108)"라고 하여, 기본적으로 '건설공사 발주자는 중대재해처벌법 제5조가 적용될 수 있다'는 전제에 서 있는 것으로 보인다.

[75] 제383회 법제사법위원회(법안심사제1소위원회) 회의록 제2호, 국회사무처, 2020. 12. 29. pp. 53~54 및 같은 회의록 제5호, 국회사무처, 2021. 1. 6. p. 55.

도 동일한 점 등을 고려할 때 건설공사발주자는 제5조의 책임도 부담하지 않는다고 해석하는 것이 타당할 것으로 생각된다.

이러한 견해에 의하면, 제3자에게 도급을 한 경우에 도급인이 중대재해처벌법 제4조(제5조) 의무 대상인지 여부를 판단하는 절차를 다음과 같이 도식화할 수 있다.[76]

제3자 도급시 법 제4조(제5조) 의무 대상 판단 절차

다만, '건설공사발주자'라 함은 건설공사를 도급하는 자로서 건설공사의 시공을 주도하여 총괄·관리하지 아니하는 자를 말하는바(산업안전보건법 제2조 제10호), 이와 같은 '건설공사발주자'의 개념상 건설공사 기간 동안 해당 공사 또는 시설, 장비, 장소 등에 대하여 실질적으로 지배·운영·관리할 책임이 있는 경우가 많지 않을 것이므로 제5조의 적용대상이 된다고 보는 견해에 의하더라도 실제 책임을 부담하는 경우는 거의 없을 것으로 보인다. 오히려 형식적으로는 '건설공사발주자'라는 지위에 있다 할지라도 실질적으로는 공사의 시공에 적극적으로 관여하는 경우에는 건설공사발주자가 아니라 산업안전보건법상의 도급인으로서의 책임을 부담하게 되고,[77] 그에 따라 중대재해처벌법 제4조나 제5조의 책임까지도 부담하게 될 수 있음

---

76 경총·중소기업중앙회, '중대재해처벌법 대응을 위한 중소기업 안전관리 진단 매뉴얼', 2022. 1. p. 21.
77 판례도 건설공사발주자와 도급인을 구분함에 있어 그 형식상 지위와 무관하게 건설공사의 전체적인 진행과정을 총괄하고 조율할 능력이나 의무가 있는지 여부를 기준으로 삼고 있다(대법원 2016. 3. 24. 선고 2015도8621 판결 등). 최근 울산지방법원은 제조업체에서 공장 지붕보수작업을 도급주어 공사를 하던중 수급인의 근로자가 추락사한 사안에서, 도급인이 건설공사의 시공을 주

에 유의할 필요가 있다.[78]

다. 시설, 장비, 장소 등에 대하여 실질적으로 지배 · 운영 · 관리하는 책임이 있는 경우

개인사업주 또는 경영책임자등은 사업주나 법인 또는 기관이 제3자에게 도급 등을 행하였는데 그 시설, 장비, 장소 등에 대하여 실질적으로 지배 · 운영 · 관리하는 책임이 있는 경우라면 제3자의 종사자에게 중대산업재해가 발생하지 않도록 제4조의 조치를 하여야 한다.[79] 여기서 '시설, 장비, 장소 등에 대하여 실질적으로 지배 · 운영 · 관리하는 책임이 있는 경우'의 의미에 대하여 고용노동부는 "중대산업재해 발생 원인을 살펴 해당 시설이나 장비 그리고 장소에 관한 소유권, 임차권, 그 밖에 사실상의 지배력을 가지고 있어 위험에 대한 제어 능력이 있다고 볼 수 있는 경우를 의미한다"고 하면서, 도급인이 해당 작업과 관련한 시설, 장비, 장소 등에

도하여 총괄 · 관리해야할 지위에 있는 자로서 산업안전보건법이 정한 책임을 부담하는 '도급인'에 해당함을 인정하기 부족하다는 이유로 무죄를 선고한 바 있다(울산지방법원 2021. 11. 11. 선고 2021고단1782 판결, 항소심 계속 중).

[78] 시공을 총괄 · 관리하지 않는 건설공사발주자가 실질적으로 지배 · 운영 · 관리하는 책임이 인정되어 법 제4조에 따른 안전보건확보의무가 인정되더라도 건설공사발주자는 산업안전보건법상 사업주에게 부여된 직접적인 안전보건조치의무는 부담하지 아니하므로 경영책임자등에게 중대재해처벌법상 부여되는 제4조 제4호상의 안전보건확보의무의 범위는 산업안전보건법상 건설공사발주자에게 부여된 공사기간단축 및 공법변경금지, 건설공사기간의 연장의무 등을 이행할 수 있도록 하는 절차를 갖추는 범위로 제한된다는 견해도 있다(정대원, "건설공사 발주자는 중대재해처벌법상 안전보건 확보의무를 지는가", 월간 노동법률, 2021. 12. p. 118).

[79] 이와 같이 규정된 안전보건확보의무 조항의 해석과 관련하여, ① 시설, 장비, 장소 '등'이라고 표현하고 있어 실질적인 지배 · 운영 · 관리의 기준이 물리적인 요소만으로 한정되는 것인지, 인적인 요소는 제외되는 것인지 불분명하고, ② 소유자(A)도 있고 운영자(B)도 있는 경우, 소유자(A)도 있고 관리자(C)도 있는 경우, 소유자(A), 운영자(B), 관리자(C)가 별도로 있는 경우와 같이 제3자의 종사자에 대하여 안전보건확보의무를 가지는 주체가 복수로 존재하는 경우도 적지 않은데 이 경우 제5조의 의무를 누가(어느 쪽에서), 어디서부터 어디까지, 어떻게 이행하여야 하는지 알 수 없고, 시설 · 장소의 실질적 지배 · 운영 · 관리책임자와 장비의 실질적 지배 · 운영 · 관리책임자가 다른 경우에도 누가 본조의 의무주체가 되어야 하는지 불명확하여 실제 안전보건조치의 이행으로 이어지지 못할 가능성이 크며, ③ 도급 · 용역 · 위탁 · 위임관계에서 도급 · 용역 · 위탁 · 위임을 준 자(도급인 등)와 이를 받은 자(제3자) 간의 의무와 책임을 구분하지 않고 제3자의 종사자에 대해 도급인 등에게만 안전보건확보의무가 있는 것처럼 규정하는 것은 현실적으로 이행하는 것을 담보할 수 없을 뿐만 아니라 안전보건에 대한 제3자의 무관심을 조장하고 자율적 능력을 퇴보시킬 수 있다는 비판이 있다(정진우, 앞의 토론회 발표자료, pp. 11~19, 경총 등, 앞의 건의서, p. 44.).

대하여 소유권, 임차권, 그 밖에 사실상의 지배력을 행사하고 있는 경우에는 법 제5조에 따른 책임을 부담한다고 보고 있다.[80]

위 고용노동부의 해석과 같이 중대재해 발생 원인을 살펴 지배력을 가지고 있다고 평가하는 것은 사후적인 평가로서 '결과 책임'을 묻게 된다는 문제점이 있다. 생각건대 법 제5조의 '실질적으로 지배·운영·관리하는 책임이 있는 경우'라 함은 해당 시설 등에 대하여 "실질적으로 관리, 통제할 수 있는 권리와 의무가 있는 경우"를 말한다고 해석하는 것이 타당해 보인다. 법 제4조의 규정에도 불구하고 법 제5조를 별도로 둔 이유는, 제4조에 의하여 규율되지 않더라도 해당 시설·장비·장소 등에 대하여 법률상 또는 계약관계에 따라 실질적으로 위험을 관리·통제할 수 있는 권리와 의무가 있는 경우에 적용하기 위한 것이라고 해석할 수 있겠다. 자신의 사업 또는 사업장이 아니라도 해당 시설·장비·장소 등의 운용이나 안전점검, 유지보수 등 위험통제를 할 책임이 있는 경우 등이 그 예가 될 것이다.

또한 소유권이나 임차권 등 목적물에 대한 민사상 권리를 보유하고 있다고 하여 당연히 안전보건에 대한 책임이 발생한다고 볼 근거도 없다.[81] 해당 시설 등에 대한 위험 통제의 관점에서 법률상 또는 계약관계에 따라 실질적으로 관리·통제할 권리와 의무가 있는 경우로 볼 수 있는지 개별적이고 구체적인 판단이 필요할 것이다.

라. 법 제4조와 제5조의 관계

법 제4조는 '사업주와 경영책임자등의 안전 및 보건 확보의무'라는 제목으로 규정되어 있고, 제5조는 '도급, 용역, 위탁 등 관계에서의 안전 및 보건 확보의무'라는 제목으로 규정되어 있어 체계상으로는 제4조가 일반적인 개인사업주와 경영책임자등의 의무를, 제5조가 도급, 용역, 위탁 등의 경우의 개인사업주와 경영책임자등의 의무를 규정한 것처럼 보인다.

---

80 고용노동부, 앞의 해설서, p. 109.
81 도급인 등이 시설 등에 대하여 소유권, 임차권, 그 밖에 사실상의 지배력을 가지고 있는 경우 제5조의 책임을 진다는 고용노동부의 입장에 대하여 "시설, 장비, 장소 등에 대하여 소유권, 임차권 등의 민사상 권리를 가지고 있다는 점은 해당 장소 등에 대해 권리를 가지고 있다는 것의 근거가 될 수 있을지는 몰라도 해당 장소에서 발생할 수 있는 위험에 대해 책임을 부담한다는 근거가 되지는 못한다"는 비판이 있다(김동욱, "중대재해처벌법상 '사업 또는 사업장' 개념.. 논란 부르는 고용부 해석", 한국경제, 2022. 1. 11.자 기고문 참조).

그런데 제4조의 보호대상으로 규정하고 있는 '종사자'는 근로자뿐만 아니라 계약의 형식에 관계없이 노무를 제공하는 자도 포함되는 개념이므로, 사업이 여러 차례의 도급 등에 따라 행하여지는 경우에 해당 근로자 및 노무제공자뿐만 아니라 수급인 및 수급인의 근로자와 노무 제공자까지 모두 '종사자'에 해당한다고 볼 수 있다. 따라서 도급, 용역, 위탁 등의 경우에 굳이 제5조의 규정이 없다 하더라도 제4조를 적용하여 개인사업주와 경영책임자등에게 안전 및 보건 확보의무를 부담하게 할 수 있다. 이러한 측면에서 제5조는 어떤 독자적인 의미를 가지는지 의문이 제기된다.

고용노동부는 제4조는 "개인사업주나 법인 또는 기관이 여러 차례의 도급을 주는 경우에도 그 법인 등이 실질적으로 지배·운영·관리하는 사업 또는 사업장에서 도급 등 업무가 이루어지는 경우 개인사업주와 경영책임자등에게 각 단계의 수급인 및 수급인의 종사자 등 모든 종사자에 대한 안전 및 보건 확보의무를 부과한 것"이고, 제5조는 "개인사업주나 법인 또는 기관이 제3자에게 도급, 용역, 위탁 등을 하였을 때 사업 또는 사업장을 실질적으로 지배·운영·관리하고 있지 않다 하더라도 해당 시설, 장비, 장소 등에 대하여 도급인 등이 실질적으로 지배·운영·관리하는 '책임'이 있는 경우 개인사업주와 경영책임자등에게 해당 종사자에 대한 안전·보건 확보의무를 부과한 것"이라고 한다.[82]

고용노동부의 해석과 달리 제4조의 '종사자'는 개인사업주 또는 법인이 직접 근로계약을 체결하여 고용한 근로자와 개인사업주 또는 법인이 도급, 용역, 위탁 등 계약을 체결한 개인사업자(즉, 개인사업자가 자신의 근로자를 사용하지 않고 자신이 노무를 제공하는 경우)에 대한 조항으로 해석하고, 제5조의 '제3자의 종사자'는 개인사업주 또는 법인과 도급, 용역, 위탁 등 관계에 있는 제3자의 종사자(즉, 도급, 용역, 위탁 등을 받은 수급인 등 제3자가 직접 고용한 근로자 또는 위탁계약을 체결한 노무제공자)에 대한 조항으로 해석하는 견해도 있다. 이 견해에 의하면, 제3자(수급인)의 종사자(제3자가 직접 고용한 근로자 또는 위탁계약을 체결한 노무제공자)에 대해서는 제5조가 적용됨을 전제로 개인사업주 또는 법인이 해당 업무와 관련한 장소, 시설, 장비 등에 대하여 실질적으로 지배·운영·관리하는 책임이 있는 경우에 안전보건 확

---

82 고용노동부, 앞의 해설서, p. 108.

보의무를 부담하게 된다.

고용노동부의 입장에 대하여는 제4조와 제5조를 구분하여 규정한 이유에 대한 합리적 설명이 어렵다거나 법 제5조에서는 보호대상을 '제3자의 종사자'라고 규정하고 있어 수급인은 여기에 포함될 수 없는데 수급인도 제5조의 보호대상에 포함된다고 하고 있어 명문의 규정에 반하는 해석이라는 지적이 있고, 후자의 견해에 대하여는 고용노동부 해석에서 생기는 문제는 설명이 가능하나 제4조의 보호대상으로 규정되어 있는 '종사자' 개념(중대재해처벌법 제2조 제7호)에서 수급인의 종사자를 제외하게 되어 역시 명문 규정에 반하고, 도급 등의 경우에 자신이 직접 노무를 제공하는 수급인인 개인사업주나 수급인에게 고용되어 노무를 제공하는 종사자를 특별한 이유 없이 달리 취급하게 되는 문제가 있다.

결국 제4조에서는 1차 수급인(제3자인 수급인)도 보호대상이 되는 데 반해, 제5조에서는 특별한 이유 없이 수급인이 보호대상에서 제외된 것인데, 이와 같은 문제는 '종사자'라는 새로운 개념을 도입하면서 그에 대한 충분한 검토 없이 입법이 이루어지며 발생한 것으로 보인다. 즉, '종사자'가 고용관계뿐만 아니라 도급, 용역, 위탁 등의 법률관계를 모두 아우르는 개념인데, 이를 고려하지 아니한 채 제4조의 보호대상으로 종사자를 규정하고는 도급, 용역, 위탁 등을 전제로 한 제5조를 별도로 규정하여 발생한 문제로 보이나, 법률이 개정되기까지는 최대한 명문의 규정에 반하지 않는 범위 내에서 합리적인 해석을 할 수밖에 없다.

생각건대, 기본적으로는 고용노동부의 견해와 같이 해석하면서도 제5조의 보호대상을 모든 종사자가 아니라 '제3자의 종사자'로 한정함으로써 명문 규정에 부합되도록 해석하는 것이 타당하다고 본다. 즉, 제4조는 "개인사업주나 법인 또는 기관이 도급 등을 준 경우에도 실질적으로 지배·운영·관리하는 사업 또는 사업장에서 도급 등이 이루어지는 경우에 수급인 및 수급인의 종사자 등 모든 종사자에 대한 안전 및 보건 확보의무를 부과한 것"이고, 제5조는 "개인사업주나 법인 또는 기관이 제3자에게 도급, 용역, 위탁 등을 하였을 때 사업 또는 사업장을 실질적으로 지배·운영·관리하고 있지 않더라도 해당 시설, 장비, 장소 등에 대하여 도급인 등이 실질적으로 지배·운영·관리하는 '책임'이 있는 경우 개인사업주와 경영책임자등에 대하여 수급인 등에게 노무를 제공하는 종사자에 대한 안전·보건 확보의무를 부과한 것"이라고 해석하는 것이다.

이러한 견해에 의하면, 도급, 용역, 위탁 등을 받아 직접 노무를 제공하는 수급인 등에 대하여는 도급 등을 준 개인사업주나 법인 또는 기관이 실질적으로 지배·운영·관리하는 사업 또는 사업장에서 도급 등이 이루어진 경우에는 제4조에 의하여 안전·보건 확보의무를 부담하나, 실질적으로 지배·운영·관리하는 사업 또는 사업장이 아닌 경우에는 그 개인 수급인이 운용하는 시설, 장비, 장소 등에 대하여 도급인 등이 실질적으로 지배·운영·관리하는 책임이 있더라도 제5조에 의한 책임은 부담하지 않게 된다. 다만, 수급인인 개인이 직접 노무를 제공하므로 제4조에 의한 책임을 부담하게 되는 경우가 많을 것으로 보인다.

4. 안전보건교육의 수강의무

제8조 (안전보건교육의 수강) ① 중대산업재해가 발생한 법인 또는 기관의 경영책임자등은 대통령령으로 정하는 바에 따라 안전보건교육을 이수하여야 한다.
② 제1항의 안전보건교육을 정당한 사유 없이 이행하지 아니한 경우에는 5천만원 이하의 과태료를 부과한다.
③ 제2항에 따른 과태료는 대통령령으로 정하는 바에 따라 고용노동부장관이 부과·징수한다.

가. 개관

중대산업재해가 발생하였다면 경영책임자등은 이로 인한 인명피해에 대한 경각심을 가지고 그 원인을 분석하여 재발방지대책을 세워야 한다. 그럼에도 불구하고 경영책임자등이 경각심을 갖지 못하고 이미 발생한 재해에 대해서도 대책수립을 간과하여 동일한 유형의 재해조차 예방하지 못하는 경우가 있을 수 있어 중대산업재해가 발생한 법인 또는 기관의 경영책임자등에 대해 안전보건교육을 이수하게 함으로써 중대산업재해 예방에 관한 인식을 개선하고, 안전보건관리체계 구축 및 발생한 중대산업재해에 대한 원인 분석과 대책수립 이행을 촉구하고자 하는 것이다.[83]

중대재해처벌법은 중대산업재해 발생시에는 경영책임자등의 안전보건교육 이

---

[83] 고용노동부, 앞의 해설서, p. 116.

수의무를 규정하고 있음에 반하여 중대시민재해가 발생한 경우에는 이러한 의무규정이 없다는 차이가 있다.

나. 교육 대상

중대산업재해가 발생한 법인 또는 기관의 경영책임자등이 안전보건교육 수강 대상이고, 개인사업주는 교육 의무이수 대상에 포함되지 않는다.

또한 경영책임자등이 법 제4조 및 제5조에 따른 의무를 위반하여 중대산업재해가 발생하였는지 여부는 고려하지 않고 중대산업재해 발생 사실만으로도 해당 법인 또는 기관의 경영책임자등은 안전보건교육을 이수해야 한다.

이에 대하여는 법 위반의 책임이 누구에게 있는지 조사나 수사도 하지 않고 판결도 확정되지 않은 상태에서 무조건 교육을 이수하도록 한 것은 경영자 지위에 있다는 사실만으로 결과책임을 묻는 것이며 국민의 기본권을 과도하게 제한하는 것으로서 매우 불합리하고, 안전보건조치 위반으로 법원에서 유죄 확정판결을 받은 경우에 수강명령을 내릴 수 있도록 하고 있는 산업안전보건법 규정과 비교해서도 지나치게 가혹하다면서 법원에서 유죄 확정판결을 받은 경우로 한정해야 한다는 비판이 있다.[84]

다. 교육 시간과 내용

경영책임자등이 이수해야 하는 안전보건교육은 총 20시간의 범위 내에서 고용노동부장관이 정하는 바에 따라 이수하여야 한다(시행령 제6조 제1항). 참고로 산업안전보건법상 수강명령(제174조)의 경우는 200시간의 범위 내에서 산업재해 예방에 필요한 수강명령 또는 산업안전보건프로그램의 이수명령을 병과할 수 있는 것과 차이가 있다. 아마도 안전보건 확보의무위반 여부를 불문하고, 또한 판결 등에 의하지 않고 이루어지는 교육이라는 점을 고려하여 20시간 이내로 규정한 것으로 보인다.

---

84 경총 등, 앞의 건의서, pp. 25~26.

안전보건교육의 내용에는 '안전보건관리체계의 구축 등 안전·보건에 관한 경영 방안', '중대산업재해의 원인분석과 재발방지 방안'이 포함되어야 한다(시행령 제6조 제2항).

라. 교육 시기와 방법

고용노동부장관은 안전보건교육을 실시하여야 하나, 한국산업안전보건공단법에 따른 한국산업안전보건공단이나 산업안전보건법 제33조에 따라 등록된 안전보건교육기관 등에 교육을 의뢰하여 실시할 수 있다(시행령 제6조 제3항).

고용노동부장관은 분기별로 중대산업재해가 발생한 법인 또는 기관을 대상으로 안전보건교육을 이수해야 할 교육대상자를 확정하여야 하고, 교육 실시일 30일 전까지 안전보건교육을 실시하는 안전보건교육기관, 교육일정, 그 밖에 안전보건교육의 실시에 필요한 사항을 해당 교육대상자에게 통보하여야 한다(시행령 제6조 제4항). 안전보건교육 대상자임을 통보받은 경영책임자등이 해당 교육일정에 참여할 수 없는 정당한 사유가 있는 경우에는 교육실시일 7일 전까지 고용노동부장관에게 1회에 한하여 연기를 요청할 수 있고, 고용노동부장관은 연기요청을 받은 날로부터 3일 이내에 연기 가능 여부를 통보하여야 한다(시행령 제6조 제5항, 제6항).

마. 교육비용 부담

안전보건교육에 드는 비용은 안전보건교육기관등에서 수강하는 교육대상자가 부담한다(시행령 제6조 제8항).

이에 대하여는 법률에 비용부담에 대하여 시행령에 위임하고 있지 않은데 시행령에서 교육비를 대상자에게 부담하도록 하는 것은 과도하고, 산업안전보건법 제174조에 따른 수강명령도 원칙적으로 국가가 부담함을 원칙으로 하고 있다는 이유로 국가가 부담하는 것으로 시행령을 개정하거나 시행령상 개인부담 규정을 삭제하여야 한다는 비판이 있다.[85]

---

85 경총 등, 앞의 건의서, p. 26.

바. 교육 미이수시 과태료 부과

경영책임자등이 정당한 사유 없이 안전보건교육을 이수하지 아니한 경우에는 5천만원 이하의 과태료 부과 대상이 되고, 과태료는 대통령령이 정하는 바에 따라 고용노동부장관이 부과·징수한다(시행령 제7조). 시행령 제7조는 과태료 부과기준을 아래 [별표 4]와 같이 규정하고 있다.

중대재해 처벌 등에 관한 법률 시행령 [별표 4]

과태료의 부과기준(제7조 관련)

1. 일반기준
   가. 위반행위의 횟수에 따른 과태료의 가중된 부과기준은 최근 1년간 같은 위반행위로 과태료 부과처분을 받은 경우에 적용한다. 이 경우 기간의 계산은 위반행위에 대해 과태료 부과처분을 받은 날과 그 처분 후 다시 같은 위반행위를 하여 적발된 날을 기준으로 한다.
   나. 가목에 따라 가중된 부과처분을 하는 경우 가중처분의 적용 차수는 그 위반행위 전 부과처분 차수(가목에 따른 기간 내에 과태료 부과처분이 둘 이상 있었던 경우에는 높은 차수를 말한다)의 다음 차수로 한다.
   다. 부과권자는 다음의 어느 하나에 해당하는 경우에는 제3호의 개별기준에 따른 과태료 (제2호에 따라 과태료 감경기준이 적용되는 사업 또는 사업장의 경우에는 같은 호에 따른 감경기준에 따라 산출한 금액을 말한다)의 2분의 1 범위에서 그 금액을 줄여 부과할 수 있다. 다만, 과태료를 체납하고 있는 위반행위자에 대해서는 그렇지 않다.
      1) 위반행위자가 자연재해·화재 등으로 재산에 현저한 손실을 입었거나 사업여건의 악화로 사업이 중대한 위기에 처하는 등의 사정이 있는 경우
      2) 위반행위가 사소한 부주의나 오류로 인한 것으로 인정되는 경우
      3) 위반행위자가 법 위반상태를 시정하거나 해소하기 위해 노력한 것이 인정되는 경우
      4) 그 밖에 위반행위의 정도, 위반행위의 동기와 그 결과 등을 고려하여 과태료 금액을 줄일 필요가 있다고 인정되는 경우
2. 사업·사업장의 규모나 공사 규모에 따른 과태료 감경기준
   상시근로자 수가 50명 미만인 사업 또는 사업장이거나 공사금액이 50억원 미만인 건설공사의 사업 또는 사업장인 경우에는 제3호의 개별기준에도 불구하고 그 과태료의 2분의 1 범위에서 감경할 수 있다.

---

3. 개별기준

위반행위	근거 법조문	과태료		
		1차 위반	2차 위반	3차 이상 위반
법 제8조 제1항을 위반하여 경영책임자등이 안전보건교육을 정당한 사유 없이 이행하지 않은 경우	법 제8조 제2항	1천만원	3천만원	5천만원

제4장

중대시민재해

1. 중대시민재해 일반

가. 개관

중대재해란 '중대산업재해'와 '중대시민재해'를 말하고, '중대시민재해'란 "특정 원료 또는 제조물, 공중이용시설 또는 공중교통수단의 설계, 제조, 설치, 관리상의 결함을 원인으로 하여 발생한 재해"로서 "사망자 1명 이상 발생, 동일한 사고로 2 개월 이상 치료가 필요한 부상자 10명 이상 발생, 동일한 원인으로 3개월 이상 치료가 필요한 질병자 10명 이상 발생 중 어느 하나에 해당하는 결과를 야기한 재해"를 의미한다(법 제2조 제1호, 제3호).

'사망자 1명 이상 발생'이라는 점에서는 중대산업재해와 동일하지만 상병(傷病)의 경우 중대산업재해는 "동일한 사고로 6개월 이상 치료가 필요한 부상자가 2명 이상 발생" 또는 "동일한 유해요인으로 급성중독 등 대통령령으로 정하는 직업성 질병자가 1년 이내에 3명 이상 발생"이라는 결과를 요구함에 반하여 중대시민재해는 "동일한 사고로 2개월 이상 치료가 필요한 부상자가 10명 이상 발생" 또는 "동일한 원인으로 3개월 이상 치료가 필요한 질병자가 10명 이상 발생"이라는 결과를 요구한다는 점에서는 차이가 있다.

중대산업재해(법 제2조 제2호)	중대시민재해(법 제2조 제3호)
산업재해(노무를 제공하는 자가 업무에 관계되는 건설물, 설비, 원재료, 가스, 증기, 분진 등에 의하거나 작업 또는 그 밖에 업무로 인하여 사망 또는 부상하거나 질병에 걸리는 것)중 다음 각 목의 어느 하나에 해당하는 결과를 야기한 재해를 말한다. 1) 사망자가 1명 이상 발생 2) 동일한 사고로 6개월 이상 치료가 필요한 부상자가 2명 이상 발생 3) 동일한 유해요인으로 급성중독 등 대통령령으로 정하는 직업성 질병자가 1년 이내에 3명 이상 발생	특정 원료 또는 제조물, 공중이용시설 또는 공중교통수단의 설계, 제조, 설치, 관리상의 결함을 원인으로 하여 발생한 재해로서 다음 각 목의 어느 하나에 해당하는 결과를 야기한 재해를 말한다. (다만, 중대산업재해에 해당하는 재해는 제외) 1) 사망자가 1명 이상 발생 2) 동일한 사고로 2개월 이상 치료가 필요한 부상자가 10명 이상 발생 3) 동일한 원인으로 3개월 이상 치료가 필요한 질병자가 10명 이상 발생

동일한 사고로 인해 중대산업재해와 중대시민재해가 동시에 발생할 수도 있는데, 법은 중대산업재해에 해당하는 재해는 중대시민재해에서 제외하고 있다(법 제2조 제3호 단서). 즉, 하나의 재해가 중대시민재해와 중대산업재해의 요건을 모두 갖춘 경우 중대시민재해와 관련된 규정의 적용은 배제되고 중대산업재해와 관련된 규정이 적용된다.

중대시민재해는 다시 특정 원료 또는 제조물(법 제2조 제6호)의 결함을 원인으로 하여 발생한 재해와 공중이용시설(법 제2조 제4호) 또는 공중교통수단(법 제2조 제5호)의 결함을 원인으로 하여 발생한 재해로 구분된다. 특정 원료 또는 제조물로 인한 재해로 가습기 살균제 사건, 공중이용시설에서의 재해로 삼풍백화점이나 성수대교 붕괴 사건, 공중교통수단에서의 재해로는 세월호 사건을 들 수 있으며, 이들은 중대재해처벌법 제정의 배경이 되었던 사건들이기도 하다[1]. 법은 그 목적이 '중대재해를 예방하고, 시민과 종사자의 생명과 신체를 보호함'에 있음을 선언하는 한편 입법 목적을 달성하기 위한 수단으로서 '사업 또는 사업장, 공중이용시설 및 공중교통수단을 운영하거나 인체에 해로운 원료나 제조물을 취급하면서 안전·보건조치의무를 위반하여 인명피해를 발생하게 한 사업주, 경영책임자, 공무원 및 법인

---

[1] 중대재해처벌법의 제정 이유에서도 아르곤 가스 질식 사망사고, 발전소 압사사고, 물류창고 건설현장 화재사고와 같은 산업재해로 인한 사망사고와 함께 가습기 살균제 사건 및 4·16 세월호 사건 등 시민재해로 인한 사망사고를 입법 배경 중 하나로 언급하고 있다.

의 처벌 등'을 선택하고 있다(법 제1조).

따라서 중대시민재해와 중대산업재해 사이에 입법 목적과 배경, 입법 목적 달성을 위한 수단이 일치하고 개별 규정들의 문언이 거의 동일하다는 점에서 법 제9조 내지 법 제11조의 중대시민재해에 관한 규정에 대한 해석은 앞서 살펴본 중대산업재해 해당 규정에서의 해석과 크게 다르지 않다. 중대시민재해와 중대산업재해 사이에 본질적인 차이가 있는 부분은 수정하여 달리 해석되어야 함은 물론이다.

나. 중대산업재해에서의 안전·보건 확보의무 규정과의 차이

중대재해처벌법은 제9조에서 중대시민재해 관련 안전·보건 확보의무를 개인사업주와 경영책임자등에게 부과하고 있다. 중대산업재해 관련 개인사업주 또는 경영책임자 등에게 안전·보건 확보의무를 부과하는 제4조와 대체적으로 동일하다. 제1호의 안전보건관리체계의 구축 및 그 이행에 관한 조치로부터 제4호의 안전·보건 관계 법령에 따른 의무이행에 필요한 관리상의 조치의무까지 총 네 가지의 조치의무를 부과하고 있다는 점 역시 동일하다.

다만 제4조는 "종사자의 안전·보건상 유해 또는 위험을 방지하기 위하여 그 사업 또는 사업장의 특성 및 규모 등을 고려하여 다음 각 호에 따른 조치를 하여야 한다"라고 규정하여 '그 사업 또는 사업장의 특성 및 규모 등을 고려'라는 문구를 두고 있으나 제9조에서는 단순히 "그 이용자 또는 그 밖의 사람의 생명, 신체의 안전을 위하여 다음 각 호에 따른 조치를 하여야 한다"라고 규정하고 있는 점에서 차이가 있다.

제1호의 조치의무에 대하여, 중대산업재해의 경우에는 '1. 재해예방에 필요한 인력 및 예산 등 안전보건관리체계의 구축 및 그 이행에 관한 조치'라고 규정한 반면 중대시민재해에 대해서는 '1. 재해예방에 필요한 인력·예산·점검 등 안전보건관리체계의 구축 및 그 이행에 관한 조치'라고 규정함으로써 재해예방에 필요한 '점검'이 안전보건관리체계의 내용 중 하나로 추가되어 있다.

그러나 중대산업재해에서도 안전보건관리체계의 구축 및 이행 조치를 구체화한 시행령 제4조에 '점검'을 한 후 필요한 조치를 취하는 것이 포함되어 있다는 점에서 이러한 문구상의 차이가 의미 있는 차이라고 보기는 어렵다.

중대시민재해에 있어서는 앞에서 본 법 제3조와 같은 '상시근로자가 5명 미만인 사업 또는 사업장의 사업주 또는 경영책임자등에 대한 적용배제' 규정이 존재하지 않아 상시근로자 수가 5명 미만인 사업 또는 사업장의 사업주 등에게도 중대시민재해 관련 규정이 적용된다. 다만 원료·제조물에 의한 중대시민재해의 경우는 시행령에서 소상공인에게는 일부 의무를 완화하고 있고, 공중이용시설에 의한 중대시민재해의 경우는 법 제2조 제4호 단서에서 소상공인에게는 적용을 배제하고 있다.

다. 중대시민재해상의 두 가지 유형과 유형별 안전·보건 확보의무

중대시민재해는 다시 특정 원료 또는 제조물 관련 중대시민재해와 공중이용시설·공중교통수단 관련 중대시민재해로 구분된다. 중대재해처벌법 제9조에서 항을 나누어 제1항에서 특정 원료·제조물 관련 안전·보건 확보의무를 규정하고 제2항에서 공중이용시설·공중교통수단 관련 안전·보건 확보의무를 규정하고 있다.

입법 과정에서도 중대산업재해의 경우보다 중대시민재해에 있어서 사업주 또는 경영책임자등에게 부과할 안전·보건 확보의무를 유형화하고 구체화하기 어렵다는 지적이 있었는데,[2] 법 시행령이 제정된 현재 관련 규정을 함께 보더라도 여전히 경영책임자등에게 부과된 의무 내용을 구체적으로 확정하기가 쉽지 않은 것이 사실이다.

중대재해처벌법은 중대시민재해에 있어서 안전 및 보건 확보와 관련된 네 가지 조치 의무 가운데 제1호 및 제4호 조치에 관한 구체적인 사항을 대통령령에 위임하였고(법 제9조 제4항), 시행령은 제3장 제8조부터 제11조까지 4개 조항에서 그 내용을 규정하고 있다.

한편, 법 제9조 제1항 제2호의 '재해 발생시 재발방지 대책의 수립 및 그 이행에 관한 조치' 의무와 제3호의 '중앙행정기관·지방자치단체가 관계 법령에 따라 개선, 시정 등을 명한 사항의 이행에 관한 조치' 의무에 대해서는 중대산업재해와 동일하게 시행령에 구체적인 사항을 위임하지 않고 법률 단계에서 직접 수범자인 개인사업주 또는 경영책임자등에게 의무를 부과하고 있다.

---

2 제383회 법제사법위원회(법안심사제1소위원회) 회의록 제4호, 국회사무처, 2021. 1. 5. pp. 26~27.

2. 특정 원료 또는 제조물 관련 중대시민재해

가. 도입 배경

특정 원료, 제조물의 설계, 제조, 관리상의 결함으로 발생한 재해가 중대시민재해의 영역에 포함되게 된 것은 2011년 발생한 가습기살균제 사고가 가져온 사회적 파장으로 인한 측면이 크다. 이와 유사한 사고로 구미 불산가스 누출사건, 거제 근이완제 주사로 인한 집단 쇼크 발생 사건 등을 들 수 있다.

중대재해처벌법은 이러한 유형의 재해를 예방하기 위하여 특정 원료 또는 제조물의 설계, 제조, 설치, 관리상의 결함을 원인으로 발생한 재해를 중대시민재해의 하나로 규정하고 있다.

나. 제조물책임법과의 관계

중대재해처벌법은 제조물의 결함으로 인해 중대시민재해가 발생한 경우 사업주 또는 경영책임자등에 대한 형사책임을 위주로 규정한 법으로, 제조물의 결함으로 인해 재산상의 손해를 입은 자에 대한 민사책임만을 규정한 제조물책임법과는 차이가 있다.[3]

제조물책임법과 중대재해처벌법 비교[4]

구분	제조물책임법	중대재해처벌법(중대시민재해)
책임의 범위	제조물 결함으로 인한 손해에 대한 민사책임(손해배상책임)	제조물 관련 안전·보건 확보의무 위반으로 인한 중대시민재해 발생한 경우 형사책임 + 민사책임(손해배상책임)
손해 범위	재산상 손해만 발생한 경우에도 적용	사람의 생명, 신체에 피해 발생한 경우에 적용

---

3 홍채은, "소비자관점에서 본 중대재해처벌법에서의 중대시민재해", 소비자정책동향 제116호, p. 10.

4 김지석, "중대재해처벌 등에 관한 법률의 주요쟁점사항들에 관한 고찰", 월간노동법률, 2021. 5. VOL. 360.

결함의 정의	제조상, 설계상, 표시상의 결함이 있거나 그 밖의 통상적으로 기대할 수 있는 안전성이 결여	결함에 대한 정의 규정 없음 설계, 제조상의 결함뿐만 아니라 '관리' 상의 결함 포함
결함의 추정	결함 추정 규정 있음(제3조의2)	결함 추정 규정 없음
책임의 주체	원칙적으로 제조업자, 가공업자, 수입업자	생산업자, 제조업자, 판매업자, 유통업자
책임의 요건	무과실책임적 성격(예외적 면책) 제3조 제1항	형사책임: 고의범 민사책임: 과실책임(고의/중과실)
징벌적 손해배상	3배 이하(고의성 필요) 제3조 제2항	5배 이하(고의/중과실) 제15조 제1항

　제조물책임법은 제조물의 제조, 설계, 표시상 결함으로 인해 생명, 신체, 재산에 손해가 있는 경우 손해를 배상하도록 하면서(제조물책임법 제3조 제1항), 제조업자가 제조물의 결함을 알면서도 그 결함에 대해 필요한 조치를 하지 않은 경우에는 발생한 손해의 3배 이내에서 징벌적 손해배상책임을 지우고 있다(제조물책임법 제3조 제2항). 제조업자를 알 수 없는 경우에는 제조물을 영리목적으로 판매·대여 등의 방법으로 공급한 자에게 배상책임을 지우고 있다(제조물책임법 제3조 제3항). 제조물책임법상의 배상책임을 부담하는 주체는 '제조업자'로서 "제조물의 제조·가공 또는 수입을 업으로 하는 자" 혹은 "제조물에 성명·상호·상표 또는 그 밖에 식별 가능한 기호 등을 사용하여 자신을 전자(前者)의 자로 표시한 자 또는 전자로 오인하게 할 수 있는 표시를 한 자"로 정의되고 있다(제조물책임법 제2조 제3호).

　이에 반하여 중대재해처벌법은 중대시민재해의 경우 원료나 제조물의 설계, 제조, 관리상의 결함으로 인한 생명, 신체, 안전에 대한 보호의무를 부과하고 이를 위반하는 경우 형사처벌을 규정하고 있다(법 제10조, 제11조). 법은 더 나아가 형사책임과 별개로 민사적 손해배상책임까지 지우고 있다(법 제15조). 즉, "사업주 또는 경영책임자등이 고의 또는 중대한 과실로 이 법에서 정한 의무를 위반하여 중대재해를 발생하게 한 경우 해당 사업주, 법인 또는 기관이 중대재해로 손해를 입은 사람에 대하여 그 손해액의 5배를 넘지 아니하는 범위에서 배상책임을 진다"고 규정하고 있다. 손해액의 전보배상에 그치지 않고 손해액의 5배까지 배상이 가능하도록 징벌적 손해배상제를 채택함으로써 민사적으로도 엄중한 책임을 부담하도록 규정하고 있다.

하나의 제조물 결함으로 인해 발생한 재해가 제조물책임법과 중대재해처벌법에서 규정하는 손해배상요건을 모두 충족하는 경우에는 양 법의 요건과 효과가 서로 다르므로 이른바 청구권 경합 관계에 있게 된다. 따라서 손해배상청구권자는 두 법에서 규정하고 있는 손해배상청구권 중 하나를 선택하여 행사할 수 있다.[5] 청구권의 중첩적 행사는 허용되지 않지만, 중대재해처벌법상 책임 주체인 '사업주 또는 경영책임자등'과 제조물책임법상의 '제조자'가 반드시 일치하는 것은 아니므로 이런 경우라면 배상책임자별로 각각 양법이 독자적으로 적용될 여지도 없지 않다. 가령 제조물책임법은 제조업자가 책임의 주체이고, 판매업자는 보충적 책임을 가질 뿐이지만, 중대재해처벌법에서는 제조업자뿐만 아니라 유통 및 판매업체도 책임의 주체가 될 수 있다.[6]

다. 주요 개념

1) 특정 원료

법은 중대시민재해를 '특정 원료 또는 제조물의 결함을 원인으로 하여 발생한 재해'라고 규정(법 제2조 제3호)하면서, '제조물'에 대해서는 "제조되거나 가공된 동산"이라는 규정(법 제2조 제6호)을 두고 있는 반면 '특정 원료'에 대해서는 명시적인 규정이 없다

사전적으로 원료(原料)는 '어떤 물건을 만드는 데 들어가는 재료'의 의미로 '제조'를 전제로 하는 단어라고 할 수 있지만, '원료'의 개념에 원료에서 발산하는 가

5 대법원 1993. 4. 27. 선고 92다56087 판결.
6 중대재해처벌법이 제정되기 전에 업무상과실치사상죄 등이 인정되었던 가습기살균제 사건의 경우에도 주문자 상표 부착 생산 방식으로 생산, 판매된 제품에 대하여 판매회사와 납품업체 모두에 대하여 주의의무 위반이 인정되었다. 서울중앙지방법원 2017. 1. 6. 선고 2016고합527, 575(병합), 683(분리)(병합), 1076-1(분리)(병합) 판결, 서울고등법원 2017. 7. 26. 선고 2017노242 판결, 대법원 2018. 1. 25. 선고 2017도12537 판결.

스, 증기, 분진은 원료에 포함되는 것인지, 부산물은 원료에 포함되는 것인지 등 명확하지 않고,[7] 법에 '특정' 원료라고 규정되어 있는 것에 비추어 원료의 범위를 특정하는 추가적 규정이 필요해 보이지만 이를 규정하거나 시행령에 위임하는 규정이 없다.

다만, 법 제1조(목적)에서 "인체에 해로운 원료나 제조물을 취급하면서 안전·보건 조치의무를 위반한 경우"를 상정하고 있다는 점, 법률 제정 이유에서 "위험한 원료 및 제조물을 취급하면서"라고 표현하고 있는 점에 비추어 '특정 원료'의 의미를 좀 더 한정하여 '인체에 해롭거나 위험한 원료'라고 해석해 볼 수는 있지만, 본래 인체에 해롭거나 위험하지 않은 원료라고 하더라도 결과적으로 중대시민재해를 발생시킬 수 있는 정도의 인체 유해성이나 위험성이 발생할 가능성이 있다면, 여기서의 '특정 원료'에 해당할 수 있다.

이와 관련하여, 환경부에서는 법이 원료 및 제조물의 범위를 제한하거나 하위법령에 위임하지 않으므로 기본적으로 인체에 해로운 원료·제조물이 포함되고, 유해성을 기본적 속성으로 하지 않는 경우에도 생산·제조·판매·유통단계에서 설계, 제조, 관리상 결함이 있다면 법 적용대상이 되므로 중대시민재해를 예방하기 위하여 안전·보건 확보의무를 이행해야 된다고 보고 있는데,[8] 설계, 제조, 관리상 결함이 있다면 인체 유해성이나 위험성이 발생할 가능성이 있으므로 같은 취지라고 할 것이다.

한편, 중대재해처벌법 시행령 제8조 제3호 [별표 5]에서 '제8조 제3호에 따른 조치 대상 원료 또는 제조물'을 규정하고 있는 것을 근거로 '시행령 [별표 5]에서 열거하고 있는 원료 또는 제조물'이 법 적용 대상으로서의 '특정 원료 또는 제조물'이라는 견해가 있을 수 있다.

그러나, 법에는 '특정 원료'의 개념을 정의하는 조항이 없고 제조물에 대해서는 '제조되거나 가공된 동산'이라고 폭넓게 정의하고 있을 뿐이며 이를 하위법령에 위임하는 조항도 없는 점, 시행령 [별표 5]는 시행령 제8조 제3호의 주기적 점검 등

---

[7] 정진우, 앞의 토론회 발표자료, p. 19.
[8] 환경부, 중대재해처벌법 해설, p. 50 (환경부는 자동차, 먹는 샘물 등 그 속성에 인체유해성이 포함되어 있지 않지만, 이들을 설계, 제조, 관리함에 있어 사업주 또는 경영책임자등이 안전보건 확보의무를 준수하지 않아 결함이 발생한다면 중대시민재해로 이어질 수 있으므로 법 적용대상인 원료·제조물에 해당한다고 보고 있다).

의 조치 의무의 대상으로 규정되어 있을 뿐 같은 조 제1호의 인력 구비·편성이나 제2호의 예산 편성 의무의 대상으로 규정되어 있지도 않은 점[9] 등을 종합해 볼 때 시행령 [별표 5]에 열거된 원료 또는 제조물은 원료·제조물 가운데 시행령 제8조 제3호의 조치 대상으로 열거한 것에 불과하고, 법 적용 대상으로서의 원료·제조물을 특정하여 여기에 한정하고 있다고 볼 수는 없다고 할 것이다.

법 적용 대상으로서의 원료 또는 제조물은 모든 원료 또는 제조물이다. 따라서 시행령 [별표 5]에 열거되지 않은 승강기, 자동차 등도 원료 또는 제조물에 해당하며 본 법에 따라 개인사업주 또는 경영책임자등은 중대시민재해 예방을 위한 조치를 취해야 한다.[10] 다만 법 제1조의 목적 조항과 제정 이유를 고려하여 원료·제조물이 이용자 또는 그 밖의 사람의 인체에 해롭거나 위험한 것인지, 결과적으로 중대시민재해를 발생시킬 수 있는 정도의 인체유해성이나 위험성이 발생할 가능성이 있는 것인지 등을 종합하여 원료·제조물에 해당되는지를 개별적·구체적으로 결정해야 할 것이다.

2) 제조물

> 제2조 (정의) 이 법에서 사용하는 용어의 뜻은 다음과 같다.
> 6. "제조물"이란 제조되거나 가공된 동산(다른 동산이나 부동산의 일부를 구성하는 경우를 포함한다)을 말한다.

'제조물(製造物)'이란 제조되거나 가공된 동산을 말하고 다른 동산이나 부동산의 일부를 구성하는 경우를 포함한다(법 제2조 제6호).

제조물에 관한 위 규정은 제조물의 결함으로 발생한 손해에 대해 제조업자 등의 손해배상책임을 규정함으로써 피해자 보호와 국민생활의 안전 향상 등을 목적으로 제정된 제조물책임법상 '제조물'의 정의와 동일하다.[11] 따라서 제조물과 관련된 본 법의 규정들을 해석함에 있어서는 관련 법령인 제조물책임법의 규정이나 해

---

9 시행령 별표 5의 제목 또한 "(시행령) 제8조 제3호에 따른 조치 대상 원료 또는 제조물"이라고 명시되어 있다.
10 환경부, 앞의 해설서, p. 17.
11 제조물책임법 제2조(정의).

석 예를 참고하여 체계적·논리적 해석 방법에 따라 해석할 수 있을 것이다.[12]

이 법의 적용 대상인 '제조물'은 원재료에 설계·가공 등의 행위를 가한 새로운 물품 즉, 제조 또는 가공된 동산으로서 상업적 유통에 제공되는 것을 말하고, 여기에는 여러 단계의 상업적 유통을 거쳐 불특정 다수 소비자에게 공급되는 것뿐만 아니라 특정 소비자와의 공급계약에 따라 그 소비자에게 직접 납품되어 사용되는 것도 포함된다.[13]

'제조되거나 가공된 동산'에서의 '동산'은 부동산, 즉 토지와 그 정착물 이외의 물건을 말한다(민법 제99조 제2항). '제조'란 제조물의 설계, 가공, 검사, 표시를 포함한 일련의 행위로서 일반적으로는 "원재료에 손을 더하여 새로운 물품을 만드는 것"을 의미하고, '가공'은 "동산을 재료로 하여 이것에 공작을 더하여 그 본질은 유지되면서 새로운 속성을 부가하거나 가치를 덧붙이는 것"을 의미한다.[14]

제조물책임법에서는 다른 동산이나 부동산의 일부를 구성하는 경우를 제조물에 포함시킨다는 규정에 따라 자동차에 내장된 제어용 소프트웨어나, 건물에 설치된 승강기도 제조물에 해당한다고 해석하고 있다. 중대재해처벌법에서도 동일한 조항을 두고 있으므로 가령 의료기기가 의료용 차량에 부착되어 사용되거나 건물에 고정되어 부동산의 일부를 구성한다고 하더라도 중대재해처벌법상의 제조물에 해당하여 법의 적용을 받게 된다.

3) 결함

중대시민재해에 해당하기 위해서는 특정 원료나 제조물, 공중이용시설, 공중교통수단의 설계, 제조, 설치, 관리상의 결함을 원인으로 하여 발생한 재해에 해당해야 한다(법 제2조 제3호). '결함' 요건이 기존 법률안에는 없었으나 중대시민재해에 아무런 제한 요건을 두지 않을 경우 그 인정 범위를 무한정 확대시킬 우려가 있어 적절치 않다는 법원행정처의 의견이 법제사법위원장의 대안에 반영되어 제출되었다.[15]

---

[12] 대법원 2009. 4. 23. 선고 2006다81035 판결은 "법의 해석 과정에서 가능한 한 법률에 사용된 문언의 통상적인 의미에 충실하게 해석하는 것을 원칙으로 하고, 나아가 법률의 입법 취지와 목적, 그 제·개정 연혁, 법질서 전체와의 조화, 다른 법령과의 관계 등을 고려하는 체계적·논리적 해석 방법을 추가적으로 동원함으로써, 타당한 해석이 되도록 하여야 한다"고 판시한 바 있다.
[13] 대법원 2013. 7. 12. 선고 2006다17539 판결.
[14] 최병록, 「개정 제조물책임법」(2018), p. 21.
[15] 제383회 법제사법위원회(법안심사제1소위원회) 회의록 제2호, 국회사무처, 2020. 12. 29. pp. 13 ~14.

중대재해처벌법은 중대시민재해와 관련하여 '공중이용시설'이나 '공중교통수단'에 대해서는 관련 법상의 정의 규정을 원용하는 태도를 보이면서도 '제조물'이나 '결함'의 개념에 대해서는 관련법을 원용하지 않고 특히 '결함'에 대해서는 아예 별도의 정의 조항조차 두고 있지 않다. 그러나 중대재해처벌법상의 제조상, 설계상의 결함을 판단함에 있어서는 형사책임까지 부과된다는 점에 비추어 '결함'의 의미를 사전적 의미 외에도 타 법령에서의 정의 등을 참고하여 명확하고 구체적으로 한정 해석할 필요가 있다.

국립국어원 표준국어대사전에서는 '결함'의 정의를 '부족하거나 완전하지 못하여 흠이 되는 부분'이라고 정의하고 있지만 그 사전적 의미만으로는 중대재해처벌법상 '결함'의 의미를 밝히기에 부족하고, 관계 법령에서의 '결함'에 대한 정의 규정을 통해 그 의미를 해석해 볼 수 있다.

즉, 제조물책임법은 '결함'의 정의를 "제조물에 제조상·설계상 또는 표시상의 결함이 있거나 그 밖에 통상적으로 기대할 수 있는 안전성이 결여되어 있는 것"으로 규정하면서(제조물책임법 제2조 제2호), 제조상의 결함, 설계상의 결함, 표시상의 결함에 대한 정의를 구체적으로 규정하고 있다.[16]

한편 중대재해처벌법은 결함의 유형을 설계상 결함, 제조상 결함, 표시상 결함의 3가지로 나누는 제조물책임법과는 달리 '설계, 제조, 관리상의 결함'으로 규정함으로써(법 제9조 제1항), '표시상 결함'을 제외하는 반면 '관리상의 결함'을 결함의 유형에 추가하고 있다. 또한 공중이용시설과 공중교통수단의 경우 '설치상의 결함'을 규정하고 있다.

---

16 제조물책임법 제2조(정의)
  2. "결함"이란 해당 제조물에 다음 각 목의 어느 하나에 해당하는 제조상·설계상 또는 표시상의 결함이 있거나 그 밖에 통상적으로 기대할 수 있는 안전성이 결여되어 있는 것을 말한다.
    가. "제조상의 결함"이란 제조업자가 제조물에 대하여 제조상·가공상의 주의의무를 이행하였는지에 관계없이 제조물이 원래 의도한 설계와 다르게 제조·가공됨으로써 안전하지 못하게 된 경우를 말한다.
    나. "설계상의 결함"이란 제조업자가 합리적인 대체설계(代替設計)를 채용하였더라면 피해나 위험을 줄이거나 피할 수 있었음에도 대체설계를 채용하지 아니하여 해당 제조물이 안전하지 못하게 된 경우를 말한다.
    다. "표시상의 결함"이란 제조업자가 합리적인 설명·지시·경고 또는 그 밖의 표시를 하였더라면 해당 제조물에 의하여 발생할 수 있는 피해나 위험을 줄이거나 피할 수 있었음에도 이를 하지 아니한 경우를 말한다.

먼저 원료, 제조물의 설계상의 결함에 대하여는 제조물책임법의 정의 규정과 관련한 판례를 참고할 수 있을 것으로 보인다. 제조물책임법은 설계상의 결함에 대하여 '제조업자가 합리적인 대체설계를 채용하지 아니하여 해당 제조물이 안전하지 못하게 된 경우'로 규정하고 있다. 그리고 대법원은 이와 관련하여 "급발진사고가 운전자의 액셀러레이터 페달 오조작으로 발생하였다고 할지라도 만약 제조자가 합리적인 대체설계를 채용하였더라면 급발진 사고를 방지하거나 그 위험성을 감소시킬 수 있었음에도 대체설계를 채용하지 아니하여 제조물이 안전하지 않게 된 경우 그 제조물의 설계상의 결함을 인정할 수 있지만, 그러한 결함의 인정 여부는 제품의 특성 및 용도, 제조물에 대한 사용자의 기대의 내용, 예상되는 위험의 내용, 위험에 대한 사용자의 인식, 사용자에 의한 위험회피의 가능성, 대체설계의 가능성 및 경제적 비용, 채택된 설계와 대체설계의 상대적 장단점 등의 여러 사정을 종합적으로 고려하여 사회통념에 비추어 판단하여야 한다"고 판시하고 있다.[17]

설계상의 결함과 관련해서는 제조물책임법에서 '제조업자가 해당 제조물을 공급한 당시의 과학기술 수준으로는 결함의 존재를 발견할 수 없었다는 사실'을 면책사유로 규정하고 있는 것처럼 '개발위험의 항변'이 문제될 수 있다. 여기에서 과학기술 수준을 어떻게 해석할 것인지가 문제될 수 있는데, 제조물책임법상 개발위험의 항변은 입수가능한 최고의 과학기술의 수준을 판단 기준으로 하여야 한다는 견해가 있다.[18]

또한 공중이용시설의 설계상의 결함은 건축 관련 법령이 일응 기준이 될 수 있다. 건축물에 설계상 결함이 있다는 것은 해당 건축물의 안전성에 문제가 있다는 의미로, 건축법과 관계 법령, 국토부장관 고시 내용 등에서 요구하는 기준에 맞게 설계가 이루어지지 않은 경우 설계상 결함이 인정될 수 있다. 삼풍백화점 붕괴 사건의 경우 공중이용시설의 설계상 결함에 해당하는 사례로 볼 수 있다.[19]

제조상의 결함은 제조업자가 제조물에 대하여 제조상·가공상의 주의의무를 이행하였는지에 관계없이 제조물이 원래 의도한 설계와 다르게 제조·가공됨으로써 안전하지 못하게 된 경우를 말한다. 텔레비전의 제조업자는 그 내구연한이 다소 경

---

17 대법원 2004. 3. 12. 선고 2003다16771 판결.
18 東京地判平成14年12月13日判タ1109号285頁、判時1805号14頁.
19 대법원 1996. 8. 23. 선고 96도1231 판결.

과된 이후에도 제품의 위험한 성상에 의하여 소비자가 손해를 입지 않도록 그 설계 및 제조 과정에서 안전성을 확보해야 할 고도의 주의의무를 부담하기 때문에 내구 연한으로부터 1년 정도 초과된 제품이라 하더라도 정상적인 이용 상황하에서 폭발 하였다면 제조상 결함을 인정할 수 있다.[20]

설치상의 결함은 공중이용시설이나 공중교통수단과 관련하여 문제될 수 있다. 공중이용시설의 설치상의 결함은 설계상의 결함과 마찬가지로 기본적으로는 건축 관련 법령을 준수했는지 여부가 기준이 될 것이다. 또한 시공자는 건축주와의 계약 등에 따른 계약대로 성실하게 공사를 수행하여야 하고 설계에서 요구되는 자재를 사용하여 시공을 해야 한다. 건축 관련 법령을 위반하였거나 설계도면에서 요구하 는 지시에 반하여 시공이 된 경우[21] 설치상의 결함이 인정된다고 할 것이다.

그런데 '관리상의 결함'에 대하여는 제조물책임법상 규정되어 있지 않고 중대 재해처벌법상에도 특별한 정의 규정이 없다. 이에 대하여는 민법상 공작물 책임에 대한 해석론을 참고해 볼 수 있다. 대법원은 "민법 제758조 제1항은 '공작물의 설 치 또는 보존상의 하자로 인하여 타인에게 손해를 가한 때에는 공작물점유자가 손 해를 배상할 책임이 있다'라고 규정하고 있다. 위 규정의 입법취지는 공작물의 관 리자는 위험의 방지에 필요한 주의를 다하여야 하고, 만일에 위험이 현실화하여 손 해가 발생한 경우에는 그들에게 배상책임을 부담시키는 것이 공평하다는 데 있다. 따라서 '공작물의 설치·보존상의 하자'란 공작물이 그 용도에 따라 통상 갖추어야 할 안전성을 갖추지 못한 상태에 있음을 말하고, 위와 같은 안전성의 구비 여부를 판단할 때에는 공작물을 설치·보존하는 자가 그 공작물의 위험성에 비례하여 사회 통념상 일반적으로 요구되는 정도로 위험방지조치를 다하였는지 여부를 기준으로 판단하여야 한다"라고 판시하고,[22] "국가배상법상 영조물의 설치 또는 관리의 하자 라 함은 영조물이 그 용도에 따라 통상 갖추어야 할 안전성을 갖추지 못한 상태에 있음을 말하는 것으로서 위와 같은 안전성의 구비 여부를 판단함에 있어서는 당해 영조물의 용도, 그 설치장소의 현황 및 이용 상황 등 제반 사정을 종합적으로 고려 하여 설치·관리자가 그 영조물의 위험성에 비례하여 사회통념상 일반적으로 요구

---

20 대법원 2000. 2. 25. 선고 98다14934 판결.
21 대구지방법원 경주지원 2014. 9. 5. 선고 2014고합23 판결, 대구고등법원 2015. 4. 2. 선고 2014 노517 판결, 대법원 2015. 7. 9 선고 2015도5512 판결(경주 마리나리조트 붕괴 사건).
22 대법원 2019. 11. 28. 선고 2017다14895 판결.

되는 정도의 방호조치의무를 다하였는지 여부를 그 기준으로 삼아야 할 것"이라고 판시하고 있다.[23]

이처럼 관리상의 결함은 구체적인 사안에 따라 평가될 수밖에 없는 요건으로, 해당 시설이나 원료·제조물 등이 본래의 기능에 맞게 관리기준을 준수하며 취급하도록 요구되고 이를 지키지 아니하여 관계법령에 따른 요건이 준수되지 않을 경우 결함이 있다고 보게 될 것이다.

특히 관리상의 결함과 관련, 경영책임자등이 아닌 관리자 내지 사용자가 따로 있는 경우에는 누구의 잘못으로 발생한 재해인지 여부를 둘러싸고 다툼이 예상되고, '관리'가 해당 원료·제조물 자체에 대한 관리만을 의미하는 것인지, 아니면 해당 물건을 관리하는 사람에 대한 관리까지 포함하는지도 불분명하기 때문에 형벌법규의 명확성 측면에서 문제가 있어 보인다.[24]

라. 안전 및 보건 확보 의무

제9조 (사업주와 경영책임자등의 안전 및 보건 확보의무) ① 사업주 또는 경영책임자등은 사업주나 법인 또는 기관이 실질적으로 지배·운영·관리하는 사업 또는 사업장에서 생산·제조·판매·유통 중인 원료나 제조물의 설계, 제조, 관리상의 결함으로 인한 그 이용자 또는 그 밖의 사람의 생명, 신체의 안전을 위하여 다음 각 호에 따른 조치를 하여야 한다.
1. 재해예방에 필요한 인력·예산·점검 등 안전보건관리체계의 구축 및 그 이행에 관한 조치
2. 재해 발생 시 재발방지 대책의 수립 및 그 이행에 관한 조치
3. 중앙행정기관·지방자치단체가 관계 법령에 따라 개선, 시정 등을 명한 사항의 이행에 관한 조치
4. 안전·보건 관계 법령에 따른 의무이행에 필요한 관리상의 조치
④ 제1항 제1호·제4호 및 제2항 제1호·제4호의 조치에 관한 구체적인 사항은 대통령령으로 정한다.

---

23 대법원 2007. 9. 21. 선고 2005다65678 판결.
24 송인택 외 4, 앞의 책, p. 95.

1) 개관

개인사업주 또는 경영책임자등은 사업주나 법인 또는 기관이 실질적으로 지배·운영·관리하는 사업 또는 사업장에서 생산·제조·판매·유통 중인 원료나 제조물의 설계, 제조, 관리상의 결함으로 인한 그 이용자 또는 그 밖의 사람의 생명, 신체의 안전을 위한 조치를 하여야 한다.

여기서 '실질적으로 지배·운영·관리하는 사업 또는 사업장'의 의미에 대하여, 환경부는 유사한 개념이 사용된 법령이나 판례를 토대로 유추하여 해석을 이끌어내는 방법으로 설명을 하고 있다. 즉, 산업안전보건법에서 '도급인의 사업장'에 "도급인이 제공하거나 지정한 경우로서 도급인이 지배·관리하는 붕괴 우려가 있는 장소 등 대통령령이 정하는 위험 장소"를 포함시키고 있는 점, 고용노동부의 「도급시 산업재해예방 운영지침」에서 '지배, 관리하는 장소'의 의미를 "도급인이 해당 장소의 유해·위험요인을 인지하고 이를 관리·개선하는 등 통제할 수 있는 장소"라고 설명하고 있는 점,[25] 대법원이 구 산업안전보건법상 사업주(도급인)의 의무에 대하여 '사업의 전체적인 진행과정을 총괄하고 조율할 능력이 있는 사업주에게 그가 관리하는 작업장에서 발생할 수 있는 산업재해를 예방하기 위한 조치를 하여야 할 의무가 있다'고 판시한 점[26] 등을 종합해 볼 때 "실질적으로 지배·운영·관리하는 자는 사업주 또는 경영책임자등이 해당 사업장에서 이루어지는 사업의 전체적인 진행과정을 총괄하고 조율하여 작업환경 및 유해·위험요인 등을 관리, 통제할 수 있는지를 기준으로 판단할 수 있다"고 해석하고 있다.[27]

이와 같이 해석할 때 사업주나 법인 또는 기관이 ① 사업 또는 사업장의 소유권·점유권·임차권 등 장소·시설·설비에 대한 권리를 가지고 있는 경우, ② 사업 또는 사업장의 생산·제조·판매·유통 중인 원료나 제조물로 인한 유해·위험요인을 통제할 수 있는 경우, ③ 보수·보강을 실시하여 안전하게 관리해야 하는 의무

---

[25] 고용노동부, 「도급시 산업재해예방 운영지침」(2020), p. 28. 한편, 고용노동부는 중대산업재해 관련 규정인 중대재해처벌법 제4조의 '실질적으로 지배·운영·관리하는 사업 또는 사업장'의 의미에 대하여 "하나의 사업 목적 하에 해당 사업 또는 사업장의 조직, 인력, 예산 등에 대한 결정을 총괄하여 행사하는 경우를 의미한다"고 설명하고 있다(고용노동부, 앞의 해설서, p. 41).

[26] 대법원 2010. 6. 24. 선고 2010도2615 판결, 대법원 2016. 3. 24. 선고 2015도8621 판결 등.

[27] 환경부, 앞의 해설서, pp. 54~55.

가 있는 경우 등은 사업 또는 사업장을 실질적으로 지배·운영·관리한다고 볼 수 있을 것이다.[28] 개인사업주 또는 경영책임자등은 이러한 사업 또는 사업장에서 생산·제조·판매·유통 중인 원료나 제조물을 적용 대상으로 그 결함으로 인해 중대재해가 발생하지 않도록 해야 할 안전보건 확보의무를 부담하고, 이를 위반하여 중대시민재해라는 결과가 발생한 경우 처벌의 대상이 된다.

결함의 대상은 생산·제조·판매·유통 중인 원료나 제조물이다.[29] 이러한 단계에서의 원료나 제조물을 취급하는 개인사업주나 경영책임자등은 안전보건관리체계의 구축 등 안전보건 확보의무 이행을 위한 조치를 해야 한다(법 제9조 제1항).

생산, 제조뿐만 아니라 판매, 유통 과정에 있는 원료나 제조물까지 대상으로 하므로 거의 모든 영업 과정에 있는 원료나 제조물이 포함된다고 볼 수 있다. 다만, 유통 이후는 대상에 포함되지 않기 때문에 이용자나 그 밖의 사람이 구입하여 사용하는 단계에서 이용자등의 관리 부주의로 중대시민재해의 결과가 발생하는 경우에는 적용 대상이 될 수 없다. 가령 의료기기를 구입하여 사용하는 병원이 의료기기 관리에 부주의하여 중대시민재해의 결과가 발생하였더라도 법에 따른 처벌의 대상이 되지 않는다.[30]

또한 생산·제조·판매·유통 과정에 있는 원료나 제조물의 결함을 원인으로 하여 발생한 재해여야 하므로 「재난 및 안전관리 기본법」상 태풍, 홍수, 호우 등 자연현상으로 인하여 발생하는 재난, 즉 자연재난의 경우는 법 적용의 대상이 될 수 없다(재난 및 안전관리 기본법 제3조 제1호 가목).[31]

중대시민재해와 관련하여 개인사업주 또는 경영책임자등이 부담하는 안전보건 확보의무는 법률 문언상으로는 중대산업재해와 크게 다르지 않고 시행령을 통해 구체화되는 과정에 차이를 보이는데, 중대산업재해 관련 시행령의 경우 기존에도 산업안전보건법령에서 정한 내용들과 겹치는 부분이 있으나 중대시민재해

---

28 환경부, 앞의 해설서, p. 7.
29 시행령도 "안전·보건 관계 법령"을 "해당 사업 또는 사업장에서 생산·제조·판매·유통 중인 원료나 제조물에 적용되는 것"으로 규정하고 있다(시행령 제9조).
30 환경부, 앞의 해설서, p. 51.
31 재난 및 안전관리 기본법은 재난의 유형을 자연재난과 사회재난으로 양분하고 있다(동법 제2조 제1호). 화재·붕괴·폭발·교통사고(항공사고 및 해상사고 포함)·화생방사고·환경오염사고 등이 사회재난에 해당하며 개념의 차이가 있기는 하지만 중대재해를 사고 유형별로 분류하는 데 참고가 될 만하다.

관련 시행령의 경우 생소한 부분이 많이 있으므로 관련 내용을 정확히 숙지할 필요가 있다.

개인사업주 또는 경영책임자등이 실질적으로 지배·운영·관리하는 사업 또는 사업장에서 생산·제조·판매·유통 중인 원료나 제조물의 설계, 제조, 관리상의 결함으로 인한 그 이용자 또는 그 밖에 사람의 생명, 신체의 안전을 위하여 준수하여야 할 안전보건 확보의무를 시행령 규정까지 포함하여 정리해보면 다음과 같다.

원료·제조물 관련 안전·보건 확보의무

① 안전보건관리체계 구축 및 이행 조치(법 제9조 제1항 제1호)
  〈시행령 제8조〉
  - 인력(제1호)
  - 예산(제2호)
  - 유해·위험요인 점검 등 예방조치(제3호)
  - 업무처리절차(제4호)
  - 점검·조치(제5호)
② 재해발생시 재발방지 조치(법 제9조 제1항 제2호)
③ 개선·시정명령 이행 조치(법 제9조 제1항 제3호)
④ 안전·보건 관계법령에 따른 의무이행에 필요한 관리상의 조치(제9조 제1항 제4호)

사업주 또는 경영책임자등(소상공인기본법 제2조에 따른 소상공인은 제외)은 위 시행령 제8조, 제9조의 규정에 따른 조치 등의 이행에 관한 사항을 서면(전자문서 포함)으로 작성하여 그 조치 등을 이행한 날로부터 5년간 보관하여야 한다(시행령 제13조).

2) 안전보건관리체계 구축 및 이행에 관한 조치(법 제9조 제1항 제1호)

제9조 (사업주와 경영책임자등의 안전 및 보건 확보의무) ① 사업주 또는 경영책임자등은 사업주나 법인 또는 기관이 실질적으로 지배·운영·관리하는 사업 또는 사업장에서 생산·제조·판매·유통 중인 원료나 제조물의 설계, 제조, 관리상의 결함으로 인한 그 이용자 또는 그 밖의 사람의 생명, 신체의 안전을 위하여 다음 각 호에 따른 조치를 하여야 한다.

> 1. 재해예방에 필요한 인력·예산·점검 등 안전보건관리체계의 구축 및 그 이행에 관한 조치

개인사업주 또는 경영책임자등은 안전 및 보건 확보의무의 일환으로서 재해예방에 필요한 인력·예산·점검 등 안전보건관리체계의 구축 및 그 이행에 관한 조치를 하여야 한다(법 제9조 제1항 제1호).[32]

개인사업주 또는 경영책임자등은 사업과 관련된 안전 및 보건 확보의무를 이행해야 하며 관련 법령에 규정이 없더라도 사업자의 판단에 따라 취급하는 원료, 제조물로 인한 유해, 위험요인을 감소할 수 있는 안전보건관리체계를 구축해야 한다.[33]

개인사업주 또는 경영책임자등이 원료나 제조물의 결함으로 인한 그 이용자 또는 그 밖의 사람의 생명, 신체의 안전을 위해 구축해야 할 안전보건관리체계의 구체적 내용은 시행령 제8조에서 아래 5가지를 규정하고 있다.

시행령 제8조 (원료·제조물 관련 안전보건관리체계의 구축 및 이행 조치) 법 제9조 제1항 제1호에 따른 조치의 구체적인 사항은 다음 각 호와 같다.
1. 다음 각 목의 사항을 이행하는 데 필요한 인력을 갖추어 중대시민재해 예방을 위한 업무를 수행하도록 할 것
   가. 법 제9조 제1항 제4호의 안전·보건 관계 법령에 따른 안전·보건 관리 업무의 수행
   나. 유해·위험요인의 점검과 위험징후 발생 시 대응
   다. 그 밖에 원료·제조물 관련 안전·보건 관리를 위해 환경부장관이 정하여 고시하는 사항
2. 다음 각 목의 사항을 이행하는 데 필요한 예산을 편성·집행할 것
   가. 법 제9조 제1항 제4호의 안전·보건 관계 법령에 따른 인력·시설 및 장비 등의 확보·유지
   나. 유해·위험요인의 점검과 위험징후 발생 시 대응
   다. 그 밖에 원료·제조물 관련 안전·보건 관리를 위해 환경부장관이 정하여 고시하는 사항

---

[32] 제조업자를 중대산업재해 의무규정(법 제4조)과 비교해 보면, '인력·예산' 외에 '점검'이 추가되어 있다. 입법과정에서 시민재해의 특성을 고려하여 추가되었다.
[33] 환경부, 앞의 해설서, p. 28.

3. 별표 5에서 정하는 원료 또는 제조물로 인한 중대시민재해를 예방하기 위해 다음 각 목의 조치를 할 것

    가. 유해·위험요인의 주기적인 점검

    나. 제보나 위험징후의 감지 등을 통해 발견된 유해·위험요인을 확인한 결과 중대시민재해의 발생 우려가 있는 경우의 신고 및 조치

    다. 중대시민재해가 발생한 경우의 보고, 신고 및 조치

    라. 중대시민재해 원인조사에 따른 개선조치

4. 제3호 각 목의 조치를 포함한 업무처리절차의 마련. 다만, 「소상공인기본법」 제2조에 따른 소상공인의 경우는 제외한다.

5. 제1호 및 제2호의 사항을 반기 1회 이상 점검하고, 점검 결과에 따라 인력을 배치하거나 예산을 추가로 편성·집행하도록 하는 등 중대시민재해 예방에 필요한 조치를 할 것

이에 대하여는 원료와 제조물과 관련된 주의의무를 구분하여 규정하고 있지 아니하여 법률에 따른 주의의무를 특정하기 어렵고, 원료·부품 제조업자와 완성품 제조업자, 판매·유통업자와 설계·제조업자가 각각 어떤 주의의무를 부담하는지 구분하고 있지 아니하여 구체적인 주의의무 내용을 알기도 어려우며, 최종 제조물이 생산되기까지 원료, 부품, 완성품 제조업, 판매 및 유통업 관련 경영책임자등이 그 사업범위, 즉 자신이 통제가능한 영역에서만 의무를 이행하면 되는지, 아니면 다른 사업자에 대한 조사, 감시의무도 부담하게 되는지 등이 불분명하고, 그에 따라 경영책임자등의 책임범위가 무한정 확장될 가능성이 있다는 비판이 있다.[34]

가) 중대시민재해 예방을 위한 인력 구비(시행령 제8조 제1호)

시행령 제8조 (원료·제조물 관련 안전보건관리체계의 구축 및 이행 조치) 법 제9조 제1항 제1호에 따른 조치의 구체적인 사항은 다음 각 호와 같다.

1. 다음 각 목의 사항을 이행하는 데 필요한 인력을 갖추어 중대시민재해 예방을 위한 업무를 수행하도록 할 것

    가. 법 제9조 제1항 제4호의 안전·보건 관계 법령에 따른 안전·보건 관리 업무의 수행

    나. 유해·위험요인의 점검과 위험징후 발생 시 대응

---

34 김상민, 앞의 토론회 발표자료 p. 11.

> 다. 그 밖에 원료·제조물 관련 안전·보건 관리를 위해 환경부장관이 정하여 고시하는 사항

개인사업주 또는 경영책임자등은 안전보건관리체계의 구축 및 그 이행에 관한 조치의 일환으로서 ① 법 제9조 제1항 제4호의 안전·보건 관계 법령에 따른 안전·보건 관리 업무의 수행(가목), ② 위험요인 점검, 징후 발생시 대응(나목), ③ 기타 환경부장관이 고시하는 사항(다목)을 이행하는 데 필요한 인력을 갖추어 중대시민재해 예방을 위한 업무를 수행하도록 조치할 의무가 있다(시행령 제8조 제1호).

(1) 안전·보건 관계 법령에 따른 안전·보건 관리 업무 수행 인력

개인사업주 또는 경영책임자등은 '법 제9조 제1항 제4호의 안전·보건 관계 법령'에 따른 안전·보건 관리 업무의 수행에 필요한 인력을 갖추어 업무를 수행하도록 하여야 한다. 그런데 법 제9조 제1항 제4호는 '안전·보건 관계법령에 따른 의무 이행에 필요한 관리상의 조치'가 개인사업주 또는 경영책임자등의 의무라는 점을 규정하고 있을 뿐이고 '안전·보건 관계법령'의 의미가 무엇인지에 대한 설명은 없다. 다만 시행령 제9조가 '원료·제조물 관련 안전·보건 관계 법령에 따른 의무이행에 필요한 관리상의 조치'를 규정하면서 제1항에서 "법 제9조 제1항 제4호에서 '안전·보건 관계 법령'이란 해당 사업 또는 사업장에서 생산·제조·판매·유통 중인 원료나 제조물에 적용되는 것으로서 그 원료나 제조물이 사람의 생명·신체에 미칠 수 있는 유해·위험 요인을 예방하고 안전하게 관리하는 데 관련되는 법령을 말한다"라고 규정하고 있다.

따라서 '안전·보건 관계 법령'은 시행령 제9조 제1항에 따라 의미를 해석해야 할 것이다. 즉, ① 해당 사업 또는 사업장에서 생산·제조·판매·유통 중인 원료나 제조물에 적용되는 법령이 있고, ② 그 법령이 사람의 생명·신체에 미칠 수 있는 해당 원료·제조물의 유해·위험 요인과 관련되어 있으며, ③ 그러한 유해·위험 요인을 예방하고 안전하게 관리하는 데 관련되는 법령이라면 '안전·보건 관계 법령'에 해당한다.

안전·보건 관계 법령으로 주요한 것을 예시하면 아래와 같다.[35] 물론 안전·보건 관계 법령은 위와 같은 일반적 기준에 따라 결정되는 것이므로 아래 법령에 한정되는 것은 아니다.

산업안전보건법, 원자력안전법, 약사법, 마약류 관리에 관한 법률, 화장품법, 농약관리법, 비료관리법, 사료관리법, 총포·도검·화약류 등의 안전관리에 관한 법률, 건강기능식품에 관한 법률, 의료기기법, 고압가스 안전관리법, 화학제품안전법, 식품위생법, 화학물질관리법, 광산안전법, 수입식품안전관리 특별법, 어린이 제품 안전 특별법, 어린이놀이시설 안전관리법, 승강기 안전관리법, 위험물안전관리법, 해사안전법, 지하수법, 수도법, 먹는물관리법, 도시가스사업법, 선박안전법, 액화석유가스의 안전관리 및 사업법, 전기안전관리법, 자동차관리법, 석면안전관리법, 전기생활용품안전법

이 규정에 대하여는 안전·보건 관계 법령이 특정되지 않아 개인사업주 또는 경영책임자등이 준수해야 할 의무의 범위를 파악하기 어렵다고 비판하면서 [별표 5]에서 규정한 원료 또는 제조물 관련 법령으로 명확히 하여야 한다는 견해가 있다.[36]

위와 같은 안전·보건 관계 법령에서 규정하고 있는 안전·보건 관련 인력에 관한 항목을 예시하면 아래와 같다.

원료 관련 법령상 안전·보건 관련 인력의 예시
- 화학물질관리법: 유해화학물질관리자(유해화학물질영업자)
- 고압가스 안전관리법: 안전관리자(고압가스 제조자 등)
- 위험물안전관리법: 위험물안전관리자(제조소등 설치자)

제조물 관련 법령상 안전·보건 관련 인력의 예시
- 화장품법: 책임판매관리자(화장품책임판매업), 맞춤형화장품조제관리사(맞춤형화장품판매업)
- 식품위생법: 위생관리책임자(공유주방 운영업), 식품위생책임자(식품제조 가공업자 등),

---

35 환경부, 앞의 해설서, p. 22.
36 경총 등, 앞의 건의서, pp. 30~31.

조리사(집단급식소 운영자 등)
- 건강기능식품에 관한 법률: 품질관리인(건강기능식품제조업), 안전위생책임자(건강기능 식품판매업 등)
- 의료기기법: 품질책임자(의료기기 제조업), 관리책임자(의료기기 판매업)

위와 같이 관계 법령에 필요 인력에 대한 기준이 명시되어 있는 경우에는 해당 법령상 규정된 기준을 충족하는 인력과 인원을 갖추어 안전·보건 업무를 수행할 수 있도록 해야 한다. 그러나, 관계 법령이 없거나 관계 법령이 있더라도 명확한 기준이 없는 경우에는 어느 정도의 인력이나 예산이 적정하다고 할 수 있을지 기준을 정하기 어렵다. 이러한 경우에도 최소한 아래 '위험요인 점검과 위험 징후 발생시 대응(시행령 제8조 제1호 나목)'에 필요한 인력은 이를 갖추어 관련 업무를 수행하도록 해야 할 것이다.

'안전보건 관리업무'는 유해·위험요인 점검 및 대응, 시설 및 장비 관리, 품질 관리, 안전교육, 관련서류 작성 및 보관 등이 이에 해당하고, 반드시 새로운 인력을 갖추어야 하는 것은 아니며, 기존의 안전보건 인력의 활용도 가능하지만 적절한 업무수행을 위한 조직 규모와 자격을 갖추어야 한다.[37]

(2) 유해·위험 요인의 점검 및 위험 징후 발생시 대응 인력

'유해·위험요인'이란 고용노동부 고시인 「사업장 위험성평가에 관한 지침」에 의하면 "유해·위험을 일으킬 잠재적 가능성이 있는 것의 고유한 특징이나 속성"이라고 규정하고 있다(제3조). 유해·위험요인은 위해 또는 위해(부상 또는 질병)를 발생시킬 우려가 있는 것, 즉 잠재적 위험성을 가지고 있는 것으로 설비·기계, 화학물질뿐만 아니라 환경요인, 인적 요인 등도 포함된다.[38]

개인사업주와 경영책임자등은 사업주나 법인 또는 기관이 실질적으로 지배·운영·관리하는 사업 또는 사업장에서 생산·제조·판매·유통 중인 원료나 제조물에 이러한 유해·위험 요인이 있는지 점검하고, 위험의 징후가 발생할 경우 대응할 수 있도록 적정한 인력을 배치하고 해당 업무를 부여함으로써 중대시민재해 예방을

---

37 환경부, 앞의 해설서, p. 29.
38 정진우, "위험성평가의 기본", 대한산업보건협회, 월간산업보건 제299호(2013), p. 32.

위한 업무를 수행하도록 해야 한다.

구체적으로는 유해·위험요인이 발견되거나 신고가 접수된 경우 긴급 안전점검, 긴급안전조치, 정비·보수·보강 등 개선을 위한 업무, 시설의 기능유지 및 안전관련 시설과 설비의 설치업무, 재해대응 절차도나 이용자를 위한 비상대피지도 등의 제작과 개선업무, 중대시민재해 발생시 원인 개선을 위한 종사자 교육 또는 이용자 안내조치 등의 업무, 안전관리에 필요한 물품, 보호구 및 장비 구입 등의 업무를 수행할 인력을 배치하고 업무를 부여해야 한다.[39]

(3) 기타 환경부 장관이 고시하는 사항 수행 인력

개인사업주 또는 경영책임자등은 안전·보건 관계 법령에 따른 안전·보건 관리 업무와 위험요인 점검 및 징후 발생시 대응 업무를 수행하는 데 필요한 인력 외에도 환경부장관이 고시하는 사항을 이행하는 데 필요한 인력까지 갖추어 중대시민재해 예방을 위한 업무를 수행하도록 조치하여야 한다.

관련 환경부장관 고시는 「원료 및 제조물로 인한 중대시민재해 예방에 필요한 인력 및 예산 편성지침」으로, ① 법 제9조 제1항 제4호의 안전·보건 관계법령에 따른 안전·보건 관리 업무, ② 원료, 제조물의 생산·제조시 안전점검, 안전진단, 성능시험, 성능평가, 품질검사, 안전정보 알림, 품질관리체계 운영, 유해·위험요인 신고접수 및 처리 등 유해·위험요인 점검업무, ③ 원료, 제조물의 보관·유통시 보관·진열 위생관리, 제품표시 확인, 부패·변질·유통기한 관리, 안전정보 알림, 안전운송, 유해·위험요인 신고접수 및 처리 등 유해·위험요인 점검업무, ④ 유해·위험요인이 발견 또는 신고접수된 경우 긴급안전점검을 실시하고 사업주 또는 경영책임자등에게 보고하고, 조치가 필요한 경우 해당 원료 및 제조물의 파기, 수거, 판매중지 또는 관련 시설 등의 정비, 보수, 보강 등 긴급안전조치 및 조치결과통보 업무, ⑤ 법 제9조 제1항 제4호의 안전·보건 관계 법령에 따른 안전보건교육, 직무교육, 관리자교육, 판매자교육, 기술교육, 위생관리교육 등 의무교육 등을 이행하는 데 필요한 인력을 확보하도록 하고 있다.[40]

---

39 환경부, 앞의 해설서, pp. 29~30.
40 환경부 고시 제2022-26호 「원료 및 제조물로 인한 중대시민재해 예방에 필요한 인력 및 예산 편성 지침」 제3조.

나) 안전 · 보건 관련 예산의 편성 및 집행(시행령 제8조 제2호)

시행령 제8조 (원료 · 제조물 관련 안전보건관리체계의 구축 및 이행 조치) 법 제9조 제1항 제1호에 따른 조치의 구체적인 사항은 다음 각 호와 같다.
2. 다음 각 목의 사항을 이행하는 데 필요한 예산을 편성 · 집행할 것
  가. 법 제9조 제1항 제4호의 안전 · 보건 관계 법령에 따른 인력 · 시설 및 장비 등의 확보 · 유지
  나. 유해 · 위험요인의 점검과 위험징후 발생 시 대응
  다. 그 밖에 원료 · 제조물 관련 안전 · 보건 관리를 위해 환경부장관이 정하여 고시하는 사항

개인사업주 또는 경영책임자등은 ① 안전 · 보건 관계 법령에 따른 인력 · 시설 및 장비 등의 확보 · 유지(가목), ② 유해 · 위험요인의 점검과 위험징후 발생시 대응(나목), ③ 그 밖에 원료 · 제조물 관련 안전 · 보건 관리를 위해 환경부장관이 고시하는 사항(다목)을 이행하는데 필요한 예산을 편성하고 집행하여야 한다.

(1) 안전 · 보건 관계 법령에 따른 인력 · 시설 및 장비 등의 확보 · 유지 예산

개인사업주 또는 경영책임자등은 "법 제9조 제1항 제4호의 안전 · 보건 관계 법령"에 따른 인력 · 시설 및 장비 등의 확보 · 유지에 필요한 예산을 편성하고 집행하여야 한다(시행령 제8조 제2호 가목).

안전 · 보건 관계 법령에서 원료 · 제조물의 유해 · 위험 요인을 예방하고 안전하게 관리하는 데 필요한 인력, 시설 · 장비의 범위, 규모 등을 정하고 있다면 그러한 인력, 시설 · 장비를 확보 · 유지하는데 필요한 인건비, 시설 · 장비의 확보 · 유지비가 필요한 예산의 기준이 된다. 아울러 관계 법령에 안전점검이나 안전교육이 규정되어 있다면 그 이행에 필요한 비용도 예산에 편성하여 집행하여야 한다.

예산의 경우, 지키지 못할 금액의 예산을 산정하거나 지나치게 구체적인 예산을 편성하였다가 실제 이행하지 못하는 경우에는 오히려 관리 미흡으로 지적될 가능성이 있으므로, 이행 가능하면서도 실질적이고 효과적인 예산을 마련할 필요가 있다고 할 것이다.

(2) 유해ㆍ위험 요인의 점검과 위험 징후 발생시 대응 예산

개인사업주 또는 경영책임자등은 유해ㆍ위험 요인을 점검하고 위험 징후 발생시 대응하기 위해 필요한 예산을 편성하고 집행하여야 한다(시행령 제8조 제2호 나목). 점검 및 대응에 필요한 인력ㆍ시설ㆍ장비ㆍ시스템 운영 비용이 여기에 해당할 것이다.

안전ㆍ보건 관계 법령에 점검과 대응에 관한 규정이 있다면 그 이행에 따른 비용은 위 가목에 따라 예산에 편성ㆍ집행되어야 하고, 설령 안전ㆍ보건 관계 법령에 규정이 없다고 하더라도 나목 규정에 따라 개인사업주 또는 경영책임자등은 원료 또는 제조물의 유해ㆍ위험 요인 점검과 대응을 위해 필요한 예산을 편성하고 집행하여야 한다.[41]

(3) 기타 환경부장관이 고시하는 사항 관련 예산

개인사업주 또는 경영책임자등이 안전ㆍ보건 관계 법령에 따른 인력ㆍ시설 및 장비 등의 확보ㆍ유지 비용, 위험요인 점검 및 징후 발생시 대응 업무 수행 비용 외에도 환경부장관의 고시 사항 이행에 필요한 비용까지 예산에 편성하고 집행하여야 한다(시행령 제8조 제2호 다목).

환경부 고시에서는 개인사업주와 경영책임자등은 ① 법 제9조 제1항 제4호의 안전ㆍ보건 관계 법령에 따른 인력ㆍ시설 및 장비 등의 확보ㆍ유지, ② 유해ㆍ위험 요인의 점검을 위한 인력ㆍ시설 및 장비 등의 확보ㆍ유지, ③ 유해ㆍ위험요인이 발견 또는 신고접수된 경우 긴급안전점검 및 조치가 필요한 경우 긴급안전조치, ④ 법 제9조 제1항 제4호의 안전ㆍ보건 관계 법령에 따른 안전보건교육, 직무교육, 관리자교육, 판매자교육, 기술교육, 위생관리교육 등 의무교육을 이행하는 데 필요한 예산을 편성ㆍ집행하도록 규정하고 있다.[42]

---

41 환경부, 앞의 해설서, p. 34.
42 앞의 환경부 고시 제2022-26호 제4조.

다) 중대시민재해 예방조치(시행령 제8조 제3호)

시행령 제8조 (원료·제조물 관련 안전보건관리체계의 구축 및 이행 조치) 법 제9조 제1항 제1호에 따른 조치의 구체적인 사항은 다음 각 호와 같다.

3. 별표 5에서 정하는 원료 또는 제조물로 인한 중대시민재해를 예방하기 위해 다음 각 목의 조치를 할 것

　　가. 유해·위험요인의 주기적인 점검

　　나. 제보나 위험징후의 감지 등을 통해 발견된 유해·위험요인을 확인한 결과 중대시민재해의 발생 우려가 있는 경우의 신고 및 조치

　　다. 중대시민재해가 발생한 경우의 보고, 신고 및 조치

　　라. 중대시민재해 원인조사에 따른 개선조치

개인사업주 또는 경영책임자등은 시행령 별표 5에서 정하는 원료 또는 제조물로 인한 중대시민재해를 예방하기 위하여 ① 유해·위험요인의 주기적인 점검(가목), ② 중대시민재해의 발생 우려가 있는 경우의 신고 및 조치(나목), ③ 중대시민재해가 발생한 경우의 보고, 신고 및 조치(다목), ④ 중대시민재해 원인 조사에 따른 개선 조치(라목)를 하여야 한다.

(1) 별표 5에서 정하는 원료 또는 제조물

시행령 제8조 제3호에 따라 중대시민재해 예방을 위한 조치를 취해야 하는 원료 또는 제조물에 대하여 시행령 별표 5는 아래와 같이 규정하고 있다.

중대재채 처벌 등에 관한 시행령 [별표 5]

제8조 제3호에 따른 조치 대상 원료 또는 제조물(제8조 제3호 관련)

1. 「고압가스 안전관리법」 제28조 제2항 제13호의 독성가스
2. 「농약관리법」 제2조 제1호, 제1호의2, 제3호 및 제3호의2의 농약, 천연식물보호제, 원제(原劑) 및 농약활용기자재
3. 「마약류 관리에 관한 법률」 제2조 제1호의 마약류

---

4. 「비료관리법」제2조 제2호 및 제3호의 보통비료 및 부산물비료
5. 「생활화학제품 및 살생물제의 안전관리에 관한 법률」제3조 제7호 및 제8호의 살생물 물질 및 살생물제품
6. 「식품위생법」제2조 제1호, 제2호, 제4호 및 제5호의 식품, 식품첨가물, 기구 및 용기 · 포장
7. 「약사법」제2조 제4호의 의약품, 같은 조 제7호의 의약외품(醫藥外品) 및 같은 법 제85 조 제1항의 동물용 의약품 · 의약외품
8. 「원자력안전법」제2조 제5호의 방사성물질
9. 「의료기기법」제2조 제1항의 의료기기
10. 「총포 · 도검 · 화약류 등의 안전관리에 관한 법률」제2조 제3항의 화약류
11. 「화학물질관리법」제2조 제7호의 "유해화학물질"
12. 그 밖에 제1호부터 제11호까지의 규정에 준하는 것으로서 "관계 중앙행정기관의 장이 정하여 고시"하는 생명 · 신체에 해로운 원료

시행령 별표 5의 포괄규정인 제12호 '그 밖에 제1호부터 제11호까지의 규정에 준하는 것으로서 관계 중앙행정기관의 장이 정하는 고시하는 생명 · 신체에 해로운 원료'는 당초 시행령 제정안에 '그 밖에 이에 준하는 것으로서 생명 · 신체에 해로운 원료 또는 제조물'로 되어 있었으나 "광범위하고 포괄적이어서 적용범위가 어디까지인지 예측할 수 없으므로 구체적으로 규정하여야 한다"는 경영계 의견[43]에 따라 이와 같이 수정되었다.

시행령 별표 5의 내용을 표로 정리하면 아래와 같다.[44]

법률	원료 또는 제조물	해당 법률의 조항
고압가스 안전관리법	독성가스	제28조 제2항 제13호
농약관리법	농약, 천연식물보호제, 원제(原劑) 및 농약활용기자재	제2조 제1호, 제1호의2, 제3호 및 제3호의2
마약류 관리에 관한 법률	마약류	제2조 제1호
비료관리법	보통비료 및 부산물비료	제2조 제2호 및 제3호

---

43 경총 등, 앞의 건의서, pp. 29~31.
44 환경부, 앞의 해설서, pp. 36~37.

생활화학제품 및 살생물제의 안전관리에 관한 법률	살생물물질 및 살생물제품	제3조 제7호 및 제8호
식품위생법	식품, 식품첨가물, 기구 및 용기·포장	제2조 제1호, 제2호, 제4호 및 제5호
약사법	의약품, 의약외품(醫藥外品), 동물용 의약품·의약외품	제2조 제4호 및 제7호, 제85조 제1항
원자력안전법	방사성물질	제2조 제5호
의료기기법	의료기기	제2조 제1항
총포·도검·화약류 등의 안전관리에 관한 법률	화약류	제2조 제3항
화학물질관리법	유해화학물질	제2조 제7호
기타	위 원료·제조물에 준하는 것으로서 관계 중앙행정기관의 장이 정하여 고시하는 생명·신체에 해로운 원료 또는 제조물	

(2) 별표 5의 원료 또는 제조물에 대한 중대시민재해 예방 조치

(가) 유해·위험 요인의 주기적 점검(시행령 제8조 제3호 가목)

개인사업주 또는 경영책임자등은 [별표 5]에서 정하는 원료 또는 제조물로 인한 중대시민재해를 예방하기 위하여 유해·위험요인의 주기적인 점검을 하여야 한다(시행령 제8조 제3호 가목).

유해·위험 요인은 원료·제조물의 설계, 제조, 관리상의 결함 자체 또는 그 원인이 될 수 있는 것으로서, 원료·제조물 자체 요인에 한정되는 것이 아니고, 그 취급시설 등에 있어서의 유해·위험 요인을 포함하는 것으로 보인다. 구체적으로 유해성·위험성의 판단은 원료·제조물마다 그 특성을 고려하여 달리 판단될 것이다.[45]

유해·위험 요인의 점검 주기에 대하여는 구체적으로 규정되어 있지 않으나,

---

[45] 예컨대, 화학물질관리법 제2조 제9호(유해성), 제10호(위해성)의 정의규정 및 인체적용제품의위해성평가에관한법률 제2조 제2호(위해요소), 제3호(위해성) 정의 규정 등 참조.

중대시민재해예방을 위한 업무수행에 필요한 인력과 예산에 관한 점검을 반기 1회 이상 하도록 규정(시행령 제8호)하고 있는 점에 비추어 보면, 그 정도나 그보다 짧은 주기의 점검을 하여야 할 것으로 보이나, 시행령 [별표 5]의 원료·제조물에 적용되는 안전·보건 관계 법령에 점검 등의 규정이 있다면 개인사업주 또는 경영책임자 등은 그 규정에 따라 점검이 이루어지도록 조치해야 한다. 주요 안전보건 관계 법령상 유해·위험요인 점검 절차와 방법의 예를 들면 아래와 같다.

법령	점검 방법	점검 횟수
총포·도검·화약류등의 안전관리에 관한법률 (법 제40조, 시행령 제66조)	자체안전점검 계획을 세워 화약류 저장소에 대한 점검 실시	연 2회 이상의 정기 점검이 포함되어야 함
화학물질관리법 (제26조)	유해화학물질취급시설 및 장비 점검	주 1회 이상 정기 점검
고압가스안전관리법 (법 제11조, 시행규칙 제17조 별표 15)	고압가스 제조, 저장, 판매시설 또는 용기 등의 제조시설의 안전유지에 관한 사항, 탱크운반, 자율검사를 위한 검사장비 보유 및 자율검사요원의 관리에 관한 사항	시행규칙 제17조 관련 [별표 15]에 규정된 제반 조치
건강기능식품에 관한 법률 (법 제21조, 제21조의2, 시행규칙 제25조 및 별표 7, 제25조의2)	자가 품질검사 원재료 검사 확인	• 시행규칙 제25조 별표 7 (월 1회 이상 자가 품질검사 등) • 시행규칙 제25조의2 관련 '건강기능식품의 기준 및 규격' 식약처 고시에 규정된 사항 준수
광산안전법 (법 제9조, 제11조, 시행령 제12조)	완성검사 및 성능검사 안전규정 마련	• 광업시설의 설치공사·변경공사가 완료된 때 완성검사, 공사완료 후 2년이 지날 때마다 성능검사 • 안전규정(화약사용사항, 전기·기계설비 안전, 광해방지 등 점검) 준수

농약관리법 (제23조, 제24조)	농약등의 취급제한기준등 준수의무 판매관리업무 출하전 자체검사의무	• 제조업자·수입업자·판매업자 및 방제업자의 농약 등 취급제한기준 준수 • 판매관리인에 대한 안전사용기준과 취급제한기준에 대한 교육실시 의무 등

유해·위험요인 점검 방법에 대하여, 고용노동부와 안전보건공단은 근로자의 작업과 관련되는 유해·위험요인 파악시 업종, 규모 등 사업장 실정에 따라 사업장 순회점검에 의한 방법, 청취조사에 의한 방법, 안전보건 자료에 의한 방법, 안전보건 체크리스트에 의한 방법, 그 밖에 사업장의 특성에 적합한 방법 중 어느 하나 이상의 방법을 사용해야 하고, 특별한 사정이 없다면 순회점검 방법을 포함하는 것을 권장하고 있다.[46]

(나) 중대시민재해발생 우려시 신고 및 조치(시행령 제8조 제3호 나목)

개인사업주 또는 경영책임자등은 위와 같은 점검과정에서 위험 징후를 감지하거나 제보를 통해 발견된 유해·위험요인을 확인한 결과 중대시민재해의 발생 우려가 있는 경우는 신고 및 조치를 하여야 한다(시행령 제8조 제3호 나목).

개인사업주 또는 경영책임자등은 이와 같은 점검과정에서 위험 징후를 감지하거나 제보를 통해 발견된 유해·위험요인을 확인한 결과 중대시민재해의 발생 우려가 있는 경우에는 원료·제조물의 유해성·위험성에 관한 정보와 원료·제조물의 확인한 정보와 다른 새로운 정보 등을 관계 행정기관에 신고하여야 한다.

또한, 중대시민재해의 발생 우려가 있는 경우는 생산·제조·판매·유통되고 있는 원료·제조물에 대하여 제조·생산자의 경우는 생산과 제조의 중지·가동중단, 판매업자의 경우 보관·진열된 원료·제조물 등의 회수·유통중단 등의 긴급조치를 취하여야 하고, 사용자에게도 유해성과 위험을 고지하는 등의 조치를 하여야 한다. 중대시민재해 발생의 우려가 없는 경미한 사안의 경우에는 자체 개선을 실시하고 그 조치결과를 신고자 등에게 통보하면 될 것이다. 여기서 중대재해 발생 우려가 없는 경우까지 신고할 의무도 없고 그 가능성도 높지 않지만, 이러한 조치를 하지

---

46 고용노동부·안전보건공단, 「위험성 평가 이행·점검 매뉴얼」(2021), p. 7.

않았다가 중대재해로 이어지면 사후에 조사과정에서 신고 여부가 문제될 수 있으므로 가능하면 신고를 해두는 것이 필요할 것으로 보인다.

(다) 중대시민재해가 발생한 경우의 보고·신고 및 조치(시행령 제8조 제3호 다목)

시행령 별표 5의 원료·제조물을 취급하는 개인사업주 또는 경영책임자등은 중대시민재해가 발생한 경우 '보고, 신고 및 조치(시행령 제8조 제3호 다목)'를 하여야 한다.

중대시민재해가 발생한 경우의 '보고'는 안전 업무 담당자의 중대시민재해 발생상황에 관한 대내적인 보고를, '신고'는 경찰서, 소방서, 관계 행정기관 등 외부기관에 알리는 것을 의미하며, '조치'는 재해자에 대한 긴급 구호조치, 긴급 안전조치 및 원인조사 지시 등의 조치를 의미하는 것으로 보인다.

(라) 중대시민재해 원인조사에 따른 개선조치(시행령 제8조 제3호 라목)

시행령 별표 5의 원료·제조물을 취급하는 개인사업주 또는 경영책임자등은 중대시민재해가 발생하면 원인을 직접 조사하거나 관계 기관에 의해 조사가 이루어질 것이고, 그 원인조사 결과에 따라 필요한 개선 조치를 하여야 한다(시행령 제8조 제3호 라목)

라) 중대시민재해 예방조치 관련 업무처리절차 마련(시행령 제8조 제4호)

> 시행령 제8조 (원료·제조물 관련 안전보건관리체계의 구축 및 이행 조치) 법 제9조 제1항 제1호에 따른 조치의 구체적인 사항은 다음 각 호와 같다.
> 4. 제3호 각 목의 조치를 포함한 업무처리절차의 마련. 다만, 「소상공인기본법」 제2조에 따른 소상공인의 경우는 제외한다.

(1) 중대시민재해 예방 업무처리절차

개인사업주와 경영책임자등은 안전보건관리체계의 구축 및 그 이행 조치의 일환으로서 중대시민재해를 예방하기 위한 업무처리절차를 마련하여야 한다. 여기에는 시행령 제8조 제3호 각 목의 조치가 포함되어야 한다(시행령 제8조 제4호 본문).

따라서 업무처리절차에는 ① 유해·위험요인의 주기적인 점검, ② 제보나 위험징후의 감지 등을 통해 발견된 유해·위험요인을 확인한 결과 중대시민재해의 발생우려가 있는 경우의 신고 및 조치, ③ 중대시민재해가 발생한 경우의 보고, 신고 및 조치, ④ 중대시민재해 원인조사에 따른 개선조치 등에 관한 처리절차가 포함되어야한다.

개인사업주 또는 경영책임자등은 유해·위험요인을 발굴할 수 있도록 주기적인 점검 절차와 누구나 신고할 수 있는 공식적이고 공개적인 절차를 마련하여야 하고, 중대시민재해 발생우려가 있거나 발생한 경우 담당자의 대내적인 보고와 지시 절차, 지시에 따른 조치 및 후속 보고 절차 등에 관한 업무처리절차를 마련해야 한다. 대외적으로도 담당자의 경찰서·소방서 등에 대한 신고, 관계 행정기관에 대한 보고, 재해자에 대한 구호 조치 등에 관한 업무처리 절차를 사전에 마련하고, 마련된 업무처리 절차에 따라 신고·보고 및 조치가 이루어질 수 있도록 해야 한다.

개인사업주 또는 경영책임자등은 안전관리 담당자의 대응상황 및 조치사항을 보고받고 필요시 추가 피해 방지 조치를 지시하며, 상황 종료후 피해 원인조사 및 개선대책 등 재발방지대책 마련을 지시하고, 이에 따라 안전관리 담당자는 경영책임자 등의 지시사항을 이행하고 조치결과를 경영책임자 등과 관계행정기관에 보고할 수 있는 업무처리절차를 마련하여야 한다. 제보나 신고가 있었던 경우에는 신고자 등에게 처리결과를 통보하는 절차도 관련 '조치'에 포함된다고 해석된다.

위 규정은 개인사업주 또는 경영책임자등이 필요한 인력과 예산을 투입하고 중대시민재해 예방을 위한 업무처리절차를 구축하여, 업무처리절차에 따른 조치를 하라는 취지로 이해된다. 따라서 사업주 또는 경영책임자등은 안전·보건 관계 법령, 본 법과 시행령, 환경부 장관의 고시 등 관계 규정에 부합하는 적정한 업무처리절차를 마련하고, 이러한 업무처리절차에 따라 조치 의무를 다 해야 한다. 관계 법령에 규정이 없더라도 시행령 제8조 제4호에서 제3호 각목의 조치를 포함하여 업무처리절차를 마련하고 그에 따른 점검 등의 업무가 이루어지도록 조치할 의무가 있다.

업무처리절차는 개인사업주 또는 경영책임자등에게 합리적으로 기대되는 주의의무에 부합하는 내용과 수준으로 설정되어야 할 것이다. 구체적인 내용은 원료 또는 제조물의 성질에 따라 다양한 형태로 구성될 것이지만, 위해성 정도에 대한 연구가 충분하지 않은 물질을 출시하는 경우에는 높은 수준의 주의의무가 요구되므로⁴⁷ 그에 상응하게 업무처리절차를 마련해야 한다.

시행령 제8조 제4호의 업무처리절차를 마련할 의무를 부담하는 대상의 범위에 대하여 환경부는 시행령 제8조 제3호 별표 5에서 정한 원료 또는 제조물을 생산, 제조, 판매, 유통하는 개인사업주 또는 경영책임자등에 대하여만 부여되는 의무라고 보고 있다.⁴⁸

이에 대해서는 제4호를 제3호의 마목으로 규정하지 않고 제3호와는 별도로 규정하고 있는 법조문 체계상 제3호 별표 5에서 규정하고 있는 업체의 개인사업주 또는 경영책임자등에 한정하지 않고 법 제9조 제1항에서 규정하고 있는 원료 또는 제조물을 생산, 제조, 판매, 유통하는 모든 업체에 부여되는 의무이고, 별표 5에 해당하는 업체의 개인사업주 또는 경영책임자등은 제3호의 각 목의 조치를 포함해서 업무처리절차를 마련해야 하는 것으로 해석하는 것이 타당하다는 견해도 있다. 그러나, 이와 같이 해석하는 경우 업무처리절차를 마련해야 할 의무를 부담하는 개인사업주 또는 경영책임자등의 범위가 확대되어 형사처벌 대상이 특정되지 않은 문제가 있고, 별표 5에 해당하지 않는 업체의 개인사업주 또는 경영책임자등은 유해·위험요인의 주기적인 점검, 중대재해발생우려 빛 발생시 신고 및 조치, 원인조사에 따른 개선조치 등의 조치의무가 없는데, 관련 처리절차만 마련하라는 것이 되므로, 환경부의 견해와 같이 제한적으로 해석하는 것이 타당하다고 생각된다.

---

47 제조업자가 인체에 유해한 독성물질이 혼합된 화학제품을 설계·제조하는 경우, 그 화학제품의 사용용도와 방법 등에 비추어 사용자나 그 주변 사람이 그 독성물질에 계속적·반복적으로 노출될 수 있고, 그 독성물질이 가진 기능적 효용은 없거나 극히 미미한 반면, 그 독성물질에 계속적·반복적으로 노출됨으로써 사용자 등의 생명·신체에 위해가 발생할 위험이 있으며 제조업자가 사전에 적절한 위험방지조치를 취하기 전에는 사용자 등이 그 피해를 회피하기 어려운 때에는, 제조업자는 고도의 위험방지의무를 부담한다. 즉, 이러한 경우 제조업자는 그 시점에서의 최고의 기술수준으로 그 제조물의 안전성을 철저히 검증하고 조사·연구를 통하여 발생가능성 있는 위험을 제거·최소화해야 하며, 만약 그 위험이 제대로 제거·최소화 되었는지 불분명하고 더욱이 실제 사용자 등에게 그 위험을 적절히 경고하기 곤란한 사정도 존재하는 때에는 안전성이 충분히 확보될 정도로 그 위험이 제거·최소화 되었다고 확인되기 전에는 그 화학제품을 유통시키지 말아야 한다. 따라서 제조업자가 이러한 고도의 위험방지의무를 위반한 채 생명·신체에 위해를 발생시킬 위험이 있는 화학제품을 설계하여 그대로 제조·판매한 경우에는 특별한 사정이 없는 한 그 화학제품에는 사회통념상 통상적으로 기대되는 안전성이 결여된 설계상의 결함이 존재한다고 봄이 타당하다(대법원 2013. 7. 12. 선고 2006다17539 판결).
48 환경부, 앞의 해설서, p. 36.

(2) 소상공인에 대한 예외

다만, 소상공인기본법 제2조에 따른 소상공인의 경우 업무처리절차를 마련해야할 의무가 면제된다(시행령 제8조 제4호 단서). 개인사업주 또는 경영책임자등이 업무처리절차 마련 의무가 제외되는 소상공인으로 인정받기 위해서는 소상공인기본법 제2조의 요건을 모두 갖추어야 한다.

소상공인기본법 제2조 (정의) ① 이 법에서 "소상공인"이란 「중소기업기본법」 제2조 제2항에 따른 소기업(小企業) 중 다음 각 호의 요건을 모두 갖춘 자를 말한다.
1. 상시근로자 수가 10명 미만일 것
2. 업종별 상시근로자 수 등이 대통령령으로 정하는 기준에 해당할 것
② 제1항을 적용할 때 소상공인이 그 규모의 확대 등으로 소상공인에 해당하지 아니하게 된 경우 그 사유가 발생한 연도의 다음 연도부터 3년간은 소상공인으로 본다. 다만, 소기업 외의 기업과 합병하거나 그 밖에 대통령령으로 정하는 사유로 소상공인에 해당하지 아니하게 된 경우에는 그러하지 아니하다.

법은 '공중이용시설'의 경우에는 "소상공인 보호 및 지원에 관한 법률 제2조에 따른 소상공인의 사업 또는 사업장"을 적용 대상에서 제외(법 제2조 제4호 단서)하고 있는 반면 '원료·제조물'에 관해서는 소상공인을 제외한다는 규정이 없고 유일하게 시행령 제8조에서 업무처리절차의 마련 의무만을 소상공인에게 면제하고 있다. 따라서 소상공인기본법 제2조에 따른 소상공인이라고 하더라도 원료·제조물과 관련한 시행령 제8조의 다른 조치 의무는 물론 여타의 안전·보건 확보의무는 여전히 부담한다.[49]

마) 점검 및 그 결과에 따른 인력 배치, 예산 추가 편성 등(시행령 제8조 제5호)

시행령 제8조 (원료·제조물 관련 안전보건관리체계의 구축 및 이행 조치) 법 제9조 제1항 제1호에 따른 조치의 구체적인 사항은 다음 각 호와 같다.

---

[49] 환경부, 앞의 해설서, p. 37.

> 5. 제1호 및 제2호의 사항을 반기 1회 이상 점검하고, 점검 결과에 따라 인력을 배치하거나 예산을 추가로 편성·집행하도록 하는 등 중대시민재해 예방에 필요한 조치를 할 것

개인사업주와 경영책임자등은 안전·보건 관계 법령에 따른 안전·보건 관리 업무의 수행에 필요한 인력, 유해·위험요인의 점검과 위험징후 발생시 대응할 인력, 그 밖에 원료·제조물 관련 안전·보건 관리를 위해 환경부장관이 정하여 고시하는 사항을 이행하는 데 필요한 인력을 확보하여 배치하고 있는지와 안전·보건 관계 법령에 따른 인력·시설 및 장비 등의 확보·유지를 위한 예산, 유해·위험요인의 점검과 위험징후 발생시 대응에 필요한 예산, 그 밖에 원료·제조물 관련 안전·보건 관리를 위해 환경부장관이 정하여 고시하는 사항을 이행하는 데 필요한 예산을 편성하고 집행하고 있는지를 반기 1회 이상 점검하여야 한다(시행령 제8조 제5호).

여기서 각 사항과 관련된 인력과 예산을 따로 갖추어야 하는 것은 아니고 각 사항과 관련된 인력은 중복될 수 있고, 예산도 각 항목별 예산이 중복될 수 있다. 예컨대 안전·보건 관계 법령에 유해·위험요인의 점검 및 대응업무가 규정되어 있을 경우 그에 대한 인력이나 예산은 유해·위험요인의 점검과 위험징후 발생시 대응 인력 및 예산과 중복될 수 있는데, 이 경우 유해·위험요인 점검을 위한 별도의 인력을 갖추고 예산을 편성하여 집행해야 하는 것은 아니다.[50]

또한 개인사업주와 경영책임자등은 위 점검 결과에 따라 인력을 배치하거나 예산을 추가로 편성·집행하도록 하는 등 중대시민재해 예방에 필요한 조치를 하여야 한다.

3) 재해발생시 재발방지 대책 수립 및 그 이행 조치(법 제9조 제1항 제2호)

> 제9조 (사업주와 경영책임자등의 안전 및 보건 확보의무) ① 사업주 또는 경영책임자등은 사업주나 법인 또는 기관이 실질적으로 지배·운영·관리하는 사업 또는 사업장에서 생산·제조·판매·유통 중인 원료나 제조물의 설계, 제조, 관리상의 결함으로 인한 그 이용자 또

---

50 환경부, 앞의 해설서, p. 30, 34.

> 는 그 밖의 사람의 생명, 신체의 안전을 위하여 다음 각 호에 따른 조치를 하여야 한다.
> 2. 재해 발생 시 재발방지 대책의 수립 및 그 이행에 관한 조치

개인사업주와 경영책임자등은 재해 발생시 사고 원인을 조사하고 재발방지 대책을 수립하여, 그 이행에 관한 조치를 하여야 한다(법 제9조 제1항 제2호). 법은 재발방지 대책과 그 이행에 관한 조치의 구체적 내용에 대해서 시행령에 위임하는 규정을 두고 있지 않다.

개인사업주 또는 경영책임자등은 해당 사업 또는 사업장에서 취급하는 원료·제조물에 적용되는 안전·보건 관계 법령에 재발방지 대책과 관련된 규정이 있다면 그 규정에 따라 대책을 수립하여 법령상 의무를 다할 수 있도록 해야 한다.

해당 규정이 없더라도 법 제9조 제1항 제2호가 직접 수범자인 사업주 또는 경영책임자등에게 재발방지 대책의 수립 및 그 이행에 관한 조치를 명하고 있는 것이므로 재해발생시 그 원인을 조사하고 재발방지 대책과 그 이행에 관한 조치를 취해야 한다.

여기서의 '재해'는 중대산업재해 관련 부분에서 살펴본 바와 같이 중대시민재해를 의미하는지, 그 외의 모든 재해를 의미하는지 논란이 있을 수 있다. 생각건대 모든 재해를 의미한다고 할 경우에는 형사처벌의 대상이 무한정 확대될 수 있어 그와 같이 해석할 수는 없고, 중대재해처벌법 제2조 제3호가 '중대시민재해란 특정 원료 또는 제조물, 공중이용시설 또는 공중교통수단의 설계, 제조, 설치, 관리상의 결함을 원인으로 하여 발생한 재해로서, 다음 각 목의 어느 하나에 해당하는 결과를 야기한 재해를 말한다'라고 규정하고 있으므로, 사망자 발생 등에 이른 중대시민재해뿐만 아니라 결과는 그에 미치지 못하였지만 원료나 제조물의 설계, 제조, 관리상의 결함을 원인으로 발생한 재해, 즉 시민재해를 포함하는 것으로 해석할 수 있다.

또한 여기서의 '재해'가 법 시행일 이전의 재해를 포함하는지 여부가 문제되는데, 앞에서 검토한 바와 같이 재발방지 대책의 수립이 필요한 재해는 중대재해처벌법 시행 이후 발생한 것에 한한다고 해석하는 것이 타당하다.

이 의무이행과 관련하여, 환경부에서는 '재발방지 대책의 수립 및 그 이행을 위

한 계획서 구성 표준안'을 제시하고 있는데, 그 내용을 보면 ① 사고개요(사고유형, 현황, 현장정보, 사고정보, 피해상황), ② 조사내용(조사방법, 조사활동상황, 문서점검내용, 현장조사내용), ③ 사고원인분석 및 결론(필요시 시험실시, 기타 자문 등을 통한 원인분석결과, 사고의 과학적 원인과 업무절차상의 원인 모두 포함), ④ 재발방지대책(자체 방지대책, 명령에 따른 이행조치계획 및 결과보고), ⑤ 향후조치(필요한 경우 추가조사 계획 등) 등으로 구성되어 있다.[51] 이러한 표준안을 활용하여 재발방지 대책을 수립하고 이행하면 해당 의무이행에 도움이 될 것이다.

4) 개선, 시정명령 이행에 관한 조치(법 제9조 제1항 제3호)

제9조 (사업주와 경영책임자등의 안전 및 보건 확보의무) ① 사업주 또는 경영책임자등은 사업이나 법인 또는 기관이 실질적으로 지배·운영·관리하는 사업 또는 사업장에서 생산·제조·판매·유통 중인 원료나 제조물의 설계, 제조, 관리상의 결함으로 인한 그 이용자 또는 그 밖의 사람의 생명, 신체의 안전을 위하여 다음 각 호에 따른 조치를 하여야 한다.
3. 중앙행정기관·지방자치단체가 관계 법령에 따라 개선, 시정 등을 명한 사항의 이행에 관한 조치

개인사업주 또는 경영책임자등은 중앙행정기관·지방자치단체가 관계 법령에 따라 개선, 시정 등을 명한 사항의 이행에 관한 조치를 하여야 한다(법 제9조 제1항 제3호).

예컨대, 환경부장관은 생활화학제품이 안전확인대상 제품임에도 유해물질 함유기준을 초과했거나 안전확인·신고를 받지 아니한 채 시중에 유통된 경우 제조자 등에게 제품에 대한 회수명령을 내릴 수 있는데(「생활화학제품 및 살생물제의 안전관리에 관한 법률」 제37조), 이러한 경우 사업주 또는 경영책임자등은 제품 회수 등 명령의 이행에 관한 조치를 해야 할 의무가 있다.

개선, 시정명령의 내용은 개별적·구체적으로 결정되고, 그 이행에 관한 조치 의무의 내용도 개선, 시정 명령의 내용에 따라 결정될 것이다.

이 의무의 적용범위와 관련해서도 앞에서 검토한 바와 같이 법 시행일 이후의 개선, 시정 명령에 한하여 적용되는 것으로 해석되고, 개선·시정 명령 등에 불복하

---

51 환경부, 앞의 해설서, p. 24.

는 경우에도 이 규정이 적용되는지 여부에 대하여는 이견이 있을 수 있으나 위법 또는 부당한 행정명령에 대하여 경영책임자등이 불복하여 확정되지 아니하였음에 도 불구하고 중대재해처벌법을 적용하여 구속이나 실형선고에 따른 복역 등 돌이 킬 수 없는 불이익을 입게 해서는 안 된다는 점에서 여기에서의 개선, 시정명령은 당사자가 불복하지 않거나 법원의 판결로 확정되어 유효한 것으로 확인된 경우에 적용된다고 해석하는 것이 타당할 것으로 생각된다.[52]

이 의무이행과 관련하여, 환경부에서는 '관계 행정기관의 명령사항 이행조치 계획 및 결과 보고서 구성 표준안'을 제시하고 있는데, 그 내용을 보면 ① 명령사항 확인(개선, 시정명령의 구체적인 내용을 확인했는가? 개선, 시정명령의 구체적인 내용의 확인 후 명확하지 않은 내용을 관계 행정기관에 문의했는가? 개선, 시정명령의 구체적인 내용의 확인 후 해당 내용을 관련 담당자 등과 공유했는가?) ② 이행조치계획서 마련(이행조치를 위한 계획서를 마련했는가?), ③ 이행조치 실시(이행계획에 따라 이행조치를 실시하였는가?), ④ 이행조치결과 정리 및 보고(이행조치 후 그 결과를 문서로 정리하였는가? 이행조치 후 그 결과를 문서로 정리한 것을 관계 행정기관에 보고하였는가?) 등으로 구성되어 있다.[53] 이러한 내용을 포함하여 행정기관의 명령사항에 대한 보고 및 조치계획을 수립하여 행정명령의 내용을 정확하게 파악하고, 그에 대한 이행조치 계획을 수립하여 이행하는 것이 해당의무의 이행에 도움이 될 것이다.

5) 안전·보건 관계 법령에 따른 의무이행에 필요한 관리상의 조치(법 제9조 제1항 제4호)

> 제9조 (사업주와 경영책임자등의 안전 및 보건 확보의무) ① 사업주 또는 경영책임자등은 사업주나 법인 또는 기관이 실질적으로 지배·운영·관리하는 사업 또는 사업장에서 생산·제조·판매·유통 중인 원료나 제조물의 설계, 제조, 관리상의 결함으로 인한 그 이용자 또는 그 밖의 사람의 생명, 신체의 안전을 위하여 다음 각 호에 따른 조치를 하여야 한다.
> 4. 안전·보건 관계 법령에 따른 의무이행에 필요한 관리상의 조치

---

52 송인택 외 4, 앞의 책, p. 173도 같은 취지이다.
53 환경부, 앞의 해설서, p. 25.

가) 개관

개인사업주 또는 경영책임자등은 사업 또는 사업장에서 취급하는 원료·제조물과 관련하여 '안전·보건 관계 법령에 따른 의무이행에 필요한 관리상의 조치'를 하여야 한다(법 제9조 제1항 제4호).

여기서 '안전·보건 관계 법령'은 "해당 사업 또는 사업장에서 생산·제조·판매·유통 중인 원료나 제조물에 적용되는 것으로서 그 원료나 제조물이 사람의 생명·신체에 미칠 수 있는 유해·위험 요인을 예방하고 안전하게 관리하는 데 관련되는 법령"을 말한다(시행령 제9조 제1항). 이 부분은 법 제9조 제1항 제1호 '안전보건관리체계 구축 및 이행에 관한 조치' 부분에서 자세히 설명한 바 있으므로 참고하면 될 것이다.

> 시행령 제9조 (원료·제조물 관련 안전·보건 관계 법령에 따른 의무이행에 필요한 관리상의 조치) ① 법 제9조 제1항 제4호에서 "안전·보건 관계 법령"이란 해당 사업 또는 사업장에서 생산·제조·판매·유통 중인 원료나 제조물에 적용되는 것으로서 그 원료나 제조물이 사람의 생명·신체에 미칠 수 있는 유해·위험요인을 예방하고 안전하게 관리하는데 관련되는 법령을 말한다.

개별적인 안전·보건 관계 법령에 따라 부과되는 의무는 당해 법령을 근거로 하여 부담하는 의무이고, 의무불이행에 따른 제재도 해당 법령에 의해 발생한다. 이와 달리 중대재해처벌법은 '안전·보건 관계 법령의 의무' 그 자체가 아니라 안전·보건 관계 법령의 '의무이행에 필요한 관리상의 조치(의무)'를 사업주 또는 경영책임자등에게 부과하고 있다. 개별 '안전·보건 관계 법령의 의무'와 중대재해처벌법상의 '의무 이행에 필요한 관리상의 조치 의무'는 서로 구별되는 별개의 개념이다.[54]

중대재해처벌법은 개인사업주 또는 경영책임자등에게 안전·보건 관계 법령에 따른 의무이행에 필요한 관리상의 조치를 할 의무를 부과하면서 구체적인 사항을 시행령에 위임하고 있고, 시행령에서는 아래와 같이 '의무이행 여부의 점검 및 사후조치'와 '교육실시 점검 및 사후조치'를 의무내용으로 규정하고 있다.

시행령 제9조 제1항의 '안전·보건 관계 법령'에 대한 개념 정의에도 불구하고

---

[54] 고용노동부, 앞의 해설서, p. 98.

그 범위가 규정되지 않아 경영책임자등이 준수해야 할 법령의 범위를 구체적으로 알 수 없어 수사기관의 자의적인 법 적용이 우려된다고 하면서 "별표 5에 규정된 원료 또는 제조물 관련 법령"으로 개정하여야 한다는 견해가 있다.[55]

나) 안전 · 보건 관계법령의 의무 이행 여부 점검 및 미흡 시 조치사항(시행령 제9조 제2항 제1호, 제2호)

시행령 제9조 (원료 · 제조물 관련 안전 · 보건 관계 법령에 따른 의무이행에 필요한 관리상의 조치)
② 법 제9조 제1항 제4호에 따른 조치의 구체적인 사항은 다음 각 호와 같다.
1. 안전 · 보건 관계 법령에 따른 의무를 이행했는지를 반기 1회 이상 점검(해당 안전 · 보건 관계 법령에 따라 중앙행정기관의 장이 지정한 기관 등에 위탁하여 점검하는 경우를 포함한다. 이하 이 호에서 같다)하고, 직접 점검하지 않은 경우에는 점검이 끝난 후 지체 없이 점검 결과를 보고받을 것
2. 제1호에 따른 점검 또는 보고 결과 안전 · 보건 관계 법령에 따른 의무가 이행되지 않은 사실이 확인되는 경우에는 인력을 배치하거나 예산을 추가로 편성 · 집행하도록 하는 등 해당 의무 이행에 필요한 조치를 할 것

개인사업주 또는 경영책임자등은 안전 · 보건 관계법령에 따른 의무를 이행하고 있는지를 반기 1회 이상 점검하거나, 직접 점검하지 않고 관련 법령에 따라 중앙행정기관의 장이 지정한 기관 등에 위탁하여 점검한 경우에는 점검이 끝난 후 지체 없이 점검 결과를 보고받아야 한다(시행령 제9조 제2항 제1호). 점검 또는 보고 결과 안전 · 보건 관계 법령에 따른 의무가 이행되지 않은 사실이 확인되는 경우에는 인력을 배치하거나 예산을 추가 편성 · 집행하는 등 적절한 조치를 하여야 한다(시행령 제9조 제2항 제2호).

개인사업주 또는 경영책임자등은 안전보건 인력과 예산 등에 관한 최종적인 결정 권한을 가지므로 인력과 예산의 어려움으로 법령상의 의무조차 실효적으로 이행되지 못하는 일이 발생하지 않도록 해야 할 의무를 직접적으로 부과한 것이다.

위 점검 및 보고 의무는 시행령 제5조 제2항에서 규정하고 있는 중대산업재해의 관리상의 조치의무와 수범자, 내용 등이 사실상 동일하다. 안전 · 보건 관계 법령

---

[55] 경총 등, 앞의 건의서, pp. 33~34.

에 따른 의무를 이행하였는지 여부의 점검 주체는 개인사업주 또는 경영책임자등이다. 다만 각 사업장의 안전·보건 관계 법령에 따른 의무 준수에 대한 구체적인 점검은 해당 사업 또는 사업장의 구체적 사정에 따라 다양한 방식과 조직을 통해 실행될 수 있다. 개인사업주 또는 경영책임자등은 안전·보건 관계 법령에 따른 의무 이행 여부에 대한 점검이 실효적이고 실질적으로 이행되도록 하는 방안을 적극적으로 모색하고 채택하여야 하며 개인사업주 또는 경영책임자등은 각 사업장의 안전·보건 관계 법령상 의무 이행 과정을 전반적으로 점검하고 그 결과를 평가하는 조직과 절차 등 시스템을 마련하여 법적 의무 이행 여부는 물론 성과와 문제점 등을 객관적이고 심도 있게 점검하고 그 결과에 대하여 보고를 받아야 한다. 만약 사업 또는 사업장 내 자체 점검 역량이 부족하여 그 점검의 실효성을 기대하기 어렵다고 판단되면 전문기관에 위탁하여 점검하는 것도 가능하다.[56]

다) 안전·보건 교육 실시 여부 점검 및 미흡시 조치사항(시행령 제9조 제2항 제3호, 제4호)

> 시행령 제9조 (원료·제조물 관련 안전·보건 관계 법령에 따른 의무 이행에 필요한 관리상의 조치)
> ② 법 제9조 제1항 제4호에 따른 조치의 구체적인 사항은 다음 각 호와 같다.
> 3. 안전·보건 관계 법령에 따라 의무적으로 실시해야 하는 교육이 실시되는지를 반기 1회 이상 점검하고, 직접 점검하지 않은 경우에는 점검이 끝난 후 지체 없이 점검 결과를 보고받을 것
> 4. 제3호에 따른 점검 또는 보고 결과 실시되지 않은 교육에 대해서는 지체 없이 그 이행의 지시, 예산의 확보 등 교육 실시에 필요한 조치를 할 것

개인사업주 또는 경영책임자등은 안전·보건 관계 법령에 따라 의무적으로 실시해야하는 교육이 실시되는지를 반기 1회 이상 점검하고, 직접 점검하지 않은 경우에

---

[56] 반면, 시행령 제8조 제3호(유해·위험 요인 점검)와 제5호(인력·예산 점검)에는 위탁점검으로 대체할 수 있는 규정이 없어 점검을 위탁할 수 있는지가 문제될 수 있다. 안전관리의 외주는 허용해서는 안 된다는 견해도 있으나, 오히려 전문성을 가지고 있는 외부의 전문기관이 점검을 더 잘 할 수도 있다는 점에서 일률적으로 허용되지 않는다고 해석하기 보다는 점검을 위탁한 후 그 결과를 보고받고 필요한 조치를 취하면 직접 점검한 것과 같은 효력을 부여하는 것이 타당할 것으로 생각된다.

는 점검이 끝난 후 지체 없이 점검 결과를 보고받아야 한다(시행령 제9조 제2항 제3
호). 점검 또는 보고 결과 실시되지 않은 교육에 대해서는 지체 없이 그 이행의 지
시, 예산 확보 등 교육 실시에 필요한 조치를 하여야 한다(시행령 제9조 제2항 제4호).

　　안전·보건 관계 법령에 따라 의무적으로 실시해야 하는 교육에는, 가장 기본
적인 교육으로 산업안전보건법상의 각종 의무교육이 있고, 각종 개별법에서도 의무
교육을 규정하고 있다. 예컨대, 약사법상 약사 또는 한약사는 자질 향상을 위하여
필요한 연수교육을 매년 6시간 이상 받아야 하고(약사법 제15조, 같은 법 시행규칙 제
5조), 의료기기법상의 품질책임자는 국민 건강의 위해 방지를 위해 필요한 교육을 매
년 8시간 이상 받아야 한다(의료기기법 제6조의2, 같은 법 시행규칙 제13조). 각 안전·보
건 관계 법령에서 규정하고 있는 의무교육 현황은 환경부의 '중대재해처벌법해설－
중대시민재해(원료·제조물)' 70면 내지 73면을 참고하여 본서의 제3편 참고자료에
소개해 두었다.

3. 공중이용시설 또는 공중교통수단 관련 중대시민재해

가. 도입 배경

　　중대시민재해의 두번째 유형은 '공중이용시설 또는 공중교통수단의 설계, 제조,
설치, 관리상의 결함을 원인으로 하여 발생한 재해'이다. 4·16 세월호 사건과 같은
시민재해가 공중이용시설·공중교통수단을 대상으로 한 중대재해처벌법 제정의 계
기가 되었다. 앞에서 본 특정 원료 또는 제조물을 대상으로 한 중대시민재해와 마
찬가지로 개인사업주 또는 경영책임자등이 안전·보건 확보의무를 위반하여 인명
사고가 발생한 경우 개인사업주와 경영책임자등, 법인 등을 처벌함으로써 일반 시
민의 안전을 확보하고, 기업의 조직문화 또는 안전관리 시스템 미비로 인해 일어나
는 중대재해사고를 방지하자는 데 목적이 있다(법 제1조). 이 유형의 경우에도 공중
이용시설 또는 공중교통수단의 설계, 제조, 설치, 관리상의 결함으로 인한 그 이용
자 또는 그 밖의 사람도 보호대상으로 하고 있고(법 제9조 제2항), 다만 중대산업재
해에 해당하는 재해는 중대시민재해에서 제외된다(법 제2조 제3호).

나. 주요 개념

1) 공중이용시설

가) 개념

제2조 (정의) 이 법에서 사용하는 용어의 뜻은 다음과 같다.
4. "공중이용시설"이란 다음 각 목의 시설 중 시설의 규모나 면적 등을 고려하여 대통령령으로 정하는 시설을 말한다. 다만, 「소상공인 보호 및 지원에 관한 법률」 제2조에 따른 소상공인의 사업 또는 사업장 및 이에 준하는 비영리시설과 「교육시설 등의 안전 및 유지관리 등에 관한 법률」 제2조 제1호에 따른 교육시설은 제외한다.
 가. 「실내공기질 관리법」 제3조 제1항의 시설(「다중이용업소의 안전관리에 관한 특별법」 제2조 제1항 제1호에 따른 영업장은 제외한다)
 나. 「시설물의 안전 및 유지관리에 관한 특별법」 제2조 제1호의 시설물(공동주택은 제외한다)
 다. 「다중이용업소의 안전관리에 관한 특별법」 제2조 제1항 제1호에 따른 영업장 중 해당 영업에 사용하는 바닥면적(「건축법」 제84조에 따라 산정한 면적을 말한다)의 합계가 1천제곱미터 이상인 것
 라. 그 밖에 가목부터 다목까지에 준하는 시설로서 재해 발생 시 생명·신체상의 피해가 발생할 우려가 높은 장소

　　중대재해처벌법은 '공중이용시설'을 「실내공기질관리법(이하 '실내공기질법'이라고 한다)」상의 다중이용시설, 「시설물의 안전 및 유지 관리에 관한 특별법(이하 '시설물안전법'이라고 한다)」상의 시설물, 「다중이용업소의 안전관리에 관한 특별법(이하 '다중이용업소법'이라고 한다)」상의 영업장(바닥면적 합계가 1,000제곱미터 이상인 것), 기타 재해 발생시 생명·신체상의 피해가 발생할 우려가 높은 장소를 열거한 후 시설의 규모나 면적 등을 고려하여 대통령령으로 정하는 시설이라고 규정하면서(법 제2조 제4호 본문), 소상공인의 사업 또는 사업장 및 이에 준하는 비영리시설, 교육시설을 제외하고 있다(법 제2조 제4호 단서).

　　또한 중대재해처벌법 시행령은 시설의 규모나 면적 등을 고려하여 실내공기질법상의 다중이용시설 중에서는 지하역사 등 시행령 [별표 2]에서 규정한 시설, 시설안전법상의 시설물 중에서는 상부구조 형식이 현수교인 교량 등 시행령 [별표 3]

에서 규정한 시설물, 재해 발생시 생명·신체상의 피해가 발생할 우려가 높은 장소 중에서는 준공 후 10년이 지난 교량과 터널, 일정 규모 이상의 주유소와 LPG 충전소, 유기시설 등을 규정하고 있다(시행령 제3조).

나) 중대재해처벌법 시행령상의 공중이용시설

시행령 제3조 (공중이용시설) 법 제2조 제4호 각 목 외의 부분 본문에서 "대통령령으로 정하는 시설"이란 다음 각 호의 시설을 말한다.
1. 법 제2조 제4호 가목의 시설 중 별표 2에서 정하는 시설
2. 법 제2조 제4호 나목의 시설물 중 별표 3에서 정하는 시설물. 다만, 다음 각 목의 건축물은 제외한다.
    가. 주택과 주택 외의 시설을 동일 건축물로 건축한 건축물
    나. 건축물의 주용도가 「건축법 시행령」 별표 1 제14호 나목 2)의 오피스텔인 건축물
3. 법 제2조 제4호 다목의 영업장
4. 법 제2조 제4호 라목의 시설 중 다음 각 목의 시설(제2호의 시설물은 제외한다)
    가. 「도로법」 제10조 각 호의 도로에 설치된 연장 20미터 이상인 도로교량 중 준공 후 10년이 지난 도로교량
    나. 「도로법」 제10조 제4호부터 제7호까지에서 정한 지방도·시도·군도·구도의 도로터널과 「농어촌도로정비법 시행령」 제2조 제1호의 터널 중 준공 후 10년이 지난 도로터널
    다. 「철도산업발전기본법」 제3조 제2호의 철도시설 중 준공 후 10년이 지난 철도교량
    라. 「철도산업발전기본법」 제3조 제2호의 철도시설 중 준공 후 10년이 지난 철도터널 (특별시 및 광역시 외의 지역에 있는 철도터널로 한정한다)
    마. 다음의 시설 중 개별 사업장 면적이 2천제곱미터 이상인 시설
        1) 「석유 및 석유대체연료 사업법 시행령」 제2조 제3호의 주유소
        2) 「액화석유가스의 안전관리 및 사업법」 제2조 제4호의 액화석유가스 충전사업의 사업소
    바. 「관광진흥법 시행령」 제2조 제1항 제5호 가목의 종합유원시설업의 시설 중 같은 법 제33조 제1항에 따른 안전성검사 대상인 유기시설 또는 유기기구

중대재해처벌법 시행령은 중대시민재해의 대상이 되는 공중이용시설을 실내공기질법 상 다중이용시설 중 공중이용시설(시행령 제3조 제1호), 시설물안전법상 시설물 중 공중이용시설(시행령 제3조 제2호), 다중이용업소법상 영업장 중 공중이용시설

(시행령 제3조 제3호), 기타 재해 발생시 인명 피해가 발생할 우려가 높은 장소 등을 공중이용시설로 규정하고 있다(시행령 제3조 제4호).

(1) 실내공기질법상 다중이용시설 중 공중이용시설(시행령 제3조 제1호)

> 시행령 제3조 (공중이용시설) 법 제2조 제4호 각 목 외의 부분 본문에서 "대통령령으로 정하는 시설"이란 다음 각 호의 시설을 말한다.
> 1. 법 제2조 제4호가목의 시설 중 별표 2에서 정하는 시설

중대재해처벌법 시행령 제3조 제1호는 '법 제2조 제4호 가목의 시설 중 [별표 2]에서 정하는 시설'을 공중이용시설 중 하나로 열거하고 있다.

'법 제2조 제4호 가목의 시설'은 실내공기질법 제3조 제1항의 시설인데, 실내공기질법은 실내공기질법 적용의 대상이 되는 다중이용시설을 '불특정 다수인이 이용하는 시설'이라고 규정하면서 제3조에서 지하역사, 지하도상가, 철도역사의 대합실 등 25개의 시설을 구체적으로 규정하고 있는데, 이러한 시설 중 시행령 별표 2에서 정하는 시설이 공중이용시설로서의 다중이용시설이다. 시행령 별표 2에서는 전통시장 및 상점가 육성을 위한 특별법 제2조 제1호의 전통시장(제13호 단서), 건축법 시행령 [별표 1] 제14호 나목 2)의 오피스텔(제16호 단서), 건축법 시행령 [별표 1] 제2호의 공동주택 또는 같은 표 제14호 나목 2)의 오피스텔(제17호 단서)은 제외하고 있다.

이 별표 2에 대하여는, 예컨대 제17호가 규정하고 있는 '둘 이상의 용도에 사용되는 건축물'과 관련하여 물류창고에 창고시설과 주차장시설이 같이 있게 되는데, 건축법 제2조 제2항은 '창고시설(제18호)'과 '자동차 관련 시설(제20호)'을 별도의 용도로 규정하고 있고, 건축법 시행령 제3조의5 및 별표 1에 따르면 주차장시설이 자동차 관련 시설의 한 종류로 되어 있으므로 둘 이상의 용도에 사용되는 건축물이므로 공중이용시설에 해당되는 것인지, 아니면 건축법 제2조 제2항에 따른 용도는 한 가지로서 단일용도 건축물로 보아 공중이용시설이 아닌 것인지 등 명확하지 않은 부분이 있다는 비판이 있다.[57]

---

57 김상민, 앞의 토론회 발표자료, p. 3.

중대재해 처벌 등에 관한 법률 시행령 [별표 2]

법 제2조 제4호 가목의 시설 중 공중이용시설(제3조 제1호 관련)

1. 모든 지하역사(출입통로·대합실·승강장 및 환승통로와 이에 딸린 시설을 포함한다)
2. 연면적 2천제곱미터 이상인 지하도상가(지상건물에 딸린 지하층의 시설을 포함한다. 이하 같다). 이 경우 연속되어 있는 둘 이상의 지하도상가의 연면적 합계가 2천 제곱미터 이상인 경우를 포함한다.
3. 철도역사의 시설 중 연면적 2천제곱미터 이상인 대합실
4. 「여객자동차 운수사업법」 제2조 제5호의 여객자동차터미널 중 연면적 2천제곱미터 이상인 대합실
5. 「항만법」 제2조 제5호의 항만시설 중 연면적 5천제곱미터 이상인 대합실
6. 「공항시설법」 제2조 제7호의 공항시설 중 연면적 1천5백제곱미터 이상인 여객터미널
7. 「도서관법」 제2조 제1호의 도서관 중 연면적 3천제곱미터 이상인 것
8. 「박물관 및 미술관 진흥법」 제2조 제1호 및 제2호의 박물관 및 미술관 중 연면적 3천제곱미터 이상인 것
9. 「의료법」 제3조 제2항의 의료기관 중 연면적 2천제곱미터 이상이거나 병상 수 100개 이상인 것
10. 「노인복지법」 제34조 제1항 제1호의 노인요양시설 중 연면적 1천제곱미터 이상인 것
11. 「영유아보육법」 제2조 제3호의 어린이집 중 연면적 430제곱미터 이상인 것
12. 「어린이놀이시설 안전관리법」 제2조 제2호의 어린이놀이시설 중 연면적 430제곱미터 이상인 실내 어린이놀이시설
13. 「유통산업발전법」 제2조 제3호의 대규모점포. 다만, 「전통시장 및 상점가 육성을 위한 특별법」 제2조 제1호의 전통시장은 제외한다.
14. 「장사 등에 관한 법률」 제29조에 따른 장례식장 중 지하에 위치한 시설로서 연면적 1천제곱미터 이상인 것
15. 「전시산업발전법」 제2조 제4호의 전시시설 중 옥내시설로서 연면적 2천제곱미터 이상인 것
16. 「건축법」 제2조 제2항 제14호의 업무시설 중 연면적 3천제곱미터 이상인 것. 다만, 「건축법 시행령」 별표 1 제14호나목2)의 오피스텔은 제외한다.
17. 「건축법」 제2조 제2항에 따라 구분된 용도 중 둘 이상의 용도에 사용되는 건축물로서 연면적 2천제곱미터 이상인 것. 다만, 「건축법 시행령」 별표 1 제2호의 공동주택 또는 같은 표 제14호 나목2)의 오피스텔이 포함된 경우는 제외한다.
18. 「공연법」 제2조 제4호의 공연장 중 객석 수 1천석 이상인 실내 공연장

19. 「체육시설의 설치·이용에 관한 법률」 제2조 제1호의 체육시설 중 관람석 수 1천석 이상인 실내 체육시설

[비고]: 둘 이상의 건축물로 이루어진 시설의 연면적은 개별 건축물의 연면적을 모두 합산한 면적으로 한다.

시행령 [별표 2]의 공중이용시설을 면적별로 구분하여 표로 정리하면 아래와 같다.

모든 지하역사(출입통로·대합실·승강장 및 환승통로 및 부속 시설 포함), 대규모점포	제한 없음
어린이집, 실내 어린이 놀이시설	연면적 430㎡ 이상
노인요양시설, 지하 장례식장	연면적 1,000㎡ 이상
공항시설 중 여객터미널	연면적 1,500㎡ 이상
지하도상가, 대합실(철도역사, 여객자동차터미널), 옥내 전시시설, 복합용도 건축물	연면적 2,000㎡ 이상
도서관, 박물관 및 미술관, 업무시설(오피스텔 제외)	연면적 3,000㎡ 이상
항만시설 중 대합실	연면적 5,000㎡ 이상
의료기관	연면적 2,000㎡ 이상 또는 병상 수 100개 이상
실내 공연장, 실내 체육시설	객석/관람석 1,000석 이상

(2) 시설물안전법상 시설물 중 공중이용시설(시행령 제3조 제2호)

시행령 제3조 (공중이용시설) 법 제2조 제4호 각 목 외의 부분 본문에서 "대통령령으로 정하는 시설"이란 다음 각 호의 시설을 말한다.
2. 법 제2조 제4호 나목의 시설물 중 별표 3에서 정하는 시설물. 다만, 다음 각 목의 건축물은 제외한다.
　가. 주택과 주택 외의 시설을 동일 건축물로 건축한 건축물
　나. 건축물의 주용도가 「건축법 시행령」 별표 1 제14호 나목 2)의 오피스텔인 건축물

시행령 제3조 제2호는 공중이용시설 중 하나로 '법 제2조 제4호 나목의 시설물 중 별표 3에서 정하는 시설물'을 규정하고 있다.

'법 제2조 제4호 나목의 시설물'이란 시설물안전법 제2조 제1호의 시설물을 말하는 것으로 '건설공사를 통하여 만들어진 교량·터널·항만·댐·건축물 등 구조물과 그 부대시설로서 제7조 각 호에 따른 제1종시설물, 제2종시설물 및 제3종시설물'을 말한다(시설물안전법 제2조 제1호).

시설물안전법 제7조에서는 시설물의 종류를 제1종시설물, 제2종시설물, 제3종시설물의 3종으로 나누어 규정하고 있는데, 제1종시설물은 공중의 이용편의와 안전을 도모하기 위하여 특별히 관리할 필요가 있거나 구조상 안전 및 유지관리에 고도의 기술이 필요한 대규모 시설물이고, 제2종시설물은 제1종시설물 외에 사회기반시설 등 재난이 발생할 위험이 높거나 재난을 예방하기 위하여 계속적으로 관리할 필요가 있는 시설물이며, 제1종시설물과 제2종시설물은 시설물안전법 시행령 [별표 1]에서 구체적으로 정하고 있다. 제3종시설물은 제1종시설물과 제2종시설물 외에 안전관리가 필요한 소규모 시설물로서 중앙행정기관의 장 또는 지방자치단체의 장이 지정, 고시한 시설물이다.[58]

---

[58] 시설물통합정보관리시스템(FMS: https://www.fms.or.kr)에서 제1종시설물과 제2종시설물의 유형과 세부 분류, 주요 제원 등의 정보를 관리하고 있어서 공중이용시설의 범위에 해당하는지 여부를 확인할 수 있고, 도로시설중 준공 후 10년이 경과된 도로터널, 도로교량등의 정보는 도로법 제56조에 따라 작성하여 보관중인 도로대상에서 준공년도 등 정보를 확인하여 공중이용시설의 범위에 해당하는지 확인할 수 있으며, 건축물의 경우는 건축물대장에서 용도, 연면적 등의 정보를 확인하여 공중이용시설의 범위에 해당하는지 확인할 수 있다(국토교통부, 중대재해처벌법해설 – 중대시민재해(시설물·공중교통수단), 2021, p. 14.)

따라서 시설물안전법 제7조에서 규정하고 있는 각호의 시설물과 그 부대시설 중 중대재해처벌법 시행령 [별표 3]에서 정하는 시설물이 중대재해처벌법이 적용되는 공중이용시설이 된다.

다만, 여기서 공동주택은 제외하고 있는데(법 제2조 제4호 나목 괄호), 공동주택은 공중이 이용하는 시설이 아니라 사적인 거주 공간에 해당하고, 의무 부과의 대상인 경영책임자등을 특정하기가 현실적으로 어렵다는 점을 감안하여 입법 과정에 시설물의 범위에서 제외하였다[59]. 또한 법 적용 대상인 시설물을 [별표 3]에서 정하면서 별표 상의 건축물 가운데 '주택과 주택 외의 시설을 동일 건축물로 건축한 건축물'과 '건축물의 주용도가 「건축법 시행령」 별표 1 제14호 나목 2)의 오피스텔인 건축물'을 시설물에서 제외하고 있다(시행령 제3조 제2호 단서). 오피스텔은 업무시설의 하나로서 업무를 주로 하며, 분양하거나 임대하는 구획 중 일부 구획에서 숙식을 할 수 있도록 한 건축물로서 국토교통부장관이 고시하는 기준에 적합한 것을 말한다(건축법 시행령 별표 1 제14호 나목 2).

중대재해처벌법 시행령 [별표 3]

법 제2조 제4호 나목의 시설물 중 공중이용시설(제3조 제2호 관련)

1. 교량	
가. 도로교량	1) 상부구조형식이 현수교, 사장교, 아치교 및 트러스교인 교량 2) 최대 경간장 50미터 이상의 교량 3) 연장 100미터 이상의 교량 4) 폭 6미터 이상이고 연장 100미터 이상인 복개구조물
나. 철도교량	1) 고속철도 교량 2) 도시철도의 교량 및 고가교 3) 상부구조형식이 트러스교 및 아치교인 교량 4) 연장 100미터 이상의 교량
2. 터널	
가. 도로터널	1) 연장 1천미터 이상의 터널

---

59 제383회 법제사법위원회(법안심사제1소위원회) 회의록 제4호, 국회사무처, 2021. 1. 5. pp. 71~72.

나. 철도터널	2) 3차로 이상의 터널 3) 터널구간이 연장 100미터 이상인 지하차도 4) 고속국도, 일반국도, 특별시도 및 광역시도의 터널 5) 연장 300미터 이상의 지방도, 시도, 군도 및 구도의 터널
	1) 고속철도 터널 2) 도시철도 터널 3) 연장 1천미터 이상의 터널 4) 특별시 또는 광역시에 있는 터널
3. 항만	
가. 방파제, 파제제 (波除堤) 및 호 안(護岸)	1) 연장 500미터 이상의 방파제 2) 연장 500미터 이상의 파제제 3) 방파제 기능을 하는 연장 500미터 이상의 호안
나. 계류시설	1) 1만톤급 이상의 원유부이식 계류시설(부대시설인 해저송유관 을 포함한다) 2) 1만톤급 이상의 말뚝구조의 계류시설 3) 1만톤급 이상의 중력식 계류시설
4. 댐	1) 다목적댐, 발전용댐, 홍수전용댐 2) 지방상수도전용댐 3) 총저수용량 1백만톤 이상의 용수전용댐
5. 건축물	1) 고속철도, 도시철도 및 광역철도 역 시설 2) 16층 이상이거나 연면적 3만제곱미터 이상의 건축물 3) 연면적 5천제곱미터 이상(각 용도별 시설의 합계를 말한다) 의 문화·집회 시설, 종교시설, 판매시설, 운수시설 중 여객용 시설, 의료시설, 노유자시설, 수련시설, 운동시설, 숙박시설 중 관광숙박시설 및 관광휴게시설
6. 하천	
가. 하구둑	1) 하구둑 2) 포용조수량 1천만톤 이상의 방조제
나. 제방	국가하천의 제방[부속시설인 통관(通管) 및 호안(護岸)을 포함한다]
다. 보	국가하천에 설치된 다기능 보
7. 상하수도	
가. 상수도	1) 광역상수도

	2) 공업용수도
	3) 지방상수도
나. 하수도	공공하수처리시설 중 1일 최대처리용량 500톤 이상인 시설
8. 옹벽 및 절토사면 (깎기비탈면)	1) 지면으로부터 노출된 높이가 5미터 이상인 부분의 합이 100미터 이상인 옹벽 2) 지면으로부터 연직(鉛直)높이(옹벽이 있는 경우 옹벽 상단으로부터의 높이를 말한다) 30미터 이상을 포함한 절토부(땅깎기를 한 부분을 말한다)로서 단일 수평연장 100미터 이상인 절토사면

시행령 [별표 3]의 공중이용시설을 표로 정리하면 아래와 같다. 도로시설(도로교량, 도로터널), 철도시설(철도교량, 철도터널), 항만시설, 댐시설, 건축물, 하천시설, 상하수도시설, 옹벽 및 절토사면으로 분류할 수 있다.

• 교량(도로교량, 철도교량)	• 터널(도로터널, 철도터널)
• 항만(방파제, 파제제, 호안, 계류시설)	• 댐
• 건축물 − 역 시설(고속철도, 도시철도, 광역철도) − 16층 이상 또는 연면적 30,000미터^2 이상 건축물 − 연면적 5,000미터^2 이상의 문화 및 집회시설, 종교시설, 판매시설, 운수시설 중 여객용 시설, 의료시설, 노유자시설, 수련시설, 운동시설, 숙박시설 중 관광숙박시설 및 관광 휴게시설	• 하천(하구둑, 제방, 보)
	• 상하수도(상수도, 하수도)
	• 옹벽 및 절도사면
	• 공동구(지하 매설물 수용 시설)

시행령 별표 3의 공중이용시설은 대부분 시설물안전법상 제1종시설물과 제2종시설물에 해당한다.[60] 다만 제1종 및 제2종시설물을 규정한 시설물안전법 제7조, 시설물안전법 시행령 제4조, 시행령 별표 1(제1종시설물 및 제2종시설물의 종류)에 규정된 시설물 가운데 갑문, 공동주택, 수문 및 통문, 배수펌프장은 제외되어 있다.

위 시행령 별표 3에 대하여는 '3. 항만시설' 중 '나. 계류시설'의 경우, 일반시민

---

60 국토교통부, 앞의 해설서 p. 13.

들의 접근이 제한적인 시설로서 불특정 다수가 이용가능한 시설이 아님에도 불구하고 공중이용시설에 포함되어 있으므로 제외되어야 한다는 비판,[61] '5. 건축물'의 경우, 면적에 따라 공중이용시설 해당 여부를 정하고 있는데, 한 건물에 여러 임차인이 있는 경우 건물 전체는 위 면적기준을 충족하나, 그 건축물 일부를 임차한 임차인에게도 중대시민재해 규정이 적용되는지 여부가 불분명하고, 임차 면적이 면적요건을 충족하는 경우에도 건물의 관리는 전체적으로 이루어지는 측면이 있어 임차인이 자신의 임차 면적에 국한하여 적정한 관리를 하는 것이 현실적으로 쉽지 않다는 비판이 있다.[62]

(3) 다중이용업소법상 영업장 중 공중이용시설(시행령 제3조 제3호)

> 시행령 제3조 (공중이용시설) 법 제2조 제4호 각 목 외의 부분 본문에서 "대통령령으로 정하는 시설"이란 다음 각 호의 시설을 말한다.
> 3. 법 제2조 제4호 다목의 영업장

중대재해처벌법 시행령 제3조 제3호는 '법 제2조 제4호 다목의 영업장'을 공중이용시설로 규정하고 있다. 법 제2조 제4호 다목의 영업장은 '다중이용업소법 제2조 제1항 제1호에 따른 영업장 중 해당 영업에 사용하는 바닥면적(「건축법」 제84조에 따라 산정한 면적을 말한다)의 합계가 1천제곱미터 이상인 것'을 말한다.

다중이용업소법상 영업장의 경우에는 법률에서 이미 '해당 영업에 사용하는 바닥면적의 합계가 1천제곱미터 이상인 것'만을 적용 대상으로 규정하고 있는 까닭에 시행령에서는 법에서 규정하고 있는 영업장의 범위 그대로를 공중이용시설로 규정하고 있다.

법 제2조 제4호 다목의 영업장에 해당하기 위해서는, 먼저 다중이용업소법 제2조 제1항 제1호의 다중이용업에 사용되는 영업장이어야 한다. 다중이용업소법상 다중이용업은 "불특정 다수인이 이용하는 영업 중 화재 등 재난 발생시 생명·신체·재산상의 피해가 발생할 우려가 높은 것으로서 대통령령으로 정하는 영업"이라고 규

---

61 경총 등, 앞의 건의서 pp. 11~12.
62 김상민, 앞의 토론회 발표자료 p. 3.

정되어 있고(제2조 제1항 제1호), 다중이용업소법 시행령은 제2조에서 다중이용업을 휴게음식점영업, 단란주점영업, 유흥주점영업, 영화상영관·비디오물감상실업·비디오물소극장업 및 복합영상물제공업 등으로 규정하고 있다.

다중이용업소의 안전관리에 관한 특별법 시행령

제2조 (다중이용업)「다중이용업소의 안전관리에 관한 특별법」(이하 "법"이라 한다) 제2조 제1항 제1호에서 "대통령령으로 정하는 영업"이란 다음 각 호의 어느 하나에 해당하는 영업을 말한다.

1. 「식품위생법 시행령」 제21조 제8호에 따른 식품접객업 중 다음 각 목의 어느 하나에 해당하는 것
   가. 휴게음식점영업·제과점영업 또는 일반음식점영업으로서 영업장으로 사용하는 바닥면적(「건축법 시행령」 제119조 제1항 제3호에 따라 산정한 면적을 말한다. 이하 같다)의 합계가 100제곱미터(영업장이 지하층에 설치된 경우에는 그 영업장의 바닥면적 합계가 66제곱미터) 이상인 것. 다만, 영업장(내부계단으로 연결된 복층구조의 영업장을 제외한다)이 다음의 어느 하나에 해당하는 층에 설치되고 그 영업장의 주된 출입구가 건축물 외부의 지면과 직접 연결되는 곳에서 하는 영업을 제외한다.
      1) 지상 1층
      2) 지상과 직접 접하는 층
   나. 단란주점영업과 유흥주점영업
2. 「영화 및 비디오물의 진흥에 관한 법률」 제2조 제10호, 같은 조 제16호 가목·나목 및 라목에 따른 영화상영관·비디오물감상실업·비디오물소극장업 및 복합영상물제공업
3. 「학원의 설립·운영 및 과외교습에 관한 법률」 제2조 제1호에 따른 학원(이하 "학원"이라 한다)으로서 다음 각 목의 어느 하나에 해당하는 것
   가. 「화재예방, 소방시설 설치·유지 및 안전관리에 관한 법률 시행령」 별표 4에 따라 산정된 수용인원(이하 "수용인원"이라 한다)이 300명 이상인 것
   나. 수용인원 100명 이상 300명 미만으로서 다음의 어느 하나에 해당하는 것. 다만, 학원으로 사용하는 부분과 다른 용도로 사용하는 부분(학원의 운영권자를 달리하는 학원과 학원을 포함한다)이 「건축법 시행령」 제46조에 따른 방화구획으로 나누어진 경우는 제외한다.
      (1) 하나의 건축물에 학원과 기숙사가 함께 있는 학원
      (2) 하나의 건축물에 학원이 둘 이상 있는 경우로서 학원의 수용인원이 300명 이상인 학원

---

(3) 하나의 건축물에 제1호, 제2호, 제4호부터 제7호까지, 제7호의2부터 제7호의5까지 및 제8호의 다중이용업 중 어느 하나 이상의 다중이용업과 학원이 함께 있는 경우

4. 목욕장업으로서 다음 각 목에 해당하는 것

　가. 하나의 영업장에서 「공중위생관리법」 제2조 제1항 제3호 가목에 따른 목욕장업 중 맥반석·황토·옥 등을 직접 또는 간접 가열하여 발생하는 열기나 원적외선 등을 이용하여 땀을 배출하게 할 수 있는 시설 및 설비를 갖춘 것으로서 수용인원(물로 목욕을 할 수 있는 시설부분의 수용인원은 제외한다)이 100명 이상인 것

　나. 「공중위생관리법」 제2조 제1항 제3호 나목의 시설 및 설비를 갖춘 목욕장업

5. 「게임산업진흥에 관한 법률」 제2조 제6호·제6호의2·제7호 및 제8호의 게임제공업·인터넷컴퓨터게임시설제공업 및 복합유통게임제공업. 다만, 게임제공업 및 인터넷컴퓨터게임시설제공업의 경우에는 영업장(내부계단으로 연결된 복층구조의 영업장은 제외한다)이 다음 각 목의 어느 하나에 해당하는 층에 설치되고 그 영업장의 주된 출입구가 건축물 외부의 지면과 직접 연결된 구조에 해당하는 경우는 제외한다.

　가. 지상 1층

　나. 지상과 직접 접하는 층

6. 「음악산업진흥에 관한 법률」 제2조 제13호에 따른 노래연습장업

7. 「모자보건법」 제2조 제10호에 따른 산후조리업

7의2. 고시원업[구획된 실(室) 안에 학습자가 공부할 수 있는 시설을 갖추고 숙박 또는 숙식을 제공하는 형태의 영업]

7의3. 「사격 및 사격장 안전관리에 관한 법률 시행령」 제2조 제1항 및 별표 1에 따른 권총사격장(실내사격장에 한정하며, 같은 조 제1항에 따른 종합사격장에 설치된 경우를 포함한다)

7의4. 「체육시설의 설치·이용에 관한 법률」 제10조 제1항 제2호에 따른 가상체험 체육시설업(실내에 1개 이상의 별도의 구획된 실을 만들어 골프 종목의 운동이 가능한 시설을 경영하는 영업으로 한정한다)

7의5. 「의료법」 제82조 제4항에 따른 안마시술소

8. 법 제15조 제2항에 따른 화재위험평가결과 위험유발지수가 제11조 제1항에 해당하거나 화재발생시 인명피해가 발생할 우려가 높은 불특정다수인이 출입하는 영업으로서 행정안전부령으로 정하는 영업. 이 경우 소방청장은 관계 중앙행정기관의 장과 미리 협의하여야 한다.

중대재해처벌법법상의 영업장에 해당하기 위해서는 다중이용업 영업장 중 해당

영업에 사용하는 바닥면적의 합계가 1천제곱미터 이상이 되어야 한다. 규정에서 명시하고 있듯이 여기서 바닥면적은 해당 영업에 사용하는 면적만을 말하는 것이지 건물 전체의 면적을 말하는 것이 아니다.[63]

바닥면적은 건축법 제84조에 따라 산정한 면적을 말하고 건축법 제84조는 건축물의 바닥면적 등 산정방법을 대통령령에 위임하고 있다. 해당 영업·시설 등으로 사용하는 바닥면적의 합계는 '다중이용업소 안전시설 등 완비증명서', 또는 '영업허가·신고·등록증', '사업자등록증', '건축물대장' 등에 기재된 면적으로 확인이 가능하다.[64]

다중이용업소법에 따른 영업장의 바닥면적이 1천제곱미터 이상인 것을 중대재해처벌법의 적용 대상으로 삼은 것은 일반적으로 바닥면적 합계 1천제곱미터를 기준으로 건축물의 위험도를 구분하고 이에 따른 입법례들이 적지 않다는 점을 참작한 것인데,[65] 이에 대하여는 형벌 법규의 적용 범위를 합리적 이유 없이 자의적으로 결정함으로써 법 시행 과정에 형평성을 침해할 수 있다는 비판적 견해가 있다.[66]

(4) 기타 공중이용시설(시행령 제3조 제4호)

> 시행령 제3조 (공중이용시설) 법 제2조 제4호 각 목 외의 부분 본문에서 "대통령령으로 정하는 시설"이란 다음 각 호의 시설을 말한다.
> 4. 법 제2조 제4호 라목의 시설 중 다음 각 목의 시설(제2호의 시설물은 제외한다)
>   가. 「도로법」 제10조 각 호의 도로에 설치된 연장 20미터 이상인 도로교량 중 준공 후 10년이 지난 도로교량
>   나. 「도로법」 제10조 제4호부터 제7호까지에서 정한 지방도·시도·군도·구도의 도로터널과 「농어촌도로 정비법 시행령」 제2조 제1호의 터널 중 준공 후 10년이 지난 도로터널
>   다. 「철도산업발전기본법」 제3조 제2호의 철도시설 중 준공 후 10년이 지난 철도교량
>   라. 「철도산업발전기본법」 제3조 제2호의 철도시설 중 준공 후 10년이 지난 철도터널 (특별시 및 광역시 외의 지역에 있는 철도터널로 한정한다)

---

63 제383회 법제사법위원회(법안심사제1소위원회) 회의록 제5호, 국회사무처, 2021. 1. 6. p. 16.
64 소방청, 「중대재해처벌법해설 - 중대시민재해(다중이용시설)」, 2021, p. 7.
65 제383회 법제사법위원회(법안심사제1소위원회) 회의록 제4호, 국회사무처, 2021. 1. 5. p. 72.
66 제383회 법제사법위원회(법안심사제1소위원회) 회의록 제4호, 국회사무처, 2021. 1. 5. pp. 74~75.

마. 다음의 시설 중 개별 사업장 면적이 2천제곱미터 이상인 시설
  1)「석유 및 석유대체연료 사업법 시행령」제2조 제3호의 주유소
  2)「액화석유가스의 안전관리 및 사업법」제2조 제4호의 액화석유가스 충전사업의 사업소
바.「관광진흥법 시행령」제2조 제1항 제5호 가목의 종합유원시설업의 시설 중 같은 법 제33조 제1항에 따른 안전성검사 대상인 유기시설 또는 유기기구

시행령 제3조 제4호는 공중이용시설의 마지막 유형으로 '법 제2조 제4호 라목의 시설', 즉 '재해 발생시 생명·신체상의 피해가 발생할 우려가 높은 장소'를 구체화하여 열거하고 있다.

법 제2조 제4호 라목은 가목 내지 다목에서는 개별법상의 조항을 원용하여 공중이용시설의 유형을 정의하고 있음에 반하여 "그 밖에 가목부터 다목까지에 준하는 시설로서 재해 발생시 생명·신체상의 피해가 발생할 우려가 높은 장소"라고 포괄적으로 규정함으로써 시행령을 통해 탄력적으로 재해 발생시 인명 피해 발생 우려가 높은 장소에서의 중대재해 예방에 대처할 수 있도록 하고 있다.

규정을 정리하면, "(1) 준공 후 10년이 경과된 시설물 중 도로교량(연장 20미터 이상), 철도교량, 도로터널·철도터널(제1종, 제2종 시설물이 아닌 것), (2) 주유소 및 액화석유가스 충전소(각 사업장 면적 2,000제곱미터 이상), (3) 종합유원시설의 유기시설, 유기기구"와 같다. 다만 여기서 시행령 제3조 제2호의 시설물은 제외된다.

다) 소상공인 사업장과 비영리시설 및 교육시설의 제외(법 제2조 제4호 단서)

제2조 (정의) 이 법에서 사용하는 용어의 뜻은 다음과 같다.
4. (본문 생략) 다만,「소상공인 보호 및 지원에 관한 법률」제2조에 따른 소상공인의 사업 또는 사업장 및 이에 준하는 비영리시설과 「교육시설 등의 안전 및 유지관리 등에 관한 법률」제2조 제1호에 따른 교육시설을 제외한다.

법 제2조 제4호는 '공중이용시설'에서 「소상공인 보호 및 지원에 관한 법률」제2조에 따른 소상공인의 사업 또는 사업장 및 이에 준하는 비영리시설과 「교육시설 등의 안전 및 유지관리 등에 관한 법률」제2조 제1호에 따른 교육시설을 제외하

고 있다.

먼저, 「소상공인 보호 및 지원에 관한 법률(이하 "소상공인법"으로 약칭한다)」 제2조에 따른 소상공인의 사업 또는 사업장이 공중이용시설에서 제외되는데, 소상공인법 제2조는 소상공인을 "소상공인기본법 제2조에 따른 소상공인을 말한다"라고 규정하고 있고, 「소상공인기본법」 제2조는 중소기업기본법 제2조 제2항의 소기업 중에서 상시근로자 수가 10명 미만이고, 업종별 상시근로자 수 등이 대통령령으로 정하는 기준에 해당하는 자를 "소상공인"으로 규정하고 있다. 소상공인기본법 시행령은 업종별 상시근로자 등의 기준을 주된 사업에 종사하는 상시근로자의 수가 광업·제조업·건설업 및 운수업의 경우는 10명 미만, 그 외의 업종은 5명 미만으로 규정하고 있다(소상공인기본법 시행령 제3조).[67] 비영리시설도 상시근로자 수 등을 고려하여 소상공인의 사업 또는 사업장에 준하여 판단하면 된다.

다음으로, 「교육시설 등의 안전 및 유지관리 등에 관한 법률(이하 "교육시설법"으로 약칭한다)」 제2조 제1호에 따른 교육시설이 공중이용시설에서 제외되는데, 교육시설법 제2조 제1호는 교육시설을 「유아교육법」 제2조 제2호에 따른 유치원, 「초·중등교육법」 제2조에 따른 학교, 「고등교육법」 제2조에 따른 학교, 「평생교육법」 제31조 제2항 및 제4항에 따른 학력·학위가 인정되는 평생교육시설, 다른 법률에 따라 설치된 각급 학교(국방·치안 등의 사유로 정보공시가 어렵다고 대통령령으로 정하는 학교[68]는 제외), 그 밖에 대통령령으로 정하는 교육관련 시설[69]로 규정하고 있다.

소상공인등의 공중이용시설에 대한 적용 제외는 영세 소상공인 등의 경영사정을 감안한 것이고, 교육시설은 교육시설법 등에서 안전점검 등에 대한 의무가 별도로 부여되어 있을 뿐만 아니라 불특정 다수인의 이용을 전제로 한 시설이 아니라는

---

67 소상공인 해당 여부는 '중소기업현황정보시스템(sminfo.mss.go.kr)을 통해 '중소기업확인서(소상공인)'를 발급받을 수 있다.

68 「교육관련기관의 정보공개에 관한 특례법 시행령」 제2조에 따른 학교를 말하는 것으로, 공군항공과학고등학교, 육·해·공군 사관학교, 국방대학교, 경찰대학, 국군간호사관학교, 육군3사관학교 등이 여기에 해당한다.

69 「지방교육자치에 관한 법률」 제32조에 따른 교육기관의 시설로서, 교육감이 소관 사무의 범위 안에서 대통령령 또는 조례로 정하는 바에 따라 설치한 교육기관이 이에 해당한다. 서울시의 경우 서울특별시교육청교육연구정보원, 서울특별시교육청과학전시관, 서울특별시교육청교육연수원, 서울특별시교육청학생교육원, 서울특별시교육청유아교육진흥원, 서울특별시교육청학교보건진흥원, 서울특별시교육청학생체육관 등이 있다.

의견이 입법과정에 반영된 결과이다.

2) 공중교통수단

가) 개념

> 제2조 (정의) 이 법에서 사용하는 용어의 뜻은 다음과 같다
> 5. "공중교통수단"이란 불특정다수인이 이용하는 다음 각 목의 어느 하나에 해당하는 시설을 말한다.
> 　가.「도시철도법」제2조 제2호에 따른 도시철도의 운행에 사용되는 도시철도차량
> 　나.「철도산업발전기본법」제3조 제4호에 따른 철도차량 중 동력차·객차(「철도사업법」제2조 제5호에 따른 전용철도에 사용되는 경우는 제외한다)
> 　다.「여객자동차 운수사업법 시행령」제3조 제1호라목에 따른 노선 여객자동차운송사업에 사용되는 승합자동차
> 　라.「해운법」제2조 제1호의2의 여객선
> 　마.「항공사업법」제2조 제7호에 따른 항공운송사업에 사용되는 항공기

'공중교통수단'이란 불특정 다수인이 이용하는 시설로서, 관련법 소정의 도시철도차량, 철도차량 중 동력차·객차(전용철도에 사용되는 경우는 제외), 시외버스 운송사업에 사용되는 승합자동차, 여객선, 항공운송사업에 사용되는 항공기를 말한다(법 제2조 제5호).

구체적으로 ①「도시철도법」제2조 제2호에 따른 도시철도의 운행에 사용되는 도시철도차량(가목), ②「철도산업발전기본법」제3조 제4호에 따른 철도차량 중 동력차·객차(「철도사업법」제2조 제5호에 따른 전용철도에 사용되는 경우는 제외한다)(나목), ③「여객자동차 운수사업법 시행령」제3조 제1호 라목에 따른 노선 여객자동차운송사업에 사용되는 승합자동차(다목), ④「해운법」제2조 제1호의2의 여객선(라목), ⑤「항공사업법」제2조 제7호에 따른 항공운송사업에 사용되는 항공기(마목)를 말한다.

불특정 다수인이 이용하는 공중교통수단을 말하는 것이므로 농약 살포나 사진 촬영을 목적으로 여객이 탑승하지 않은 채 특정인만 탑승하는 항공기나 자신의 수요에 의해 업체가 회사 내에 철도 궤도를 깔아서 운영하는 전용철도 등은 포함되지

않는다. 또한 시내버스, 농어촌버스, 마을버스의 경우에는 대부분 중소기업에 해당하고 적자 운영 상태인 현실을 감안하여 적용 대상에서 제외하였다.[70]

공중이용시설의 경우에는 법에서 대상 시설을 예시하면서 시설의 규모나 면적 등을 고려하여 대통령령으로 정하도록 위임하였지만(법 제2조 제4호), 공중교통수단의 경우에는 대통령령에 위임하지 않고 법에서 그 적용 범위를 정하고 있다.

나) 중대재해처벌법상의 공중교통수단

(1) 도시철도차량(법 제2조 제5호 가목)

> 제2조 (정의) 이 법에서 사용하는 용어의 뜻은 다음과 같다
> 5. "공중교통수단"이란 불특정다수인이 이용하는 다음 각 목의 어느 하나에 해당하는 시설을 말한다.
>   가. 「도시철도법」 제2조 제2호에 따른 도시철도의 운행에 사용되는 도시철도차량

법 제2조 제5호 가목은 불특정 다수인이 이용하는 '도시철도법 제2조 제2호에 따른 도시철도의 운행에 사용되는 도시철도차량'을 공중교통수단의 하나로 규정하고 있다.

'도시철도'란 도시교통의 원활한 소통을 위하여 도시교통권역에서 건설·운영하는 철도·모노레일·노면전차·선형유도전동기·자기부상열차 등 궤도에 의한 교통시설 및 교통수단을 말한다(도시철도법 제2조 제2호). 도시철도에 해당하는 교통시설 및 교통수단 모두가 공중교통수단에 해당하는 것이 아니라 그중 승객 운송 목적으로 제작되어 도시철도 운행에 사용되는 도시철도차량이 여기에 해당한다.[71] '도시교통권역'이란 도시교통정비 촉진법 제4조에 따라 지정·고시된 교통권역(交通圈域)을 말하고(도시철도법 제2조 제1호), 도시교통정비 촉진법은 도시교통정비지역을 지정·고시할 수 있는 권한을 국토교통부장관에게 부여하면서 도시교통정비지역

---

[70] 제383회 법제사법위원회(법안심사제1소위원회) 회의록 제5호, 국회사무처, 2021. 1. 6. pp. 49~50.
[71] 「도시철도차량 안전기준에 관한 규칙」에서는 "열차"를 "여러 차량이 하나의 편성을 이루어 본선에서 운전할 목적으로 열차번호를 부여받은 도시철도차량"을 말한다고 하면서 "차량"이란 "승객 운송을 목적으로 열차를 구성하는 도시철도차량 1량"을 말한다고 규정하고 있다(동 규칙 제2조 제1호, 제2호).

중 같은 교통생활권에 있는 둘 이상의 인접한 도시교통정비지역 간에 연계(連繫)된 교통 관련 계획을 수립할 수 있도록 교통권역(交通圈域)을 지정·고시할 수 있도록 하고 있다(도시교토정비 촉진법 제3조, 제4조).

'도시철도시설'은 '도시철도의 선로(線路), 역사(驛舍) 및 역 시설'[72]이나 '선로 및 도시철도차량을 보수·정비하기 위한 선로보수기지, 차량정비기지, 차량유치시설, 창고시설 및 기지 시설' 등을 말하는 것으로(도시철도법 제2조 제3호),[73] 중대재해 처벌법상의 공중교통수단에서 제외된다. 법 제2조 제5호에서 공중교통수단을 불특정다수인이 이용하는 '시설'로 정의한 것은 해당 교통수단이 가지고 있는 '시설'로서의 성격을 기술한 것일 뿐 교통시설을 여기에 포함시킨다는 의미는 아니라고 해석된다. 다만, 도시철도시설 중 지하역사나 대합실은 비록 공중교통수단은 아니지만 법 제2조 제4호 가목의 시설중 공중이용시설로서 시행령 [별표 2]에 따라 법 적용의 대상이 될 수 있고, 도시철도의 교량·터널, 도시철도의 역시설은 법 제2조 제4호 나목의 시설물 중 공중이용시설로서 시행령 [별표 3]에 따라 법 적용 대상이 될 수 있다.

뒤에서 보는 바와 같이 법 제2조 제5호 나목이 철도산업기본법 제3조 제4호에 따른 철도차량의 경우는 동력차와 객차만 포함하고 화차와 특수차는 제외하고 있는데, 도시철도의 경우에는 그러한 규정이 없는 것은 도시철도차량에는 화차와 특수차가 없기 때문으로 보인다.

---

72 물류시설, 환승시설 및 역사와 같은 건물에 있는 판매시설·업무시설·근린생활시설·숙박시설·문화 및 집회시설 등을 포함한다(도시철도법 제2조 제3호 괄호).

73 도시철도법 제2조
  3. "도시철도시설"이란 다음 각 목의 어느 하나에 해당하는 시설(부지를 포함한다)을 말한다.
    가. 도시철도의 선로(線路), 역사(驛舍) 및 역 시설(물류시설, 환승시설 및 역사와 같은 건물에 있는 판매시설·업무시설·근린생활시설·숙박시설·문화 및 집회시설 등을 포함한다)
    나. 선로 및 도시철도차량을 보수·정비하기 위한 선로보수기지, 차량정비기지, 차량유치시설, 창고시설 및 기지시설
    다. 도시철도의 전철전력설비, 정보통신설비, 신호 및 열차제어설비
    라. 도시철도 기술의 개발·시험 및 연구를 위한 시설
    마. 도시철도 경영연수 및 철도전문인력을 양성하기 위한 교육훈련시설
    바. 그 밖에 도시철도의 건설, 유지보수 및 운영을 위한 시설로서 대통령령으로 정하는 시설

(2) 철도차량 중 동력차 · 객차(법 제2조 제5호 나목)

제2조 (정의) 이 법에서 사용하는 용어의 뜻은 다음과 같다

5. "공중교통수단"이란 불특정다수인이 이용하는 다음 각 목의 어느 하나에 해당하는 시설
   을 말한다.

　나. 「철도산업발전기본법」 제3조 제4호에 따른 철도차량 중 동력차 · 객차(「철도사업법」
　　　제2조 제5호에 따른 전용철도에 사용되는 경우는 제외한다)

「철도산업발전기본법」 제3조 제4호에 따른 철도차량 중 동력차 · 객차가 공중
교통수단에 해당하는데, 철도사업법 제2조 제5호에 따른 전용철도에 사용되는 경
우는 제외한다. 철도산업발전기본법에 의하면 철도차량은 선로를 운행할 목적으로
제조된 동력차 · 객차 · 화차 및 특수차를 말하는데, 여기서 화차 및 특수차는 공중
교통수단에 포함되지 않는다. 화차는 화물을 운송할 수 있는 구조로 제작된 철도차
량이고, 특수차는 사고복구용차 · 작업차 · 시험차 등 특수사용을 목적으로 제작된
철도차량으로서(철도차량 안전기준에 관한 규칙 제2조 제6호, 제7호), 불특정 다수인이
이용하는 공중의 교통수단이라고 볼 수 없다는 점이 고려된 것이다.

　'동력차'란 동력에 의하여 선로를 이동하는 것을 목적으로 제작된 기관차 및 동
차(제어차를 포함한다)를 말하고, '객차'는 여객 · 수화물 및 우편물을 운송할 수 있는
구조로 제작된 철도차량을 말한다(철도차량 안전기준에 관한 규칙 제2조 제4호, 제5호).
그런데 여기서 다시 법은 동력차와 객차에 해당한다고 하더라도 철도사업법 제2조
제5호에 따른 전용철도에 사용되는 경우에는 공중교통수단에서 제외시키고 있는
데, 전용철도란 다른 사람의 수요에 따른 영업을 목적으로 하지 아니하고 자신의
수요에 따라 특수 목적을 수행하기 위하여 설치하거나 운영하는 철도를 말하는 것
으로(철도사업법 제2조 제5호), 이 역시 불특정 다수인이 이용하는 교통수단이라 볼
수 없기 때문에 제외한 것이다.

　'철도차량'이 아닌 철도의 선로나 역시설 등 '철도시설'은 공중교통수단으로서
의 법 적용 대상에서는 제외되나, 실내공기질법상의 시설 중 하나로서 시행령 제3
조 제1호 [별표 2]에 해당하거나 시설물안전법상의 시설물로서 시행령 제3조 제2
호 [별표 3]에 해당하는 경우에는 공중이용시설에 해당하게 되어 법 적용의 대상이

된다.

즉, 위 [별표 2]는 제1호에서 '모든 지하역사'를 공중이용시설에 포함시키면서 여기에 출입통로, 대합실, 승강장 및 환승통로와 이에 딸린 시설이 포함된다는 점을 명시하고 있고, 제4호에서 '철도역사의 시설 중 연면적 2천제곱미터 이상의 대합실'을 규정하고 있다. 또한, [별표 3]은 제5호 건축물 가운데 하나로 '고속철도, 도시철도 및 광역철도 역시설'과 함께 '연면적 5천제곱미터 이상의 운수시설 중 여객용 시설'을 들고 있다. '운수시설 중 여객용 시설'은 건축법 시행령에서 사용되고 있는 용어인데(건축법 시행령 제2조 제17호), 건축법은 '운수시설'과 관련해 건축물의 용도 중 하나로 운수시설을 규정하고(건축법 제2조 제8호) 동법 시행령은 제3조의5 [별표 1]에서 운수시설의 종류를 '여객자동차터미널, 철도시설, 공항시설, 항만시설, 그 밖에 가목부터 라목까지의 규정에 따른 시설과 비슷한 시설'로 세분하고 있는데, 각 운수시설 중 여객용 시설은 법 적용의 대상에 해당한다.

(3) 노선 여객시외버스운송사업에 사용되는 승합자동차(법 제2조 제5호 다목)

제2조 (정의) 이 법에서 사용하는 용어의 뜻은 다음과 같다
5. "공중교통수단"이란 불특정다수인이 이용하는 다음 각 목의 어느 하나에 해당하는 시설을 말한다.
다. 「여객자동차 운수사업법 시행령」 제3조 제1호 라목에 따른 노선 여객자동차운송사업에 사용되는 승합자동차

여객자동차 운수사업법상 '여객자동차운송사업'은 다른 사람의 수요에 응하여 자동차를 사용하여 유상으로 여객을 운송하는 사업을 말하는데, 여기에는 노선 여객자동차운송사업, 구역 여객자동차운송사업, 수요응답형 여객자동차운송사업의 3가지 유형이 있다(여객자동차 운수사업법 제2조 제3호, 제3조 제1항). 또한 여객자동차 운수사업법 시행령 제3조 제1호에 따르면 '노선 여객자동차운송사업'은 시내버스운송사업, 농어촌버스운송사업, 마을버스운송사업, 시외버스운송사업으로 구분되는데, 이 중 시외버스운송사업에 사용되는 승합자동차만이 중대재해처벌법의 적용 대상인 공중교통수단에 해당한다.

시외버스운송사업은 고속형, 직행형, 일반형 등으로 운행형태가 구분된다. 공

중교통수단이 되기 위해서는 승합자동차여야 하는데, 여객자동차 운수사업법은 자동차를 '자동차관리법 제3조에 따른 승용자동차, 승합자동차 및 특수자동차'를 말한다고 규정하고 있고(여객자동차 운수사업법 제2조 제1호), 자동차관리법은 승합자동차를 '11인 이상을 운송하기에 적합하게 제작된 자동차'로 규정하고 있다(자동차관리법 제3조 제2호).[74] 고속버스와 시외버스가 모두 여기에 해당된다.

다음으로, 승합자동차는 노선 여객자동차운송사업에 사용하는 것이어야 한다. 노선 여객자동차운송사업은 자동차를 정기적으로 운행하려는 구간(路線)을 정하여 여객을 운송하는 사업을 말하는 것이므로(자동차 운수사업법 제3조 제1항 제1호) 단발성으로 운행되는 전세버스의 경우 이에 해당되지 않는다. 셔틀버스(Shuttle Bus) 역시 노선 여객자동차운송사업에 사용되는 것이 아니기 때문에 중대재해처벌법상 시민재해의 적용대상이 된다고 보기 어렵다.

(4) 여객선(법 제2조 제5호 라목)

> 제2조 (정의) 이 법에서 사용하는 용어의 뜻은 다음과 같다
> 5. "공중교통수단"이란 불특정다수인이 이용하는 다음 각 목의 어느 하나에 해당하는 시설을 말한다.
> 　라. 「해운법」 제2조 제1호의 2의 여객선

중대재해처벌법상 공중교통수단인 여객선은 「해운법」 제2조 제1호의2의 여객선을 말하는데, 해운법 제2조 제1호의2의 여객선은 '선박안전법 제2조 제10호에 따른 선박으로서 해양수산부령으로 정하는 선박'을 말한다. 선박안전법 제2조 제10호에서는 이를 '13인 이상의 여객을 운송할 수 있는 선박'으로 규정하고 있으며, 해운법 시행규칙에서는 여객선에 '여객 전용 여객선'뿐만 아니라 '여객 및 화물 겸용 여객선'도 포함시키고 있다. 여객 및 화물 겸용 여객선은 일반카페리 여객선, 쾌속카페리 여객선, 차도선형 여객선으로 구분된다(해운법 시행규칙 제1조의2[75]). 이들 여객

---

[74] 자동차관리법 제3조(자동차의 종류) ① 자동차는 다음 각 호와 같이 구분한다.
　　2. 승합자동차: 11인 이상을 운송하기에 적합하게 제작된 자동차. 다만, 다음 각 목의 어느 하나에 해당하는 자동차는 승차인원과 관계없이 이를 승합자동차로 본다.
　　가. 내부의 특수한 설비로 인하여 승차인원이 10인 이하로 된 자동차
　　나. 국토교통부령으로 정하는 경형자동차로서 승차인원이 10인 이하인 전방조종자동차

선들이 모두 공중교통수단으로서 중대재해처벌법의 적용대상이 된다.

본 목의 공중교통수단과 관련하여, 항만법 제2조 제5호의 항만시설 중 연면적 5천제곱미터 이상의 대합실(시행령 별표 2 제5호), 연장 500미터 이상의 방파제·파제제, 방파제 기능을 하는 연장 500미터 이상의 호안, 1만톤급 이상의 원유부이식, 말뚝구조, 중력식 계류시설, 연면적 5천제곱미터 이상의 운수시설(항만시설) 중 여객용 시설은 이 목의 '공중교통수단'으로서는 법 적용대상이 아니지만 '공중이용시설'로서 법 적용의 대상이 된다(시행령 별표 3 제3호, 제5호).

(5) 항공운송사업에 사용되는 항공기(법 제2조 제5호 마목)

> 제2조 (정의) 이 법에서 사용하는 용어의 뜻은 다음과 같다
> 5. "공중교통수단"이란 불특정다수인이 이용하는 다음 각 목의 어느 하나에 해당하는 시설을 말한다.
> 　마. 「항공사업법」 제2조 제7호에 따른 항공운송사업에 사용되는 항공기

항공사업법상 항공기는 공기의 반작용으로 뜰 수 있는 기기로서 최대이륙중량, 좌석 수 등 국토교통부령으로 정하는 기준에 해당하는 비행기, 헬리콥터, 비행선, 활공기와 그 밖에 대통령령으로 정하는 기기를 말한다(항공사업법 제2조 제2호, 항공안전법 제2조 제1호). 또한 항공사업법상 항공운송사업이란 국내항공운송사업, 국제항공운송사업 및 소형항공운송사업을 말하는데(제2조 제7호), 결과적으로 여객이나 화물을 운송하는 사업에 사용되는 모든 항공기가 공중교통수단에 해당하게 된다.

따라서 항송운송사업이 아닌 항공기사용사업에 이용되는 항공기는 적용 대상

---

75 「해운법 시행규칙」 제1조의2(여객선) 「해운법」 제2조 제1호의2에서 "해양수산부령으로 정하는 선박"이란 다음 각 호의 구분에 따른 선박을 말한다.
　1. 여객 전용 여객선: 여객만을 운송하는 선박
　2. 여객 및 화물 겸용 여객선: 여객 외에 화물을 함께 운송할 수 있는 선박으로서 다음 각 목과 같이 구분되는 선박
　　가. 일반카페리 여객선: 폐위(閉圍)된 차량구역에 차량을 육상교통 등에 이용되는 상태로 적재·운송할 수 있는 선박으로서 시속 25노트 미만으로 항행하는 여객선
　　나. 쾌속카페리 여객선: 폐위된 차량구역에 차량을 육상교통 등에 이용되는 상태로 적재·운송할 수 있는 선박으로서 시속 25노트 이상으로 항행하는 여객선
　　다. 차도선(車渡船)형 여객선: 차량을 육상교통 등에 이용되는 상태로 적재·운송할 수 있는 선박으로 차량구역이 폐위되지 아니한 여객선

에 해당하지 않는다. 항공기사용사업이란 타인의 수요에 맞추어 항공기를 사용하여 유상으로 농약살포, 건설자재 등의 운반, 사진촬영 또는 비행훈련 등 국토교통부령으로 정하는 업무를 하는 사업을 말한다(항공사업법 제2조 제15호).

공항시설법 제2조 제7호의 공항시설 중 연면적 1천 5백제곱미터 이상인 여객터미널, 연면적 5천제곱미터 이상의 공항시설 중 여객용 시설은 이 목의 '공중교통수단'으로서는 법 적용대상이 아니지만 '공중이용시설'로서 법 적용의 대상이 된다(시행령 별표 2 제6호, 별표 3 제5호).

다. 안전 및 보건 확보의무

> 제9조 (사업주와 경영책임자등의 안전 및 보건 확보의무) ② 사업주 또는 경영책임자등은 사업주나 법인 또는 기관이 실질적으로 지배·운영·관리하는 공중이용시설 또는 공중교통수단의 설계, 설치, 관리상의 결함으로 인한 그 이용자 또는 그 밖의 사람의 생명, 신체의 안전을 위하여 다음 각 호에 따른 조치를 하여야 한다.
> 1. 재해예방에 필요한 인력·예산·점검 등 안전보건관리체계의 구축 및 그 이행에 관한 조치
> 2. 재해 발생 시 재발방지 대책의 수립 및 그 이행에 관한 조치
> 3. 중앙행정기관·지방자치단체가 관계 법령에 따라 개선, 시정 등을 명한 사항의 이행에 관한 조치
> 4. 안전·보건 관계 법령에 따른 의무이행에 필요한 관리상의 조치
> ③ 사업주 또는 경영책임자등은 사업주나 법인 또는 기관이 공중이용시설 또는 공중교통수단과 관련하여 제3자에게 도급, 용역, 위탁 등을 행한 경우에는 그 이용자 또는 그 밖의 사람의 생명, 신체의 안전을 위하여 제2항의 조치를 하여야 한다. 다만, 사업주나 법인 또는 기관이 그 시설, 장비, 장소 등에 대하여 실질적으로 지배·운영·관리하는 책임이 있는 경우에 한정한다.
> ④ 제1항 제1호·제4호 및 제2항 제1호·제4호의 조치에 관한 구체적인 사항은 대통령령으로 정한다.

1) 개관

개인사업주 또는 경영책임자등은 사업주나 법인 또는 기관이 실질적으로 지배·

운영·관리하는 공중이용시설 또는 공중교통수단의 설계, 설치, 관리상의 결함으로 인한 그 이용자 또는 그 밖의 사람의 생명, 신체의 안전을 위하여 ① 안전보건관리체계 구축 및 이행에 관한 조치 의무, ② 재해 발생시 재발방지 대책의 수립 및 그 이행에 관한 조치 의무, ③ 개선·시정 명령 이행에 관한 조치 의무, ④ 안전·보건 법령에 따른 의무이행에 필요한 관리상의 조치 의무 등 네 가지의 조치 의무를 이행해야 한다(법 제9조 제2항).

특정 원료 또는 제조물 관련 중대시민재해의 경우와 동일한 내용이고, 제1호와 제4호의 조치에 관한 구체적인 사항을 대통령령으로 위임하고 있는 점도 동일하다(법 제9조 제4항).

다만, 공중이용시설·공중교통수단 관련 중대시민재해의 경우에는 특정 원료 또는 제조물 관련 중대시민재해와는 달리 도급, 용역, 위탁 등 관계에서의 안전 및 보건 확보의무가 추가되어 있다는 점에서 차이가 있다(법 제9조 제3항).

시행령 역시 원료·제조물의 경우와는 달리 공중이용시설·공중교통수단의 경우에는 사업주 또는 경영책임자등이 구축해야 할 안전보건관리체계에 공중이용시설·공중교통수단의 운영·관리 업무의 도급·용역·위탁 시 그 이용자나 그 밖의 사람의 안전 확보에 관한 사항을 포함시킬 것을 요구하고 있다(시행령 제10조 제8호). 법 제5조에는 중대재해의 또 다른 축인 중대산업재해에 동일한 조항을 두고 있는데, 그 입법취지나 문언이 거의 동일하다. 따라서 그 해석도 중대산업재해에서의 해당 조항에 대한 해석을 그대로 따르면 될 것이다.

개인사업주 또는 경영책임자등이 실질적으로 지배·운영·관리하는 공중이용시설 또는 공중교통수단의 설계, 설치, 관리상의 결함으로 인한 그 이용자 또는 그 밖의 사람의 생명, 신체의 안전을 위하여 준수하여야 할 안전보건 확보의무를 시행령 규정까지 포함하여 정리해보면 다음과 같다.

공중이용시설·공중교통수단 관련 안전·보건 확보의무

① 안전보건관리체계 구축 및 이행 조치(법 제9조 제2항 제1호)
  〈시행령 제10조〉
   • 인력(제1호)

- 예산(제2호)
- 안전점검(제3호)
- 안전계획(제4호)
- 점검(제5호)
- 조치(제6호)
- 업무처리절차(제7호)
- 도급 특칙(제8호)
② 재해발생시 재발방지 조치(법 제9조 제2항 제2호)
③ 개선·시정명령 이행 조치(법 제9조 제2항 제3호)
④ 안전·보건 관계법령에 따른 의무이행에 필요한 관리상 조치(제9조 제2항 제4호)
〈시행령 제11조〉
- 의무이행 점검(제1호)
- 점검결과에 따른 인력배치추가예산(제2호)
- 안전교육 점검(제3호)
- 점검결과에 따른 조치(제4호)

사업주 또는 경영책임자등(소상공인기본법 제2조에 따른 소상공인은 제외)은 위 시행령 제10조 제11조의 규정에 따른 조치 등의 이행에 관한 사항을 서면(전자문서 포함)으로 작성하여 그 조치 등을 이행한 날로부터 5년간 보관해야 한다(시행령 제11조).

2) 안전보건관리체계 구축 및 이행에 관한 조치(법 제9조 제2항 제1호)

제9조 (사업주와 경영책임자등의 안전 및 보건 확보의무) ② 사업주 또는 경영책임자등은 사업주나 법인 또는 기관이 실질적으로 지배·운영·관리하는 공중이용시설 또는 공중교통수단의 설계, 설치, 관리상의 결함으로 인한 그 이용자 또는 그 밖의 사람의 생명, 신체의 안전을 위하여 다음 각 호에 따른 조치를 하여야 한다.
1. 재해예방에 필요한 인력·예산·점검 등 안전보건관리체계의 구축 및 그 이행에 관한 조치

사업주 또는 경영책임자등은 안전 및 보건 확보의무의 하나로서 '재해예방에 필요한 인력·예산·점검 등 안전보건관리체계의 구축 및 그 이행에 관한 조치'를 하여야 한다(법 제9조 제2항 제1호).[76]

---

[76] 중대산업재해에서의 의무규정(법 제4조)과 비교해 보면, '인력·예산' 외에 '점검'이 추가되어 있는

인력·예산·점검 등을 안전보건관리체계의 내용으로 예시하고 있으므로 사업주 또는 경영책임자등이 구축해야 할 안전보건관리체계에는 인력·예산·점검에 관한 사항이 필수적으로 포함되어야 한다. 여기서의 조치 의무의 구체적 사항은 대통령령에 위임하고 있는데(법 제9조 제4항), '안전보건관리체계'의 의미에 대해서는 법이나 시행령에서도 밝히고 있지 않다.

법은 중대산업재해의 경우에도 동일하게 '안전보건관리체계'라는 용어를 사용하고 있는데, 이에 대하여 고용노동부는 "산업안전보건법 제2장 제1절의 '안전보건관리체제'와는 다른 개념[77]으로, '안전보건관리체계의 구축 및 이행'이란 근로자를 비롯한 모든 일하는 사람의 안전과 건강을 보호하기 위해 기업 스스로 유해하거나 위험한 요인을 파악하여 제거·대체 및 통제 방안을 마련·이행하며, 이를 지속적으로 개선하는 일련의 활동을 의미한다"라고 설명하고 있다.[78]

위와 같은 중대재해 관련 고용노동부의 해석과 시행령에서 안전보건관리체계 구축 및 이행에 관한 조치의 내용으로 들고 있는 내용, 철도안전법상의 규정[79] 등을 종합하여 '안전보건관리체계'의 개념을 정의해보면 "사업주나 법인 또는 기관이 실질적으로 지배·운영·관리하는 공중이용시설 또는 공중교통수단에서 그 이용자나 그 밖의 사람의 생명, 신체의 안전을 보호하기 위하여 유해하거나 위험한 요인을 파악하여 제거·대체 및 통제할 수 있도록 관련 인력과 예산을 확보하고 안전점검계획을 수립하여 이행하며 재해예방을 위한 업무처리절차를 마련하는 등 안전관리에 관한 유기적 체계"를 의미한다고 할 수 있겠다.

법의 위임을 받아 시행령은 "법 제9조 제2항 제1호에 따른 조치의 구체적인 사

데 입법과정에서 시민재해의 특성상 안전점검 등 위해발생요소를 미리 점검하는 것이 특히 중요하다는 지적에 따라 추가되었다.

[77] 산업안전보건법 제2장 제1절에서 규정하고 있는 '안전보건관리체제'는 사업장의 안전보건관리에 관여하는 조직의 구성과 역할을 규정할 때 사용하는 용어이고, 중대재해처벌법의 '안전보건관리체계'는 조직구성과 역할을 넘어서 사업장의 안전보건 전반의 운영 또는 경영을 할 때 사용하는 용어라고 설명하고 있다. 그러나, 이는 동일한 개념이라고 해석하는 견해도 있다(최정학, 서울대학교 노동법연구회·고용복지법센터 춘계공동학술대회 '노동법과 안전 – 중대재해처벌법시행과 산업안전보건 과제를 중심으로 –'(2021. 5. 15.) 자료집 p. 12).

[78] 고용노동부, 앞의 해설서, 41면.

[79] 철도안전법은 제7조 제1항에서 '안전관리체계'를 '철도운영을 하거나 철도시설을 관리하려는 경우에는 인력, 시설, 차량, 장비, 운영절차, 교육훈련 및 비상대응계획 등 철도 및 철도시설의 안전관리에 관한 유기적 체계'라고 규정하고 있다.

항"을 규정하고 있다. 즉, 시행령 제10조는 안전보건체계 구축 및 이행의 일환으로서 인력 구비 및 배치, 예산의 편성 및 집행, 안전점검에 관한 사항을 정하는 한편 안전계획의 수립과 이행에 관한 사항을 정하고 있고(제1호 내지 제4호), 이상의 인력·예산·점검·안전계획과 관련하여 주기적인 점검과 점검 결과에 따른 추가적인 인력배치·예산편성에 관한 사항도 규정하고 있다(제5호, 제6호). 또한 시행령은 유해·위험 요인의 확인·점검·개선, 비상상황이나 위급상황 발생시 대피 훈련에 관한 사항을 내용으로 한 업무처리절차를 마련하여 이행할 것을 요구하고 있고(제7호), 마지막으로 도급, 용역, 위탁 등 관계에서의 안전 확보에 관한 사항을 규정하고 있다(제8호).

원료·제조물 관련 규정과 비교해 보면, 인력, 예산, 업무처리절차는 비슷하나, 안전점검, 안전계획을 추가하고 있고, 점검의 경우 인력과 예산 외에 안전점검, 안전계획도 그 대상으로 하면서 점검결과에 따른 추가조치를 구분하여 별도로 규정하고 있으며, 도급 등의 특칙을 두고 있다는 차이가 있다.

가) 중대시민재해 예방 업무 수행에 필요한 인력 구비 및 배치(시행령 제10조 제1호)

시행령 제10조 (공중이용시설·공중교통수단 관련 안전보건관리체계 구축 및 이행에 관한 조치) 법 제9조 제2항 제1호에 따른 조치의 구체적인 사항은 다음 각 호와 같다.
1. 다음 각 목의 사항을 이행하는 데 필요한 인력을 갖추어 중대시민재해 예방을 위한 업무를 수행하도록 할 것
   가. 법 제9조 제2항 제4호의 안전·보건 관계 법령에 따른 안전관리 업무의 수행
   나. 제4호에 따라 수립된 안전계획의 이행
   다. 그 밖에 공중이용시설 또는 공중교통수단과 그 이용자나 그 밖의 사람의 안전에 관하여 국토교통부장관이 정하여 고시하는 사항

사업주 또는 경영책임자등은 공중이용시설 또는 공중교통수단에서의 안전보건관리체계의 구축 및 그 이행에 관한 조치의 하나로서 안전관리에 필요한 적정 인력을 구비하여 중대시민재해 예방을 위한 업무를 수행하도록 하여야 한다(시행령 제10조 제1호). 안전관리에 필요한 인력은 ① 법 제9조 제2항 제4호의 안전·보건 관계 법령에 따른 안전관리 업무의 수행(가목) ② 제4호에 따라 수립된 안전계획의 이행

(나목) ③ 그 밖에 공중이용시설 또는 공중교통수단과 그 이용자나 그 밖의 사람의 안전에 관하여 국토교통부장관이 정하여 고시하는 사항을 이행하는 데 필요한 인력을 갖추어야 한다(다목).

(1) 안전 · 보건 관계 법령에 따른 안전관리 업무수행 인력

개인사업주 또는 경영책임자등은 '법 제9조 제2항 제4호의 안전 · 보건 관계 법령'에 따른 안전관리 업무 수행에 필요한 인력을 갖추어야 한다(시행령 제10조 제1호 가목).

여기서의 '안전 · 보건 관계법령'은 해당 공중이용시설, 공중교통수단에 적용되는 것으로서 이용자나 그 밖의 사람의 안전 · 보건을 확보하는 데 관련되는 법령으로서, 공중이용시설 또는 공중교통수단의 안전확보를 목적으로 하는 법률, 대상 공중이용시설 또는 공중교통수단을 이용하는 국민의 안전을 위해 의무를 부과하는 법률, 공중이용시설 및 공중교통수단을 구성하는 구조체, 시설, 설비, 부품 등의 안전에 대하여 안전점검, 보수 · 보강 등을 규정하는 법률, 이용자의 안전을 위해 관리자, 종사자가 관련 교육을 이수하도록 규정하는 법률 등을 말하고 안전확보가 아니라 효율적인 이용, 원활한 교통흐름, 경제적 가치를 고려한 성능개선 등 부가적인 목적을 가진 법령이나 안전 외 목적을 위해 부가로 설치된 부대 시설, 공작물 등에 대하여 규정하는 법령은 이에 해당하지 않는다.[80]

공중이용시설 대상별 안전 · 보건 관계법령과 공중교통수단 대상별 안전 · 보건 관계법령의 예를 들면 다음과 같다.[81]

공중이용시설 대상별 안전 · 보건 관련법령 예시

대분류	세부분류	관련 법령
도로시설	도로교량	시설물안전법
	도로터널	
철도시설	철도교량	시설물안전법
	철도터널	철도건설법 철도안전법

---

80 국토교통부, 앞의 해설서, pp. 29~30.
81 국토교통부, 앞의 해설서, pp. 30~32.

	철도역 시설(철도역사, 대합실 등)	시설물안전법 건축물관리법
공항시설	여객터미널	시설물안전법 건축물관리법
항만시설	방파제, 파제제, 호안	시설물안전법 항만법
댐시설	다목적, 발전용, 홍수전용댐 등)	시설물안전법 댐건설관리법 저수지댐법
건축물	건축물	시설물안전법 건축물관리법 초고층재난관리법
하천시설	하구둑, 제방·보	시설물안전법 하천법
상하수도시설	상하수도	시설물안전법 수도법 하수도법
옹벽 및 절토사면		시설물안전법

공중교통수단 대상별 안전·보건 관련법령 예시

대분류	세부분류	관련 법령
철도분야	도로철도 차량	철도안전법
	철도 차량	
버스분야	시외버스	교통안전법 여객자동차운수사업법 자동차관리법
항공분야	운송용 항공기	항공안전법

이러한 법령에서 안전 관련 업무 수행에 필요한 인력의 자격이나 인원을 정한 규정이 있다면 '안전·보건 관계 법령에 따른 안전관리 업무 수행에 필요한 인력'으로써 그 인력과 인원을 갖추어 중대시민재해 예방을 위한 업무를 수행하도록 하여

야 한다. 기본적으로는 해당 법령에서 정한 최소 기준의 인력 이상을 갖추면 될 것이나, 점검결과 그 인원으로 부족하다고 판단되는 경우에는 인력을 추가로 배치하여야 한다.

여기서의 안전관리 업무 수행에 필요한 인력과 관련한 사례로 2018년 1월 경상남도 밀양시 소재 요양병원에서 발생한 화재 사고를 들 수 있다. 당시 사고로 50명이 사망하고 109명의 부상자가 발생하였는데 요양병원에 입원해 있던 환자들 대다수가 거동이 불편한 고령이고 낙상을 방지하기 위하여 신체보호대를 사용하고 있던 관계로 대피와 구조에 어려움이 있었기 때문에 인명피해가 컸으며, 더욱이 요양병원의 경우 환자들의 특성상 위급상황에 대비하여 의료진 외에도 추가 인력이 필요한 실정임에도 불구하고 해당 병원은 평상시 필수 상근 인력도 두지 않고 있었음이 확인되었다. 즉, 의료법상 입원환자 수(2017년 일 평균 입원환자 77명, 외래환자 112명) 대비 필수 상근 의료 인력으로 의사 6명, 간호사 35명을 두어야 하지만 실제로는 의사 2명, 간호사 3명만을 두었고, 입원환자 200명당 필수 당직 인원으로 의사 1명, 간호사 2명을 두어야 함에도 비용 절감 차원에서 무허가 대진 의사를 당직의사로 활용하고 간호사 대신 간호조무사로 대체하였음이 확인된 바 있다.[82]

(2) 안전계획의 이행 인력

중대재해처벌법 시행령 제10조 제4호는 공중이용시설 또는 공중교통수단에 대해 연 1회 이상 안전계획을 수립하게 하고 충실히 이행하도록 할 조치 의무를 규정하고 있는데, 시행령 제1호는 갖춰야 할 인력에 시행령 제10조 제4호의 안전계획 이행에 필요한 인력까지 구비할 것을 요구하고 있다(시행령 제10조 제1호 나목).

즉, 사업주 또는 경영책임자등은 시행령 제10조 제4호에 따라 수립된 안전계획을 이행하는 데 필요한 인력을 갖추어 중대시민재해 예방을 위한 업무를 수행하도록 하여야 한다.

---

82 창원지방법원 밀양지원 2019. 2. 1. 선고 2018고합6(병합) 판결, 부산고등법원 2019. 8. 28. 선고 2019노74 판결, 대법원 2019. 11. 28. 선고 2019도13536 판결.

(3) 기타 국토부장관 고시 사항 이행 인력

사업주 또는 경영책임자등은 시행령 제10조 제1호 가목, 나목 외의 공중이용시설 또는 공중교통수단과 그 이용자나 그 밖의 사람의 안전에 관하여 국토교통부장관이 정하여 고시하는 사항을 이행하는 데 필요한 인력을 갖추어 중대시민재해 예방을 위한 업무를 수행하도록 하여야 한다(시행령 제10조 제1호 다목).

관련 국토교통부 고시는 '공중이용이설 및 공중교통수단의 재해예방에 필요한 인력 및 예산 편성지침'으로, 고시에는 공중이용시설 및 공중교통수단의 유형과 규모가 다양하고 이를 운영하는 기업 또는 기관의 상황과 여건도 다를 수 있는 점을 감안하여 확보해야 할 안전인력의 수를 직접 규정하기보다는 수행해야 하는 안전업무를 규정하되, 공중이용시설과 공중교통수단의 유해·위험요인 확인·점검업무를 수행하는 인력과 유해·위험요인이 발견되거나 신고가 접수된 경우 긴급안전점검, 긴급안전조치(공중이용시설의 경우 이용제한·위험표지설치등, 공중교통수단의 경우 운행제한 등), 정비·보수·보강 및 교체(공중교통수단의 경우) 등 개선을 위한 업무를 수행할 인력을 확보하도록 하고 있다.[83]

여기서 '공중이용시설 및 공중교통수단의 유해·위험요인'의 예를 들면, 교량의 경우 교면 및 데크표면의 포장불량, 포장손상, 신축이음파손 등과 배수구·배수관 등의 막힘, 누수로 인한 구조물 부식, 난간·연석 파손 등을, 터널의 경우 노면 포장불량, 포장손상 등으로 인한 노면 균열·손상, 방호벽·가드레일 손상 및 결함, 고정부 손상 및 전도우려 등을, 건축물의 경우 난간 손상·미설치, 구조체 손상, 내부 마감손상으로 인한 균열발생, 외부 마감재 손상 등을, 철도차량의 경우 차량부품의 과도한 마모, 탈락 등을 들 수 있다.[84]

이와 관련하여, 국토교통부는 '모든 경우에 인력을 추가 확보하라는 의미는 아니며, 기존에 있는 안전 인력을 활용하여 충분히 업무수행이 가능할 경우, 추가 인력을 확보하지 않아도 해당 의무를 이행한 것으로 볼 수 있다'고 한다.[85]

---

[83] 국토교통부 고시 제2022-55호 '공중이용시설 및 공중교통수단의 재해예방에 필요한 인력 및 예산 편성지침', 제3조 제1항, 제4조 제1항.
[84] 국토교통부, 앞의 해설서, p. 36.
[85] 국토교통부, 앞의 해설서, p. 33.

나) 중대시민재해 예방 업무 수행에 필요한 예산 편성 및 집행

> 시행령 제10조 (공중이용시설·공중교통수단 관련 안전보건관리체계 구축 및 이행에 관한 조치)
> 법 제9조 제2항 제1호에 따른 조치의 구체적인 사항은 다음 각 호와 같다.
> 2. 다음 각 목의 사항을 이행하는 데 필요한 예산을 편성·집행할 것
> 　가. 법 제9조 제2항 제4호의 안전·보건 관계 법령에 따른 인력·시설 및 장비 등의 확
> 　　보·유지와 안전점검 등의 실시
> 　나. 제4호에 따라 수립된 안전계획의 이행
> 　다. 그 밖에 공중이용시설 또는 공중교통수단과 그 이용자나 그 밖의 사람의 안전에 관
> 　　하여 국토교통부장관이 정하여 고시하는 사항

사업주 또는 경영책임자등은 안전·보건관리체계의 구축 및 그 이행에 관한 조치로서, ① 안전·보건 관계 법령에 따른 인력·시설 및 장비 등의 확보·유지와 안전점검 등의 실시(시행령 제10조 제2호 가목), ② 안전계획의 이행(나목), ③ 그 밖에 공중이용시설 또는 공중교통수단과 그 이용자나 그 밖의 사람의 안전에 관하여 국토교통부장관이 정하여 고시하는 사항을 이행(다목)하는 데 필요한 예산을 편성·집행하여야 한다.

사업주 또는 경영책임자등이 편성·집행해야 할 안전 관련 예산으로는, ① 전기안전관리자, 소방안전관리자, 승강기안전관리자 등 안전·보건 관계법령에 따른 안전 인력의 인건비(그 밖의 공중이용시설의 안전 및 유지관리를 위한 인력이 필요하다면 해당 인력의 인건비도 포함), ② 안전 관련 용품 구입비, ③ 안전 교육 이수비, ④ 공중이용시설의 안전점검 및 정밀안전진단 관련 비용, ⑤ 공중이용시설의 보수·보강 등 유지관리 비용 등을 들 수 있다.

경영책임자등은 안전·보건에 관한 조치는 사람의 생명이 달린 문제이므로 회사의 예산을 편성함에 있어서 안전보건예산을 최우선적으로 확보하여야 할 것이지만, 구체적으로 예산을 어떻게 배분하여야 하는지에 대하여는 경영판단이 개입될 수밖에 없는데 형사처벌에 있어서도 이와 같은 경영판단이 합리적이라면 그 판단은 존중되어야 하고, 형사상 책임을 묻지 말아야 할 것이다.[86]

---

86 김동욱, 앞의 토론문, p. 69.

(1) 안전 · 보건 관계 법령에 따른 인력 · 시설 및 장비 등의 확보 · 유지 예산

사업주 또는 경영책임자등은 법 제9조 제2항 제4호의 안전 · 보건 관계 법령에 따른 인력 · 시설 및 장비 등의 확보 · 유지와 안전점검 등의 실시에 필요한 예산을 편성 · 집행해야 한다(시행령 제10조 제2호 가목).

여기에서의 안전 · 보건 관계법령도 구체적으로 규정하고 있지 않으나, 해당 공중이용시설이나 공중교통수단에 적용되는 법령으로서 안전 · 보건과 관계된 법령이라면 그 법령에서 이용자와 그 밖의 사람의 생명, 신체의 안전을 위해 요구하는 인력 · 시설 및 장비 등의 확보 · 유지와 안전점검 등이 예산에 반영하여 집행해야 할 항목이 될 것이다.

(2) 안전계획의 이행 예산

사업주 또는 경영책임자등은 매년도 수립하도록 해야 할 안전계획을 이행하는 데 필요한 예산항목까지 포함하여 예산을 편성하고 집행하여야 한다(법 시행령 제10조 제2호 나목).

사업주 또는 경영책임자등은 사업주나 법인 또는 기관이 실질적으로 지배 · 운영 · 관리하는 공중이용시설 또는 공중교통수단의 설계, 설치, 관리상의 결함으로 인한 중대시민재해 예방을 위해 안전보건관리체계의 구축 및 그 이행을 위한 조치를 취해야 하고 그 구체적 조치의 하나로 연 1회 이상 안전계획을 수립하게 해야 할 의무가 있는데(시행령 제10조 제4호), 사업주 또는 경영책임자등은 위와 같이 수립된 안전계획을 이행하는 데 필요한 항목까지 예산에 편성하도록 하고 있다.

(3) 기타 국토부장관 고시 사항 이행 예산

사업주 또는 경영책임자등은 공중이용시설 또는 공중교통수단과 그 이용자나 그 밖의 사람의 안전에 관하여 국토부장관이 정하여 고시하는 사항을 이행하는 데 필요한 예산을 편성하고 집행하여야 한다(법 시행령 제10조 제2호 다목).

관련 국토교통부 고시는 '공중이용이설 및 공중교통수단의 재해예방에 필요한 인력 및 예산 편성지침'으로, 이 지침에서는 공중이용시설 및 공중교통수단의 유해 · 위험요인 확인 · 점검, 유해 · 위험요인이 발견 또는 신고접수된 경우 긴급안전점검, 긴급안전조치(공중이용시설의 경우 이용제한, 위험표시설치 등, 공중교통수단의 경우 운행제한 등), 정비·보수·보강 및 교체(공중교통수단의 경우) 등 개선, 중대시민재해 발생시 원인 개선과 유사사례방지 등을 위한 종사자 교육 또는 이용자 안내 조치, 안전관리에 필요한 시설 및 설비의 설치, 물품·보호구 및 장비의 구입, 시행령 11조에 따른 안전의무 이행 점검 등의 사항이 이행되도록 예산을 편성하고 집행하여야 한다고 규정하고 있다.[87]

이와 관련하여, 국토교통부에서는 '해당 업무를 수행하는 예산을 꼭 추가 확보하라는 의미는 아니고, 기존에 있는 안전 예산을 활용하여 충분히 업무수행이 가능할 경우, 추가 예산을 확보하지 않아도 해당 의무를 이행한 것으로 볼 수 있다'고 설명한다.[88]

다) 안전·보건 관계 법령에 따른 안전점검 등의 계획 및 수행

시행령 제10조 (공중이용시설·공중교통수단 관련 안전보건관리체계 구축 및 이행에 관한 조치)
법 제9조 제2항 제1호에 따른 조치의 구체적인 사항은 다음 각 호와 같다.
3. 공중이용시설 또는 공중교통수단에 대한 법 제9조 제2항 제4호의 안전·보건 관계 법령에 따른 안전점검 등을 계획하여 수행되도록 할 것

사업주 또는 경영책임자 등은 실질적으로 지배·운영관리하는 공중이용시설 또는 공중교통수단에 대한 안전보건 관계 법령에 따른 안전점검 등을 계획하고 수행하여야 한다.

'안전점검'은 경험과 기술을 갖춘 자가 육안이나 점검기구 등으로 검사하여 공중이용시설 도는 공중교통수단에 내재된 유해·위험요소를 조사하는 행위를 말하고, '법 제9조 제2항 제4호의 안전·보건 관계 법령'은 특정한 법령을 지칭하는 것이 아니라 해당 공중이용시설·공중교통수단에 적용되는 것으로서 이용자나 그 밖의 사람의 안전·보건을 확보하는 데 관련되는 법령을 지칭하는 것이므로, 안전점검 등의 계획은 이와 같은 의미에서의 안전·보건 관계 법령을 따른 것이어야 한다.

---

[87] 국토교통부 고시 제2022-55호 '공중이용시설 및 공중교통수단의 재해예방에 필요한 인력 및 예산 편성지침'(시행 2022. 1. 27.) 제3조 제2항 및 제4조 제2항.
[88] 국토교통부, 앞의 해설서, p. 40.

과거 성수대교 붕괴 사건의 경우 업무상 과실의 내용 중 하나로 정기점검을 제대로 시행하지 아니하여 교량의 균열 및 부식 진행상태를 발견하지 못하였다는 것이 있는바, 해당 사건에 대하여 중대재해처벌법을 적용할 경우 시행령 제10조 제3호 위반에 해당될 여지가 있다.[89]

개인사업주 또는 경영책임자 등은 안전·보건 관계법령에 따른 안전점검이 수행될 수 있도록 하여 운영대상의 안전상태를 확인하고, 재해를 유발할 수 있는 요소를 사전에 파악하고 관리할 수 있도록 해야한다. 관계 법령에 따른 안전점검의 종류와 주기는 해당 공중이용시설 및 공중교통수단의 안전등급, 규모 등에 따라 달라질 수 있는데, 공중이용시설과 공중교통수단 대상별 안전점검의 예를 들면 다음과 같다.[90]

공중이용시설 대상별 안전점검의 예시

〈철도시설 중 철도교량, 철도터널〉

관계법령	관련 조항 및 의무		점검주기
시설물안전법	제11조	정기안전점검	• A·B·C등급: 반기 1회 이상 • D, E등급: 연 3회 이상
		정밀안전점검	• A등급: 3년에 1회 이상 • B·C등급: 2년에 1회 이상 • D·E등급: 1년에 1회 이상
	제12조	정밀안전진단	• A등급: 6년에 1회 이상 • B·C등급: 5년에 1회 이상 • D·E등급: 4년에 1회 이상
철도건설법	제29조	정기점검	• 시설별 별도주기 결정
	제31조	정밀진단	<10년 경과 철도시설물 대상> • A등급: 6년에 1회 이상 • B·C등급: 5년에 1회 이상 • D·E등급: 4년에 1회 이상

---

89 대법원 1997. 11. 28. 선고 97도1741 판결.
90 국토교통부, 앞의 해설서, pp. 44~47.

〈철도시설 중 철도역사, 대합실 등〉

관계법령	관련 조항 및 의무		점검주기
시설물안전법	제11조	정기안전점검	• A·B·C등급: 반기 1회 이상 • D, E등급: 연 3회 이상
		정밀안전점검	• A등급: 3년에 1회 이상 • B·C등급: 2년에 1회 이상 • D·E등급: 1년에 1회 이상
	제12조	정밀안전진단	• A등급: 6년에 1회 이상 • B·C등급: 5년에 1회 이상 • D·E등급: 4년에 1회 이상
건축물관리법	제13조	정기점검	• 최초 5년 이후 3년 단위
	제16조	안전진단	• 필요시

〈항만시설(방파제, 파제제, 호안)〉

관계법령	관련 조항 및 의무		점검주기
시설물안전법	제11조	정기안전점검	• A·B·C등급: 반기 1회 이상 • D·E등급: 연 3회 이상
		정밀안전점검	• A등급: 3년에 1회 이상 • B·C등급: 2년에 1회 이상 • D·E등급: 1년에 1회 이상
	제12조	정밀안전진단	• A등급: 6년에 1회 이상 • B·C등급: 5년에 1회 이상 • D·E등급: 4년에 1회 이상

〈건축물〉

관계법령	관련 조항 및 의무		점검주기
시설물안전법	제11조	정기안전점검	• A·B·C등급: 반기 1회 이상 • D·E등급: 연 3회 이상
		정밀안전점검	• A등급: 3년에 1회 이상 • B·C등급: 2년에 1회 이상 • D·E등급: 1년에 1회 이상

	제12조	정밀안전진단	• A등급: 6년에 1회 이상 • B·C등급: 5년에 1회 이상 • D·E등급: 4년에 1회 이상
건축물관리법	제13조	정기점검	• 최초 5년 이후 3년 단위
	제16조	정밀진단	• 필요시

〈하천시설(하구둑, 제방 보)〉

관계법령	관련 조항 및 의무		점검주기
시설물안전법	제11조	정기안전점검	• A·B·C등급: 반기 1회 이상 • D·E등급: 연 3회 이상
		정밀안전점검	• A등급: 3년에 1회 이상 • B·C등급: 2년에 1회 이상 • D·E등급: 1년에 1회 이상
	제12조	정밀안전진단	• A등급: 6년에 1회 이상 • B·C등급: 5년에 1회 이상 • D·E등급: 4년에 1회 이상
하천법	제13조	안전점검	• 연 2회 이상
	제74조	하천관리상황 점검	• 매년 6월 이전

공중교통수단 대상별 안전점검의 예시

〈철도 분야(도시철도 차량, 철도차량)〉

관계법령	관련 조항 및 의무		점검주기
철도안전법	제38조의 12	정기안전진단	5년 단위

〈버스 분야(시외버스 차량)〉

관계법령	관련 조항 및 의무		점검주기
자동차관리법	제43조	정기검사	• 1년 단위(차령 8년 이하) • 6개월 단위(차령 8년 초과)

〈항공 분야(운송용 항공기)〉

관계법령	관련 조항 및 의무		점검주기
항공안전법	제90조	안전운항체계검사	운항시작 전

사업주 또는 경영책임자 등은 안전점검의 계획 수립과 수행에 관련된 사항을 반기 1회 이상 점검하고, 직접 점검하지 않는 경우에는 점검이 끝난 후 지체 없이 점검결과를 보고받아야 하며(시행령 제10조 제5호), 점검 또는 보고결과에 따라 안전점검 이행을 지시하는 등 중대시민재해 예방에 필요한 조치를 하여야 한다(시행령 제10조 제6호).

라) 안전계획 수립 및 이행

(1) 연 1회 이상 안전계획의 수립 및 충실한 이행

시행령 제10조 (공중이용시설 · 공중교통수단 관련 안전보건관리체계 구축 및 이행에 관한 조치)
법 제9조 제2항 제1호에 따른 조치의 구체적인 사항은 다음 각 호와 같다.
4. 공중이용시설 또는 공중교통수단에 대해 연 1회 이상 다음 각 목의 내용이 포함된 안전계획을 수립하게 하고, 충실히 이행하도록 할 것
　가. 공중이용시설 또는 공중교통수단의 안전과 유지관리를 위한 인력의 확보에 관한 사항
　나. 공중이용시설의 안전점검 또는 정밀안전진단의 실시와 공중교통수단의 점검 · 정비
　　(점검 · 정비에 필요한 장비를 확보하는 것을 포함한다)에 관한 사항
　다. 공중이용시설 또는 공중교통수단의 보수 · 보강 등 유지관리에 관한 사항

사업주 또는 경영책임자등은 공중이용시설 또는 공중교통수단에 대하여 연 1회 이상 안전계획을 수립하게 하고 이를 충실히 이행하도록 하여야 하고(시행령 제10조 제4호 본문), 반기 1회 이상 안전계획의 이행에 관한 사항을 점검하여야 하며, 직접 점검하지 않은 경우에는 점검이 끝난 후 지체 없이 점검결과를 보고받아야 하고(시행령 제10조 제5호), 점검 또는 보고결과에 따라 안전계획에 포함된 사항의 이행을 지시하는 등 중대시민재해 예방에 필요한 조치를 하여야 한다(시행령 제10조 제6호).

사업주 또는 경영책임자등이 연 1회 이상 수립해야 하는 안전계획의 형식과 내용은 해당 공중이용시설 또는 공중교통수단을 운영하는 사업주, 법인 또는 기관의 상황과 여건에 따라 달라질 수 있는데, 공중이용시설 또는 공중교통수단의 제원과 유형 등이 포함되어야 할 것이고, ① 공중이용시설 또는 공중교통수단의 안전과 유지관리를 위한 인력의 확보에 관한 사항 ② 공중이용시설의 안전점검 또는 정밀안전진단의 실시와 공중교통수단의 점검·정비(점검·정비에 필요한 장비를 확보하는 것을 포함한다)에 관한 사항 ③ 공중이용시설 또는 공중교통수단의 보수·보강 등 유지관리에 관한 사항이 포함되어야 한다.

안전계획의 충실한 이행이 가능하도록 사업주 또는 경영책임자등은 이에 필요한 인력을 구비하여 배치하고 예산을 편성·집행해야 한다는 점은 이미 살펴본 바와 같다(시행령 제10조 제1호, 제2호).

시행령 제10조 제3호가 사업주 또는 경영책임자등으로 하여금 사업주나 법인 또는 기관이 실질적으로 지배·운영·관리하는 공중이용시설·공중교통수단에 대하여 안전·보건 법령에 따른 안전점검 등을 계획하여 수행되도록 할 것을 규정하면서 다시 시행령 제10조 제4호에서 사업주 또는 경영책임자등에게 공중이용시설·공중교통수단에 대한 안전계획을 연 1회 이상 수립하도록 하면서 여기에도 안전점검 및 유지보수 등에 관한 사항을 포함시켜 충실히 이행하도록 규정하고 있다. 따라서 사업주 또는 경영책임자등은 해당 공중이용시설 또는 공중교통수단에 적용되는 안전·보건 관계 법령에 안전점검 등에 관한 사항이 없더라도 이를 안전계획에 포함시키고 안전계획에 따라 안전점검등을 충실히 이행하여야 한다.

국토교통부는 "주요의무사항 이행 가이드라인"에서 안전계획 수립의 편의를 제공하기 위하여 안전계획표준(안)을 제시하고 있는데,[91] 하나의 공중이용시설을 운영하는 기업 또는 기관과 하나의 공중교통수단을 운영하는 기업 또는 기관은 표 형식의 간단한 안전계획표준(안)을 활용하도록 하고, 다수 공중이용시설 또는 공중교통수단을 운영하는 기업 또는 기관은 보고서 형식의 안전계획 표준(안)을 활용하도록 하고 있다(제3편 참고자료 중 '안전계획표준(안)' 참고).

---

[91] 국토교통부, 앞의 해설서, pp. 50~52.

(2) 안전계획 수립의 예외

시행령 제10조 (공중이용시설·공중교통수단 관련 안전보건관리체계 구축 및 이행에 관한 조치)
법 제9조 제2항 제1호에 따른 조치의 구체적인 사항은 다음 각 호와 같다.
4. (본문 생략) 다만, 공중이용시설에 대해 「시설물의 안전 및 유지관리에 관한 특별법」
   제6조에 따라 시설물에 대한 안전 및 유지관리계획을 수립·시행하거나 공중이용시설
   또는 공중교통수단에 대해 철도운영자가 「철도안전법」 제6조에 따라 연차별 시행계획
   을 수립·추진하는 경우로서 사업주 또는 경영책임자등이 그 수립 여부 및 내용을 직접
   확인하거나 보고받은 경우에는 안전계획을 수립하여 이행한 것으로 본다.

시행령은 공중이용시설에 대해 시설물의 안전 및 유지관리에 관한 특별법 제6
조에 따라 시설물에 대한 안전 및 유지관리계획을 수립·시행한 경우나 공중이용시
설 또는 공중교통수단에 대해 철도운영자가 철도안전법 제6조에 따라 연차별 시행
계획을 수립·추진하는 경우로서 사업주 또는 경영책임자등이 그 수립 여부 및 내
용을 직접 확인하거나 보고받은 경우에는 안전계획을 수립하여 이행한 것으로 보
고 있다(시행령 제10조 제4호 단서).

시설물안전법은 제5조에서 국토교통부장관으로 하여금 시설물이 안전하게 유지
관리될 수 있도록 하기 위하여 5년마다 시설물의 안전 및 유지관리에 관한 기본계획
을 수립·시행하도록 하고, 제6조에서는 시설물의 관리주체가 기본계획에 따라 소관
시설물에 대한 안전 및 유지 관리계획, 즉 시설물관리계획을 수립·시행하도록 하고
있다(시설물안전법 제6조 제1항, 제2항). 관리주체가 수립·시행해야 하는 시설물관리계
획에는 시설물의 적정한 안전과 유지관리를 위한 조직·인원 및 장비의 확보에 관한
사항, 긴급상황 발생시 조치체계에 관한 사항, 시설물의 설계·시공·감리 및 유지관
리 등에 관련된 설계도서의 수집 및 보존에 관한 사항, 안전점검 또는 정밀안전진단
의 실시에 관한 사항, 보수·보강 등 유지관리 및 그에 필요한 비용에 관한 사항이
포함되어야 한다(시설물안전법 제6조 제3항). 시설물안전법은 시설물관리계획의 수립
시기·내용 등 시설물관리계획의 수립·시행에 필요한 사항을 대통령령으로 위임하
고 있는데(시설물안전법 제6조 제4항), 동법 시행령은 관리주체가 시설물관리계획을
소관 시설물별로 매년 수립·시행하도록 하고 있다(시설물안전법 시행령 제3조 제1항).

또한, 철도안전법은 국토교통부장관이 5년마다 철도안전종합계획을 수립하도록 하고(철도안전법 제5조), 국토교통부장관, 시·도지사 및 철도운영자등이 철도안전종합계획에 따라 소관별로 철도안전 종합계획의 단계적 시행에 필요한 연차별 시행계획을 수립·추진하도록 하고 있다(철도안전법 제6조). 철도안전법 시행령은 시·도지사와 철도운영자 및 철도시설관리자가 다음 연도의 시행계획을 매년 10월 말까지 국토교통부장관에게 제출하도록 하고 있다(철도안전법 시행령 제5조 제1항).

여기서, 시설안전법상 시설물관리계획의 수립·시행 주체는 "관리주체(관계 법령에 따라 해당 시설물의 관리자로 규정된 자나 소유자[92])"이고(시설물안전법 제6조), 철도안전법상 동법 제5조 국토부장관의 철도안전 종합계획에 따라 소관별로 철도안전 종합계획의 단계적 시행에 필요한 연차별 시행계획을 수립·추진해야 할 주체는 철도운영자(철도운영에 관한 업무를 수행하는자[93])이므로(철도안전법 제6조, 정확히는 "국토부장관, 시·도지사 및 철도운영자등"이다), 중대재해처벌법상의 사업주 또는 경영책임자등과는 정확히 일치하지는 않는데, 이를 염두에 두고 중대재해처벌법 시행령에서는 시행령 제10조 제4호 본문에 따른 안전계획 수립·이행이 이루어지도록 해야 할 의무가 면제되기 위해서는 시설물안전법, 철도안전법상의 관련 사항이 충족되는 외에 추가하여 "사업주 또는 경영책임자등이 그 수립 여부 및 내용을 직접 확인하거나 보고"받을 것을 요구하고 있다.

마) 반기 1회 이상 점검 및 점검 결과에 따른 추가 조치

시행령 제10조 (공중이용시설·공중교통수단 관련 안전보건관리체계 구축 및 이행에 관한 조치)
법 제9조 제2항 제1호에 따른 조치의 구체적인 사항은 다음 각 호와 같다.
5. 제1호부터 제4호까지에서 규정한 사항을 반기 1회 이상 점검하고, 직접 점검하지 않은 경우에는 점검이 끝난 후 지체 없이 점검 결과를 보고받을 것
6. 제5호에 따른 점검 또는 보고 결과에 따라 인력을 배치하거나 예산을 추가로 편성·집행하도록 하는 등 중대시민재해 예방에 필요한 조치를 할 것

---

92 시설물안전법 제2조 제1호 "'관리주체'란 관계 법령에 따라 해당 시설물의 관리자로 규정된 자나 해당 시설물의 소유자를 말한다. 이 경우 해당 시설물의 소유자와의 관리계약 등에 따라 시설물의 관리책임을 진 자는 관리주체로 보며, 관리주체는 공공관리주체(公共管理主體)와 민간관리주체(民間管理主體)로 구분한다."
93 철도안전법 제2조 제8호 "'철도운영자'란 철도운영에 관한 업무를 수행하는 자를 말한다."

사업주와 경영책임자등은 시행령 제10조 제1호부터 제4호까지에서 규정한 사항을 반기 1회 이상 점검하고, 직접 점검하지 않은 경우에는 점검이 끝난 후 지체 없이 점검 결과를 보고받아야 하며(시행령 제10조 제5호), 제5호에 따른 점검 또는 보고 결과에 따라 인력을 배치하거나 예산을 추가로 편성·집행하도록 하는 등 중대시민재해 예방에 필요한 조치를 해야 한다(시행령 제10조 제6호).

바) 중대시민재해 예방 업무처리절차 마련 및 이행

(1) 중대시민재해 예방 업무처리절차의 마련 및 이행

시행령 제10조 (공중이용시설·공중교통수단 관련 안전보건관리체계 구축 및 이행에 관한 조치) 법 제9조 제2항 제1호에 따른 조치의 구체적인 사항은 다음 각 호와 같다.
7. 중대시민재해 예방을 위해 다음 각 목의 사항이 포함된 업무처리절차를 마련하여 이행할 것
　가. 공중이용시설 또는 공중교통수단의 유해·위험요인의 확인·점검에 관한 사항
　나. 공중이용시설 또는 공중교통수단의 유해·위험요인을 발견한 경우 해당 사항의 신고·조치요구, 이용 제한, 보수·보강 등 그 개선에 관한 사항
　다. 중대시민재해가 발생한 경우 사상자 등에 대한 긴급구호조치, 공중이용시설 또는 공중교통수단에 대한 긴급안전점검, 위험표지 설치 등 추가 피해방지 조치, 관계 행정기관 등에 대한 신고와 원인조사에 따른 개선조치에 관한 사항
　라. 공중교통수단 또는 「시설물의 안전 및 유지관리에 관한 특별법」 제7조 제1호의 제1종시설물에서 비상상황이나 위급상황 발생 시 대피훈련에 관한 사항

사업주와 경영책임자등은 중대시민재해 예방을 위한 업무처리절차를 마련하여 이행해야 한다(시행령 제10조 제7호 본문).

업무처리절차에는 ① 공중이용시설 또는 공중교통수단의 유해·위험요인의 확인·점검에 관한 사항, ② 공중이용시설 또는 공중교통수단의 유해·위험요인을 발견한 경우 해당 사항의 신고·조치요구, 이용 제한, 보수·보강 등 그 개선에 관한 사항, ③ 중대시민재해가 발생한 경우 사상자 등에 대한 긴급구호조치, 공중이용시설 또는 공중교통수단에 대한 긴급안전점검, 위험표지 설치 등 추가 피해방지 조치, 관계 행정기관 등에 대한 신고와 원인조사에 따른 개선조치에 관한 사항, ④ 공

중교통수단 또는 시설물의 안전 및 유지관리에 관한 특별법 제7조 제1호의 제1종 시설물에서 비상상황이나 위급상황 발생시 대피훈련에 관한 사항이 포함되어야 한다.

이 의무는 경영책임자 등이 기업 또는 기관 차원에서 중대재해를 일으킬 수 있는 유해·위험요인을 파악하고, 발생시 현장에서 담당자들이 잘 대응할 수 있도록 절차 또는 매뉴얼 등을 마련하도록 한 것이다. 이는 경영책임자 등이 공중이용시설 또는 공중교통수단의 유해·위험요인을 직접 확인하거나 보수·보강 등 조치를 직접 수행하라는 의미보다는 유해·위험요인을 확인하고 이를 신고 또는 조치요구를 하여, 보수·보강이 적절히 수행됨으로써 중대시민재해를 예방할 수 있도록 체계와 절차를 마련하라는 취지이다.[94]

(2) 업무처리절차의 대체

> 시행령 제10조 (공중이용시설·공중교통수단 관련 안전보건관리체계 구축 및 이행에 관한 조치)
> 법 제9조 제2항 제1호에 따른 조치의 구체적인 사항은 다음 각 호와 같다.
> 7. (본문 생략) 다만, 철도운영자가 「철도안전법」 제7조에 따라 비상대응계획을 포함한 철도안전관리체계를 수립하여 시행하거나 항공운송사업자가 「항공안전법」 제58조 제2항에 따라 위기대응계획을 포함한 항공안전관리시스템을 마련하여 운용한 경우로서 사업주 또는 경영책임자등이 그 수립 여부 및 내용을 직접 점검하거나 점검 결과를 보고받은 경우에는 업무처리절차를 마련하여 이행한 것으로 본다.

철도운영자가 철도안전법 제7조에 따라 비상대응계획을 포함한 철도안전관리체계를 수립하여 시행하거나 항공운송사업자가 항공안전법 제58조 제2항에 따라 위기대응계획을 포함한 항공안전관리시스템을 마련하여 운용한 경우로서 사업주 또는 경영책임자등이 그 수립 여부 및 내용을 직접 점검하거나 점검 결과를 보고받은 경우에는 업무처리절차를 마련하여 이행한 것으로 본다(시행령 제10조 제7호 단서).

철도안전법에 의하면, 철도운영자등은 철도운영을 하거나 철도시설을 관리하려는 경우에 안전관리체계를 갖추어 국토교통부장관의 승인을 받아야 하고 안전관리체계에는 인력, 시설, 차량, 장비, 운영절차, 교육훈련 외에 비상대응계획까지 포함되어야 하며(철도안전법 제7조 제1항), 항공안전법에 의하면, 항공운송사업자, 항공

---

94 국토교통부, 앞의 해설서, p. 53.

기정비업자, 항공교통관제기관, 공항운영자 및 항행안전시설의 설치자·관리자 등은 국토교통부장관이 마련하여 고시한 항공안전프로그램에 따라 항공기사고 등의 예방 및 비행안전의 확보를 위한 항공안전관리시스템을 마련하고,[95] 국토교통부장관의 승인을 받아 운용하도록 하고 있어(항공안전법 제58조 제2항), 사업주 또는 경영책임자가 이와 같은 안전관리시스템 외에 추가적인 업무처리절차를 마련하라고 하는 것은 중복될 수 있어 사업주 또는 경영책임자가 이와 같은 안전관리체계 수립 여부 및 내용을 점검하거나 점검결과를 보고받은 경우에는 중대시민재해 예방을 위한 업무처리절차를 마련하여 이행한 것으로 보도록 한 것이다.

사) 도급, 용역, 위탁의 경우 의무사항

시행령 제10조 (공중이용시설·공중교통수단 관련 안전보건관리체계 구축 및 이행에 관한 조치)
법 제9조 제2항 제1호에 따른 조치의 구체적인 사항은 다음 각 호와 같다.
8. 제3자에게 공중이용시설 또는 공중교통수단의 운영·관리 업무의 도급, 용역, 위탁 등을 하는 경우 공중이용시설 또는 공중교통수단과 그 이용자나 그 밖의 사람의 안전을 확보하기 위해 다음 각 목에 따른 기준과 절차를 마련하고, 그 기준과 절차에 따라 도급, 용역, 위탁 등이 이루어지는지를 연 1회 이상 점검하고, 직접 점검하지 않은 경우에는 점검이 끝난 후 지체 없이 점검 결과를 보고받을 것
　가. 중대시민재해 예방을 위한 조치능력 및 안전관리능력에 관한 평가기준·절차
　나. 도급, 용역, 위탁 등의 업무 수행 시 중대시민재해 예방을 위해 필요한 비용에 관한 기준

(1) 개관

사업주 또는 경영책임자등은 사업주나 법인 또는 기관이 공중이용시설 또는

---

[95] 항공안전프로그램(Aviation Safety Programme, ASP)이란 항공안전을 확보하고, 안전목표를 달성하기 위한 항공 관련 제반 법령, 기준, 절차 및 안전활동을 포함한 종합적인 안전관리체계를 말하고, 항공안전관리시스템(Safety Management System, SMS)이란 항공안전법 제58조 제2항 및 제3항에 따라 항공안전관리시스템을 운용하는 항공운송사업자, 항공기정비업자, 항공교통관제기관, 공항운영자 및 항행안전시설의 설치자·관리자(서비스제공자(Service Provider, SP))가 정부의 항공안전프로그램에 따라 자체적으로 안전관리를 하기 위하여 갖추어야 하는 조직, 책임과 의무, 안전정책, 안전관리절차 등을 포함하는 안전관리체계를 말한다(항공안전관리시스템 승인 및 운영지침 제2조 제2호, 제3호).

공중교통수단과 관련하여 제3자에게 도급, 용역, 위탁 등을 행한 경우에도 그 이용자 또는 그 밖의 사람의 생명, 신체의 안전을 위하여 안전보건관리체계의 구축 및 그 이행에 관한 조치, 안전·보건 관계 법령에 따른 의무이행에 필요한 관리상의 조치 등 법 제9조 제2항에 따른 안전·보건 확보 조치를 해야 한다(법 제9조 제3항).

이와 관련하여, 사업주와 경영책임자등은 제3자에게 공중이용시설 또는 공중교통수단의 운영·관리 업무의 도급, 운영, 위탁 등을 하는 경우 공중이용시설 또는 공중교통수단과 그 이용자나 그 밖의 사람의 안전을 확보하기 위해 ① 중대시민재해 예방을 위한 조치능력 및 안전관리능력에 관한 평가기준·절차와 ② 도급, 용역, 위탁 등의 업무 수행 시 중대시민재해 예방을 위해 필요한 비용에 관한 기준을 마련해야 한다.

또한 그 기준과 절차에 따라 도급, 용역, 위탁 등이 이루어지는지를 연 1회 이상 점검하고, 직접 점검하지 않은 경우에는 점검이 끝난 후 지체 없이 점검 결과를 보고받아야 한다(시행령 제10조 제8호).

(2) 수탁기관 안전관리능력 평가기준과 절차 마련

도급, 용역, 위탁 등을 받은 자의 재해예방을 위한 조치능력과 안전관리능력은 수탁기관의 안전·보건관리체계 구축 현황과 중대사고 발생 이력(행정처분이나 형사처벌 전력 등 포함) 등 다양한 요소로 평가할 수 있고, 안전조직, 인력, 안전관리에 관한 규정·지침·매뉴얼, 재해대응체계, 교육·훈련 등을 근거로 평가할 수 있다.

평가기준은 위와 같은 평가항목별로 세부적인 기준을 마련하고(예컨대 안전인력의 경우는 관련 자격증 보유자, 관련 학과 졸업자, 안전전문인력 보유현황 등을 평가기준으로 할 수 있고, 재해대응체계현황은 재해신고·보고절차도 유무, 재해대응 조직 및 업무분장 현황, 유관기관 비상연락망 유무 등을 평가기준으로 할 수 있을 것이다), 평가는 상·중·하나 1~5등급 등으로 하고, 각 배점은 기업 또는 기관별 상황과 여건을 고려하여 설정하면 될 것이다.

(3) 중대시민재해 예방비용에 관한 기준 마련

도급, 용역, 위탁 등을 받은 자의 중대시민재해 예방을 위한 관리비용은 도급·용역·위탁받은 업무수행시 안전관리에 필요한 비용이므로 안전관리비용을 도급·

용역·위탁비용에 계상하여야 한다.

중대시민재해 예방을 위해 필요한 비용을 예로 들어 보면 유해·위험요인 발견시 긴급안전점검, 긴급안전조치, 정비·보수·보강 등 개선을 위한 비용, 중대시민재해 발생시 원인개선을 위한 종사자 교육 또는 이용자 안내조치 비용, 안전관리에 필요한 안전표지판·안전삼각대·안전경광봉 등의 물품, 보호구 및 안전장비 구입비용, 시설의 기능유지, 안전관련 시설 및 설비의 설치비용, 중대시민재해 발생에 대비한 재해대응 절차도, 이용자를 위한 비상대피지도 등의 제작·개선비용 등을 들 수 있다.

개인사업주 또는 경영책임자등은 이러한 중대시민재해 예방에 필요한 비용에 대한 기준을 마련하여야 하고, 그 기준에 따라 도급, 용역, 위탁 등이 이루어지는지를 연 1회 이상 점검하고 직접 점검하지 않은 경우에는 점검이 끝난 후 지체 없이 점검결과를 보고받아야 한다.

3) 재해 발생시 재발방지 대책의 수립 및 그 이행에 관한 조치(법 제9조 제2항 제2호)

제9조 (사업주와 경영책임자등의 안전 및 보건 확보의무) ② 사업주 또는 경영책임자등은 사업주나 법인 또는 기관이 실질적으로 지배·운영·관리하는 공중이용시설 또는 공중교통수단의 설계, 설치, 관리상의 결함으로 인한 그 이용자 또는 그 밖의 사람의 생명, 신체의 안전을 위하여 다음 각 호에 따른 조치를 하여야 한다.
2. 재해 발생 시 재발방지 대책의 수립 및 그 이행에 관한 조치

사업주 또는 경영책임자등은 사업주나 법인 또는 기관이 실질적으로 지배·운영·관리하는 공중이용시설 또는 공중교통수단의 설계, 설치, 관리상의 결함으로 인한 그 이용자 또는 그 밖의 사람의 생명, 신체의 안전을 위하여 재해 발생시 재발방지 대책의 수립 및 그 이행에 관한 조치를 하여야 한다(법 제9조 제2항 제2호).

재해 발생시 재발방지 대책의 수립 및 그 이행에 관한 조치에 대해서는 법에 위임 규정이 없고 시행령에도 이를 구체화한 조항이 없다. 재해 발생시 재발방지 대책에 관한 조치 의무는 규정 형식이나 내용, 나아가서는 규정의 취지까지 중대산업재해의 경우와 동일하다(법 제4조). 따라서 중대시민재해의 본질적인 속성에 반하

217

지 않는 한 중대산업재해에서 동 조항에 대한 해석례를 따르면 될 것이다.

4) 중앙행정기관·지방자치단체의 개선, 시정명령 이행에 관한 조치(법 제9조 제2항 제3호)

> 제9조 (사업주와 경영책임자등의 안전 및 보건 확보의무) ② 사업주 또는 경영책임자등은 사업주나 법인 또는 기관이 실질적으로 지배·운영·관리하는 공중이용시설 또는 공중교통수단의 설계, 설치, 관리상의 결함으로 인한 그 이용자 또는 그 밖의 사람의 생명, 신체의 안전을 위하여 다음 각 호에 따른 조치를 하여야 한다.
>
> 3. 중앙행정기관·지방자치단체가 관계 법령에 따라 개선, 시정 등을 명한 사항의 이행에 관한 조치

사업주 또는 경영책임자등은 중앙행정기관·지방자치단체가 관계 법령에 따라 개선, 시정 등을 명한 사항의 이행에 관한 조치를 하여야 한다(법 제9조 제2항 제3호). 재발방지 대책 관련 조치의 경우와 마찬가지로 개선·시정명령 이행에 관한 조치도 이를 구체화하는 시행령이 없으므로 법률 규정에 따라 그 의미를 살펴보아야 한다.

"관계 법령"은 법 제9조 제2항 제4호의 "안전·보건 관계 법령"보다도 더 추상적인 개념이어서 그 범위를 획정하기가 어려우나, 모든 관계 법령에 따른 개선, 시정명령을 대상으로 한다기 보다는 "안전·보건 관계 법령"과 동일한 의미로 보아 "공중이용시설·공중교통수단에 적용되는 것으로서 이용자나 그 밖의 사람의 안전·보건을 확보하는 데 관련되는 법령(시행령 제11조 제1항 참조)"으로 새기는 것이 합리적으로 보인다.

소방청장 등은 가령 하나의 건축물에 다중이용업소로 사용하는 영업장 바닥면적의 합계가 1천제곱미터 이상인 경우 화재위험평가를 할 수 있고 평가 결과 그 위험유발지수가 일정 기준 이상인 경우에는 해당 다중이용업주 또는 관계인에게 소방대상물의 개수(改修)·이전·제거, 사용의 금지 또는 제한, 사용폐쇄, 공사의 정지 또는 중지, 그 밖의 필요한 조치를 명할 수 있다(다중이용업소법 제15조 제1항, 제2항, 소방시설법 제5조). 해당 조항은 공중이용시설에 해당하는 영업장에 적용되는 조항으로서 화재 예방과 화재로 인한 생명·신체·재산상의 피해 방지에 목적을 둔 조항이다.[96] 따라서 사업주 또는 경영책임자등은 소방청장 등의 개수조치 등 명령에

대하여 그 이행에 관한 조치를 해야 할 의무가 있다.

또한 국토교통부장관 또는 시·도지사는 여객을 원활히 운송하고 서비스를 개선하기 위하여 필요하다고 인정하면 ① 운송사업자에게 사업계획의 변경, ② 노선의 연장·단축 또는 변경, ③ 운임 또는 요금의 조정, ④ 운송약관의 변경, ⑤ 자동차 또는 운송시설의 개선, ⑥ 운임 또는 요금 징수 방식의 개선, ⑦ 공동운수협정의 체결, ⑧ 자동차 손해배상을 위한 보험 또는 공제에의 가입, ⑨ 안전운송의 확보와 서비스의 향상을 위하여 필요한 조치, ⑩ 벽지노선(僻地路線)이나 수익성(收益性)이 없는 노선의 운행 등의 사항을 명할 수 있다(여객자동차운수사업법 제23조).

위 조항에 따른 국토교통부장관의 명령이 "노선여객자동차운송사업자 중 시외버스운송사업자"를 대상으로 한 것이고 개선 명령의 취지가 "⑨ 안전운송의 확보"에 있는 경우, 이는 법 제9조 제2항 제3호의 "중앙행정기관·지방자치단체가 관계 법령에 따라 개선·시정 등을 명한 사항"에 해당할 것이고, 따라서 사업주 또는 경영책임자등은 그 이행에 관한 조치를 취해야 한다.

중앙행정기관·지방자치단체의 개선·시정명령이 해당 관계 법령상 구체적인 근거와 절차에 따라 발령되어야 할 것임은 당연하다. 관계 법령의 수범자는 해당 법령에 따라 중앙행정기관·지방자치단체의 개선·시정명령에 따를 구체적 의무가 발생하지만, 위 개선·시정명령이 이행되도록 조치해야 할 사업주 또는 경영책임자등의 의무는 중대재해처벌법의 이 규정에 따라 발생한다. 한편 수범자의 개선·시정명령 불이행은 대부분 행정법규 위반으로서 행정벌적 제재에 그치겠지만, 사업주 또는 경영책임자등이 개선·시정명령이 이행되도록 조치할 의무를 위반하면 법 제9조의 안전·보건 확보의무 위반에 해당한다. 안전·보건 확보의무 미이행에 따른 제재는 별도로 있는 경우도 있지만 그로 인해 중대시민재해의 결과에 이르게 된 경우 사업주 또는 경영책임자등에게는 법 제10조에 따라 무거운 형사책임이 따르게 된다.

2018년 수원 소재 상가 지하에 입점한 PC방에서 발생했던 화재 사건과 관련하여 해당 PC방의 경우 소방시설에 대한 146건의 정비나 설치를 이행하라는 내용의

---

96 다중이용업소법 제15조 제1항은 개수 등 조치 명령의 전제가 되는 화재위험평가가 "화재를 예방하고 화재로 인한 생명·신체·재산상의 피해를 방지하기" 위한 것이라는 점을 명시하고 있다(동법 제15조 제1항).

시정명령을 송달받고도 정당한 사유없이 기한 내에 총 11건에 대한 시정명령을 이행하지 아니하였는데 당시 담당 재판부는 '관할 관청의 시정명령 등을 제대로 이행하였을 경우 사고의 발생을 막을 수도 있었던 인재사고이다'라고 판시하였다.[97]

5) 안전·보건 법령에 따른 의무이행에 필요한 관리상의 조치(법 제9조 제2항 제4호)

> 제9조 (사업주와 경영책임자등의 안전 및 보건 확보의무) ② 사업주 또는 경영책임자등은 사업주나 법인 또는 기관이 실질적으로 지배·운영·관리하는 공중이용시설 또는 공중교통수단의 설계, 설치, 관리상의 결함으로 인한 그 이용자 또는 그 밖의 사람의 생명, 신체의 안전을 위하여 다음 각 호에 따른 조치를 하여야 한다.
> 4. 안전·보건 관계 법령에 따른 의무이행에 필요한 관리상의 조치

가) 개관

사업주 또는 경영책임자등은 안전·보건 관계 법령에 따른 의무가 이행되도록 필요한 관리상의 조치를 하여야 한다(법 제9조 제2항 제4호).

여기서 안전·보건 관계 법령이란 "공중이용시설·공중교통수단에 적용되는 것으로서 이용자나 그 밖의 사람의 안전·보건을 확보하는 데 관련되는 법령"을 말한다(시행령 제11조 제1항). 구체적으로는 ① 공중이용시설·공중교통수단의 안전확보를 목적으로 하는 법령, ② 대상을 이용하는 국민의 안전을 위해 의무를 부과하는 법률, ③ 공중이용시설·공중교통수단을 구성하는 구조체, 시설, 설비, 부품 등의 안전에 대하여 안전점검, 보수·보강 등을 규정하는 법률, ④ 이용자의 안전을 위해 관리자, 종사자가 관련 교육을 이수하도록 규정하는 법률 등을 안전·보건 관계법령으로 본다.[98]

공중이용시설의 안전·보건 관계 법령으로 보건시설물안전법, 철도안전법, 건축물관리법, 초고층재난관리법 등을 예로 들 수 있고, 공중교통수단의 안전·보건 관계 법령으로 철도안전법, 교통안전법, 여객자동차운수사업법, 자동차관리법, 항공안전법 등을 예로 들 수 있다.

---

97 수원지방법원 2020. 8. 13. 선고 2020노1990 판결.
98 국토교통부, 앞의 해설서, p. 64.

국토교통부는 공중이용시설 또는 공중교통수단의 구조안전, 이용안전, 화재안전 등이 아닌 효율적인 이용이나 원활한 교통흐름, 경제적인 가치를 고려한 성능개선 등 부가적인 목적을 가진 법령은 일반적으로는 안전·보건 관계법령에 해당하지 않고, 공중이용시설 및 공중교통수단을 구성하는 요소 외에, 안전 외 목적을 위해 부가로 설치된 부대시설, 공작물 등에 대하여 규정하는 법령도 일반적으로 여기에 해당하지 않는 것으로 보고 있다.[99]

법령상의 의무 부과, 그 불이행에 대한 제재는 해당 안전·보건 관계 법령에 근거하여 이루어지지만, 법은 안전·보건 관계 법령상 의무 이행에 필요한 관리상 조치 의무를 사업주 또는 경영책임자 등에게 지우고, 관리상 조치의무불이행으로 인해 중대시민재해의 결과가 발생한 경우 형사책임 등의 제재를 가하고 있다. 따라서 위 관리상 조치의무를 이행했는지 여부는 개개의 안전·보건 관계 법령이 아니라 중대재해처벌법령에 따라 판단해야 할 것이다.

시행령 제11조 제2항이 안전·보건 관계 법령에 따른 의무이행에 필요한 관리상 조치의 구체적 내용을 정하고 있는데, 크게 '의무이행 여부의 점검'과 '교육이수 여부의 점검'으로 나눌 수 있다.

나) 안전·보건 관계 법령에 따른 의무이행 여부 점검 및 미흡시 조치(시행령 제11조 제2항 제1호, 제2호)

시행령 제11조 (공중이용시설·공중교통수단 관련 안전·보건 관계 법령에 따른 의무이행에 필요한 관리상의 조치) ② 법 제9조 제2항 제4호에 따른 조치의 구체적인 사항은 다음 각 호와 같다.

1. 안전·보건 관계 법령에 따른 의무를 이행했는지를 연 1회 이상 점검(해당 안전·보건 관계 법령에 따라 중앙행정기관의 장이 지정한 기관 등에 위탁하여 점검하는 경우를 포함한다. 이하 이 호에서 같다)하고, 직접 점검하지 않은 경우에는 점검이 끝난 후 지체 없이 점검 결과를 보고받을 것
2. 제1호에 따른 점검 또는 보고 결과 안전·보건 관계 법령에 따른 의무가 이행되지 않은 사실이 확인되는 경우에는 인력을 배치하거나 예산을 추가로 편성·집행하도록 하는 등 해당 의무 이행에 필요한 조치를 할 것

---

[99] 국토교통부, 앞의 해설서, p. 64.

사업주 또는 경영책임자등은 안전·보건 관계 법령에 따른 의무를 이행했는지를 연 1회 이상 점검하고, 직접 점검하지 않은 경우에는 점검이 끝난 후 지체 없이 점검 결과를 보고받아야 한다(시행령 제11조 제2항 제1호). 해당 안전·보건 관계 법령에 따라 중앙행정기관의 장이 지정한 기관 등에 위탁하여 점검하는 경우도 마찬가지다.

제1호에 따른 점검 결과 안전·보건 관계 법령에 따른 의무가 이행되지 않은 사실이 확인되는 경우에는 사업주 또는 경영책임자 등이 인력을 배치하거나 예산을 추가로 편성·집행하도록 하는 등 해당 의무 이행에 필요한 조치를 하여야 한다(시행령 제11조 제2항 제2호).

안전·보건 관계 법령에 따른 의무가 미이행된 모든 경우에 중대재해처벌법에 따라 경영책임자가 처벌을 받는 것은 아니고, '경영책임자가 의무사항 이행 여부 등을 정기적으로 점검·확인했는지, 미이행된 조치에 대해 개선을 지시했는지' 등 시행령에서 정한 구체적인 관리상의 조치가 적절하게 이루어졌는지를 종합적으로 살펴 의무를 이행하였는지를 판단하게 된다.[100]

다) 안전·보건 교육 실시 여부 점검 및 미흡시 조치(시행령 제11조 제2항 제3호, 제4호)

시행령 제11조 (공중이용시설·공중교통수단 관련 안전·보건 관계 법령에 따른 의무이행에 필요한 관리상의 조치) ② 법 제9조 제2항 제4호에 따른 조치의 구체적인 사항은 다음 각 호와 같다.
3. 안전·보건 관계 법령에 따라 공중이용시설의 안전을 관리하는 자나 공중교통수단의 시설 및 설비를 정비·점검하는 종사자가 의무적으로 이수해야 하는 교육을 이수했는지를 연 1회 이상 점검하고, 직접 점검하지 않은 경우에는 점검이 끝난 후 지체 없이 점검 결과를 보고받을 것
4. 제3호에 따른 점검 또는 보고 결과 실시되지 않은 교육에 대해서는 지체 없이 그 이행의 지시 등 교육 실시에 필요한 조치를 할 것

사업주 또는 경영책임자등은 안전·보건 관계 법령에 따라 공중이용시설의 안전을 관리하는 자나 공중교통수단의 시설 및 설비를 정비·점검하는 종사자가 의무

---

[100] 국토교통부, 앞의 해설서, p. 63.

적으로 이수해야 하는 교육을 이수했는지를 연 1회 이상 점검하고, 직접 점검하지 않은 경우에는 점검이 끝난 후 지체 없이 점검 결과를 보고받아야 한다(시행령 제11조 제2항 제3호). 안전·보건 관계 법령에 따른 의무를 이행했는지 점검하는 경우와 같이 해당 안전·보건 관계 법령에 따라 중앙행정기관의 장이 지정한 기관 등에 위탁하여 종사자의 의무교육 이수여부를 점검하는 경우도 같다. 제3호에 따른 점검 결과 실시되지 않은 교육에 대해서는 지체 없이 그 이행의 지시 등 교육 실시에 필요한 조치를 해야 한다(시행령 제11조 제2항 제4호).

여기서 안전·보건 관계법령에 따른 교육이 미이수된 모든 경우에 중대재해처벌법에 따라 경영책임자가 처벌받은 것은 아니고, '경영책임자가 교육이수 여부 등을 정기적으로 점검·확인했는지, 미이수된 교육에 대해 이수토록 지시했는지' 등 시행령에서 정한 구체적인 관리상의 조치가 적절하게 이루어졌는지를 종합적으로 살펴 의무를 이행하였는지를 판단하게 된다.[101]

안전관리자 또는 정비·점검 종사자 교육에 대하여 항공분야의 예를 들어 살펴보면, 항공분야의 관계법령에 따른 안전교육은 항공안전법에 따라 위험물취급자, 승무원에 대해 실시하여야 하고, 항공안전법 제72조에 따라 항공분야 위험물취급자는 위험물취급에 관하여 국토교통부장관이 실시하는 교육을 받아야 하며, 항공안전법 제76조 제3항에 따라 항공기 승무원은 항공기 비상시의 경우 또는 비상탈출이 요구되는 경우의 조치사항, 해당 항공기에 구비되는 구급용구 등 및 탈출대, 비상구, 산소장비, 자동심장충격기의 사용에 관한 사항 등에 대하여 정기적으로 교육을 이수하여야 하는데, 항공기를 운영하는 기업의 경영책임자등은 이러한 위험물취급자, 항공기 승무원 등이 관련 교육을 이수하였는지 연 1회 이상 점검하여야 하고, 교육이 이수되지 않은 사실이 확인되는 경우 경영책임자등이 교육이수를 위한 지시 등 추가조치를 하여야 한다.[102]

---

101 국토교통부, 앞의 해설서, p. 66.
102 국토교통부, 앞의 해설서, p. 66.

4. 도급인의 안전·보건 확보 의무

> 제9조 (사업주와 경영책임자등의 안전 및 보건 확보의무) ③ 사업주 또는 경영책임자 등은 사업주나 법인 또는 기관이 공중이용시설 또는 공중교통수단과 관련하여 제3자에게 도급, 용역, 위탁 등을 행한 경우에는 그 이용자 또는 그 밖의 사람의 생명, 신체의 안전을 위하여 제2항의 조치를 하여야 한다. 다만, 사업주나 법인 또는 기관이 그 시설, 장비, 장소 등에 대하여 실질적으로 지배·운영·관리하는 책임이 있는 경우에 한정한다.

개인사업주나 법인 또는 기관이 제3자에게 공중이용시설 또는 공중교통수단과 관련하여 도급, 용역, 위탁 등을 한 경우, 해당 시설, 장비, 장소 등에 실질적으로 지배·운영·관리하고 있는 책임이 있다면, 개인사업주나 경영책임자 등은 공중이용시설 또는 공중교통수단의 이용자나 그 밖에 사람에 대해서도 법 제9조 제2항에 따른 안전·보건 확보의무를 이행하여야 한다(법 제9조 제3항).

따라서, 이러한 사업주 또는 경영책임자등은 ① 재해예방에 필요한 인력·예산·점검 등 안전보건관리체계의 구축 및 그 이행에 관한 조치, ② 재해발생시 재발방지 대책의 수립 및 그 이행에 관한 조치, ③ 중앙행정기관·지방자치단체가 관계 법령에 따라 개선, 시정 등을 명한 사항의 이행에 관한 조치, ④ 안전·보건 관계 법령에 따른 의무이행에 필요한 관리상의 조치 등을 하여야 한다.

여기서 '실질적으로 지배·운영·관리하는 책임이 있는 경우'의 의미에 대하여 국토교통부는 중대시민재해 발생원인을 살펴 해당 시설이나 장비, 장소에 관한 소유권, 임차권, 그 밖에 사실상의 지배력을 가지고 있어 위험에 대한 제어능력이 있다고 볼 수 있는 경우를 의미한다는 입장이다.[103] 그러나 중대산업재해 해당 부분에서 언급한 바와 같이 소유권이나 임차권 등 목적물에 대한 민사상 권리를 보유하고 있다고 하여 당연히 안전보건에 대한 책임이 발생한다고 볼 수는 없고, 해당 시설 등에 대한 위험 통제의 관점에서 법률상 또는 계약관계에 따라 실질적으로 관리·통제할 권리와 의무가 있는지 개별적, 구체적 검토가 필요할 것이다.

---

[103] 국토교통부, 앞의 해설서, p. 67.

제5장

형사처벌

1. 개관

지금까지 살펴본 바와 같이 중대재해처벌법의 기본적 구성요건은 ① 개인사업주 또는 경영책임자등(주체)이 ② 법 제4조, 제5조 또는 제9조에서 규정하는 안전·보건 확보의무를 위반하여(행위) ③ 중대재해(중대산업재해 또는 중대시민재해)에 이르게 한 때(결과)라고 할 수 있다.

그런데 개인사업주 또는 경영책임자등에게 중대재해처벌법위반죄의 형사책임을 묻기 위해서는 위와 같은 구성요건적 사실뿐만 아니라 ④ 안전·보건 확보의무위반(행위)과 중대재해 발생(결과) 사이에 인과관계가 인정되어야 하고, ⑤ 구성요건에 대한 고의와 ⑥ 중대재해라는 결과 발생에 대한 예견가능성도 있어야 한다. 어떤 경우에 인과관계가 인정된다고 할 수 있는지, 고의 및 예견가능성은 어떻게 해석할 수 있는지 등에 대하여 중대재해처벌법이 특별한 기준이나 내용을 두고 있는 것은 아니어서 일반적인 법률의 해석 방법에 의할 수밖에 없고 형법 총칙 규정의 적용도 받게 된다(형법 제8조).

이하에서는 중대재해처벌법의 형사처벌과 관련한 쟁점들에 대하여 살펴보고자한다. 다만 중대재해처벌법위반죄의 법적 성격을 어떻게 보느냐에 따라 형법 총칙의 고의(형법 제13조), 과실(형법 제14조), 결과적 가중범(형법 제15조), 인과관계(형법 제17조), 공범과 신분(형법 제30조 내지 33조) 규정 등의 적용이 달라질 것이므로 중대재해처벌법위반죄의 법적 성격에 대하여 먼저 살펴보기로 한다.

2. 중대재해처벌법위반죄의 법적 성격

가. 신분범

중대재해처벌법위반죄는 누구나 행위자(정범)가 될 수 있는 일반범죄가 아니고, '사업주 또는 경영책임자등'이라는 일정한 신분을 필요로 하는 범죄이다. '사업주 또는 경영책임자등'의 신분이 있어야 중대재해처벌법위반죄의 죄책을 부담하고, 이러한 신분을 가지지 않은 자는 단독으로 정범이 될 수 없다. 다만 신분 없는 자라 하더라도 신분이 있는 사람과 함께 공범이 될 수는 있다(형법 제33조).[1]

나. 부작위범

중대재해처벌법은 법 제4조, 제5조, 제9조 등에서 개인사업주 및 경영책임자등이 안전보건 확보의무 이행을 위하여 하여야 할 각종 조치사항에 대하여 규정하고 있고 위 의무를 이행하지 아니하여 중대재해에 이르게 한 경우에 형사처벌을 하는 형식으로 규정(법 제6조 및 제10조)하고 있다. 따라서 중대재해처벌법위반죄는 법률에서 명시적으로 명하고 있는 의무 이행을 행하지 않음으로써 성립하는 진정부작위범이라고 할 수 있다. 산업안전보건법위반죄 역시 사업주에게 요구되는 안전보건 조치의무를 이행하지 않는 경우에 성립하는 진정부작위범이다.

구성요건이 부작위에 의하여서만 실현될 수 있는 진정부작위범의 공동정범은 수인에게 의무가 공통으로 부여되어 있는데도 수인이 공모하여 그 의무를 이행하지 않았을 때 성립할 수 있다. 그런데 그 의무의 귀속주체가 아닌 자에게는 해당 의무가 공통으로 부여되어 있다고는 할 수 없으므로 그가 해당 의무 위반으로 인한 범죄의 공동정범이 될 수는 없다. 이와 같은 법리에 따르면 안전보건 확보의무의 귀속주체가 아닌 자는 안전보건 확보의무 위반으로 인한 중대재해처벌법위반죄의

---

1 다만 신분범에 가담한 비신분자(사업주 또는 경영책임자등이 아닌 자)의 공동정범 성립은 다음에서 보는 바와 같이 의무범적 성격을 지닌 진정부작위범의 특성상 인정되기 어려울 것이다.

공동정범이 될 수 없다.

대법원도 "신고의무 위반으로 인한 공중위생관리법위반죄는 구성요건이 부작위에 의하여서만 실현될 수 있는 진정부작위범에 해당한다고 할 것이고, 한편 부작위범 사이의 공동정범은 다수의 부작위범에게 공통된 의무가 부여되어 있고 그 의무를 공통으로 이행할 수 있을 때에만 성립한다고 할 것이다. 그리고 공중위생영업의 신고의무는 '공중위생영업을 하고자 하는 자'에게 부여되어 있고, 여기서 '영업을 하는 자'라 함은 영업으로 인한 권리의무의 귀속주체가 되는 자를 의미하므로, 영업자의 직원이나 보조자의 경우에는 영업을 하는 자에 포함되지 않는다고 해석함이 상당하다. 원심은 (중략) 피고인들은 위 회사의 근로소득자에 불과하고 영업상의 권리의무의 귀속주체가 아니라는 이유로 위 규정에 의한 신고의무를 부담하는 자에 해당하지 않는다고 판단하고, 나아가 피고인들에게 공통된 신고의무가 부여되어 있지 않은 이상 부작위범인 신고의무 위반으로 인한 공중위생관리법 위반죄의 공동정범도 성립할 수 없다고 판단하였는바, 앞서 본 법리에 비추어 위와 같은 원심의 판단은 옳다"고 판시2하였다.

다. 고의범 여부

중대재해처벌법의 형사처벌 조항(법 제6조 및 제10조)은 "제O조(안전 및 보건 확보의무 조항)를 위반하여 … 의 중대재해에 이르게 한 사업주 또는 경영책임자등은 … 에 처한다"라는 형식으로 규정되어 있다. 이는 마치 "… 로 인하여 … 을 사망에(상해에) 이르게 한 자는 … 에 처한다"고 규정하고 있는 형법상 과실치사상죄와 유사한 형식을 취하고 있어 고의범인지 여부에 대하여 논란이 발생한다.

이에 대하여 중대재해처벌법 제6조 및 제10조가 과실범을 처벌하는 규정이라고 해석하는 견해가 있다. 중대재해처벌법상 경영자의 행위는 안전조치 의무 위반이고 이것은 재해라는 결과를 방지하기 위한 주의의무를 위반한 것으로 볼 수 있으므로 전체적으로 과실범의 성격을 띤다는 것이다. 이 견해는, 예컨대 중앙선을 침범하여 달리던 운전자가 마주 오던 차량과 충돌하여 사고가 난 경우 그 운전자가

---

2 대법원 2008. 3. 27. 선고 2008도89 판결.

의도적으로 중앙선을 침범하였는지 아니면 과실로 침범하였는지를 묻지 않고 운전자에게 요구되는 정상의 주의의무를 다하지 않은 과실범이 성립할 뿐인 것과 마찬가지로 중대재해처벌법 위반행위 역시 과실범으로 해석할 수 있다고 한다.[3] 이러한 견해에서는 안전보건 확보의무를 구체적으로 규정한 법 제4조 등을 위반한 행위는 개인사업주 또는 경영책임자등의 업무상과실(주의의무위반)을 구성한다고 보기 때문에 해당 조항을 고의로 위반하였는지 과실로 위반하였는지는 중요하지 않다고 한다.

그러나 중대재해처벌법의 처벌조항(법 제6조 및 제10조)은 '제4조(제5조, 제9조)를 위반하여 … 에 이르게 한'이라는 구성요건을 명시적으로 추가하고 있어 단순히 '과실(주의의무위반)'이라는 포괄적인 개념을 사용한 일반 과실범과는 명백히 다른 성격의 규정으로 보아야 한다.

또한 형법 제13조(고의)는 '죄의 성립요소인 사실을 인식하지 못한 행위는 벌하지 아니한다. 다만 법률에 특별한 규정이 있는 경우에는 예외로 한다'고 규정하고, 형법 제14조(과실)는 '정상적으로 기울여야 할 주의(注意)를 게을리하여 죄의 성립요소인 사실을 인식하지 못한 행위는 법률에 특별한 규정이 있는 경우에만 처벌한다'고 규정하여, 형사책임은 원칙적으로 고의범을 처벌 대상으로 하고, 과실범은 특별한 규정이 있는 경우에만 처벌할 수 있다는 점을 분명히 하고 있다.

이와 같은 형법총칙 규정은 중대재해처벌법에도 적용되는바,[4] 중대재해처벌법에서 제4조와 제5조, 제9조에 규정된 의무를 과실로 위반하여 중대재해에 이른 경우를 처벌대상으로 명시하고 있지 않은 이상 '고의'가 있는 경우에만 처벌할 수 있다고 보는 것이 죄형법정주의에 충실한 해석이라고 할 수 있다.

나아가 중대재해처벌법 제6조 및 제10조의 법정형이 '1년 이상의 징역 또는 10억원 이하의 벌금'으로, 일반 과실범인 업무상과실치사상죄의 법정형이 '5년 이하의 금고 또는 2천만원 이하의 벌금'인 것과 비교하였을 때 상당히 높다는 점을 고려하더라도 법 제4조 등 안전보건 확보의무 위반행위는 고의에 의한 것에 국한된다고 해석하는 것이 타당해 보인다. 중대재해처벌법위반죄를 업무상과실치사상죄보다 중하게 처벌하는 근거는 중대재해 발생이 고의적인 안전보건 확보의무 위반행위에

---

3 최정학, 앞의 논문, pp. 7~9, 김성룡, "중대재해처벌법의 적용을 둘러싼 형사법적 쟁점 검토", 법무부·고용노동부 공동학술대회 자료집, 2021. 12. 1. pp. 49~50

4 형법 제8조(총칙의 적용) 본 법 총칙은 타법령에 정한 죄에 적용한다. 단, 그 법령에 특별한 규정이 있는 때에는 예외로 한다.

전형적으로 내포된 잠재적인 위험의 실현이라는 점에서 업무상과실치사상죄의 결과 야기보다 행위반가치가 크다는 점에 있기 때문이다. 이는 결과적가중범에서 과실로 인한 중한 결과에 대해 단순한 과실범보다 무겁게 처벌하는 까닭이 중한 결과가 고의적인 기본범죄에 전형적으로 내포된 잠재적인 위험의 실현이라는 점에서 단순한 과실범의 결과 야기보다 행위반가치가 크기 때문[5]이라는 것과 동일한 논리이다.

행정법규에서 형사처벌 규정을 두고 있는 경우 개별 사례에서는 과실의 영역까지도 책임이 인정되는지 문제되는 경우가 있는데, 법리적으로는 '미필적 고의'가 인정되는지 여부에 따라 달라지고, 과실범 처벌규정이 없는 경우에는 '과실범'이 처벌대상이 될 수는 없다. 대법원도 "행정상의 단속을 주안으로 하는 법규라 하더라도 명문 규정이 있거나 해석상 과실범도 벌할 뜻이 명확한 경우를 제외하고는 형법의 원칙에 따라 고의가 있어야 벌할 수 있다"고 판시하여 엄격하게 해석하고 있다.[6]

결국 중대재해처벌법위반죄는 '중대재해의 결과'만을 놓고 본다면 과실범에 해당된다고 할 수도 있지만, 기본행위에 해당하는 '안전보건 확보의무 위반'에 대하여는 고의를 요한다고 해석하는 것이 타당하다.

라. 결과적 가중범 여부

결과적 가중범이란 고의와 과실이 결합된 형식의 구성요건으로서 고의로 기본범죄를 실현했으나 행위자가 예견하지 않았던 무거운 결과가 야기된 경우에 그 형이 가중되는 범죄를 말한다.[7] 일정한 범죄행위가 행위자의 인식, 인용 범위를 초과하여 보다 더 중한 결과를 발생시킨 경우에 그 중한 결과로 인하여 형벌이 가중되는 범죄라고도 할 수 있다.[8] 결과적 가중범은 고의범과 과실범의 상상적 경합 중의 한 형태를 지칭하는 것이며 법정형을 비교해 보면 대부분의 경우 결과적 가중범이

---

5 김일수/서보학, 「새로 쓴 형법총론」(제13판)(2018), p. 337.
6 대법원 1986. 7. 22. 선고 85도108 판결, 대법원 2010. 2. 11. 선고 2009도9807 판결 등.
7 우리 형법은 과실범에 대하여는 결과적 가중범을 인정하지 않는다. 입법례에 따라서는 기본범죄를 과실범에까지 확대하여 과실범에 대한 결과적 가중범을 인정하는 곳도 있다고 하며 독일 형법의 실화치사죄(제309조)를 예로 들고 있다. 이재상 외 2, 「형법총론」(제10판)(2019), p. 198.
8 임웅, 「형법총론」(제10정판)(2018), p. 563.

기본범죄와 과실범의 상상적 경합보다는 훨씬 중하게 규정되어 있다. 결과적 가중범은 기본범죄에 비하여 가중적 구성요건의 성격으로 이는 고의 있는 기본범죄가 갖는 전형적인 위험이 중한 결과로 실현된 것이므로 순수 과실범에 비하여 그 불법성이 크다고 판단되기 때문이다.[9]

산업안전보건법은 안전보건 조치의무 위반행위를 그 자체로 처벌하고,[10] 이로 인하여 근로자를 사망에 이르게 한 경우 가중처벌[11]하고 있다. 즉, 근로자 사망에 따른 산업안전보건법위반죄는 고의에 기한 산업안전보건법상의 안전보건 조치의무 위반행위라는 기본범죄에 의하여 근로자 사망이라는 중한 결과가 발생한 때에 그 형을 가중하여 처벌하고 있는 결과적 가중범이다.

그런데 중대재해처벌법은 개인사업주 또는 경영책임자등에게 직접 안전보건 '확보'의무를 부과하고는 있지만, 산업안전보건법과 달리 의무규정 위반 자체에 대한 형사처벌 규정은 없고, 안전보건 확보의무 위반으로 중대산업재해 또는 중대시민재해에 이르게 한 경우만 처벌하고 있다. 결과적 가중범과 유사한 형식이나, 안전보건 확보의무 위반행위에 대해서는 범죄로 규정하지 않고 있어 결과 때문에 형이 '가중'되는 것은 아니므로 전형적인 결과적 가중범이라고 하기는 어렵다. 하지만 결과적 가중범의 본질이 고의와 과실의 결합 형태인 범죄이고 기본구성요건이 가지고 있는 전형적인 위험이 중한 결과로 실현됨으로써 단순 과실범에 비하여 불법성이 크다는 평가를 받는다는 점에서는 차이가 없어 보인다.

한편, 형벌은 책임주의를 원칙으로 한다. 즉, '책임 없으면 형벌 없다'는 책임주의 원칙에 따라 행위에 대한 책임이 인정되어야 한다. 결과적 가중범에서 책임주의 원칙이 훼손되지 않도록 하기 위해서는 기본범죄와 중한 결과 사이에 인과관계가 있어야 한다. 마찬가지로 중대재해처벌법위반죄의 책임을 묻기 위해서는 개인사업주 또는 경영책임자등의 안전보건 확보의무 위반이라는 기본행위와 중대재해 발생

---

9 이재상 외 2, 앞의 책, p. 218.

10 산업안전보건법 제168조, 제169조, 제170조에서는 동법의 의무규정 위반 자체에 대해서 별도로 처벌규정을 두고 있다. 대법원은 산업안전보건법위반죄는 이른 바 위험범으로 '법의 입법목적과 법 제67조 제1호, 제23조 제3항의 각 규정 내용 등에 비추어 보면, 사업주가 제23조에서 정한 위험 예방을 위하여 필요한 조치를 취하지 아니하는 경우에는 이로 인하여 실제로 재해가 발생하였는지 여부에 관계없이 그 위반죄가 성립한다'고 판결하였다(대법원 2014. 8. 28. 선고 2013도3242 판결 등).

11 산업안전보건법 제167조 제1항.

사이에 인과관계가 인정되어야 하며, 안전보건 확보의무 위반이 있었다 하더라도 그것이 중대재해 발생을 야기한다는 것이 경험상 일반적이라고 할 수 없는 경우 인과관계가 인정되기 어려울 수도 있다.

또한 중대재해처벌법위반의 죄책은 개인사업주 또는 경영책임자등이 중대재해라는 결과의 발생을 예견할 수 있었던 경우에 인정된다고 보아야 한다. 형법 제15조 제2항에서 '결과 때문에 형이 무거워지는 죄의 경우에 그 결과의 발생을 예견할 수 없었을 때에는 무거운 죄로 벌하지 아니한다'고 규정하고 있는 것처럼 기본 범죄에 대한 고의가 인정된다는 이유만으로 중한 결과에 대해 무조건 죄책을 부담시킬 수는 없다. 하물며 의무조항 위반행위에 대하여는 형사처벌도 하지 않는 중대재해처벌법에서 결과 발생에 대하여 무조건 형사책임을 부담하도록 하는 것은 책임주의에 반하고, 중대재해라는 결과의 발생을 예견할 수 있었던 경우에 죄책을 지게된다고 해야 한다.

3. 인과관계

가. 개관

형사처벌 규정의 구성요건이 사망 등과 같이 어떤 결과의 발생을 요하는 범죄의 경우 그 결과가 발생하여야 범죄는 기수에 이르고, 그 결과가 행위자의 행위에 의한 것이라는 인과관계가 인정되어야 행위자에게 책임을 물을 수 있다. 이에 대하여 형법 제17조(인과관계)는 '어떤 행위라도 죄의 요소되는 위험발생에 연결되지 아니한 때에는 그 결과로 인하여 벌하지 아니한다'라고 규정하고 있다.

인과관계의 의미와 관련하여, 자연과학적 인과관계가 논리적 조건관계를 의미하는 것과 달리 형법상 인과관계는 법적·사회적 관점에서 평가적 요소가 포함된다고 보는 것이 일반적이다. 즉, 어떤 행위가 없었다면 결과 발생도 없었을 것이라는 논리적 조건관계만 성립되면 인과관계를 인정할 수 있는 것이 아니라 규범적인 평가를 거쳐 적절하게 수정되어야 형법상 인과관계가 인정된다고 보는 것이다. 규범적인 평가를 거친다는 것이 구체적으로 무엇을 의미하는지, 즉 어떤 경우에 규범적으로 (형법상) 인과관계가 인정된다고 볼 수 있는지에 대하여, 대법원은 기본적으로

'사회생활상의 일반적인 지식경험에 비추어 일정한 행위로부터 일정한 결과가 발생하는 것이 상당하다고 평가할 수 있는 경우에 형법상의 인과관계를 인정할 수 있다(상당인과관계설)'는 입장을 취하고 있다.[12] 또한 대법원은 "상당한 인과관계는 피고인의 행위가 피해자의 사망이라는 결과를 발생케 한 유일한 원인이거나 직접적인 원인이 되어야 하는 것은 아니며, 피해자나 제3자의 과실 등이 경합하여 결과가 발생한 경우도 이를 인정할 수 있다"고 판시하고 있다.[13] 상당인과관계설은 결과발생의 개연성이 인과관계 존부의 판단기준이 된다고 보고 행위자가 지배할 수 없는 사정에 의해 결과가 발생한 경우 그 결과를 행위자의 행위에 귀속시킬 수 없다고 본다. 즉, 그 행위로부터 그 결과가 발생하는 것이 경험상 일반적일 때 형법상의 인과관계를 긍정하고 제3자의 중대한 과실이 개입되고 그 때문에 중한 결과가 발생한 경우에는 인과관계의 상당성을 부정한다.

결과적 가중범에 있어서는 기본범죄와 중한 결과 사이에 인과관계가 인정되어야 한다. 판례는 결과적 가중범에서의 인과관계 역시 상당인과관계설에 따라 판단하고 있다.[14] 다수의 학설[15]은 결과적 가중범에 있어 책임주의의 실현을 위해서는 기본범죄로 인해 중한 결과가 야기되었다는 인과관계의 판단 외에 객관적 귀속과 직접성의 요건까지 필요하다고 본다. 즉, 행위자의 행위가 행위의 객체에 위험을 창출하고 그 위험이 구체적인 결과를 실현한 경우에 중한 결과는 행위자에게 객관적으로 귀속될 수 있으며, 중한 결과는 다른 중간 원인의 개입 없이 기본범죄로부터 직접 초래된 것이어야 기본범죄를 범한 행위자에게 그 책임을 물을 수 있다고 보는 것이다.

그러나 판례의 입장과 같이 상당인과관계설에 따라 인과관계를 판단하는 입장에서는 상당성에 대한 판단은 자연적 인과관계의 확정과 평가적 결과의 귀속을 포괄하는 일원적 인과관계의 확정을 의미하기 때문에 객관적 귀속에 대한 판단까지 포함하는 것이고, 직접성은 일반인의 생활경험을 판단기준으로 하는 상당성을 구체

---

12 대법원 1995. 9. 15. 선고 95도906 판결, 대법원 1996. 5. 28. 선고 95도1200 판결, 대법원 2001. 6. 1. 선고 99도5086 판결, 대법원 2011. 4. 14. 선고 2010도10104 판결 등.
13 대법원 2012. 3. 15. 선고 2011도17648 판결 등.
14 대법원 1995. 5. 12. 선고 95도425 판결, 대법원 1996. 7. 12. 선고 96도1142 판결, 대법원 2014. 7. 24. 선고 2014도6206 판결 등.
15 이재상 외 2, 앞의 책, p. 212, 김성돈, 「형법총론」(제5판)(2017), p. 515, 박상기, 「형법총론」(제9판)(2012), p.312. 등.

화한 것으로 특별히 독자적인 의미를 가지는 것이 아니라고 본다.[16] 즉, 어느 견해에 의하든 논리적 조건관계만으로 행위자에게 책임을 귀속시키지는 않고 발생한 중한 결과를 행위자에게 귀속시키는 것이 규범적으로 타당한가에 대한 판단이 함께 이루어지게 된다.

한편, 부작위범의 인과관계 판단에 관하여 대법원은 "작위의무를 이행하였다면 결과가 발생하지 않았을 것이라는 관계가 인정될 경우에는 작위를 하지 않은 부작위와 사망의 결과 사이에 인과관계가 있다"라고 판시한 바 있다.[17] 부작위범의 형태를 지닌 중대재해처벌법위반죄에서도 개인사업주 또는 경영책임자등이 안전보건 확보의무를 이행하였다면 중대재해가 발생하지 않았을 것이라는 관계가 인정될 경우 그러한 의무 위반행위와 중대재해 사이의 인과관계가 있다고 평가할 수 있을 것이다.

다만, 안전보건 확보의무 불이행과 중대재해 발생과의 인과관계 인정 여부에 대한 구체적인 판단 사례는 앞으로 수사 및 재판을 통하여 차차 확립해 나가야 하므로, 여기서는 중대재해처벌법위반죄와 유사한 구조를 가지고 있는 산업안전보건법위반 사건의 인과관계 판단 사례를 검토하고, 이를 바탕으로 중대재해처벌법위반죄에서의 인과관계 인정 여부를 살펴본다.

나. 산업안전보건법위반죄에서의 인과관계

근로자가 사망한 산업안전보건법위반 사건의 인과관계에 대한 판단에 있어 대법원은 "사망의 결과에 따른 처벌 규정의 경우에도 의무 위반 및 사망의 결과 사이에 상당인과관계가 인정되어야 한다"고 판시하여 상당인과관계설을 취하고 있다.[18] 안전보건 조치의무 위반과 근로자 사망 사이에 인과관계가 인정되는지 여부에 대하여 법원이 어떻게 판단하였는지 살펴보면 다음과 같다.

---

16 신동운, 「형법총론」(제10판)(2017), p. 251.
17 대법원 2015. 11. 12. 선고 2015도6809 판결.
18 대법원 2016. 7. 22. 선고 2016도3749 판결 등.

1) 인과관계가 인정된 사례

가) 대법원 2016. 3. 24. 선고 2015도8621 판결 사례

맨홀 내부에서 작업하던 수급인 회사의 근로자가 가스누출로 질식사한 데 대하여 도급인 회사의 안전관리책임자인 피고인이 가스누출 등으로 인하여 발생하는 산업재해예방을 위한 조치를 하지 아니하였다는 혐의로 기소된 사안에서, 피고인은 근로자의 사망은 급격한 가스누출 사고로 인한 것으로서 산업안전보건법상 요구되는 안전조치를 다하였다고 하더라도 사고를 막을 수 없었을 것이므로 조치불이행과 근로자의 사망 사이에 인과관계가 없다고 주장하였다.

이에 대하여 법원은 "피고인이 밀폐공간에서의 산업재해 예방조치인 1) 즉시 작업을 중단시키고 대피하도록 하고 2) 환기를 하거나 송기마스크를 착용하도록 하였을 경우 (대피가 가능하였을 수 있고 대피할 수 있는 시간도 길어져) 피해자들의 사상의 결과가 발생하지 아니하였을 가능성이 충분히 있어 피고인의 직무위반과 피해자들의 사상의 결과 사이에 상당인과관계가 있다"[19]고 하였다.

나) 부산지방법원 동부지원 2021. 7. 22. 선고 2020고단2007 판결 사례

항만 내 육상하역업체 소속 저상형 트레일러 운전기사가 트레일러를 운전하여 이동하던 중 트레일러의 진행 방향 앞쪽에서 걸어가고 있던 근로자를 들이받아 사망에 이르게 한 사안에서, 위 업체 대표이사인 피고인이 소속 직원들로 하여금 저상형 트레일러를 이용한 작업 시 해당 작업에 따른 운행경로 및 작업방법을 포함한 작업계획서를 작성하지 아니하여 피해자가 사망에 이르게 하였다는 혐의로 기소가 되었다.

피고인은 작업계획서에 운행경로 등이 기재되지 않은 것과 피해자의 사망 사이에 상당인과관계가 있다고 볼 수 없다고 주장하였으나, 법원은 "사고 당시 피해자는 비록 보행이 금지된 장소이긴 하였으나 트레일러가 운행하는 흰색 실선의 차로가 아닌 그 오른쪽에 노란색 실선으로 표시된 안전통로를 따라 걷고 있었고, 트레일러는 우회전을 하기 위해 3차로에서 5차로 쪽으로 변경한 후 위 안전통로까지

---

[19] 서울남부지방법원 2014. 7. 3. 선고 2013고단2610 판결, 서울남부지방법원 2015. 5. 22 선고 2014노1201 판결, 대법원 2016. 3. 24. 선고 2015도8621 판결.

넘어가서 피해자를 충격하게 된 것으로 보이는 점, 당시 작업계획서에 운행경로가 지정되어 있지 않아서 운전자들의 주관적인 판단에 따라 불특정 다수 구역에서 운행방향 변경 및 회전 등이 이루어지고 있었던 점, 이 사건이 발생한 날과 같이 비가 오는 날에는 트레일러 안에 서리가 심하게 끼고 조명이 밝지 않아서 시야 확보가 상당히 어려운 점 등을 종합하여 보면, 작업계획서에 운행경로 등을 기재하지 않은 것과 피해자의 사망 사이에 상당인과관계가 있다고 볼 수 있다"[20]고 하여 피고인의 주장을 받아들이지 않았다.

다) 대법원 2021. 9. 30. 선고 2020도3996 판결 사례

대규모 조선소 작업현장에서 크레인 간 충돌사고로 여러명의 근로자들이 사망하거나 부상당하여 사업주인 법인과 조선소 소장, 협력업체 대표 등이 산업안전보건법위반죄 및 업무상과실치사상죄 등으로 기소된 사건에서, 항소심 법원은 "피고인들에게 산업안전보건법상 요구되는 안전조치 및 산업재해예방조치 의무를 위반하였다고 보기 어려워 산업안전보건법위반죄에 대하여 무죄를 선고한 원심의 판단이 정당하다"고 하면서도 업무상과실치사죄에 대하여는 "크레인 중첩작업으로 인한 크레인 간 충돌을 예방하기 위한 안전대책이나 세부적인 기준을 수립하지 않았고 하위 근로자들이나 관리자들을 통해 크레인 간 충돌을 방지하기 위하여 안전하게 작업하고 지휘 감독하는지 살피지 않았으며 크레인 중첩작업 등에 따른 위험을 방지하기 위하여 필요한 조치를 취하지 않은 과실이 신호수, 운전수 등 현장근로자들의 과실과 경합하여 피해자들에 대한 사상의 결과가 발생하였다고 인정할 수 있으므로 상당인과관계를 인정할 수 있다"고 하여 업무상과실치사상죄에서의 업무상과실과 피해자들의 사상의 결과 사이에 인과관계가 있다고 보아 유죄를 선고하였다.[21]

---

20 부산지방법원 동부지원 2021. 7. 22. 선고 2020고단2007 판결(항소심 계속 중).

21 창원지방법원 2020. 2. 21. 선고 2019노941 판결(엄밀히 말하면 이 부분은 업무상과실치사죄에서 주의의무 위반행위와 피해자 사상 사이에 인과관계를 인정한 것이고 산업안전보건기준에 관한 규칙에는 관련 의무사항이 규정되어 있지 않아 산업안전보건법위반죄가 되는 것은 아니나 인과관계 판단과 관련하여 참고할 만한 사례로 보인다. 또한 이 판결의 상고심은 항소심의 산업안전보건법 위반에 대한 판단과 관련하여 "해당 사업장은 수많은 근로자가 동시에 투입되고, 대형 크레인이 상시적으로 이용되며, 사업장 내 크레인 간 충돌 사고를 포함하여 과거 여러 차례 다양한 산업재해가 발생한 전력이 있는 대규모 조선소인 점, 구 산업안전보건법 등 관련 법령의 개별 조항에서

2) 인과관계가 인정되지 않은 사례

가) 대법원 2018. 10. 25 선고 2016도11847 판결 사례

불산 누출로 피해자가 사망한 사건에서 독성이 있는 물질의 누출방지에 대한 안전조치의무(급성 독성물질을 취급 저장하는 설비의 연결 부분은 누출되지 않도록 밀착시키고 매월 1회 이상 연결 부분에 이상이 있는지를 점검할 것)위반의 점과 근로자의 사망 사이에 인과관계가 있는지에 대하여 사실심 법원은 ① 이 사건 불산이 누출된 후 얼마 있지 않아 피고인 I 직원인 V이 이를 인지하고 당직조장인 피해자 P에게 보고하였고, T가 비상연락망을 통해 피고인 I 및 피고인 H 담당자들에게 이를 알린 점, ② 피고인 I 직원들은 이 사건 밸브 아래에 내산봉투를 받쳐두는 방법으로 불산이 바닥에 떨어지는 것을 방지하였고, 최초 바닥에 떨어져 있던 불산에 대해서도 흡수포를 이용해 닦아내는 등 2013. 1. 27. 14:00경부터 같은 날 22:00경까지 약 8시간 동안 불산 누출 상황을 어느 정도 관리·통제한 점, ③ 2013. 1. 27. 14:00경부터 같은 날 22:00경까지 이 사건 CCSS룸에 있었던 V, T, 피해자 P은 불산 누출에 따른 어떠한 피해도 입지 않은 점 등 제반사정을 종합하면, 위와 같은 조치의무위반이 이 사건 불산이 처음 누출된 원인이 될 수 있을지언정 이 사건 피해 발생과의 사이에는 상당인과관계가 없다고 판시한 바 있다.[22]

는 사업주로 하여금 기계, 기구, 중량물 취급, 그 밖의 설비 혹은 불량한 작업방법으로 인한 위험의 예방에 필요한 조치를 할 의무를 부과하고 있고, 크레인 등 양중기에 의한 충돌 등 위험이 있는 작업을 하는 장소에서는 그 위험을 방지하기 위하여 필요한 조치를 취할 의무가 있음을 특별히 명시하고 있는 점 등을 종합하면, 피고인들에게 구 산업안전보건법 제23조 등 규정에 따라 크레인 간 충돌로 인한 산업안전사고 예방에 합리적으로 필요한 정도의 안전조치 의무가 부과되어 있다고 해석된다"고 하면서 "작업계획서에 크레인 간 중첩작업으로 인한 간섭 내지 충돌을 방지하기 위한 대책을 포함하여 작성하지 않은 점, 크레인 간 중첩작업에 의한 충돌 예방을 위한 신호방법을 제대로 정하지 않은 점, 출입금지구역 설치 등의 조치를 하지 않은 점"등은 산업안전보건법상 안전조치의무위반에 해당한다"고 하여 유죄 취지로 파기환송하였다(대법원 2021. 9. 30. 선고 2020도3996 판결). 대법원의 파기환송 취지에 따르면 파기 전 항소심에서 업무상과실과 피해자들의 사상 사이에 상당인과관계가 인정되었던 것과 같이 안전조치의무 위반과 근로자 사망 사이의 인과관계도 인정될 것으로 보인다.

22 수원지방법원 2014. 10. 31. 선고 2013고단6589 판결, 수원지방법원 2016. 7. 7. 선고 2014노6828 판결, 대법원 2018. 10. 25 선고 2016도11847 판결. 이처럼 2013. 1. 27. 22:00경까지는 통제가 어느 정도 가능한 상황으로 위 누출 자체가 사망의 원인이 되었다고 보기는 어렵기 때문에 그 누출과 관련된 의무위반과 사망 사이에 인과관계가 인정되지 않는다고 본 것이고, 같은 날 23:30경부터 다량의 불산이 누출되기 시작하여 밸브를 교체하지 아니하고는 불산누출을 통제하기 어려운

나) 대구지방법원 2018. 9. 21. 선고 2018노2238 판결 사례

한국철도공사로부터 고속철도의 선로 유지, 보수 공사를 도급받은 회사의 근로자들이 심야 작업 중 지진 발생으로 인하여 지연 운행되던 KTX 열차가 이미 지나간 줄 알고 만연히 선로에서 작업을 하다가 뒤늦게 진행하는 KTX 열차에 치어 사망한 사안에서, 검찰은 피고인을 작업계획서에 지진으로 인해 열차가 지연될 수 있다는 점을 제대로 작성하지 않은 데 따른 안전조치의무 위반으로 근로자를 사망에 이르게 하였다는 혐의로 기소하였다.

이에 대하여 법원은 "이 사건은 작업팀장인 A가 열차의 지연 여부 및 작업 개시 여부에 관하여 시설관리장인 B의 지시를 명확히 청취하지 아니하는 등 주의를 기울이지 아니한 채 만연히 근로자들에게 작업을 지시한 결과 발생한 것으로 보이는 점, 작업계획서에는 지진으로 인해 열차가 지연될 수 있음이 기재되어 있지 않았고 이를 방치한 잘못은 있으나 가사 그 내용이 기재되고 근로자들에게 동일한 내용이 고지되었다고 하더라도 실제 현장에 있던 근로자들은 팀장인 A의 지시에 따라 작업을 개시하였을 것으로 보이는 점에 비추어 작업계획서 미작성에 따른 안전조치의무 위반과 근로자의 사망 사이에 상당한 인과관계를 인정하기 어렵다"는 취지로 판시하였다.

다) 대법원 2014. 5. 29. 선고 2014도78 판결 사례

하수관 내에서 작업 중이던 근로자가 쓰러져 사망한 사안에서, 검찰은 하수관 공사의 현장소장에 대하여 감시인 지정, 공기호흡기 지급, 작업 시작 전 공기상태 점검 등의 보건조치를 취하지 아니하여 근로자가 하수관 내에서 질식하여 쓰러진 후 바닥에 있던 하수를 흡입하여 사망하였다고 기소하였다.

그러나 법원은 "부검 결과 익사 또는 산소결핍을 시사하는 소견이 발견되지 않은 점, 피해자에게 간질 병력이 있었고 간질 병력은 부검을 통한 조직 검사에서 확인되지 않는 경우가 대부분인 점, 사고 발생 3일 후 사고 장소에서 측정된 산소농도가 양호하였던 점, 사고 당시 기온이 낮았던 점 등을 종합하여 간질로 인하여 사

상태가 되었는데 밸브교체 등 설비 분해 작업시 작업책임자를 지정하지 않은 점 등의 안전조치의무위반에 대하여는 근로자 사망과의 사이에 인과관계가 인정되었다.

망하였을 가능성을 배제할 수 없어 피고인의 보건조치의무 위반과 사망의 결과 사이에 인과관계가 인정되지 않는다"는 취지로 판시하였다.

3) 소결

이와 같이 피고인의 안전보건 조치의무 위반이 인정된다 하더라도 그러한 의무위반과 사망의 결과 사이에 인과관계가 인정되지 않는다는 이유로 형사책임이 부정되는 경우가 있고, 판례는 상당인과관계설의 입장에서 개별 사안마다 구체적 사정을 고려하여 상당성이 있는지 여부를 판단하고 있다. 따라서 제3자나 피해자의 과실이 개입된 경우에도 그로 인해 인과관계가 부정되는지 여부를 일률적으로 말할 수는 없고 구체적 사안에 따라 달리 판단할 수 있다. 통상 구성요건적 행위가 결과를 발생하게 한 유일하거나 직접적인 원인이 아니라 그러한 행위와 결과 사이에 피해자나 제3자의 과실 등 다른 과실이 개재된 때에도 그와 같은 사실이 통상 예견될 수 있는 것이라면 인과관계가 인정될 수 있다.[23] 또한 실무상으로는 인과관계만 독자적으로 판단되는 경우보다는 결과 발생에 대한 예견가능성, 주의의무위반에 대한 미필적 고의 등 주관적 요건과 함께 종합적으로 판단되는 경우가 일반적으로 보인다.

다. 중대재해처벌법위반죄에서의 인과관계

1) 2단계 인과관계의 문제

중대재해처벌법 제6조[24]가 결과적 가중범인지 여부에 대하여는 견해가 일치하지 않으나 어느 견해에 의하든 기본구성요건(제4조 또는 제5조의 안전보건확보의무 위

---

[23] 대법원 2014. 7. 24. 선고 2014도6206 판결. 참고로 형사사건은 아니지만 산업재해보상보험법 소정의 업무상재해에 해당하는지 여부가 문제된 사건에서 대법원은 "업무수행중 사고를 당한 근로자가 사고 당시 술에 취한 상태에 있었다는 이유만으로 그 사고로 인한 사상을 업무상 재해가 아니라고 할 수는 없으나, 당해 근로자가 업무시간 중에 업무와 관계없이 사적으로 과도한 음주를 하였고, 그 음주가 주된 원인이 되어 당해 업무수행에 통상적으로 따르는 위험의 범위를 벗어난 사고가 발생하였으며, 또 당해 업무와 관련하여 사업주가 관리하고 있는 시설의 결함 또는 사업주의 시설관리소홀도 인정되지 않는 경우에는, 그 근로자의 업무와 재해 사이에 상당인과관계가 있다고 할 수 없어 업무상 재해에 해당하지 않는다"라고 판시(대법원 2006. 9. 22. 선고 2006두8341 판결)한 바 있다.
[24] 편의상 제6조와 제10조가 공통적으로 해당되는 부분에서는 제6조만 기재하여 설명하도록 한다.

반)과 중대산업재해 발생이라는 결과 사이에 인과관계가 있어야 한다는 점에 대하여는 이견이 없는 듯하다. 그런데 개인사업주 또는 경영책임자등의 안전보건 확보의무는 작위의무이기는 하나 상대적으로 추상적, 구조적인 측면이 있고 이러한 의무를 이행하지 않은 것이 직접적인 원인이 되어 중대산업재해가 발생하는 경우를 상정하기는 쉽지 않을 수 있다. 반면에 현장에서의 안전보건 조치의무 위반행위 또는 다른 근로자나 피해자의 과실 등이 직접적인 원인으로 작용하여 중대산업재해로 연결되는 경우가 일반적이라 할 것이다. 따라서 안전보건 확보의무 위반과 중대산업재해 발생 사이에 직접적인 인과관계가 명확하게 인정되는 경우보다는 1차적으로 산업안전보건법위반에 해당되는 현장에서의 안전보건 조치의무 위반 행위와 중대산업재해 발생 사이의 인과관계, 2차적으로 중대재해처벌법상의 안전보건 확보의무 위반행위와 현장에서의 안전보건 조치의무 위반행위 사이의 인과관계 인정 여부를 판단하는 단계적인 인과관계 입증이 필요한 경우가 많을 것으로 보인다.

이와 관련하여 개인사업주 또는 경영책임자등에게 제6조의 책임을 묻게 되는 경우는 제4조 및 제5조의 의무불이행(의무위반/부작위)이 산업안전보건법상의 구체적인 안전보건 조치의무 위반을 야기하고 해당 의무위반이 중대산업재해를 일으키는 구조가 가장 전형적이고 이 경우 단계적인 인과성 심사가 필요하다는 견해가 있다.[25] 여기서 말하는 단계적인 인과성 심사를 가장 단순화시켰을 때 1단계는 개인사업주 또는 경영책임자등의 안전보건 확보의무 위반과 산업안전보건법상의 구체적인 안전보건 조치의무 위반 사이의 인과관계이고, 2단계는 산업안전보건법상의 안전보건 조치의무 위반과 중대산업재해 발생 사이의 인과관계이다.

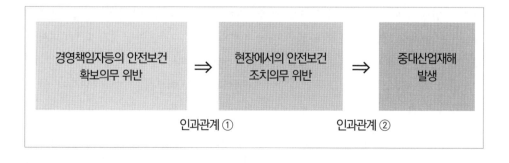

___

[25] 김성룡, 앞의 학술대회 발표자료, pp. 49~50.

인과관계에 대한 판단을 반드시 위와 같은 방식으로 해야 하는 것은 아니지만 경영책임자등의 안전보건 확보의무가 상대적으로 추상적, 구조적인 내용으로 구성되어 있고 결과 발생에 간접적으로 영향을 미치는 경우가 많을 것이라는 점을 고려하였을 때 대부분의 사안에서 단계적인 입증 과정을 거칠 수밖에 없어 보인다. 그리고 이와 같이 산업안전보건법령상의 의무위반 행위를 매개로 하여 안전보건 확보의무 위반과 중대산업재해 발생 사이의 인과관계를 단계적, 체계적으로 심사하는 것은 인과관계 인정 범위를 지나치게 확장하는 것을 방지하는 역할을 한다는 점에서 하나의 심사 모델로 활용해 볼 만하다.

위와 같이 두 단계로 나누어 인과성을 심사할 경우 2단계에서의 인과관계가 인정되는 것은 그리 어렵지 않다. 산업안전보건법령의 의무 조항이 산업재해를 예방하기 위해 취해야 할 조치를 촘촘하게 구비한 것이기 때문에 대부분의 사안에서 해당 조치를 하지 않은 것이 중대산업재해 발생과 인과관계가 없다고 하기는 무리일 것이기 때문이다.[26] 결국 쟁점은 1단계의 인과관계를 인정할 수 있느냐의 문제로 좁혀질 것으로 보인다.

1단계의 인과관계를 인정하기 위해서는 개인사업주나 경영책임자등이 재해예방에 필요한 인력 및 예산 등 안전보건관리체계의 구축 및 그 이행에 관한 조치, 안전·보건 관계 법령에 따른 의무이행에 필요한 관리상의 조치를 이행하지 않았기 때문에 현장 책임자들이 안전보건 조치의무를 이행하지 않았음을 입증하여야 한다. 이는 개인사업주나 경영책임자등의 안전보건 확보의무 위반으로 인하여 현장 책임자들이 안전보건 조치의무를 이행하는 것이 불가능하거나 적어도 부실하게 이행될 수밖에 없었다는 점을 확인시키는 방법으로 해야 할 것인데, 이를 위해서는 안전보건업무 담당자의 직위 및 업무, 보고체계, 관련 예산의 배정 및 집행 현황, 관계법령 준수 사항에 대한 사내 컴플라이언스 부서의 관리 수준, 안전보건 담당 부서의 규모와 활동 내역 등을 전반적으로 살펴봐야 할 것이다.[27]

또한 개인사업주나 경영책임자등이 안전보건 확보의무를 전혀 이행하지 않은

---

26 김용희, 앞의 토론문, p. 62.
27 중대재해처벌법의 도입과정에서도 인과관계의 입증 곤란이 문제될 것임을 인식하고 인과관계 추정 조항을 둘 것을 건의하기도 하였으나('중대재해기업처벌법 제정안의 법적 쟁점에 관한 법학계의 의견서', 민주법학 제75호(2021), p. 295), 이는 무죄추정의 원칙에 위반되어 위헌소지가 있어 채택되지 않았다.

경우보다는 이행하기는 하였으나 객관적으로 보았을 때 불충분하다고 평가받는 경우가 더 일반적일 것으로 보인다. 안전보건 확보의무 이행을 전혀 하지 않았을 경우, 예컨대 안전보건 업무를 전담하는 조직을 아예 설치하지 않았다면 결과발생에 직접적인 원인이 된 미조치 사항이 발생하는 데 어떤 식으로든 영향이 있다고 보기 쉽고, 인과관계가 없다고 주장하는 측에서는 마치 없는 존재를 증명해야 하는 것처럼 자신의 입장을 설명하기가 어려워진다. 반대로 안전보건업무 전담조직을 구성하기는 하였으나 다소 흠결이 있는 경우라면 그 흠결과 직접적 원인이 된 미조치 사항 발생 사이에 인과관계가 없다는 점을 증명하는 것이 사안에 따라 가능해질 수 있을 것이다. 이처럼 안전보건 확보의무를 완벽하게 수행하면 인과관계 판단까지 나아갈 필요도 없이 중대재해처벌법위반의 책임을 지지 않겠지만, 설령 안전보건 확보의무를 완전하게 이행하였다고 인정받지 못하는 경우라 하더라도 어느 정도 이행을 했는지에 따라 인과관계 판단에 영향을 미친다는 점에서 본다면 경영책임자등이 의무 이행을 위하여 어느 정도의 노력을 기울이느냐의 문제는 형사처벌의 리스크를 줄이는 데에서도 중요한 의미가 있다고 할 것이다.

2) 산업안전보건법위반 행위를 매개로 하지 않는 경우의 인과관계

위에서 언급한 바와 같이 산업안전보건법위반 행위를 매개로 하여 다단계의 인과관계를 입증하는 모델의 경우 인과관계 인정 범위를 지나치게 확장시키는 것을 방지하는 기능을 하여 책임주의를 벗어난 형사 제재의 위험을 예방할 수 있을 것으로 보인다. 물론 중대재해처벌법상의 안전보건 확보의무 위반이 중대산업재해 발생에 직접적인 원인이 되었다고 인정되는 경우도 있을 수 있다. 그러한 경우에는 산업안전보건법위반 행위의 매개 없이 인과관계 입증이 가능하다.

그런데 중대재해처벌법상의 안전보건 확보의무 위반과 중대산업재해 발생 사이에 직접적인 인과관계가 인정된다고 보기도 어렵고 둘을 매개하는 산업안전보건법위반 행위도 없을 경우는 어떻게 해석할 수 있는지 문제가 될 수 있다. 수사 실무상으로는 산업안전보건법위반 사항이 확인되지 않는다 하더라도 일반적인 과실(주의의무위반)을 매개로 하여 중대재해처벌법위반죄를 구성할 것으로 예상된다. 나아가 매개되는 행위를 특정하지 않고 안전보건 확보의무 위반으로부터 직접적으로 중대산업재해 발생이 야기되었다는 방식의 인과관계 입증이 시도될 가능성도 없지 않다.

예컨대 개인사업주 또는 경영책임자등의 안전보건 확보의무 중 하나인 유해·위험 요인의 확인 및 개선 절차 점검 의무(법 제4조 제1항 제1호, 시행령 제4조 제3호)를 제대로 이행하지 않았는데 해당 의무를 이행하였더라면 그 과정에 중대산업재해를 야기한 위험 요인이 발견되어 제거될 수 있었을 것이라고 예상되는 경우가 있을 수 있다. 이 경우 산업안전보건기준에 관한 규칙에서 요구하는 안전조치의무 위반에 해당되는 사항이 없어 산업안전보건법위반죄가 성립하지 않는다 하더라도 관리·감독 업무 등에 관한 주의의무 위반이 인정되는 경우 업무상과실치사상죄가 성립할 수 있는 것[28]과 같은 논의선상에서 중대재해처벌법상의 안전보건 확보의무는 산업안전보건법상의 안전보건 조치의 관리에 한정되는 것이 아니라는 논리가 전개될 수 있다. 법 시행 초기에는 광범위하게 수사가 진행될 수 있고 기소 역시 적극적으로 이루어질 가능성을 배제할 수 없다.

3) 중대재해처벌법상의 안전보건 확보의무 위반 유형에 따른 인과관계

중대재해처벌법상 개인사업주 또는 경영책임자등의 안전보건 확보의무 위반행위 유형 중 중대산업재해 발생과의 인과관계가 인정되는지 여부가 쟁점이 될 가능성이 높은 것으로는 (i) 사고 발생 작업에 관하여 '유해위험요인 확인 및 점검의무(위험성 평가 업무)'가 미이행되거나 극히 미흡하였던 경우, (ii) 예산 편성 및 집행의 문제와 관련하여 내부적으로 사고가 발생한 특정 유형의 작업(예컨대, 고소작업)과 관련하여 안전시설의 설치(예컨대, 안전난간의 설치 등) 등에 필요한 구체적인 예산의 반영 요구에 관한 제안이나 보고가 있었음에도 정당한 이유 없이 예산반영/집행이 누락된 경우, (iii) 동일한 유형의 재해가 있었음에도 대책이 미흡하여 동일 유형의 사고가 재발한 경우 등을 들 수 있다.

이하에서는 기존 안전사고 사건에서의 판례 사안을 바탕으로 위 세가지 각 유형의 안전보건 확보의무 위반과 중대산업재해 발생 사이에 어떻게 인과관계를 인정할 수 있는지 여부를 살펴보겠다.

---

28 대법원 2010. 11. 11. 선고 2009도13252 판결, 대법원 2009. 5. 28. 선고 2008도7030 판결 등.

가) 유해 · 위험요인 확인 및 개선절차 점검의무 위반(법 제4조 제1항 제1호, 시행
령 제4조 제3호)

개인사업주 또는 경영책임자등은 사업 또는 사업장의 특성에 따른 유해 · 위험
요인을 확인하여 개선하는 업무절차를 마련하고 해당 업무절차에 따라 유해 · 위험
요인의 확인 및 개선이 이루어지는지를 반기 1회 이상 점검한 후 필요한 조치를 하
여야 할 의무를 부담하는데, 산업안전보건법 제36조에 따른 위험성 평가를 하는 절
차를 마련하고 그 절차에 따라 위험성 평가를 직접 실시하거나 실시하도록 하여 실
시 결과를 보고받은 경우에는 해당 업무절차에 따라 유해 · 위험요인의 확인 및 개
선에 대한 점검을 한 것으로 볼 수 있다. 그러나 위험성 평가를 이행함으로써 면제
가 되는 것은 유해 · 위험요인의 확인 및 개선 점검에 한정되고, 점검 후 필요한 조
치를 하여야 하는 의무는 별도로 이행해야 한다.

유해 · 위험요인을 확인하고 개선절차를 점검한 영역과 관련하여 중대산업재해
가 발생한 경우에는 우선 해당 의무 이행에 부족함이 없었는지를 살펴보게 될 것이
다. 그 결과 해당 절차를 형식적으로 이행하였음이 확인되고, 만일 그 절차를 충실
하게 이행하였더라면 작업장의 유해 · 위험요인을 도출하고 대책을 수립하여 사전
에 위험성을 감소시킬 수 있었을 것이라는 점이 인정된다면 해당 의무 위반과 중대
산업재해 발생 사이에 인과관계가 인정될 가능성이 있다.

기존 하급심 판결 중에는 위험성 평가를 제대로 하지 않은 것이 업무상과실치
사상죄에서의 주의의무위반의 내용을 구성하고 결과 발생과의 사이에 인과관계도
인정된다고 본 사례가 있다. 즉, 앞에서 언급한 대법원 2021. 9. 30. 선고 2020도
3996 판결 사건의 항소심 재판부는 "산업안전보건법 규정 및 피고인 회사의 안전
보건 관리규정 등에 의하면 피고인 회사는 2016. 6. 13. 메인지브가 골리앗 크레인
거더 하부보다 높이 올라갈 수 있는 구조의 지브형 크레인을 설치하면서 기계 · 기
구, 설비, 원재료 등의 신규 도입 등으로 새로이 발생된 위험을 반영한 위험성 평가
를 실시하고 위험성을 감소시키기 위한 안전대책을 수립해야 했는데, 지브형 크레
인 설치 전에 실시된 위험성 평가서('승강대 이동 설치 해체 작업'에 관한 2015. 1. 23.자
위험성 평가서, '서비스타워 이동설치 및 해체 작업'에 관한 2016. 5. 6.자 위험성 평가서,
'Block T/O 이동 탑재 작업'에 관한 2015. 12. 19.자 위험성 평가서 및 '장비 이동 설치 작

업'에 관한 2016. 1. 14.자 위험성 평가서)의 내용과 지브형 크레인이 설치된 이후에 작성된 위험성 평가서(2016. 11. 18.자로 개정된 '승강대 이동 설치 해체 작업'에 관한 위험성 평가서, 2016. 8. 31.자로 각 개정된 '서비스타워 이동설치 및 해체 작업', 'Block T/O 이동 탑재 작업 및 장비 이동 설치 작업'에 관한 각 위험성 평가서)는 그 내용이 동일하고 변경되거나 추가된 것이 없어, 새로이 발생된 크레인 간 충돌 위험을 반영한 위험성 평가가 이루어졌다거나, 크레인 충돌 사고 위험을 방지하기 위한 안전대책과 기준이 마련되어 있었다고 보기 어려워 결국 피고인들은 각자가 맡은 업무의 범위 내에서 크레인 충돌 위험 방지를 위해 위험성 평가 및 그에 관한 구체적 안전대책이나 세부적 기준을 마련하지 않은 데 대한 과실이 있다"는 취지로 판단하면서 "원심이 설시한 것처럼 안전대책이 충분히 마련되어 있더라도 현장근로자들의 과실로 사고가 발생할 수 있는 것이지만, 위험이 예견되는 상황에서 이에 대한 안전대책을 마련할 경우 위험을 회피하거나 감소시킬 수 있다면, 그러한 안전대책을 마련해야 하는 주의의무를 위반한 것이 과실이 아니라고 평가할 수 없다"라고 판시하였다.

즉, 위험성평가의 경우 1년에 1회 실시하는 정기평가 외에도 기계나 설비 등이 새로 도입되거나 변경되었을 때와 같이 요인이 발생하였을 때 하는 수시평가 역시 실질적으로 이루어져야 위험성평가를 제대로 이행했다고 할 수 있는데, 위 사건에서 지브형 크레인이 신규 설치되면서 실시된 위험성평가의 내용을 보면 종래의 위험성평가와 다를 바가 없어 새로이 발생된 위험을 반영하여 위험성을 평가하고 그 위험성을 감소시키기 위한 안전대책을 수립한 것이 아니기 때문에 실질적으로 위험성평가를 하였다고 볼 수 없다는 것이다. 이 경우 위험성평가를 제대로 하였더라면 새로이 발생된 위험 요인을 발견할 수 있었을 것이고 이를 반영하여 위험성을 감소시키기 위한 안전대책을 세울 수 있었을 것이기 때문에 중대산업재해가 발생할 가능성도 줄어들었을 것이라는 측면에서 '위험성평가를 제대로 하지 않은 행위'와 '중대산업재해 발생' 사이에 인과관계가 인정된다고 볼 여지가 있을 것이다.

그러나 이와 같이 위험성평가 자체를 제대로 하지 않았다는 점과 경영책임자 등의 안전보건 확보의무 중 하나인 시행령 제4조 제3호의 조치의무를 하지 아니하였다는 점은 구분할 필요가 있어 보인다.

시행령 제4조 제3호에서 규정하고 있는 경영책임자등의 의무는 '① 사업 또는 사업장의 특성에 따른 유해·위험요인을 확인하여 개선하는 업무절차를 마련하고

② 그 절차에 따라 유해·위험요인의 확인 및 개선이 이루어지는지를 반기 1회 이상 점검한 후 ③ 필요한 조치를 해야 할 의무'를 말한다. 여기에서 위 ①과 ②의 의무는 '① 「산업안전보건법」 제36조에 따른 위험성평가를 하는 절차를 마련하고 ② 그 절차에 따라 위험성평가를 직접 실시하거나 실시하도록 하여 그 결과를 보고받는 것'으로 갈음할 수 있다.

만일 경영책임자등이 위험성평가 절차 마련에 전혀 신경을 쓰지 않아 담당 직원이 아예 준비를 하지 않거나 부실한 내용으로 준비한 경우 경영책임자등이 의무를 이행하지 않은 행위로 인해 위험성 평가를 제대로 하지 않은 결과가 발생하였다고 볼 수 있고 위험성 평가를 제대로 하지 않았기 때문에 사고 발생을 막지 못하였다고 보아 결국 경영책임자등의 의무 위반과 중대산업재해 발생 사이에 인과관계가 인정된다고 볼 여지가 있다. 그런데 경영책임자등으로서 가능한 조치를 모두 하였음에도 위험성평가의 내용이 부실하거나 평가가 제대로 이루어지지 않을 수도 있다. 예컨대 경영책임자는 담당 부서에 "과거 조금이라도 문제가 있었던 기계에 대하여는 빠짐없이 위험 요인을 분석하여 위험성평가 절차에 반영하라"고 구체적인 지시까지 하였는데 실무자의 실수로 과거에 하자가 발생하여 부품을 교체한 사실이 있던 A부터 Z까지의 기계 중 Z를 누락한 채 절차를 마련하였고 그 절차에 따라 유해·위험요인을 확인하고 개선하였으며 경영책임자는 이와 같은 절차를 잘 이행하고 있는지 점검도 하고 부족하다고 판단되는 부분은 보완하도록 지시도 하였는데 Z와 관련하여 사고가 발생한 경우이다. 이러한 경우라면 경영책임자등에게 중대산업재해 발생에 대한 책임을 묻기는 어렵다고 보이는데 인과관계 인정 여부를 논하기 전에 경영책임자등이 안전보건 확보의무를 위반한 사실이 없다는 주장을 할 수 있을 것이다.

나) 재해예방에 필요한 예산편성 및 용도에 맞는 집행의무위반(법 제4조 제1항 제1호, 시행령 제4조 제4호)

개인사업주 또는 경영책임자등은 재해 예방을 위해 필요한 안전·보건에 관한 인력, 시설 및 장비의 구비를 이행하는 데 필요한 예산을 편성하고 그 편성된 용도에 맞게 예산을 집행하도록 해야 한다. 경영책임자등이 재해 예방을 위해 필요한 인력, 시설, 장비를 구비하기에 충분한 예산을 편성하지 않아서 해당 인프라가 부족한 상태로 작업이 이루어지던 중 중대산업재해가 발생한 경우 위 의무 위반과 중대산업재해 발생 사이에 인과관계를 인정할 수 있을지 문제된다.

만일 어느 작업 현장에서 작업이 안전하게 이루어지고 있는지 관리, 감독을 담당하는 직원이 장시간 자리를 비웠고 그 사이에 감독을 적정히 하였으면 발견할 수 있었을 위험을 인지하지 못하여 중대산업재해가 발생하였다는 점이 인정된다면 현장에서 안전조치의무를 제대로 이행하지 않은 관리자에게 산업안전보건법상의 책임을 물을 수 있다. 그런데 만일 해당 관리자가 현장을 장시간 이탈한 이유가 다른 현장의 관리까지 담당하고 있었기에 그 현장 상황을 확인하기 위한 것이었다면, 이는 경영책임자등이 재해 예방을 위해 필요한 안전·보건에 관한 인력을 구비하는 데 적정한 예산을 편성할 의무를 이행하지 못하였기 때문이라고 볼 수 있다. 이와 같은 경우 경영책임자등의 의무 위반과 중대산업재해 발생 사이의 인과관계를 인정할 여지가 있어 보인다.

이와 관련하여, A사는 서울시가 출자하여 설립된 서울시 산하 지방공기업으로 도시철도를 운영하며 승객을 수송하는 회사이고, B사는 A사와 도시철도 역사에 설치된 승강장 안전문(스크린도어)에 대한 유지·보수계약을 체결하고 이를 이행하는 회사인데, B사 소속 정비원 甲이 C역 승강장 선로 내에서 2인1조로 작업을 해야 함에도 혼자서 스크린도어 수리작업을 하다가 역사 내부로 진입하는 열차와 충돌하여 사망한 경우 A사의 경영책임자등에게 2인1조 작업이 가능하도록 인력을 충원해 주지 않은 부분에 대하여 안전보건 확보의무 위반 책임을 물을 수 있는지 문제될 수 있다.[29]

---

[29] 해당 예시는 2016년에 발생한 구의역 스크린도어 정비원 사망 사고의 내용으로, 이하의 적시하는 사실관계는 해당 사건의 판결에서 인정된 사실을 바탕으로 한다(서울동부지방법원 2018. 6. 8. 선고 2017고단1506 판결, 대법원 2019. 11. 14. 선고 2019도13257 판결 참조). 위 사건에서 검찰은 ① A사의 본사 임직원들에 대하여 2인1조 작업 실시 여부 등 인력 운용 상태를 부실하게 관리, 감독한 업무상 과실로, ② A사 C역 직원들에 대하여 근로자에게 2인 1조 작업 관리, 감독을 위한 역사작업신청일지의 작성을 요구하지 않은 업무상 과실로, ③ B사 대표에 대하여 2인 1조 작업이 불가능한 인력 상태를 방치하였고 1인 작업이 될 수밖에 없는 인원 구성으로 수리작업반을 편성한 업무상 과실로 각각 업무상과실치사죄로 기소하였고, ④ A사 전자사업소장과 B사 대표에 대하여는 열차가 운행하는 궤도상에서의 보수, 점검 작업 등에 대한 안전조치의무 위반 등을 이유로 산업안전보건법위반죄로도 기소(A사의 경우 B소속 정비원의 업무를 지휘, 감독하여 실질적인 고용관계가 있는 사업주에 해당한다는 내용으로 구성)하였는데, A사 일부 임직원의 업무상과실치사 혐의에 대하여는 인력의 불충분한 증원 부분은 사고 원인과 상관관계 있는 주의의무 위반이

이를 판단하기 위해서는 우선 중대산업재해의 발생 원인이 무엇인지를 명확히 해야 하는데, 당시 사실관계에 따르면 승강장 선로 작업을 함에 있어서는 반드시 2인1조를 이루어 진행해야 함에도 인력 부족으로 甲이 혼자 작업을 수행하였고 그로 인해 중대산업재해가 발생하였음은 명백해 보인다. 그렇다면 인력 부족의 원인이 무엇인지가 중요한 쟁점이 되는데, 개별적 요인으로는 사고 당일 甲과 같은 조 근무자였던 乙이 집회 참석 등을 이유로 무단 이석하는 바람에 甲과 함께 출동할 예정이었던 丙이 乙의 업무를 대신 하면서 출동하지 못한 사정을 들 수 있고, 구조적 요인으로는 B사의 대표가 스크린도어 정비원으로 신고된 사람들을 다른 업무에 종사시키고 직원이 아닌 사람을 정비원으로 등재하여 월급을 지급하는 등의 사유로 실제 정비원 수는 2인1조 출동이 항상 가능한 인원수에 절대적으로 미치지 못하였다는 점을 들 수 있다.

그리고 B사가 작업을 수행하는 지하철 역사는 A사가 실질적으로 지배, 운영, 관리하는 사업 또는 사업장이라고 할 수 있으므로 A사의 경영책임자등은 B사의 직원인 甲 등에 대하여 안전보건 확보의무를 부담한다고 할 것이다. 따라서 원칙적으로 A사의 경영책임자등이 甲의 재해 예방을 위해 필요한 안전·보건에 관한 인력, 시설 및 장비의 구비를 이행하는 데 필요한 예산을 편성하고 그 편성된 용도에 맞게 예산을 집행하도록 해야 하는데 이는 도급인으로서 실질적으로 지배, 운영, 관리하는 영역에 한정된 사항일 뿐 B사의 조직, 인사, 예산에까지 적극적으로 관여할 권한이 있다는 의미는 아니다. 즉, A사는 B사가 정비원의 2인1조 작업을 실질적으로 보장하기 위해서는 인력 증원이 필요하다고 하여 용역계약금을 당초 약정했던 것보다 486,222,075원 증액(17명 증원에 따른 노무비 상당)하는 변경계약을 체결하였는데 이를 넘어서서 B사가 위 금원을 어떻게 집행하는지까지 확인할 권한이나 의무가 있다고는 할 수 없다. B사가 당초 A사에 28명의 증원을 요청하였으나 A사 내부 심사 과정에서 받아들여지지 않아 17명을 증원하는 것으로 결정되어 그에 상당하는 계약금 증액으로 변경하였기 때문에 이와 같은 절차를 거친 이상 A사의 경영책임자등이 정비원의 2인1조 작업이 가능하도록 구조적인 틀을 갖추는 데 대한 의무는 이행하였다고 봄이 상당하고 설령 애초에 요청한 28명 증원에 미치지 못하여

아니라는 이유로 무죄가 선고되었고 A사 전자사업소장의 산안법위반 혐의에 대하여는 A사와 피해자 간에 실질적인 고용관계가 있다고 보기 어렵다는 이유로 무죄가 선고되었다.

안전보건 확보의무를 완전히 이행하지 못하였다 하더라도 이로 인해 2인1조 작업이 어려웠던 것이 아니라 앞에서 본 바와 같이 B사의 허위 인력 보고 내지 인력편성의 부적절성으로 인한 문제였기 때문에 인과관계를 인정하기도 어렵다고 할 수 있다.[30]

다만, A사 임직원들이 B사 소속 정비원들이 실제 2인1조로 작업을 하고 있는지에 대하여 점검을 하지 않은 것과 관련해서는 경영책임자등이 안전보건관리체계 구축 등의 의무를 이행하였다고 볼 수 있는지 문제가 될 수 있다. 즉, A사의 경영책임자등이 2인1조 작업 여부를 수시로 관리할 수 있는 체계를 구축하였다면 C역에서 근무하고 있는 A사 직원들과 B사의 대표 등이 정비원들로 하여금 선로에서 1인 작업을 하지 않도록 안전조치 의무를 이행했을 것으로 볼 수 있고 반대로 A사의 경영책임자등이 이러한 시스템을 구축하지 않았기 때문에 A사 직원들 및 B사 대표가 안전조치를 취하지 아니하여 결국 이 사건 중대산업재해에 이르게 되었다고 볼 경우 인과관계가 인정될 여지도 있다. 또한 A사의 경우 과거에 다른 역에서 스크린도어 작업을 하던 근로자가 사망하는 사고가 발생하여 특별안전대책을 수립한 적이 있는바, 이를 재발방지대책 수립으로 볼 수 있는지, 해당 대책을 제대로 이행하였는지 여부도 문제될 수 있다.

또 다른 사례로, D사가 운영하는 고밀도 폴리에틸렌 등 합성수지 제조 공장인 E공장에서 해당 제품의 최종 저장조인 블렌더 2기가 폭발하여 그 여파로 중간 저장조인 사일로 6기 중 2기의 하부가 파손되면서 내부에 있는 플러프가 쏟아져 화재가 발생하여 파손된 사일로 2기는 신형으로 교체 설치하고 나머지 사일로 4기는 내부 관찰 및 청소용 맨홀을 설치하기로 하고 이를 F사에 도급하였는데 D사 소속 근로자들이 사일로 내의 플러프 분진을 제거하지 아니한 상태에서 F사 소속 근로자들에게 작업을 지시하고 D사 소속 근로자들이 용접기를 사용하여 사일로에 가용접 작업을 진행하던 중 플러프 분진이 폭발하여 F사 소속 근로자들이 사망한 사건

---

30 위 사건 판결에서도 피해자가 2인1조로 작업하지 못한 이유는 병의 무단이석 과실과 B사 대표의 허위인력 보고 내지 조직구조 및 인력편성의 부적절성으로 인한 인력부족 때문으로 볼만한 합리적인 의심의 여지가 있고, B사의 28명 증원 요청에 대하여 A사 내부의 심사절차를 거쳐 17명 증원으로 결정된 점을 볼 때 정비원 증원과 관련해서는 A사 담당 임직원들의 주의의무위반 내지 결과 발생 사이의 인과관계를 인정하기 어렵다고 판시하였다(서울동부지방법원 2018. 6. 8. 선고 2017고단1506 판결).

이 있었다.[31]

이 사건에서 법원이 인정한 사실관계에 따르면 D사 소속 임직원들에게 인정된 안전조치의무위반 내지 업무상 주의의무위반 사항은 ① 폭발이나 화재가 발생할 우려가 있는 장소에서 통풍, 환기 및 분진 제거 등의 조치를 하지 아니하고 불꽃이나 아크를 발생하거나 고온으로 될 우려가 있는 화기·기계·기구 및 공구 사용을 금지하는 조치를 하지 아니한 점, ② 정기보수계획을 수립함에 있어 사일로 내부에 존재하는 플러프를 완전히 제거하는 내용의 클리닝 공정이 작업 내용에 포함되도록 하지 아니한 점, ③ 정기보수기간 동안 안전담당인력을 충원하거나 인력 상황에 맞게 보수기간 및 작업일정을 조정하지 아니하여 사일로 맨홀설치작업 시 작업감시자와 작업감독자가 1인당 두 개 이상의 작업장을 감독하게 되어 현장 안전 관리가 제대로 이루어지지 않은 점, ④ 작업 관련 위험 요소에 대한 안전교육을 실시하지 아니한 점, ⑤ 사일로에서 용접작업이 이루어지는 시간에는 사일로 충격이 가해질 수 있는 다른 작업이 실시되지 않도록 해야 함에도 조치하지 아니한 점 등이다.

이 사안에서 D사의 경영책임자등에게 중대재해처벌법상의 책임을 묻는다고 가정하였을 경우 가장 먼저 문제가 될 수 있는 것은 정기보수기간 중 안전담당인력이 충원되지 않아 작업감독자가 1인당 두 개 이상의 작업장을 관리하여 현장 안전관리가 제대로 되지 않았다는 점이다. 이처럼 안전담당인력이 충원되지 않은 이유가 경영책임자등이 재해예방에 필요한 인력 및 예산 등 안전보건관리체계의 구축 및 그 이행에 관한 조치를 제대로 이행하지 않았기 때문은 아닌지, 재해 예방을 위하여 필요한 안전보건인력에 대한 예산을 편성하지 않거나 제대로 집행하지 않았기 때문은 아닌지 등을 검토해 볼 필요가 있다. 또한 플러프가 떨어져 분진을 발생시킬 위험성이 있는 사업장이므로 사업 또는 사업장의 특성에 따른 유해·위험요인을 확인하여 개선하는 업무절차를 마련하고 점검, 조치하였는지 여부도 확인할 필요가 있다.

---

31 광주지방법원 순천지원 2013. 9. 30. 선고 2013고단 954, 1469(병합), 1727(병합) 판결, 광주지방법원 2014. 2. 19. 선고 2013노2217 판결, 대법원 2014. 5. 29. 선고 2014도3542 판결, 광주지방법원 2014. 7. 3. 선고 2014노1307 판결.

다) 재발방지대책 미수립(법 제4조 제1항 제2호)

과거에 유사한 사고가 발생하였던 전력이 있고 당시 재발방지대책을 수립하여 이행하지 않았는데 그와 유사한 사고로 중대산업재해에 이르는 결과가 발생하였을 경우 두 사고의 직접적인 원인이 무엇인지, 유형이 어느 정도 유사한지 등에 따라 재발방지대책의 미수립과 중대산업재해 발생 사이의 인과관계 인정 여부가 달라질 것으로 보인다. 예컨대, 과거에 추락방지망 미설치로 인해 근로자가 추락하여 사망한 사고가 있었는데 이후에도 아무런 대책을 세우지 아니하여 근로자가 또 추락사하는 사고가 발생한 경우 재발방지대책을 수립하지 않은 경영책임자등의 안전보건확보의무 위반은 중대산업재해 발생의 원인으로 작용하였다고 볼 가능성이 높다. 그러나 사고의 유형에는 공통점이 있더라도 사고의 원인이 달라 과거 사고의 발생원인을 시정하는 조치를 취하였다 하더라도 새로운 사고가 일어날 가능성이 낮아졌다고 하기 어려운 경우 인과관계가 인정되기 어려울 수도 있다.

한편, 기존에 업무상과실치사상죄나 산업안전보건법위반죄에서 주의의무 또는 안전조치의무의 내용이나 의무 위반과 결과 발생 사이의 인과관계를 판단함에 있어 과거 동종 사고가 발생한 전력이 있는 사업장이라는 점 내지 과거 동종 사고가 있었음에도 재발방지조치를 하지 아니하였다는 점을 언급한 사례들도 있다.

앞에서 언급한 대법원 2021. 9. 30. 선고 2020도3996 판결에서는 조선소를 운영하는 원청 회사의 산업안전보건법상 안전조치의무에 대하여 "구 산업안전보건법에서 정한 안전·보건조치 의무를 위반하였는지 여부는 구 산업안전보건법 및 같은 법 시행규칙에 근거한 「산업안전보건기준에 관한 규칙(이하 '안전보건규칙'이라 한다)」의 개별 조항에서 정한 의무의 내용과 해당 산업현장의 특성 등을 토대로 산업안전보건법의 입법목적, 관련 규정이 사업주에게 안전·보건조치를 부과한 구체적인 취지, 사업장의 규모와 해당 사업장에서 이루어지는 작업의 성격 및 이에 내재되어 있거나 합리적으로 예상되는 안전·보건상 위험의 내용, 산업재해의 발생 빈도, 안전·보건조치에 필요한 기술 수준 등을 구체적으로 살펴 규범목적에 부합하도록 객관적으로 판단하여야 한다. 나아가 해당 안전보건규칙과 관련한 일정한 조치가 있었다고 하더라도 해당 산업현장의 구체적 실태에 비추어 예상 가능한 산업재해를 예방할 수 있을 정도의 실질적인 안전조치에 이르지 못할 경우에는 안전보건규칙을 준수하였다고 볼 수 없다. 특히 해당 산업현장에서 동종의 산업재해가 이미 발생하였던 경우에는 사업주가 충분한 보완대책을 강구함으로써 산업재해의 재발 방지를 위해 안전보건규칙에서 정하는 각종 예방 조치를 성실히 이행하였는지 엄격하게 판단하여야 한다"고 하면서 "이 사건 산업현장은 수많은 근로자가 동시에 투입되고, 다수의 대형 장비가 수시로 이동 작업을 수행하며 육중한 철골 구조물이 블록을 형성하여 선체에 조립되는 공정이 필수적이어서 대형 크레인이 상시적으로 이용되고, 사업장 내 크레인 간 충돌 사고를 포함하여 과거 여러 차례 다양한 산업재해가 발생한 전력이 있는 대규모 조선소이다. (중략) 이 사건 사고 2개월 전 OO 조선소에서 골리앗 크레인이 크롤러 크레인 보조 붐을 충돌하는 사고가 발생하는 등 이 사건 산업현장에서는 이미 크레인 간 충돌 사고가 수차례 발생한 바 있다. 그렇다면 수범자인 사업주로서는 합리적으로 필요한 범위 내의 안전조치를 보강함으로써 크레인 간 충돌에 따른 대형 안전사고의 발생을 예방할 의무가 요구된다고 볼 수 있다. (중략) 또한 앞서 본 이 사건 산업현장의 특성 및 이 사건과 유사한 안전사고 전력에 비추어 보면, 위 규정이 정한 일정한 신호방법에는 크레인 중첩 작업에 따른 충돌 사고 방지를 위한 것도 포함되어 있다고 볼 수 있다"라고 판시하였다.

또한 공장 내 생산시설 신축 공사 중 기계설치 및 배관공사를 도급받은 하청업체 소속 근로자가 작업 중 추락사한 사고에서 원청업체의 책임과 관련하여 법원은 "한편, 이 사건 사고가 발생하기 두 달 전인 2014. 8. 15.경 B주식회사 소속 근로자가 안전발판이 설치되어 있지 않은 곳에서 이동하다 3미터 아래로 추락하여 다치는 유사한 사고가 발생하였음에도 '비 오는 날 작업하지 말라'는 지시만 하달되었고, 안전시설물에 대한 보강 등의 특별한 조치를 취하지 않은 점, 물론 이 사건 사고 장소와 2014. 8. 15.경 발생한 사고 장소는 서로 다른 곳이지만, 안전발판 등이 제대로 설치되어 있지 않음으로써 사고가 발생한 이상 이 사건 현장 전체에서 안전발판 설치 등의 미비로 인하여 사고가 일어날 가능성을 염두에 두고 좀 더 세심한 관리가 요구되었을 것으로 보임에도 그러한 주의의무를 다하지 않았던 것으로 보이는 점, (중략) 피해자가 추락 직전 작업하였던 공간이 안전대를 걸 수 있었던 곳이라고 하여, 전적으로 이 사건 사고가 피해자의 과실에 기인하였다고는 단정할 수 없는 점 등을 종합하여 보면, 피고인들이 이 사건을 방지하기 위한 주의의무를 소홀히 함으로써 피해자가 사망한 사실이 인정된다"라고 판시[32]한 바 있다.

이러한 점을 고려할 때 과거 산업재해가 발생하였는데 재발방지대책을 수립하여 이를 이행하는 등의 조치를 하지 않은 상태에서 유사한 원인으로 동종의 중대산업재해가 발생하는 경우 경영책임자등의 의무위반행위와 중대산업재해 발생 사이에 인과관계가 인정될 가능성이 있어 보인다.

4. 고의의 내용과 판단

가. 개관

앞에서 살펴본 바와 같이 중대재해처벌법위반죄는 기본행위(안전 및 보건 확보의무 위반행위)에 대한 고의가 있어야 성립하는 범죄이다.

한편, '고의'라 함은 범죄구성요건의 주관적 요소로서 통상 '객관적 구성요건사실에 대한 인식과 의사'라고 설명된다. 그런데 산업재해 사건에서 확정적으로 고의가 있다고 인정되는 경우는 흔치 않고 대개의 경우 미필적 고의가 있었는지 여부가 문제된다. 미필적 고의라 함은 결과의 발생이 불확실한 경우, 즉 행위자에 있어서 그 결과발생에 대한 확실한 예견은 없으나 그 가능성은 인정하는 것으로, 이러한 미필적 고의가 있었다고 하려면 결과 발생가능성에 대한 인식이 있음은 물론 나아가 결과 발생을 용인하는 내심의 의사가 있음을 요한다.[33] 개별 사례에서는 이와 같은 미필적 고의를 인정할 수 있는지가 쟁점이 될 것이다.

중대재해처벌법 제6조 및 제10조 해석에 대한 사례가 없는 상황에서 이와 규정 형식 및 보호법익이 유사한 산업안전보건법상 안전보건조치의무위반치사죄에 대한 법원의 해석례를 참고할 수 있을 것으로 보여 이를 먼저 살펴보기로 한다.

---

32 울산지방법원 2016. 2. 5. 판결 2015노896 판결.
33 대법원 2004. 5. 14. 선고 2004도74 판결, 대법원 2008. 9. 25. 선고 2008도5707 판결 등. 여기에서 '결과 발생가능성에 대한 인식'이라 함은 산업안전보건법상의 의무 위반이 이루어진다는 점에 대한 미필적 인식을 말하는 것으로 중대재해처벌법위반 사안에서는 안전보건 확보의무 위반에 대한 미필적 인식을 의미한다.

나. 산업안전보건법위반죄에서의 고의

1) 고의의 내용

산업안전보건법 제167조 제1항은 "제38조 제1항부터 제3항까지(제166조의2에서 준용하는 경우를 포함한다), 제39조 제1항(제166조의2에서 준용하는 경우를 포함한다) 또는 제63조(제166조의2에서 준용하는 경우를 포함한다)을 위반하여 근로자를 사망에 이르게 한 자는 7년 이하의 징역 또는 1억원 이하의 벌금에 처한다"고 규정하고 있다.

위 처벌 규정의 고의범 여부와 관련하여, 대법원은 사업주가 자리를 비운 사이에 자동차정비공장의 공장장이 연료탱크의 용접작업을 임의로 의뢰받아 필요한 안전조치를 취하지 아니한 채 작업을 실시한 사안에서, "사업주에 대한 법 제67조 제1호, 제23조 제1항 위반죄[34]는 사업주가 자신이 운영하는 사업장에서 법 제23조 제1항에 규정된 안전상의 위험성이 있는 작업을 규칙이 정하고 있는 바에 따른 안전조치를 취하지 않은 채 하도록 지시하거나, 그 안전조치가 취해지지 않은 상태에서 위 작업이 이루어지고 있다는 사실을 알면서도 이를 방치하는 등 그 위반행위가 사업주에 의하여 이루어졌다고 인정되는 경우에 한하여 성립하는 것이지, 단지 사업주의 사업장에서 위와 같은 위험성이 있는 작업이 필요한 안전조치가 취해지지 않고 이루어졌다는 사실만으로 성립하는 것은 아니라고 할 것이다"[35]라고 판시하여 산업안전보건법위반죄가 고의를 요하는 범죄임을 명확히 하였다.

특히, 위 사안에서 대법원은 "피고인으로서는 공장장(공소외인)이 피고인 운영의 자동차정비공장에서 평소 폭발의 위험성 때문에 의뢰를 받더라도 작업을 거절해 오던 연료탱크의 용접작업을 피고인이 자리를 비운 사이에 임의로 의뢰받은 다음 폭발이나 화재의 예방을 위하여 필요한 안전조치를 취하지 아니한 채 그 용접작업을 실시하리라고 전혀 예상할 수 없었기에 피고인에게 법 제23조 제1항에 규정된 안전조치의무를 다하지 아니한 책임을 물을 수 없다"는 이유로 피고인에 대한 법 제67조 제1호, 제23조 제1항 위반의 점에 대하여 무죄로 판단하였다.

고의의 인정과 관련하여 위 사건의 사실심에서 확인된 사실관계를 보면 ① 이

---

34 현행 산업안전보건법 제167조 제1항, 제38조 제1항에 해당.
35 대법원 2007. 3. 29. 선고 2006도8874 판결.

사건 사고가 발생하기 이전에는 차량에 장착된 구멍이 난 연료탱크의 용접작업을 거절해 왔기 때문에 이 사건 사고 발생 이전에는 한 번도 이 사건 사업장 내에서 연료탱크의 용접 작업이 이루어지지 않았던 점, ② 이 사건 연료탱크는 23톤 덤프트럭에 장착된 것으로서 구멍이 난 부분을 용접하여 달라는 의뢰를 받고 공장장 이외의 다른 직원 전부가 위험하다면서 의뢰를 받지 말 것을 주장하였음에도 공장장이 용접할 수 있다고 하면서 의뢰를 받아 자신이 직접 용접작업을 하다가 용접열에 의해 연료탱크 내부의 온도가 상승한 점, ③ 온도 상승으로 인하여 가스가 팽창하면서 연료통이 부풀어 오르고 연기가 나는 등 폭발의 위험성이 나타났음에도 작업을 멈추지 않고 계속 하다가 결국 연료탱크가 폭발하는 바람에 이 사건 사고가 발생하게 된 점, ④ 피고인은 당시 출장을 갔기 때문에 현장에 없었던 점, ⑤ 피고인은 주로 대외 영업활동에 주력하며 자주 사업장을 비웠고 공장장이 사업장 내의 작업을 총괄하였던 점이 인정되었다. 이와 같은 사실들을 종합한 결과 "피고인이 이 사건 사업장 내에서 연료탱크 용접 작업이 이루어질 것을 예상할 수 없었던 사정"이 인정되었다고 할 수 있다.

이처럼 고의와 같이 주관적 요소로 되는 사실은 당사자가 인정하지 않는 한 사물의 성질상 그와 상당한 관련성이 있는 간접사실을 증명하는 방법에 의해 입증할 수밖에 없고, 무엇이 상당한 관련성 있는 간접사실에 해당할 것인가는 정상적인 경험칙에 바탕을 두고 치밀한 관찰력이나 분석력에 의하여 사실의 연결상태를 합리적으로 판단하는 방법에 의하여야 한다.[36] 즉, 위 사례의 사실심 판결에서 인정된 사실들이 피고인의 고의를 조각하는 사정과 상당한 관련성을 가지는 간접사실이라고 평가할 수 있다.

산업안전보건법위반 사건의 수사 및 재판 실무에서도 이와 같은 사업주의 고의 인정 여부는 가장 많이 다투어지는 쟁점이고 실제 고의가 인정되지 않아 책임이 부정되는 사례도 다수 있다. 특히 사업장의 규모가 큰 경우 대표이사 또는 담당 임원의 고의가 인정되지 않는 경우도 있고 도급사업주의 고의가 인정되지 않는 경우도 있다. 사업주가 해당 작업의 내용, 위험성, 반복성 등에 대해 어느 정도로 알고 있었는지, 작업의 내용이나 공정상 예상 가능한 사고인지, 관련 안전조치의무 준수

---

[36] 대법원 2004. 7. 22. 선고 2002도4229 판결 등.

여부에 대해 알고 있었는지, 평소 어떤 내용으로 보고를 받고 관련 의사결정을 해 왔는지, 이전에 유사 사고 사례가 있었는지 등에 대한 사실관계 여하에 따라 미필적 고의 인정 여부가 달라진다. 반면에 현장과 거리가 있는 대표이사 등이 아니라 현장을 직접 관리감독하는 현장소장과 같이 직접적·구체적 의무를 부담하는 행위자의 경우 조치의무 위반행위가 인정되는 이상 이에 대한 고의가 부정되기는 쉽지 않다.

행위자가 자신의 의무를 다 하였으나 외부적인 요인에 의해 안전보건조치가 이루어지지 않은 상황이 초래된 경우 그러한 상황에 대하여 인식을 하지 못하였다면 고의가 부정될 수 있을 것이다. 예컨대 현장소장이 안전벨트 착용을 철저히 하도록 평소 교육을 실시하였고 매일 점검하였음에도 불구하고 잠시 자리를 비운 사이에 재해자가 안전고리를 해체하여 사고가 발생한 경우 등이다.

아파트 공사현장의 측면 부위에 U볼트식 낙하방지망 설치작업을 하던 중 바람에 흔들린 측면 방지망이 피해자가 밟고 있는 전면 방지망을 충격하여 전면 방지망과 건물 사이의 벌어진 틈새로 피해 근로자가 추락하여 사망한 사안에서, 피고인(도급인 회사의 현장소장)은 피해자에게 안전고리가 부착된 안전대 등 보호장비를 지급함은 물론, 피해자를 비롯한 근로자들을 상대로 평소 안전대를 착용하고 안전고리를 안전난간에 연결한 상태에서 작업을 하도록 정기적으로 교육하고 안전요원이 현장에서 이를 통제·독려하고 있었으며, 이 사건 사고 당시 낙하방지물 설치공사와 관련하여 수급인 소속 작업팀장 공소외인이 원래 예정된 설치공정과 달리 피해자에게 건물 외부에 위치한 낙하물방지망 위로 나오라는 지시를 하였다는 사정 또는 그 지시를 받은 피해자가 안전고리를 안전난간에 연결하지 아니한 채 건물 외부의 낙하물방지망 위로 나와서 작업을 하리라는 사정을 피고인이 알았거나 알 수 있었다고 볼 수 없어 안전조치가 취해지지 않은 상태에서 수급인 소속 근로자들의 낙하방지물 설치작업이 이루어지고 있고 향후 그러한 작업이 계속될 것이라는 사정을 피고인이 미필적으로나마 인식하고서도 이를 그대로 방치하였다고 볼 수 있는지에 대하여 심리가 부족하다는 취지로 파기환송된 사안[37]과 같이 안전보건조치의무를 모두 이행하였으나 피해자의 과실 등으로 안전조치가 되지 않은 경우 고의가

---

[37] 대법원 2011. 9. 29. 선고 2009도12515 판결.

부정될 수 있다.

고의는 일반적으로 객관적 구성요건요소에 대한 인식과 의사를 말한다. 그렇다면 산업안전보건법위반 사건에서 고의가 인정되지 않는다고 하는 것은 무엇에 대한 인식과 의사가 인정되지 않는다는 의미인지 판례를 통해 검토해 본다.

위 2006도8874 사건에서 보면 피고인이 인식을 하지 못한 것은 "연료탱크의 용접작업을 실시한다는 점"과 "작업을 실시함에 있어 폭발이나 화재의 예방을 위하여 필요한 안전조치를 취하지 아니한 점"이라 할 수 있다. 이때 폭발이나 화재의 예방을 위하여 필요한 안전조치의 내용은 별도 하위 법령에서 구체적으로 규정하고 있는데 이와 같은 별도의 구체적 조치 내용까지 인식의 대상이 되는 것은 아니다. 왜냐하면 고의의 대상이 되는 것은 '안전조치를 취하지 아니하고 작업을 한다'는 구성요건적 '행위'이고, 안전조치의 구체적 내용은 법령의 내용에 불과한 것이기 때문이다. 즉 하위 법령에 규정되어 있는 구체적 조치 사항을 알지 못하였다고 하더라도 이는 법률의 부지에 불과하여 고의의 인정 여부에 아무런 영향을 미치지 않는다.

또한 고의는 인식과 의사라는 주관적 영역에 속하는 것이기 때문에 당사자가 인정하지 않는 한 사물의 성질상 그와 상당한 관련성이 있는 간접사실을 증명하는 방법에 의해 입증할 수밖에 없다. 그런데 당사자가 몰랐다고 주장한다고 하여 이를 그대로 믿는 것은 아니고 당시의 제반사정을 종합적으로 고려하여 이를 판단하게 된다. 즉 위 사건에서 피고인은 "연료탱크의 용접작업을 실시한다는 점"과 "작업을 실시함에 있어 폭발이나 화재의 예방을 위하여 필요한 안전조치를 취하지 아니한 점"을 전혀 몰랐다고 주장하였는데 해당 정비공장에서 "평소 위 작업과 같은 것의 의뢰를 받더라도 폭발의 위험성 때문에 거절해 왔다는 사실"이 피고인의 주장을 뒷받침하는 유력한 정황이 된 것으로 볼 수 있다. 평소 의뢰를 받더라도 통상 거절해 오던 작업이므로 피고인으로서는 통상과 같은 대응이 있으리라 예상을 하였을 것이고 굳이 작업 의뢰를 받아들일 가능성을 염두에 두고 있을 것이라고는 생각하기 어렵다. 이처럼 작업을 수행할 것을 예상하지 못한 이상 그 작업에서 안전조치를 취하지 않을 경우까지 예상할 리는 만무하고 결국 피고인이 안전조치가 취해지지 않은 상태에서 작업이 이루어지고 있다는 사실을 알았다고 볼 증거가 없다는 결론에 이른 것이다.

위 판결의 판시 내용 중 "피고인이 자리를 비운 사이에 임의로 의뢰받은 다음 폭발이나 화재의 예방을 위하여 필요한 안전조치를 취하지 아니한 채 그 용접작업을 실시하리라고 전혀 예상할 수 없었기에 피고인에게 법 제23조 제1항에 규정된 안전조치의무를 다하지 아니한 책임을 물을 수 없다"라는 점에 대하여 '안전조치를 취하지 않고 작업이 실시될 것이라는 점을 예상하지 못한 과실'을 처벌하는 것 아니냐는 의문이 있을 수 있는데, 이는 앞에서 언급한 행정법규 위반 사범의 경우 과실범을 처벌하는 것 아니냐는 논의와 같은 맥락의 의문이라 할 수 있다. 그러나 여기에서 '예상할 수 없었다'는 사정은 미필적 고의가 인정되는지 여부를 판단하기 위한 요소라고 보면 된다. 즉, '예상할 수 없었다'는 사정이 인정된다면 피고인의 고의를 인정하기도 그만큼 어려워지는 것이다.

2) 구체적 사건에서의 고의 판단

이하에서는 고의의 인정 여부와 관련하여 개별 사례에서 법원이 어떻게 판단하였는지에 대하여 구체적으로 살펴본다.

밀폐공간에서 작업 중이던 하청회사 근로자들이 질소 유입으로 인해 질식사하여 원청의 안전보건총괄책임자(A), 원청회사(B), 하청회사(C)가 산업안전보건법위반 혐의로 기소된 사안에서(그 외 피고인들은 업무상과실치사 혐의로만 기소) A와 B는 해당 밀폐공간의 내부 작업 자체를 알지 못하였고 질소가 유입되는 사정도 알지 못하였다고 주장하였다. 본건은 밀폐공간 질소 유입에 대비하여 조치를 취했어야 함에도 그 조치를 하지 아니하여 근로자들이 질식사한 사안이기 때문에 'RTO 내부 작업이 있다는 사실'과 '그 공간에 질소가 유입된다는 사정'을 알지 못하였으면 보건조치가 취해지지 않은 상태에서 작업이 이루어지고 있다는 점을 인식하였다고 할 수 없는 것이다.

이에 대하여 법원은 "사업주에 대한 법 제66조의2, 제24조 제1항 위반죄는 사업주가 자신이 운영하는 사업장에서 법 제24조 제1항에 규정된 건강 장해의 위험성이 있는 작업을 규칙이 정하고 있는 바에 따른 보건조치를 취하지 않은 채 하도록 지시하거나, 그 보건조치가 취해지지 않은 상태에서 위 작업이 이루어지고 있다는 사실을 알면서도 이를 방치하는 등 그 위반행위가 사업주에 의하여 이루어졌다고 인정되는 경우에 한하여 성립하는 것이지, 단지 사업주의 사업장에서 위와 같은 위험성이 있는 작업이 필요한 보건조치가 취해지지 않고 이루어졌다는 사실만으로 성립하는 것은 아니라고 할 것이다"라고 하여 산업안전보건법위반죄가 고의범이라는 전제는 명확히 하였다.

다만 고의 인정 여부와 관련하여서는 "그러나 사업주가 사업장에서 보건조치가 취해지지 않은 상태에서의 작업이 이루어지고 있고 향후 그러한 작업이 계속될 것이라는 사정을 미필적으로 인식하고서도 이를 그대로 방치하고, 이로 인하여 사업장에서 보건조치가 취해지지 않은 채로 작업이 이루어졌다면 사업주가 그러한 작업을 개별적·구체적으로 지시하지 않았더라도 위 죄는 성립한다"라고 판시하여 고의의 의미를 판시하였다.[38] 그리고 이 사건에서 A와 B의 고의를 인정한 원심 판결은 타당하다고 하며 상고를 기각하였다.

그리고 이 사건 하급심 재판부는 "A가 이 사건 건설공사 현장에서 밀폐공간 프로그램의 수립, 시행 등 안전조치가 취해지지 않은 상태에서 작업이 이루어지고 있고, 향후 그러한 작업이 계속될 것이라는 사정을 미필적이나마 인식하였음에도 이를 그대로 방치한 사실을 인정할 수 있다"고 하면서 그 근거로 1) A는 해당 설비 설치 과정에 밀폐공간 작업이 예정되어 있었음은 인지하고 있었다고 진술한 점, 2) C에서 송부한 주간업무보고 등을 통하여 이 사건 사고 무렵 해당 설비의 시운전 계획이 있었다는 사실을 알고 있었던 점, 3) 시운전에는 RTO 내부 점검이 예정되어 있으므로 C의 근로자들이 내부로 진입할 것을 예상할 수 있었다는 점 등을 들었다.

결국 고의의 대상은 (1) 안전상의 위험성이 있는 작업이 이루어지고 있다는 사실, (2) 안전보건조치가 취해지지 않은 상태라는 점이고 그 인식은 미필적 인식으로도 충분하다 할 것이다. 이 사건에서는 (1) 밀폐공간 내 작업이 이루어지고 있다는 사실과 (2) 밀폐공간 작업시 필요한 조치가 취해지지 않은 상태라는 점에 대한 인식이 있으면 고의를 인정할 수 있다고 보이는바, 해당 밀폐공간 작업이 어느 정도의 위험성이 있는 것인지라거나 법령상 요구되는 각각의 조치사항들에 대한 이행 여부를 구체적으로 인식해야 하는 것은 아니다.

또한 법에서 어떤 안전보건조치를 취하도록 규정되어 있는데 해당 조치를 취하지 아니하고 작업 지시를 하면 그 자체로 고의는 인정된다고 보아야 한다. 자신이 어떤 조치를 취하지 아니하였다는 사실은 인식을 한 것이기 때문이다. 그 조치

---

38 대법원 2010. 11. 25. 선고 2009도11906 판결 등.

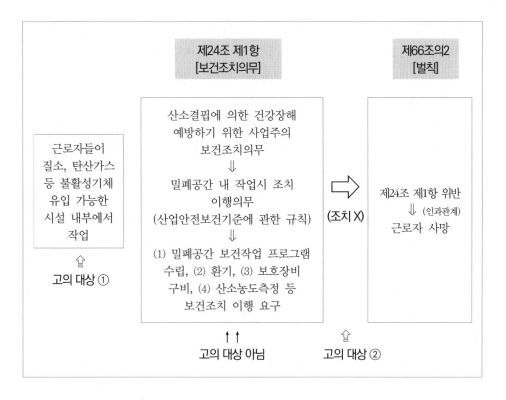

가 무슨 내용이어어야 하는 것인지까지는, 즉 법에서 의무규정으로 두고 있는 사항이 무엇인지 몰라도 고의가 인정되는 데 문제가 없다. 단순히 법률의 부지에 해당할 뿐 고의와 무관하기 때문이다.

3) 산업안전보건법위반죄의 행위자 특정 문제와 고의의 관계

산업안전보건법은 대부분의 조항이 사업주를 그 의무의 주체로 삼고 있다. 이는 근로자에 대한 안전·보건상의 책임은 사업경영이익의 귀속 주체인 사업주가 직접 부담해야 한다는 취지로 해석할 수 있다. 그런데 사업주는 현실적인 주체가 아니라 관념적인 개념에 가까운 존재로 실제 행위를 하는 실체적인 존재가 아니기 때문에 실제 행위를 한 사람을 특정하여 행위자의 법 위반 여부를 규명하고 만약 위반사항이 확인되면 양벌규정에 의해 사업주를 처벌할 수 있게 된다.

산업안전보건법위반 사건에서 행위자로 특정되는 것과 고의가 인정되는 것은 많은 점에서 중첩되는 영역이다. 고의가 인정될 수 있는 사람을 주로 행위자로 특정하고, 행위자로 인정된 이상 고의가 부인되는 경우는 흔하지 않다. 즉, 본인이 부담해야 하는 직접적, 구체적 의무를 이행하지 아니하였을 때 고의가 인정되지 않는 경우는 제한적이어서, 해당 의무가 발생하는 상황 자체를 인식하지 못한 경우 외에는 대부분 고의가 인정된다고 할 수 있다.

이는 사업주의 의사를 실현하는 대표적인 존재인 법인의 대표이사와 같은 사람이 산업안전보건법위반 사건의 행위자로 되지 않는 경우가 상당히 많은 것과도 연결되는 문제이다. 즉, 산업안전보건법위반 사건의 경우 개별 재해 발생에 대하여 고의가 인정되어야 하는데 대표이사와 같이 업무 영역의 범위가 넓은 경우 고의를 인정하는 것이 더 어려워지기 때문이다. 즉, 산업안전보건법위반죄의 본래 주체인 사업주에게 그 책임을 묻기 위해서는 양벌규정이 적용되어야 하는데 그 전제로 행위자 개인의 특정이 요구되고 결국에는 고의가 인정될 수 있는 자를 행위자로 특정하게 되는 것이다.

이러한 배경에서 개별 사건에서의 구체적 사정을 알기 어려운 경영책임자에게는 개별 산업안전보건법 위반의 형사책임을 지우는 것이 아니라 안전보건조치의무를 제대로 이행할 수 있는 시스템을 구축하도록 하는 의무를 부담시키는 것이 타당하다는 논의가 이루어졌다. 중대재해처벌법의 경우 경영책임자등에게 부과하는 의무는 구조적인 문제로 안전보건시스템을 구축하는 것을 중심으로 한다. 즉, 중대재해처벌법상의 의무는 개인사업주와 경영책임자등에게 직접적으로 부과된 의무일 뿐만 아니라 개별 상황에 대한 대응이 아니라 회사 전체의 시스템을 구축하는 의무이기 때문에 산업안전보건법위반 사건에서 '고의'를 부인하는 것과는 본질적으로 다른 상황이 될 것으로 보인다.

다. 중대재해처벌법위반죄에서의 고의

1) 산업안전보건법위반죄와의 차이점

향후 중대재해처벌법위반의 형사책임 유무가 문제되는 사건에서 산업안전보건법위반 사안들과 마찬가지로 '고의' 인정 여부에 대하여 많은 다툼이 있을 것으로 예상된다. 중대재해처벌법 규정이 관련 의무 주체, 의무 범위를 경영책임자등에게까지 넓히는 등으로 형사처벌 대상 영역을 확대하였지만, 의무위반에 고의가 필요하다는 점에서 형사책임과 관련하여서는 엄격한 기준을 적용하는 것이 타당하다.

다만, 중대재해처벌법위반의 고의의 정도와 관련하여서는 대법원이 산업안전보건법위반에 대한 고의의 해석에 있어서 그 기준을 매우 완화하고 있는 입장이 그대로 적용될 것으로 보인다. 즉, 중대재해처벌법위반죄의 고의는 '개인사업주 또는 경영책임자등이 중대재해처벌법 제4조, 제9조 및 시행령, 시행규칙 등에서 요구하는 안전보건확보의무를 취하지 않은 채 사업을 하거나, 안전보건 확보의무가 취해지지 않은 채 사업이 이루어지고 있다는 사실을 알면서 이를 방치한다'는 인식을 의미하고, 중대재해라는 결과에 대한 인식까지 요구하지는 않는다. 다만 뒤에서 보는 바와 같이 중한 결과에 대한 예견가능성이 있어야 한다.

중대재해처벌법의 형사처벌 규정에서 고의를 어떻게 해석할 것인가에 대하여 지금까지 검토한 산업안전보건법위반 사건을 토대로 살펴보면 개인사업주 또는 경영책임자등의 고의가 부정되는 범위가 축소될 것으로 예상된다. 중대재해처벌법의 적용에 있어서는, 개인사업주와 경영책임자등에게는 안전 및 보건확보의무를 이행하고 그 이행여부를 확인할 것을 요구하고 있으므로 '안전 및 보건 확보의무가 발생하는 상황 자체를 인식하지 못한 경우'는 상정하기 어렵고, '타인에 의한 의무위반가능성을 인식할 수 없었던 경우'도 매우 제한적으로만 인정될 것이기에 '안전 및

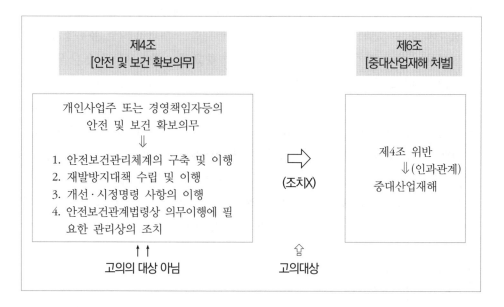

보건 확보의무가 이행되고 있지 않다는 사실을 인식하지 못하였다'는 주장은 받아들여지기 쉽지 않을 것으로 보인다.

즉, 개인사업주와 경영책임자등이 부담하는 안전 및 보건 확보의무는 거시적인 측면에서 구조적으로 안전보건관리체계를 구축하는 것이 주된 것으로 이는 평상시의 의무이기 때문에 개별 작업에 대한 산업안전보건법상의 안전보건조치의무와는 달리 인식을 못할 수 있는 객관적 사정이 인정되기 힘들고, 설령 그러한 의무의 존재를 인식하지 못했다 하더라도 이는 법률의 부지에 불과하다고 볼 가능성이 높다.

결국 중대재해처벌법위반에서는 개인사업주나 경영책임자등의 '안전 및 보건 확보의무가 이행되고 있지 않다는 사실을 인식하지 못하였다'는 것은 '자신의 법위반 사실을 인식하지 못하였다'는 말과 다를 바 없는데, 법에서 부여한 의무를 이행하지 않은 것이 객관적으로 확인되는 상황이라면 법률의 부지에 불과할 뿐이므로 고의가 없었다는 주장은 받아들여지기 어려울 것으로 보인다. 안전관리체계 구축등의 조치를 직접 취하고 이를 확인, 점검하라는 것이 경영자에게 직접 부과된 의무의 내용이기 때문이다.[39]

2) 중대재해처벌법에서의 고려사항

실제 중대재해처벌법위반 사건에서 고의 인정 여부가 쟁점이 될 수 있다고 상정해 볼 수 있는 것은 개인사업주나 경영책임자등에 해당하는 사람이 복수인 경우를 생각해 볼 수 있다. 이 경우에는 의무위반에 대한 구체적인 책임 유무를 판단함에 있어서는 다시 각자의 개별적 고의 유무가 중요한 기준이 될 수 있다.[40]

예컨대 어느 기업에 안전보건업무책임자(CSO)가 선임되어 있어 안전보건과 관련된 업무는 모두 CSO의 전결로 처리되고 대표이사는 안전보건 업무와 관련하여서는 결재나 보고를 받지 않고 산업안전보건법상 요구되는 이사회 보고 업무 정도만 수행하는 경우를 상정해 볼 수 있다. 이때 중대재해처벌법에서 상정하는 안전보건업무책임자가 선임되어 그가 관련 업무를 수행하는 것으로서 대표이사가 해당 법조항 상의 경영책임자등에 해당되지 않을 수 있다고 보는 견해에 따르면 수사기관의 입건 단계에서부터 배제가 되겠지만, 안전보건업무책임자가 선임되어 있다 하

---

[39] 최정학, 앞의 논문, pp. 7~9.
[40] 김용희, 앞의 토론문, pp. 60~61.

더라도 사업총괄책임자는 예외 없이 의무의 주체가 된다고 보는 견해에 따르면 일단은 공동정범으로서 수사나 재판의 대상이 되고 해당 업무에 전혀 관여하지 않았다는 점에서 고의가 없거나 미약하다는 점을 주장할 수도 있을 것으로 보인다.

앞에서 살펴본 바와 같이 중대재해처벌법의 경우 의무로 규정되어 있는 조치 사항들이 경영책임자등이 직접 부담하는 의무이기 때문에 산업안전보건법위반 사건에서의 행위자 고의 문제와는 다른 측면이 있는 것이다. 의무 범위가 경영책임자 등에게 직접적으로 확대됨에 따라 제반 의무를 제대로 준수하지 않았다는 점 자체로 미필적 고의를 인정하는 고려 요소로 작용할 가능성도 있고, 입법 취지도 형사책임의 대상을 직접 경영책임자등에게까지 확대하기 위한 것이라는 점에서 중대재해처벌법의 적용으로 실질적으로 처벌 대상이 확대되는 결과가 나타날 수 있다. 이러한 점에서 개별 사례에서는 '책임주의'라는 형사법의 대원칙을 강조하는 해석과 입법 목적을 강조하는 해석 사이에서 상당한 다툼과 논쟁이 있을 것으로 예상된다.

5. 양벌규정

제7조 (중대산업재해의 양벌규정) 법인 또는 기관의 경영책임자등이 그 법인 또는 기관의 업무에 관하여 제6조에 해당하는 위반행위를 하면 그 행위자를 벌하는 외에 그 법인 또는 기관에 다음 각 호의 구분에 따른 벌금형을 과(科)한다. 다만, 법인 또는 기관이 그 위반행위를 방지하기 위하여 해당 업무에 관하여 상당한 주의와 감독을 게을리하지 아니한 경우에는 그러하지 아니하다.
1. 제6조 제1항의 경우: 50억원 이하의 벌금
2. 제6조 제2항의 경우: 10억원 이하의 벌금

제11조 (중대시민재해의 양벌규정) 법인 또는 기관의 경영책임자등이 그 법인 또는 기관의 업무에 관하여 제10조에 해당하는 위반행위를 하면 그 행위자를 벌하는 외에 그 법인 또는 기관에게 다음 각 호의 구분에 따른 벌금형을 과(科)한다. 다만, 법인 또는 기관이 그 위반행위를 방지하기 위하여 해당 업무에 관하여 상당한 주의와 감독을 게을리하지 아니한 경우에는 그러하지 아니하다.
1. 제10조 제1항의 경우: 50억원 이하의 벌금
2. 제10조 제2항의 경우: 10억원 이하의 벌금

가. 개설

중대재재해처벌법은 제7조에서 중대산업재해의 법인 양벌규정,[41] 제11조에서 중대시민재해의 법인 양벌규정을 두고 있다. 양벌규정의 처벌대상인 법인은 자연인과 달리 법 집행의 효율성을 위한 관념의 산물이다. 법인은 자연인인 경영책임자등을 통해서 법인의 의사를 실현하므로 법인이 형사처벌 대상은 된다 하더라도 범죄능력이 없다.

따라서, 중대재해처벌법을 위반한 법인을 처벌하기 위해서는 경영책임자등의 중대재해처벌법 위반이 성립되어야 하고, 그 경영책임자등을 처벌하는 외에 법인에 대해서도 사망자 발생시 50억원 이하의 벌금, 부상자 또는 질병자 발생시 10억원 이하의 벌금형을 각 과하도록 규정하고 있다. 다만, 형벌의 전제인 책임주의의 원칙상[42] 법인 또는 기관이 그 위반행위를 방지하기 위하여 해당 업무에 관하여 법령상 요구되는 상당한 주의와 감독을 하였다고 인정되는 경우에는 처벌할 수 없다.

나. 중대재해처벌법 양벌규정의 특징

행정법규의 양벌규정은 일반적으로 규범의 수범자를 '사업주'와 같은 일정한 신분자로 한정하고, 양벌규정으로 수범자를 확대하여 그 사업주의 대리인, 사용인, 그 밖의 종업원 등 비신분자들까지 처벌하는 형식을 취하고 있다.[43] 이에 반하여

---

41 이른바 '양벌(兩罰)'은 행위자와 법인을 모두 처벌한다는 의미이다. 이와 관련하여 형법 총칙상 범죄능력이 부정되는 법인에 대하여 행정형법의 양벌규정에 의하여 형사처벌이 가능하게 된다. 형법 제8조는 「본 법 총칙은 타 법령에 정한 죄에 적용된다. 단 그 법령에 특별한 규정이 있는 때에는 예외로 한다」 규정하고 있으므로 행정형법의 양벌규정이 법인을 처벌할 수 있는 특별한 근거규정이 된다. 한편, 우리 형법에는 독일형법 제14조 제1항과 같이 벌칙 본조가 요구하는 신분요소를 갖추지 못한 행위자도 처벌한다는 특별한 규정은 없으므로 본래 '사업주'라는 신분이 없는 행위자를 양벌규정에 의해 수범자로 확대하여 처벌할 수 없다고 해야 한다는 견해가 있다(이재상 외 2, 앞의 책, p. 108).

42 헌법재판소 2007. 11. 29. 결정 2005헌가10에서 헌법재판소는 "종업원의 업무 관련 무면허의료행위가 있으면 이에 대해 영업주가 비난받을 만한 행위가 있었는지 여부와는 관계없이 자동적으로 영업주도 처벌하도록 규정하고, (중략) 위 법률조항은 다른 사람의 범죄에 대해 그 책임 유무를 묻지 않고 형벌을 부과함으로써, (중략) 형사법의 기본원리인 '책임없는 자에게 형벌을 부과할 수 없다'는 책임주의에 반한다"고 하여 법인(영업주) 처벌의 근거가 수범자인 법인의 과실에 있음을 명백히 하였다.

중대재해처벌법은 규범의 주된 수범자가 '경영책임자등'이고, 일반 행정형법과 달리 중대재해처벌법 제6조, 제9조에서 사업주 외에 '경영책임자등'에 대한 형사처벌을 별도로 직접 규정하고 있다.

다른 행정형벌의 경우 법인의 책임을 묻기 위해 위반행위자를 누구로 할 것인지 여부가 수사 및 재판에서 중요한 쟁점이 되나, 중대재해처벌법에서는 위반행위자가 '경영책임자등'으로 한정되어 있다. 따라서, 중대재해처벌법의 양벌규정은 다른 행정형법의 양벌규정과 달리 처벌대상자를 확대하는 기능을 가지고 있지 않고 법인만을 처벌하기 위한 조문으로 해석된다.

한편, 중대재해처벌법의 양벌규정에서는 법인뿐만 아니라 법인격이 없는 '기관'에 대해서까지 벌금형에 처할 수 있도록 규정하고 있다. 여기서 '기관'은 중대재해처벌법 제2조 제9호 나목에서 규정하고 있는 '중앙행정기관,「지방공기업법」에 따른 지방공기업,「공공기관의 운영에 관한 법률」제4조부터 제6조까지의 규정에 따라 지정된 공공기관'이다. 이들 기관의 장이 중대재해처벌법의 의무규정을 위반하여 처벌 받게 될 경우 해당 기관도 양벌규정 단서의 면책규정에 해당되지 않는 한 벌금형으로 처벌받게 된다.

다. 양벌규정 면책사유

중대재해처벌법 양벌규정의 단서는 형벌의 책임주의 원칙에 따라 법인 또는 기관이 '위반행위를 방지하기 위하여 해당 업무에 관하여 상당한 주의와 감독을 게을리 하지 아니한 경우에는 그러하지 아니하다'고 하여 처벌 면책조항을 두고 있다.

판례는 산업안전보건법위반 사건에서 '법인의 상당한 주의 감독의무'와 관련하여「구체적인 사안에서 법인이 상당한 주의 또는 관리감독 의무를 게을리하였는지 여부는 당해 위반행위와 관련된 모든 사정, 즉 당해 법률의 입법 취지, 처벌조항 위반으로 예상되는 법익 침해의 정도, 그 위반행위에 관하여 양벌규정을 마련한 취지 등은 물론 위반행위의 구체적인 모습과 그로 인하여 실제 야기된 피해 또는 결과의

---

43 근로기준법 115조(양벌규정) 사업주의 대리인, 사용인, 그 밖의 종업원이(이하 생략), 산업안전보건법 제173조(양벌규정) 법인의 대표자나 법인 또는 개인의 대리인, 사용인, 그 밖의 종업원이(이하 생략) 참조.

정도, 법인의 영업 규모 및 행위자에 대한 감독가능성 또는 구체적인 지휘감독 관계, 법인이 위반행위 방지를 위하여 실제 행한 조치 등을 전체적으로 종합하여 판단하여야 한다」⁴⁴고 판시하였고, 이는 중대재해처벌법 양벌규정의 면책조항 적용에 있어서도 다를 바 없을 것으로 생각된다.

다만, 현실적으로 중대재해처벌법 양벌규정의 위반행위자는 법인 또는 기관의 최고 책임자들인 '경영책임자등'이고 이들을 상대로 상당한 주의 감독의무를 부담하는 다른 상위기관은 이사회⁴⁵ 정도 이외에는 상정하기 어려우므로 '경영책임자등'의 범죄행위가 인정될 경우 법인이 면책조항에 의해 그 책임을 면하기는 쉽지 않을 것으로 생각된다.⁴⁶

6. 관련 범죄의 양형기준

가. 개관

각 범죄에 대응하여 법률에 규정되어 있는 형벌을 법정형이라고 한다. 개인사업주 또는 경영책임자등이 중대재해처벌법상 안전보건 확보의무를 위반하여 1명 이상이 사망하는 중대산업재해에 이르게 한 경우의 법정형은 1년 이상의 징역 또는 10억원 이하의 벌금이다. 이와 같은 법정형 중에서 선고할 형의 종류(예컨대, 징역 또는 벌금형)를 선택하고, 법률에 규정된 바에 따라 형의 가중·감경을 한 상태에서 정해지는 형을 '처단형'이라 한다. 법관은 이 처단형의 범위 내에서 특정한 선고형을 정하고 형의 집행유예 여부 등을 결정하게 된다. 이때 법관이 합리적인 양형

44 대법원 2010. 9. 9. 선고 2008도7834 판결.
45 개정 시행된 산업안전보건법(법률 제18039호, 2021. 4. 13., 일부개정 된 것)은 제14조에서 「상법」 제170조에 따른 주식회사 중 대통령령으로 정하는 회사의 대표이사는 대통령령으로 정하는 바에 따라 매년 회사의 안전 및 보건에 관한 계획을 수립하여 이사회에 보고하고 승인을 받아야 한다고 규정하고 있다.
46 대법원 2010. 9. 30. 선고 2009도3876 판결 「법인은 기관을 통하여 행위하므로 법인이 대표자를 선임한 이상 그의 행위로 인한 법률효과는 법인에게 귀속되어야 하고, 법인 대표자의 범죄행위에 대하여는 법인 자신이 책임을 져야 하는 바, 법인 대표자의 법규위반행위에 대한 법인의 책임은 법인 자신의 법규위반행위로 평가될 수 있는 행위에 대한 법인의 직접책임으로서, 대표자의 고의에 의한 위반행위에 대하여는 법인 자신의 고의에 의한 책임을, 대표자의 과실에 의한 위반행위에 대하여는 법인 자신의 과실에 의한 책임을 지는 것이다.」

을 도출하는 데 참고할 수 있도록 법원조직법에 따라 설립된 양형위원회가 설정한 기준이 '양형기준'이다.

양형기준은 원칙적으로 구속력이 없으나, 법관이 양형기준을 이탈하는 경우 판결문에 양형의 이유를 기재해야 하므로(법원조직법 제81조의7 제2항) 특별한 사정이 없는 한 양형기준을 벗어나지 않는다. 양형위원회는 개별 범죄군별로 범죄의 특성을 반영할 수 있는 별도의 양형기준을 만드는 데 모든 범죄에 양형기준이 마련되어 있는 것이 아니라 범죄의 발생빈도가 높고 국민적 관심도가 높은 범죄의 양형기준을 우선 설정하고 점진적으로 범위를 확대하고 있다. 양형위원회는 산업안전보건법 위반죄와 업무상과실치사상죄에 대하여 '과실치사상·산업안전보건범죄'군으로 분류하여 양형기준을 설정하였는데 2021년에 한 차례 수정이 있었고 2022년 재차 수정된 양형기준이 시행 중에 있다. 중대재해처벌법을 위반한 범죄의 경우에도 향후 같은 군으로 분류되어 양형기준이 설정될 것으로 보인다.

나. 과실치사상 범죄

과실치사상 범죄의 형량 기준과 감경 및 가중요소는 다음과 같다. 형의 종류는 '금고형'이고, 가중요소 중 '주의의무 또는 안전·보건조치의무 위반의 정도가 중한 경우'라 함은 ① 술 또는 약물에 취하여 정상적인 작업이 곤란한 상태에서 업무를 담당한 경우, ② 면허 등 법정자격을 갖추지 아니한 채 업무를 담당하거나 그러한 자로 하여금 업무를 담당하게 한 경우, ③ 대규모 인명피해와 직결될 수 있는 필수적 안전의무를 위반한 경우 등을 말한다.

유형	구분	감경	기본	가중
1	과실치사	~8월	6월~1년	8월~2년
2	업무상과실·중과실치상	~6월	4월~10월	8월~2년
3	업무상과실·중과실치사	4월~10월	8월~2년	1년~3년

구분		감경요소	가중요소
특별 양형 인자	행위	• 사고 발생 경위에 특히 참작할 사유가 있는 경우 • 경미한 상해가 발생한 경우(2유형)	• 중상해가 발생한 경우(2유형) • 주의의무 또는 안전·보건조치의무 위반의 정도가 중한 경우
	행위자 / 기타	• 청각 및 언어 장애인 • 심신미약(본인 책임 없음) • 처벌불원 또는 실질적 피해 회복 (공탁 포함)	• 동종 누범
일반 양형 인자	행위		• 중상해가 아닌 중한 상해가 발생한 경우(2유형)
	행위자 / 기타	• 상당한 피해 회복(공탁 포함) • 보험 가입 • 진지한 반성 • 형사처벌 전력 없음	• 사고 후 구호조치를 취하지 아니한 경우 • 범행 후 증거은폐 또는 은폐 시도 • 이종누범, 누범에 해당하지 않는 동종 전과 • 합의 시도 중 피해 야기(강요죄 등 다른 범죄가 성립하는 경우는 제외)

다. 산업안전보건 범죄

산업안전보건 범죄의 형량 기준과 감경 및 가중요소는 다음과 같다. 감경요소 중 '사고 발생 경위에 특히 참작할 사유가 있는 경우'라 함은 ① 사고 발생의 위험이 있는 장소임을 잘 알면서도 피해자 스스로 그 장소에 출입한 경우(다만, 상급자의 지시에 따라 출입하는 등 불가피한 사유가 있었을 경우는 제외한다), ② 피해자가 술 또는 약물에 취한 상태에서 작업하다가 몸의 균형을 잃고 추락한 경우, ③ 피해자가 단순히 불편하다는 이유로 스스로 필수 안전장치를 끄거나 안전고리를 풀고 작업하는 등 자기안전의무를 현저히 위반한 경우, ④ 사고의 직접적인 원인이 된 시설의 설치에 피해자가 관여하여 그 시설의 위험성을 피해자도 이미 잘 알고 있었던 경우(다만, 상급자의 지시에 따라 업무에 임하는 등 불가피한 사유가 있었을 경우는 제외한다), ⑤ 공동작업자의 과실이 피고인의 과실을 유발한 경우로서 공동작업자의 과실을 쉽게 예상하기 어려운 사정이 있었던 경우 중 하나 이상에 해당하는 경우를 의미한다. 그리고 가중요소 중 '안전·보건조치의무 위반의 정도가 중한 경우'라 함은 ① 대규모 인명피해와 직결될 수 있는 필수적 안전의무를 위반한 경우, ② 그 밖에 이에 준하는 경우를 의미한다.

유형	구분	감경	기본	가중
1	도급인의 안전·보건조치의무위반	~6월	4월~10월	8월~1년6월
2	사업주의 안전·보건조치의무위반	4월~8월	6월~1년6월	1년~2년6월
3	안전·보건조치의무위반치사	6월~1년6월	1년~2년6월	2년~5년

※ 3유형 범죄 확정 후 5년 이내 3유형 범죄를 다시 저지른 경우 형량 범위의 상한과 하한을 1.5배 가중

구분		감경요소	가중요소
특별 양형 인자	행위	• 사고 발생 경위에 특히 참작할 사유가 있는 경우	• 안전·보건조치의무 위반의 정도가 중한 경우 • 유사한 사고가 반복적으로 발생한 경우 • 다수의 피해자가 발생한 경우(다수범죄 처리기준이 적용될 때는 제외)
	행위자 / 기타	• 청각 및 언어 장애인 • 심신미약(본인 책임 없음) • 처벌불원 또는 실질적 피해 회복 (공탁 포함) • 자수, 내부고발 또는 조직적 범행의 전모에 관한 완전하고 자발적인 개시	• 동종 누범
일반 양형 인자	행위		
	행위자 / 기타	• 위반 사항을 시정한 경우 • 보험 가입 • 진지한 반성 • 형사처벌 전력 없음 • 상당한 피해 회복(공탁 포함)	• 사고 후 구호조치를 취하지 아니한 경우 • 범행 후 증거은폐 또는 은폐 시도 • 이종누범, 누범에 해당하지 않는 동종 전과 • 합의 시도 중 피해 야기(강요죄 등 다른 범죄가 성립하는 경우는 제외)

제6장

기 타

1. 심리절차에 대한 특례

> 제14조 (심리절차에 관한 특례) ① 이 법 위반 여부에 관한 형사재판에서 법원은 직권으로 「형사소송법」 제294조의2에 따라 피해자 또는 그 법정대리인(피해자가 사망하거나 진술할 수 없는 경우에는 그 배우자·직계친족·형제자매를 포함한다)을 증인으로 신문할 수 있다.
> ② 이 법 위반 여부에 관한 형사재판에서 법원은 검사, 피고인 또는 변호인의 신청이 있는 경우 특별한 사정이 없으면 해당 분야의 전문가를 전문심리위원으로 지정하여 소송절차에 참여하게 하여야 한다

중대재해처벌법 위반으로 기소되어 형사재판이 진행되는 경우 법원은 직권으로 형사소송법 제294조의2에 따라 피해자 또는 그 법정대리인(피해자가 사망하거나 진술 할 수 없는 경우에는 그 배우자 직계친족 형제자매를 포함한다)을 증인으로 신문할 수 있다.

형사소송법 제294조의2는 "피해자 또는 법정대리인의 신청이 있는 때"에 증인 신문을 할 수 있도록 규정하고 있지만, 이 법에서는 중대재해 발생 피해자들에 대한 신문의 중요성을 고려하여 '법원의 직권'으로도 가능하도록 하는 특칙 규정을 두고 있다. 피해자의 진술과 관련해서는 형사소송법상 피해자 증언 관련 규정들이 적

용된다.

이와 같은 직권 증인신문 이외에도 형사재판과정에서 검사, 피고인 또는 변호인의 신청이 있으면 '특별한 사정이 없는 한' 법원이 전문가를 소송에 참여시키도록 하는 특칙을 두고 있다(법 제14조 제2항).[1] 즉, 법원은 검사, 피고인 또는 변호인의 신청이 있는 경우 특별한 사정이 없는 한 해당 분야의 전문가를 전문심리위원으로 지정하여 소송절차에 참여하도록 하여야 한다. 중대재해 발생의 원인이 된 사업장의 안전관리 의무위반여부와 양형 등에 대하여는 전문가의 판단이 중요하다는 점을 고려하여 제정한 특칙이다.

2. 형 확정사실의 통보 등

> 제12조 (형 확정 사실의 통보) 법무부장관은 제6조, 제7조, 제10조 또는 제11조에 따른 범죄의 형이 확정되면 그 범죄사실을 관계 행정기관의 장에게 통보하여야 한다.

가. 개관

중대재해처벌법 제12조는 중대산업재해 또는 중대시민재해로 인해 형이 확정된 경우 법무부장관은 관계 행정기관의 장에게 범죄사실을 통보하여야 한다고 규정하고 있다. 형이 확정된 경우이며 징역형이든 벌금형이든 불문한다. "하여야 한다"라고 규정되어 있으므로 의무사항이다.

나. 통보의 내용

통보의 내용은 형이 확정된 범죄사실이다. 유죄의 형이 확정된 경우는 당연히 통보의대상이 되지만 무죄가 선고된 경우까지 형이 선고된 것으로 보아 통보대상

---

[1] 형사소송법 제279조의2(전문심리위원의 참여)는 "법원은 소송관계를 분명하게 하거나 소송절차를 원활하게 진행하기 위하여 필요한 경우에는 직권으로 또는 검사, 피고인 또는 변호신의 신청에 의하여 결정으로 전문심리위원을 지정하여 공판준비 및 공판기일 등 소송절차에 참여하게 할 수 있다"라고 규정하여 법원의 재량행위로 규정하고 있다.

이라고 보아야 하는지 논란이 있을 수 있다.

　　법 문언상 형이 확정된 경우 범죄사실을 통보하는 것이므로 유죄가 선고된 것을 전제로 한 규정이라고 보아야 한다. 무죄는 형의 선고가 아니므로 통보 내용으로 보기 어렵다. 다만, 행정형법 위반으로 기소되는 경우 행정처분이 개시되는 경우가 있는 점을 고려하여 무죄가 확정된 경우에도 그 사실을 관계 행정기관에 통보하도록 할 필요가 있다는 주장이 입법론적으로 제기될 수 있어 보인다.

다. 통보의 대상

　　통보를 하여야 할 대상은 단순히 "관계 행정기관의 장"이라고만 되어 있고 관계 행정기관이 어디를 말하는지 구체적 범위가 설정되어 있지는 않다. 기본적으로는 주무부처인 고용노동부가 될 것이지만, 중대재해가 발생한 사업장이나 사업 유형에 따라서는 산업통상자원부, 국토교통부 등 여러 행정기관이 이에 해당될 수 있다. 하위법령인 시행령에서 구체적으로 규정하여 최소한의 통보 대상은 명확히 해주는 것이 필요해 보인다.

3. 중대산업재해발생사실 공표

제13조 (중대산업재해발생사실 공표) ① 고용노동부장관은 제4조에 따른 의무를 위반하여 발생한 중대산업재해에 대하여 사업장의 명칭, 발생 일시와 장소, 재해의 내용 및 원인 등 그 발생사실을 공표할 수 있다.
② 제1항에 따른 공표의 방법, 기준 및 절차 등은 대통령령으로 정한다.

가. 개관

　　중대재해처벌법은 제4조에 따른 의무를 위반하여 중대산업재해가 발생한 경우 고용노동부장관이 해당 사업장의 명칭, 발생 일시와 장소, 재해의 내용 및 원인 등 그 발생사실을 공표할 수 있도록 규정하고 있다(법 제13조 제1항). 공표의 방법, 기준 및 절차 등은 대통령령으로 정하도록 하고 있다(법 제13조 제2항).

법 제13조의 법문상 "… 할 수 있다"고 규정되어 있어 일응 재량행위로 판단된다. 다만, 산업안전보건법 제10조의 산업재해 발생건수 공표 규정이 중대재해와 같은 중대사망사고가 발생한 사업장에 대하여는 반드시 이를 공표하도록 기속행위로 규정하고 있다는 점과 비교할 때 기속행위로 보아야 한다는 견해가 있다.[2] 그러나 모든 경우를 공표하는 것으로 의무화 하는 것보다는 고용노동부장관이 공표 필요성과 상당성을 고려하여 일정한 기준을 정하고 그에 따라 사안별로 처리하도록 하는 것이 합리적이라는 판단하에 재량행위로 규정한 입법취지[3]에 비추어 재량행위로 봄이 타당하다.

중대산업재해가 발생한 사업장을 공표함으로써 산업재해 예방의 목적을 달성하려는 취지로 보이나, 판결이 아직 확정되지 않았음에도 이를 공개하도록 하는 것은 무죄추정원칙에 반한다는 문제가 있다. 또한 사업장의 명칭을 실명으로 공개하는 것으로 피의자의 인권을 중대하게 침해할 수 있는 소지가 있음에도 그 요건과 기준을 법률에서 명확히 정하지 않고 시행령에 위임하도록 한 것은 법률유보의 원칙에 반할 소지가 있다.

나. 공표 대상

중대재해처벌법 시행령 제12조는 제1항에서 "법 제13조 제1항에 따른 공표는 법 제4조에 따른 의무를 위반하여 발생한 중대산업재해로 법 제12조에 따라 범죄의 형이 확정되어 통보된 사업장을 대상으로 한다"라고 정하여 판결이 확정되어 통보된 사업장으로 한정하였다.

다. 공표 내용

공표 내용은 1. "중대산업재해 발생사실의 공표"라는 공표의 제목, 2. 해당 사업장의 명칭, 3. 중대산업재해가 발생한 일시·장소, 4. 중대산업재해를 입은 사람의 수, 5. 중대산업재해의 내용과 그 원인(사업주 또는 경영책임자등의 위반사항을 포함

---

2 신승욱/김형규, 앞의 책, p. 107.
3 중대재해처벌법안 소위심사자료(2021. 1. 5.) 중 법무부 의견, 국회 법제사법위원회소위 자료.

한다), 6. 해당 사업장에서 최근 5년 내 중대산업재해의 발생 여부이다(시행령 제12조 제2항).

라. 공표 절차

고용노동부장관은 공표하기 전에 해당 사업장의 개인사업주 또는 경영책임자 등에게 공표하려는 내용을 통지하고 30일 이상의 기간을 정하여 그에 대해 소명자료를 제출하게 하거나 의견을 진술할 수 있는 기회를 주어야 한다(시행령 제12조 제3항).

마. 공표 방법

공표는 관보, 고용노동부나 「한국산업안전보건공단법」에 따른 한국산업안전보건공단의 홈페이지에 게시하는 방법으로 하며, 홈페이지에 게시하는 방법으로 공표하는 경우 공표기간은 1년으로 하도록 규정되어 있다(시행령 제12조 제4항, 제5항).

바. 산업안전보건법상의 공표와의 관계

고용노동부장관은 산업재해를 예방하기 위하여 대통령령으로 정하는 사업장의 근로자 산업재해 발생건수, 재해율 또는 그 순위를 공표하여야 한다(산업안전보건법 제10조 제1항). 위 공표의 대상인 사업장은 다음과 같다.

산업안전보건법 시행령 제10조 (공표대상 사업장) 법 제10조 제1항에서 "대통령령으로 정하는 사업장"이란 다음 각 호의 어느 하나에 해당하는 사업장을 말한다.
1. 산업재해로 인한 사망자(이하 "사망재해자"라 한다)가 연간 2명 이상 발생한 사업장
2. 사망만인율(사망만인솔: 연간 상시근로자 1만명당 발생하는 사망재해자 수의 비율을 말한다)이 규모별 같은 업종의 평균 사망만인율 이상인 사업장
3. 법 제44조 제1항 전단에 따른 중대산업사고가 발생한 사업장
4. 법 제57조 제1항을 위반하여 산업재해 발생 사실을 은폐한 사업장

5. 법 제57조 제3항에 따른 산업재해의 발생에 관한 보고를 최근 3년 이내 2회 이상 하지 않은 사업장

중대재해처벌법에서 중대산업재해의 정의를 산업안전보건법에 따른 산업재해를 기초로 규정(중대재해처벌법 제2조 제2호)하고 있어 공표대상이 중복될 수 있는데, 동일한 중대재해를 산업안전보건법에 따라 공표하는 경우에는 중대재해처벌법상 공표대상에서 제외되도록 개정해야 한다는 견해[4]가 있다.

4. 징벌적 손해배상

제15조 (손해배상의 책임) ① 사업주 또는 경영책임자등이 고의 또는 중대한 과실로 이 법에서 정한 의무를 위반하여 중대재해를 발생하게 한 경우 해당 사업주, 법인 또는 기관이 중대재해로 손해를 입은 사람에 대하여 그 손해액의 5배를 넘지 아니하는 범위에서 배상책임을 진다. 다만, 법인 또는 기관이 해당 업무에 관하여 상당한 주의와 감독을 게을리하지 아니한 경우에는 그러하지 아니하다.
② 법원은 제1항의 배상액을 정할 때에는 다음 각 호의 사항을 고려하여야 한다.
1. 고의 또는 중대한 과실의 정도
2. 이 법에서 정한 의무위반행위의 종류 및 내용
3. 이 법에서 정한 의무위반행위로 인하여 발생한 피해의 규모
4. 이 법에서 정한 의무위반행위로 인하여 사업주나 법인 또는 기관이 취득한 경제적 이익
5. 이 법에서 정한 의무위반행위의 기간·횟수 등
6. 사업주나 법인 또는 기관의 재산상태
7. 사업주나 법인 또는 기관의 피해구제 및 재발방지 노력의 정도

가. 개관

중대재해처벌법은 형사처벌규정과는 별개로 보칙 제15조에서 징벌적손해배상책임 제도를 도입하여, 사업주 또는 경영책임자 등이 고의 또는 중과실로 인해 중

---

4 경총 등, 앞의 건의서, p. 35.

대재해를 발생시킨 경우 피해자에게 손해액의 5배를 넘지 않는 범위에서 민사상 손해배상책임을 지도록 규정하고 있다. 징벌 배상은 악의적이고 중대한 행위에 대한 전보 배상을 넘어서 발생한 손해액 이상을 배상하게 함으로써 사실상 형사처벌에 준하는 불이익을 가하는 것으로 영미법계에서 주로 도입되어 활용되고 있는 제도이다.[5]

현행 민법상 손해배상과 관련하여 일반적인 징벌배상제도는 인정되지 않고, 각 개별 법률에서 특별한 경우에만 징벌배상제도가 인정되고 있다. 2011년 최초로 하도급 거래 공정화에 관한 법률에서 징벌적 손해배상제도가 도입된 이후 본 법인 중대재해처벌법까지 총 18개의 개별 법률에서 징벌적 손해배상 제도가 인정되고 있다.

이는 경영책임자나 종업원 등의 불법행위로 법인 등이 민법 제756조에 따라 손해배상책임을 지는 경우를 전제로 경영책임자나 종업원 등의 사용자 내지 감독자에 해당하는 사업주와 법인 등의 징벌적 손해배상 책임을 규정한 것으로 형사처벌뿐만 아니라 징벌적 손해배상을 통해 중대재해를 예방하고 재발을 방지하기 위해 도입한 것이다. 그러나 배상액의 상한이 손해액의 5배로 종전의 법률과 비교하여 지나치게 과다하고, 징벌적 손해배상이라는 것은 형사처벌이 어려운 사안에 대하여 이를 대체하기 위한 것인데 형사처벌 규정을 신설하면서 징벌배상 규정을 두는 것은 사실상의 이중처벌이라는 비판,[6] 산재 발생시 산재보상보험법에서 피재자에 대한 보상을 하도록 하고 있는데 사업주에게 징벌적 손해배상을 부과하는 것은 산재보험제도의 의의를 몰각시키게 된다는 비판[7]이 제기되고 있다.

현행 징벌배상 인정 법률

항	개별법률	고의·과실	요건	한도
1	하도급거래 공정화에 관한 법률	고의/과실	원사업자의 기술유용, 부당한 단가인하·발주취소·반품·대금감액	3배

---

5 송인택 외 4, 앞의 책, 218면

6 가영현, 앞의 논문, p. 11, "사업주처벌 및 손해액 5배 배상 영국의 과실치사보다 가혹", 매일경제 2021. 9. 29. A3면, "중대재해처벌법 어떻게 안착시킬 것인가", 국회의원 박대수 의원실 주최 세미나 자료집, 정진우, 앞의 토론회 자료집 p. 23, 이재목, '중대재해 처벌등에 관한 법률상 징벌적 손해배상 규정의 문제점, 홍익법학 제22권 제1호(2021. 2.), p. 318.

7 조성혜, 대검찰청·노동법이론실무학회 공동학술대회 자료집 토론문(2021. 10. 29.자), p. 55.

2	기간제 및 단시간근로자 보호 등에 관한 법률	명백한 고의	기간제·단시간근로자에 대한 차별대우	3배
3	신용정보의 이용 및 보호에 관한 법률	고의/중과실	신용정보의 누설·분실 등	5배
4	대리점거래의 공정화에 관한 법률	고의/과실	불공정거래행위로 대리점에 손해를 입힌 경우	3배
5	파견근로자보호 등에 관한 법률	고의/과실	파견근로자에 대한 차별적 처우	3배
6	개인정보보호법	고의/중과실	개인정보의 분실 등	3배
7	정보통신망 이용촉진 및 정보보호 등에 관한 법률	고의/중과실	개인정보의 분실 등	3배
8	가맹사업거래의 공정화에 관한 법률	고의/과실	사실과 다른 정보제공 등, 계약의 체결·유지에 중대한 영향을 미치는 사실의 은폐·축소 등, 가맹점 사업자에 대한 부당한 지원중단·거절·현저한 제한	3배
9	제조물책임법	고의	제조물의 결함을 알면서도 필요한 조치를 취하지 아니하여 생명 또는 신체에 중대한 손해 발생	3배
10	환경보건법	고의/중과실	사업활동 등에서 생긴 환경유해인자로 인하여 다른 사람에게 환경성 질환을 발생	3배
11	특허법	고의	특허권 또는 전용실시권 침해	3배
12	축산계열화사업에 관한 법률	고의/과실	본 법 위반으로 계약농가에 손해 발생	3배
13	대·중소기업 상생협력촉진에 관한 법률	고의/과실	위탁기업의 보복조치(납품대금 조정신청 등에 대한)로 손해 발생	3배
14	부정경쟁방지 및 영업비밀보호에 관한 법률	고의	영업비밀 침해	3배

15	대규모유통업에서의 거래 공정화에 관한 법률	고의/과실	상품의 대금 감액, 정당한 사유 없는 반품 등으로 손해 발생	3배
16	독점규제 및 공정거래에 관한 법률	고의/과실	부당 공동행위 및 금지되는 보복조치로 인하여 손해 발생	3배
17	공익신고자 보호법	고의/과실	공익신고 등을 이유로 불이익조치를 받아 손해 발생	3배
18	중대재해 처벌 등에 관한 법률	고의/중과실	본 법 위반에 따른 중대재해 발생하여 손해 발생	5배

나. 징벌배상의 인정 요건

사업주 또는 경영책임자가 고의 또는 중대한 과실로 중대재해처벌법상의 규정 의무를 위반하여 중대재해를 발생하게 한 경우, 사업주, 법인 또는 기관이 손해액의 5배를 넘지 않는 범위에서 배상책임을 진다.

1) 고의 또는 중대한 과실

고의의 개념은 앞서 살펴본 바와 같다. 중대한 과실이란 주의의무위반의 정도가 현저한 경우를 말한다. 고의 또는 중대한 과실과 손해 발생에 인과관계가 있어야 함은 앞서 살핀 바와 같다. 반드시 형사판결과 민사판결에서의 고의 또는 중대한 과실의 인정 범위가 동일하거나 상호 기속한다고는 볼 수 없다는 것이 대법원 판례이다.[8]

종전의 판례상 일반적으로 형사판결에서의 고의 또는 중대한 과실 인정이 좀더 엄격한 점에 비추어 볼 때 중대재해처벌법상의 형사판결에서 고의 또는 중대한 과실이 인정되었다면 민사판결에서도 인정될 가능성이 높다. 반면에, 형사판결에서 고의 또는 중대한 과실이 부정되었다고 하여 반드시 민사판결에서도 고의 또는 중대한 과실이 인정되지 않는다고는 볼 수 없다.

---

[8] 대법원 2008. 2. 1. 선고 2006다6713 판결.

2) 배상액의 산정

배상액은 실제 손해액의 5배 상한 내에서 고의 또는 중대한 과실의 정도, 의무위반행위의 종류 및 내용, 발생한 피해의 규모, 의무위반행위로 인하여 사업주나 법인 또는 기관이 취득한 경제적 이익, 의무위반행위의 기간·횟수, 사업주나 법인 또는 기관의 재산상태, 사업주나 법인 또는 기관의 피해구제 및 재발방지 노력의 정도 등을[9] 고려하여 결정한다. 배상액 상한이 다른 법률과 비교하여[10] 지나치게 높다는 비판이 있다는 점은 앞서 언급하였다.

결국, 구체적인 배상액의 산정은 법원에서 각 개별 사안별로 위와 같은 요소 등을 고려하여 결정될 것이지만, 2019년 사법정책연구원에서 발간한 연구보고서[11] 중 배상액 산정표의 구체적 내용이 참고가 될 것이다.

배상액 산정기준표

고려요소		내용	가중/감경 여부
피고의 비난 가능성	불법행위의 성격	단순 불법행위 초과 여부 악의 고의의 정도	비난가능성 약한경우 감경 악의적인 경우 가중
	가해자의 인식 여부	가해자의 사회적 지위 악용 여부	가해자의 인식 및 지위 악용 여부에 따라 가중/감경
	지속기간 및 반복 여부	1회성인지 지속적인지 지속된 기간 등의 고려	1회성은 감경 가능 지속 반복적인 경우 가중
	손해의 종류	손해의 회복가능성과 정도	가중/감경
	사후조치 유무 및 내용	사후조치의 여부, 기간, 빈도 사후조치의 효과 및 평가 등	효과적 사후조치시 감경 사후조치 없거나 미흡시 가중
	원고의 지위	사회적 약자 지위 악용 여부	사회적 약자 지위 악용 가중

---

9 법 제15조 제2항 각호에서 손해배상시의 고려사항을 구체적으로 명시하고 있다.
10 중대재해처벌법을 제외한 17개 법률중에 배상액 상한이 5배인 경우는 신용정보의 이용 및 보호에 관한 법률상의 징벌배상액뿐이며 대부분의 법률은 상한액을 3배로 제한하고 있다.
11 사법정책연구원, 징벌적 손해배상의 적정한 운영방안에 관한 연구(2019), pp. 260~262.

	원고의 귀책사유	원고의 과실여부, 피고의 행위를 도발하는 등 귀책사유	원고의 귀책사유 고려하여 가중/감경
원고의 손해	실손해	실손해, 사회적 손해	실손해 크기 고려 가중/감경
	잠재적 손해	잠재적 손해 여부	손해 크기 고려 가중/감경
다른 제재의 존재	형사제재	형사처벌 유무	처벌 여부에 따라 감경/가중
	기타제재	행정규제 등 타 제재 유무	제재여부에 따라 감경/가중
피고의 재산상태		피고의 재산 상태 고려	재산상태 고려 가중/감경
피고가 불법행위로 취득한 이득		취득한 이득 여부와 액수	이득이 큰 경우 가중
자제의 원칙		지나친 고액 징벌 여부	과다 손해 배상 자제
원고가 받게 될 금액		원고에게 예상치 못한 과도한 수익 여부인지	원고 수익의 과다 여부에 따라 감경 가능

다. 징벌배상의 면책

법인 또는 기관이 해당 업무에 관하여 상당한 주의와 감독을 게을리하지 아니한 경우에는 징벌배상이 면책될 수 있다(법 제15조 제1항 단서).[12] 면책과 관련해서는 앞서 설명하였다.

---

12 "다만, 법인 또는 기관이 해당 업무에 관하여 상당한 주의와 감독을 게을리하지 아니한 경우에는 그러하지 아니하다."

제 2 편

질문과 답변(Q&A)

법률의 적용 범위 등 관련

01. 중대재해처벌법의 시행일과 관련하여, 3년의 유예기간이 적용되는 '상시근로자가 50명 미만인 사업 또는 사업장'에서, 상시근로자 50명의 기준은 회사 전체의 인원을 의미하는 것인지요? 아니면 단위사업장별로 50명 이상을 의미하는지요?

　중대재해처벌법 부칙 제1조 제1항은 '법 시행 당시 개인 사업자 또는 상시근로자가 50명 미만인 사업 또는 사업장에 대해서는 공포한 후 3년이 경과한 날로부터 시행한다'고 규정하여 상시근로자가 50명 미만인 사업 또는 사업장에는 2024. 1. 27.부터 중대재해처벌법이 적용됩니다. 여기서 상시근로자를 산정하는 단위인 '사업 또는 사업장'은 경영상 일체를 이루면서 유기적으로 운영되는 기업 등 조직 그 자체를 의미하며(대법원 1993. 2. 9. 선고 91다21381 판결 참조), 사업장이 장소적으로 분산되어 있더라도 각 사업장의 업무처리 능력 등을 감안할 때 하나의 사업이라고 말할 정도의 독립성이 없으면 직근 상위조직과 일괄하여 하나의 사업으로 판단합니다(고용노동부 근로기준팀-8048, 2007. 11. 29.).

　1개 사업에 복수의 사업장이 있는 경우에는 사업과 사업장 어느 쪽을 기준으로 산정할 것인가가 문제됩니다. 이와 관련하여 고용노동부의 입장은 같은 장소에 있더라도 업종, 인사·노무 관리체계, 노동조합 조직범위, 단체협약 적용범위 등에 관하여 독립성이 있는 사업장(공장 내의 진료소나 병원 내의 식당 등)은 분리하여 산정하고, 장소적으로 분산되어 있더라도 현저히 소규모로서 독립성이 없는 것(출장소 등)은 직근 상위기구와 통합하여 산정하여야 하며(근로기준 01254-13555, 1990. 9. 26.), 본사와 생산업무를 담당하는 공장, 학교법인 산하의 대학교와 그 부속병원은 '하나의 사업 또는 사업장'으로 보아야 한다(고용노동부, 중대재해처벌법 해설서, p. 32)는 것입니다.

위와 같은 기준에 의할 때 상시근로자 50명의 산정은 원칙적으로 단위사업장을 포함한 회사 전체의 상시근로자를 기준으로 하고, 다만 단위사업장이 업종, 인사·노무 관리체계, 예산 등에 있어서 독립성이 있는 경우에는 분리하여 산정할 수도 있을 것입니다.

02. 중대재해처벌법 적용대상이 되는 기준으로 상시근로자 5명 이상(원칙적 중대재해처벌법 대상), 50명 이상(2022년 1월부터 적용대상), 500명 이상(안전보건확보의무에 더해 안전보건업무 전담조직 설치 의무 대상)이 있는데 각각의 상시근로자 판단은 어떻게 하는지요?

중대재해처벌법은 중대산업재해에 관한 규정이 적용되는 '사업 또는 사업장'의 범위를 상시근로자 수를 기준으로 정하도록 하고 있는데(제3조), 사업 또는 사업장의 상시근로자란 근로기준법상의 근로자를 말하고, 따라서 기간의 정함이 없는 근로자, 기간제 근로자, 일용직 근로자도 모두 포함됩니다.

그런데 상시근로자에 포함되는 근로자의 범위에 대하여는 중대재해처벌법에 아무런 규정이 없고, 제2조에서 근로자에 대하여 '근로기준법에 따른 근로자'라고 규정하고 있으므로 근로자의 근로기준을 정한 일반법인 근로기준법이 정하는 바(근로기준법 시행령 제7조의2에서 상시근로자 산정방법에 대하여 상세하게 규정하고 있습니다)에 따라야 할 것이고, 고용노동부도 같은 입장입니다

근로기준법상 상시근로자 수는 원칙적으로 사업을 기준으로 하는데, 다만, 하나의 법인이라고 하더라도 각 사업장별로 근로조건의 결정권이 있고, 단체협약 또는 취업규칙 등이 별도 적용되고, 모집·채용 등의 인사·노무관리·회계 등이 독립적으로 운영되는 경우에는 예외적으로 사업장 별로 근로자 수를 산정할 수 있는 경

우가 있을 수 있습니다. 따라서 중대재해처벌법의 경우에도 기본적으로는 동일하게 해석이 가능할 것이나, 중대재해처벌법은 "사업"을 대표하고 총괄하는 자를 경영책임자로 하고 있으므로 기본적으로 "사업장"이 아닌 "사업"을 기준으로 상시근로자 수를 산정하여야 할 것이고, 근로기준법의 적용에서와 같이 사업장 단위로 상시근로자 수를 산정할 수 있는 예외적인 경우는 더욱 제한적일 것입니다.

03. 상시근로자 인원을 산정할 때, 사업장 내의 도급이나 용역을 수행하는 협력업체 소속 근로자도 포함하는가요? 아니면 정직원 및 계약직 직원만 포함하는가요?

'상시근로자 수'를 산정하는 방법에 대하여 중대재해처벌법에는 규정이 없어 근로기준법을 따르게 되는데, 근로기준법 규정과 해석론에 따라 설명드리면 '상시(常時)'는 평상 상태를 말하므로 일시적으로 5명 미만이 되더라도 상태적으로 5명 이상이면 적용대상이 되고, 상시 사용하는 근로자에는 상용직뿐만 아니라, 일용직, 기간제 근로자, 외국인 근로자(불법입국 또는 불법체류자 여부는 상시근로자 판단과 무관함)도 포함됩니다. 그러나, 도급·용역·위탁 등을 받은 제3자의 근로자는 해당 사업 또는 사업장의 상시근로자에는 포함되지 않습니다. 따라서 상시근로자가 5명 미만인 개인사업주나 법인 또는 기관에서 노무를 제공하는 특수형태근로종사자, 플랫폼종사자 등이 5명 이상인 경우에도 해당 사업 또는 사업장은 중대재해처벌법 적용대상이 아닙니다.

한편, 도급·용역·위탁 등의 경우에도, "사업주나 법인 또는 기관이 그 시설, 장비, 장소 등에 대하여 실질적으로 지배·운영·관리하는 책임이 있는 경우"에는 중대재해처벌법 제5조에 의하여 제4조에 따른 안전 및 보건 확보의무를 이행하여야 하고, 특수형태근로종사자로부터 노무를 제공받는 자, 배달종사자에게 물건의 수거와 배달을 중개하는 자, 가맹점사업자에게 가맹점의 설비나 기계, 원자재 또는 상품 등을 공급하는 가맹본부 등은 산업안전보건법상 일정한 안전조치와 보건조치를 하여야 할 의무가 있는 경우가 있습니다(산업안전보건법 제77조 내지 79조).

04. 파견근로자를 사용하고 있는 경우에, 그 파견근로자도 중대재해처벌법 적용범위를 결정함에 있어서 상시근로자 수에 포함하는지요?

고용노동부는 파견근로자의 경우 '파견 중인 근로자의 파견근로에 관하여는 사용사업주를 산업안전보건법 제2조 제4호의 사업주로 본다'는 규정(파견법 제35조)을 근거로 파견근로자도 상시근로자 수를 산정함에 있어 포함한다는 입장입니다.

그러나, 근로기준법 시행령에서는 상시근로자 수를 산정할 때 '파견근로자 보호 등에 관한 법률'에 따른 파견근로자를 제외하고 있습니다(제7조의2 제4항). 근로기준법 시행령에 반하여 해석하는 것은 받아들이기 어렵고, 파견근로자를 사용하는 사용사업주를 사업주로 보아 근로기준법이나 산업안전보건법을 적용하는 문제와 파견근로자를 상시근로자 산정에 포함시켜야 하는지의 문제는 별개의 문제라고 보아야 할 것입니다. 이는 도급, 용역, 위탁 등의 경우 도급, 용역, 위탁 등을 행한 제3자의 근로자는 산업안전보건법 및 중대재해처벌법이 적용되어 사업주나 경영책임자등의 안전 및 보건확보의무의 대상으로 될 수는 있지만 도급인의 해당 사업 또는 사업장의 상시근로자에는 포함되지 않는 것과 같은 논리라고 하겠습니다. 결국 파견근로자에 대하여는 중대재해처벌법이 적용되는 것이 아니라 산업안전보건법 제35조에 의하여 사용사업주가 산업안전보건법상의 안전보호조치 의무를 부담하게 될 것입니다. 향후 중대재해처벌법, 근로기준법, 산업안전보건법, 파견법 등 관련법 개정을 통해 파견근로자의 상시근로자 포함여부에 대한 명확한 기준을 마련할 필요가 있어 보입니다.

05. 하청회사의 안전보건확보를 위해 여러가지 점검, 확인을 하는 것이 불법파견(불법 사내도급) 문제로 확대될 가능성은 없는지요?

고용노동부는 일관되게 '산업안전보건법 제63조에 따라 도급인이 안전조치 및 보건조치를 해야 하는 경우에는 근로자파견의 징표에 해당한다고 보기 어렵다'는 입장입니다(고용노동부, 근로자파견의 판단기준에 관한 지침(2019. 12. 30.)).

다만, 도급인이 관련 법령에 따라 안전 및 보건 관리 의무를 이행하는 경우에도, 도급인이 관계수급인의 개별 근로자들 각자에 대해서는 작업행동에 관하여 직접적인 지휘·명령을 해서는 아니되는 것이 원칙입니다. 이러한 취지에 따라, 산업안전보건법 제63조의 단서에서도, 도급인의 안전관리업무 중에 "보호구 착용의 지시 등 관계수급인 근로자의 작업행동에 관한 직접적인 조치는 제외한다"고 규정하고 있습니다.

따라서, 중대재해처벌법에 따른 안전보건 확보의무를 이행함에 있어서도 점검과 확인을 이유로 관계수급인의 개별 근로자들 각자에 대해서 작업행동 등에 관하여 직접적인 지휘·명령을 하지 않도록 주의를 해야 하고, 기본적으로 이러한 점검 활동을 위한 요청이나 협의도 수급인의 개별 작업자가 아닌 수급인의 현장 대리인 등을 통해서 하는 것을 원칙으로 삼아야 할 것입니다. 이와 같이 안전 점검과 확인을 명목으로 관계수급인의 개별 근로자들 각자에 대해서 작업행동 등에 관하여 직접적인 지휘·명령을 하지 않는 이상, 중대재해처벌법에 따른 안전보건 확보 의무의 이행을 위해 수행하는 활동이 불법파견의 징표로 판단되지는 않을 것입니다.

06. 외국기업의 국내 사업장이 없는 경우에도 중대재해처벌법이 적용되는지요?

중대재해처벌법 중 중대산업재해 관련 규정은 사업 또는 사업장에 적용이 되고, 이 곳에 종사하는 근로자가 5인 이상인 경우 사업주 또는 경영책임자 등을 적용대상으로 하고 있습니다. 따라서 국내에 사업(business)은 있지만 사업장이 없고 사업을 총괄하는 사업주 또는 경영책임자 등 법 적용 대상이 없는 경우 속지주의 원칙(형법 제2조)에 따라 국외 사업주 또는 경영책임자 등은 국내법상 처벌 대상이 없는 경우에 해당하여 법 적용이 제외될 것으로 사료됩니다.

다만, 외국기업의 경우에도 국내에서 상시근로자가 5인 이상의 사업을 대표하고 사업을 총괄하는 권한과 책임이 있는 사람 또는 이에 준하여 안전 보건에 관한 업무를 담당하는 사람이 있는 경우에는 국내 사업을 총괄하는 경영책임자등에 해당하여 중대재해처벌법의 적용대상이 될 수도 있습니다.

07. 공사가 이미 발주되어 진행 중인 공사 사업장에 대해서도 소급하여 중대재해처벌법이 적용되는지요?

상시근로자가 50명 이상인 사업 또는 사업장에 대해서는 2022. 1. 27. 법이 시행되나, 건설업의 경우 공사금액 50억원 미만의 공사에 대하여는 공포 후 3년이 경과한 날인 2024. 1. 27.부터 시행됩니다(중대재해처벌법 부칙 제1조 제1항).

중대재해처벌법이 시행되기 전에 공사금액 50억원 이상의 공사가 이미 발주되어 공사가 진행중이더라도 2022. 1. 27.부터는 중대재해처벌법에서 정한 의무를 이행하여야 하고 법 시행일 이후에 중대재해가 발생한 경우에는 중대재해처벌법에 의하여 처벌될 수 있습니다. 다만 그 공사가 공사금액이 50억원 미만인 경우에는 2024. 1. 27.부터 중대재해처벌법에서 정한 의무를 이행하여야 하고, 그 이후 발생한 중대재해에 대하여만 법이 적용됩니다.

08. 근로자가 암과 같은 직업성 질병에 걸린 경우 중대재해 처벌법이 적용되는지요?

중대재해처벌법의 "중대산업재해"에 해당하기 위하여는 「산업안전보건법」 제2조 제1호에 따른 산업재해에 해당하여야 하고(중대재해처벌법 제2조 제2호), "중대시민재해"는 특정 원료 또는 제조물, 공중이용시설 또는 공중교통수단의 설계, 제조, 설치, 관리상의 결함을 원인으로 하여 발생한 재해를 말합니다(중대재해처벌법 제2조 제3호).

따라서, 직업성질병이 납이나 수은에 의한 급성중독 등 중대재해처벌법시행령이 정하는 직업성 질병(중대재해처벌법 시행령 제2조 별표 1 직업성 질병)에 해당된다면 중대재해처벌법 제2조 제2호 다목에 의하여, 특정 원료나 제조물을 원인으로 발생한 경우에는 중대재해처벌법 제2조 제3호에 의하여 중대재해처벌법 적용대상인 중대재해에 해당될 수 있습니다.

그런데, 암의 경우는 위 직업성질병에서 제외되어 있고, 암의 발병원인이 특정 원료 등으로 인한 것임을 입증하는 것은 쉽지 않을 것이나, 그 암이 업무스트레스로 인하여 발병한 것이 입증된다면 산업재해에 해당하여 중대재해로 인정될 수도 있을 것입니다.

09. 종사자가 뇌심혈관질환으로 사망하는 경우에도 중대재해인가요?

중대재해처벌법 제2조 제2호에 따르면, 노무를 제공하는 사람 중 1인 이상이 업무에 관계되는 건설물·설비·원재료·가스·증기·분진 등에 의하거나 작업 또는 그 밖의 업무로 인하여 사망하게 되면 "중대산업재해"에 해당하게 됩니다. 또한 동호 가목은 '사망자'의 발생을 요건으로 하고 있을 뿐, '직업성 질병으로 인한 사망자'의 발생을 요건으로 하고 있지는 않습니다. 따라서 업무와 사망간의 인과관계가 인정된다면, 근로자가 뇌심혈관질환으로 사망한 경우에도 중대재해에 해당될 수는 있습니다.

그런데, '동일한 유해요인으로 직업성 질병자가 1년 이내에 3명 이상 발생'한 경우도 중대산업재해(제2조 제2호 다목)에 해당하는데, 중대재해처벌법 시행령 제2조 별표 1에서 규정하고 있는 24가지의 '직업성 질병' 범위에 뇌심혈관계, 직업성 암, 근골격계 질병 등은 제외되었습니다. 이는 고혈압, 당뇨 등 기저질환이 있는 고령층이나 가족력 보유자 등 위와 같은 질병발생가능성이 높은 계층의 고용이 위축될 염려가 있고, 법 위반시 처벌이 따르는 만큼 논란의 여지가 없어야 하나 이들 질병은 업무로 인한 것인지 여부와 관련하여 인과관계를 입증하기가 어렵다는 사정이 반영된 결과입니다.

이와 같은 법의 취지를 고려한다면, 근로자가 뇌심혈관질환으로 사망한 경우에는, 중대재해처벌법 제2조 제2호 가목의 '사망자가 1명 이상 발생한 경우'의 해석에서도 제한적으로 해석해야 한다는 견해가 있고, 실질적으로도 업무 및 사망 사이에 인과관계가 인정되는지 여부에 대해 사고성 재해로 사망한 경우에 비하여 다툼이 많을 것으로 예상됩니다.

10. 근로자가 과로사를 한 경우에도 경영자가 책임을 져야 하는지요?

현행 산업안전보건법상 과로사는 산업안전보건기준에 관한규칙 제669조(직무 스트레스에 의한 건강장해 예방조치)로 규율하고 있습니다. 위 제669조는 상위규정인 산업안전보건법 제5조의 위임을 받은 규정으로서 위반시 형사처벌 조항을 두고 있지는 않습니다. 근로감독관 직무규정에서도 산업안전보건법 제5조 및 안전보건규칙 제669조는 인지(입건)대상이 아닙니다. 그러나, 중대재해처벌법의 관점에서 살펴보면, 중대재해처벌법상 산업재해에 해당될 경우 사망의 원인에 대해서는 아무런 제한 규정을 두고 있지 않습니다. 따라서, 개인사업주 또는 경영책임자등이 중대재해처벌법 제4조 또는 제5조의 안전 및 보건 확보의무를 위반한 결과 근로자의 과로사가 발생한 것으로 인정(구체적으로는 위 제669조에서 규정하고 있는 직무스트레스에 의한 건강장해 예방조치 의무를 이행하지 않은 것이 근로자 사망의 직접원인으로 이어진 것으로 입증된 경우)되면 사망재해로서 "중대산업재해"에 해당할 가능성이 있습니다.

다만, 이 경우에도 경영책임자등은 중대재해처벌법 제4조, 제5조의 안전·보건 확보의무를 위반하여야 하고, 그 의무위반과 사망과의 인과관계(건강장해 예방조치의무위반과 사망과의 인과관계가 아님)가 인정되어야 형사처벌될 수 있는데, 그 인과관계의 입증이 쉽지는 않을 것으로 보입니다.

11. 근로자가 자살한 경우에도 중대재해처벌법이 적용되는지요?

자살은 자해행위에 따른 사망으로 원칙적으로 산업재해에 해당되지 아니하나, 업무상 사유로 정상적인 인식능력이 떨어진 상태에서 자살한 경우에는 산업재해에 해당될 수 있고(산업재해보상보험법 제37조 제2항), 대법원이 "업무로 인하여 질병이 발생하거나 업무상 과로나 스트레스가 그 질병의 주된 발생원인에 겹쳐서 질병이 유발 또는 악화되고, 그러한 질병으로 인하여 정상적인 인식능력이나 행위선택능력, 정신적 억제력이 결여되거나 현저히 저하되어 합리적인 판단을 기대할 수 없을 정도의 상황에서 자살에 이르게 된 것이라고 추단할 수 있는 때에는 업무와 사망 사이에 상당인과관계를 인정할 수 있다(대법원 2019. 5. 10. 선고 2016두59010 판결)"고 하여 산업재해보상보험법상의 업무상재해로 인정하기도 하는 점 등을 고려할 때 직장내 괴롭힘이나 성희롱 등으로 인하여 근로자가 자살한 경우 중대재해처벌법이 적용될 가능성도 배제할 수만은 없습니다.

다만, 산업재해보상보험법상 업무상재해는 근로자에 대한 신속한 보상을 목적으로 하므로 업무와의 인과관계성을 상대적으로 폭넓게 인정하는 것이어서 그대로 산업안전보건법상 산업재해에 적용할 수는 없고, 이 문제는 중대재해처벌법상 사업주 또는 경영책임자등이 종사자의 안전보건을 확보하는 데 관련한 법령 즉 안전·보건 관련 법령에 따른 의무이행에 필요한 관리상 조치의무(제4조 제1항 제4호)를 부담하는 부분과 관련하여, 근로기준법, 남녀고용평등법 등도 포함되는지 여부, 자살로 인한 재해와 업무와의 상당인과관계 외에도 중대재해처벌법상 사업주 또는 경영책임자등의 안전보건확보의무위반과의 사이에 상당인과관계가 인정될 수 있을지 여부 등에 따라 결론이 달라질 수 있어 향후 학계의 동향이나 법원의 판례 등을 지켜보아야 할 것입니다.

12. 근로자가 코로나 확진을 받아 사망하거나 3개월 이상의 치료를 요하는 확진 환자가 10명 이상 발생한 경우에도 중대재해처벌법 적용 대상이 되는지요?

코로나−19는 전 세계적 감염병으로서 특정 사업장의 유해위험요인이라고 할 수 없어 중대재해처벌법상 중대산업재해 적용의 전제가 되는 "산안법 제2조 제1호에 따른 산업재해"라고 보기는 어려울 것으로 사료됩니다. 다만 업무에 관계되는 건설물·설비·원재료·가스·증기·분진 등에 의하거나 작업 또는 그 밖의 업무로 인하여 코로나에 걸렸고 개인사업주나 경영책임자등이 안전·보건 관련 법령에서 정한 의무를 이행하지 아니하여 확진 또는 환자가 확산되어 중대 재해가 발생하게 된 것이 입증될 경우에는 중대재해법이 적용될 가능성도 있다고 할 것입니다. 그러나, 근로자가 수행한 업무와 재해와의 상당인과관계, 경영책임자등의 의무위반과 재해와의 상당인과관계 등이 인정되어야 할 것입니다.

13. 원료 등의 제조와 관련한 사고의 경우 제조물책임과 중복 적용되는지요?

제조물책임법은 제조물의 제조, 설계, 표시상 결함으로 인해 생명, 신체, 재산에 손해가 있는 경우 민사상 손해배상책임(손해의 3배 이내)을 지우고 있으며(형사처벌은 규정하고 있지 않음), 중대재해처벌법상 중대시민재해의 경우 원료나 제조물의 설계 제조, 관리상의 결함으로 인하여 생명, 신체, 안전에 대한 보호의무를 부과하여 이에 위반된 경우 형사처벌과 함께 손해액의 5배를 넘지 않는 범위 내에서 징벌적인 손해배상을 규정하고 있습니다.

이에 따라 형사처벌이 문제될 경우 처벌규정이 있는 중대재해처벌법이 적용되게 될 것입니다. 한편 민사상 손해배상책임이 문제되어 두 법이 동시에 적용될 경우 더 중한 중대재해처벌법에서 정한 징벌적 손해배상책임이 적용될 가능성이 높아 보이기는 하지만 실무상 어떻게 운용할지는 지켜볼 필요가 있겠습니다.

14. 시설 이용자(고객)가 사망 또는 상해를 입은 경우에도 중대산업재해에 해당하는지요?

중대재해처벌법에서는 법인 등이 실질적으로 지배·운영·관리하는 사업(장)에서는 '종사자'에게(제4조), 그리고 제3자에게 도급, 용역, 위탁 등을 행한 경우에는 '제3자의 종사자'에게(제5조) 중대산업재해가 발생하지 않도록 안전 및 보건에 관한 조치를 취하도록 규정하고 있습니다. 여기서 '종사자'는 근로기준법상의 근로자, 도급·용역·위탁 등 계약의 형식에 관계없이 사업의 수행을 위해 대가를 목적으로 노무를 제공하는 자, 도급의 경우 각 단계의 수급인 및 수급인의 근로자 등을 의미합니다. 따라서, 대가를 목적으로 노무를 제공하는 자가 아닌 단순한 시설 이용자(고객)에게 사망 또는 상해가 발생한 경우 '중대시민재해'에 해당하는 것은 별론으로 하고 '중대산업재해'에 해당한다고 보기는 어려울 것입니다.

15. 금융회사 등 사무직 근로자가 대부분인 경우에도 적용되는지요?

중대재해처벌법 중 중대산업재해 관련 규정은 업종을 불문하고 상시근로자 5인 이상 사업 또는 사업장이면 적용되고 그 보호 대상을 근로자, 도급, 용역 등 사업 수행을 위해 노무를 제공하는 자, 수급인의 근로자 등까지 포함하고 있으며, 사무직 근로자만이 종사하는 사업장 등에 대해서도 적용 제외 규정이 존재하지 않으므로, 사무직 근로자가 대부분인 사업장에도 적용됩니다.

중대재해처벌법은 경영책임자가 '재해예방에 필요한 인력 및 예산 등 안전보건 관리체계의 구축 및 그 이행에 관한 조치(법 제4조 제1항 제1호)'를 하도록 규정하면서 구체적인 사항은 대통령령으로 정하도록 하고 있고(같은 조 제2항), 중대재해처벌법 시행령 제4조는 그 구체적인 사항을 규정하면서 산업안전보건법상 여러 규정을 인용하거나 전제로 하여 규정하고 있습니다. 그런데 산업안전보건법은 법의 적용범위를 규정한 제3조의 단서에서 '유해·위험의 정도, 사업의 종류·규모 및 사업의 소재지 등을 고려하여 대통령령으로 정하는 사업 또는 사업장에는 산업안전보건법의 전부 또는 일부를 적용하지 않을 수 있다'고 규정하고 있으므로 이러한 적용 제외 사업 또는 사업장에 해당할 경우 중대재해처벌법 시행령 제4조의 의무도 적용되지 않게 됩니다. 예컨대 산업안전보건법 시행령 제2조 제1항에서는 법의 일부를 적용하지 않는 사업 또는 사업장 및 적용 제외 법규정을 [별표 1]에서 규정하고 있는데, 제5호 다목은 '사무직에 종사하는 근로자만을 사용하는 사업장(사업장이 분리된 경우로서 사무직에 종사하는 근로자만을 사용하는 사업장을 포함)은 산업안전보건법의 일부 규정의 적용을 제외하고 있어, '사무직에 종사하는 근로자만을 사용하는 사업장'에 대하여는 중대재해처벌법 적용이 배제되는지 여부가 문제됩니다.

이에 대하여는 중대재해처벌법이 직무의 종류에 따른 법의 적용 제외 여부를 규정하고 있지 않으므로 해당 사업 또는 사업장의 상시근로자가 모두 사무직인 사업 또는 사업장도 중대재해처벌법이 적용된다는 견해와 본사 사업장 등이 사무직에 종사하는 근로자만을 사용하는 사업장에 해당하는 경우 산업안전보건법 일부 규정들의 적용이 제외될 뿐 아니라 해당 규정을 준용하는 중대재해처벌법 시행령 제4조의 의무들도 적용 제외를 받을 수 있다는 견해가 대립하고 있습니다.

생각컨대, 사무직에 종사하는 근로자만을 사용하는 사업장이라고 하더라도 모든 산업안전보건법상의 규정이 적용되지 않는 것은 아니므로 일률적으로 중대재해처벌법이 적용된다거나 적용되지 않는다고 해석할 수는 없고, 각 개별 규정을 살펴 판단하여야 할 것으로 생각됩니다.

제2장

경영책임자 · 종사자 등 관련

16. 각자대표 또는 공동대표 등의 방식으로 대표를 여러 명 선임하는 경우 중대재해처벌법의 처벌 대상은 어떻게 되는지요?

중대재해처벌법 제2조 제9호에서는 "경영책임자등"을 "사업을 대표하고 사업을 총괄하는 권한과 책임이 있는 사람 또는 이에 준하여 안전보건에 관한 업무를 담당하는 사람"으로 규정하고 있습니다.

위 규정의 취지는 안전, 보건에 관한 조직, 인사, 예산 등의 권한을 행사하면서 사업을 대표하고 총괄하는 사람에게 책임을 묻겠다는 것이므로(책임에 상응하는 권한이 있어야 한다는 취지) 각자대표, 공동대표와 같은 형식이 중요한 것이 아니라 실질적으로 누구에게 사업을 총괄하는 권한과 책임이 있는지 여부에 따라 처벌대상을 특정하게 될 것입니다.

복수의 대표이사가 공동으로만 대표이사의 행위를 할 수 있는 공동대표이사(상법 제389조 제2항)로 되어 있는 경우, 기본적으로 모두 경영책임자등이 될 것이지만 공동대표이사 1인이 다른 공동대표이사에게 대표권행사의 특정사항에 관하여 개별적으로 위임하는 것은 가능하므로, 공동대표이사 제도의 운영실태가 각 회사별로 다를 수 있고, 따라서 회사 내에서의 직무, 책임과 권한 및 기업의 의사결정 구조 등을 종합적으로 고려하여 실질적으로 해당 사업에서 최종 경영책임자등이 누구인지가 판단될 것입니다.

복수의 대표이사가 '각자대표이사'로 선임되어 있는 경우, 1인의 대표이사가 단독으로 최종적인 의사결정을 할 수 있기 때문에 안전보건에 관한 최종적인 책임과 권한을 보유하고 실제로 관여하여 의사결정을 행한 대표이사가 경영책임자등으로 인정될 것이나, 안전보건에 관한 최종적인 책임과 권한을 공동으로 행사한 사실이 밝혀지는 등 사안에 따라서는 공범으로 의율될 수도 있을 것입니다.

17. 공동대표이사 체계에서 1인의 공동대표이사에게 안전보건 의무와 책임을 집중시키는 것이 가능할지요?

중대재해처벌법에서는 안전 및 보건확보 의무를 부담하고 이를 위반하여 중대산업재해 또는 중대시민재해가 발생할 경우 형사책임을 지게 되는 '경영책임자등'을 ① 사업을 대표하고 사업을 총괄하는 권한과 책임이 있는 사람 또는 ② 이에 준하여 안전보건에 관한 업무를 담당하는 사람으로 정의하고 있습니다.

공동대표이사 중에서 1명에게 안전, 보건 확보에 관하여 사업을 총괄하고 대표한다고 인정할 수 있는 실질적 권한을 부여하여, 안전보건업무에 관해서는 경영총괄 대표이사에게 보고할 의무가 없고 지시를 받지 않는다면 그에게 안전보건업무 관련 책임과 의무를 집중시킬 수 있습니다. 다만, 이 경우에도 다른 대표이사에게 법 위반 사실에 대한 공동의 인식 및 의사가 인정되고 기능적 행위지배가 있을 경우 공범으로 함께 처벌될 가능성을 배제할 수 없습니다. 반면 안전보건업무 담당 대표이사가 형식적으로는 안전보건업무를 총괄하지만 실제로는 사업총괄 대표가 별도로 존재한다면 실질적 사업총괄 대표이사가 경영책임자로서 처벌받을 수 있습니다.

18. 이사회 내 위원회에서 안전보건계획을 보고받고 승인이 가능한지요? 이때 경영책임자를 이사회로 볼 수도 있는지요?

상법상으로는 이사회에서 반드시 결의를 하여야 하는 사항을 제외하고 이사회

내 위원회로 위임이 가능하다는 점(상법 제393조의2)을 감안할 때, 상법 해석상
으로는 이사회 내 위원회에서 안전보건계획을 보고받고 승인하는 것도 가능하지
만, 산업안전보건법 및 중대재해처벌법 관점에서는 과연 이러한 위임이 적절한지
의문이 제기될 수 있습니다.

특히 해당 이사회내 위원회가 안전보건 관련 사항을 전문적으로 심의, 의결할
수 있는 특수한 상황이라면 모르겠지만 그렇지 않은 상황에서 이사회내 위원회로
안전보건계획의 보고 및 승인을 위임하는 것은 오히려 대표이사나 경영책임자가
필요한 조치를 취하지 않은 것으로 판단될 우려가 있으므로 신중하게 판단하여야
합니다.

아울러 설사 이사회에서 대표이사가 승인을 요청한 안전보건계획에 대해서 비용,
예산 삭감 등 수정을 한다고 하더라도 산업안전보건법상 안전보건계획 수립 및
성실이행의무는 대표이사에게 부과되어 있는 것이고 중대재해처벌법에서도 안전
보건관리체계 구축 및 이행에 관한 조치의무는 경영책임자등에게 부과되어 있는
것이므로 단지 위와 같은 사정만으로 이사회를 경영책임자등으로 인정할 수는 없
을 것이며, 경영책임자등의 책임이 면책되기도 어려울 것입니다.

19. 경영책임자등의 개념에서 "이에 준하여 안전보건에 관한 업무를 담당하는 사람"의 의미는 무엇인지요? 안전보건업무를 담당하는 사람이 가져야 할 최소한의 권한은 무엇일지요?

중대재해처벌법 제2조 제9호 가목의 "이에 준하여 안전보건에 관한 업무를 담
당하는 사람"이란 안전 및 보건에 관한 최종책임자를 말합니다. 단순히 안전보건
이사 등의 명칭뿐만 아니라 실질적으로 안전 및 보건과 관련한 인력, 예산 등을
결정할 수 있는 권한이 있어야 할 것입니다. 따라서 안전보건업무담당자는 사업
또는 사업장의 특성 및 규모 등을 고려하여 안전보건확보의무를 이행할 수 있을
정도의 권한과 책임을 지닌 사람이어야 합니다.

20. 대표이사가 아닌 안전보건담당임원을 별도로 두어 그에게 중대재해처벌법상 책임을 부여하면 면책이 가능한지요?

이 부분에 대하여는 ① 중대재해처벌법상 사업총괄책임자란 사업을 대표하고 사업을 총괄하는 권한과 책임이 있는 자로 특정되어야 하며 여기에 더하여 안전보건에 관한 업무담당자로서 사업총괄책임자에 준하는 사람(안전보건업무책임자)이 있다면 그 사람 역시 경영책임자등으로서 안전보건확보의무위반치사상죄의 정범이 되고, 안전보건 확보의무를 위반함으로써 중대재해를 초래하는 경우 '사업총괄책임자'와 '안전보건업무책임자'는 공동정범으로서 죄책을 지게 된다고 보는 견해와 ② '또는' 이라는 규정 문언의 사전적 의미는 둘 중 하나를 선택하여 결정한다는 의미이므로 중대재해처벌법 규정에서 '경영책임자등'은 '사업총괄책임자' 또는 '안전보건업무책임자' 중 어느 한 명을 의미하는 것으로 해석해야 하고, 안전보건 확보의무 이행에 관한 최종적인 의사결정권을 갖는 안전보건업무책임자가 별도로 있고 대표이사에게 이러한 권한이 없는 경우에도 대표이사가 단지 사업을 대표하고 총괄하는 자라는 이유만으로 안전보건업무책임자와 함께 여전히 경영책임자등의 지위에 있다고 보는 것은 책임주의에 반한다고 하는 견해가 대립하고 있습니다.

전자의 견해에 의하면 '안전보건업무책임자'를 둔다고 하여 '사업총괄책임자'가 면책되는 것은 아니라고 하고(고용노동부도 같은 견해입니다), 후자의 견해에 의하면 '안전보건업무책임자'가 있는 경우 그가 경영책임자등으로서 중대재해처벌법상 안전보건확보의무 이행의 주체가 되고 그 책임을 지게 되어 결국 사업총괄책임자는 면책될 수 있다고 합니다.

생각컨대, 중대재해처벌법에서 '경영책임자등'의 개념을 두고 그의 의무를 규정한 것이 중대재해가 발생한 경우 무조건 대표이사와 같은 사업총괄책임자를 처벌해야 하기 때문이라고는 볼 수 없습니다. 만일 중대재해가 발생하였을 경우 반드시 대표이사와 같은 사업총괄책임자를 처벌해야 한다는 것이 법의 취지라면 굳이 '경영책임자등'이라는 개념을 도입할 필요 없이 대표이사만을 수범자로 하여 해당 의무와 제재조항을 규정하면 될 것이기 때문입니다. 국회 입법과정을 살펴보더라도 논쟁 끝에 현행과 같이 규정하게 된 것은 안전 및 보건에 관해 실질적으로 최종적인 권한 및 책임을 가지는 사람을 '경영책임자등'으로 보고 책임을 부과하겠다는 취지로 해석되고, 안전 및 보건에 관한 최종적인 권한을 가진 사람이 별도로 있음에도 불구하고 항상 대표이사가 함께 처벌 대상이 된다고 보는 해석은 입법자의 의도에 부합하지 않을 뿐만 아니라 책임주의 원칙에도 반하며, '안전보건업무책임자'는 안전보건 분야에 있어 대표이사와 같은 사업총괄책임자를 배제하여 권한을 행사할 수 있다는 전제에서 만들어진 개념으로, 대표이사에 준하는 권한을 행사하는 만큼 사고에 대한 책임 역시 그가 진다고 보는 것이 책임주의 원칙에 부합한다고 할 것입니다.

21. 경영책임자의 범위에 PEF(Private Equity Fund, 사모펀드)의 운영자도 포함되는지요, 사모펀드의 투자대상회사인 포트폴리오 회사 이사들의 책임 범위 등은 어떤지요?

중대재해 발생시 "해당 사업을 대표하고 사업을 총괄하는 권한과 책임이 있는 사람(사업총괄책임자) 또는 이에 준하여 안전보건에 관한 업무를 담당하는 사람(안전보건업무책임자)"을 경영책임자로 보게 되는데(중대재해처벌법 제2조 제9호), 일반적인 주식회사의 경우 원칙적으로 등기상 대표이사 내지 대표집행임원이 사업총괄책임자에 해당한다고 볼 수 있습니다.

따라서 포트폴리오 회사에서 중대재해가 발생하는 경우 원칙적으로 해당 포트폴리오 회사의 대표이사 내지 대표집행임원을 경영책임자로 볼 가능성이 높습니다.

다만, 본 법의 취지는 형식적인 측면이 아니라 실질적인 측면에서 해당 사업을 대표하고, 총괄하는 사람에게 책임을 묻겠다는 것이어서, PE 또는 PEF의 특정인이 경영 전반에 대한 보고를 받고 의사결정을 하거나, 조직구성 및 예산 등에 대한 권한이 대표이사가 아닌 위 특정인에게 있는 등 실질적 측면에서 위 특정인이 포트폴리오 회사를 대표하고 그 사업을 총괄하는 권한과 책임이 있다고 평가되는 경우, 위 특정인을 경영책임자로 볼 가능성을 배제할 수 없습니다. 결국 위 문제는 개별 포트폴리오 회사에 대한 운영 방식에 따라 구체적인 판단이 달라질 수 있습니다.

22. CEO(Chief Executive Officer, 최고경영자)가 안전보건과 관련하여 전혀 관여를 하지 않는 모습을 보이는 것이 좋을지, 아니면 오히려 CEO가 적극적으로 안전보건업무에 관여하는 모습을 보이는 것이 좋을지요?

중대재해처벌법이 시행된지 얼마 되지 않아 참고할 만한 선례가 없다는 점에서 단정적으로 답변드리기 어려우나, CEO가 안전보건 업무에 관한 세부적인 사항까지 관리·감독할 경우 바로 이 법에서 말하는 경영책임자등에 해당한다고 보아 중대재해 발생시 책임을 질 가능성이 있습니다. 그 반대로 CEO가 안전보건에 관하여 아무런 신경을 쓰지 않을 경우 이 법에 따른 안전 및 보건 확보의무를 불이행하였다고 보아 책임을 질 가능성도 있습니다.

다만, CEO와 별도로 COO(Chieg Operating Officer, 업무집행담당 최고책임자) 또는 CSO(Chief Safety Officer, 안전관리 최고책임자)가 실질적으로 안전보건 관련한 인력, 조직 및 예산 등에 대한 최종적인 책임과 권한을 가지고 있다면 중대재해 발생시 COO 또는 CSO 등이 경영책임자로서 그 책임을 부담할 가능성이 높을 것입니다.

23. 경영책임자등에 대표이사(CEO) 외에 비상근이사 또는 대주주도 포함될 수 있는지요?

경영책임자등은 "사업을 대표하고 사업을 총괄하는 권한과 책임이 있는 사람 또는 이에 준하여 안전보건에 관한 업무를 담당하는 사람"이어야 합니다. 따라서 이러한 권한과 책임이 없이 단순히 이사회에만 참석하는 비상근이사나 사업을 총괄하지 않는 대주주는 원칙적으로 책임주체에 포함된다고 보기는 어렵습니다. 다만 경영책임자등을 판단함에 있어 형식적인 지위나 직책보다는 실질적으로 안전 및 보건에 관한 최종적인 의사결정권한이 있는지 여부가 중요하므로 대주주가 위와 같은 권한을 행사한 경우에는 경영책임자로서 중대재해법처벌에 따른 책임을 부담할 수도 있습니다.

24. 안전보건업무담당자로 인정받기 위해 적어도 등기이사임을 요하는지, 아니면 미등기임원도 가능한지요?

법문상 대표이사에 준하여 안전보건업무를 담당하는 사람이 반드시 등기임원을 요건으로 하는 것은 아니지만, 미등기임원일 경우 이사회 등에서 인력, 예산, 조직구성 측면에서 직접 출석 내지 발언할 수 없어 안전보건 관련 권한 확보 측면에서 한계가 있고, 수사과정에서 더 높은 직위의 상급자를 경영책임자로 상정할 가능성이 높다고 생각됩니다만, 등기임원인지 아닌지를 떠나서 실질적으로 안전보건에 관한 최종결정권한을 가지고 있는지 여부에 따라 중대재해처벌법 제2조 제9호에서 규정하는 "이에 준하여 안전보건에 관한 업무를 담당하는 사람"이 결정될 것입니다.

25. 경영책임자등의 개념에서 사업총괄책임자와 안전보건 업무 담당자가 동시에 책임을 부담할 수도 있는지요?

법 제정과정에서 '또는'으로 할지 '및'으로 할지에 대하여 많은 논의가 있었습니다('및'으로 하자는 의견은 기본적으로 대표이사가 반드시 책임지도록 하자는 의견으로 이해됩니다). 국회 논의 과정에서 '또는'으로 결정되어 법률이 제정된 점을 고려할 때 이들이 항상 동시에 처벌된다고 보기는 어려울 것으로 생각됩니다.

특히, 국회 논의과정에서 최종적으로 한 사람에게 책임을 지우고자 하였다는 내용이 확인되고 법원행정처차장이 "안전에 관한 업무를 담당하는 이사가 따로 있을 정도면 대표이사는 내용을 모른다고 보면 된다. 그래서 형사책임을 물을 수 (없다고 본다)"는 취지로 언급한 점에 비추어 추후 법원도 유사한 취지로 판단할 가능성이 없지 않습니다.

다만, 고용노동부는 '또는'의 의미가 선택적 관계에 있는 것은 아니라고 하면서, 안전보건업무담당자가 있다고 하여 대표이사가 면책되는 것은 아니라고 보고 있으며, 법리적으로 대표이사와 안전보건담당임원 등에게 법 위반 사실에 대한 공동의 인식 및 의사가 인정될 경우 공범으로 의율할 가능성도 배제할 수 없습니다.

26. 종사자의 범위에 관계수급인의 근로자도 포함되는지요?

중대재해처벌법 제2조 제7호 다목 "종사자" 정의 규정에 따라 관계수급인의 근로자도 "종사자"에 포함됩니다. 기존 산업안전보건법에서 도급인은 관계수급인의 근로자가 "도급인의 사업장"에서 작업을 하는 경우에 한정하여 도급인에게 안전보건 조치의무를 부여(산업안전보건법 제63조)하였습니다.

이에 반해 중대재해처벌법은 도급인인 사업주 또는 경영책임자등이 실질적으로 지배, 운영, 관리하는 도급인의 사업장에 종사하는 관계수급인의 근로자뿐만 아니라(중대재해처벌법 제4조), 관계수급인의 사업 또는 사업장 또는 그 밖에서라도 도급인인 사업주나 법인 또는 기관이 그 시설, 장비, 장소 등에 대하여 실질적으로 지배, 운영, 관리하는 책임이 있는 경우까지 안전보건 확보의무를 부여(중대재해처벌법 제5조)하고 있습니다.

27. 직업교육훈련생 또는 현장실습생의 경우 종사자에 포함될지요?

직업교육훈련생이란, 학생과 근로자 등에게 취업 또는 직무수행에 필요한 지식, 기술 및 태도를 습득, 향상 시키기 위하여 실시하는 직업교육 및 직업훈련을 받고 있는 사람 또는 받으려는 사람을 말하고(직업교육훈련촉진법 제2조), 이러한 직업교육훈련생 중 현장실습을 받기 위하여 현장실습산업체의 장(사업주)과 현상실습계약을 체결한 직업교육훈련생을 현장실습생(산업안전보건법 제166조의2)이라고 합니다. 이들은 근로기준법상 '임금을 목적으로 근로를 제공하는' 근로자가 아니고, 중대재해처벌법상 '대가를 목적으로 노무를 제공하는' 사람에도 해당하지 아니하여 중대재해처벌법의 보호대상인 종사자로 보기는 어렵습니다.

현장실습생이 작업 중 사망하였을 때 사업주 또는 경영책임자등을 중대재해처벌법위반으로 의율할 수 있다는 견해가 있습니다. 그 근거로는 산업안전보건법 제166조의2에서 산업안전관련 현장실습생에 대한 특례를 두면서 산업안전보건법 제38조부터 제41조까지 등에 관한 규정을 준용하도록 하고 있는데 그 결과 사업주의 안전보건조치의무 이행에 관한 한 '현장실습생'은 '근로자'로 간주되고 현장실습 중 발생한 재해는 '산업재해'가 되는데 산업재해가 인정되는 이상 종사자 요건이 인정되지 않더라도 중대재해처벌법상 '중대재해'로 인정될 수 있고 결국 사업주는 중대재해처벌법위반의 책임을 진다는 것입니다.

그러나, 산업안전보건법상 현장실습생에 대한 특례 규정을 통해 현장실습생이 재해를 입었을 때 산업재해가 인정되고 그것이 일정 요건을 갖춰 중대재해처벌법상 중대산업재해에 해당된다고 하더라도 종사자가 아닌 자에 대하여 중대재해처벌법상의 안전 및 보건 조치의무를 부담한다고 보아 법 제6조의 형사책임을 진다고 하면 죄형법정주의에 반할 소지가 있으므로 산업안전보건법상의 특례 규정을 근거로 중대재해처벌법이 적용된다고 하는 것은 타당하지 않고, 현장실습생이 실질적으로 중대재해처벌법의 종사자에 해당하는지 여부에 따라 판단하는 것이 타당하다고 생각합니다. 즉, 현장실습생에게 중대산업재해가 발생한 경우 현장실습생의 근로시간, 실제 작업의 성질과 내용, 보수 지급 여부 등 그 근로의 실질적인 내용을 검토하였을 때 직업교육 및 훈련이 주목적인 현장실습에서 더 나아가 사업주와 사용종속관계에 있다고 판단되는 경우에는 근로자에 해당하여 중대재해처벌법이 적용될 것이고, 적어도 대가를 목적으로 노무를 제공한 경우에 해당하는 경우에도 역시 중대재해처벌법이 적용될 것입니다.

28. "종사자"와 관련해서 "도급, 용역, 위탁 등 계약의 형식에 관계없이 그 사업의 수행을 위해 대가를 목적으로 노무를 제공하는 자"가 포함되는데, 도급계약 외의 계약 상대방, 예컨대 매매계약 상대방의 근로자도 포함되는지요?

종사자에 대한 중대산업재해를 폭넓게 예방하고자 하는 입법 취지에 비추어 매매계약 상대방의 근로자도 포함된다고 넓게 해석하는 견해도 있을 수 있습니다. 그러나 죄형법정주의에 따른 형사처벌 규정의 확장유추해석 금지 원칙에 비추어 볼 때, 법문에 열거된 "도급, 용역, 위탁"의 예시에 준하는 것으로서 노무공급계약 등에 한정하여 해석하여야 하고, 민법상 매매는 '당사자 일방이 재산권을 상대방에게 이전할 것을 약정하고 상대방이 그 대금을 지급할 것을 약정함으로써 그 효력이 생기는 계약(민법 제563조)'이므로, 매수인이나 그의 근로자를 대가를 목적으로 '노무를 제공하는 자'로 보기는 어려운 점 등에 비추어 이들을 중대재해처벌법의 보호대상인 종사자로 보기는 어렵습니다.

29. 회사와 용역 관계에 있는 콜센터 직원의 사고에 대해서도 적용되는지요?

사업주 또는 경영책임자등은 사업주나 법인 또는 기관이 제3자에게 도급, 용역, 위탁 등을 행한 경우에는 사업주나 법인 또는 기관이 그 시설·장비·장소 등에 대하여 실질적으로 지배·운영·관리하는 책임이 있는 경우에는 제3자의 종사자에게 중대산업재해가 발생하지 아니하도록 제4조의 조치를 하도록 규정하고 있습니다(중대재해처벌법 제5조).

따라서 용역관계에 있는 콜센터 직원도 제5조의 보호 대상인 종사자에 해당되므로, 그 콜센터의 시설·장비·장소에 대하여 회사가 실질적으로 지배·운영·관리하고 있다면 사고의 원인이 중대재채처벌법 제4조, 제5조의 의무를 위반한 결과 발생한 것으로 인정되면 중대재해처벌법의 적용을 받을 수 있습니다

30. 사무직 근로자가 출퇴근 또는 외근 중 이동과정에서 교통사고를 당한 경우 산업재해에 해당되므로 중대재해에도 포함될 수 있는지요?

사업주가 제공하거나 그에 준하는 교통수단을 이용하는 등으로 사업주의 지배관리하에서 임직원들이 출퇴근하거나, 통상적인 경로와 방법으로 출퇴근하는 중에 발생한 사고에 대해서 산업재해보상보험법상 업무상 재해로 인정됩니다.

그러나, 이러한 업무상 재해로 인정된다고 하여 그것이 산업재해에 해당하는 것은 아니므로 반드시 중대재해처벌법이 적용된다고 볼 수는 없습니다. 제3자로 인한 사고라 하더라도 사업주 또는 경영책임자등의 안전 및 보건 확보의무 위반이 인정되고 이로 인해 중대재해가 발생하였다면 제3자의 고의, 과실이 경합되었다고 하더라도 중대재해처벌법위반의 책임 자체는 인정될 가능성이 있습니다. 다만, 이 경우에도 안전·보건확보의무 위반으로 인하여 사망사고가 발생해야 하고,

특히 회사의 실질적 지배력이 미치지 않고 타인의 과실 등 우연적 요소가 많이 개입될 수 있는 일반적인 교통사고의 경우에는 중대재해처벌법을 적용할 가능성이 낮을 것입니다.

31. 산업안전보건법 제2조 제10호에서 규정하고 있는 "건설공사발주자"에게도 중대재해처벌법이 적용되는지요?

중대재해처벌법은 사업주 또는 경영책임자등이 제3자에게 도급, 용역, 위탁 등을 행한 경우 제3자의 종사자에게 중대산업재해가 발생하지 않도록 안전 및 보건확보의무 조치를 하도록 하고 있습니다. 발주도 민법상 도급의 일종이므로 발주자에 대해서도 중대재해처벌법이 적용된다고 할 수도 있습니다.

그러나, ① 중대재해처벌법 제5조를 포함한 중대재해처벌법에서는 "발주자"의 의무를 명시적으로 규율하고 있는 바가 없고, ② 산업안전보건법상 건설공사발주자는 시공을 주도하여 총괄·관리하지 아니하는 자를 말하기 때문에 해당 사업 또는 사업장에 대하여 실질적으로 지배·운영·관리하는 책임이 없다고 볼 가능성이 높으며, ③ 중대재해처벌법 입법과정에서 법안심사 제1소위원회 회의록을 보더라도 고용노동부는 중대재해처벌법에 발주는 제외하자는 의견을 제시하였고, 논의 끝에 최종 법률안에서 발주는 삭제하는 쪽으로 정리되었다는 점 등을 고려하면, 발주자의 경우는 중대재해처벌법이 적용되지 않는 것으로 해석될 가능성이 상대적으로 높습니다. 다만 계약 명칭 보다는 실질이 중요하므로 발주자가 실질에 있어서 시공을 주도하여 총괄, 관리하면서 공사기간 동안 관련 시설, 장비, 장소 등에 대하여 실질적으로 지배·운영·관리하는 책임이 있는 도급으로 평가될 경우에는 중대재해처벌법이 적용될 수 있습니다.

32. '동일(同一)한 사고(법 제2조 제2호 나목, 제3호 나목)' 및 '동일한 유해요인(법 제2조 제2호 다목)' 또는 '동일한 원인(법 제2조 제3호 다목)'의 의미는 각각 어떻게 다른지요?

중대재해처벌법 입법과정에서 국회 소위원회 논의 및 정부 수정안을 거쳐, 중대재해의 범위와 관련하여 시기적, 장소적 제한이 없다면 처벌 범위의 과도한 확장이 우려되므로 적용 대상을 한정할 필요성이 제기되었습니다. 이러한 입법 경과를 감안할 때 "동일한 사고"는 재해발생 원인이 시기적, 장소적으로 근접한 경우를 의미한다고 해석할 수 있습니다. 시기적, 장소적 근접성에 대한 판단은 구체적 사고 발생 유형에 따라 달라질 수 있습니다만, 사고발생 원인이 동일하여도 각기 다른 시기에 다른 장소에서 발생한 재해일 경우에는 동일한 사고가 아닌 별개의 사고로 보아야 합니다.

"동일한 유해요인"에서 "유해요인"이란, 염화비닐, 유기주석, 납, 수은, 고열작업 또는 폭염에 노출되는 장소에서 하는 작업 등 중대재해처벌법 시행령 제2조 별표 1에서 열거하는 24종의 직업성 질병을 일으키는 화학물질 또는 작업환경 등을 말합니다. 또한 "동일한"의 의미는 직업성 질병을 발생시킨 화학물질이나 작업환경이 객관적으로 같은 경우를 말하고, 동일한 사고의 경우와는 달리 발생시기나 장소가 달라도 다수의 종사자에게 발생한 급성중독, 산소결핍증, 열사병 등 직업성 질병의 발생원인이 같다고 판단된다면 "동일한 유해요인"에 의한 중대산업재해로 인정될 수 있습니다.

한편, 중대시민재해에 해당하는 "동일한 원인으로 3개월 이상 치료가 필요한 질병자가 10명 이상 발생"한 경우(중대재해처벌법 제2조 제3호 다목)에서 "동일한 원인"은 중대산업재해의 "동일한 유해요인"과 달리 시행령 등에서 질병의 종류를 한정하고 있지 않습니다. 따라서, 어떤 질병이라 하더라도 그 발생원인이 사업주 또는 법인, 기관에서 관리, 통제하는 특정 원료 또는 제조물, 공중이용시설 또는 공중교통수단의 설계, 제조, 설치, 관리상의 결함에 의한 것이라는 점이 객관적으로 입증되면 중대시민재해에 해당한다고 보아야 합니다.

제3장

속지주의 · 역외적용 관련

33. 한국에 (법인이 아닌) 지점(branch)이 있는 외국계 회사의 경우에는 '경영책임자'를 누구로 보아야 하는지요?

국내에 법인격 있는 기업체(Entity)가 없고 사업(business)은 있지만 사업을 총괄하는 사업주 또는 경영책임자등이 해외에 체류 중인 경우에는 속지주의 원칙(형법 제2조)에 따라 법 적용이 제외될 수도 있습니다. 다만, 외국계 회사 지점이라고 하여도 해외가 아닌 국내에서 상시근로자 5인 이상의 사업 또는 사업장을 대표하고, 사업 또는 사업장을 총괄하는 권한과 책임이 있는 사람 또는 이에 준하여 안전 보건에 관한 업무를 담당하는 사람이 국내에 있다면 경영책임자등에 해당하여 법 적용 대상이 될 수도 있습니다.

34. 대표이사가 외국에서 상주하면서 국내사업장을 경영하는 경우에는, 외국인 신분인 대표이사에게 중대재해처벌법(국내법)을 동일하게 적용하는지요?

대표이사가 외국에서 상주하면서 국내사업장을 경영하고 있는 경우 설사 외국인 신분이라고 하더라도 속지주의 원칙(형법 제2조)에 따라 해당 중대산업재해가 국내에서 발생하였고, 대표이사가 국내 사업을 실질적으로 대표하고 총괄하는 권한과 책임이 있는 경우에는 해당 대표이사가 중대재해처벌법상 경영책임자로 인정될 가능성이 높습니다.

35. 외투 법인의 경우에도 경영책임자는 대표이사를 의미하는지요?

중대재해처벌법의 적용을 받는 경영책임자등은 사업을 대표하고 사업을 총괄하는 권한과 책임이 있는 사람 또는 이에 준하여 안전보건에 관한 업무를 담당하는 사람이 해당됩니다(법 제2조 제9호 가목). 따라서 외투법인의 경우에도 일반적으로 대표이사가 대외적 대표성을 가지고 사업을 총괄 지휘하며 최종적인 의사결정 권한을 행사하므로, 대표이사를 경영책임자로 볼 가능성이 높습니다. 다만, 구체적인 사정에 따라 실제로 누가 안전 및 보건 업무 분야에 있어 시설, 조직 및 인원, 예산 등에 대한 최종 결정 권한을 가지고 있는지 여부가 경영책임자를 결정하는 기준이 될 것입니다.

36. 국내 사업장이 없는 외국법인과 도급계약을 체결하고 외국법인을 위해 용역을 제공하던 중 국내 법인에서 사고가 발생할 경우, 외국법인의 대표자도 처벌되는지요?

중대재해처벌법상 도급인의 책임은 도급인이 실질적으로 시설, 장비, 장소를 지배·운영·관리하는 책임이 있는지 여부에 따라 다를 수 있습니다(중대재해처벌법 제5조). 도급인이 외국법인인 경우 국내 사업장이 없다 하더라도 도급인으로서 국내에 있는 수급인의 종사자가 작업하는 시설, 장비, 장소에 대해 실질적으로 지배, 운영, 관리하는 책임이 있고, 해당 외국법인의 대표자가 국내 사업을 대표하고 국내 사업을 총괄하는 권한과 책임이 있는 사람이라면 속지주의 원칙(형법 제2조)에 따라 해당 외국 법인의 대표자와 같은 경영책임자등에게 중대재해처벌법이 적용될 가능성이 있습니다.

37. 해외 현장 사고시에도 시공사(원도급자)의 한국 대표이사가 처벌받을 수 있는지요?

해외의 공사현장에서 산업재해가 발생할 경우, 대체로는 속지주의 원칙에 따라 해당 국가의 산업안전보건 관련 법령이 적용될 수 있을 것입니다. 구체적인 내용은 해당 국가의 법령에 따라 사실관계를 살펴봐야 정확히 알 수 있고, 나아가 중대재해처벌법이 적용될 수 있는지 여부는 사고의 구체적 내용에 따라 적용 관할 및 요건에 해당하는지 검토가 필요합니다.

고용노동부는 기존에 산업안전보건법 적용과 관련해서 해외에서 발생한 재해는 속지주의 원칙에 따라 조사 대상 재해에 해당하지 아니한다고 보았습니다만(안전보건정책과-2659, 2010. 12. 7.자 질의회신), 중대재해처벌법의 경우 향후 관련 주무부서 등의 입장과 법원 판례를 지켜볼 필요가 있습니다.

다만, 중대재해처벌법이 형사처벌에 대해 국외범에 대한 처벌을 면제한다는 특별한 규정을 두지는 않고 있으므로 중대재해처벌법위반죄에 대하여는 기본적으로 형법 제3조의 속인주의 원칙이 적용될 수 있다는 점 등을 고려할 때 피재해자들이 한국사람이고, 우리나라 법인 또는 기관이 해외사업장을 실질적으로 지배·운영·관리하고 있다면 해외현장에서의 법 위반 행위에도 중대재해처벌법이 적용되는 것으로 해석될 가능성이 있습니다.

38. 해외공사를 수행하던 중 산업재해가 발생하면 적용법규가 어떻게 되는지요?

해외의 공사현장에서 산업재해가 발생할 경우, (구체적인 내용은 해당 국가의 법령 및 해외 공사현장을 누가 실질적으로 지배·운영·관리하면서 공사가 진행되는지 등 사실관계를 살펴봐야 정확히 알 수 있겠지만) 대체로는 속지주의 원칙에 따라 해당 국가의 산업안전보건법령이 적용될 수 있을 것입니다.

다만, 해당 국가의 산업안전보건법령이 적용되는 것과 별개로 대상자가 대한민국 국적을 가진 내국인일 경우 대한민국의 중대재해처벌법이 적용될 수 있습니다(형법 제3조 내국인의 국외범).

기존의 산업안전보건법의 경우 고용노동부는 해외에서 발생한 재해는 속지주의 원칙에 따라 조사 대상 재해에 해당하지 아니한다고 보거나 산업안전보건법의 적용이 사실상 곤란하다고 판단한 바 있습니다. 이는 대한민국의 산업안전보건법을 역외적용하기 보다는 해외 현장 소재 국가의 관련 법령을 존중하는 것이 합리적이라는 고려와 함께, 현실적으로 외국에서 이루어진 국내법인 산업안전보건법상의 안전 · 보건조치 의무위반에 대해서 법집행(현지조사 등)에 한계가 있다는 측면도 고려가 된 것으로 이해할 수 있습니다.

중대재해처벌법의 경우, 마찬가지로 속지주의 원칙에 따른 판단이 내려질 가능성도 있지만, (i) 동법의 입법 취지가 중대재해에 이르게 한 경영책임자등에 대한 처벌을 통해 종사자 등의 안전권을 확보하고 안전관리 시스템 미비로 인해 일어나는 중대재해를 사전에 방지하려는 것에 있고, (ii) 형법의 속인주의 원칙을 배제할 별도 규정이 중대재해처벌법에 없으므로 속인주의 원칙에 따라 내국인의 국외 범도 처벌 가능한 것으로 보아야 하며, (iii) 중대재해처벌법상 안전보건관리체계 구축 및 이행이나 안전 · 보건 관계 법령에 따른 의무이행에 필요한 관리상의 조치 등 안전 · 보건 확보의무 내용의 성질상 산업안전보건법과 달리 해외에서의 중대재해에 대해서도 그 의무 위반 여부에 대한 수사 등 법집행이 충분히 가능할 수 있다는 점 등에 비추어 중대재해사고의 중대성 등 측면에서 중대재해처벌법이 해외현장에서의 법 위반 행위에도 적용되는 것으로 해석될 가능성이 있습니다.

다만, 정부 관계 부처 검토 및 국회 논의 과정에서 자기책임 범위를 넘어 형사처벌 대상자의 범위가 확장될 우려를 고려하여 중대재해처벌법 제4조 제1항이 사업장에 대한 "실질적 지배, 운영, 관리"가 있는 경우에, 제5조가 도급, 용역, 위탁 등을 행한 경우 "실질적으로 지배, 운영, 관리하는 책임"이 있는 경우에 각 사업주, 경영책임자등에게 안전 · 보건 확보의무를 부여하고 있으므로, 실제 해외현장의 구체적 상황에 따라 위와 같은 실질적인 지배 · 운영 · 관리 내지 그 책임이 인정되는 경우에 한해서 해외현장에 대한 적용가능성을 인정하는 것이 형벌법규의 자기책임 원칙에 부합할 것으로 판단됩니다.

제4장

안전 · 보건 확보 의무 관련

39. 본 사업장 내 토지를 임차한 임차인이 다른 사업자에게 도급을 주어 작업을 하게 하는 경우 본 사업장에서 책임을 져야 하는지요?

중대재해처벌법 제5조에서는 도급 사업의 경우, 종사자의 안전 및 보건 확보의무는 사업주나 법인 또는 기관이 시설, 장비, 장소 등에 대하여 실질적으로 지배·운영·관리하는 책임이 있는 경우로 한정하고 있습니다. 고용노동부는 중대재해처벌법 제4조에 규정된 "실질적으로 지배·운영·관리하는"의 의미에 대해서는 '하나의 사업 목적 하에 해당 사업 또는 사업장의 조직, 인력, 예산 등에 대한 결정을 총괄하여 행사하는 경우'를 의미한다고 설명하면서도 제5조에서 규정된 "실질적으로 지배·운영·관리하는 책임이 있는 경우"의 의미를 설명함에 있어서는 제4조에 대한 설명과는 다르게 '소유권, 임차권, 그 밖에 사실상의 지배력을 가지고 있어 위험에 대한 제어 능력이 있다고 볼 수 있는 경우'를 의미한다고 해석하고 있습니다.

이러한 고용노동부의 해석에 따르면, 토지를 임대한 임대인이나 그 토지를 임차하여 이를 제3자에게 도급을 준 임차인의 경우, 이들이 시설, 장비, 장소에 대하여 소유권, 임차권 등에 기하여 사실상의 지배력을 가지고 있어 실질적으로 지배·운영·관리하는 책임이 있는 경우에는 중대재해처벌법이 적용될 수 있습니다.

40. 수급인인 B회사 직원이 도급인인 A회사로부터 하청받은 업무를 수행 중 중대재해가 발생한 경우, A회사의 경영책임자와 B회사 경영책임자 중 누가 처벌을 받게 되는지요, 또는 둘 다 처벌이 가능한지요?

수급인인 B회사는 종사자인 소속 직원이 중대재해를 당하였으므로 B회사의 경영책임자가 중대재해처벌법 제4조를 위반한 것이 원인이 되어 중대재해에 이르게 한 것이 입증된다면 중대재해처벌법 제6조에 따라 처벌받을 수 있습니다.

도급인인 A회사가 도급을 주었더라도 실질적으로 지배·운영·관리하는 사업 또는 사업장에서 중대재해가 발생하였다면 중대재해처벌법 제4조 의무 위반이 되고, A회사가 B회사에 도급을 주어 A사가 직접 지배·운영·관리하지 않더라도 수급인인 B회사 소속 직원이 중대재해를 당한 시설, 장비, 장소 등에 대하여 A회사가 실질적으로 지배·운영·관리하는 책임이 있다면 중대재해처벌법 제5조 의무 위반이 되어 그로 인하여 중대재해에 이르게 되었다면 A회사의 경영책임자도 중대재해처벌법 제6조에 따라 처벌될 수 있습니다. 결국 어느 하나만 처벌될 수도, 둘 다 처벌될 수도 있습니다.

41. 안전보건업무 전담조직 설치가 의무화 되는 상시근로자 500명 이상을 둔 회사의 경우로 산업안전보건법의 안전보건관리체계를 갖춘 복수의 사업장과 본사가 있는 경우 전담조직을 반드시 본사 경영책임자 소속으로 두어야 하는지, 아니면 기존의 각 사업장별로 두고 있는 안전보건관리자만으로 충분한지요?

기존의 각 사업장별로 두고 있는 안전보건관리자 이외에 별도로 안전보건에 관한 업무를 총괄 관리하는 조직을 두어야 하고, 중대재해처벌법이 '사업장' 단위가 아닌 '사업' 전체 단위의 안전보건체계를 수립하여 안전보건확보의무를 이행하도록 하고 있는 취지의 법인 점을 고려하면, 전사적으로 상시근로자 수가 500인 이상인 경우에는 전담조직을 두어야 하나, 반드시 대표이사나 경영책임자 직속으로 두어야 하는 것은 아니고, 본사 소속으로 전담 조직을 두는 것이 법의 취지에 더욱 부합한다고 볼 수 있습니다.

참고로, 중대재해처벌법 시행령 제4조 제2호 가목에 따라 개인사업주나 법인 또는 기관이 모든 사업장에 두어야 하는 안전관리자, 보건관리자, 안전보건관리담당자, 산업보건의가 총 3명 이상이며, "상시근로자 수가 500명 이상인 사업 또는 사업장"인 경우에 안전보건에 관한 업무를 전담하는 조직을 두어야 합니다. 전담 조직은 개인사업주 또는 경영책임자등을 보좌하고, 안전보건에 관한 업무만을 총괄, 관리하는 조직이므로 안전보건과 무관한 생산관리, 일반행정 등의 업무를 겸직할 수 없다고 할 것입니다.

한편, 산업안전보건법에 따르면 개별 사업장 단위로도 안전관리자, 보건관리자 등의 전문인력을 두도록 하고 있으므로, 중대재해처벌법의 경우에도 상시근로자가 500명 이상인 단위사업장의 경우 업종, 인사·노무 관리체계, 예산 등에 있어서 독립성이 있는 경우에는 분리하여 안전보건 업무를 전담하는 조직을 두어야할 수도 있습니다. 이 경우에는, 본사의 전담조직과 개별 사업장 별 안전보건 업무 담당부서 간 유기적인 업무의 지휘감독체계 또는 협조관계가 형성될 수 있도록 조직을 갖추어 운영할 필요가 있을 것입니다.

42. 기존의 EHS(Environmental Health and Safety, 안전·보건·환경)팀을 안전보건전담조직으로 볼 수 있나요?

개인사업주나 법인 또는 기관이 산업안전보건법에 따라 모든 사업장에 두어야 하는 안전관리자, 보건관리자, 안전보건관리담당자, 산업보건의가 총 3명 이상이며, 상시근로자 수가 500명 이상인 사업 또는 사업장이거나 건설산업기본법에 따른 공시된 시공능력 순위가 상위 200위 이내인 건설사업자에 해당하는 경우에는 사업 또는 사업장의 안전·보건에 관한 업무를 총괄·관리하는 전담조직을 의무적으로 두어야 합니다(중대재해처벌법 시행령 제4조 제2호).

중대재해처벌법은 사업장이 아니라 사업 전체를 그 규율 대상으로 하고 있고, 경영책임자등의 개념 표지에서도 사업을 대표한다는 내용이 들어가 있으며, 안전보건관리체계의 구축 및 이행이 경영책임자등의 의무로 규정되어 있고, 안전보건 관리체계의 구축 및 이행 방안으로 안전·보건 업무 전담 조직을 규정하고 있어,

안전·보건 업무 전담조직 또한 '사업 전체의' 안전·보건에 관한 업무를 총괄·관리하여야 할 것입니다. 전담조직을 반드시 대표이사 직속으로 해야 하는 의무는 없지만 전담조직이 사업 전체의 안전·보건에 관한 업무를 총괄·관리하여야 하므로 사업 내 모든 사업장을 총괄·관리할 수 있는 기업의 조직도 상에 위치해 있어야 합니다. 따라서 개별 사업장 단위인 공장 등에 위 조직을 설치하더라도 안전·보건 업무 전담조직으로 평가받지 못할 수도 있습니다.

고용노동부는 안전·보건 업무 전담조직은 경영책임자등의 안전 및 보건 확보 의무 이행을 위한 집행조직으로서 실질적으로 법 제4조 및 제5조에 따른 의무를 총괄하여 관리할 수 있어야 하고, 구체적으로는 사업 또는 사업장의 안전보건관리체계를 관리·감독하는 등 사업주 또는 경영책임자등을 보좌하며, 개인사업주나 법인 또는 기관의 안전·보건에 관한 컨트롤타워로서의 역할을 하는 조직을 의미한다고 설명하고 있습니다.

따라서, 기존의 EHS팀이 위와 같이 안전보건에 관한 업무를 총괄, 관리하고 있는지 여부를 점검하여 부족할 경우 법령에 맞게 전담조직으로 새롭게 구성하여야 될 것으로 판단됩니다.

제5장

중대시민재해 관련

43. 중대시민재해에서 "특정 원료"란 예컨대 어떤 원료를 의미하는 것인지요?

중대재해처벌법 제2조의 정의규정에서는 '원료'의 의미에 대해서 별도의 정의 규정을 두고 있지 않으므로 원료의 범위와 관련하여 해석상 논란이 있습니다.

즉, 중대재해처벌법 제1조의 목적 규정에서는 '인체에 해로운 원료나 제조물을 취급하면서'라고 규정하고 있는 것을 근거로 인체에 해롭거나 위험한 물질로 해석해야 한다는 견해가 있습니다. 그러나 사업주와 경영책임자등에게 구체적 안전 및 보건 확보의무를 부과하고 있는 제9조에서는 '원료'를 '인체에 유해한 원료'라고 한정하지 않으므로 반드시 그 자체로 인체에 유해한 것이 아니더라도 그로 인하여 중대시민재해가 발생할 경우 중대재해처벌법에 의한 책임을 부담하게 될 수 있다고 해석됩니다.

참고로, 환경부의 '중대재해처벌법 해설(중대시민재해 원료·제조물)' 책자에서도 '원료·제조물'과 관련하여, "그 범위를 법에서 정하지 않고 있어 기본적으로 모든 원료·제조물을 대상으로 볼 수 있으며, 제조물의 속성상 인체유해성이 없는 경우(승강기, 자동차 등)도 있으나, 이러한 것도 관리상 결함이 있는 경우 유해위험이 존재하므로 중대시민재해 예방을 위한 조치를 취해야 하고, 나아가 상식적으로 본래 해롭지 않은 원료·제조물이라도 결과적으로 중대시민재해를 발생시킬 수 있는 정도의 인체 유해성이 발생할 가능성이 있다면 이를 예방하기 위한 안전

·보건확보의무를 이행해야 한다"고 설명하고 있는 것을 참고하시기 바랍니다.

44. 중대시민재해가 발생할 수 있는 '공중이용시설'의 예로는 어떤 것이 있는지요?

중대재해처벌법이 적용되는 공중이용시설은 중대재해처벌법 제2조 제4호, 시행령 제3조에서 규정하고 있습니다. 시행령상 공중이용시설은, 실내공기질법 상 다중이용시설 중 공중이용시설(시행령 제3조 제1호), 시설물안전법상 시설물 중 공중이용시설(시행령 제3조 제2호), 다중이용업소법상 영업장소 중 공중이용시설(시행령 제3조 제3호), 기타 재해 발생시 생명·신체상의 피해가 발생할 우려가 높은 장소로서의 공중이용시설(시행령 제3조 제4호)을 말합니다.

구체적인 시설은 시행령에서 규정하고 있는 일정 면적 이상의 지하역사, 지하도상가, 각종 터미널 및 대합실, 의료기관, 노인요양시설, 어린이집, 대규모점포, 영화상영관, 학원, PC방, 공연장, 헬스장, 목욕탕, 식당, 건설공사를 통하여 만들어진 교량·터널·항만·댐·건축물 등 구조물과 그 부대시설이 공중이용시설에 해당합니다.

한편, 유의할 사항으로는, 실내주차장, 공동주택, 오피스텔 등의 일부 건축물, 소상공인의 사업장이나 학교 등 교육시설은 제외되고 식당, 영화관, 학원, 목욕탕, PC방, 노래연습장, 산후조리원, 골프 연습장, 안마시술소 등의 경우 바닥면적의 합계가 1,000제곱미터 이상인 경우에만 적용됩니다.

또한, 중대재해처벌법 제2조 제4호 라목의 '그 밖에 가목부터 다목까지에 준하는 시설로서 재해 발생시 생명·신체상의 피해가 발생할 우려가 높은 장소'는 구체적으로 '1) 준공 후 10년이 경과된 시설물 중 도로교량(연장 20m 이상), 철도교량, 도로터널·철도터널(제1종, 제2종 시설물이 아닌 것), 2) 주유소 및 액화석유가스 충전소(사업장 면적 2,000㎡ 이상), 3) 종합유원시설의 유기시설, 유기기구' 등(시행령 제3조 제4호)이 해당됩니다.

45. 중대시민재해가 발생할 수 있는 '공중교통수단'의 예로는 어떤 것이 있는지요?

중대재해법이 적용되는 '공중교통수단'은 시행령에 위임하지 않고, 법 제2조 제5호에서 직접 규정하고 있습니다. 여기서 "공중교통수단"은 불특정 다수인이 이용하는 시설로서, 도시철도차량, 철도차량, 노선여객자동차, 여객선, 항공기에 해당하는 시설을 말합니다(법 제2조 제5호).

구체적으로 ①「도시철도법」제2조 제2호에 따른 도시철도의 운행에 사용되는 도시철도차량, ②「철도산업발전기본법」제3조 제4호에 따른 철도차량 중 동력차·객차(「철도사업법」제2조 제5호에 따른 전용철도에 사용되는 경우는 제외), ③「여객자동차 운수사업법 시행령」제3조 제1호라목에 따른 노선 여객자동차운송사업에 사용되는 승합자동차, ④「해운법」제2조 제1호의2의 여객선, ⑤「항공사업법」제2조 제7호에 따른 항공운송사업에 사용되는 항공기를 말합니다.

예를 들어, 지하철이나 모노레일(도시철도차량), KTX, SRT, 무궁화호, ITX(철도차량 중 동력차·객차), 시외버스(노선여객자동차), 여객전용 또는 화물 겸용 여객선(여객선), 국제 및 국내 정기편·부정기편 운항 항공기(항공기) 등이 여기에 해당됩니다.

중대재해처벌법상 '불특정 다수인이 이용'하는 공중교통수단에 한정되어야 할 것이므로 농약 살포나 사진촬영을 목적으로 여객이 탑승하지 않은 채 사실상 조종사만 탑승하는 항공기나 자체 수요에 의해 회사 내에 철도 궤도를 깔아서 운영하는 전용철도 등은 규제대상이 아니며, 시내버스, 농어촌버스, 마을 버스의 경우에는 대부분 중소기업에 해당하고 적자 운영인 현실을 감안하여 적용 대상에서 제외되었습니다.

46. 회사에서 직원들의 이동을 위해 운행중인 차량이 공중교통수단 중 승합자동차에 해당하는지요?

공중교통수단에 해당하는 '승합자동차'는 여객자동차 운수사업법 시행령 제3조 제1호 라목에 따른 노선 여객자동차운송사업에 사용되는 승합자동차를 말하고(법 제2조 제5호 다목), 여객자동차운송사업은 시내버스운송사업(가목), 농어촌버스운송사업(나목), 마을버스운송사업(다목), 시외버스운송사업(라목)의 4종으로 구분됩니다. 여기서 시내버스운송사업, 농어촌버스운송사업, 마을버스운송사업에 사용되는 경우를 제외하고 "시외버스운송사업에 사용되는 승합자동차"만이 적용대상입니다.

셔틀버스는 통상 회사, 관공서, 학교 등에서 통근과 통학 목적으로 일정 구간을 왕복하는 형태로 운행하는 버스를 말하는데 이를 노선여객자동차운송사업이라 볼 수 없고, 운행계통을 정하여 자동차를 사용, 여객을 운송하는 시외버스운송사업이라고도 할 수 없습니다.

또한, 여객자동차 운수사업법 시행령은 "정부기관, 회사, 학교 등의 장이 1개의 운송계약에 따라 그 소속원만의 통근·통학 목적으로 자동차를 운행하는 경우에는 운행계통을 정하지 아니한 것으로 본다"라고 규정(여객자동차법 시행령 제3조 제2호 가목 단서)하고 있는 점등에 비추어 셔틀버스는 중대재해처벌법상의 '공중교통수단'에 해당된다고 보기 어렵습니다.

47. 중대시민재해에 교통사고도 해당되는지요?

중대시민재해는 특정 원료 또는 제조물, 공중이용시설 또는 공중교통수단의 설계, 제조, 관리상의 결함을 원인으로 하여 사망, 부상, 질병 등이 발생한 재해를 말합니다(법 제2조 제3호). 한편, 사업주와 경영책임자등은 사업주, 법인 또는 기관 등이 실질적으로 지배·운영·관리하는 사업(장)에서 생산·제조·판매·유통 중인 원료나 제조물의 설계, 제조, 관리상의 결함으로 인한 이용자 또는 그 밖의 사람의 생명, 신체의 안전을 위하여 필요한 조치를 취하여야 하며, 이를 위반하여 중대시민재해에 이르게 한 경우 형사처벌을 받게 됩니다(법 제9조 제10조). 따라서 사업주, 법인 또는 기관 등의 실질적 지배력이 미치지 않고 타인의 과실 등 우연적 요소가 많이 개입할 수 있는 일반적인 교통사고의 경우에는 중대시민재해로 처벌될 가능성이 낮다고 볼 수 있겠으나, 그 법인 등이 실질적으로 지배운영관리하는 사업(장)에서 생산 등을 한 제조물의 결함으로 인한 교통사고라면 중대시민재해에 해당할 가능성도 배제할 수 없습니다.

48. 중대시민재해상의 제조물의 결함에 따른 중대재해 내용에 건설업도 적용이 될 수 있는지요?

중대시민재해상의 제조물은 중대재해처벌법 제2조 제6호에서 제조물책임법과 동일하게 "제조되거나 가공된 동산(다른 동산이나 부동산의 일부를 구성하는 경우를 포함한다)을 말한다"고 정의하고 있어, 부동산인 건축물에 대해서는 적용되지 않을 수 있습니다.

그러나, 건설 중인 사업장이 공중이용시설(중대재해처벌법 제2조 제4호)에 해당하고, 설계, 제조, 설치, 관리상의 결함을 원인으로 이용자 또는 그 밖의 사람이 동일한 사고(원인)으로 사망 1명이상, 2개월 이상 치료가 필요한 부상자 10명이상, 또는 3개월 이상 치료 필요한 질병자 10명 이상 발생한 경우 중대시민재해에 해당 됩니다.

예를 들어 구역을 나누어 공사 중인 사업장에서, 1구역은 개장 후, 2구역은 공사를 하다가 사고가 나서 종사자가 아닌 해당 사업장의 이용자 또는 그 밖의 사람이 사망한 경우라면 중대시민재해로 의율될 가능성을 배제할 수 없습니다.

49. 중대시민재해의 원인이 되는 원료 및 제조물의 수입만 하는데 여전히 생산, 제조자와 동일한 안전 및 보건 확보의무를 부담하는 것인지요?

중대재해처벌법 제9조 제1항의 문언상, 생산, 제조를 하지 않는 경우에도 '해당 사업장에서 판매·유통 중인 원료나 제조물의 관리상의 결함으로 인한 그 이용자 또는 그 밖의 사람의 생명, 신체의 안전을 위한 조치'가 이루어져야 할 것이므로, 수입, 판매업자의 경우에도 판매, 유통과 관련한 안전보건관리체계의 구축, 관리상의 조치 등이 필요할 것으로 판단됩니다.

다만, 제조자와 수입판매사의 중대시민재해 예방을 위한 안전 및 보건 확보의무는 그 성격과 내용이 다를 수 있다고 보아야 할 것입니다. 수입판매업자의 경우, 기본적으로 해당 원료 또는 제조물에 대한 안전·보건 관계 법령에서 수입업자나 판매업자에 대하여 규정하고 있는 의무가 기준이 됩니다. 예컨대, 원료 및 제조물 수입 시 수입자는 수입요건 등 의무를 이행하는 과정에서 원료의 종류 및 성질에 대한 정보를 확인하게 되는 경우가 있는데, 수입자도 확인 가능한 정보의 범위에서 유해, 위험요인을 확인하고 점검할 필요가 있습니다. 이러한 부분을 중심으로 관련 안전·보건 관계 법령의 내용을 구체적으로 파악하고, 이에 따른 의무를 이행할 수 있도록 안전보건관리체계를 구축하고, 관리상의 조치를 취하는 것이 필요할 것으로 판단됩니다.

제6장

형사처벌, 양벌규정, 손해배상책임 등 관련

50. 현재 산업안전보건법위반으로 법원에서 형사 소송이 계속 중인 경우에 (당연히 중대재해법이 직접 적용되지는 않겠지만) 중대재해처벌법의 제정으로 인해 실질적으로 형량이 높아질 가능성이 있다고 보는지요?

현재 재판 진행 중인 산업안전보건법위반 사건은 중대재해처벌법 제정에 따라 실질적으로 형량이 높아지는 등의 직접적인 영향은 없을 것으로 보입니다. 다만, 중대재해처벌법 제정과는 별도로 최근 대법원 양형위원회에서 상향 조정한 산업안전보건법위반죄 양형기준은 적용될 것으로 판단되고, 이러한 중대재해처벌법의 시행이 구체적인 사건에 있어서의 사실상 양형에 영향을 미칠 가능성을 완전히 배제하기는 어려워 보입니다.

51. 경영책임자등에게 고액의 벌금형이 부과될 경우 법인에 의한 대납이 가능한지요?

개인에게 부과된 벌금은 원칙적으로 개인이 납부하여야 하고, 이를 법인이 대납할 수는 없습니다. 일부 회사에서는 개인이 납부한 벌금을 추후에 회사가 보전해주는 것을 금지하는 명문의 규정이 없다는 이유로 실제로 사후에 벌금을 보전해 주는 경우도 종종 있는 것으로 보입니다. 그러나 대법원에서는 임직원의 벌금

등을 회사의 자금으로 지급하는 경우 업무상 배임죄에 해당한다고 보는 바(대법원 2006. 6. 27. 선고 2006도1187 판결), 업무상 배임죄에 해당할 경우 회계상 손금산입이 부인될 것입니다. 나아가 이사회 승인 등을 거치더라도 여전히 위법한 행위로 판단될 가능성이 있습니다.

52. 중대재해처벌법 제6조 제3항의 가중처벌 조항과 관련하여, "형이 확정된 후 5년 이내"라고 했을 때 5년의 산정 기준은 어떻게 되는지요?

중대재해처벌법 제6조 제3항은 "제1항 또는 제2항의 죄로 형을 선고받고 그 형이 확정된 후 5년 이내에 다시 제1항 또는 제2항의 죄를 저지른 자는 각 항에서 정한 형의 2분의 1까지 가중한다"라고 규정하고 있는데, 이 가중처벌 규정은 형법 제35조의 누범(累犯, 속칭 전과자를 말함) 가중 규정과 유사하면서도 다릅니다. 형법상 누범이란 금고 이상의 형을 선고받아 그 집행이 종료되거나 면제된 후 3년 내에 금고 이상에 해당하는 죄를 지었을 경우를 말하고, 누범에 해당될 경우 그 죄에 대하여 정한 법정형의 장기(長期)의 2배까지 가중한 범위 내에서 처벌받게 됩니다.

한편, 중대재해처벌법은 단순히 "형이 확정된 후 5년 이내"라고만 하여 "형이 확정된 후"를 어떻게 볼지 의문이 있을 수 있습니다. 형사소송법상 "형의 확정"은 판결이 확정된 것을 말하고, 판결의 확정은 항소 또는 상고로 불복신청이 허용되지 않거나 상소기간인 7일(형사소송법 제358조, 제374조)이 지나서 그 판결을 취소·변경할 수 없게 된 경우를 말합니다. 따라서 "형이 확정된 후 5년 이내"라고 할 때 기준시점은 형법상 누범과 달리 형의 집행 또는 면제 여부와는 관계없이 해당 판결이 확정된 시점을 기산점으로 하여 그때로부터 5년 이내에 중대재해처벌법 제6조 제1항 또는 제2항의 죄를 다시 범한 경우에는 최장 45년 이하의 징역 또는 15억원 이하의 벌금형의 범위 내에서 처벌받을 수 있습니다.

53. 중대재해처벌법 제7조, 제11조의 양벌규정과 관련하여, 상당한 주의와 감독이란 어느 정도의 수준을 의미하는지요?

대법원에서는 법인이 상당한 주의 또는 관리감독 의무를 게을리하였는지 여부는 당해 위반행위와 관련된 모든 사정, 즉 당해 법률의 입법 취지, 처벌조항 위반으로 예상되는 법익 침해의 정도, 그 위반행위에 관하여 양벌규정을 마련한 취지 등은 물론 위반행위의 구체적인 모습과 그로 인하여 실제 야기된 피해 또는 결과의 정도, 법인의 영업 규모 및 행위자에 대한 감독가능성 또는 구체적인 지휘감독 관계, 법인이 위반행위 방지를 위하여 실제 행한 조치 등을 전체적으로 종합하여 판단하여야 한다고 판시하고 있습니다(대법원 2011. 7. 28 선고 2009도6303 판결 등).

따라서 어느 정도의 주의를 다하여야 법인이 면책될 수 있는지는 구체적 사안에 따라 판단을 달리할 수밖에 없겠지만, 회사의 직원 수 등 그 규모와 직원들에 대한 지휘감독 관계, 평소 위험방지를 위하여 회사에서 필요한 조치를 하거나 시설을 설치하도록 관리·감독하였는지 여부, 회사가 직원들의 위반행위를 예상하여 이를 방지하기 위한 상당한 주의를 기울이거나 관리감독을 철저히 할 필요가 있었는지, 그러한 필요가 있다면 그와 같은 의무를 충실히 이행하였는지 여부 등을 종합적으로 고려하게 될 것입니다.

54. 중대재해처벌법 제6조, 제11조 양벌규정 단서 조항의 상당한 주의를 게을리하지 않은 경우 법인만 면책이고 경영책임자는 면책이 안 되는지요?

해당 업무에 관하여 상당한 주의와 감독을 게을리하지 않은 경우 면책되는 것은 법인 또는 기관이며, 경영책임자는 해당되지 않습니다. 다만, 경영책임자가 중대재해처벌법에서 규정한 안전 및 보건 확보의무를 모두 이행하였고, 피해자의 과실이 큰 경우에는 중대재해에 이르게 된 인과관계 등이 부정되어 경영책임자에게 책임이 인정되지 않는 경우가 있을 수 있습니다.

55. 중대재해처벌법위반과 산업안전보건법위반, 업무상과실치사상죄와의 죄수 관계는 어떻게 되는지요?

중대재해처벌법은 "경영책임자등"이 의무규정과 처벌규정의 주체로 되어 있는 반면, 산업안전보건법은 "사업주(산업안전보건법상 사업주는 중대재해처벌법과 달리 법인사업주를 포함하는 개념임)"와 그 행위자인 "안전보건관리책임자등"이 실질적으로 처벌되는 경우가 많았습니다.

그런데 만약 산업안전보건법상의 책임주체인 행위자가 대표이사 등으로 특정되고, 중대재해책임법상의 책임주체와 동일 인물이라면, 사망의 중대산업재해 발생시 중대재해처벌법위반죄와 산업안전보건법위반죄, 나아가 업무상과실치사죄가 모두 성립되고 상상적 경합 관계에 있는 것으로 볼 가능성이 높습니다.

다만, 중대재해처벌법이 정하는 상위 의무의 위반에 산업안전보건법이 정하는 의무 위반이 포함되므로 양죄는 법조경합의 관계에 있어 산업안전보건법위반은 별도로 의율되지 않고 중대재해처벌법위반만으로 처벌되어야 한다고 보는 의견(법조경합으로서 특별법인 중대재해처벌법이 적용), 그리고 양법이 서로 다른 별개의 의무를 규정하고 있으므로 별개의 죄로 보아 실체적 경합관계에 있다고 보는 의견도 있습니다.

참고로, 현재는 산업안전보건법상 사망의 재해가 발생하는 경우, 산업안전보건법 위반의 책임은 산업안전보건법상 행위자인 안전보건관리책임자가 지고, 형법상 업무상과실치사죄는 실무상 책임자인 관리감독자나 부서장 등이 지는 경우가 일반적이나, 동일인이 책임을 지게 되는 경우에는 산업안전보건법위반과 업무상과실치사죄의 상상적 경합으로 처벌하고 있습니다.

56. 중대재해처벌법위반 사건은 어느 기관에서 수사를 하는가요?

중대재해처벌법위반 사건 중 중대산업재해 사건은 산업안전보건법위반 사건과 마찬가지로 노동청 근로감독관이 사법경찰관의 직무를 수행하여 전속적 수사관할권을 가집니다(사법경찰관리의 직무를 수행할 자와 그 직무범위에 관한 법률

제6조의2 제1항 제18호, 중대재해처벌법 제6조 및 제7조만 해당함). 반면 중대시민재해 사건에 대해서는 (일반) 경찰이 수사권을 가지고, 검찰청법 제4조 소정의 "대형참사범죄"에 해당될 경우에는 검찰도 직접 수사를 개시할 수 있습니다.

제 3 편

참고자료

참고자료의 일부는 아래의 자료를 인용한 것임을 알려드립니다.

- 안전계획 표준(안): 국토교통부, 중대재해처벌법 해설 중대시민재해(시설물, 공중교통수단),
  pp. 50~51
- 대표이사 안전보건계획 수립 가이드북: 고용노동부, 2022 안전보건계획 수립 가이드북,
  pp. 8~15
- 중소사업장 중대재해처벌법 자율진단 체크리스트: 한국경영자총협회·중소기업중앙회,
  중대재해처벌법 대응을 위한 중소기업 안전관리 진단 매뉴얼, pp.30~49

중대재해 처벌 등에 관한 법률(약칭: 중대재해처벌법)

[시행 2022. 1. 27.] [법률 제17907호, 2021. 1. 26., 제정]

제1장 총칙

제1조(목적) 이 법은 사업 또는 사업장, 공중이용시설 및 공중교통수단을 운영하거나 인체에 해로운 원료나 제조물을 취급하면서 안전·보건 조치의무를 위반하여 인명피해를 발생하게 한 사업주, 경영책임자, 공무원 및 법인의 처벌 등을 규정함으로써 중대재해를 예방하고 시민과 종사자의 생명과 신체를 보호함을 목적으로 한다.

제2조(정의) 이 법에서 사용하는 용어의 뜻은 다음과 같다.

1. "중대재해"란 "중대산업재해"와 "중대시민재해"를 말한다.
2. "중대산업재해"란 「산업안전보건법」 제2조 제1호에 따른 산업재해 중 다음 각 목의 어느 하나에 해당하는 결과를 야기한 재해를 말한다.
   가. 사망자가 1명 이상 발생
   나. 동일한 사고로 6개월 이상 치료가 필요한 부상자가 2명 이상 발생
   다. 동일한 유해요인으로 급성중독 등 대통령령으로 정하는 직업성 질병자가 1년 이내에 3명 이상 발생
3. "중대시민재해"란 특정 원료 또는 제조물, 공중이용시설 또는 공중교통수단의 설계, 제조, 설치, 관리상의 결함을 원인으로 하여 발생한 재해로서 다음 각 목의 어느 하나에 해당하는 결과를 야기한 재해를 말한다. 다만, 중대산업재해에 해당하는 재해는 제외한다.
   가. 사망자가 1명 이상 발생
   나. 동일한 사고로 2개월 이상 치료가 필요한 부상자가 10명 이상 발생
   다. 동일한 원인으로 3개월 이상 치료가 필요한 질병자가 10명 이상 발생
4. "공중이용시설"이란 다음 각 목의 시설 중 시설의 규모나 면적 등을 고려하여 대통령령으로 정하는 시설을 말한다. 다만, 「소상공인 보호 및 지원에 관한 법률」 제2조에 따른 소상공인의 사업 또는 사업장 및 이에 준하는 비영리시설과 「교육시설 등의 안전 및 유지관리 등에 관한 법률」 제2조 제1호에 따른 교육시설은 제외한다.

가. 「실내공기질 관리법」 제3조 제1항의 시설(「다중이용업소의 안전관리에 관한 특별법」 제2조 제1항 제1호에 따른 영업장은 제외한다)

나. 「시설물의 안전 및 유지관리에 관한 특별법」 제2조 제1호의 시설물(공동주택은 제외한다)

다. 「다중이용업소의 안전관리에 관한 특별법」 제2조 제1항 제1호에 따른 영업장 중 해당 영업에 사용하는 바닥면적(「건축법」 제84조에 따라 산정한 면적을 말한다)의 합계가 1천제곱미터 이상인 것

라. 그 밖에 가목부터 다목까지에 준하는 시설로서 재해 발생 시 생명·신체상의 피해가 발생할 우려가 높은 장소

5. "공중교통수단"이란 불특정다수인이 이용하는 다음 각 목의 어느 하나에 해당하는 시설을 말한다.

가. 「도시철도법」 제2조 제2호에 따른 도시철도의 운행에 사용되는 도시철도차량

나. 「철도산업발전기본법」 제3조 제4호에 따른 철도차량 중 동력차·객차(「철도사업법」 제2조 제5호에 따른 전용철도에 사용되는 경우는 제외한다)

다. 「여객자동차 운수사업법 시행령」 제3조 제1호라목에 따른 노선 여객자동차운송사업에 사용되는 승합자동차

라. 「해운법」 제2조 제1호의2의 여객선

마. 「항공사업법」 제2조 제7호에 따른 항공운송사업에 사용되는 항공기

6. "제조물"이란 제조되거나 가공된 동산(다른 동산이나 부동산의 일부를 구성하는 경우를 포함한다)을 말한다.

7. "종사자"란 다음 각 목의 어느 하나에 해당하는 자를 말한다.

가. 「근로기준법」상의 근로자

나. 도급, 용역, 위탁 등 계약의 형식에 관계없이 그 사업의 수행을 위하여 대가를 목적으로 노무를 제공하는 자

다. 사업이 여러 차례의 도급에 따라 행하여지는 경우에는 각 단계의 수급인 및 수급인과 가목 또는 나목의 관계가 있는 자

8. "사업주"란 자신의 사업을 영위하는 자, 타인의 노무를 제공받아 사업을 하는 자를 말한다.

9. "경영책임자등"이란 다음 각 목의 어느 하나에 해당하는 자를 말한다.

가. 사업을 대표하고 사업을 총괄하는 권한과 책임이 있는 사람 또는 이에 준하여 안전보건에 관한 업무를 담당하는 사람

나. 중앙행정기관의 장, 지방자치단체의 장, 「지방공기업법」에 따른 지방공기업의 장, 「공공기관의 운영에 관한 법률」 제4조부터 제6조까지의 규정에 따라 지정된 공공기관의 장

제2장 중대산업재해

제3조(적용범위) 상시근로자가 5명 미만인 사업 또는 사업장의 사업주(개인사업주에 한정한다. 이하 같다) 또는 경영책임자등에게는 이 장의 규정을 적용하지 아니한다.

제4조(사업주와 경영책임자등의 안전 및 보건 확보의무) ① 사업주 또는 경영책임자 등은 사업주나 법인 또는 기관이 실질적으로 지배·운영·관리하는 사업 또는 사업 장에서 종사자의 안전·보건상 유해 또는 위험을 방지하기 위하여 그 사업 또는 사업장의 특성 및 규모 등을 고려하여 다음 각 호에 따른 조치를 하여야 한다.

1. 재해예방에 필요한 인력 및 예산 등 안전보건관리체계의 구축 및 그 이행에 관한 조치
2. 재해 발생 시 재발방지 대책의 수립 및 그 이행에 관한 조치
3. 중앙행정기관·지방자치단체가 관계 법령에 따라 개선, 시정 등을 명한 사항의 이행에 관한 조치
4. 안전·보건 관계 법령에 따른 의무이행에 필요한 관리상의 조치

② 제1항 제1호·제4호의 조치에 관한 구체적인 사항은 대통령령으로 정한다.

제5조(도급, 용역, 위탁 등 관계에서의 안전 및 보건 확보의무) 사업주 또는 경영책임 자등은 사업주나 법인 또는 기관이 제3자에게 도급, 용역, 위탁 등을 행한 경우에는 제3자의 종사자에게 중대산업재해가 발생하지 아니하도록 제4조의 조치를 하여야 한다. 다만, 사업주나 법인 또는 기관이 그 시설, 장비, 장소 등에 대하여 실질적으로 지배·운영·관리하는 책임이 있는 경우에 한정한다.

제6조(중대산업재해 사업주와 경영책임자등의 처벌) ① 제4조 또는 제5조를 위반하여 제2조 제2호가목의 중대산업재해에 이르게 한 사업주 또는 경영책임자등은 1년 이상의 징역 또는 10억원 이하의 벌금에 처한다. 이 경우 징역과 벌금을 병과할 수 있다.

② 제4조 또는 제5조를 위반하여 제2조 제2호나목 또는 다목의 중대산업재해에 이르게 한 사업주 또는 경영책임자등은 7년 이하의 징역 또는 1억원 이하의 벌금에 처한다.

③ 제1항 또는 제2항의 죄로 형을 선고받고 그 형이 확정된 후 5년 이내에 다시 제1항 또는 제2항의 죄를 저지른 자는 각 항에서 정한 형의 2분의 1까지 가중한다.

제7조(중대산업재해의 양벌규정) 법인 또는 기관의 경영책임자등이 그 법인 또는 기관의 업무에 관하여 제6조에 해당하는 위반행위를 하면 그 행위자를 벌하는 외에 그

법인 또는 기관에 다음 각 호의 구분에 따른 벌금형을 과(科)한다. 다만, 법인 또는 기관이 그 위반행위를 방지하기 위하여 해당 업무에 관하여 상당한 주의와 감독을 게을리하지 아니한 경우에는 그러하지 아니하다.

1. 제6조 제1항의 경우: 50억원 이하의 벌금
2. 제6조 제2항의 경우: 10억원 이하의 벌금

제8조(안전보건교육의 수강) ① 중대산업재해가 발생한 법인 또는 기관의 경영책임자 등은 대통령령으로 정하는 바에 따라 안전보건교육을 이수하여야 한다.

② 제1항의 안전보건교육을 정당한 사유 없이 이행하지 아니한 경우에는 5천만원 이하의 과태료를 부과한다.

③ 제2항에 따른 과태료는 대통령령으로 정하는 바에 따라 고용노동부장관이 부과·징수한다.

제3장 중대시민재해

제9조(사업주와 경영책임자등의 안전 및 보건 확보의무) ① 사업주 또는 경영책임자 등은 사업주나 법인 또는 기관이 실질적으로 지배·운영·관리하는 사업 또는 사업 장에서 생산·제조·판매·유통 중인 원료나 제조물의 설계, 제조, 관리상의 결함으로 인한 그 이용자 또는 그 밖의 사람의 생명, 신체의 안전을 위하여 다음 각 호에 따른 조치를 하여야 한다.

1. 재해예방에 필요한 인력·예산·점검 등 안전보건관리체계의 구축 및 그 이행에 관한 조치
2. 재해 발생 시 재발방지 대책의 수립 및 그 이행에 관한 조치
3. 중앙행정기관·지방자치단체가 관계 법령에 따라 개선, 시정 등을 명한 사항의 이행에 관한 조치
4. 안전·보건 관계 법령에 따른 의무이행에 필요한 관리상의 조치

② 사업주 또는 경영책임자등은 사업주나 법인 또는 기관이 실질적으로 지배·운영· 관리하는 공중이용시설 또는 공중교통수단의 설계, 설치, 관리상의 결함으로 인한 그 이용자 또는 그 밖의 사람의 생명, 신체의 안전을 위하여 다음 각 호에 따른 조치를 하여야 한다.

1. 재해예방에 필요한 인력·예산·점검 등 안전보건관리체계의 구축 및 그 이행에 관한 조치
2. 재해 발생 시 재발방지 대책의 수립 및 그 이행에 관한 조치

3. 중앙행정기관·지방자치단체가 관계 법령에 따라 개선, 시정 등을 명한 사항의 이행에 관한 조치

4. 안전·보건 관계 법령에 따른 의무이행에 필요한 관리상의 조치

③ 사업주 또는 경영책임자등은 사업주나 법인 또는 기관이 공중이용시설 또는 공중교통수단과 관련하여 제3자에게 도급, 용역, 위탁 등을 행한 경우에는 그 이용자 또는 그 밖의 사람의 생명, 신체의 안전을 위하여 제2항의 조치를 하여야 한다. 다만, 사업주나 법인 또는 기관이 그 시설, 장비, 장소 등에 대하여 실질적으로 지배·운영·관리하는 책임이 있는 경우에 한정한다.

④ 제1항 제1호·제4호 및 제2항 제1호·제4호의 조치에 관한 구체적인 사항은 대통령령으로 정한다.

제10조(중대시민재해 사업주와 경영책임자등의 처벌) ① 제9조를 위반하여 제2조 제3호가목의 중대시민재해에 이르게 한 사업주 또는 경영책임자등은 1년 이상의 징역 또는 10억원 이하의 벌금에 처한다. 이 경우 징역과 벌금을 병과할 수 있다.

② 제9조를 위반하여 제2조 제3호나목 또는 다목의 중대시민재해에 이르게 한 사업주 또는 경영책임자등은 7년 이하의 징역 또는 1억원 이하의 벌금에 처한다.

제11조(중대시민재해의 양벌규정) 법인 또는 기관의 경영책임자등이 그 법인 또는 기관의 업무에 관하여 제10조에 해당하는 위반행위를 하면 그 행위자를 벌하는 외에 그 법인 또는 기관에게 다음 각 호의 구분에 따른 벌금형을 과(科)한다. 다만, 법인 또는 기관이 그 위반행위를 방지하기 위하여 해당 업무에 관하여 상당한 주의와 감독을 게을리하지 아니한 경우에는 그러하지 아니하다.

1. 제10조 제1항의 경우: 50억원 이하의 벌금

2. 제10조 제2항의 경우: 10억원 이하의 벌금

제4장 보칙

제12조(형 확정 사실의 통보) 법무부장관은 제6조, 제7조, 제10조 또는 제11조에 따른 범죄의 형이 확정되면 그 범죄사실을 관계 행정기관의 장에게 통보하여야 한다.

제13조(중대산업재해 발생사실 공표) ① 고용노동부장관은 제4조에 따른 의무를 위반하여 발생한 중대산업재해에 대하여 사업장의 명칭, 발생 일시와 장소, 재해의 내용 및 원인 등 그 발생사실을 공표할 수 있다.

② 제1항에 따른 공표의 방법, 기준 및 절차 등은 대통령령으로 정한다.

제14조(심리절차에 관한 특례) ① 이 법 위반 여부에 관한 형사재판에서 법원은 직권으로「형사소송법」제294조의2에 따라 피해자 또는 그 법정대리인(피해자가 사망하거나 진술할 수 없는 경우에는 그 배우자·직계친족·형제자매를 포함한다)을 증인으로 신문할 수 있다.

② 이 법 위반 여부에 관한 형사재판에서 법원은 검사, 피고인 또는 변호인의 신청이 있는 경우 특별한 사정이 없으면 해당 분야의 전문가를 전문심리위원으로 지정하여 소송절차에 참여하게 하여야 한다.

제15조(손해배상의 책임) ① 사업주 또는 경영책임자등이 고의 또는 중대한 과실로 이 법에서 정한 의무를 위반하여 중대재해를 발생하게 한 경우 해당 사업주, 법인 또는 기관이 중대재해로 손해를 입은 사람에 대하여 그 손해액의 5배를 넘지 아니하는 범위에서 배상책임을 진다. 다만, 법인 또는 기관이 해당 업무에 관하여 상당한 주의와 감독을 게을리하지 아니한 경우에는 그러하지 아니하다.

② 법원은 제1항의 배상액을 정할 때에는 다음 각 호의 사항을 고려하여야 한다.

1. 고의 또는 중대한 과실의 정도

2. 이 법에서 정한 의무위반행위의 종류 및 내용

3. 이 법에서 정한 의무위반행위로 인하여 발생한 피해의 규모

4. 이 법에서 정한 의무위반행위로 인하여 사업주나 법인 또는 기관이 취득한 경제적 이익

5. 이 법에서 정한 의무위반행위의 기간·횟수 등

6. 사업주나 법인 또는 기관의 재산상태

7. 사업주나 법인 또는 기관의 피해구제 및 재발방지 노력의 정도

제16조(정부의 사업주 등에 대한 지원 및 보고) ① 정부는 중대재해를 예방하여 시민과 종사자의 안전과 건강을 확보하기 위하여 다음 각 호의 사항을 이행하여야 한다.

1. 중대재해의 종합적인 예방대책의 수립·시행과 발생원인 분석

2. 사업주, 법인 및 기관의 안전보건관리체계 구축을 위한 지원

3. 사업주, 법인 및 기관의 중대재해 예방을 위한 기술 지원 및 지도

4. 이 법의 목적 달성을 위한 교육 및 홍보의 시행

② 정부는 사업주, 법인 및 기관에 대하여 유해·위험 시설의 개선과 보호 장비의 구매, 종사자 건강진단 및 관리 등 중대재해 예방사업에 소요되는 비용의 전부 또는 일부를 예산의 범위에서 지원할 수 있다.

③ 정부는 제1항 및 제2항에 따른 중대재해 예방을 위한 조치 이행 등 상황 및 중대재해 예방사업 지원 현황을 반기별로 국회 소관 상임위원회에 보고하여야 한다.

[시행일: 2021. 1. 26.] 제16조

부칙 〈제17907호, 2021. 1. 26.〉

제1조(시행일) ① 이 법은 공포 후 1년이 경과한 날부터 시행한다. 다만, 이 법 시행 당시 개인사업자 또는 상시근로자가 50명 미만인 사업 또는 사업장(건설업의 경우에는 공사금액 50억원 미만의 공사)에 대해서는 공포 후 3년이 경과한 날부터 시행한다.

② 제1항에도 불구하고 제16조는 공포한 날부터 시행한다.

제2조(다른 법률의 개정) 법원조직법 중 일부를 다음과 같이 개정한다.

제32조 제1항 제3호에 아목을 다음과 같이 신설한다.

　아. 「중대재해 처벌 등에 관한 법률」 제6조 제1항·제3항 및 제10조 제1항에 해당하는 사건

중대재해 처벌 등에 관한 법률 시행령(약칭: 중대재해처벌법 시행령)

[시행 2022. 1. 27.] [대통령령 제32020호, 2021. 10. 5., 제정]

제1장 총칙

제1조(목적) 이 영은 「중대재해 처벌 등에 관한 법률」에서 위임된 사항과 그 시행에 필요한 사항을 규정함을 목적으로 한다.

제2조(직업성 질병자) 「중대재해 처벌 등에 관한 법률」(이하 "법"이라 한다) 제2조 제2호다목에서 "대통령령으로 정하는 직업성 질병자"란 별표 1에서 정하는 직업성 질병에 걸린 사람을 말한다.

제3조(공중이용시설) 법 제2조 제4호 각 목 외의 부분 본문에서 "대통령령으로 정하는 시설"이란 다음 각 호의 시설을 말한다.
  1. 법 제2조 제4호가목의 시설 중 별표 2에서 정하는 시설
  2. 법 제2조 제4호나목의 시설물 중 별표 3에서 정하는 시설물. 다만, 다음 각 목의 건축물은 제외한다.
     가. 주택과 주택 외의 시설을 동일 건축물로 건축한 건축물
     나. 건축물의 주용도가 「건축법 시행령」 별표 1 제14호나목2)의 오피스텔인 건축물
  3. 법 제2조 제4호다목의 영업장
  4. 법 제2조 제4호라목의 시설 중 다음 각 목의 시설(제2호의 시설물은 제외한다)
     가. 「도로법」 제10조 각 호의 도로에 설치된 연장 20미터 이상인 도로교량 중 준공 후 10년이 지난 도로교량
     나. 「도로법」 제10조 제4호부터 제7호까지에서 정한 지방도·시도·군도·구도의 도로터널과 「농어촌도로 정비법 시행령」 제2조 제1호의 터널 중 준공 후 10년이 지난 도로터널
     다. 「철도산업발전기본법」 제3조 제2호의 철도시설 중 준공 후 10년이 지난 철도교량
     라. 「철도산업발전기본법」 제3조 제2호의 철도시설 중 준공 후 10년이 지난 철도터널(특별시 및 광역시 외의 지역에 있는 철도터널로 한정한다)

　마. 다음의 시설 중 개별 사업장 면적이 2천제곱미터 이상인 시설
　　　1) 「석유 및 석유대체연료 사업법 시행령」 제2조 제3호의 주유소
　　　2) 「액화석유가스의 안전관리 및 사업법」 제2조 제4호의 액화석유가스 충전
　　　　사업의 사업소
　바. 「관광진흥법 시행령」 제2조 제1항 제5호가목의 종합유원시설업의 시설 중 같
　　　은 법 제33조 제1항에 따른 안전성검사 대상인 유기시설 또는 유기기구

제2장 중대산업재해

제4조(안전보건관리체계의 구축 및 이행 조치) 법 제4조 제1항 제1호에 따른 조치의
구체적인 사항은 다음 각 호와 같다.
1. 사업 또는 사업장의 안전·보건에 관한 목표와 경영방침을 설정할 것
2. 「산업안전보건법」 제17조부터 제19조까지 및 제22조에 따라 두어야 하는 인력이
　총 3명 이상이고 다음 각 목의 어느 하나에 해당하는 사업 또는 사업장인 경우에
　는 안전·보건에 관한 업무를 총괄·관리하는 전담 조직을 둘 것. 이 경우 나목에
　해당하지 않던 건설사업자가 나목에 해당하게 된 경우에는 공시한 연도의 다음
　연도 1월 1일까지 해당 조직을 두어야 한다.
　가. 상시근로자 수가 500명 이상인 사업 또는 사업장
　나. 「건설산업기본법」 제8조 및 같은 법 시행령 별표 1에 따른 토목건축공사업에
　　　대해 같은 법 제23조에 따라 평가하여 공시된 시공능력의 순위가 상위 200위
　　　이내인 건설사업자
3. 사업 또는 사업장의 특성에 따른 유해·위험요인을 확인하여 개선하는 업무절차
　를 마련하고, 해당 업무절차에 따라 유해·위험요인의 확인 및 개선이 이루어지
　는지를 반기 1회 이상 점검한 후 필요한 조치를 할 것. 다만, 「산업안전보건법」
　제36조에 따른 위험성평가를 하는 절차를 마련하고, 그 절차에 따라 위험성 평가
　를 직접 실시하거나 실시하도록 하여 실시 결과를 보고받은 경우에는 해당 업무
　절차에 따라 유해·위험요인의 확인 및 개선에 대한 점검을 한 것으로 본다.
4. 다음 각 목의 사항을 이행하는 데 필요한 예산을 편성하고 그 편성된 용도에 맞
　게 집행하도록 할 것
　가. 재해 예방을 위해 필요한 안전·보건에 관한 인력, 시설 및 장비의 구비
　나. 제3호에서 정한 유해·위험요인의 개선
　다. 그 밖에 안전보건관리체계 구축 등을 위해 필요한 사항으로서 고용노동부장
　　　관이 정하여 고시하는 사항

5. 「산업안전보건법」제15조, 제16조 및 제62조에 따른 안전보건관리책임자, 관리감독자 및 안전보건총괄책임자(이하 이 조에서 "안전보건관리책임자등"이라 한다)가 같은 조에서 규정한 각각의 업무를 각 사업장에서 충실히 수행할 수 있도록 다음 각 목의 조치를 할 것

  가. 안전보건관리책임자등에게 해당 업무 수행에 필요한 권한과 예산을 줄 것

  나. 안전보건관리책임자등이 해당 업무를 충실하게 수행하는지를 평가하는 기준을 마련하고, 그 기준에 따라 반기 1회 이상 평가·관리할 것

6. 「산업안전보건법」제17조부터 제19조까지 및 제22조에 따라 정해진 수 이상의 안전관리자, 보건관리자, 안전보건관리담당자 및 산업보건의를 배치할 것. 다만, 다른 법령에서 해당 인력의 배치에 대해 달리 정하고 있는 경우에는 그에 따르고, 배치해야 할 인력이 다른 업무를 겸직하는 경우에는 고용노동부장관이 정하여 고시하는 기준에 따라 안전·보건에 관한 업무 수행시간을 보장해야 한다.

7. 사업 또는 사업장의 안전·보건에 관한 사항에 대해 종사자의 의견을 듣는 절차를 마련하고, 그 절차에 따라 의견을 들어 재해 예방에 필요하다고 인정하는 경우에는 그에 대한 개선방안을 마련하여 이행하는지를 반기 1회 이상 점검한 후 필요한 조치를 할 것. 다만, 「산업안전보건법」제24조에 따른 산업안전보건위원회 및 같은 법 제64조·제75조에 따른 안전 및 보건에 관한 협의체에서 사업 또는 사업장의 안전·보건에 관하여 논의하거나 심의·의결한 경우에는 해당 종사자의 의견을 들은 것으로 본다.

8. 사업 또는 사업장에 중대산업재해가 발생하거나 발생할 급박한 위험이 있을 경우를 대비하여 다음 각 목의 조치에 관한 매뉴얼을 마련하고, 해당 매뉴얼에 따라 조치하는지를 반기 1회 이상 점검할 것

  가. 작업 중지, 근로자 대피, 위험요인 제거 등 대응조치

  나. 중대산업재해를 입은 사람에 대한 구호조치

  다. 추가 피해방지를 위한 조치

9. 제3자에게 업무의 도급, 용역, 위탁 등을 하는 경우에는 종사자의 안전·보건을 확보하기 위해 다음 각 목의 기준과 절차를 마련하고, 그 기준과 절차에 따라 도급, 용역, 위탁 등이 이루어지는지를 반기 1회 이상 점검할 것

  가. 도급, 용역, 위탁 등을 받는 자의 산업재해 예방을 위한 조치 능력과 기술에 관한 평가기준·절차

  나. 도급, 용역, 위탁 등을 받는 자의 안전·보건을 위한 관리비용에 관한 기준

  다. 건설업 및 조선업의 경우 도급, 용역, 위탁 등을 받는 자의 안전·보건을 위한 공사기간 또는 건조기간에 관한 기준

제5조(안전·보건 관계 법령에 따른 의무이행에 필요한 관리상의 조치) ① 법 제4조 제1항 제4호에서 "안전·보건 관계 법령"이란 해당 사업 또는 사업장에 적용되는 것으로서 종사자의 안전·보건을 확보하는 데 관련되는 법령을 말한다.

② 법 제4조 제1항 제4호에 따른 조치에 관한 구체적인 사항은 다음 각 호와 같다.

1. 안전·보건 관계 법령에 따른 의무를 이행했는지를 반기 1회 이상 점검(해당 안전·보건 관계 법령에 따라 중앙행정기관의 장이 지정한 기관 등에 위탁하여 점검하는 경우를 포함한다. 이하 이 호에서 같다)하고, 직접 점검하지 않은 경우에는 점검이 끝난 후 지체 없이 점검 결과를 보고받을 것

2. 제1호에 따른 점검 또는 보고 결과 안전·보건 관계 법령에 따른 의무가 이행되지 않은 사실이 확인되는 경우에는 인력을 배치하거나 예산을 추가로 편성·집행하도록 하는 등 해당 의무 이행에 필요한 조치를 할 것

3. 안전·보건 관계 법령에 따라 의무적으로 실시해야 하는 유해·위험한 작업에 관한 안전·보건에 관한 교육이 실시되었는지를 반기 1회 이상 점검하고, 직접 점검하지 않은 경우에는 점검이 끝난 후 지체 없이 점검 결과를 보고받을 것

4. 제3호에 따른 점검 또는 보고 결과 실시되지 않은 교육에 대해서는 지체 없이 그 이행의 지시, 예산의 확보 등 교육 실시에 필요한 조치를 할 것

제6조(안전보건교육의 실시 등) ① 법 제8조 제1항에 따른 안전보건교육(이하 "안전보건교육"이라 한다)은 총 20시간의 범위에서 고용노동부장관이 정하는 바에 따라 이수해야 한다.

② 안전보건교육에는 다음 각 호의 사항이 포함되어야 한다.

1. 안전보건관리체계의 구축 등 안전·보건에 관한 경영 방안

2. 중대산업재해의 원인 분석과 재발 방지 방안

③ 고용노동부장관은 「한국산업안전보건공단법」에 따른 한국산업안전보건공단이나 「산업안전보건법」 제33조에 따라 등록된 안전보건교육기관(이하 "안전보건교육기관등"이라 한다)에 안전보건교육을 의뢰하여 실시할 수 있다.

④ 고용노동부장관은 분기별로 중대산업재해가 발생한 법인 또는 기관을 대상으로 안전보건교육을 이수해야 할 교육대상자를 확정하고 안전보건교육 실시일 30일 전까지 다음 각 호의 사항을 해당 교육대상자에게 통보해야 한다.

1. 안전보건교육을 실시하는 안전보건교육기관등

2. 교육일정

3. 그 밖에 안전보건교육의 실시에 필요한 사항

⑤ 제4항에 따른 통보를 받은 교육대상자는 해당 교육일정에 참여할 수 없는 정당한 사유가 있는 경우에는 안전보건교육 실시일 7일 전까지 고용노동부장관에게 안

전보건교육의 연기를 한 번만 요청할 수 있다.

⑥ 고용노동부장관은 제5항에 따른 연기 요청을 받은 날부터 3일 이내에 연기 가능 여부를 교육대상자에게 통보해야 한다.

⑦ 안전보건교육을 연기하는 경우 교육일정 등의 통보에 관하여는 제4항을 준용한다.

⑧ 안전보건교육에 드는 비용은 안전보건교육기관등에서 수강하는 교육대상자가 부담한다.

⑨ 안전보건교육기관등은 안전보건교육을 실시한 경우에는 지체 없이 안전보건교육 이수자 명단을 고용노동부장관에게 통보해야 한다.

⑩ 안전보건교육을 이수한 교육대상자는 필요한 경우 안전보건교육이수확인서를 발급해 줄 것을 고용노동부장관에게 요청할 수 있다.

⑪ 제10항에 따른 요청을 받은 고용노동부장관은 고용노동부장관이 정하는 바에 따라 안전보건교육이수확인서를 지체 없이 내주어야 한다.

제7조(과태료의 부과기준) 법 제8조 제2항에 따른 과태료의 부과기준은 별표 4와 같다.

제3장 중대시민재해

제8조(원료·제조물 관련 안전보건관리체계의 구축 및 이행 조치) 법 제9조 제1항 제1호에 따른 조치의 구체적인 사항은 다음 각 호와 같다.

1. 다음 각 목의 사항을 이행하는 데 필요한 인력을 갖추어 중대시민재해 예방을 위한 업무를 수행하도록 할 것

   가. 법 제9조 제1항 제4호의 안전·보건 관계 법령에 따른 안전·보건 관리 업무의 수행

   나. 유해·위험요인의 점검과 위험징후 발생 시 대응

   다. 그 밖에 원료·제조물 관련 안전·보건 관리를 위해 환경부장관이 정하여 고시하는 사항

2. 다음 각 목의 사항을 이행하는 데 필요한 예산을 편성·집행할 것

   가. 법 제9조 제1항 제4호의 안전·보건 관계 법령에 따른 인력·시설 및 장비 등의 확보·유지

   나. 유해·위험요인의 점검과 위험징후 발생 시 대응

   다. 그 밖에 원료·제조물 관련 안전·보건 관리를 위해 환경부장관이 정하여 고시하는 사항

3. 별표 5에서 정하는 원료 또는 제조물로 인한 중대시민재해를 예방하기 위해 다음

각 목의 조치를 할 것

가. 유해·위험요인의 주기적인 점검

나. 제보나 위험징후의 감지 등을 통해 발견된 유해·위험요인을 확인한 결과 중대시민재해의 발생 우려가 있는 경우의 신고 및 조치

다. 중대시민재해가 발생한 경우의 보고, 신고 및 조치

라. 중대시민재해 원인조사에 따른 개선조치

4. 제3호 각 목의 조치를 포함한 업무처리절차의 마련. 다만, 「소상공인기본법」제2조에 따른 소상공인의 경우는 제외한다.

5. 제1호 및 제2호의 사항을 반기 1회 이상 점검하고, 점검 결과에 따라 인력을 배치하거나 예산을 추가로 편성·집행하도록 하는 등 중대시민재해 예방에 필요한 조치를 할 것

제9조(원료·제조물 관련 안전·보건 관계 법령에 따른 의무이행에 필요한 관리상의 조치) ① 법 제9조 제1항 제4호에서 "안전·보건 관계 법령"이란 해당 사업 또는 사업장에서 생산·제조·판매·유통 중인 원료나 제조물에 적용되는 것으로서 그 원료나 제조물이 사람의 생명·신체에 미칠 수 있는 유해·위험 요인을 예방하고 안전하게 관리하는 데 관련되는 법령을 말한다.

② 법 제9조 제1항 제4호에 따른 조치의 구체적인 사항은 다음 각 호와 같다.

1. 안전·보건 관계 법령에 따른 의무를 이행했는지를 반기 1회 이상 점검(해당 안전·보건 관계 법령에 따라 중앙행정기관의 장이 지정한 기관 등에 위탁하여 점검하는 경우를 포함한다. 이하 이 호에서 같다)하고, 직접 점검하지 않은 경우에는 점검이 끝난 후 지체 없이 점검 결과를 보고받을 것

2. 제1호에 따른 점검 또는 보고 결과 안전·보건 관계 법령에 따른 의무가 이행되지 않은 사실이 확인되는 경우에는 인력을 배치하거나 예산을 추가로 편성·집행하도록 하는 등 해당 의무 이행에 필요한 조치를 할 것

3. 안전·보건 관계 법령에 따라 의무적으로 실시해야 하는 교육이 실시되는지를 반기 1회 이상 점검하고, 직접 점검하지 않은 경우에는 점검이 끝난 후 지체 없이 점검 결과를 보고받을 것

4. 제3호에 따른 점검 또는 보고 결과 실시되지 않은 교육에 대해서는 지체 없이 그 이행의 지시, 예산의 확보 등 교육 실시에 필요한 조치를 할 것

제10조(공중이용시설·공중교통수단 관련 안전보건관리체계 구축 및 이행에 관한 조치) 법 제9조 제2항 제1호에 따른 조치의 구체적인 사항은 다음 각 호와 같다.

1. 다음 각 목의 사항을 이행하는 데 필요한 인력을 갖추어 중대시민재해 예방을 위

한 업무를 수행하도록 할 것

　가. 법 제9조 제2항 제4호의 안전·보건 관계 법령에 따른 안전관리 업무의 수행

　나. 제4호에 따라 수립된 안전계획의 이행

　다. 그 밖에 공중이용시설 또는 공중교통수단과 그 이용자나 그 밖의 사람의 안전
　　에 관하여 국토교통부장관이 정하여 고시하는 사항

2. 다음 각 목의 사항을 이행하는 데 필요한 예산을 편성·집행할 것

　가. 법 제9조 제2항 제4호의 안전·보건 관계 법령에 따른 인력·시설 및 장비 등
　　의 확보·유지와 안전점검 등의 실시

　나. 제4호에 따라 수립된 안전계획의 이행

　다. 그 밖에 공중이용시설 또는 공중교통수단과 그 이용자나 그 밖의 사람의 안전
　　에 관하여 국토교통부장관이 정하여 고시하는 사항

3. 공중이용시설 또는 공중교통수단에 대한 법 제9조 제2항 제4호의 안전·보건 관
　계 법령에 따른 안전점검 등을 계획하여 수행되도록 할 것

4. 공중이용시설 또는 공중교통수단에 대해 연 1회 이상 다음 각 목의 내용이 포함
　된 안전계획을 수립하게 하고, 충실히 이행하도록 할 것. 다만, 공중이용시설에
　대해 「시설물의 안전 및 유지관리에 관한 특별법」 제6조에 따라 시설물에 대한
　안전 및 유지관리계획을 수립·시행하거나 공중이용시설 또는 공중교통수단에 대
　해 철도운영자가 「철도안전법」 제6조에 따라 연차별 시행계획을 수립·추진하는
　경우로서 사업주 또는 경영책임자등이 그 수립 여부 및 내용을 직접 확인하거나
　보고받은 경우에는 안전계획을 수립하여 이행한 것으로 본다.

　가. 공중이용시설 또는 공중교통수단의 안전과 유지관리를 위한 인력의 확보에
　　관한 사항

　나. 공중이용시설의 안전점검 또는 정밀안전진단의 실시와 공중교통수단의 점검·
　　정비(점검·정비에 필요한 장비를 확보하는 것을 포함한다)에 관한 사항

　다. 공중이용시설 또는 공중교통수단의 보수·보강 등 유지관리에 관한 사항

5. 제1호부터 제4호까지에서 규정한 사항을 반기 1회 이상 점검하고, 직접 점검하지
　않은 경우에는 점검이 끝난 후 지체 없이 점검 결과를 보고받을 것

6. 제5호에 따른 점검 또는 보고 결과에 따라 인력을 배치하거나 예산을 추가로 편
　성·집행하도록 하는 등 중대시민재해 예방에 필요한 조치를 할 것

7. 중대시민재해 예방을 위해 다음 각 목의 사항이 포함된 업무처리절차를 마련하여
　이행할 것. 다만, 철도운영자가 「철도안전법」 제7조에 따라 비상대응계획을 포함
　한 철도안전관리체계를 수립하여 시행하거나 항공운송사업자가 「항공안전법」 제
　58조 제2항에 따라 위기대응계획을 포함한 항공안전관리시스템을 마련하여 운용

한 경우로서 사업주 또는 경영책임자등이 그 수립 여부 및 내용을 직접 점검하거나 점검 결과를 보고받은 경우에는 업무처리절차를 마련하여 이행한 것으로 본다.

가. 공중이용시설 또는 공중교통수단의 유해·위험요인의 확인·점검에 관한 사항

나. 공중이용시설 또는 공중교통수단의 유해·위험요인을 발견한 경우 해당 사항의 신고·조치요구, 이용 제한, 보수·보강 등 그 개선에 관한 사항

다. 중대시민재해가 발생한 경우 사상자 등에 대한 긴급구호조치, 공중이용시설 또는 공중교통수단에 대한 긴급안전점검, 위험표지 설치 등 추가 피해방지 조치, 관계 행정기관 등에 대한 신고와 원인조사에 따른 개선조치에 관한 사항

라. 공중교통수단 또는 「시설물의 안전 및 유지관리에 관한 특별법」 제7조 제1호의 제1종시설물에서 비상상황이나 위급상황 발생 시 대피훈련에 관한 사항

8. 제3자에게 공중이용시설 또는 공중교통수단의 운영·관리 업무의 도급, 용역, 위탁 등을 하는 경우 공중이용시설 또는 공중교통수단과 그 이용자나 그 밖의 사람의 안전을 확보하기 위해 다음 각 목에 따른 기준과 절차를 마련하고, 그 기준과 절차에 따라 도급, 용역, 위탁 등이 이루어지는지를 연 1회 이상 점검하고, 직접 점검하지 않은 경우에는 점검이 끝난 후 지체 없이 점검 결과를 보고받을 것

가. 중대시민재해 예방을 위한 조치능력 및 안전관리능력에 관한 평가기준·절차

나. 도급, 용역, 위탁 등의 업무 수행 시 중대시민재해 예방을 위해 필요한 비용에 관한 기준

제11조(공중이용시설·공중교통수단 관련 안전·보건 관계 법령에 따른 의무이행에 필요한 관리상의 조치) ① 법 제9조 제2항 제4호에서 "안전·보건 관계 법령"이란 해당 공중이용시설·공중교통수단에 적용되는 것으로서 이용자나 그 밖의 사람의 안전·보건을 확보하는 데 관련되는 법령을 말한다.

② 법 제9조 제2항 제4호에 따른 조치의 구체적인 사항은 다음 각 호와 같다.

1. 안전·보건 관계 법령에 따른 의무를 이행했는지를 연 1회 이상 점검(해당 안전·보건 관계 법령에 따라 중앙행정기관의 장이 지정한 기관 등에 위탁하여 점검하는 경우를 포함한다. 이하 이 호에서 같다)하고, 직접 점검하지 않은 경우에는 점검이 끝난 후 지체 없이 점검 결과를 보고받을 것

2. 제1호에 따른 점검 또는 보고 결과 안전·보건 관계 법령에 따른 의무가 이행되지 않은 사실이 확인되는 경우에는 인력을 배치하거나 예산을 추가로 편성·집행하도록 하는 등 해당 의무 이행에 필요한 조치를 할 것

3. 안전·보건 관계 법령에 따라 공중이용시설의 안전을 관리하는 자나 공중교통수단의 시설 및 설비를 정비·점검하는 종사자가 의무적으로 이수해야 하는 교육을 이수했는지를 연 1회 이상 점검하고, 직접 점검하지 않은 경우에는 점검이 끝난

후 지체 없이 점검 결과를 보고받을 것

4. 제3호에 따른 점검 또는 보고 결과 실시되지 않은 교육에 대해서는 지체 없이 그 이행의 지시 등 교육 실시에 필요한 조치를 할 것

제4장 보칙

제12조(중대산업재해 발생사실의 공표) ① 법 제13조 제1항에 따른 공표(이하 이 조에서 "공표"라 한다)는 법 제4조에 따른 의무를 위반하여 발생한 중대산업재해로 법 제12조에 따라 범죄의 형이 확정되어 통보된 사업장을 대상으로 한다.

② 공표 내용은 다음 각 호의 사항으로 한다.

1. "중대산업재해 발생사실의 공표"라는 공표의 제목
2. 해당 사업장의 명칭
3. 중대산업재해가 발생한 일시·장소
4. 중대산업재해를 입은 사람의 수
5. 중대산업재해의 내용과 그 원인(사업주 또는 경영책임자등의 위반사항을 포함한다)
6. 해당 사업장에서 최근 5년 내 중대산업재해의 발생 여부

③ 고용노동부장관은 공표하기 전에 해당 사업장의 사업주 또는 경영책임자등에게 공표하려는 내용을 통지하고 30일 이상의 기간을 정하여 그에 대해 소명자료를 제출하게 하거나 의견을 진술할 수 있는 기회를 주어야 한다.

④ 공표는 관보, 고용노동부나 「한국산업안전보건공단법」에 따른 한국산업안전보건공단의 홈페이지에 게시하는 방법으로 한다.

⑤ 제4항에 따라 홈페이지에 게시하는 방법으로 공표하는 경우 공표기간은 1년으로 한다.

제13조(조치 등의 이행사항에 관한 서면의 보관) 사업주 또는 경영책임자등(「소상공인기본법」 제2조에 따른 소상공인은 제외한다)은 제4조, 제5조 및 제8조부터 제11조까지의 규정에 따른 조치 등의 이행에 관한 사항을 서면(「전자문서 및 전자거래 기본법」 제2조 제1호에 따른 전자문서를 포함한다)으로 작성하여 그 조치 등을 이행한 날부터 5년간 보관해야 한다.

부칙 〈제32020호, 2021. 10. 5.〉

이 영은 2022년 1월 27일부터 시행한다.

산업안전보건법

[시행 2021. 11. 19.] [법률 제18180호, 2021. 5. 18., 일부개정]

제1장 총칙

제1조(목적) 이 법은 산업 안전 및 보건에 관한 기준을 확립하고 그 책임의 소재를 명확하게 하여 산업재해를 예방하고 쾌적한 작업환경을 조성함으로써 노무를 제공하는 사람의 안전 및 보건을 유지·증진함을 목적으로 한다. <개정 2020. 5. 26.>

제2조(정의) 이 법에서 사용하는 용어의 뜻은 다음과 같다. <개정 2020. 5. 26.>

1. "산업재해"란 노무를 제공하는 사람이 업무에 관계되는 건설물·설비·원재료·가스·증기·분진 등에 의하거나 작업 또는 그 밖의 업무로 인하여 사망 또는 부상하거나 질병에 걸리는 것을 말한다.
2. "중대재해"란 산업재해 중 사망 등 재해 정도가 심하거나 다수의 재해자가 발생한 경우로서 고용노동부령으로 정하는 재해를 말한다.
3. "근로자"란 「근로기준법」 제2조 제1항 제1호에 따른 근로자를 말한다.
4. "사업주"란 근로자를 사용하여 사업을 하는 자를 말한다.
5. "근로자대표"란 근로자의 과반수로 조직된 노동조합이 있는 경우에는 그 노동조합을, 근로자의 과반수로 조직된 노동조합이 없는 경우에는 근로자의 과반수를 대표하는 자를 말한다.
6. "도급"이란 명칭에 관계없이 물건의 제조·건설·수리 또는 서비스의 제공, 그 밖의 업무를 타인에게 맡기는 계약을 말한다.
7. "도급인"이란 물건의 제조·건설·수리 또는 서비스의 제공, 그 밖의 업무를 도급하는 사업주를 말한다. 다만, 건설공사발주자는 제외한다.
8. "수급인"이란 도급인으로부터 물건의 제조·건설·수리 또는 서비스의 제공, 그 밖의 업무를 도급받은 사업주를 말한다.
9. "관계수급인"이란 도급이 여러 단계에 걸쳐 체결된 경우에 각 단계별로 도급받은 사업주 전부를 말한다.
10. "건설공사발주자"란 건설공사를 도급하는 자로서 건설공사의 시공을 주도하여 총괄·관리하지 아니하는 자를 말한다. 다만, 도급받은 건설공사를 다시 도급하는

자는 제외한다.

11. "건설공사"란 다음 각 목의 어느 하나에 해당하는 공사를 말한다.

　　가. 「건설산업기본법」 제2조 제4호에 따른 건설공사

　　나. 「전기공사업법」 제2조 제1호에 따른 전기공사

　　다. 「정보통신공사업법」 제2조 제2호에 따른 정보통신공사

　　라. 「소방시설공사업법」에 따른 소방시설공사

　　마. 「문화재수리 등에 관한 법률」에 따른 문화재수리공사

12. "안전보건진단"이란 산업재해를 예방하기 위하여 잠재적 위험성을 발견하고 그 개선대책을 수립할 목적으로 조사·평가하는 것을 말한다.

13. "작업환경측정"이란 작업환경 실태를 파악하기 위하여 해당 근로자 또는 작업장에 대하여 사업주가 유해인자에 대한 측정계획을 수립한 후 시료(試料)를 채취하고 분석·평가하는 것을 말한다.

제3조(적용 범위) 이 법은 모든 사업에 적용한다. 다만, 유해·위험의 정도, 사업의 종류, 사업장의 상시근로자 수(건설공사의 경우에는 건설공사 금액을 말한다. 이하 같다) 등을 고려하여 대통령령으로 정하는 종류의 사업 또는 사업장에는 이 법의 전부 또는 일부를 적용하지 아니할 수 있다.

제4조(정부의 책무) ① 정부는 이 법의 목적을 달성하기 위하여 다음 각 호의 사항을 성실히 이행할 책무를 진다. <개정 2020. 5. 26.>

1. 산업 안전 및 보건 정책의 수립 및 집행

2. 산업재해 예방 지원 및 지도

3. 「근로기준법」 제76조의2에 따른 직장 내 괴롭힘 예방을 위한 조치기준 마련, 지도 및 지원

4. 사업주의 자율적인 산업 안전 및 보건 경영체제 확립을 위한 지원

5. 산업 안전 및 보건에 관한 의식을 북돋우기 위한 홍보·교육 등 안전문화 확산 추진

6. 산업 안전 및 보건에 관한 기술의 연구·개발 및 시설의 설치·운영

7. 산업재해에 관한 조사 및 통계의 유지·관리

8. 산업 안전 및 보건 관련 단체 등에 대한 지원 및 지도·감독

9. 그 밖에 노무를 제공하는 사람의 안전 및 건강의 보호·증진

② 정부는 제1항 각 호의 사항을 효율적으로 수행하기 위하여 「한국산업안전보건공단법」에 따른 한국산업안전보건공단(이하 "공단"이라 한다), 그 밖의 관련 단체 및 연구기관에 행정적·재정적 지원을 할 수 있다.

제4조의2(지방자치단체의 책무) 지방자치단체는 제4조 제1항에 따른 정부의 정책에 적

극 협조하고, 관할 지역의 산업재해를 예방하기 위한 대책을 수립·시행하여야 한다. [본조신설 2021. 5. 18.]

제4조의3(지방자치단체의 산업재해 예방 활동 등) ① 지방자치단체의 장은 관할 지역 내에서의 산업재해 예방을 위하여 자체 계획의 수립, 교육, 홍보 및 안전한 작업환경 조성을 지원하기 위한 사업장 지도 등 필요한 조치를 할 수 있다.

② 정부는 제1항에 따른 지방자치단체의 산업재해 예방 활동에 필요한 행정적·재정적 지원을 할 수 있다.

③ 제1항에 따른 산업재해 예방 활동에 필요한 사항은 지방자치단체가 조례로 정할 수 있다.

[본조신설 2021. 5. 18.]

제5조(사업주 등의 의무) ① 사업주(제77조에 따른 특수형태근로종사자로부터 노무를 제공받는 자와 제78조에 따른 물건의 수거·배달 등을 중개하는 자를 포함한다. 이하 이 조 및 제6조에서 같다)는 다음 각 호의 사항을 이행함으로써 근로자(제77조에 따른 특수형태근로종사자와 제78조에 따른 물건의 수거·배달 등을 하는 사람을 포함한다. 이하 이 조 및 제6조에서 같다)의 안전 및 건강을 유지·증진시키고 국가의 산업재해 예방정책을 따라야 한다. <개정 2020. 5. 26.>

1. 이 법과 이 법에 따른 명령으로 정하는 산업재해 예방을 위한 기준

2. 근로자의 신체적 피로와 정신적 스트레스 등을 줄일 수 있는 쾌적한 작업환경의 조성 및 근로조건 개선

3. 해당 사업장의 안전 및 보건에 관한 정보를 근로자에게 제공

② 다음 각 호의 어느 하나에 해당하는 자는 발주·설계·제조·수입 또는 건설을 할 때 이 법과 이 법에 따른 명령으로 정하는 기준을 지켜야 하고, 발주·설계·제조·수입 또는 건설에 사용되는 물건으로 인하여 발생하는 산업재해를 방지하기 위하여 필요한 조치를 하여야 한다.

1. 기계·기구와 그 밖의 설비를 설계·제조 또는 수입하는 자

2. 원재료 등을 제조·수입하는 자

3. 건설물을 발주·설계·건설하는 자

제6조(근로자의 의무) 근로자는 이 법과 이 법에 따른 명령으로 정하는 산업재해 예방을 위한 기준을 지켜야 하며, 사업주 또는 「근로기준법」 제101조에 따른 근로감독관, 공단 등 관계인이 실시하는 산업재해 예방에 관한 조치에 따라야 한다.

제7조(산업재해 예방에 관한 기본계획의 수립·공표) ① 고용노동부장관은 산업재해

예방에 관한 기본계획을 수립하여야 한다.

② 고용노동부장관은 제1항에 따라 수립한 기본계획을 「산업재해보상보험법」 제8조 제1항에 따른 산업재해보상보험및예방심의위원회의 심의를 거쳐 공표하여야 한다. 이를 변경하려는 경우에도 또한 같다.

제8조(협조 요청 등) ① 고용노동부장관은 제7조 제1항에 따른 기본계획을 효율적으로 시행하기 위하여 필요하다고 인정할 때에는 관계 행정기관의 장 또는 「공공기관의 운영에 관한 법률」 제4조에 따른 공공기관의 장에게 필요한 협조를 요청할 수 있다.

② 행정기관(고용노동부는 제외한다. 이하 이 조에서 같다)의 장은 사업장의 안전 및 보건에 관하여 규제를 하려면 미리 고용노동부장관과 협의하여야 한다.

③ 행정기관의 장은 고용노동부장관이 제2항에 따른 협의과정에서 해당 규제에 대한 변경을 요구하면 이에 따라야 하며, 고용노동부장관은 필요한 경우 국무총리에게 협의·조정 사항을 보고하여 확정할 수 있다.

④ 고용노동부장관은 산업재해 예방을 위하여 필요하다고 인정할 때에는 사업주, 사업주단체, 그 밖의 관계인에게 필요한 사항을 권고하거나 협조를 요청할 수 있다.

⑤ 고용노동부장관은 산업재해 예방을 위하여 중앙행정기관의 장과 지방자치단체의 장 또는 공단 등 관련 기관·단체의 장에게 다음 각 호의 정보 또는 자료의 제공 및 관계 전산망의 이용을 요청할 수 있다. 이 경우 요청을 받은 중앙행정기관의 장과 지방자치단체의 장 또는 관련 기관·단체의 장은 정당한 사유가 없으면 그 요청에 따라야 한다.

1. 「부가가치세법」 제8조 및 「법인세법」 제111조에 따른 사업자등록에 관한 정보
2. 「고용보험법」 제15조에 따른 근로자의 피보험자격의 취득 및 상실 등에 관한 정보
3. 그 밖에 산업재해 예방사업을 수행하기 위하여 필요한 정보 또는 자료로서 대통령령으로 정하는 정보 또는 자료

제9조(산업재해 예방 통합정보시스템 구축·운영 등) ① 고용노동부장관은 산업재해를 체계적이고 효율적으로 예방하기 위하여 산업재해 예방 통합정보시스템을 구축·운영할 수 있다.

② 고용노동부장관은 제1항에 따른 산업재해 예방 통합정보시스템으로 처리한 산업안전 및 보건 등에 관한 정보를 고용노동부령으로 정하는 바에 따라 관련 행정기관과 공단에 제공할 수 있다.

③ 제1항에 따른 산업재해 예방 통합정보시스템의 구축·운영, 그 밖에 필요한 사항은 대통령령으로 정한다.

제10조(산업재해 발생건수 등의 공표) ① 고용노동부장관은 산업재해를 예방하기 위

하여 대통령령으로 정하는 사업장의 근로자 산업재해 발생건수, 재해율 또는 그 순위 등(이하 "산업재해발생건수등"이라 한다)을 공표하여야 한다.

② 고용노동부장관은 도급인의 사업장(도급인이 제공하거나 지정한 경우로서 도급인이 지배·관리하는 대통령령으로 정하는 장소를 포함한다. 이하 같다) 중 대통령령으로 정하는 사업장에서 관계수급인 근로자가 작업을 하는 경우에 도급인의 산업재해발생건수등에 관계수급인의 산업재해발생건수등을 포함하여 제1항에 따라 공표하여야 한다.

③ 고용노동부장관은 제2항에 따라 산업재해발생건수등을 공표하기 위하여 도급인에게 관계수급인에 관한 자료의 제출을 요청할 수 있다. 이 경우 요청을 받은 자는 정당한 사유가 없으면 이에 따라야 한다.

④ 제1항 및 제2항에 따른 공표의 절차 및 방법, 그 밖에 필요한 사항은 고용노동부령으로 정한다.

제11조(산업재해 예방시설의 설치·운영) 고용노동부장관은 산업재해 예방을 위하여 다음 각 호의 시설을 설치·운영할 수 있다. <개정 2020. 5. 26.>

1. 산업 안전 및 보건에 관한 지도시설, 연구시설 및 교육시설
2. 안전보건진단 및 작업환경측정을 위한 시설
3. 노무를 제공하는 사람의 건강을 유지·증진하기 위한 시설
4. 그 밖에 고용노동부령으로 정하는 산업재해 예방을 위한 시설

제12조(산업재해 예방의 재원) 다음 각 호의 어느 하나에 해당하는 용도에 사용하기 위한 재원(財源)은 「산업재해보상보험법」 제95조 제1항에 따른 산업재해보상보험및 예방기금에서 지원한다.

1. 제11조 각 호에 따른 시설의 설치와 그 운영에 필요한 비용
2. 산업재해 예방 관련 사업 및 비영리법인에 위탁하는 업무 수행에 필요한 비용
3. 그 밖에 산업재해 예방에 필요한 사업으로서 고용노동부장관이 인정하는 사업의 사업비

제13조(기술 또는 작업환경에 관한 표준) ① 고용노동부장관은 산업재해 예방을 위하여 다음 각 호의 조치와 관련된 기술 또는 작업환경에 관한 표준을 정하여 사업주에게 지도·권고할 수 있다.

1. 제5조 제2항 각 호의 어느 하나에 해당하는 자가 같은 항에 따라 산업재해를 방지하기 위하여 하여야 할 조치
2. 제38조 및 제39조에 따라 사업주가 하여야 할 조치

② 고용노동부장관은 제1항에 따른 표준을 정할 때 필요하다고 인정하면 해당 분야

별로 표준제정위원회를 구성·운영할 수 있다.

③ 제2항에 따른 표준제정위원회의 구성·운영, 그 밖에 필요한 사항은 고용노동부장관이 정한다.

제2장 안전보건관리체제 등

제1절 안전보건관리체제

제14조(이사회 보고 및 승인 등) ① 「상법」 제170조에 따른 주식회사 중 대통령령으로 정하는 회사의 대표이사는 대통령령으로 정하는 바에 따라 매년 회사의 안전 및 보건에 관한 계획을 수립하여 이사회에 보고하고 승인을 받아야 한다.

② 제1항에 따른 대표이사는 제1항에 따른 안전 및 보건에 관한 계획을 성실하게 이행하여야 한다.

③ 제1항에 따른 안전 및 보건에 관한 계획에는 안전 및 보건에 관한 비용, 시설, 인원 등의 사항을 포함하여야 한다.

제15조(안전보건관리책임자) ① 사업주는 사업장을 실질적으로 총괄하여 관리하는 사람에게 해당 사업장의 다음 각 호의 업무를 총괄하여 관리하도록 하여야 한다.

1. 사업장의 산업재해 예방계획의 수립에 관한 사항
2. 제25조 및 제26조에 따른 안전보건관리규정의 작성 및 변경에 관한 사항
3. 제29조에 따른 안전보건교육에 관한 사항
4. 작업환경측정 등 작업환경의 점검 및 개선에 관한 사항
5. 제129조부터 제132조까지에 따른 근로자의 건강진단 등 건강관리에 관한 사항
6. 산업재해의 원인 조사 및 재발 방지대책 수립에 관한 사항
7. 산업재해에 관한 통계의 기록 및 유지에 관한 사항
8. 안전장치 및 보호구 구입 시 적격품 여부 확인에 관한 사항
9. 그 밖에 근로자의 유해·위험 방지조치에 관한 사항으로서 고용노동부령으로 정하는 사항

② 제1항 각 호의 업무를 총괄하여 관리하는 사람(이하 "안전보건관리책임자"라 한다)은 제17조에 따른 안전관리자와 제18조에 따른 보건관리자를 지휘·감독한다.

③ 안전보건관리책임자를 두어야 하는 사업의 종류와 사업장의 상시근로자 수, 그 밖에 필요한 사항은 대통령령으로 정한다.

제16조(관리감독자) ① 사업주는 사업장의 생산과 관련되는 업무와 그 소속 직원을 직

접 지휘·감독하는 직위에 있는 사람(이하 "관리감독자"라 한다)에게 산업 안전 및 보건에 관한 업무로서 대통령령으로 정하는 업무를 수행하도록 하여야 한다.

② 관리감독자가 있는 경우에는 「건설기술 진흥법」 제64조 제1항 제2호에 따른 안전관리책임자 및 같은 항 제3호에 따른 안전관리담당자를 각각 둔 것으로 본다.

제17조(안전관리자) ① 사업주는 사업장에 제15조 제1항 각 호의 사항 중 안전에 관한 기술적인 사항에 관하여 사업주 또는 안전보건관리책임자를 보좌하고 관리감독자에게 지도·조언하는 업무를 수행하는 사람(이하 "안전관리자"라 한다)을 두어야 한다.

② 안전관리자를 두어야 하는 사업의 종류와 사업장의 상시근로자 수, 안전관리자의 수·자격·업무·권한·선임방법, 그 밖에 필요한 사항은 대통령령으로 정한다.

③ 대통령령으로 정하는 사업의 종류 및 사업장의 상시근로자 수에 해당하는 사업장의 사업주는 안전관리자에게 그 업무만을 전담하도록 하여야 한다. <신설 2021. 5. 18.>

④ 고용노동부장관은 산업재해 예방을 위하여 필요한 경우로서 고용노동부령으로 정하는 사유에 해당하는 경우에는 사업주에게 안전관리자를 제2항에 따라 대통령령으로 정하는 수 이상으로 늘리거나 교체할 것을 명할 수 있다. <개정 2021. 5. 18.>

⑤ 대통령령으로 정하는 사업의 종류 및 사업장의 상시근로자 수에 해당하는 사업장의 사업주는 제21조에 따라 지정받은 안전관리 업무를 전문적으로 수행하는 기관(이하 "안전관리전문기관"이라 한다)에 안전관리자의 업무를 위탁할 수 있다. <개정 2021. 5. 18.>

제18조(보건관리자) ① 사업주는 사업장에 제15조 제1항 각 호의 사항 중 보건에 관한 기술적인 사항에 관하여 사업주 또는 안전보건관리책임자를 보좌하고 관리감독자에게 지도·조언하는 업무를 수행하는 사람(이하 "보건관리자"라 한다)을 두어야 한다.

② 보건관리자를 두어야 하는 사업의 종류와 사업장의 상시근로자 수, 보건관리자의 수·자격·업무·권한·선임방법, 그 밖에 필요한 사항은 대통령령으로 정한다.

③ 대통령령으로 정하는 사업의 종류 및 사업장의 상시근로자 수에 해당하는 사업장의 사업주는 보건관리자에게 그 업무만을 전담하도록 하여야 한다. <신설 2021. 5. 18.>

④ 고용노동부장관은 산업재해 예방을 위하여 필요한 경우로서 고용노동부령으로 정하는 사유에 해당하는 경우에는 사업주에게 보건관리자를 제2항에 따라 대통령령으로 정하는 수 이상으로 늘리거나 교체할 것을 명할 수 있다. <개정 2021. 5. 18.>

⑤ 대통령령으로 정하는 사업의 종류 및 사업장의 상시근로자 수에 해당하는 사업장의 사업주는 제21조에 따라 지정받은 보건관리 업무를 전문적으로 수행하는 기관(이하 "보건관리전문기관"이라 한다)에 보건관리자의 업무를 위탁할 수 있다. <개정 2021. 5. 18.>

제19조(안전보건관리담당자) ① 사업주는 사업장에 안전 및 보건에 관하여 사업주를 보좌하고 관리감독자에게 지도·조언하는 업무를 수행하는 사람(이하 "안전보건관리담당자"라 한다)을 두어야 한다. 다만, 안전관리자 또는 보건관리자가 있거나 이를 두어야 하는 경우에는 그러하지 아니하다.

② 안전보건관리담당자를 두어야 하는 사업의 종류와 사업장의 상시근로자 수, 안전보건관리담당자의 수·자격·업무·권한·선임방법, 그 밖에 필요한 사항은 대통령령으로 정한다.

③ 고용노동부장관은 산업재해 예방을 위하여 필요한 경우로서 고용노동부령으로 정하는 사유에 해당하는 경우에는 사업주에게 안전보건관리담당자를 제2항에 따라 대통령령으로 정하는 수 이상으로 늘리거나 교체할 것을 명할 수 있다.

④ 대통령령으로 정하는 사업의 종류 및 사업장의 상시근로자 수에 해당하는 사업장의 사업주는 안전관리전문기관 또는 보건관리전문기관에 안전보건관리담당자의 업무를 위탁할 수 있다.

제20조(안전관리자 등의 지도·조언) 사업주, 안전보건관리책임자 및 관리감독자는 다음 각 호의 어느 하나에 해당하는 자가 제15조 제1항 각 호의 사항 중 안전 또는 보건에 관한 기술적인 사항에 관하여 지도·조언하는 경우에는 이에 상응하는 적절한 조치를 하여야 한다.

1. 안전관리자

2. 보건관리자

3. 안전보건관리담당자

4. 안전관리전문기관 또는 보건관리전문기관(해당 업무를 위탁받은 경우에 한정한다)

제21조(안전관리전문기관 등) ① 안전관리전문기관 또는 보건관리전문기관이 되려는 자는 대통령령으로 정하는 인력·시설 및 장비 등의 요건을 갖추어 고용노동부장관의 지정을 받아야 한다.

② 고용노동부장관은 안전관리전문기관 또는 보건관리전문기관에 대하여 평가하고 그 결과를 공개할 수 있다. 이 경우 평가의 기준·방법 및 결과의 공개에 필요한 사항은 고용노동부령으로 정한다.

③ 안전관리전문기관 또는 보건관리전문기관의 지정 절차, 업무 수행에 관한 사항,

위탁받은 업무를 수행할 수 있는 지역, 그 밖에 필요한 사항은 고용노동부령으로 정한다.

④ 고용노동부장관은 안전관리전문기관 또는 보건관리전문기관이 다음 각 호의 어느 하나에 해당할 때에는 그 지정을 취소하거나 6개월 이내의 기간을 정하여 그 업무의 정지를 명할 수 있다. 다만, 제1호 또는 제2호에 해당할 때에는 그 지정을 취소하여야 한다.

1. 거짓이나 그 밖의 부정한 방법으로 지정을 받은 경우
2. 업무정지 기간 중에 업무를 수행한 경우
3. 제1항에 따른 지정 요건을 충족하지 못한 경우
4. 지정받은 사항을 위반하여 업무를 수행한 경우
5. 그 밖에 대통령령으로 정하는 사유에 해당하는 경우

⑤ 제4항에 따라 지정이 취소된 자는 지정이 취소된 날부터 2년 이내에는 각각 해당 안전관리전문기관 또는 보건관리전문기관으로 지정받을 수 없다.

제22조(산업보건의) ① 사업주는 근로자의 건강관리나 그 밖에 보건관리자의 업무를 지도하기 위하여 사업장에 산업보건의를 두어야 한다. 다만, 「의료법」 제2조에 따른 의사를 보건관리자로 둔 경우에는 그러하지 아니하다.

② 제1항에 따른 산업보건의(이하 "산업보건의"라 한다)를 두어야 하는 사업의 종류와 사업장의 상시근로자 수 및 산업보건의의 자격·직무·권한·선임방법, 그 밖에 필요한 사항은 대통령령으로 정한다.

제23조(명예산업안전감독관) ① 고용노동부장관은 산업재해 예방활동에 대한 참여와 지원을 촉진하기 위하여 근로자, 근로자단체, 사업주단체 및 산업재해 예방 관련 전문단체에 소속된 사람 중에서 명예산업안전감독관을 위촉할 수 있다.

② 사업주는 제1항에 따른 명예산업안전감독관(이하 "명예산업안전감독관"이라 한다)에 대하여 직무 수행과 관련한 사유로 불리한 처우를 해서는 아니 된다.

③ 명예산업안전감독관의 위촉 방법, 업무, 그 밖에 필요한 사항은 대통령령으로 정한다.

제24조(산업안전보건위원회) ① 사업주는 사업장의 안전 및 보건에 관한 중요 사항을 심의·의결하기 위하여 사업장에 근로자위원과 사용자위원이 같은 수로 구성되는 산업안전보건위원회를 구성·운영하여야 한다.

② 사업주는 다음 각 호의 사항에 대해서는 제1항에 따른 산업안전보건위원회(이하 "산업안전보건위원회"라 한다)의 심의·의결을 거쳐야 한다.

1. 제15조 제1항 제1호부터 제5호까지 및 제7호에 관한 사항

2. 제15조 제1항 제6호에 따른 사항 중 중대재해에 관한 사항

3. 유해하거나 위험한 기계·기구·설비를 도입한 경우 안전 및 보건 관련 조치에 관한 사항

4. 그 밖에 해당 사업장 근로자의 안전 및 보건을 유지·증진시키기 위하여 필요한 사항

③ 산업안전보건위원회는 대통령령으로 정하는 바에 따라 회의를 개최하고 그 결과를 회의록으로 작성하여 보존하여야 한다.

④ 사업주와 근로자는 제2항에 따라 산업안전보건위원회가 심의·의결한 사항을 성실하게 이행하여야 한다.

⑤ 산업안전보건위원회는 이 법, 이 법에 따른 명령, 단체협약, 취업규칙 및 제25조에 따른 안전보건관리규정에 반하는 내용으로 심의·의결해서는 아니 된다.

⑥ 사업주는 산업안전보건위원회의 위원에게 직무 수행과 관련한 사유로 불리한 처우를 해서는 아니 된다.

⑦ 산업안전보건위원회를 구성하여야 할 사업의 종류 및 사업장의 상시근로자 수, 산업안전보건위원회의 구성·운영 및 의결되지 아니한 경우의 처리방법, 그 밖에 필요한 사항은 대통령령으로 정한다.

제2절 안전보건관리규정

제25조(안전보건관리규정의 작성) ① 사업주는 사업장의 안전 및 보건을 유지하기 위하여 다음 각 호의 사항이 포함된 안전보건관리규정을 작성하여야 한다.

1. 안전 및 보건에 관한 관리조직과 그 직무에 관한 사항

2. 안전보건교육에 관한 사항

3. 작업장의 안전 및 보건 관리에 관한 사항

4. 사고 조사 및 대책 수립에 관한 사항

5. 그 밖에 안전 및 보건에 관한 사항

② 제1항에 따른 안전보건관리규정(이하 "안전보건관리규정"이라 한다)은 단체협약 또는 취업규칙에 반할 수 없다. 이 경우 안전보건관리규정 중 단체협약 또는 취업규칙에 반하는 부분에 관하여는 그 단체협약 또는 취업규칙으로 정한 기준에 따른다.

③ 안전보건관리규정을 작성하여야 할 사업의 종류, 사업장의 상시근로자 수 및 안전보건관리규정에 포함되어야 할 세부적인 내용, 그 밖에 필요한 사항은 고용노동부령으로 정한다.

제26조(안전보건관리규정의 작성·변경 절차) 사업주는 안전보건관리규정을 작성하거나 변경할 때에는 산업안전보건위원회의 심의·의결을 거쳐야 한다. 다만, 산업안전

보건위원회가 설치되어 있지 아니한 사업장의 경우에는 근로자대표의 동의를 받아야 한다.

제27조(안전보건관리규정의 준수) 사업주와 근로자는 안전보건관리규정을 지켜야 한다.

제28조(다른 법률의 준용) 안전보건관리규정에 관하여 이 법에서 규정한 것을 제외하고는 그 성질에 반하지 아니하는 범위에서 「근로기준법」 중 취업규칙에 관한 규정을 준용한다.

제3장 안전보건교육

제29조(근로자에 대한 안전보건교육) ① 사업주는 소속 근로자에게 고용노동부령으로 정하는 바에 따라 정기적으로 안전보건교육을 하여야 한다.

② 사업주는 근로자를 채용할 때와 작업내용을 변경할 때에는 그 근로자에게 고용노동부령으로 정하는 바에 따라 해당 작업에 필요한 안전보건교육을 하여야 한다. 다만, 제31조 제1항에 따른 안전보건교육을 이수한 건설 일용근로자를 채용하는 경우에는 그러하지 아니하다. <개정 2020. 6. 9.>

③ 사업주는 근로자를 유해하거나 위험한 작업에 채용하거나 그 작업으로 작업내용을 변경할 때에는 제2항에 따른 안전보건교육 외에 고용노동부령으로 정하는 바에 따라 유해하거나 위험한 작업에 필요한 안전보건교육을 추가로 하여야 한다.

④ 사업주는 제1항부터 제3항까지의 규정에 따른 안전보건교육을 제33조에 따라 고용노동부장관에게 등록한 안전보건교육기관에 위탁할 수 있다.

제30조(근로자에 대한 안전보건교육의 면제 등) ① 사업주는 제29조 제1항에도 불구하고 다음 각 호의 어느 하나에 해당하는 경우에는 같은 항에 따른 안전보건교육의 전부 또는 일부를 하지 아니할 수 있다.

1. 사업장의 산업재해 발생 정도가 고용노동부령으로 정하는 기준에 해당하는 경우
2. 근로자가 제11조 제3호에 따른 시설에서 건강관리에 관한 교육 등 고용노동부령으로 정하는 교육을 이수한 경우
3. 관리감독자가 산업 안전 및 보건 업무의 전문성 제고를 위한 교육 등 고용노동부령으로 정하는 교육을 이수한 경우

② 사업주는 제29조 제2항 또는 제3항에도 불구하고 해당 근로자가 채용 또는 변경된 작업에 경험이 있는 등 고용노동부령으로 정하는 경우에는 같은 조 제2항 또는 제3항에 따른 안전보건교육의 전부 또는 일부를 하지 아니할 수 있다.

제31조(건설업 기초안전보건교육) ① 건설업의 사업주는 건설 일용근로자를 채용할 때에는 그 근로자로 하여금 제33조에 따른 안전보건교육기관이 실시하는 안전보건교육을 이수하도록 하여야 한다. 다만, 건설 일용근로자가 그 사업주에게 채용되기 전에 안전보건교육을 이수한 경우에는 그러하지 아니하다.
② 제1항 본문에 따른 안전보건교육의 시간·내용 및 방법, 그 밖에 필요한 사항은 고용노동부령으로 정한다.

제32조(안전보건관리책임자 등에 대한 직무교육) ① 사업주(제5호의 경우는 같은 호 각 목에 따른 기관의 장을 말한다)는 다음 각 호에 해당하는 사람에게 제33조에 따른 안전보건교육기관에서 직무와 관련한 안전보건교육을 이수하도록 하여야 한다. 다만, 다음 각 호에 해당하는 사람이 다른 법령에 따라 안전 및 보건에 관한 교육을 받는 등 고용노동부령으로 정하는 경우에는 안전보건교육의 전부 또는 일부를 하지 아니할 수 있다.
1. 안전보건관리책임자
2. 안전관리자
3. 보건관리자
4. 안전보건관리담당자
5. 다음 각 목의 기관에서 안전과 보건에 관련된 업무에 종사하는 사람
　가. 안전관리전문기관
　나. 보건관리전문기관
　다. 제74조에 따라 지정받은 건설재해예방전문지도기관
　라. 제96조에 따라 지정받은 안전검사기관
　마. 제100조에 따라 지정받은 자율안전검사기관
　바. 제120조에 따라 지정받은 석면조사기관
② 제1항 각 호 외의 부분 본문에 따른 안전보건교육의 시간·내용 및 방법, 그 밖에 필요한 사항은 고용노동부령으로 정한다.

제33조(안전보건교육기관) ① 제29조 제1항부터 제3항까지의 규정에 따른 안전보건교육, 제31조 제1항 본문에 따른 안전보건교육 또는 제32조 제1항 각 호 외의 부분 본문에 따른 안전보건교육을 하려는 자는 대통령령으로 정하는 인력·시설 및 장비 등의 요건을 갖추어 고용노동부장관에게 등록하여야 한다. 등록한 사항 중 대통령령으로 정하는 중요한 사항을 변경할 때에도 또한 같다.
② 고용노동부장관은 제1항에 따라 등록한 자(이하 "안전보건교육기관"이라 한다)에 대하여 평가하고 그 결과를 공개할 수 있다. 이 경우 평가의 기준·방법 및 결과

의 공개에 필요한 사항은 고용노동부령으로 정한다.

③ 제1항에 따른 등록 절차 및 업무 수행에 관한 사항, 그 밖에 필요한 사항은 고용노동부령으로 정한다.

④ 안전보건교육기관에 대해서는 제21조 제4항 및 제5항을 준용한다. 이 경우 "안전관리전문기관 또는 보건관리전문기관"은 "안전보건교육기관"으로, "지정"은 "등록"으로 본다.

제4장 유해·위험 방지 조치

제34조(법령 요지 등의 게시 등) 사업주는 이 법과 이 법에 따른 명령의 요지 및 안전보건관리규정을 각 사업장의 근로자가 쉽게 볼 수 있는 장소에 게시하거나 갖추어 두어 근로자에게 널리 알려야 한다.

제35조(근로자대표의 통지 요청) 근로자대표는 사업주에게 다음 각 호의 사항을 통지하여 줄 것을 요청할 수 있고, 사업주는 이에 성실히 따라야 한다.

1. 산업안전보건위원회(제75조에 따라 노사협의체를 구성·운영하는 경우에는 노사협의체를 말한다)가 의결한 사항
2. 제47조에 따른 안전보건진단 결과에 관한 사항
3. 제49조에 따른 안전보건개선계획의 수립·시행에 관한 사항
4. 제64조 제1항 각 호에 따른 도급인의 이행 사항
5. 제110조 제1항에 따른 물질안전보건자료에 관한 사항
6. 제125조 제1항에 따른 작업환경측정에 관한 사항
7. 그 밖에 고용노동부령으로 정하는 안전 및 보건에 관한 사항

제36조(위험성평가의 실시) ① 사업주는 건설물, 기계·기구·설비, 원재료, 가스, 증기, 분진, 근로자의 작업행동 또는 그 밖의 업무로 인한 유해·위험 요인을 찾아내어 부상 및 질병으로 이어질 수 있는 위험성의 크기가 허용 가능한 범위인지를 평가하여야 하고, 그 결과에 따라 이 법과 이 법에 따른 명령에 따른 조치를 하여야 하며, 근로자에 대한 위험 또는 건강장해를 방지하기 위하여 필요한 경우에는 추가적인 조치를 하여야 한다.

② 사업주는 제1항에 따른 평가 시 고용노동부장관이 정하여 고시하는 바에 따라 해당 작업장의 근로자를 참여시켜야 한다.

③ 사업주는 제1항에 따른 평가의 결과와 조치사항을 고용노동부령으로 정하는 바에 따라 기록하여 보존하여야 한다.

④ 제1항에 따른 평가의 방법, 절차 및 시기, 그 밖에 필요한 사항은 고용노동부장관이 정하여 고시한다.

제37조(안전보건표지의 설치·부착) ① 사업주는 유해하거나 위험한 장소·시설·물질에 대한 경고, 비상시에 대처하기 위한 지시·안내 또는 그 밖에 근로자의 안전 및 보건 의식을 고취하기 위한 사항 등을 그림, 기호 및 글자 등으로 나타낸 표지(이하 이 조에서 "안전보건표지"라 한다)를 근로자가 쉽게 알아 볼 수 있도록 설치하거나 붙여야 한다. 이 경우 「외국인근로자의 고용 등에 관한 법률」 제2조에 따른 외국인근로자(같은 조 단서에 따른 사람을 포함한다)를 사용하는 사업주는 안전보건표지를 고용노동부장관이 정하는 바에 따라 해당 외국인근로자의 모국어로 작성하여야 한다. <개정 2020. 5. 26.>
② 안전보건표지의 종류, 형태, 색채, 용도 및 설치·부착 장소, 그 밖에 필요한 사항은 고용노동부령으로 정한다.

제38조(안전조치) ① 사업주는 다음 각 호의 어느 하나에 해당하는 위험으로 인한 산업재해를 예방하기 위하여 필요한 조치를 하여야 한다.
1. 기계·기구, 그 밖의 설비에 의한 위험
2. 폭발성, 발화성 및 인화성 물질 등에 의한 위험
3. 전기, 열, 그 밖의 에너지에 의한 위험
② 사업주는 굴착, 채석, 하역, 벌목, 운송, 조작, 운반, 해체, 중량물 취급, 그 밖의 작업을 할 때 불량한 작업방법 등에 의한 위험으로 인한 산업재해를 예방하기 위하여 필요한 조치를 하여야 한다.
③ 사업주는 근로자가 다음 각 호의 어느 하나에 해당하는 장소에서 작업을 할 때 발생할 수 있는 산업재해를 예방하기 위하여 필요한 조치를 하여야 한다.
1. 근로자가 추락할 위험이 있는 장소
2. 토사·구축물 등이 붕괴할 우려가 있는 장소
3. 물체가 떨어지거나 날아올 위험이 있는 장소
4. 천재지변으로 인한 위험이 발생할 우려가 있는 장소
④ 사업주가 제1항부터 제3항까지의 규정에 따라 하여야 하는 조치(이하 "안전조치"라 한다)에 관한 구체적인 사항은 고용노동부령으로 정한다.

제39조(보건조치) ① 사업주는 다음 각 호의 어느 하나에 해당하는 건강장해를 예방하기 위하여 필요한 조치(이하 "보건조치"라 한다)를 하여야 한다.
1. 원재료·가스·증기·분진·흄(fume, 열이나 화학반응에 의하여 형성된 고체증기가 응축되어 생긴 미세입자를 말한다)·미스트(mist, 공기 중에 떠다니는 작은 액

체방울을 말한다)·산소결핍·병원체 등에 의한 건강장해

2. 방사선·유해광선·고온·저온·초음파·소음·진동·이상기압 등에 의한 건강장해
3. 사업장에서 배출되는 기체·액체 또는 찌꺼기 등에 의한 건강장해
4. 계측감시(計測監視), 컴퓨터 단말기 조작, 정밀공작(精密工作) 등의 작업에 의한 건강장해
5. 단순반복작업 또는 인체에 과도한 부담을 주는 작업에 의한 건강장해
6. 환기·채광·조명·보온·방습·청결 등의 적정기준을 유지하지 아니하여 발생하는 건강장해

② 제1항에 따라 사업주가 하여야 하는 보건조치에 관한 구체적인 사항은 고용노동부령으로 정한다.

제40조(근로자의 안전조치 및 보건조치 준수) 근로자는 제38조 및 제39조에 따라 사업주가 한 조치로서 고용노동부령으로 정하는 조치 사항을 지켜야 한다.

제41조(고객의 폭언 등으로 인한 건강장해 예방조치 등) ① 사업주는 주로 고객을 직접 대면하거나 「정보통신망 이용촉진 및 정보보호 등에 관한 법률」 제2조 제1항 제1호에 따른 정보통신망을 통하여 상대하면서 상품을 판매하거나 서비스를 제공하는 업무에 종사하는 고객응대근로자에 대하여 고객의 폭언, 폭행, 그 밖에 적정 범위를 벗어난 신체적·정신적 고통을 유발하는 행위(이하 이 조에서 "폭언등"이라 한다)로 인한 건강장해를 예방하기 위하여 고용노동부령으로 정하는 바에 따라 필요한 조치를 하여야 한다. <개정 2021. 4. 13.>
② 사업주는 업무와 관련하여 고객 등 제3자의 폭언등으로 근로자에게 건강장해가 발생하거나 발생할 현저한 우려가 있는 경우에는 업무의 일시적 중단 또는 전환 등 대통령령으로 정하는 필요한 조치를 하여야 한다. <개정 2021. 4. 13.>
③ 근로자는 사업주에게 제2항에 따른 조치를 요구할 수 있고, 사업주는 근로자의 요구를 이유로 해고 또는 그 밖의 불리한 처우를 해서는 아니 된다. <개정 2021. 4. 13.>
[제목개정 2021. 4. 13.]

제42조(유해위험방지계획서의 작성·제출 등) ① 사업주는 다음 각 호의 어느 하나에 해당하는 경우에는 이 법 또는 이 법에 따른 명령에서 정하는 유해·위험 방지에 관한 사항을 적은 계획서(이하 "유해위험방지계획서"라 한다)를 작성하여 고용노동부령으로 정하는 바에 따라 고용노동부장관에게 제출하고 심사를 받아야 한다. 다만, 제3호에 해당하는 사업주 중 산업재해발생률 등을 고려하여 고용노동부령으로 정하는 기준에 해당하는 사업주는 유해위험방지계획서를 스스로 심사하고, 그 심사결과

서를 작성하여 고용노동부장관에게 제출하여야 한다. <개정 2020. 5. 26.>

1. 대통령령으로 정하는 사업의 종류 및 규모에 해당하는 사업으로서 해당 제품의 생산 공정과 직접적으로 관련된 건설물·기계·기구 및 설비 등 전부를 설치·이전하거나 그 주요 구조부분을 변경하려는 경우

2. 유해하거나 위험한 작업 또는 장소에서 사용하거나 건강장해를 방지하기 위하여 사용하는 기계·기구 및 설비로서 대통령령으로 정하는 기계·기구 및 설비를 설치·이전하거나 그 주요 구조부분을 변경하려는 경우

3. 대통령령으로 정하는 크기, 높이 등에 해당하는 건설공사를 착공하려는 경우

② 제1항 제3호에 따른 건설공사를 착공하려는 사업주(제1항 각 호 외의 부분 단서에 따른 사업주는 제외한다)는 유해위험방지계획서를 작성할 때 건설안전 분야의 자격 등 고용노동부령으로 정하는 자격을 갖춘 자의 의견을 들어야 한다.

③ 제1항에도 불구하고 사업주가 제44조 제1항에 따라 공정안전보고서를 고용노동부장관에게 제출한 경우에는 해당 유해·위험설비에 대해서는 유해위험방지계획서를 제출한 것으로 본다.

④ 고용노동부장관은 제1항 각 호 외의 부분 본문에 따라 제출된 유해위험방지계획서를 고용노동부령으로 정하는 바에 따라 심사하여 그 결과를 사업주에게 서면으로 알려 주어야 한다. 이 경우 근로자의 안전 및 보건의 유지·증진을 위하여 필요하다고 인정하는 경우에는 해당 작업 또는 건설공사를 중지하거나 유해위험방지계획서를 변경할 것을 명할 수 있다.

⑤ 제1항에 따른 사업주는 같은 항 각 호 외의 부분 단서에 따라 스스로 심사하거나 제4항에 따라 고용노동부장관이 심사한 유해위험방지계획서와 그 심사결과서를 사업장에 갖추어 두어야 한다.

⑥ 제1항 제3호에 따른 건설공사를 착공하려는 사업주로서 제5항에 따라 유해위험방지계획서 및 그 심사결과서를 사업장에 갖추어 둔 사업주는 해당 건설공사의 공법의 변경 등으로 인하여 그 유해위험방지계획서를 변경할 필요가 있는 경우에는 이를 변경하여 갖추어 두어야 한다.

제43조(유해위험방지계획서 이행의 확인 등) ① 제42조 제4항에 따라 유해위험방지계획서에 대한 심사를 받은 사업주는 고용노동부령으로 정하는 바에 따라 유해위험방지계획서의 이행에 관하여 고용노동부장관의 확인을 받아야 한다.

② 제42조 제1항 각 호 외의 부분 단서에 따른 사업주는 고용노동부령으로 정하는 바에 따라 유해위험방지계획서의 이행에 관하여 스스로 확인하여야 한다. 다만, 해당 건설공사 중에 근로자가 사망(교통사고 등 고용노동부령으로 정하는 경우는 제외한다)한 경우에는 고용노동부령으로 정하는 바에 따라 유해위험방지계획서의 이

행에 관하여 고용노동부장관의 확인을 받아야 한다.

③ 고용노동부장관은 제1항 및 제2항 단서에 따른 확인 결과 유해위험방지계획서대로 유해·위험방지를 위한 조치가 되지 아니하는 경우에는 고용노동부령으로 정하는 바에 따라 시설 등의 개선, 사용중지 또는 작업중지 등 필요한 조치를 명할 수 있다.

④ 제3항에 따른 시설 등의 개선, 사용중지 또는 작업중지 등의 절차 및 방법, 그 밖에 필요한 사항은 고용노동부령으로 정한다.

제44조(공정안전보고서의 작성·제출) ① 사업주는 사업장에 대통령령으로 정하는 유해하거나 위험한 설비가 있는 경우 그 설비로부터의 위험물질 누출, 화재 및 폭발 등으로 인하여 사업장 내의 근로자에게 즉시 피해를 주거나 사업장 인근 지역에 피해를 줄 수 있는 사고로서 대통령령으로 정하는 사고(이하 "중대산업사고"라 한다)를 예방하기 위하여 대통령령으로 정하는 바에 따라 공정안전보고서를 작성하고 고용노동부장관에게 제출하여 심사를 받아야 한다. 이 경우 공정안전보고서의 내용이 중대산업사고를 예방하기 위하여 적합하다고 통보받기 전에는 관련된 유해하거나 위험한 설비를 가동해서는 아니 된다.

② 사업주는 제1항에 따라 공정안전보고서를 작성할 때 산업안전보건위원회의 심의를 거쳐야 한다. 다만, 산업안전보건위원회가 설치되어 있지 아니한 사업장의 경우에는 근로자대표의 의견을 들어야 한다.

제45조(공정안전보고서의 심사 등) ① 고용노동부장관은 공정안전보고서를 고용노동부령으로 정하는 바에 따라 심사하여 그 결과를 사업주에게 서면으로 알려 주어야 한다. 이 경우 근로자의 안전 및 보건의 유지·증진을 위하여 필요하다고 인정하는 경우에는 그 공정안전보고서의 변경을 명할 수 있다.

② 사업주는 제1항에 따라 심사를 받은 공정안전보고서를 사업장에 갖추어 두어야 한다.

제46조(공정안전보고서의 이행 등) ① 사업주와 근로자는 제45조 제1항에 따라 심사를 받은 공정안전보고서(이 조 제3항에 따라 보완한 공정안전보고서를 포함한다)의 내용을 지켜야 한다.

② 사업주는 제45조 제1항에 따라 심사를 받은 공정안전보고서의 내용을 실제로 이행하고 있는지 여부에 대하여 고용노동부령으로 정하는 바에 따라 고용노동부장관의 확인을 받아야 한다.

③ 사업주는 제45조 제1항에 따라 심사를 받은 공정안전보고서의 내용을 변경하여야 할 사유가 발생한 경우에는 지체 없이 그 내용을 보완하여야 한다.

④ 고용노동부장관은 고용노동부령으로 정하는 바에 따라 공정안전보고서의 이행 상태를 정기적으로 평가할 수 있다.

⑤ 고용노동부장관은 제4항에 따른 평가 결과 제3항에 따른 보완 상태가 불량한 사업장의 사업주에게는 공정안전보고서의 변경을 명할 수 있으며, 이에 따르지 아니하는 경우 공정안전보고서를 다시 제출하도록 명할 수 있다.

제47조(안전보건진단) ① 고용노동부장관은 추락·붕괴, 화재·폭발, 유해하거나 위험한 물질의 누출 등 산업재해 발생의 위험이 현저히 높은 사업장의 사업주에게 제48조에 따라 지정받은 기관(이하 "안전보건진단기관"이라 한다)이 실시하는 안전보건진단을 받을 것을 명할 수 있다.

② 사업주는 제1항에 따라 안전보건진단 명령을 받은 경우 고용노동부령으로 정하는 바에 따라 안전보건진단기관에 안전보건진단을 의뢰하여야 한다.

③ 사업주는 안전보건진단기관이 제2항에 따라 실시하는 안전보건진단에 적극 협조하여야 하며, 정당한 사유 없이 이를 거부하거나 방해 또는 기피해서는 아니 된다. 이 경우 근로자대표가 요구할 때에는 해당 안전보건진단에 근로자대표를 참여시켜야 한다.

④ 안전보건진단기관은 제2항에 따라 안전보건진단을 실시한 경우에는 안전보건진단 결과보고서를 고용노동부령으로 정하는 바에 따라 해당 사업장의 사업주 및 고용노동부장관에게 제출하여야 한다.

⑤ 안전보건진단의 종류 및 내용, 안전보건진단 결과보고서에 포함될 사항, 그 밖에 필요한 사항은 대통령령으로 정한다.

제48조(안전보건진단기관) ① 안전보건진단기관이 되려는 자는 대통령령으로 정하는 인력·시설 및 장비 등의 요건을 갖추어 고용노동부장관의 지정을 받아야 한다.

② 고용노동부장관은 안전보건진단기관에 대하여 평가하고 그 결과를 공개할 수 있다. 이 경우 평가의 기준·방법 및 결과의 공개에 필요한 사항은 고용노동부령으로 정한다.

③ 안전보건진단기관의 지정 절차, 그 밖에 필요한 사항은 고용노동부령으로 정한다.

④ 안전보건진단기관에 관하여는 제21조 제4항 및 제5항을 준용한다. 이 경우 "안전관리전문기관 또는 보건관리전문기관"은 "안전보건진단기관"으로 본다.

제49조(안전보건개선계획의 수립·시행 명령) ① 고용노동부장관은 다음 각 호의 어느 하나에 해당하는 사업장으로서 산업재해 예방을 위하여 종합적인 개선조치를 할 필요가 있다고 인정되는 사업장의 사업주에게 고용노동부령으로 정하는 바에 따라 그 사업장, 시설, 그 밖의 사항에 관한 안전 및 보건에 관한 개선계획(이하 "안전보

건개선계획"이라 한다)을 수립하여 시행할 것을 명할 수 있다. 이 경우 대통령령으로 정하는 사업장의 사업주에게는 제47조에 따라 안전보건진단을 받아 안전보건개선계획을 수립하여 시행할 것을 명할 수 있다.

1. 산업재해율이 같은 업종의 규모별 평균 산업재해율보다 높은 사업장
2. 사업주가 필요한 안전조치 또는 보건조치를 이행하지 아니하여 중대재해가 발생한 사업장
3. 대통령령으로 정하는 수 이상의 직업성 질병자가 발생한 사업장
4. 제106조에 따른 유해인자의 노출기준을 초과한 사업장

② 사업주는 안전보건개선계획을 수립할 때에는 산업안전보건위원회의 심의를 거쳐야 한다. 다만, 산업안전보건위원회가 설치되어 있지 아니한 사업장의 경우에는 근로자대표의 의견을 들어야 한다.

제50조(안전보건개선계획서의 제출 등) ① 제49조 제1항에 따라 안전보건개선계획의 수립·시행 명령을 받은 사업주는 고용노동부령으로 정하는 바에 따라 안전보건개선계획서를 작성하여 고용노동부장관에게 제출하여야 한다.

② 고용노동부장관은 제1항에 따라 제출받은 안전보건개선계획서를 고용노동부령으로 정하는 바에 따라 심사하여 그 결과를 사업주에게 서면으로 알려 주어야 한다. 이 경우 고용노동부장관은 근로자의 안전 및 보건의 유지·증진을 위하여 필요하다고 인정하는 경우 해당 안전보건개선계획서의 보완을 명할 수 있다.

③ 사업주와 근로자는 제2항 전단에 따라 심사를 받은 안전보건개선계획서(같은 항 후단에 따라 보완한 안전보건개선계획서를 포함한다)를 준수하여야 한다.

제51조(사업주의 작업중지) 사업주는 산업재해가 발생할 급박한 위험이 있을 때에는 즉시 작업을 중지시키고 근로자를 작업장소에서 대피시키는 등 안전 및 보건에 관하여 필요한 조치를 하여야 한다.

제52조(근로자의 작업중지) ① 근로자는 산업재해가 발생할 급박한 위험이 있는 경우에는 작업을 중지하고 대피할 수 있다.

② 제1항에 따라 작업을 중지하고 대피한 근로자는 지체 없이 그 사실을 관리감독자 또는 그 밖에 부서의 장(이하 "관리감독자등"이라 한다)에게 보고하여야 한다.

③ 관리감독자등은 제2항에 따른 보고를 받으면 안전 및 보건에 관하여 필요한 조치를 하여야 한다.

④ 사업주는 산업재해가 발생할 급박한 위험이 있다고 근로자가 믿을 만한 합리적인 이유가 있을 때에는 제1항에 따라 작업을 중지하고 대피한 근로자에 대하여 해고나 그 밖의 불리한 처우를 해서는 아니 된다.

제53조(고용노동부장관의 시정조치 등) ① 고용노동부장관은 사업주가 사업장의 건설물 또는 그 부속건설물 및 기계·기구·설비·원재료(이하 "기계·설비등"이라 한다)에 대하여 안전 및 보건에 관하여 고용노동부령으로 정하는 필요한 조치를 하지 아니하여 근로자에게 현저한 유해·위험이 초래될 우려가 있다고 판단될 때에는 해당 기계·설비등에 대하여 사용중지·대체·제거 또는 시설의 개선, 그 밖에 안전 및 보건에 관하여 고용노동부령으로 정하는 필요한 조치(이하 "시정조치"라 한다)를 명할 수 있다.

② 제1항에 따라 시정조치 명령을 받은 사업주는 해당 기계·설비등에 대하여 시정조치를 완료할 때까지 시정조치 명령 사항을 사업장 내에 근로자가 쉽게 볼 수 있는 장소에 게시하여야 한다.

③ 고용노동부장관은 사업주가 해당 기계·설비등에 대한 시정조치 명령을 이행하지 아니하여 유해·위험 상태가 해소 또는 개선되지 아니하거나 근로자에 대한 유해·위험이 현저히 높아질 우려가 있는 경우에는 해당 기계·설비등과 관련된 작업의 전부 또는 일부의 중지를 명할 수 있다.

④ 제1항에 따른 사용중지 명령 또는 제3항에 따른 작업중지 명령을 받은 사업주는 그 시정조치를 완료한 경우에는 고용노동부장관에게 제1항에 따른 사용중지 또는 제3항에 따른 작업중지의 해제를 요청할 수 있다.

⑤ 고용노동부장관은 제4항에 따른 해제 요청에 대하여 시정조치가 완료되었다고 판단될 때에는 제1항에 따른 사용중지 또는 제3항에 따른 작업중지를 해제하여야 한다.

제54조(중대재해 발생 시 사업주의 조치) ① 사업주는 중대재해가 발생하였을 때에는 즉시 해당 작업을 중지시키고 근로자를 작업장소에서 대피시키는 등 안전 및 보건에 관하여 필요한 조치를 하여야 한다.

② 사업주는 중대재해가 발생한 사실을 알게 된 경우에는 고용노동부령으로 정하는 바에 따라 지체 없이 고용노동부장관에게 보고하여야 한다. 다만, 천재지변 등 부득이한 사유가 발생한 경우에는 그 사유가 소멸되면 지체 없이 보고하여야 한다.

제55조(중대재해 발생 시 고용노동부장관의 작업중지 조치) ① 고용노동부장관은 중대재해가 발생하였을 때 다음 각 호의 어느 하나에 해당하는 작업으로 인하여 해당 사업장에 산업재해가 다시 발생할 급박한 위험이 있다고 판단되는 경우에는 그 작업의 중지를 명할 수 있다.

1. 중대재해가 발생한 해당 작업
2. 중대재해가 발생한 작업과 동일한 작업

② 고용노동부장관은 토사·구축물의 붕괴, 화재·폭발, 유해하거나 위험한 물질의
누출 등으로 인하여 중대재해가 발생하여 그 재해가 발생한 장소 주변으로 산업재
해가 확산될 수 있다고 판단되는 등 불가피한 경우에는 해당 사업장의 작업을 중지
할 수 있다.

③ 고용노동부장관은 사업주가 제1항 또는 제2항에 따른 작업중지의 해제를 요청한
경우에는 작업중지 해제에 관한 전문가 등으로 구성된 심의위원회의 심의를 거쳐
고용노동부령으로 정하는 바에 따라 제1항 또는 제2항에 따른 작업중지를 해제하여
야 한다.

④ 제3항에 따른 작업중지 해제의 요청 절차 및 방법, 심의위원회의 구성·운영, 그
밖에 필요한 사항은 고용노동부령으로 정한다.

제56조(중대재해 원인조사 등) ① 고용노동부장관은 중대재해가 발생하였을 때에는 그
원인 규명 또는 산업재해 예방대책 수립을 위하여 그 발생 원인을 조사할 수 있다.

② 고용노동부장관은 중대재해가 발생한 사업장의 사업주에게 안전보건개선계획의
수립·시행, 그 밖에 필요한 조치를 명할 수 있다.

③ 누구든지 중대재해 발생 현장을 훼손하거나 제1항에 따른 고용노동부장관의 원
인조사를 방해해서는 아니 된다.

④ 중대재해가 발생한 사업장에 대한 원인조사의 내용 및 절차, 그 밖에 필요한 사
항은 고용노동부령으로 정한다.

제57조(산업재해 발생 은폐 금지 및 보고 등) ① 사업주는 산업재해가 발생하였을 때
에는 그 발생 사실을 은폐해서는 아니 된다.

② 사업주는 고용노동부령으로 정하는 바에 따라 산업재해의 발생 원인 등을 기록
하여 보존하여야 한다.

③ 사업주는 고용노동부령으로 정하는 산업재해에 대해서는 그 발생 개요·원인 및
보고 시기, 재발방지 계획 등을 고용노동부령으로 정하는 바에 따라 고용노동부장관
에게 보고하여야 한다.

제5장 도급 시 산업재해 예방

제1절 도급의 제한

제58조(유해한 작업의 도급금지) ① 사업주는 근로자의 안전 및 보건에 유해하거나
위험한 작업으로서 다음 각 호의 어느 하나에 해당하는 작업을 도급하여 자신의 사

업장에서 수급인의 근로자가 그 작업을 하도록 해서는 아니 된다.

1. 도금작업

2. 수은, 납 또는 카드뮴을 제련, 주입, 가공 및 가열하는 작업

3. 제118조 제1항에 따른 허가대상물질을 제조하거나 사용하는 작업

② 사업주는 제1항에도 불구하고 다음 각 호의 어느 하나에 해당하는 경우에는 제1항 각 호에 따른 작업을 도급하여 자신의 사업장에서 수급인의 근로자가 그 작업을 하도록 할 수 있다.

1. 일시·간헐적으로 하는 작업을 도급하는 경우

2. 수급인이 보유한 기술이 전문적이고 사업주(수급인에게 도급을 한 도급인으로서의 사업주를 말한다)의 사업 운영에 필수 불가결한 경우로서 고용노동부장관의 승인을 받은 경우

③ 사업주는 제2항 제2호에 따라 고용노동부장관의 승인을 받으려는 경우에는 고용노동부령으로 정하는 바에 따라 고용노동부장관이 실시하는 안전 및 보건에 관한 평가를 받아야 한다.

④ 제2항 제2호에 따른 승인의 유효기간은 3년의 범위에서 정한다.

⑤ 고용노동부장관은 제4항에 따른 유효기간이 만료되는 경우에 사업주가 유효기간의 연장을 신청하면 승인의 유효기간이 만료되는 날의 다음 날부터 3년의 범위에서 고용노동부령으로 정하는 바에 따라 그 기간의 연장을 승인할 수 있다. 이 경우 사업주는 제3항에 따른 안전 및 보건에 관한 평가를 받아야 한다.

⑥ 사업주는 제2항 제2호 또는 제5항에 따라 승인을 받은 사항 중 고용노동부령으로 정하는 사항을 변경하려는 경우에는 고용노동부령으로 정하는 바에 따라 변경에 대한 승인을 받아야 한다.

⑦ 고용노동부장관은 제2항 제2호, 제5항 또는 제6항에 따라 승인, 연장승인 또는 변경승인을 받은 자가 제8항에 따른 기준에 미달하게 된 경우에는 승인, 연장승인 또는 변경승인을 취소하여야 한다.

⑧ 제2항 제2호, 제5항 또는 제6항에 따른 승인, 연장승인 또는 변경승인의 기준·절차 및 방법, 그 밖에 필요한 사항은 고용노동부령으로 정한다.

제59조(도급의 승인) ① 사업주는 자신의 사업장에서 안전 및 보건에 유해하거나 위험한 작업 중 급성 독성, 피부 부식성 등이 있는 물질의 취급 등 대통령령으로 정하는 작업을 도급하려는 경우에는 고용노동부장관의 승인을 받아야 한다. 이 경우 사업주는 고용노동부령으로 정하는 바에 따라 안전 및 보건에 관한 평가를 받아야 한다.

② 제1항에 따른 승인에 관하여는 제58조 제4항부터 제8항까지의 규정을 준용한다.

제60조(도급의 승인 시 하도급 금지) 제58조 제2항 제2호에 따른 승인, 같은 조 제5항 또는 제6항(제59조 제2항에 따라 준용되는 경우를 포함한다)에 따른 연장승인 또는 변경승인 및 제59조 제1항에 따른 승인을 받은 작업을 도급받은 수급인은 그 작업을 하도급할 수 없다.

제61조(적격 수급인 선정 의무) 사업주는 산업재해 예방을 위한 조치를 할 수 있는 능력을 갖춘 사업주에게 도급하여야 한다.

제2절 도급인의 안전조치 및 보건조치

제62조(안전보건총괄책임자) ① 도급인은 관계수급인 근로자가 도급인의 사업장에서 작업을 하는 경우에는 그 사업장의 안전보건관리책임자를 도급인의 근로자와 관계수급인 근로자의 산업재해를 예방하기 위한 업무를 총괄하여 관리하는 안전보건총괄책임자로 지정하여야 한다. 이 경우 안전보건관리책임자를 두지 아니하여도 되는 사업장에서는 그 사업장에서 사업을 총괄하여 관리하는 사람을 안전보건총괄책임자로 지정하여야 한다.
② 제1항에 따라 안전보건총괄책임자를 지정한 경우에는 「건설기술 진흥법」 제64조 제1항 제1호에 따른 안전총괄책임자를 둔 것으로 본다.
③ 제1항에 따라 안전보건총괄책임자를 지정하여야 하는 사업의 종류와 사업장의 상시근로자 수, 안전보건총괄책임자의 직무·권한, 그 밖에 필요한 사항은 대통령령으로 정한다.

제63조(도급인의 안전조치 및 보건조치) 도급인은 관계수급인 근로자가 도급인의 사업장에서 작업을 하는 경우에 자신의 근로자와 관계수급인 근로자의 산업재해를 예방하기 위하여 안전 및 보건 시설의 설치 등 필요한 안전조치 및 보건조치를 하여야 한다. 다만, 보호구 착용의 지시 등 관계수급인 근로자의 작업행동에 관한 직접적인 조치는 제외한다.

제64조(도급에 따른 산업재해 예방조치) ① 도급인은 관계수급인 근로자가 도급인의 사업장에서 작업을 하는 경우 다음 각 호의 사항을 이행하여야 한다. <개정 2021. 5. 18.>
1. 도급인과 수급인을 구성원으로 하는 안전 및 보건에 관한 협의체의 구성 및 운영
2. 작업장 순회점검
3. 관계수급인이 근로자에게 하는 제29조 제1항부터 제3항까지의 규정에 따른 안전보건교육을 위한 장소 및 자료의 제공 등 지원

4. 관계수급인이 근로자에게 하는 제29조 제3항에 따른 안전보건교육의 실시 확인
5. 다음 각 목의 어느 하나의 경우에 대비한 경보체계 운영과 대피방법 등 훈련
   가. 작업 장소에서 발파작업을 하는 경우
   나. 작업 장소에서 화재·폭발, 토사·구축물 등의 붕괴 또는 지진 등이 발생한 경우
6. 위생시설 등 고용노동부령으로 정하는 시설의 설치 등을 위하여 필요한 장소의 제공 또는 도급인이 설치한 위생시설 이용의 협조
7. 같은 장소에서 이루어지는 도급인과 관계수급인 등의 작업에 있어서 관계수급인 등의 작업시기·내용, 안전조치 및 보건조치 등의 확인
8. 제7호에 따른 확인 결과 관세수급인 등의 삭업 혼재로 인하여 화재·폭발 등 대통령령으로 정하는 위험이 발생할 우려가 있는 경우 관계수급인 등의 작업시기·내용 등의 조정
② 제1항에 따른 도급인은 고용노동부령으로 정하는 바에 따라 자신의 근로자 및 관계수급인 근로자와 함께 정기적으로 또는 수시로 작업장의 안전 및 보건에 관한 점검을 하여야 한다.
③ 제1항에 따른 안전 및 보건에 관한 협의체 구성 및 운영, 작업장 순회점검, 안전보건교육 지원, 그 밖에 필요한 사항은 고용노동부령으로 정한다.

제65조(도급인의 안전 및 보건에 관한 정보 제공 등) ① 다음 각 호의 작업을 도급하는 자는 그 작업을 수행하는 수급인 근로자의 산업재해를 예방하기 위하여 고용노동부령으로 정하는 바에 따라 해당 작업 시작 전에 수급인에게 안전 및 보건에 관한 정보를 문서로 제공하여야 한다. <개정 2020. 5. 26.>
1. 폭발성·발화성·인화성·독성 등의 유해성·위험성이 있는 화학물질 중 고용노동부령으로 정하는 화학물질 또는 그 화학물질을 포함한 혼합물을 제조·사용·운반 또는 저장하는 반응기·증류탑·배관 또는 저장탱크로서 고용노동부령으로 정하는 설비를 개조·분해·해체 또는 철거하는 작업
2. 제1호에 따른 설비의 내부에서 이루어지는 작업
3. 질식 또는 붕괴의 위험이 있는 작업으로서 대통령령으로 정하는 작업
② 도급인이 제1항에 따라 안전 및 보건에 관한 정보를 해당 작업 시작 전까지 제공하지 아니한 경우에는 수급인이 정보 제공을 요청할 수 있다.
③ 도급인은 수급인이 제1항에 따라 제공받은 안전 및 보건에 관한 정보에 따라 필요한 안전조치 및 보건조치를 하였는지를 확인하여야 한다.
④ 수급인은 제2항에 따른 요청에도 불구하고 도급인이 정보를 제공하지 아니하는 경우에는 해당 도급 작업을 하지 아니할 수 있다. 이 경우 수급인은 계약의 이행 지

체에 따른 책임을 지지 아니한다.

제66조(도급인의 관계수급인에 대한 시정조치) ① 도급인은 관계수급인 근로자가 도급인의 사업장에서 작업을 하는 경우에 관계수급인 또는 관계수급인 근로자가 도급받은 작업과 관련하여 이 법 또는 이 법에 따른 명령을 위반하면 관계수급인에게 그 위반행위를 시정하도록 필요한 조치를 할 수 있다. 이 경우 관계수급인은 정당한 사유가 없으면 그 조치에 따라야 한다.

② 도급인은 제65조 제1항 각 호의 작업을 도급하는 경우에 수급인 또는 수급인 근로자가 도급받은 작업과 관련하여 이 법 또는 이 법에 따른 명령을 위반하면 수급인에게 그 위반행위를 시정하도록 필요한 조치를 할 수 있다. 이 경우 수급인은 정당한 사유가 없으면 그 조치에 따라야 한다.

제3절 건설업 등의 산업재해 예방

제67조(건설공사발주자의 산업재해 예방 조치) ① 대통령령으로 정하는 건설공사의 건설공사발주자는 산업재해 예방을 위하여 건설공사의 계획, 설계 및 시공 단계에서 다음 각 호의 구분에 따른 조치를 하여야 한다.

1. 건설공사 계획단계: 해당 건설공사에서 중점적으로 관리하여야 할 유해·위험요인과 이의 감소방안을 포함한 기본안전보건대장을 작성할 것
2. 건설공사 설계단계: 제1호에 따른 기본안전보건대장을 설계자에게 제공하고, 설계자로 하여금 유해·위험요인의 감소방안을 포함한 설계안전보건대장을 작성하게 하고 이를 확인할 것
3. 건설공사 시공단계: 건설공사발주자로부터 건설공사를 최초로 도급받은 수급인에게 제2호에 따른 설계안전보건대장을 제공하고, 그 수급인에게 이를 반영하여 안전한 작업을 위한 공사안전보건대장을 작성하게 하고 그 이행 여부를 확인할 것

② 제1항에 따른 건설공사발주자는 대통령령으로 정하는 안전보건 분야의 전문가에게 같은 항 각 호에 따른 대장에 기재된 내용의 적정성 등을 확인받아야 한다. <신설 2021. 5. 18.>

③ 제1항에 따른 건설공사발주자는 설계자 및 건설공사를 최초로 도급받은 수급인이 건설현장의 안전을 우선적으로 고려하여 설계·시공 업무를 수행할 수 있도록 적정한 비용과 기간을 계상·설정하여야 한다. <신설 2021. 5. 18.>

④ 제1항 각 호에 따른 대장에 포함되어야 할 구체적인 내용은 고용노동부령으로 정한다. <개정 2021. 5. 18.>

제68조(안전보건조정자) ① 2개 이상의 건설공사를 도급한 건설공사발주자는 그 2개

이상의 건설공사가 같은 장소에서 행해지는 경우에 작업의 혼재로 인하여 발생할 수 있는 산업재해를 예방하기 위하여 건설공사 현장에 안전보건조정자를 두어야 한다.

② 제1항에 따라 안전보건조정자를 두어야 하는 건설공사의 금액, 안전보건조정자의 자격·업무, 선임방법, 그 밖에 필요한 사항은 대통령령으로 정한다.

제69조(공사기간 단축 및 공법변경 금지) ① 건설공사발주자 또는 건설공사도급인(건설공사발주자로부터 해당 건설공사를 최초로 도급받은 수급인 또는 건설공사의 시공을 주도하여 총괄·관리하는 자를 말한다. 이하 이 절에서 같다)은 설계도서 등에 따라 산정된 공사기간을 단축해서는 아니 된다.

② 건설공사발주자 또는 건설공사도급인은 공사비를 줄이기 위하여 위험성이 있는 공법을 사용하거나 정당한 사유 없이 정해진 공법을 변경해서는 아니 된다.

제70조(건설공사 기간의 연장) ① 건설공사발주자는 다음 각 호의 어느 하나에 해당하는 사유로 건설공사가 지연되어 해당 건설공사도급인이 산업재해 예방을 위하여 공사기간의 연장을 요청하는 경우에는 특별한 사유가 없으면 공사기간을 연장하여야 한다.

1. 태풍·홍수 등 악천후, 전쟁·사변, 지진, 화재, 전염병, 폭동, 그 밖에 계약 당사자가 통제할 수 없는 사태의 발생 등 불가항력의 사유가 있는 경우
2. 건설공사발주자에게 책임이 있는 사유로 착공이 지연되거나 시공이 중단된 경우

② 건설공사의 관계수급인은 제1항 제1호에 해당하는 사유 또는 건설공사도급인에게 책임이 있는 사유로 착공이 지연되거나 시공이 중단되어 해당 건설공사가 지연된 경우에 산업재해 예방을 위하여 건설공사도급인에게 공사기간의 연장을 요청할 수 있다. 이 경우 건설공사도급인은 특별한 사유가 없으면 공사기간을 연장하거나 건설공사발주자에게 그 기간의 연장을 요청하여야 한다.

③ 제1항 및 제2항에 따른 건설공사 기간의 연장 요청 절차, 그 밖에 필요한 사항은 고용노동부령으로 정한다.

제71조(설계변경의 요청) ① 건설공사도급인은 해당 건설공사 중에 대통령령으로 정하는 가설구조물의 붕괴 등으로 산업재해가 발생할 위험이 있다고 판단되면 건축·토목 분야의 전문가 등 대통령령으로 정하는 전문가의 의견을 들어 건설공사발주자에게 해당 건설공사의 설계변경을 요청할 수 있다. 다만, 건설공사발주자가 설계를 포함하여 발주한 경우는 그러하지 아니하다.

② 제42조 제4항 후단에 따라 고용노동부장관으로부터 공사중지 또는 유해위험방지계획서의 변경 명령을 받은 건설공사도급인은 설계변경이 필요한 경우 건설공사발주자에게 설계변경을 요청할 수 있다.

③ 건설공사의 관계수급인은 건설공사 중에 제1항에 따른 가설구조물의 붕괴 등으로 산업재해가 발생할 위험이 있다고 판단되면 제1항에 따른 전문가의 의견을 들어 건설공사도급인에게 해당 건설공사의 설계변경을 요청할 수 있다. 이 경우 건설공사도급인은 그 요청받은 내용이 기술적으로 적용이 불가능한 명백한 경우가 아니면 이를 반영하여 해당 건설공사의 설계를 변경하거나 건설공사발주자에게 설계변경을 요청하여야 한다.

④ 제1항부터 제3항까지의 규정에 따라 설계변경 요청을 받은 건설공사발주자는 그 요청받은 내용이 기술적으로 적용이 불가능한 명백한 경우가 아니면 이를 반영하여 설계를 변경하여야 한다.

⑤ 제1항부터 제3항까지의 규정에 따른 설계변경의 요청 절차·방법, 그 밖에 필요한 사항은 고용노동부령으로 정한다. 이 경우 미리 국토교통부장관과 협의하여야 한다.

제72조(건설공사 등의 산업안전보건관리비 계상 등) ① 건설공사발주자가 도급계약을 체결하거나 건설공사의 시공을 주도하여 총괄·관리하는 자(건설공사발주자로부터 건설공사를 최초로 도급받은 수급인은 제외한다)가 건설공사 사업 계획을 수립할 때에는 고용노동부장관이 정하여 고시하는 바에 따라 산업재해 예방을 위하여 사용하는 비용(이하 "산업안전보건관리비"라 한다)을 도급금액 또는 사업비에 계상(計上)하여야 한다. <개정 2020. 6. 9.>

② 고용노동부장관은 산업안전보건관리비의 효율적인 사용을 위하여 다음 각 호의 사항을 정할 수 있다.

1. 사업의 규모별·종류별 계상 기준
2. 건설공사의 진척 정도에 따른 사용비율 등 기준
3. 그 밖에 산업안전보건관리비의 사용에 필요한 사항

③ 건설공사도급인은 산업안전보건관리비를 제2항에서 정하는 바에 따라 사용하고 고용노동부령으로 정하는 바에 따라 그 사용명세서를 작성하여 보존하여야 한다. <개정 2020. 6. 9.>

④ 선박의 건조 또는 수리를 최초로 도급받은 수급인은 사업 계획을 수립할 때에는 고용노동부장관이 정하여 고시하는 바에 따라 산업안전보건관리비를 사업비에 계상하여야 한다.

⑤ 건설공사도급인 또는 제4항에 따른 선박의 건조 또는 수리를 최초로 도급받은 수급인은 산업안전보건관리비를 산업재해 예방 외의 목적으로 사용해서는 아니 된다. <개정 2020. 6. 9.>

제73조(건설공사의 산업재해 예방 지도) ① 대통령령으로 정하는 건설공사도급인은

해당 건설공사를 하는 동안에 제74조에 따라 지정받은 전문기관(이하 "건설재해예방전문지도기관"이라 한다)에서 건설 산업재해 예방을 위한 지도를 받아야 한다.

② 건설재해예방전문지도기관의 지도업무의 내용, 지도대상 분야, 지도의 수행방법, 그 밖에 필요한 사항은 대통령령으로 정한다.

제73조(건설공사의 산업재해 예방 지도) ① 대통령령으로 정하는 건설공사의 건설공사발주자 또는 건설공사도급인(건설공사발주자로부터 건설공사를 최초로 도급받은 수급인은 제외한다)은 해당 건설공사를 착공하려는 경우 제74조에 따라 지정받은 전문기관(이하 "건설재해예방전문지도기관"이라 한다)과 건설 산업재해 예방을 위한 지도계약을 체결하여야 한다. <개정 2021. 8. 17.>

② 건설재해예방전문지도기관은 건설공사도급인에게 산업재해 예방을 위한 지도를 실시하여야 하고, 건설공사도급인은 지도에 따라 적절한 조치를 하여야 한다. <신설 2021. 8. 17.>

③ 건설재해예방전문지도기관의 지도업무의 내용, 지도대상 분야, 지도의 수행방법, 그 밖에 필요한 사항은 대통령령으로 정한다. <개정 2021. 8. 17.>

[시행일: 2022. 8. 18.] 제73조

제74조(건설재해예방전문지도기관) ① 건설재해예방전문지도기관이 되려는 자는 대통령령으로 정하는 인력·시설 및 장비 등의 요건을 갖추어 고용노동부장관의 지정을 받아야 한다.

② 제1항에 따른 건설재해예방전문지도기관의 지정 절차, 그 밖에 필요한 사항은 대통령령으로 정한다.

③ 고용노동부장관은 건설재해예방전문지도기관에 대하여 평가하고 그 결과를 공개할 수 있다. 이 경우 평가의 기준·방법, 결과의 공개에 필요한 사항은 고용노동부령으로 정한다.

④ 건설재해예방전문지도기관에 관하여는 제21조 제4항 및 제5항을 준용한다. 이 경우 "안전관리전문기관 또는 보건관리전문기관"은 "건설재해예방전문지도기관"으로 본다.

제75조(안전 및 보건에 관한 협의체 등의 구성·운영에 관한 특례) ① 대통령령으로 정하는 규모의 건설공사의 건설공사도급인은 해당 건설공사 현장에 근로자위원과 사용자위원이 같은 수로 구성되는 안전 및 보건에 관한 협의체(이하 "노사협의체"라 한다)를 대통령령으로 정하는 바에 따라 구성·운영할 수 있다.

② 건설공사도급인이 제1항에 따라 노사협의체를 구성·운영하는 경우에는 산업안전보건위원회 및 제64조 제1항 제1호에 따른 안전 및 보건에 관한 협의체를 각각

구성·운영하는 것으로 본다.

③ 제1항에 따라 노사협의체를 구성·운영하는 건설공사도급인은 제24조 제2항 각 호의 사항에 대하여 노사협의체의 심의·의결을 거쳐야 한다. 이 경우 노사협의체에서 의결되지 아니한 사항의 처리방법은 대통령령으로 정한다.

④ 노사협의체는 대통령령으로 정하는 바에 따라 회의를 개최하고 그 결과를 회의록으로 작성하여 보존하여야 한다.

⑤ 노사협의체는 산업재해 예방 및 산업재해가 발생한 경우의 대피방법 등 고용노동부령으로 정하는 사항에 대하여 협의하여야 한다.

⑥ 노사협의체를 구성·운영하는 건설공사도급인·근로자 및 관계수급인·근로자는 제3항에 따라 노사협의체가 심의·의결한 사항을 성실하게 이행하여야 한다.

⑦ 노사협의체에 관하여는 제24조 제5항 및 제6항을 준용한다. 이 경우 "산업안전보건위원회"는 "노사협의체"로 본다.

제76조(기계·기구 등에 대한 건설공사도급인의 안전조치) 건설공사도급인은 자신의 사업장에서 타워크레인 등 대통령령으로 정하는 기계·기구 또는 설비 등이 설치되어 있거나 작동하고 있는 경우 또는 이를 설치·해체·조립하는 등의 작업이 이루어지고 있는 경우에는 필요한 안전조치 및 보건조치를 하여야 한다.

제4절 그 밖의 고용형태에서의 산업재해 예방

제77조(특수형태근로종사자에 대한 안전조치 및 보건조치 등) ① 계약의 형식에 관계없이 근로자와 유사하게 노무를 제공하여 업무상의 재해로부터 보호할 필요가 있음에도 「근로기준법」 등이 적용되지 아니하는 사람으로서 다음 각 호의 요건을 모두 충족하는 사람(이하 "특수형태근로종사자"라 한다)의 노무를 제공받는 자는 특수형태근로종사자의 산업재해 예방을 위하여 필요한 안전조치 및 보건조치를 하여야 한다. <개정 2020. 5. 26.>

1. 대통령령으로 정하는 직종에 종사할 것
2. 주로 하나의 사업에 노무를 상시적으로 제공하고 보수를 받아 생활할 것
3. 노무를 제공할 때 타인을 사용하지 아니할 것

② 대통령령으로 정하는 특수형태근로종사자로부터 노무를 제공받는 자는 고용노동부령으로 정하는 바에 따라 안전 및 보건에 관한 교육을 실시하여야 한다.

③ 정부는 특수형태근로종사자의 안전 및 보건의 유지·증진에 사용하는 비용의 일부 또는 전부를 지원할 수 있다.

제78조(배달종사자에 대한 안전조치) 「이동통신단말장치 유통구조 개선에 관한 법률」

제2조 제4호에 따른 이동통신단말장치로 물건의 수거·배달 등을 중개하는 자는 그 중개를 통하여 「자동차관리법」 제3조 제1항 제5호에 따른 이륜자동차로 물건을 수거·배달 등을 하는 사람의 산업재해 예방을 위하여 필요한 안전조치 및 보건조치를 하여야 한다. <개정 2020. 5. 26.>

제79조(가맹본부의 산업재해 예방 조치) ① 「가맹사업거래의 공정화에 관한 법률」 제2조 제2호에 따른 가맹본부 중 대통령령으로 정하는 가맹본부는 같은 조 제3호에 따른 가맹점사업자에게 가맹점의 설비나 기계, 원자재 또는 상품 등을 공급하는 경우에 가맹점사업자와 그 소속 근로자의 산업재해 예방을 위하여 다음 각 호의 조치를 하여야 한다.
1. 가맹점의 안전 및 보건에 관한 프로그램의 마련·시행
2. 가맹본부가 가맹점에 설치하거나 공급하는 설비·기계 및 원자재 또는 상품 등에 대하여 가맹점사업자에게 안전 및 보건에 관한 정보의 제공
② 제1항 제1호에 따른 안전 및 보건에 관한 프로그램의 내용·시행방법, 같은 항 제2호에 따른 안전 및 보건에 관한 정보의 제공방법, 그 밖에 필요한 사항은 고용노동부령으로 정한다.

제6장 유해·위험 기계 등에 대한 조치

제1절 유해하거나 위험한 기계 등에 대한 방호조치 등

제80조(유해하거나 위험한 기계·기구에 대한 방호조치) ① 누구든지 동력(動力)으로 작동하는 기계·기구로서 대통령령으로 정하는 것은 고용노동부령으로 정하는 유해·위험 방지를 위한 방호조치를 하지 아니하고는 양도, 대여, 설치 또는 사용에 제공하거나 양도·대여의 목적으로 진열해서는 아니 된다.
② 누구든지 동력으로 작동하는 기계·기구로서 다음 각 호의 어느 하나에 해당하는 것은 고용노동부령으로 정하는 방호조치를 하지 아니하고는 양도, 대여, 설치 또는 사용에 제공하거나 양도·대여의 목적으로 진열해서는 아니 된다.
1. 작동 부분에 돌기 부분이 있는 것
2. 동력전달 부분 또는 속도조절 부분이 있는 것
3. 회전기계에 물체 등이 말려 들어갈 부분이 있는 것
③ 사업주는 제1항 및 제2항에 따른 방호조치가 정상적인 기능을 발휘할 수 있도록 방호조치와 관련되는 장치를 상시적으로 점검하고 정비하여야 한다.

④ 사업주와 근로자는 제1항 및 제2항에 따른 방호조치를 해체하려는 경우 등 고용노동부령으로 정하는 경우에는 필요한 안전조치 및 보건조치를 하여야 한다.

제81조(기계 · 기구 등의 대여자 등의 조치) 대통령령으로 정하는 기계 · 기구 · 설비 또는 건축물 등을 타인에게 대여하거나 대여받는 자는 필요한 안전조치 및 보건조치를 하여야 한다.

제82조(타워크레인 설치 · 해체업의 등록 등) ① 타워크레인을 설치하거나 해체를 하려는 자는 대통령령으로 정하는 바에 따라 인력 · 시설 및 장비 등의 요건을 갖추어 고용노동부장관에게 등록하여야 한다. 등록한 사항 중 대통령령으로 정하는 중요한 사항을 변경할 때에도 또한 같다.

② 사업주는 제1항에 따라 등록한 자로 하여금 타워크레인을 설치하거나 해체하는 작업을 하도록 하여야 한다.

③ 제1항에 따른 등록 절차, 그 밖에 필요한 사항은 고용노동부령으로 정한다.

④ 제1항에 따라 등록한 자에 대해서는 제21조 제4항 및 제5항을 준용한다. 이 경우 "안전관리전문기관 또는 보건관리전문기관"은 "제1항에 따라 등록한 자"로, "지정"은 "등록"으로 본다.

제2절 안전인증

제83조(안전인증기준) ① 고용노동부장관은 유해하거나 위험한 기계 · 기구 · 설비 및 방호장치 · 보호구(이하 "유해 · 위험기계등"이라 한다)의 안전성을 평가하기 위하여 그 안전에 관한 성능과 제조자의 기술 능력 및 생산 체계 등에 관한 기준(이하 "안전인증기준"이라 한다)을 정하여 고시하여야 한다.

② 안전인증기준은 유해 · 위험기계등의 종류별, 규격 및 형식별로 정할 수 있다.

제84조(안전인증) ① 유해 · 위험기계등 중 근로자의 안전 및 보건에 위해(危害)를 미칠 수 있다고 인정되어 대통령령으로 정하는 것(이하 "안전인증대상기계등"이라 한다)을 제조하거나 수입하는 자(고용노동부령으로 정하는 안전인증대상기계등을 설치 · 이전하거나 주요 구조 부분을 변경하는 자를 포함한다. 이하 이 조 및 제85조부터 제87조까지의 규정에서 같다)는 안전인증대상기계등이 안전인증기준에 맞는지에 대하여 고용노동부장관이 실시하는 안전인증을 받아야 한다.

② 고용노동부장관은 다음 각 호의 어느 하나에 해당하는 경우에는 고용노동부령으로 정하는 바에 따라 제1항에 따른 안전인증의 전부 또는 일부를 면제할 수 있다.

1. 연구 · 개발을 목적으로 제조 · 수입하거나 수출을 목적으로 제조하는 경우

2. 고용노동부장관이 정하여 고시하는 외국의 안전인증기관에서 인증을 받은 경우

3. 다른 법령에 따라 안전성에 관한 검사나 인증을 받은 경우로서 고용노동부령으로 정하는 경우

③ 안전인증대상기계등이 아닌 유해·위험기계등을 제조하거나 수입하는 자가 그 유해·위험기계등의 안전에 관한 성능 등을 평가받으려면 고용노동부장관에게 안전인증을 신청할 수 있다. 이 경우 고용노동부장관은 안전인증기준에 따라 안전인증을 할 수 있다.

④ 고용노동부장관은 제1항 및 제3항에 따른 안전인증(이하 "안전인증"이라 한다)을 받은 자가 안전인증기준을 지키고 있는지를 3년 이하의 범위에서 고용노동부령으로 정하는 주기마다 확인하여야 한다. 다만, 제2항에 따라 안전인증의 일부를 면제받은 경우에는 고용노동부령으로 정하는 바에 따라 확인의 전부 또는 일부를 생략할 수 있다.

⑤ 제1항에 따라 안전인증을 받은 자는 안전인증을 받은 안전인증대상기계등에 대하여 고용노동부령으로 정하는 바에 따라 제품명·모델명·제조수량·판매수량 및 판매처 현황 등의 사항을 기록하여 보존하여야 한다.

⑥ 고용노동부장관은 근로자의 안전 및 보건에 필요하다고 인정하는 경우 안전인증대상기계등을 제조·수입 또는 판매하는 자에게 고용노동부령으로 정하는 바에 따라 해당 안전인증대상기계등의 제조·수입 또는 판매에 관한 자료를 공단에 제출하게 할 수 있다.

⑦ 안전인증의 신청 방법·절차, 제4항에 따른 확인의 방법·절차, 그 밖에 필요한 사항은 고용노동부령으로 정한다.

제85조(안전인증의 표시 등) ① 안전인증을 받은 자는 안전인증을 받은 유해·위험기계등이나 이를 담은 용기 또는 포장에 고용노동부령으로 정하는 바에 따라 안전인증의 표시(이하 "안전인증표시"라 한다)를 하여야 한다.

② 안전인증을 받은 유해·위험기계등이 아닌 것은 안전인증표시 또는 이와 유사한 표시를 하거나 안전인증에 관한 광고를 해서는 아니 된다.

③ 안전인증을 받은 유해·위험기계등을 제조·수입·양도·대여하는 자는 안전인증표시를 임의로 변경하거나 제거해서는 아니 된다.

④ 고용노동부장관은 다음 각 호의 어느 하나에 해당하는 경우에는 안전인증표시나 이와 유사한 표시를 제거할 것을 명하여야 한다.

1. 제2항을 위반하여 안전인증표시나 이와 유사한 표시를 한 경우

2. 제86조 제1항에 따라 안전인증이 취소되거나 안전인증표시의 사용 금지 명령을 받은 경우

제86조(안전인증의 취소 등) ① 고용노동부장관은 안전인증을 받은 자가 다음 각 호의 어느 하나에 해당하면 안전인증을 취소하거나 6개월 이내의 기간을 정하여 안전인증표시의 사용을 금지하거나 안전인증기준에 맞게 시정하도록 명할 수 있다. 다만, 제1호의 경우에는 안전인증을 취소하여야 한다.

1. 거짓이나 그 밖의 부정한 방법으로 안전인증을 받은 경우
2. 안전인증을 받은 유해·위험기계등의 안전에 관한 성능 등이 안전인증기준에 맞지 아니하게 된 경우
3. 정당한 사유 없이 제84조 제4항에 따른 확인을 거부, 방해 또는 기피하는 경우

② 고용노동부장관은 제1항에 따라 안전인증을 취소한 경우에는 고용노동부령으로 정하는 바에 따라 그 사실을 관보 등에 공고하여야 한다.

③ 제1항에 따라 안전인증이 취소된 자는 안전인증이 취소된 날부터 1년 이내에는 취소된 유해·위험기계등에 대하여 안전인증을 신청할 수 없다.

제87조(안전인증대상기계등의 제조 등의 금지 등) ① 누구든지 다음 각 호의 어느 하나에 해당하는 안전인증대상기계등을 제조·수입·양도·대여·사용하거나 양도·대여의 목적으로 진열할 수 없다.

1. 제84조 제1항에 따른 안전인증을 받지 아니한 경우(같은 조 제2항에 따라 안전인증이 전부 면제되는 경우는 제외한다)
2. 안전인증기준에 맞지 아니하게 된 경우
3. 제86조 제1항에 따라 안전인증이 취소되거나 안전인증표시의 사용 금지 명령을 받은 경우

② 고용노동부장관은 제1항을 위반하여 안전인증대상기계등을 제조·수입·양도·대여하는 자에게 고용노동부령으로 정하는 바에 따라 그 안전인증대상기계등을 수거하거나 파기할 것을 명할 수 있다.

제88조(안전인증기관) ① 고용노동부장관은 제84조에 따른 안전인증 업무 및 확인 업무를 위탁받아 수행할 기관을 안전인증기관으로 지정할 수 있다.

② 제1항에 따라 안전인증기관으로 지정받으려는 자는 대통령령으로 정하는 인력·시설 및 장비 등의 요건을 갖추어 고용노동부장관에게 신청하여야 한다.

③ 고용노동부장관은 제1항에 따라 지정받은 안전인증기관(이하 "안전인증기관"이라 한다)에 대하여 평가하고 그 결과를 공개할 수 있다. 이 경우 평가의 기준·방법 및 결과의 공개에 필요한 사항은 고용노동부령으로 정한다.

④ 안전인증기관의 지정 신청 절차, 그 밖에 필요한 사항은 고용노동부령으로 정한다.

⑤ 안전인증기관에 관하여는 제21조 제4항 및 제5항을 준용한다. 이 경우 "안전관리

전문기관 또는 보건관리전문기관"은 "안전인증기관"으로 본다.

제3절 자율안전확인의 신고

제89조(자율안전확인의 신고) ① 안전인증대상기계등이 아닌 유해·위험기계등으로서 대통령령으로 정하는 것(이하 "자율안전확인대상기계등"이라 한다)을 제조하거나 수입하는 자는 자율안전확인대상기계등의 안전에 관한 성능이 고용노동부장관이 정하여 고시하는 안전기준(이하 "자율안전기준"이라 한다)에 맞는지 확인(이하 "자율안전확인"이라 한다)하여 고용노동부장관에게 신고(신고한 사항을 변경하는 경우를 포함한다)하여야 한다. 다만, 다음 각 호의 어느 하나에 해당하는 경우에는 신고를 면제할 수 있다.

1. 연구·개발을 목적으로 제조·수입하거나 수출을 목적으로 제조하는 경우
2. 제84조 제3항에 따른 안전인증을 받은 경우(제86조 제1항에 따라 안전인증이 취소되거나 안전인증표시의 사용 금지 명령을 받은 경우는 제외한다)
3. 다른 법령에 따라 안전성에 관한 검사나 인증을 받은 경우로서 고용노동부령으로 정하는 경우

② 고용노동부장관은 제1항 각 호 외의 부분 본문에 따른 신고를 받은 경우 그 내용을 검토하여 이 법에 적합하면 신고를 수리하여야 한다.

③ 제1항 각 호 외의 부분 본문에 따라 신고를 한 자는 자율안전확인대상기계등이 자율안전기준에 맞는 것임을 증명하는 서류를 보존하여야 한다.

④ 제1항 각 호 외의 부분 본문에 따른 신고의 방법 및 절차, 그 밖에 필요한 사항은 고용노동부령으로 정한다.

제90조(자율안전확인의 표시 등) ① 제89조 제1항 각 호 외의 부분 본문에 따라 신고를 한 자는 자율안전확인대상기계등이나 이를 담은 용기 또는 포장에 고용노동부령으로 정하는 바에 따라 자율안전확인의 표시(이하 "자율안전확인표시"라 한다)를 하여야 한다.

② 제89조 제1항 각 호 외의 부분 본문에 따라 신고된 자율안전확인대상기계등이 아닌 것은 자율안전확인표시 또는 이와 유사한 표시를 하거나 자율안전확인에 관한 광고를 해서는 아니 된다.

③ 제89조 제1항 각 호 외의 부분 본문에 따라 신고된 자율안전확인대상기계등을 제조·수입·양도·대여하는 자는 자율안전확인표시를 임의로 변경하거나 제거해서는 아니 된다.

④ 고용노동부장관은 다음 각 호의 어느 하나에 해당하는 경우에는 자율안전확인표시나 이와 유사한 표시를 제거할 것을 명하여야 한다.

1. 제2항을 위반하여 자율안전확인표시나 이와 유사한 표시를 한 경우
2. 거짓이나 그 밖의 부정한 방법으로 제89조 제1항 각 호 외의 부분 본문에 따른 신고를 한 경우
3. 제91조 제1항에 따라 자율안전확인표시의 사용 금지 명령을 받은 경우

제91조(자율안전확인표시의 사용 금지 등) ① 고용노동부장관은 제89조 제1항 각 호 외의 부분 본문에 따라 신고된 자율안전확인대상기계등의 안전에 관한 성능이 자율안전기준에 맞지 아니하게 된 경우에는 같은 항 각 호 외의 부분 본문에 따라 신고한 자에게 6개월 이내의 기간을 정하여 자율안전확인표시의 사용을 금지하거나 자율안전기준에 맞게 시정하도록 명할 수 있다.

② 고용노동부장관은 제1항에 따라 자율안전확인표시의 사용을 금지하였을 때에는 그 사실을 관보 등에 공고하여야 한다.

③ 제2항에 따른 공고의 내용, 방법 및 절차, 그 밖에 필요한 사항은 고용노동부령으로 정한다.

제92조(자율안전확인대상기계등의 제조 등의 금지 등) ① 누구든지 다음 각 호의 어느 하나에 해당하는 자율안전확인대상기계등을 제조·수입·양도·대여·사용하거나 양도·대여의 목적으로 진열할 수 없다.

1. 제89조 제1항 각 호 외의 부분 본문에 따른 신고를 하지 아니한 경우(같은 항 각 호 외의 부분 단서에 따라 신고가 면제되는 경우는 제외한다)
2. 거짓이나 그 밖의 부정한 방법으로 제89조 제1항 각 호 외의 부분 본문에 따른 신고를 한 경우
3. 자율안전확인대상기계등의 안전에 관한 성능이 자율안전기준에 맞지 아니하게 된 경우
4. 제91조 제1항에 따라 자율안전확인표시의 사용 금지 명령을 받은 경우

② 고용노동부장관은 제1항을 위반하여 자율안전확인대상기계등을 제조·수입·양도·대여하는 자에게 고용노동부령으로 정하는 바에 따라 그 자율안전확인대상기계등을 수거하거나 파기할 것을 명할 수 있다.

제4절 안전검사

제93조(안전검사) ① 유해하거나 위험한 기계·기구·설비로서 대통령령으로 정하는 것(이하 "안전검사대상기계등"이라 한다)을 사용하는 사업주(근로자를 사용하지 아니하고 사업을 하는 자를 포함한다. 이하 이 조, 제94조, 제95조 및 제98조에서 같다)는 안전검사대상기계등의 안전에 관한 성능이 고용노동부장관이 정하여 고시하

는 검사기준에 맞는지에 대하여 고용노동부장관이 실시하는 검사(이하 "안전검사"라 한다)를 받아야 한다. 이 경우 안전검사대상기계등을 사용하는 사업주와 소유자가 다른 경우에는 안전검사대상기계등의 소유자가 안전검사를 받아야 한다.

② 제1항에도 불구하고 안전검사대상기계등이 다른 법령에 따라 안전성에 관한 검사나 인증을 받은 경우로서 고용노동부령으로 정하는 경우에는 안전검사를 면제할 수 있다.

③ 안전검사의 신청, 검사 주기 및 검사합격 표시방법, 그 밖에 필요한 사항은 고용노동부령으로 정한다. 이 경우 검사 주기는 안전검사대상기계등의 종류, 사용연한(使用年限) 및 위험성을 고려하여 정한다.

제94조(안전검사합격증명서 발급 등) ① 고용노동부장관은 제93조 제1항에 따라 안전검사에 합격한 사업주에게 고용노동부령으로 정하는 바에 따라 안전검사합격증명서를 발급하여야 한다.

② 제1항에 따라 안전검사합격증명서를 발급받은 사업주는 그 증명서를 안전검사대상기계등에 붙여야 한다. <개정 2020. 5. 26.>

제95조(안전검사대상기계등의 사용 금지) 사업주는 다음 각 호의 어느 하나에 해당하는 안전검사대상기계등을 사용해서는 아니 된다.

　1. 안전검사를 받지 아니한 안전검사대상기계등(제93조 제2항에 따라 안전검사가 면제되는 경우는 제외한다)

　2. 안전검사에 불합격한 안전검사대상기계등

제96조(안전검사기관) ① 고용노동부장관은 안전검사 업무를 위탁받아 수행하는 기관을 안전검사기관으로 지정할 수 있다.

② 제1항에 따라 안전검사기관으로 지정받으려는 자는 대통령령으로 정하는 인력·시설 및 장비 등의 요건을 갖추어 고용노동부장관에게 신청하여야 한다.

③ 고용노동부장관은 제1항에 따라 지정받은 안전검사기관(이하 "안전검사기관"이라 한다)에 대하여 평가하고 그 결과를 공개할 수 있다. 이 경우 평가의 기준·방법 및 결과의 공개에 필요한 사항은 고용노동부령으로 정한다.

④ 안전검사기관의 지정 신청 절차, 그 밖에 필요한 사항은 고용노동부령으로 정한다.

⑤ 안전검사기관에 관하여는 제21조 제4항 및 제5항을 준용한다. 이 경우 "안전관리전문기관 또는 보건관리전문기관"은 "안전검사기관"으로 본다.

제97조(안전검사기관의 보고의무) 안전검사기관은 제95조 각 호의 어느 하나에 해당하는 안전검사대상기계등을 발견하였을 때에는 이를 고용노동부장관에게 지체 없이

보고하여야 한다.

제98조(자율검사프로그램에 따른 안전검사) ① 제93조 제1항에도 불구하고 같은 항에 따라 안전검사를 받아야 하는 사업주가 근로자대표와 협의(근로자를 사용하지 아니하는 경우는 제외한다)하여 같은 항 전단에 따른 검사기준, 같은 조 제3항에 따른 검사 주기 등을 충족하는 검사프로그램(이하 "자율검사프로그램"이라 한다)을 정하고 고용노동부장관의 인정을 받아 다음 각 호의 어느 하나에 해당하는 사람으로부터 자율검사프로그램에 따라 안전검사대상기계등에 대하여 안전에 관한 성능검사(이하 "자율안전검사"라 한다)를 받으면 안전검사를 받은 것으로 본다.
1. 고용노동부령으로 정하는 안전에 관한 성능검사와 관련된 자격 및 경험을 가진 사람
2. 고용노동부령으로 정하는 바에 따라 안전에 관한 성능검사 교육을 이수하고 해당 분야의 실무 경험이 있는 사람
② 자율검사프로그램의 유효기간은 2년으로 한다.
③ 사업주는 자율안전검사를 받은 경우에는 그 결과를 기록하여 보존하여야 한다.
④ 자율안전검사를 받으려는 사업주는 제100조에 따라 지정받은 검사기관(이하 "자율안전검사기관"이라 한다)에 자율안전검사를 위탁할 수 있다.
⑤ 자율검사프로그램에 포함되어야 할 내용, 자율검사프로그램의 인정 요건, 인정 방법 및 절차, 그 밖에 필요한 사항은 고용노동부령으로 정한다.

제99조(자율검사프로그램 인정의 취소 등) ① 고용노동부장관은 자율검사프로그램의 인정을 받은 자가 다음 각 호의 어느 하나에 해당하는 경우에는 자율검사프로그램의 인정을 취소하거나 인정받은 자율검사프로그램의 내용에 따라 검사를 하도록 하는 등 시정을 명할 수 있다. 다만, 제1호의 경우에는 인정을 취소하여야 한다.
1. 거짓이나 그 밖의 부정한 방법으로 자율검사프로그램을 인정받은 경우
2. 자율검사프로그램을 인정받고도 검사를 하지 아니한 경우
3. 인정받은 자율검사프로그램의 내용에 따라 검사를 하지 아니한 경우
4. 제98조 제1항 각 호의 어느 하나에 해당하는 사람 또는 자율안전검사기관이 검사를 하지 아니한 경우
② 사업주는 제1항에 따라 자율검사프로그램의 인정이 취소된 안전검사대상기계등을 사용해서는 아니 된다.

제100조(자율안전검사기관) ① 자율안전검사기관이 되려는 자는 대통령령으로 정하는 인력·시설 및 장비 등의 요건을 갖추어 고용노동부장관의 지정을 받아야 한다.
② 고용노동부장관은 자율안전검사기관에 대하여 평가하고 그 결과를 공개할 수 있

다. 이 경우 평가의 기준·방법 및 결과의 공개에 필요한 사항은 고용노동부령으로 정한다.

③ 자율안전검사기관의 지정 절차, 그 밖에 필요한 사항은 고용노동부령으로 정한다.

④ 자율안전검사기관에 관하여는 제21조 제4항 및 제5항을 준용한다. 이 경우 "안전관리전문기관 또는 보건관리전문기관"은 "자율안전검사기관"으로 본다.

제5절 유해·위험기계등의 조사 및 지원 등

제101조(성능시험 등) 고용노동부장관은 안전인증대상기계등 또는 자율안전확인대상기계등의 안전성능의 저하 등으로 근로자에게 피해를 주거나 줄 우려가 크다고 인정하는 경우에는 대통령령으로 정하는 바에 따라 유해·위험기계등을 제조하는 사업장에서 제품 제조 과정을 조사할 수 있으며, 제조·수입·양도·대여하거나 양도·대여의 목적으로 진열된 유해·위험기계등을 수거하여 안전인증기준 또는 자율안전기준에 적합한지에 대한 성능시험을 할 수 있다.

제102조(유해·위험기계등 제조사업 등의 지원) ① 고용노동부장관은 다음 각 호의 어느 하나에 해당하는 자에게 유해·위험기계등의 품질·안전성 또는 설계·시공 능력 등의 향상을 위하여 예산의 범위에서 필요한 지원을 할 수 있다.

1. 다음 각 목의 어느 하나에 해당하는 것의 안전성 향상을 위하여 지원이 필요하다고 인정되는 것을 제조하는 자

　가. 안전인증대상기계등

　나. 자율안전확인대상기계등

　다. 그 밖에 산업재해가 많이 발생하는 유해·위험기계등

2. 작업환경 개선시설을 설계·시공하는 자

② 제1항에 따른 지원을 받으려는 자는 고용노동부령으로 정하는 인력·시설 및 장비 등의 요건을 갖추어 고용노동부장관에게 등록하여야 한다.

③ 고용노동부장관은 제2항에 따라 등록한 자가 다음 각 호의 어느 하나에 해당하는 경우에는 그 등록을 취소하거나 1년의 범위에서 제1항에 따른 지원을 제한할 수 있다. 다만, 제1호의 경우에는 등록을 취소하여야 한다.

1. 거짓이나 그 밖의 부정한 방법으로 등록한 경우

2. 제2항에 따른 등록 요건에 적합하지 아니하게 된 경우

3. 제86조 제1항 제1호에 따라 안전인증이 취소된 경우

④ 고용노동부장관은 제1항에 따라 지원받은 자가 다음 각 호의 어느 하나에 해당하는 경우에는 지원한 금액 또는 지원에 상응하는 금액을 환수하여야 한다. 이 경우 제1호에 해당하면 지원한 금액에 상당하는 액수 이하의 금액을 추가로 환수할 수

있다.

1. 거짓이나 그 밖의 부정한 방법으로 지원받은 경우

2. 제1항에 따른 지원 목적과 다른 용도로 지원금을 사용한 경우

3. 제3항 제1호에 해당하여 등록이 취소된 경우

⑤ 고용노동부장관은 제3항에 따라 등록을 취소한 자에 대하여 등록을 취소한 날부터 2년 이내의 기간을 정하여 제2항에 따른 등록을 제한할 수 있다.

⑥ 제1항부터 제5항까지의 규정에 따른 지원내용, 등록 및 등록 취소, 환수 절차, 등록 제한 기준, 그 밖에 필요한 사항은 고용노동부령으로 정한다.

제103조(유해 · 위험기계등의 안전 관련 정보의 종합관리) ① 고용노동부장관은 사업장의 유해 · 위험기계등의 보유현황 및 안전검사 이력 등 안전에 관한 정보를 종합관리하고, 해당 정보를 안전인증기관 또는 안전검사기관에 제공할 수 있다.

② 고용노동부장관은 제1항에 따른 정보의 종합관리를 위하여 안전인증기관 또는 안전검사기관에 사업장의 유해 · 위험기계등의 보유현황 및 안전검사 이력 등의 필요한 자료를 제출하도록 요청할 수 있다. 이 경우 요청을 받은 기관은 특별한 사유가 없으면 그 요청에 따라야 한다.

③ 고용노동부장관은 제1항에 따른 정보의 종합관리를 위하여 유해 · 위험기계등의 보유현황 및 안전검사 이력 등 안전에 관한 종합정보망을 구축 · 운영하여야 한다.

제7장 유해 · 위험물질에 대한 조치

제1절 유해 · 위험물질의 분류 및 관리

제104조(유해인자의 분류기준) 고용노동부장관은 고용노동부령으로 정하는 바에 따라 근로자에게 건강장해를 일으키는 화학물질 및 물리적 인자 등(이하 "유해인자"라 한다)의 유해성 · 위험성 분류기준을 마련하여야 한다.

제105조(유해인자의 유해성 · 위험성 평가 및 관리) ① 고용노동부장관은 유해인자가 근로자의 건강에 미치는 유해성 · 위험성을 평가하고 그 결과를 관보 등에 공표할 수 있다.

② 고용노동부장관은 제1항에 따른 평가 결과 등을 고려하여 고용노동부령으로 정하는 바에 따라 유해성 · 위험성 수준별로 유해인자를 구분하여 관리하여야 한다.

③ 제1항에 따른 유해성 · 위험성 평가대상 유해인자의 선정기준, 유해성 · 위험성 평가의 방법, 그 밖에 필요한 사항은 고용노동부령으로 정한다.

제106조(유해인자의 노출기준 설정) 고용노동부장관은 제105조 제1항에 따른 유해성·위험성 평가 결과 등 고용노동부령으로 정하는 사항을 고려하여 유해인자의 노출기준을 정하여 고시하여야 한다.

제107조(유해인자 허용기준의 준수) ① 사업주는 발암성 물질 등 근로자에게 중대한 건강장해를 유발할 우려가 있는 유해인자로서 대통령령으로 정하는 유해인자는 작업장 내의 그 노출 농도를 고용노동부령으로 정하는 허용기준 이하로 유지하여야 한다. 다만, 다음 각 호의 어느 하나에 해당하는 경우에는 그러하지 아니하다.
1. 유해인자를 취급하거나 정화·배출하는 시설 및 설비의 설치나 개선이 현존하는 기술로 가능하지 아니한 경우
2. 천재지변 등으로 시설과 설비에 중대한 결함이 발생한 경우
3. 고용노동부령으로 정하는 임시 작업과 단시간 작업의 경우
4. 그 밖에 대통령령으로 정하는 경우
② 사업주는 제1항 각 호 외의 부분 단서에도 불구하고 유해인자의 노출 농도를 제1항에 따른 허용기준 이하로 유지하도록 노력하여야 한다.

제108조(신규화학물질의 유해성·위험성 조사) ① 대통령령으로 정하는 화학물질 외의 화학물질(이하 "신규화학물질"이라 한다)을 제조하거나 수입하려는 자(이하 "신규화학물질제조자등"이라 한다)는 신규화학물질에 의한 근로자의 건강장해를 예방하기 위하여 고용노동부령으로 정하는 바에 따라 그 신규화학물질의 유해성·위험성을 조사하고 그 조사보고서를 고용노동부장관에게 제출하여야 한다. 다만, 다음 각 호의 어느 하나에 해당하는 경우에는 그러하지 아니하다.
1. 일반 소비자의 생활용으로 제공하기 위하여 신규화학물질을 수입하는 경우로서 고용노동부령으로 정하는 경우
2. 신규화학물질의 수입량이 소량이거나 그 밖에 위해의 정도가 적다고 인정되는 경우로서 고용노동부령으로 정하는 경우
② 신규화학물질제조자등은 제1항 각 호 외의 부분 본문에 따라 유해성·위험성을 조사한 결과 해당 신규화학물질에 의한 근로자의 건강장해를 예방하기 위하여 필요한 조치를 하여야 하는 경우 이를 즉시 시행하여야 한다.
③ 고용노동부장관은 제1항에 따라 신규화학물질의 유해성·위험성 조사보고서가 제출되면 고용노동부령으로 정하는 바에 따라 그 신규화학물질의 명칭, 유해성·위험성, 근로자의 건강장해 예방을 위한 조치 사항 등을 공표하고 관계 부처에 통보하여야 한다.
④ 고용노동부장관은 제1항에 따라 제출된 신규화학물질의 유해성·위험성 조사보

고서를 검토한 결과 근로자의 건강장해 예방을 위하여 필요하다고 인정할 때에는 신규화학물질제조자등에게 시설·설비를 설치·정비하고 보호구를 갖추어 두는 등의 조치를 하도록 명할 수 있다.

⑤ 신규화학물질제조자등이 신규화학물질을 양도하거나 제공하는 경우에는 제4항에 따른 근로자의 건강장해 예방을 위하여 조치하여야 할 사항을 기록한 서류를 함께 제공하여야 한다.

제109조(중대한 건강장해 우려 화학물질의 유해성·위험성 조사) ① 고용노동부장관은 근로자의 건강장해를 예방하기 위하여 필요하다고 인정할 때에는 고용노동부령으로 정하는 바에 따라 암 또는 그 밖에 중대한 건강장해를 일으킬 우려가 있는 화학물질을 제조·수입하는 자 또는 사용하는 사업주에게 해당 화학물질의 유해성·위험성 조사와 그 결과의 제출 또는 제105조 제1항에 따른 유해성·위험성 평가에 필요한 자료의 제출을 명할 수 있다.

② 제1항에 따라 화학물질의 유해성·위험성 조사 명령을 받은 자는 유해성·위험성 조사 결과 해당 화학물질로 인한 근로자의 건강장해가 우려되는 경우 근로자의 건강장해를 예방하기 위하여 시설·설비의 설치 또는 개선 등 필요한 조치를 하여야 한다.

③ 고용노동부장관은 제1항에 따라 제출된 조사 결과 및 자료를 검토하여 근로자의 건강장해를 예방하기 위하여 필요하다고 인정하는 경우에는 해당 화학물질을 제105조 제2항에 따라 구분하여 관리하거나 해당 화학물질을 제조·수입한 자 또는 사용하는 사업주에게 근로자의 건강장해 예방을 위한 시설·설비의 설치 또는 개선 등 필요한 조치를 하도록 명할 수 있다.

제110조(물질안전보건자료의 작성 및 제출) ① 화학물질 또는 이를 포함한 혼합물로서 제104조에 따른 분류기준에 해당하는 것(대통령령으로 정하는 것은 제외한다. 이하 "물질안전보건자료대상물질"이라 한다)을 제조하거나 수입하려는 자는 다음 각 호의 사항을 적은 자료(이하 "물질안전보건자료"라 한다)를 고용노동부령으로 정하는 바에 따라 작성하여 고용노동부장관에게 제출하여야 한다. 이 경우 고용노동부장관은 고용노동부령으로 물질안전보건자료의 기재 사항이나 작성 방법을 정할 때 「화학물질관리법」 및 「화학물질의 등록 및 평가 등에 관한 법률」과 관련된 사항에 대해서는 환경부장관과 협의하여야 한다. <개정 2020. 5. 26.>

1. 제품명
2. 물질안전보건자료대상물질을 구성하는 화학물질 중 제104조에 따른 분류기준에 해당하는 화학물질의 명칭 및 함유량

3. 안전 및 보건상의 취급 주의 사항

4. 건강 및 환경에 대한 유해성, 물리적 위험성

5. 물리·화학적 특성 등 고용노동부령으로 정하는 사항

② 물질안전보건자료대상물질을 제조하거나 수입하려는 자는 물질안전보건자료대상물질을 구성하는 화학물질 중 제104조에 따른 분류기준에 해당하지 아니하는 화학물질의 명칭 및 함유량을 고용노동부장관에게 별도로 제출하여야 한다. 다만, 다음 각 호의 어느 하나에 해당하는 경우는 그러하지 아니하다.

1. 제1항에 따라 제출된 물질안전보건자료에 이 항 각 호 외의 부분 본문에 따른 화학물질의 명칭 및 함유량이 전부 포함된 경우

2. 물질안전보건자료대상물질을 수입하려는 자가 물질안전보건자료대상물질을 국외에서 제조하여 우리나라로 수출하려는 자(이하 "국외제조자"라 한다)로부터 물질안전보건자료에 적힌 화학물질 외에는 제104조에 따른 분류기준에 해당하는 화학물질이 없음을 확인하는 내용의 서류를 받아 제출한 경우

③ 물질안전보건자료대상물질을 제조하거나 수입한 자는 제1항 각 호에 따른 사항 중 고용노동부령으로 정하는 사항이 변경된 경우 그 변경 사항을 반영한 물질안전보건자료를 고용노동부장관에게 제출하여야 한다.

④ 제1항부터 제3항까지의 규정에 따른 물질안전보건자료 등의 제출 방법·시기, 그 밖에 필요한 사항은 고용노동부령으로 정한다.

제111조(물질안전보건자료의 제공) ① 물질안전보건자료대상물질을 양도하거나 제공하는 자는 이를 양도받거나 제공받는 자에게 물질안전보건자료를 제공하여야 한다.

② 물질안전보건자료대상물질을 제조하거나 수입한 자는 이를 양도받거나 제공받은 자에게 제110조 제3항에 따라 변경된 물질안전보건자료를 제공하여야 한다.

③ 물질안전보건자료대상물질을 양도하거나 제공한 자(물질안전보건자료대상물질을 제조하거나 수입한 자는 제외한다)는 제110조 제3항에 따른 물질안전보건자료를 제공받은 경우 이를 물질안전보건자료대상물질을 양도받거나 제공받은 자에게 제공하여야 한다.

④ 제1항부터 제3항까지의 규정에 따른 물질안전보건자료 또는 변경된 물질안전보건자료의 제공방법 및 내용, 그 밖에 필요한 사항은 고용노동부령으로 정한다.

제112조(물질안전보건자료의 일부 비공개 승인 등) ① 제110조 제1항에도 불구하고 영업비밀과 관련되어 같은 항 제2호에 따른 화학물질의 명칭 및 함유량을 물질안전보건자료에 적지 아니하려는 자는 고용노동부령으로 정하는 바에 따라 고용노동부장관에게 신청하여 승인을 받아 해당 화학물질의 명칭 및 함유량을 대체할 수 있는

명칭 및 함유량(이하 "대체자료"라 한다)으로 적을 수 있다. 다만, 근로자에게 중대한 건강장해를 초래할 우려가 있는 화학물질로서 「산업재해보상보험법」 제8조 제1항에 따른 산업재해보상보험및예방심의위원회의 심의를 거쳐 고용노동부장관이 고시하는 것은 그러하지 아니하다.

② 고용노동부장관은 제1항 본문에 따른 승인 신청을 받은 경우 고용노동부령으로 정하는 바에 따라 화학물질의 명칭 및 함유량의 대체 필요성, 대체자료의 적합성 및 물질안전보건자료의 적정성 등을 검토하여 승인 여부를 결정하고 신청인에게 그 결과를 통보하여야 한다.

③ 고용노동부장관은 제2항에 따른 승인에 관한 기준을 「산업재해보상보험법」 제8조 제1항에 따른 산업재해보상보험및예방심의위원회의 심의를 거쳐 정한다.

④ 제1항에 따른 승인의 유효기간은 승인을 받은 날부터 5년으로 한다.

⑤ 고용노동부장관은 제4항에 따른 유효기간이 만료되는 경우에도 계속하여 대체자료로 적으려는 자가 그 유효기간의 연장승인을 신청하면 유효기간이 만료되는 다음 날부터 5년 단위로 그 기간을 계속하여 연장승인할 수 있다.

⑥ 신청인은 제1항 또는 제5항에 따른 승인 또는 연장승인에 관한 결과에 대하여 고용노동부령으로 정하는 바에 따라 고용노동부장관에게 이의신청을 할 수 있다.

⑦ 고용노동부장관은 제6항에 따른 이의신청에 대하여 고용노동부령으로 정하는 바에 따라 승인 또는 연장승인 여부를 결정하고 그 결과를 신청인에게 통보하여야 한다.

⑧ 고용노동부장관은 다음 각 호의 어느 하나에 해당하는 경우에는 제1항, 제5항 또는 제7항에 따른 승인 또는 연장승인을 취소할 수 있다. 다만, 제1호의 경우에는 그 승인 또는 연장승인을 취소하여야 한다.

1. 거짓이나 그 밖의 부정한 방법으로 제1항, 제5항 또는 제7항에 따른 승인 또는 연장승인을 받은 경우

2. 제1항, 제5항 또는 제7항에 따른 승인 또는 연장승인을 받은 화학물질이 제1항 단서에 따른 화학물질에 해당하게 된 경우

⑨ 제5항에 따른 연장승인과 제8항에 따른 승인 또는 연장승인의 취소 절차 및 방법, 그 밖에 필요한 사항은 고용노동부령으로 정한다.

⑩ 다음 각 호의 어느 하나에 해당하는 자는 근로자의 안전 및 보건을 유지하거나 직업성 질환 발생 원인을 규명하기 위하여 근로자에게 중대한 건강장해가 발생하는 등 고용노동부령으로 정하는 경우에는 물질안전보건자료대상물질을 제조하거나 수입한 자에게 제1항에 따라 대체자료로 적힌 화학물질의 명칭 및 함유량 정보를 제공할 것을 요구할 수 있다. 이 경우 정보 제공을 요구받은 자는 고용노동부장관이 정하여 고시하는 바에 따라 정보를 제공하여야 한다.

1. 근로자를 진료하는 「의료법」 제2조에 따른 의사
2. 보건관리자 및 보건관리전문기관
3. 산업보건의
4. 근로자대표
5. 제165조 제2항 제38호에 따라 제141조 제1항에 따른 역학조사(疫學調査) 실시 업무를 위탁받은 기관
6. 「산업재해보상보험법」 제38조에 따른 업무상질병판정위원회

제113조(국외제조자가 선임한 자에 의한 정보 제출 등) ① 국외제조자는 고용노동부령으로 정하는 요건을 갖춘 자를 선임하여 물질안전보건자료대상물질을 수입하는 자를 갈음하여 다음 각 호에 해당하는 업무를 수행하도록 할 수 있다.
1. 제110조 제1항 또는 제3항에 따른 물질안전보건자료의 작성·제출
2. 제110조 제2항 각 호 외의 부분 본문에 따른 화학물질의 명칭 및 함유량 또는 같은 항 제2호에 따른 확인서류의 제출
3. 제112조 제1항에 따른 대체자료 기재 승인, 같은 조 제5항에 따른 유효기간 연장 승인 또는 같은 조 제6항에 따른 이의신청
② 제1항에 따라 선임된 자는 고용노동부장관에게 제110조 제1항 또는 제3항에 따른 물질안전보건자료를 제출하는 경우 그 물질안전보건자료를 해당 물질안전보건자료대상물질을 수입하는 자에게 제공하여야 한다.
③ 제1항에 따라 선임된 자는 고용노동부령으로 정하는 바에 따라 국외제조자에 의하여 선임되거나 해임된 사실을 고용노동부장관에게 신고하여야 한다.
④ 제2항에 따른 물질안전보건자료의 제출 및 제공 방법·내용, 제3항에 따른 신고 절차·방법, 그 밖에 필요한 사항은 고용노동부령으로 정한다.

제114조(물질안전보건자료의 게시 및 교육) ① 물질안전보건자료대상물질을 취급하려는 사업주는 제110조 제1항 또는 제3항에 따라 작성하였거나 제111조 제1항부터 제3항까지의 규정에 따라 제공받은 물질안전보건자료를 고용노동부령으로 정하는 방법에 따라 물질안전보건자료대상물질을 취급하는 작업장 내에 이를 취급하는 근로자가 쉽게 볼 수 있는 장소에 게시하거나 갖추어 두어야 한다.
② 제1항에 따른 사업주는 물질안전보건자료대상물질을 취급하는 작업공정별로 고용노동부령으로 정하는 바에 따라 물질안전보건자료대상물질의 관리 요령을 게시하여야 한다.
③ 제1항에 따른 사업주는 물질안전보건자료대상물질을 취급하는 근로자의 안전 및 보건을 위하여 고용노동부령으로 정하는 바에 따라 해당 근로자를 교육하는 등 적

절한 조치를 하여야 한다.

제115조(물질안전보건자료대상물질 용기 등의 경고표시) ① 물질안전보건자료대상물질을 양도하거나 제공하는 자는 고용노동부령으로 정하는 방법에 따라 이를 담은 용기 및 포장에 경고표시를 하여야 한다. 다만, 용기 및 포장에 담는 방법 외의 방법으로 물질안전보건자료대상물질을 양도하거나 제공하는 경우에는 고용노동부장관이 정하여 고시한 바에 따라 경고표시 기재 항목을 적은 자료를 제공하여야 한다.
② 사업주는 사업장에서 사용하는 물질안전보건자료대상물질을 담은 용기에 고용노동부령으로 정하는 방법에 따라 경고표시를 하여야 한다. 다만, 용기에 이미 경고표시가 되어 있는 등 고용노동부령으로 정하는 경우에는 그러하지 아니하다.

제116조(물질안전보건자료와 관련된 자료의 제공) 고용노동부장관은 근로자의 안전 및 보건 유지를 위하여 필요하면 물질안전보건자료와 관련된 자료를 근로자 및 사업주에게 제공할 수 있다.

제117조(유해·위험물질의 제조 등 금지) ① 누구든지 다음 각 호의 어느 하나에 해당하는 물질로서 대통령령으로 정하는 물질(이하 "제조등금지물질"이라 한다)을 제조·수입·양도·제공 또는 사용해서는 아니 된다.
1. 직업성 암을 유발하는 것으로 확인되어 근로자의 건강에 특히 해롭다고 인정되는 물질
2. 제105조 제1항에 따라 유해성·위험성이 평가된 유해인자나 제109조에 따라 유해성·위험성이 조사된 화학물질 중 근로자에게 중대한 건강장해를 일으킬 우려가 있는 물질
② 제1항에도 불구하고 시험·연구 또는 검사 목적의 경우로서 다음 각 호의 어느 하나에 해당하는 경우에는 제조등금지물질을 제조·수입·양도·제공 또는 사용할 수 있다.
1. 제조·수입 또는 사용을 위하여 고용노동부령으로 정하는 요건을 갖추어 고용노동부장관의 승인을 받은 경우
2. 「화학물질관리법」 제18조 제1항 단서에 따른 금지물질의 판매 허가를 받은 자가 같은 항 단서에 따라 판매 허가를 받은 자나 제1호에 따라 사용 승인을 받은 자에게 제조등금지물질을 양도 또는 제공하는 경우
③ 고용노동부장관은 제2항 제1호에 따른 승인을 받은 자가 같은 호에 따른 승인요건에 적합하지 아니하게 된 경우에는 승인을 취소하여야 한다.
④ 제2항 제1호에 따른 승인 절차, 승인 취소 절차, 그 밖에 필요한 사항은 고용노동부령으로 정한다.

제118조(유해·위험물질의 제조 등 허가) ① 제117조 제1항 각 호의 어느 하나에 해당하는 물질로서 대체물질이 개발되지 아니한 물질 등 대통령령으로 정하는 물질(이하 "허가대상물질"이라 한다)을 제조하거나 사용하려는 자는 고용노동부장관의 허가를 받아야 한다. 허가받은 사항을 변경할 때에도 또한 같다.

② 허가대상물질의 제조·사용설비, 작업방법, 그 밖의 허가기준은 고용노동부령으로 정한다.

③ 제1항에 따라 허가를 받은 자(이하 "허가대상물질제조·사용자"라 한다)는 그 제조·사용설비를 제2항에 따른 허가기준에 적합하도록 유지하여야 하며, 그 기준에 적합한 작업방법으로 허가대상물질을 제조·사용하여야 한다.

④ 고용노동부장관은 허가대상물질제조·사용자의 제조·사용설비 또는 작업방법이 제2항에 따른 허가기준에 적합하지 아니하다고 인정될 때에는 그 기준에 적합하도록 제조·사용설비를 수리·개조 또는 이전하도록 하거나 그 기준에 적합한 작업방법으로 그 물질을 제조·사용하도록 명할 수 있다.

⑤ 고용노동부장관은 허가대상물질제조·사용자가 다음 각 호의 어느 하나에 해당하면 그 허가를 취소하거나 6개월 이내의 기간을 정하여 영업을 정지하게 할 수 있다. 다만, 제1호에 해당할 때에는 그 허가를 취소하여야 한다.

1. 거짓이나 그 밖의 부정한 방법으로 허가를 받은 경우
2. 제2항에 따른 허가기준에 맞지 아니하게 된 경우
3. 제3항을 위반한 경우
4. 제4항에 따른 명령을 위반한 경우
5. 자체검사 결과 이상을 발견하고도 즉시 보수 및 필요한 조치를 하지 아니한 경우

⑥ 제1항에 따른 허가의 신청절차, 그 밖에 필요한 사항은 고용노동부령으로 정한다.

제2절 석면에 대한 조치

제119조(석면조사) ① 건축물이나 설비를 철거하거나 해체하려는 경우에 해당 건축물이나 설비의 소유주 또는 임차인 등(이하 "건축물·설비소유주등"이라 한다)은 다음 각 호의 사항을 고용노동부령으로 정하는 바에 따라 조사(이하 "일반석면조사"라 한다)한 후 그 결과를 기록하여 보존하여야 한다. <개정 2020. 5. 26.>

1. 해당 건축물이나 설비에 석면이 포함되어 있는지 여부
2. 해당 건축물이나 설비 중 석면이 포함된 자재의 종류, 위치 및 면적

② 제1항에 따른 건축물이나 설비 중 대통령령으로 정하는 규모 이상의 건축물·설비소유주등은 제120조에 따라 지정받은 기관(이하 "석면조사기관"이라 한다)에 다음 각 호의 사항을 조사(이하 "기관석면조사"라 한다)하도록 한 후 그 결과를 기록

하여 보존하여야 한다. 다만, 석면함유 여부가 명백한 경우 등 대통령령으로 정하는 사유에 해당하여 고용노동부령으로 정하는 절차에 따라 확인을 받은 경우에는 기관 석면조사를 생략할 수 있다. <개정 2020. 5. 26.>

1. 제1항 각 호의 사항

2. 해당 건축물이나 설비에 포함된 석면의 종류 및 함유량

③ 건축물·설비소유주등이 「석면안전관리법」 등 다른 법률에 따라 건축물이나 설비에 대하여 석면조사를 실시한 경우에는 고용노동부령으로 정하는 바에 따라 일반석면조사 또는 기관석면조사를 실시한 것으로 본다.

④ 고용노동부장관은 건축물·설비소유주등이 일반석면조사 또는 기관석면조사를 하지 아니하고 건축물이나 설비를 철거하거나 해체하는 경우에는 다음 각 호의 조치를 명할 수 있다.

1. 해당 건축물·설비소유주등에 대한 일반석면조사 또는 기관석면조사의 이행 명령

2. 해당 건축물이나 설비를 철거하거나 해체하는 자에 대하여 제1호에 따른 이행 명령의 결과를 보고받을 때까지의 작업중지 명령

⑤ 기관석면조사의 방법, 그 밖에 필요한 사항은 고용노동부령으로 정한다.

제120조(석면조사기관) ① 석면조사기관이 되려는 자는 대통령령으로 정하는 인력·시설 및 장비 등의 요건을 갖추어 고용노동부장관의 지정을 받아야 한다.

② 고용노동부장관은 기관석면조사의 결과에 대한 정확성과 정밀도를 확보하기 위하여 석면조사기관의 석면조사 능력을 확인하고, 석면조사기관을 지도하거나 교육할 수 있다. 이 경우 석면조사 능력의 확인, 석면조사기관에 대한 지도 및 교육의 방법, 절차, 그 밖에 필요한 사항은 고용노동부장관이 정하여 고시한다.

③ 고용노동부장관은 석면조사기관에 대하여 평가하고 그 결과를 공개(제2항에 따른 석면조사 능력의 확인 결과를 포함한다)할 수 있다. 이 경우 평가의 기준·방법 및 결과의 공개에 필요한 사항은 고용노동부령으로 정한다.

④ 석면조사기관의 지정 절차, 그 밖에 필요한 사항은 고용노동부령으로 정한다.

⑤ 석면조사기관에 관하여는 제21조 제4항 및 제5항을 준용한다. 이 경우 "안전관리전문기관 또는 보건관리전문기관"은 "석면조사기관"으로 본다.

제121조(석면해체·제거업의 등록 등) ① 석면해체·제거를 업으로 하려는 자는 대통령령으로 정하는 인력·시설 및 장비를 갖추어 고용노동부장관에게 등록하여야 한다.

② 고용노동부장관은 제1항에 따라 등록한 자(이하 "석면해체·제거업자"라 한다)의 석면해체·제거작업의 안전성을 고용노동부령으로 정하는 바에 따라 평가하고 그 결과를 공개할 수 있다. 이 경우 평가의 기준·방법 및 결과의 공개에 필요한 사항은

고용노동부령으로 정한다.

③ 제1항에 따른 등록 절차, 그 밖에 필요한 사항은 고용노동부령으로 정한다.

④ 석면해체·제거업자에 관하여는 제21조 제4항 및 제5항을 준용한다. 이 경우 "안전관리전문기관 또는 보건관리전문기관"은 "석면해체·제거업자"로, "지정"은 "등록"으로 본다.

제122조(석면의 해체·제거) ① 기관석면조사 대상인 건축물이나 설비에 대통령령으로 정하는 함유량과 면적 이상의 석면이 포함되어 있는 경우 해당 건축물·설비소유주등은 석면해체·제거업자로 하여금 그 석면을 해체·제거하도록 하여야 한다. 다만, 건축물·설비소유주등이 인력·장비 등에서 석면해체·제거업자와 동등한 능력을 갖추고 있는 경우 등 대통령령으로 정하는 사유에 해당할 경우에는 스스로 석면을 해체·제거할 수 있다. <개정 2020. 5. 26.>

② 제1항에 따른 석면해체·제거는 해당 건축물이나 설비에 대하여 기관석면조사를 실시한 기관이 해서는 아니 된다.

③ 석면해체·제거업자(제1항 단서의 경우에는 건축물·설비소유주등을 말한다. 이하 제124조에서 같다)는 제1항에 따른 석면해체·제거작업을 하기 전에 고용노동부령으로 정하는 바에 따라 고용노동부장관에게 신고하고, 제1항에 따른 석면해체·제거작업에 관한 서류를 보존하여야 한다.

④ 고용노동부장관은 제3항에 따른 신고를 받은 경우 그 내용을 검토하여 이 법에 적합하면 신고를 수리하여야 한다.

⑤ 제3항에 따른 신고 절차, 그 밖에 필요한 사항은 고용노동부령으로 정한다.

제123조(석면해체·제거 작업기준의 준수) ① 석면이 포함된 건축물이나 설비를 철거하거나 해체하는 자는 고용노동부령으로 정하는 석면해체·제거의 작업기준을 준수하여야 한다. <개정 2020. 5. 26.>

② 근로자는 석면이 포함된 건축물이나 설비를 철거하거나 해체하는 자가 제1항의 작업기준에 따라 근로자에게 한 조치로서 고용노동부령으로 정하는 조치 사항을 준수하여야 한다. <개정 2020. 5. 26.>

제124조(석면농도기준의 준수) ① 석면해체·제거업자는 제122조 제1항에 따른 석면해체·제거작업이 완료된 후 해당 작업장의 공기 중 석면농도가 고용노동부령으로 정하는 기준 이하가 되도록 하고, 그 증명자료를 고용노동부장관에게 제출하여야 한다.

② 제1항에 따른 공기 중 석면농도를 측정할 수 있는 자의 자격 및 측정방법에 관한 사항은 고용노동부령으로 정한다.

③ 건축물·설비소유주등은 석면해체·제거작업 완료 후에도 작업장의 공기 중 석면

농도가 제1항의 기준을 초과한 경우 해당 건축물이나 설비를 철거하거나 해체해서는 아니 된다.

제8장 근로자 보건관리

제1절 근로환경의 개선

제125조(작업환경측정) ① 사업주는 유해인자로부터 근로자의 건강을 보호하고 쾌적한 작업환경을 조성하기 위하여 인체에 해로운 작업을 하는 작업장으로서 고용노동부령으로 정하는 작업장에 대하여 고용노동부령으로 정하는 자격을 가진 자로 하여금 작업환경측정을 하도록 하여야 한다.

② 제1항에도 불구하고 도급인의 사업장에서 관계수급인 또는 관계수급인의 근로자가 작업을 하는 경우에는 도급인이 제1항에 따른 자격을 가진 자로 하여금 작업환경측정을 하도록 하여야 한다.

③ 사업주(제2항에 따른 도급인을 포함한다. 이하 이 조 및 제127조에서 같다)는 제1항에 따른 작업환경측정을 제126조에 따라 지정받은 기관(이하 "작업환경측정기관"이라 한다)에 위탁할 수 있다. 이 경우 필요한 때에는 작업환경측정 중 시료의 분석만을 위탁할 수 있다.

④ 사업주는 근로자대표(관계수급인의 근로자대표를 포함한다. 이하 이 조에서 같다)가 요구하면 작업환경측정 시 근로자대표를 참석시켜야 한다.

⑤ 사업주는 작업환경측정 결과를 기록하여 보존하고 고용노동부령으로 정하는 바에 따라 고용노동부장관에게 보고하여야 한다. 다만, 제3항에 따라 사업주로부터 작업환경측정을 위탁받은 작업환경측정기관이 작업환경측정을 한 후 그 결과를 고용노동부령으로 정하는 바에 따라 고용노동부장관에게 제출한 경우에는 작업환경측정 결과를 보고한 것으로 본다.

⑥ 사업주는 작업환경측정 결과를 해당 작업장의 근로자(관계수급인 및 관계수급인 근로자를 포함한다. 이하 이 항, 제127조 및 제175조 제5항 제15호에서 같다)에게 알려야 하며, 그 결과에 따라 근로자의 건강을 보호하기 위하여 해당 시설·설비의 설치·개선 또는 건강진단의 실시 등의 조치를 하여야 한다.

⑦ 사업주는 산업안전보건위원회 또는 근로자대표가 요구하면 작업환경측정 결과에 대한 설명회 등을 개최하여야 한다. 이 경우 제3항에 따라 작업환경측정을 위탁하여 실시한 경우에는 작업환경측정기관에 작업환경측정 결과에 대하여 설명하도록 할 수 있다.

⑧ 제1항 및 제2항에 따른 작업환경측정의 방법·횟수, 그 밖에 필요한 사항은 고용노동부령으로 정한다.

제126조(작업환경측정기관) ① 작업환경측정기관이 되려는 자는 대통령령으로 정하는 인력·시설 및 장비 등의 요건을 갖추어 고용노동부장관의 지정을 받아야 한다.

② 고용노동부장관은 작업환경측정기관의 측정·분석 결과에 대한 정확성과 정밀도를 확보하기 위하여 작업환경측정기관의 측정·분석능력을 확인하고, 작업환경측정기관을 지도하거나 교육할 수 있다. 이 경우 측정·분석능력의 확인, 작업환경측정기관에 대한 교육의 방법·절차, 그 밖에 필요한 사항은 고용노동부장관이 정하여 고시한다.

③ 고용노동부장관은 작업환경측정의 수준을 향상시키기 위하여 필요한 경우 작업환경측정기관을 평가하고 그 결과(제2항에 따른 측정·분석능력의 확인 결과를 포함한다)를 공개할 수 있다. 이 경우 평가기준·방법 및 결과의 공개, 그 밖에 필요한 사항은 고용노동부령으로 정한다.

④ 작업환경측정기관의 유형, 업무 범위 및 지정 절차, 그 밖에 필요한 사항은 고용노동부령으로 정한다.

⑤ 작업환경측정기관에 관하여는 제21조 제4항 및 제5항을 준용한다. 이 경우 "안전관리전문기관 또는 보건관리전문기관"은 "작업환경측정기관"으로 본다.

제127조(작업환경측정 신뢰성 평가) ① 고용노동부장관은 제125조 제1항 및 제2항에 따른 작업환경측정 결과에 대하여 그 신뢰성을 평가할 수 있다.

② 사업주와 근로자는 고용노동부장관이 제1항에 따른 신뢰성을 평가할 때에는 적극적으로 협조하여야 한다.

③ 제1항에 따른 신뢰성 평가의 방법·대상 및 절차, 그 밖에 필요한 사항은 고용노동부령으로 정한다.

제128조(작업환경전문연구기관의 지정) ① 고용노동부장관은 작업장의 유해인자로부터 근로자의 건강을 보호하고 작업환경관리방법 등에 관한 전문연구를 촉진하기 위하여 유해인자별·업종별 작업환경전문연구기관을 지정하여 예산의 범위에서 필요한 지원을 할 수 있다.

② 제1항에 따른 유해인자별·업종별 작업환경전문연구기관의 지정기준, 그 밖에 필요한 사항은 고용노동부장관이 정하여 고시한다.

제128조의2(휴게시설의 설치) ① 사업주는 근로자(관계수급인의 근로자를 포함한다. 이하 이 조에서 같다)가 신체적 피로와 정신적 스트레스를 해소할 수 있도록 휴식시

간에 이용할 수 있는 휴게시설을 갖추어야 한다.

② 사업주 중 사업의 종류 및 사업장의 상시근로자 수 등 대통령령으로 정하는 기준에 해당하는 사업장의 사업주는 제1항에 따라 휴게시설을 갖추는 경우 크기, 위치, 온도, 조명 등 고용노동부령으로 정하는 설치·관리기준을 준수하여야 한다.

[본조신설 2021. 8. 17.]

[시행일: 2022. 8. 18.] 제128조의2

제2절 건강진단 및 건강관리

제129조(일반건강진단) ① 사업주는 상시 사용하는 근로자의 건강관리를 위하여 건강진단(이하 "일반건강진단"이라 한다)을 실시하여야 한다. 다만, 사업주가 고용노동부령으로 정하는 건강진단을 실시한 경우에는 그 건강진단을 받은 근로자에 대하여 일반건강진단을 실시한 것으로 본다.

② 사업주는 제135조 제1항에 따른 특수건강진단기관 또는 「건강검진기본법」 제3조 제2호에 따른 건강검진기관(이하 "건강진단기관"이라 한다)에서 일반건강진단을 실시하여야 한다.

③ 일반건강진단의 주기·항목·방법 및 비용, 그 밖에 필요한 사항은 고용노동부령으로 정한다.

제130조(특수건강진단 등) ① 사업주는 다음 각 호의 어느 하나에 해당하는 근로자의 건강관리를 위하여 건강진단(이하 "특수건강진단"이라 한다)을 실시하여야 한다. 다만, 사업주가 고용노동부령으로 정하는 건강진단을 실시한 경우에는 그 건강진단을 받은 근로자에 대하여 해당 유해인자에 대한 특수건강진단을 실시한 것으로 본다.

1. 고용노동부령으로 정하는 유해인자에 노출되는 업무(이하 "특수건강진단대상업무"라 한다)에 종사하는 근로자

2. 제1호, 제3항 및 제131조에 따른 건강진단 실시 결과 직업병 소견이 있는 근로자로 판정받아 작업 전환을 하거나 작업 장소를 변경하여 해당 판정의 원인이 된 특수건강진단대상업무에 종사하지 아니하는 사람으로서 해당 유해인자에 대한 건강진단이 필요하다는 「의료법」 제2조에 따른 의사의 소견이 있는 근로자

② 사업주는 특수건강진단대상업무에 종사할 근로자의 배치 예정 업무에 대한 적합성 평가를 위하여 건강진단(이하 "배치전건강진단"이라 한다)을 실시하여야 한다. 다만, 고용노동부령으로 정하는 근로자에 대해서는 배치전건강진단을 실시하지 아니할 수 있다.

③ 사업주는 특수건강진단대상업무에 따른 유해인자로 인한 것이라고 의심되는 건강장해 증상을 보이거나 의학적 소견이 있는 근로자 중 보건관리자 등이 사업주에

게 건강진단 실시를 건의하는 등 고용노동부령으로 정하는 근로자에 대하여 건강진단(이하 "수시건강진단"이라 한다)을 실시하여야 한다.

④ 사업주는 제135조 제1항에 따른 특수건강진단기관에서 제1항부터 제3항까지의 규정에 따른 건강진단을 실시하여야 한다.

⑤ 제1항부터 제3항까지의 규정에 따른 건강진단의 시기·주기·항목·방법 및 비용, 그 밖에 필요한 사항은 고용노동부령으로 정한다.

제131조(임시건강진단 명령 등) ① 고용노동부장관은 같은 유해인자에 노출되는 근로자들에게 유사한 질병의 증상이 발생한 경우 등 고용노동부령으로 정하는 경우에는 근로자의 건강을 보호하기 위하여 사업주에게 특정 근로자에 대한 건강진단(이하 "임시건강진단"이라 한다)의 실시나 작업전환, 그 밖에 필요한 조치를 명할 수 있다.

② 임시건강진단의 항목, 그 밖에 필요한 사항은 고용노동부령으로 정한다.

제132조(건강진단에 관한 사업주의 의무) ① 사업주는 제129조부터 제131조까지의 규정에 따른 건강진단을 실시하는 경우 근로자대표가 요구하면 근로자대표를 참석시켜야 한다.

② 사업주는 산업안전보건위원회 또는 근로자대표가 요구할 때에는 직접 또는 제129조부터 제131조까지의 규정에 따른 건강진단을 한 건강진단기관에 건강진단 결과에 대하여 설명하도록 하여야 한다. 다만, 개별 근로자의 건강진단 결과는 본인의 동의 없이 공개해서는 아니 된다.

③ 사업주는 제129조부터 제131조까지의 규정에 따른 건강진단의 결과를 근로자의 건강 보호 및 유지 외의 목적으로 사용해서는 아니 된다.

④ 사업주는 제129조부터 제131조까지의 규정 또는 다른 법령에 따른 건강진단의 결과 근로자의 건강을 유지하기 위하여 필요하다고 인정할 때에는 작업장소 변경, 작업 전환, 근로시간 단축, 야간근로(오후 10시부터 다음 날 오전 6시까지 사이의 근로를 말한다)의 제한, 작업환경측정 또는 시설·설비의 설치·개선 등 고용노동부령으로 정하는 바에 따라 적절한 조치를 하여야 한다.

⑤ 제4항에 따라 적절한 조치를 하여야 하는 사업주로서 고용노동부령으로 정하는 사업주는 그 조치 결과를 고용노동부령으로 정하는 바에 따라 고용노동부장관에게 제출하여야 한다.

제133조(건강진단에 관한 근로자의 의무) 근로자는 제129조부터 제131조까지의 규정에 따라 사업주가 실시하는 건강진단을 받아야 한다. 다만, 사업주가 지정한 건강진단기관이 아닌 건강진단기관으로부터 이에 상응하는 건강진단을 받아 그 결과를 증명하는 서류를 사업주에게 제출하는 경우에는 사업주가 실시하는 건강진단을 받은

것으로 본다.

제134조(건강진단기관 등의 결과보고 의무) ① 건강진단기관은 제129조부터 제131조까지의 규정에 따른 건강진단을 실시한 때에는 고용노동부령으로 정하는 바에 따라 그 결과를 근로자 및 사업주에게 통보하고 고용노동부장관에게 보고하여야 한다.

② 제129조 제1항 단서에 따라 건강진단을 실시한 기관은 사업주가 근로자의 건강보호를 위하여 그 결과를 요청하는 경우 고용노동부령으로 정하는 바에 따라 그 결과를 사업주에게 통보하여야 한다.

제135조(특수건강진단기관) ① 「의료법」 제3조에 따른 의료기관이 특수건강진단, 배치전건강진단 또는 수시건강진단을 수행하려는 경우에는 고용노동부장관으로부터 건강진단을 할 수 있는 기관(이하 "특수건강진단기관"이라 한다)으로 지정받아야 한다.

② 특수건강진단기관으로 지정받으려는 자는 대통령령으로 정하는 요건을 갖추어 고용노동부장관에게 신청하여야 한다.

③ 고용노동부장관은 제1항에 따른 특수건강진단기관의 진단·분석 결과에 대한 정확성과 정밀도를 확보하기 위하여 특수건강진단기관의 진단·분석능력을 확인하고, 특수건강진단기관을 지도하거나 교육할 수 있다. 이 경우 진단·분석능력의 확인, 특수건강진단기관에 대한 지도 및 교육의 방법, 절차, 그 밖에 필요한 사항은 고용노동부장관이 정하여 고시한다.

④ 고용노동부장관은 특수건강진단기관을 평가하고 그 결과(제3항에 따른 진단·분석능력의 확인 결과를 포함한다)를 공개할 수 있다. 이 경우 평가 기준·방법 및 결과의 공개, 그 밖에 필요한 사항은 고용노동부령으로 정한다.

⑤ 특수건강진단기관의 지정 신청 절차, 업무 수행에 관한 사항, 업무를 수행할 수 있는 지역, 그 밖에 필요한 사항은 고용노동부령으로 정한다.

⑥ 특수건강진단기관에 관하여는 제21조 제4항 및 제5항을 준용한다. 이 경우 "안전관리전문기관 또는 보건관리전문기관"은 "특수건강진단기관"으로 본다.

제136조(유해인자별 특수건강진단 전문연구기관의 지정) ① 고용노동부장관은 작업장의 유해인자에 관한 전문연구를 촉진하기 위하여 유해인자별 특수건강진단 전문연구기관을 지정하여 예산의 범위에서 필요한 지원을 할 수 있다.

② 제1항에 따른 유해인자별 특수건강진단 전문연구기관의 지정 기준 및 절차, 그 밖에 필요한 사항은 고용노동부장관이 정하여 고시한다.

제137조(건강관리카드) ① 고용노동부장관은 고용노동부령으로 정하는 건강장해가 발생할 우려가 있는 업무에 종사하였거나 종사하고 있는 사람 중 고용노동부령으로

정하는 요건을 갖춘 사람의 직업병 조기발견 및 지속적인 건강관리를 위하여 건강관리카드를 발급하여야 한다.

② 건강관리카드를 발급받은 사람이 「산업재해보상보험법」 제41조에 따라 요양급여를 신청하는 경우에는 건강관리카드를 제출함으로써 해당 재해에 관한 의학적 소견을 적은 서류의 제출을 대신할 수 있다.

③ 건강관리카드를 발급받은 사람은 그 건강관리카드를 타인에게 양도하거나 대여해서는 아니 된다.

④ 건강관리카드를 발급받은 사람 중 제1항에 따라 건강관리카드를 발급받은 업무에 종사하지 아니하는 사람은 고용노동부령으로 정하는 바에 따라 특수건강진단에 준하는 건강진단을 받을 수 있다.

⑤ 건강관리카드의 서식, 발급 절차, 그 밖에 필요한 사항은 고용노동부령으로 정한다.

제138조(질병자의 근로 금지·제한) ① 사업주는 감염병, 정신질환 또는 근로로 인하여 병세가 크게 악화될 우려가 있는 질병으로서 고용노동부령으로 정하는 질병에 걸린 사람에게는 「의료법」 제2조에 따른 의사의 진단에 따라 근로를 금지하거나 제한하여야 한다.

② 사업주는 제1항에 따라 근로가 금지되거나 제한된 근로자가 건강을 회복하였을 때에는 지체 없이 근로를 할 수 있도록 하여야 한다.

제139조(유해·위험작업에 대한 근로시간 제한 등) ① 사업주는 유해하거나 위험한 작업으로서 높은 기압에서 하는 작업 등 대통령령으로 정하는 작업에 종사하는 근로자에게는 1일 6시간, 1주 34시간을 초과하여 근로하게 해서는 아니 된다.

② 사업주는 대통령령으로 정하는 유해하거나 위험한 작업에 종사하는 근로자에게 필요한 안전조치 및 보건조치 외에 작업과 휴식의 적정한 배분 및 근로시간과 관련된 근로조건의 개선을 통하여 근로자의 건강 보호를 위한 조치를 하여야 한다.

제140조(자격 등에 의한 취업 제한 등) ① 사업주는 유해하거나 위험한 작업으로서 상당한 지식이나 숙련도가 요구되는 고용노동부령으로 정하는 작업의 경우 그 작업에 필요한 자격·면허·경험 또는 기능을 가진 근로자가 아닌 사람에게 그 작업을 하게 해서는 아니 된다.

② 고용노동부장관은 제1항에 따른 자격·면허의 취득 또는 근로자의 기능 습득을 위하여 교육기관을 지정할 수 있다.

③ 제1항에 따른 자격·면허·경험·기능, 제2항에 따른 교육기관의 지정 요건 및 지정 절차, 그 밖에 필요한 사항은 고용노동부령으로 정한다.

④ 제2항에 따른 교육기관에 관하여는 제21조 제4항 및 제5항을 준용한다. 이 경우

"안전관리전문기관 또는 보건관리전문기관"은 "제2항에 따른 교육기관"으로 본다.

제141조(역학조사) ① 고용노동부장관은 직업성 질환의 진단 및 예방, 발생 원인의 규명을 위하여 필요하다고 인정할 때에는 근로자의 질환과 작업장의 유해요인의 상관관계에 관한 역학조사(이하 "역학조사"라 한다)를 할 수 있다. 이 경우 사업주 또는 근로자대표, 그 밖에 고용노동부령으로 정하는 사람이 요구할 때 고용노동부령으로 정하는 바에 따라 역학조사에 참석하게 할 수 있다.

② 사업주 및 근로자는 고용노동부장관이 역학조사를 실시하는 경우 적극 협조하여야 하며, 정당한 사유 없이 역학조사를 거부·방해하거나 기피해서는 아니 된다.

③ 누구든지 제1항 후단에 따라 역학조사 참석이 허용된 사람의 역학조사 참석을 거부하거나 방해해서는 아니 된다.

④ 제1항 후단에 따라 역학조사에 참석하는 사람은 역학조사 참석과정에서 알게 된 비밀을 누설하거나 도용해서는 아니 된다.

⑤ 고용노동부장관은 역학조사를 위하여 필요하면 제129조부터 제131조까지의 규정에 따른 근로자의 건강진단 결과, 「국민건강보험법」에 따른 요양급여기록 및 건강검진 결과, 「고용보험법」에 따른 고용정보, 「암관리법」에 따른 질병정보 및 사망원인 정보 등을 관련 기관에 요청할 수 있다. 이 경우 자료의 제출을 요청받은 기관은 특별한 사유가 없으면 이에 따라야 한다.

⑥ 역학조사의 방법·대상·절차, 그 밖에 필요한 사항은 고용노동부령으로 정한다.

제9장 산업안전지도사 및 산업보건지도사

제142조(산업안전지도사 등의 직무) ① 산업안전지도사는 다음 각 호의 직무를 수행한다.

1. 공정상의 안전에 관한 평가·지도
2. 유해·위험의 방지대책에 관한 평가·지도
3. 제1호 및 제2호의 사항과 관련된 계획서 및 보고서의 작성
4. 그 밖에 산업안전에 관한 사항으로서 대통령령으로 정하는 사항

② 산업보건지도사는 다음 각 호의 직무를 수행한다.

1. 작업환경의 평가 및 개선 지도
2. 작업환경 개선과 관련된 계획서 및 보고서의 작성
3. 근로자 건강진단에 따른 사후관리 지도
4. 직업성 질병 진단(「의료법」 제2조에 따른 의사인 산업보건지도사만 해당한다) 및

예방 지도

5. 산업보건에 관한 조사·연구

6. 그 밖에 산업보건에 관한 사항으로서 대통령령으로 정하는 사항

③ 산업안전지도사 또는 산업보건지도사(이하 "지도사"라 한다)의 업무 영역별 종류 및 업무 범위, 그 밖에 필요한 사항은 대통령령으로 정한다.

제143조(지도사의 자격 및 시험) ① 고용노동부장관이 시행하는 지도사 자격시험에 합격한 사람은 지도사의 자격을 가진다.

② 대통령령으로 정하는 산업 안전 및 보건과 관련된 자격의 보유자에 대해서는 제1항에 따른 지도사 자격시험의 일부를 면제할 수 있다.

③ 고용노동부장관은 제1항에 따른 지도사 자격시험 실시를 대통령령으로 정하는 전문기관에 대행하게 할 수 있다. 이 경우 시험 실시에 드는 비용을 예산의 범위에서 보조할 수 있다. <개정 2020. 5. 26.>

④ 제3항에 따라 지도사 자격시험 실시를 대행하는 전문기관의 임직원은 「형법」제129조부터 제132조까지의 규정을 적용할 때에는 공무원으로 본다.

⑤ 지도사 자격시험의 시험과목, 시험방법, 다른 자격 보유자에 대한 시험 면제의 범위, 그 밖에 필요한 사항은 대통령령으로 정한다.

제144조(부정행위자에 대한 제재) 고용노동부장관은 지도사 자격시험에서 부정한 행위를 한 응시자에 대해서는 그 시험을 무효로 하고, 그 처분을 한 날부터 5년간 시험응시자격을 정지한다.

제145조(지도사의 등록) ① 지도사가 그 직무를 수행하려는 경우에는 고용노동부령으로 정하는 바에 따라 고용노동부장관에게 등록하여야 한다.

② 제1항에 따라 등록한 지도사는 그 직무를 조직적·전문적으로 수행하기 위하여 법인을 설립할 수 있다.

③ 다음 각 호의 어느 하나에 해당하는 사람은 제1항에 따른 등록을 할 수 없다.

1. 피성년후견인 또는 피한정후견인

2. 파산선고를 받고 복권되지 아니한 사람

3. 금고 이상의 실형을 선고받고 그 집행이 끝나거나(집행이 끝난 것으로 보는 경우를 포함한다) 집행이 면제된 날부터 2년이 지나지 아니한 사람

4. 금고 이상의 형의 집행유예를 선고받고 그 유예기간 중에 있는 사람

5. 이 법을 위반하여 벌금형을 선고받고 1년이 지나지 아니한 사람

6. 제154조에 따라 등록이 취소(이 항 제1호 또는 제2호에 해당하여 등록이 취소된 경우는 제외한다)된 후 2년이 지나지 아니한 사람

④ 제1항에 따라 등록을 한 지도사는 고용노동부령으로 정하는 바에 따라 5년마다 등록을 갱신하여야 한다.

⑤ 고용노동부령으로 정하는 지도실적이 있는 지도사만이 제4항에 따른 갱신등록을 할 수 있다. 다만, 지도실적이 기준에 못 미치는 지도사는 고용노동부령으로 정하는 보수교육을 받은 경우 갱신등록을 할 수 있다.

⑥ 제2항에 따른 법인에 관하여는 「상법」 중 합명회사에 관한 규정을 적용한다.

제146조(지도사의 교육) 지도사 자격이 있는 사람(제143조 제2항에 해당하는 사람 중 대통령령으로 정하는 실무경력이 있는 사람은 제외한다)이 직무를 수행하려면 제145조에 따른 등록을 하기 전 1년의 범위에서 고용노동부령으로 정하는 연수교육을 받아야 한다.

제147조(지도사에 대한 지도 등) 고용노동부장관은 공단에 다음 각 호의 업무를 하게 할 수 있다.

1. 지도사에 대한 지도·연락 및 정보의 공동이용체제의 구축·유지

2. 제142조 제1항 및 제2항에 따른 지도사의 직무 수행과 관련된 사업주의 불만·고충의 처리 및 피해에 관한 분쟁의 조정

3. 그 밖에 지도사 직무의 발전을 위하여 필요한 사항으로서 고용노동부령으로 정하는 사항

제148조(손해배상의 책임) ① 지도사는 직무 수행과 관련하여 고의 또는 과실로 의뢰인에게 손해를 입힌 경우에는 그 손해를 배상할 책임이 있다.

② 제145조 제1항에 따라 등록한 지도사는 제1항에 따른 손해배상책임을 보장하기 위하여 대통령령으로 정하는 바에 따라 보증보험에 가입하거나 그 밖에 필요한 조치를 하여야 한다.

제149조(유사명칭의 사용 금지) 제145조 제1항에 따라 등록한 지도사가 아닌 사람은 산업안전지도사, 산업보건지도사 또는 이와 유사한 명칭을 사용해서는 아니 된다.

제150조(품위유지와 성실의무 등) ① 지도사는 항상 품위를 유지하고 신의와 성실로써 공정하게 직무를 수행하여야 한다.

② 지도사는 제142조 제1항 또는 제2항에 따른 직무와 관련하여 작성하거나 확인한 서류에 기명·날인하거나 서명하여야 한다.

제151조(금지 행위) 지도사는 다음 각 호의 행위를 해서는 아니 된다.

1. 거짓이나 그 밖의 부정한 방법으로 의뢰인에게 법령에 따른 의무를 이행하지 아

니하게 하는 행위

2. 의뢰인에게 법령에 따른 신고·보고, 그 밖의 의무를 이행하지 아니하게 하는 행위

3. 법령에 위반되는 행위에 관한 지도·상담

제152조(관계 장부 등의 열람 신청) 지도사는 제142조 제1항 및 제2항에 따른 직무를 수행하는 데 필요하면 사업주에게 관계 장부 및 서류의 열람을 신청할 수 있다. 이 경우 그 신청이 제142조 제1항 또는 제2항에 따른 직무의 수행을 위한 것이면 열람을 신청받은 사업주는 정당한 사유 없이 이를 거부해서는 아니 된다.

제153조(자격대여행위 및 대여알선행위 등의 금지) ① 지도사는 다른 사람에게 자기의 성명이나 사무소의 명칭을 사용하여 지도사의 직무를 수행하게 하거나 그 자격증이나 등록증을 대여해서는 아니 된다. <개정 2020. 3. 31.>
② 누구든지 지도사의 자격을 취득하지 아니하고 그 지도사의 성명이나 사무소의 명칭을 사용하여 지도사의 직무를 수행하거나 자격증·등록증을 대여받아서는 아니 되며, 이를 알선하여서도 아니 된다. <신설 2020. 3. 31.>
[제목개정 2020. 3. 31.]

제154조(등록의 취소 등) 고용노동부장관은 지도사가 다음 각 호의 어느 하나에 해당하는 경우에는 그 등록을 취소하거나 2년 이내의 기간을 정하여 그 업무의 정지를 명할 수 있다. 다만, 제1호부터 제3호까지의 규정에 해당할 때에는 그 등록을 취소하여야 한다. <개정 2020. 3. 31.>

1. 거짓이나 그 밖의 부정한 방법으로 등록 또는 갱신등록을 한 경우

2. 업무정지 기간 중에 업무를 수행한 경우

3. 업무 관련 서류를 거짓으로 작성한 경우

4. 제142조에 따른 직무의 수행과정에서 고의 또는 과실로 인하여 중대재해가 발생한 경우

5. 제145조 제3항 제1호부터 제5호까지의 규정 중 어느 하나에 해당하게 된 경우

6. 제148조 제2항에 따른 보증보험에 가입하지 아니하거나 그 밖에 필요한 조치를 하지 아니한 경우

7. 제150조 제1항을 위반하거나 같은 조 제2항에 따른 기명·날인 또는 서명을 하지 아니한 경우

8. 제151조, 제153조 제1항 또는 제162조를 위반한 경우

제10장 근로감독관 등

제155조(근로감독관의 권한) ① 「근로기준법」 제101조에 따른 근로감독관(이하 "근로감독관"이라 한다)은 이 법 또는 이 법에 따른 명령을 시행하기 위하여 필요한 경우 다음 각 호의 장소에 출입하여 사업주, 근로자 또는 안전보건관리책임자 등(이하 "관계인"이라 한다)에게 질문을 하고, 장부, 서류, 그 밖의 물건의 검사 및 안전보건 점검을 하며, 관계 서류의 제출을 요구할 수 있다.

1. 사업장
2. 제21조 제1항, 제33조 제1항, 제48조 제1항, 제74조 제1항, 제88조 제1항, 제96조 제1항, 제100조 제1항, 제120조 제1항, 제126조 제1항 및 제129조 제2항에 따른 기관의 사무소
3. 석면해체·제거업자의 사무소
4. 제145조 제1항에 따라 등록한 지도사의 사무소

② 근로감독관은 기계·설비등에 대한 검사를 할 수 있으며, 검사에 필요한 한도에서 무상으로 제품·원재료 또는 기구를 수거할 수 있다. 이 경우 근로감독관은 해당 사업주 등에게 그 결과를 서면으로 알려야 한다.

③ 근로감독관은 이 법 또는 이 법에 따른 명령의 시행을 위하여 관계인에게 보고 또는 출석을 명할 수 있다.

④ 근로감독관은 이 법 또는 이 법에 따른 명령을 시행하기 위하여 제1항 각 호의 어느 하나에 해당하는 장소에 출입하는 경우에 그 신분을 나타내는 증표를 지니고 관계인에게 보여 주어야 하며, 출입 시 성명, 출입시간, 출입 목적 등이 표시된 문서를 관계인에게 내주어야 한다.

제156조(공단 소속 직원의 검사 및 지도 등) ① 고용노동부장관은 제165조 제2항에 따라 공단이 위탁받은 업무를 수행하기 위하여 필요하다고 인정할 때에는 공단 소속 직원에게 사업장에 출입하여 산업재해 예방에 필요한 검사 및 지도 등을 하게 하거나, 역학조사를 위하여 필요한 경우 관계자에게 질문하거나 필요한 서류의 제출을 요구하게 할 수 있다.

② 제1항에 따라 공단 소속 직원이 검사 또는 지도업무 등을 하였을 때에는 그 결과를 고용노동부장관에게 보고하여야 한다.

③ 공단 소속 직원이 제1항에 따라 사업장에 출입하는 경우에는 제155조 제4항을 준용한다. 이 경우 "근로감독관"은 "공단 소속 직원"으로 본다.

제157조(감독기관에 대한 신고) ① 사업장에서 이 법 또는 이 법에 따른 명령을 위반한 사실이 있으면 근로자는 그 사실을 고용노동부장관 또는 근로감독관에게 신고할

수 있다.

② 「의료법」 제2조에 따른 의사·치과의사 또는 한의사는 3일 이상의 입원치료가 필요한 부상 또는 질병이 환자의 업무와 관련성이 있다고 판단할 경우에는 「의료법」 제19조 제1항에도 불구하고 치료과정에서 알게 된 정보를 고용노동부장관에게 신고할 수 있다.

③ 사업주는 제1항에 따른 신고를 이유로 해당 근로자에 대하여 해고나 그 밖의 불리한 처우를 해서는 아니 된다.

제11장 보칙

제158조(산업재해 예방활동의 보조·지원) ① 정부는 사업주, 사업주단체, 근로자단체, 산업재해 예방 관련 전문단체, 연구기관 등이 하는 산업재해 예방사업 중 대통령령으로 정하는 사업에 드는 경비의 전부 또는 일부를 예산의 범위에서 보조하거나 그 밖에 필요한 지원(이하 "보조·지원"이라 한다)을 할 수 있다. 이 경우 고용노동부장관은 보조·지원이 산업재해 예방사업의 목적에 맞게 효율적으로 사용되도록 관리·감독하여야 한다.

② 고용노동부장관은 보조·지원을 받은 자가 다음 각 호의 어느 하나에 해당하는 경우 보조·지원의 전부 또는 일부를 취소하여야 한다. 다만, 제1호 및 제2호의 경우에는 보조·지원의 전부를 취소하여야 한다.

1. 거짓이나 그 밖의 부정한 방법으로 보조·지원을 받은 경우
2. 보조·지원 대상자가 폐업하거나 파산한 경우
3. 보조·지원 대상을 임의매각·훼손·분실하는 등 지원 목적에 적합하게 유지·관리·사용하지 아니한 경우
4. 제1항에 따른 산업재해 예방사업의 목적에 맞게 사용되지 아니한 경우
5. 보조·지원 대상 기간이 끝나기 전에 보조·지원 대상 시설 및 장비를 국외로 이전한 경우
6. 보조·지원을 받은 사업주가 필요한 안전조치 및 보건조치 의무를 위반하여 산업재해를 발생시킨 경우로서 고용노동부령으로 정하는 경우

③ 고용노동부장관은 제2항에 따라 보조·지원의 전부 또는 일부를 취소한 경우, 같은 항 제1호 또는 제3호부터 제5호까지의 어느 하나에 해당하는 경우에는 해당 금액 또는 지원에 상응하는 금액을 환수하되 대통령령으로 정하는 바에 따라 지급받은 금액의 5배 이하의 금액을 추가로 환수할 수 있고, 같은 항 제2호(파산한 경우에는 환수하지 아니한다) 또는 제6호에 해당하는 경우에는 해당 금액 또는 지원에 상

응하는 금액을 환수한다. <개정 2021. 5. 18.>

④ 제2항에 따라 보조ㆍ지원의 전부 또는 일부가 취소된 자에 대해서는 고용노동부령으로 정하는 바에 따라 취소된 날부터 5년 이내의 기간을 정하여 보조ㆍ지원을 하지 아니할 수 있다. <개정 2021. 5. 18.>

⑤ 보조ㆍ지원의 대상ㆍ방법ㆍ절차, 관리 및 감독, 제2항 및 제3항에 따른 취소 및 환수 방법, 그 밖에 필요한 사항은 고용노동부장관이 정하여 고시한다.

제159조(영업정지의 요청 등) ① 고용노동부장관은 사업주가 다음 각 호의 어느 하나에 해당하는 산업재해를 발생시킨 경우에는 관계 행정기관의 장에게 관계 법령에 따라 해당 사업의 영업정지나 그 밖의 제재를 할 것을 요청하거나 「공공기관의 운영에 관한 법률」 제4조에 따른 공공기관의 장에게 그 기관이 시행하는 사업의 발주 시 필요한 제한을 해당 사업자에게 할 것을 요청할 수 있다.

1. 제38조, 제39조 또는 제63조를 위반하여 많은 근로자가 사망하거나 사업장 인근 지역에 중대한 피해를 주는 등 대통령령으로 정하는 사고가 발생한 경우

2. 제53조 제1항 또는 제3항에 따른 명령을 위반하여 근로자가 업무로 인하여 사망한 경우

② 제1항에 따라 요청을 받은 관계 행정기관의 장 또는 공공기관의 장은 정당한 사유가 없으면 이에 따라야 하며, 그 조치 결과를 고용노동부장관에게 통보하여야 한다.

③ 제1항에 따른 영업정지 등의 요청 절차나 그 밖에 필요한 사항은 고용노동부령으로 정한다.

제160조(업무정지 처분을 대신하여 부과하는 과징금 처분) ① 고용노동부장관은 제21조 제4항(제74조 제4항, 제88조 제5항, 제96조 제5항, 제126조 제5항 및 제135조 제6항에 따라 준용되는 경우를 포함한다)에 따라 업무정지를 명하여야 하는 경우에 그 업무정지가 이용자에게 심한 불편을 주거나 공익을 해칠 우려가 있다고 인정되면 업무정지 처분을 대신하여 10억원 이하의 과징금을 부과할 수 있다.

② 고용노동부장관은 제1항에 따른 과징금을 징수하기 위하여 필요한 경우에는 다음 각 호의 사항을 적은 문서로 관할 세무관서의 장에게 과세 정보 제공을 요청할 수 있다.

1. 납세자의 인적사항

2. 사용 목적

3. 과징금 부과기준이 되는 매출 금액

4. 과징금 부과사유 및 부과기준

③ 고용노동부장관은 제1항에 따른 과징금 부과처분을 받은 자가 납부기한까지 과

징금을 내지 아니하면 국세 체납처분의 예에 따라 이를 징수한다.

④ 제1항에 따라 과징금을 부과하는 위반행위의 종류 및 위반 정도 등에 따른 과징금의 금액, 그 밖에 필요한 사항은 대통령령으로 정한다.

제161조(도급금지 등 의무위반에 따른 과징금 부과) ① 고용노동부장관은 사업주가 다음 각 호의 어느 하나에 해당하는 경우에는 10억원 이하의 과징금을 부과·징수할 수 있다.

1. 제58조 제1항을 위반하여 도급한 경우
2. 제58조 제2항 제2호 또는 제59조 제1항을 위반하여 승인을 받지 아니하고 도급한 경우
3. 제60조를 위반하여 승인을 받아 도급받은 작업을 재하도급한 경우

② 고용노동부장관은 제1항에 따른 과징금을 부과하는 경우에는 다음 각 호의 사항을 고려하여야 한다.

1. 도급 금액, 기간 및 횟수 등
2. 관계수급인 근로자의 산업재해 예방에 필요한 조치 이행을 위한 노력의 정도
3. 산업재해 발생 여부

③ 고용노동부장관은 제1항에 따른 과징금을 내야 할 자가 납부기한까지 내지 아니하면 납부기한의 다음 날부터 과징금을 납부한 날의 전날까지의 기간에 대하여 내지 아니한 과징금의 연 100분의 6의 범위에서 대통령령으로 정하는 가산금을 징수한다. 이 경우 가산금을 징수하는 기간은 60개월을 초과할 수 없다.

④ 고용노동부장관은 제1항에 따른 과징금을 내야 할 자가 납부기한까지 내지 아니하면 기간을 정하여 독촉을 하고, 그 기간 내에 제1항에 따른 과징금 및 제3항에 따른 가산금을 내지 아니하면 국세 체납처분의 예에 따라 징수한다.

⑤ 제1항 및 제3항에 따른 과징금 및 가산금의 징수와 제4항에 따른 체납처분 절차, 그 밖에 필요한 사항은 대통령령으로 정한다.

제162조(비밀 유지) 다음 각 호의 어느 하나에 해당하는 자는 업무상 알게 된 비밀을 누설하거나 도용해서는 아니 된다. 다만, 근로자의 건강장해를 예방하기 위하여 고용노동부장관이 필요하다고 인정하는 경우에는 그러하지 아니하다.

1. 제42조에 따라 제출된 유해위험방지계획서를 검토하는 자
2. 제44조에 따라 제출된 공정안전보고서를 검토하는 자
3. 제47조에 따른 안전보건진단을 하는 자
4. 제84조에 따른 안전인증을 하는 자
5. 제89조에 따른 신고 수리에 관한 업무를 하는 자

6. 제93조에 따른 안전검사를 하는 자
7. 제98조에 따른 자율검사프로그램의 인정업무를 하는 자
8. 제108조 제1항 및 제109조 제1항에 따라 제출된 유해성·위험성 조사보고서 또는 조사 결과를 검토하는 자
9. 제110조 제1항부터 제3항까지의 규정에 따라 물질안전보건자료 등을 제출받는 자
10. 제112조 제2항, 제5항 및 제7항에 따라 대체자료의 승인, 연장승인 여부를 검토 하는 자 및 같은 조 제10항에 따라 물질안전보건자료의 대체자료를 제공받은 자
11. 제129조부터 제131조까지의 규정에 따라 건강진단을 하는 자
12. 제141조에 따른 역학조사를 하는 자
13. 제145조에 따라 등록한 지도사

제163조(청문 및 처분기준) ① 고용노동부장관은 다음 각 호의 어느 하나에 해당하는 처분을 하려면 청문을 하여야 한다.

1. 제21조 제4항(제48조 제4항, 제74조 제4항, 제88조 제5항, 제96조 제5항, 제100 조 제4항, 제120조 제5항, 제126조 제5항, 제135조 제6항 및 제140조 제4항에 따라 준용되는 경우를 포함한다)에 따른 지정의 취소
2. 제33조 제4항, 제82조 제4항, 제102조 제3항, 제121조 제4항 및 제154조에 따른 등록의 취소
3. 제58조 제7항(제59조 제2항에 따라 준용되는 경우를 포함한다. 이하 제2항에서 같다), 제112조 제8항 및 제117조 제3항에 따른 승인의 취소
4. 제86조 제1항에 따른 안전인증의 취소
5. 제99조 제1항에 따른 자율검사프로그램 인정의 취소
6. 제118조 제5항에 따른 허가의 취소
7. 제158조 제2항에 따른 보조·지원의 취소

② 제21조 제4항(제33조 제4항, 제48조 제4항, 제74조 제4항, 제82조 제4항, 제88조 제5항, 제96조 제5항, 제100조 제4항, 제120조 제5항, 제121조 제4항, 제126조 제5 항, 제135조 제6항 및 제140조 제4항에 따라 준용되는 경우를 포함한다), 제58조 제 7항, 제86조 제1항, 제91조 제1항, 제99조 제1항, 제102조 제3항, 제112조 제8항, 제 117조 제3항, 제118조 제5항 및 제154조에 따른 취소, 정지, 사용 금지 또는 시정명 령의 기준은 고용노동부령으로 정한다.

제164조(서류의 보존) ① 사업주는 다음 각 호의 서류를 3년(제2호의 경우 2년을 말한 다) 동안 보존하여야 한다. 다만, 고용노동부령으로 정하는 바에 따라 보존기간을 연장할 수 있다.

1. 안전보건관리책임자 · 안전관리자 · 보건관리자 · 안전보건관리담당자 및 산업보건 의의 선임에 관한 서류
2. 제24조 제3항 및 제75조 제4항에 따른 회의록
3. 안전조치 및 보건조치에 관한 사항으로서 고용노동부령으로 정하는 사항을 적은 서류
4. 제57조 제2항에 따른 산업재해의 발생 원인 등 기록
5. 제108조 제1항 본문 및 제109조 제1항에 따른 화학물질의 유해성 · 위험성 조사에 관한 서류
6. 제125조에 따른 작업환경측정에 관한 서류
7. 제129조부터 제131조까지의 규정에 따른 건강진단에 관한 서류

② 안전인증 또는 안전검사의 업무를 위탁받은 안전인증기관 또는 안전검사기관은 안전인증 · 안전검사에 관한 사항으로서 고용노동부령으로 정하는 서류를 3년 동안 보존하여야 하고, 안전인증을 받은 자는 제84조 제5항에 따라 안전인증대상기계등에 대하여 기록한 서류를 3년 동안 보존하여야 하며, 자율안전확인대상기계등을 제조하거나 수입하는 자는 자율안전기준에 맞는 것임을 증명하는 서류를 2년 동안 보존하여야 하고, 제98조 제1항에 따라 자율안전검사를 받은 자는 자율검사프로그램에 따라 실시한 검사 결과에 대한 서류를 2년 동안 보존하여야 한다.

③ 일반석면조사를 한 건축물 · 설비소유주등은 그 결과에 관한 서류를 그 건축물이나 설비에 대한 해체 · 제거작업이 종료될 때까지 보존하여야 하고, 기관석면조사를 한 건축물 · 설비소유주등과 석면조사기관은 그 결과에 관한 서류를 3년 동안 보존하여야 한다.

④ 작업환경측정기관은 작업환경측정에 관한 사항으로서 고용노동부령으로 정하는 사항을 적은 서류를 3년 동안 보존하여야 한다.

⑤ 지도사는 그 업무에 관한 사항으로서 고용노동부령으로 정하는 사항을 적은 서류를 5년 동안 보존하여야 한다.

⑥ 석면해체 · 제거업자는 제122조 제3항에 따른 석면해체 · 제거작업에 관한 서류 중 고용노동부령으로 정하는 서류를 30년 동안 보존하여야 한다.

⑦ 제1항부터 제6항까지의 경우 전산입력자료가 있을 때에는 그 서류를 대신하여 전산입력자료를 보존할 수 있다.

제165조(권한 등의 위임 · 위탁) ① 이 법에 따른 고용노동부장관의 권한은 대통령령으로 정하는 바에 따라 그 일부를 지방고용노동관서의 장에게 위임할 수 있다.

② 고용노동부장관은 이 법에 따른 업무 중 다음 각 호의 업무를 대통령령으로 정하는 바에 따라 공단 또는 대통령령으로 정하는 비영리법인 또는 관계 전문기관에 위

탁할 수 있다.

1. 제4조 제1항 제2호부터 제7호까지 및 제9호의 사항에 관한 업무
2. 제11조 제3호에 따른 시설의 설치·운영 업무
3. 제13조 제2항에 따른 표준제정위원회의 구성·운영
4. 제21조 제2항에 따른 기관에 대한 평가 업무
5. 제32조 제1항 각 호 외의 부분 본문에 따른 직무와 관련한 안전보건교육
6. 제33조 제1항에 따라 제31조 제1항 본문에 따른 안전보건교육을 실시하는 기관의 등록 업무
7. 제33조 제2항에 따른 평가에 관한 업무
8. 제42조에 따른 유해위험방지계획서의 접수·심사, 제43조 제1항 및 같은 조 제2항 본문에 따른 확인
9. 제44조 제1항 전단에 따른 공정안전보고서의 접수, 제45조 제1항에 따른 공정안전보고서의 심사 및 제46조 제2항에 따른 확인
10. 제48조 제2항에 따른 안전보건진단기관에 대한 평가 업무
11. 제58조 제3항 또는 제5항 후단(제59조 제2항에 따라 준용되는 경우를 포함한다)에 따른 안전 및 보건에 관한 평가
12. 제74조 제3항에 따른 건설재해예방전문지도기관에 대한 평가 업무
13. 제84조 제1항 및 제3항에 따른 안전인증
14. 제84조 제4항 본문에 따른 안전인증의 확인
15. 제88조 제3항에 따른 안전인증기관에 대한 평가 업무
16. 제89조 제1항 각 호 외의 부분 본문에 따른 자율안전확인의 신고에 관한 업무
17. 제93조 제1항에 따른 안전검사
18. 제96조 제3항에 따른 안전검사기관에 대한 평가 업무
19. 제98조 제1항에 따른 자율검사프로그램의 인정
20. 제98조 제1항 제2호에 따른 안전에 관한 성능검사 교육 및 제100조 제2항에 따른 자율안전검사기관에 대한 평가 업무
21. 제101조에 따른 조사, 수거 및 성능시험
22. 제102조 제1항에 따른 지원과 같은 조 제2항에 따른 등록
23. 제103조 제1항에 따른 유해·위험기계등의 안전에 관한 정보의 종합관리
24. 제105조 제1항에 따른 유해성·위험성 평가에 관한 업무
25. 제110조 제1항부터 제3항까지의 규정에 따른 물질안전보건자료 등의 접수 업무
26. 제112조 제1항·제2항·제5항부터 제7항까지의 규정에 따른 물질안전보건자료의 일부 비공개 승인 등에 관한 업무

27. 제116조에 따른 물질안전보건자료와 관련된 자료의 제공
28. 제120조 제2항에 따른 석면조사 능력의 확인 및 석면조사기관에 대한 지도·교육 업무
29. 제120조 제3항에 따른 석면조사기관에 대한 평가 업무
30. 제121조 제2항에 따른 석면해체·제거작업의 안전성 평가 업무
31. 제126조 제2항에 따른 작업환경측정·분석능력의 확인 및 작업환경측정기관에 대한 지도·교육 업무
32. 제126조 제3항에 따른 작업환경측정기관에 대한 평가 업무
33. 제127조 제1항에 따른 작업환경측정 결과의 신뢰성 평가 업무
34. 제135조 제3항에 따른 특수건강진단기관의 진단·분식능력의 확인 및 지도·교육 업무
35. 제135조 제4항에 따른 특수건강진단기관에 대한 평가 업무
36. 제136조 제1항에 따른 유해인자별 특수건강진단 전문연구기관 지정에 관한 업무
37. 제137조에 따른 건강관리카드에 관한 업무
38. 제141조 제1항에 따른 역학조사
39. 제145조 제5항 단서에 따른 지도사 보수교육
40. 제146조에 따른 지도사 연수교육
41. 제158조 제1항부터 제3항까지의 규정에 따른 보조·지원 및 보조·지원의 취소·환수 업무

③ 제2항에 따라 업무를 위탁받은 비영리법인 또는 관계 전문기관의 임직원은 「형법」 제129조부터 제132조까지의 규정을 적용할 때에는 공무원으로 본다.

제166조(수수료 등) ① 다음 각 호의 어느 하나에 해당하는 자는 고용노동부령으로 정하는 바에 따라 수수료를 내야 한다.
1. 제32조 제1항 각 호의 사람에게 안전보건교육을 이수하게 하려는 사업주
2. 제42조 제1항 본문에 따라 유해위험방지계획서를 심사받으려는 자
3. 제44조 제1항 본문에 따라 공정안전보고서를 심사받으려는 자
4. 제58조 제3항 또는 같은 조 제5항 후단(제59조 제2항에 따라 준용되는 경우를 포함한다)에 따라 안전 및 보건에 관한 평가를 받으려는 자
5. 제84조 제1항 및 제3항에 따라 안전인증을 받으려는 자
6. 제84조 제4항에 따라 확인을 받으려는 자
7. 제93조 제1항에 따라 안전검사를 받으려는 자
8. 제98조 제1항에 따라 자율검사프로그램의 인정을 받으려는 자
9. 제112조 제1항 또는 제5항에 따라 물질안전보건자료의 일부 비공개 승인 또는 연

장승인을 받으려는 자

10. 제118조 제1항에 따라 허가를 받으려는 자

11. 제140조에 따른 자격·면허의 취득을 위한 교육을 받으려는 사람

12. 제143조에 따른 지도사 자격시험에 응시하려는 사람

13. 제145조에 따라 지도사의 등록을 하려는 자

14. 그 밖에 산업 안전 및 보건과 관련된 자로서 대통령령으로 정하는 자

② 공단은 고용노동부장관의 승인을 받아 공단의 업무 수행으로 인한 수익자로 하여금 그 업무 수행에 필요한 비용의 전부 또는 일부를 부담하게 할 수 있다.

제166조의2(현장실습생에 대한 특례) 제2조 제3호에도 불구하고 「직업교육훈련 촉진법」 제2조 제7호에 따른 현장실습을 받기 위하여 현장실습산업체의 장과 현장실습 계약을 체결한 직업교육훈련생(이하 "현장실습생"이라 한다)에게는 제5조, 제29조, 제38조부터 제41조까지, 제51조부터 제57조까지, 제63조, 제114조 제3항, 제131조, 제138조 제1항, 제140조, 제155조부터 제157조까지를 준용한다. 이 경우 "사업주"는 "현장실습산업체의 장"으로, "근로"는 "현장실습"으로, "근로자"는 "현장실습생"으로 본다.

[본조신설 2020. 3. 31.]

제12장 벌칙

제167조(벌칙) ① 제38조 제1항부터 제3항까지(제166조의2에서 준용하는 경우를 포함한다), 제39조 제1항(제166조의2에서 준용하는 경우를 포함한다) 또는 제63조(제166조의2에서 준용하는 경우를 포함한다)를 위반하여 근로자를 사망에 이르게 한 자는 7년 이하의 징역 또는 1억원 이하의 벌금에 처한다. <개정 2020. 3. 31.>

② 제1항의 죄로 형을 선고받고 그 형이 확정된 후 5년 이내에 다시 제1항의 죄를 저지른 자는 그 형의 2분의 1까지 가중한다. <개정 2020. 5. 26.>

제168조(벌칙) 다음 각 호의 어느 하나에 해당하는 자는 5년 이하의 징역 또는 5천만원 이하의 벌금에 처한다. <개정 2020. 3. 31., 2020. 6. 9.>

1. 제38조 제1항부터 제3항까지(제166조의2에서 준용하는 경우를 포함한다), 제39조 제1항(제166조의2에서 준용하는 경우를 포함한다), 제51조(제166조의2에서 준용하는 경우를 포함한다), 제54조 제1항(제166조의2에서 준용하는 경우를 포함한다), 제117조 제1항, 제118조 제1항, 제122조 제1항 또는 제157조 제3항(제166조의2에서 준용하는 경우를 포함한다)을 위반한 자

2. 제42조 제4항 후단, 제53조 제3항(제166조의2에서 준용하는 경우를 포함한다), 제55조 제1항(제166조의2에서 준용하는 경우를 포함한다)·제2항(제166조의2에서 준용하는 경우를 포함한다) 또는 제118조 제5항에 따른 명령을 위반한 자

제169조(벌칙) 다음 각 호의 어느 하나에 해당하는 자는 3년 이하의 징역 또는 3천만원 이하의 벌금에 처한다. <개정 2020. 3. 31.>

1. 제44조 제1항 후단, 제63조(제166조의2에서 준용하는 경우를 포함한다), 제76조, 제81조, 제82조 제2항, 제84조 제1항, 제87조 제1항, 제118조 제3항, 제123조 제1항, 제139조 제1항 또는 제140조 제1항(제166조의2에서 준용하는 경우를 포함한다)을 위반한 자

2. 제45조 제1항 후단, 제46조 제5항, 제53조 제1항(제166조의2에서 준용하는 경우를 포함한다), 제87조 제2항, 제118조 제4항, 제119조 제4항 또는 제131조 제1항(제166조의2에서 준용하는 경우를 포함한다)에 따른 명령을 위반한 자

3. 제58조 제3항 또는 같은 조 제5항 후단(제59조 제2항에 따라 준용되는 경우를 포함한다)에 따른 안전 및 보건에 관한 평가 업무를 제165조 제2항에 따라 위탁받은 자로서 그 업무를 거짓이나 그 밖의 부정한 방법으로 수행한 자

4. 제84조 제1항 및 제3항에 따른 안전인증 업무를 제165조 제2항에 따라 위탁받은 자로서 그 업무를 거짓이나 그 밖의 부정한 방법으로 수행한 자

5. 제93조 제1항에 따른 안전검사 업무를 제165조 제2항에 따라 위탁받은 자로서 그 업무를 거짓이나 그 밖의 부정한 방법으로 수행한 자

6. 제98조에 따른 자율검사프로그램에 따른 안전검사 업무를 거짓이나 그 밖의 부정한 방법으로 수행한 자

제170조(벌칙) 다음 각 호의 어느 하나에 해당하는 자는 1년 이하의 징역 또는 1천만원 이하의 벌금에 처한다. <개정 2020. 3. 31.>

1. 제41조 제3항(제166조의2에서 준용하는 경우를 포함한다)을 위반하여 해고나 그 밖의 불리한 처우를 한 자

2. 제56조 제3항(제166조의2에서 준용하는 경우를 포함한다)을 위반하여 중대재해 발생 현장을 훼손하거나 고용노동부장관의 원인조사를 방해한 자

3. 제57조 제1항(제166조의2에서 준용하는 경우를 포함한다)을 위반하여 산업재해 발생 사실을 은폐한 자 또는 그 발생 사실을 은폐하도록 교사(敎唆)하거나 공모(共謀)한 자

4. 제65조 제1항, 제80조 제1항·제2항·제4항, 제85조 제2항·제3항, 제92조 제1항, 제141조 제4항 또는 제162조를 위반한 자

5. 제85조 제4항 또는 제92조 제2항에 따른 명령을 위반한 자

6. 제101조에 따른 조사, 수거 또는 성능시험을 방해하거나 거부한 자

7. 제153조 제1항을 위반하여 다른 사람에게 자기의 성명이나 사무소의 명칭을 사용하여 지도사의 직무를 수행하게 하거나 자격증·등록증을 대여한 사람

8. 제153조 제2항을 위반하여 지도사의 성명이나 사무소의 명칭을 사용하여 지도사의 직무를 수행하거나 자격증·등록증을 대여받거나 이를 알선한 사람

제170조의2(벌칙) 제174조 제1항에 따라 이수명령을 부과받은 사람이 보호관찰소의 장 또는 교정시설의 장의 이수명령 이행에 관한 지시에 따르지 아니하여 「보호관찰 등에 관한 법률」 또는 「형의 집행 및 수용자의 처우에 관한 법률」에 따른 경고를 받은 후 재차 정당한 사유 없이 이수명령 이행에 관한 지시에 따르지 아니한 경우에는 다음 각 호에 따른다.

1. 벌금형과 병과된 경우는 500만원 이하의 벌금에 처한다.

2. 징역형 이상의 실형과 병과된 경우에는 1년 이하의 징역 또는 1천만원 이하의 벌금에 처한다.

[본조신설 2020. 3. 31.]

제171조(벌칙) 다음 각 호의 어느 하나에 해당하는 자는 1천만원 이하의 벌금에 처한다. <개정 2020. 3. 31.>

1. 제69조 제1항·제2항, 제89조 제1항, 제90조 제2항·제3항, 제108조 제2항, 제109조 제2항 또는 제138조 제1항(제166조의2에서 준용하는 경우를 포함한다)·제2항을 위반한 자

2. 제90조 제4항, 제108조 제4항 또는 제109조 제3항에 따른 명령을 위반한 자

3. 제125조 제6항을 위반하여 해당 시설·설비의 설치·개선 또는 건강진단의 실시 등의 조치를 하지 아니한 자

4. 제132조 제4항을 위반하여 작업장소 변경 등의 적절한 조치를 하지 아니한 자

제172조(벌칙) 제64조 제1항 또는 제2항을 위반한 자는 500만원 이하의 벌금에 처한다.

제172조(벌칙) 제64조 제1항 제1호부터 제5호까지, 제7호, 제8호 또는 같은 조 제2항을 위반한 자는 500만원 이하의 벌금에 처한다. <개정 2021. 8. 17.>
[시행일: 2022. 8. 18.] 제172조

제173조(양벌규정) 법인의 대표자나 법인 또는 개인의 대리인, 사용인, 그 밖의 종업원이 그 법인 또는 개인의 업무에 관하여 제167조 제1항 또는 제168조부터 제172조까지의 어느 하나에 해당하는 위반행위를 하면 그 행위자를 벌하는 외에 그 법인에게

다음 각 호의 구분에 따른 벌금형을, 그 개인에게는 해당 조문의 벌금형을 과(科)한다. 다만, 법인 또는 개인이 그 위반행위를 방지하기 위하여 해당 업무에 관하여 상당한 주의와 감독을 게을리하지 아니한 경우에는 그러하지 아니하다.

1. 제167조 제1항의 경우: 10억원 이하의 벌금

2. 제168조부터 제172조까지의 경우: 해당 조문의 벌금형

제174조(형벌과 수강명령 등의 병과) ① 법원은 제38조 제1항부터 제3항까지(제166조의2에서 준용하는 경우를 포함한다), 제39조 제1항(제166조의2에서 준용하는 경우를 포함한다) 또는 제63조(제166조의2에서 준용하는 경우를 포함한다)를 위반하여 근로자를 사망에 이르게 한 사람에게 유죄의 판결(선고유예는 제외한다)을 선고하거나 약식명령을 고지하는 경우에는 200시간의 범위에서 산업재해 예방에 필요한 수강명령 또는 산업안전보건프로그램의 이수명령(이하 "이수명령"이라 한다)을 병과(倂科)할 수 있다. <개정 2020. 3. 31.>

② 제1항에 따른 수강명령은 형의 집행을 유예할 경우에 그 집행유예기간 내에서 병과하고, 이수명령은 벌금 이상의 형을 선고하거나 약식명령을 고지할 경우에 병과한다. <신설 2020. 3. 31.>

③ 제1항에 따른 수강명령 또는 이수명령은 형의 집행을 유예할 경우에는 그 집행유예기간 내에, 벌금형을 선고하거나 약식명령을 고지할 경우에는 형 확정일부터 6개월 이내에, 징역형 이상의 실형(實刑)을 선고할 경우에는 형기 내에 각각 집행한다. <개정 2020. 3. 31.>

④ 제1항에 따른 수강명령 또는 이수명령이 벌금형 또는 형의 집행유예와 병과된 경우에는 보호관찰소의 장이 집행하고, 징역형 이상의 실형과 병과된 경우에는 교정시설의 장이 집행한다. 다만, 징역형 이상의 실형과 병과된 이수명령을 모두 이행하기 전에 석방 또는 가석방되거나 미결구금일수 산입 등의 사유로 형을 집행할 수 없게 된 경우에는 보호관찰소의 장이 남은 이수명령을 집행한다. <개정 2020. 3. 31.>

⑤ 제1항에 따른 수강명령 또는 이수명령은 다음 각 호의 내용으로 한다. <개정 2020. 3. 31.>

1. 안전 및 보건에 관한 교육

2. 그 밖에 산업재해 예방을 위하여 필요한 사항

⑥ 수강명령 및 이수명령에 관하여 이 법에서 규정한 사항 외의 사항에 대해서는 「보호관찰 등에 관한 법률」을 준용한다. <개정 2020. 3. 31.>

제175조(과태료) ① 다음 각 호의 어느 하나에 해당하는 자에게는 5천만원 이하의 과태료를 부과한다.

1. 제119조 제2항에 따라 기관석면조사를 하지 아니하고 건축물 또는 설비를 철거하거나 해체한 자
2. 제124조 제3항을 위반하여 건축물 또는 설비를 철거하거나 해체한 자

② 다음 각 호의 어느 하나에 해당하는 자에게는 3천만원 이하의 과태료를 부과한다. <개정 2020. 3. 31.>

1. 제29조 제3항(제166조의2에서 준용하는 경우를 포함한다) 또는 제79조 제1항을 위반한 자
2. 제54조 제2항(제166조의2에서 준용하는 경우를 포함한다)을 위반하여 중대재해 발생 사실을 보고하지 아니하거나 거짓으로 보고한 자

③ 다음 각 호의 어느 하나에 해당하는 자에게는 1천500만원 이하의 과태료를 부과한다. <개정 2020. 3. 31.>

1. 제47조 제3항 전단을 위반하여 안전보건진단을 거부·방해하거나 기피한 자 또는 같은 항 후단을 위반하여 안전보건진단에 근로자대표를 참여시키지 아니한 자
2. 제57조 제3항(제166조의2에서 준용하는 경우를 포함한다)에 따른 보고를 하지 아니하거나 거짓으로 보고한 자
3. 제141조 제2항을 위반하여 정당한 사유 없이 역학조사를 거부·방해하거나 기피한 자
4. 제141조 제3항을 위반하여 역학조사 참석이 허용된 사람의 역학조사 참석을 거부하거나 방해한 자

④ 다음 각 호의 어느 하나에 해당하는 자에게는 1천만원 이하의 과태료를 부과한다. <개정 2020. 3. 31., 2020. 6. 9., 2021. 5. 18.>

1. 제10조 제3항 후단을 위반하여 관계수급인에 관한 자료를 제출하지 아니하거나 거짓으로 제출한 자
2. 제14조 제1항을 위반하여 안전 및 보건에 관한 계획을 이사회에 보고하지 아니하거나 승인을 받지 아니한 자
3. 제41조 제2항(제166조의2에서 준용하는 경우를 포함한다), 제42조 제1항·제5항·제6항, 제44조 제1항 전단, 제45조 제2항, 제46조 제1항, 제67조 제1항·제2항, 제70조 제1항, 제70조 제2항 후단, 제71조 제3항 후단, 제71조 제4항, 제72조 제1항·제3항·제5항(건설공사도급인만 해당한다), 제77조 제1항, 제78조, 제85조 제1항, 제93조 제1항 전단, 제95조, 제99조 제2항 또는 제107조 제1항 각 호 외의 부분 본문을 위반한 자
4. 제47조 제1항 또는 제49조 제1항에 따른 명령을 위반한 자
5. 제82조 제1항 전단을 위반하여 등록하지 아니하고 타워크레인을 설치·해체하는 자

6. 제125조 제1항·2항에 따라 작업환경측정을 하지 아니한 자

7. 제129조 제1항 또는 제130조 제1항부터 제3항까지의 규정에 따른 근로자 건강진단을 하지 아니한 자

8. 제155조 제1항(제166조의2에서 준용하는 경우를 포함한다) 또는 제2항(제166조의2에서 준용하는 경우를 포함한다)에 따른 근로감독관의 검사·점검 또는 수거를 거부·방해 또는 기피한 자

⑤ 다음 각 호의 어느 하나에 해당하는 자에게는 500만원 이하의 과태료를 부과한다. <개정 2020. 3. 31., 2021. 5. 18.>

1. 제15조 제1항, 제16조 제1항, 제17조 제1항·제3항, 제18조 제1항·제3항, 제19조 제1항 본문, 제22조 세1항 본문, 세24조 제1항·제4항, 제25조 제1항, 제26조, 제29조 제1항·제2항(제166조의2에서 준용하는 경우를 포함한다), 제31조 제1항, 제32조 제1항(제1호부터 제4호까지의 경우만 해당한다), 제37조 제1항, 제44조 제2항, 제49조 제2항, 제50조 제3항, 제62조 제1항, 제66조, 제68조 제1항, 제75조 제6항, 제77조 제2항, 제90조 제1항, 제94조 제2항, 제122조 제2항, 제124조 제1항(증명자료의 제출은 제외한다), 제125조 제7항, 제132조 제2항, 제137조 제3항 또는 제145조 제1항을 위반한 자

2. 제17조 제4항, 제18조 제4항 또는 제19조 제3항에 따른 명령을 위반한 자

3. 제34조 또는 제114조 제1항을 위반하여 이 법 및 이 법에 따른 명령의 요지, 안전보건관리규정 또는 물질안전보건자료를 게시하지 아니하거나 갖추어 두지 아니한 자

4. 제53조 제2항(제166조의2에서 준용하는 경우를 포함한다)을 위반하여 고용노동부장관으로부터 명령받은 사항을 게시하지 아니한 자

4의2. 제108조 제1항에 따른 유해성·위험성 조사보고서를 제출하지 아니하거나 제109조 제1항에 따른 유해성·위험성 조사 결과 또는 유해성·위험성 평가에 필요한 자료를 제출하지 아니한 자

5. 제110조 제1항부터 제3항까지의 규정을 위반하여 물질안전보건자료, 화학물질의 명칭·함유량 또는 변경된 물질안전보건자료를 제출하지 아니한 자

6. 제110조 제2항 제2호를 위반하여 국외제조자로부터 물질안전보건자료에 적힌 화학물질 외에는 제104조에 따른 분류기준에 해당하는 화학물질이 없음을 확인하는 내용의 서류를 거짓으로 제출한 자

7. 제111조 제1항을 위반하여 물질안전보건자료를 제공하지 아니한 자

8. 제112조 제1항 본문을 위반하여 승인을 받지 아니하고 화학물질의 명칭 및 함유량을 대체자료로 적은 자

9. 제112조 제1항 또는 제5항에 따른 비공개 승인 또는 연장승인 신청 시 영업비밀과 관련되어 보호사유를 거짓으로 작성하여 신청한 자

10. 제112조 제10항 각 호 외의 부분 후단을 위반하여 대체자료로 적힌 화학물질의 명칭 및 함유량 정보를 제공하지 아니한 자

11. 제113조 제1항에 따라 선임된 자로서 같은 항 각 호의 업무를 거짓으로 수행한 자

12. 제113조 제1항에 따라 선임된 자로서 같은 조 제2항에 따라 고용노동부장관에게 제출한 물질안전보건자료를 해당 물질안전보건자료대상물질을 수입하는 자에게 제공하지 아니한 자

13. 제125조 제1항 및 제2항에 따른 작업환경측정 시 고용노동부령으로 정하는 작업환경측정의 방법을 준수하지 아니한 사업주(같은 조 제3항에 따라 작업환경측정기관에 위탁한 경우는 제외한다)

14. 제125조 제4항 또는 제132조 제1항을 위반하여 근로자대표가 요구하였는데도 근로자대표를 참석시키지 아니한 자

15. 제125조 제6항을 위반하여 작업환경측정 결과를 해당 작업장 근로자에게 알리지 아니한 자

16. 제155조 제3항(제166조의2에서 준용하는 경우를 포함한다)에 따른 명령을 위반하여 보고 또는 출석을 하지 아니하거나 거짓으로 보고한 자

⑥ 다음 각 호의 어느 하나에 해당하는 자에게는 300만원 이하의 과태료를 부과한다. <개정 2020. 3. 31.>

1. 제32조 제1항(제5호의 경우만 해당한다)을 위반하여 소속 근로자로 하여금 같은 항 각 호 외의 부분 본문에 따른 안전보건교육을 이수하도록 하지 아니한 자

2. 제35조를 위반하여 근로자대표에게 통지하지 아니한 자

3. 제40조(제166조의2에서 준용하는 경우를 포함한다), 제108조 제5항, 제123조 제2항, 제132조 제3항, 제133조 또는 제149조를 위반한 자

4. 제42조 제2항을 위반하여 자격이 있는 자의 의견을 듣지 아니하고 유해위험방지계획서를 작성·제출한 자

5. 제43조 제1항 또는 제46조 제2항을 위반하여 확인을 받지 아니한 자

6. 제73조 제1항을 위반하여 지도를 받지 아니한 자

7. 제84조 제6항에 따른 자료 제출 명령을 따르지 아니한 자

8. 삭제 <2021. 5. 18.>

9. 제111조 제2항 또는 제3항을 위반하여 물질안전보건자료의 변경 내용을 반영하여 제공하지 아니한 자

10. 제114조 제3항(제166조의2에서 준용하는 경우를 포함한다)을 위반하여 해당 근

　　　　로자를 교육하는 등 적절한 조치를 하지 아니한 자

11. 제115조 제1항 또는 같은 조 제2항 본문을 위반하여 경고표시를 하지 아니한 자

12. 제119조 제1항에 따라 일반석면조사를 하지 아니하고 건축물이나 설비를 철거하거나 해체한 자

13. 제122조 제3항을 위반하여 고용노동부장관에게 신고하지 아니한 자

14. 제124조 제1항에 따른 증명자료를 제출하지 아니한 자

15. 제125조 제5항, 제132조 제5항 또는 제134조 제1항·제2항에 따른 보고, 제출 또는 통보를 하지 아니하거나 거짓으로 보고, 제출 또는 통보한 자

16. 제155조 제1항(제166조의2에서 준용하는 경우를 포함한다)에 따른 질문에 대하여 답변을 거부·방해 또는 기피하거나 거짓으로 답변한 자

17. 제156조 제1항(제166조의2에서 준용하는 경우를 포함한다)에 따른 검사·지도 등을 거부·방해 또는 기피한 자

18. 제164조 제1항부터 제6항까지의 규정을 위반하여 서류를 보존하지 아니한 자

⑦ 제1항부터 제6항까지의 규정에 따른 과태료는 대통령령으로 정하는 바에 따라 고용노동부장관이 부과·징수한다.

제175조(과태료) ① 다음 각 호의 어느 하나에 해당하는 자에게는 5천만원 이하의 과태료를 부과한다.

1. 제119조 제2항에 따라 기관석면조사를 하지 아니하고 건축물 또는 설비를 철거하거나 해체한 자

2. 제124조 제3항을 위반하여 건축물 또는 설비를 철거하거나 해체한 자

② 다음 각 호의 어느 하나에 해당하는 자에게는 3천만원 이하의 과태료를 부과한다. <개정 2020. 3. 31.>

1. 제29조 제3항(제166조의2에서 준용하는 경우를 포함한다) 또는 제79조 제1항을 위반한 자

2. 제54조 제2항(제166조의2에서 준용하는 경우를 포함한다)을 위반하여 중대재해 발생 사실을 보고하지 아니하거나 거짓으로 보고한 자

③ 다음 각 호의 어느 하나에 해당하는 자에게는 1천500만원 이하의 과태료를 부과한다. <개정 2020. 3. 31., 2021. 8. 17.>

1. 제47조 제3항 전단을 위반하여 안전보건진단을 거부·방해하거나 기피한 자 또는 같은 항 후단을 위반하여 안전보건진단에 근로자대표를 참여시키지 아니한 자

2. 제57조 제3항(제166조의2에서 준용하는 경우를 포함한다)에 따른 보고를 하지 아니하거나 거짓으로 보고한 자

2의2. 제64조 제1항 제6호를 위반하여 위생시설 등 고용노동부령으로 정하는 시설

　　의 설치 등을 위하여 필요한 장소의 제공을 하지 아니하거나 도급인이 설치한
　　위생시설 이용에 협조하지 아니한 자

2의3. 제128조의2제1항을 위반하여 휴게시설을 갖추지 아니한 자(같은 조 제2항에
　　따른 대통령령으로 정하는 기준에 해당하는 사업장의 사업주로 한정한다)

3. 제141조 제2항을 위반하여 정당한 사유 없이 역학조사를 거부·방해하거나 기피
　　한 자

4. 제141조 제3항을 위반하여 역학조사 참석이 허용된 사람의 역학조사 참석을 거
　　부하거나 방해한 자

④ 다음 각 호의 어느 하나에 해당하는 자에게는 1천만원 이하의 과태료를 부과한
다. <개정 2020. 3. 31., 2020. 6. 9., 2021. 5. 18., 2021. 8. 17.>

1. 제10조 제3항 후단을 위반하여 관계수급인에 관한 자료를 제출하지 아니하거나
　　거짓으로 제출한 자

2. 제14조 제1항을 위반하여 안전 및 보건에 관한 계획을 이사회에 보고하지 아니하
　　거나 승인을 받지 아니한 자

3. 제41조 제2항(제166조의2에서 준용하는 경우를 포함한다), 제42조 제1항·제5항·
　　제6항, 제44조 제1항 전단, 제45조 제2항, 제46조 제1항, 제67조 제1항·제2항,
　　제70조 제1항, 제70조 제2항 후단, 제71조 제3항 후단, 제71조 제4항, 제72조 제
　　1항·제3항·제5항(건설공사도급인만 해당한다), 제77조 제1항, 제78조, 제85조
　　제1항, 제93조 제1항 전단, 제95조, 제99조 제2항 또는 제107조 제1항 각 호 외
　　의 부분 본문을 위반한 자

4. 제47조 제1항 또는 제49조 제1항에 따른 명령을 위반한 자

5. 제82조 제1항 전단을 위반하여 등록하지 아니하고 타워크레인을 설치·해체하는 자

6. 제125조 제1항·2항에 따라 작업환경측정을 하지 아니한 자

6의2. 제128조의2제2항을 위반하여 휴게시설의 설치·관리기준을 준수하지 아니한 자

7. 제129조 제1항 또는 제130조 제1항부터 제3항까지의 규정에 따른 근로자 건강진
　　단을 하지 아니한 자

8. 제155조 제1항(제166조의2에서 준용하는 경우를 포함한다) 또는 제2항(제166조
　　의2에서 준용하는 경우를 포함한다)에 따른 근로감독관의 검사·점검 또는 수거
　　를 거부·방해 또는 기피한 자

⑤ 다음 각 호의 어느 하나에 해당하는 자에게는 500만원 이하의 과태료를 부과한
다. <개정 2020. 3. 31., 2021. 5. 18.>

1. 제15조 제1항, 제16조 제1항, 제17조 제1항·제3항, 제18조 제1항·제3항, 제19조
　　제1항 본문, 제22조 제1항 본문, 제24조 제1항·제4항, 제25조 제1항, 제26조, 제

29조 제1항·제2항(제166조의2에서 준용하는 경우를 포함한다), 제31조 제1항, 제32조 제1항(제1호부터 제4호까지의 경우만 해당한다), 제37조 제1항, 제44조 제2항, 제49조 제2항, 제50조 제3항, 제62조 제1항, 제66조, 제68조 제1항, 제75조 제6항, 제77조 제2항, 제90조 제1항, 제94조 제2항, 제122조 제2항, 제124조 제1항(증명자료의 제출은 제외한다), 제125조 제7항, 제132조 제2항, 제137조 제3항 또는 제145조 제1항을 위반한 자

2. 제17조 제4항, 제18조 제4항 또는 제19조 제3항에 따른 명령을 위반한 자

3. 제34조 또는 제114조 제1항을 위반하여 이 법 및 이 법에 따른 명령의 요지, 안전보건관리규정 또는 물질안전보건자료를 게시하지 아니하거나 갖추어 두지 아니한 자

4. 제53조 제2항(제166조의2에서 준용하는 경우를 포함한다)을 위반하여 고용노동부장관으로부터 명령받은 사항을 게시하지 아니한 자

4의2. 제108조 제1항에 따른 유해성·위험성 조사보고서를 제출하지 아니하거나 제109조 제1항에 따른 유해성·위험성 조사 결과 또는 유해성·위험성 평가에 필요한 자료를 제출하지 아니한 자

5. 제110조 제1항부터 제3항까지의 규정을 위반하여 물질안전보건자료, 화학물질의 명칭·함유량 또는 변경된 물질안전보건자료를 제출하지 아니한 자

6. 제110조 제2항 제2호를 위반하여 국외제조자로부터 물질안전보건자료에 적힌 화학물질 외에는 제104조에 따른 분류기준에 해당하는 화학물질이 없음을 확인하는 내용의 서류를 거짓으로 제출한 자

7. 제111조 제1항을 위반하여 물질안전보건자료를 제공하지 아니한 자

8. 제112조 제1항 본문을 위반하여 승인을 받지 아니하고 화학물질의 명칭 및 함유량을 대체자료로 적은 자

9. 제112조 제1항 또는 제5항에 따른 비공개 승인 또는 연장승인 신청 시 영업비밀과 관련되어 보호사유를 거짓으로 작성하여 신청한 자

10. 제112조 제10항 각 호 외의 부분 후단을 위반하여 대체자료로 적힌 화학물질의 명칭 및 함유량 정보를 제공하지 아니한 자

11. 제113조 제1항에 따라 선임된 자로서 같은 항 각 호의 업무를 거짓으로 수행한 자

12. 제113조 제1항에 따라 선임된 자로서 같은 조 제2항에 따라 고용노동부장관에게 제출한 물질안전보건자료를 해당 물질안전보건자료대상물질을 수입하는 자에게 제공하지 아니한 자

13. 제125조 제1항 및 제2항에 따른 작업환경측정 시 고용노동부령으로 정하는 작업환경측정의 방법을 준수하지 아니한 사업주(같은 조 제3항에 따라 작업환경

측정기관에 위탁한 경우는 제외한다)

14. 제125조 제4항 또는 제132조 제1항을 위반하여 근로자대표가 요구하였는데도 근로자대표를 참석시키지 아니한 자

15. 제125조 제6항을 위반하여 작업환경측정 결과를 해당 작업장 근로자에게 알리지 아니한 자

16. 제155조 제3항(제166조의2에서 준용하는 경우를 포함한다)에 따른 명령을 위반하여 보고 또는 출석을 하지 아니하거나 거짓으로 보고한 자

⑥ 다음 각 호의 어느 하나에 해당하는 자에게는 300만원 이하의 과태료를 부과한다. <개정 2020. 3. 31., 2021. 8. 17.>

1. 제32조 제1항(제5호의 경우만 해당한다)을 위반하여 소속 근로자로 하여금 같은 항 각 호 외의 부분 본문에 따른 안전보건교육을 이수하도록 하지 아니한 자

2. 제35조를 위반하여 근로자대표에게 통지하지 아니한 자

3. 제40조(제166조의2에서 준용하는 경우를 포함한다), 제108조 제5항, 제123조 제2항, 제132조 제3항, 제133조 또는 제149조를 위반한 자

4. 제42조 제2항을 위반하여 자격이 있는 자의 의견을 듣지 아니하고 유해위험방지계획서를 작성·제출한 자

5. 제43조 제1항 또는 제46조 제2항을 위반하여 확인을 받지 아니한 자

6. 제73조 제1항을 위반하여 지도계약을 체결하지 아니한 자

6의2. 제73조 제2항을 위반하여 지도를 실시하지 아니한 자 또는 지도에 따라 적절한 조치를 하지 아니한 자

7. 제84조 제6항에 따른 자료 제출 명령을 따르지 아니한 자

8. 삭제 <2021. 5. 18.>

9. 제111조 제2항 또는 제3항을 위반하여 물질안전보건자료의 변경 내용을 반영하여 제공하지 아니한 자

10. 제114조 제3항(제166조의2에서 준용하는 경우를 포함한다)을 위반하여 해당 근로자를 교육하는 등 적절한 조치를 하지 아니한 자

11. 제115조 제1항 또는 같은 조 제2항 본문을 위반하여 경고표시를 하지 아니한 자

12. 제119조 제1항에 따라 일반석면조사를 하지 아니하고 건축물이나 설비를 철거하거나 해체한 자

13. 제122조 제3항을 위반하여 고용노동부장관에게 신고하지 아니한 자

14. 제124조 제1항에 따른 증명자료를 제출하지 아니한 자

15. 제125조 제5항, 제132조 제5항 또는 제134조 제1항·제2항에 따른 보고, 제출 또는 통보를 하지 아니하거나 거짓으로 보고, 제출 또는 통보한 자

16. 제155조 제1항(제166조의2에서 준용하는 경우를 포함한다)에 따른 질문에 대하여 답변을 거부·방해 또는 기피하거나 거짓으로 답변한 자
17. 제156조 제1항(제166조의2에서 준용하는 경우를 포함한다)에 따른 검사·지도 등을 거부·방해 또는 기피한 자
18. 제164조 제1항부터 제6항까지의 규정을 위반하여 서류를 보존하지 아니한 자
⑦ 제1항부터 제6항까지의 규정에 따른 과태료는 대통령령으로 정하는 바에 따라 고용노동부장관이 부과·징수한다.
[시행일: 2022. 8. 18.] 제175조

부칙 〈제18180호, 2021. 5. 18.〉

제1조(시행일) 이 법은 공포 후 6개월이 경과한 날부터 시행한다.

제2조(건설공사발주자의 산업재해 예방 조치 등에 관한 적용례) 제67조 제2항 및 제3항의 개정규정은 이 법 시행 이후 건설공사발주자가 건설공사의 설계에 관한 계약을 체결하는 경우부터 적용한다.

제3조(산업재해 예방 활동의 보조·지원금 환수에 관한 적용례) 제158조 제3항 및 제4항의 개정규정은 이 법 시행 이후 보조·지원을 받은 경우부터 적용한다.

산업안전보건법 시행령 [별표 1]

법의 일부를 적용하지 않는 사업 또는 사업장 및 적용 제외 법 규정(제2조 제1항 관련)

대상 사업 또는 사업장	적용 제외 법 규정
1. 다음 각 목의 어느 하나에 해당하는 사업 가. 「광산안전법」 적용 사업(광업 중 광물의 채광·채굴·선광 또는 제련 등의 공정으로 한정하며, 제조공정은 제외한다) 나. 「원자력안전법」 적용 사업(발전업 중 원자력 발전설비를 이용하여 전기를 생산하는 사업장으로 한정한다) 다. 「항공안전법」 적용 사업(항공기, 우주선 및 부품 제조업과 창고 및 운송관련 서비스업, 여행사 및 기타 여행보조 서비스업 중 항공 관련 사업은 각각 제외한다) 라. 「선박안전법」 적용 사업(선박 및 보트 건조업은 제외한다)	제15조부터 제17조까지, 제20조 제1호, 제21조(다른 규정에 따라 준용되는 경우는 제외한다), 제24조(다른 규정에 따라 준용되는 경우는 제외한다), 제2장제2절, 제29조(보건에 관한 사항은 제외한다), 제30조(보건에 관한 사항은 제외한다), 제31조, 제38조, 제51조(보건에 관한 사항은 제외한다), 제52조(보건에 관한 사항은 제외한다), 제53조(보건에 관한 사항은 제외한다), 제54조(보건에 관한 사항은 제외한다), 제55조, 제58조부터 제60조까지, 제62조, 제63조, 제64조(제1항 제6호는 제외한다), 제65조, 제66조, 제72조, 제75조, 제88조, 제103조부터 제107조까지 및 제160조(제21조 제4항 및 제88조 제5항과 관련되는 과징금으로 한정한다)
2. 다음 각 목의 어느 하나에 해당하는 사업 가. 소프트웨어 개발 및 공급업 나. 컴퓨터 프로그래밍, 시스템 통합 및 관리업 다. 정보서비스업 라. 금융 및 보험업 마. 기타 전문서비스업 바. 건축기술, 엔지니어링 및 기타 과학기술 서비스업 사. 기타 전문, 과학 및 기술 서비스업(사진 처리업은 제외한다) 아. 사업지원 서비스업 자. 사회복지 서비스업	제29조(제3항에 따른 추가교육은 제외한다) 및 제30조

3. 다음 각 목의 어느 하나에 해당하는 사업으로서 상시근로자 50명 미만을 사용하는 사업장 　가. 농업 　나. 어업 　다. 환경 정화 및 복원업 　라. 소매업; 자동차 제외 　마. 영화, 비디오물, 방송프로그램 제작 및 배급업 　바. 녹음시설 운영업 　사. 방송업 　아. 부동산업(부동산 관리업은 제외한다) 　자. 임대업; 부동산 제외 　차. 연구개발업 　카. 보건업(병원은 제외한다) 　타. 예술, 스포츠 및 여가관련 서비스업 　파. 협회 및 단체 　하. 기타 개인 서비스업(세탁업은 제외한다)	
4. 다음 각 목의 어느 하나에 해당하는 사업 　가. 공공행정(청소, 시설관리, 조리 등 현업업무에 종사하는 사람으로서 고용노동부장관이 정하여 고시하는 사람은 제외한다), 국방 및 사회보장 행정 　나. 교육 서비스업 중 초등·중등·고등 교육기관, 특수학교·외국인학교 및 대안학교(청소, 시설관리, 조리 등 현업업무에 종사하는 사람으로서 고용노동부장관이 정하여 고시하는 사람은 제외한다)	제2장제1절·제2절 및 제3장(다른 규정에 따라 준용되는 경우는 제외한다)
5. 다음 각 목의 어느 하나에 해당하는 사업 　가. 초등·중등·고등 교육기관, 특수학교·외국인학교 및 대안학교 외의 교육 서비스업(청소년수련시설　운영업은 제외한다) 　나. 국제 및 외국기관 　다. 사무직에 종사하는 근로자만을 사용하는 사업장(사업장이 분리된 경우로서 사무직에 종사하는 근로자만을 사용하는 사업장을 포함한다)	제2장제1절·제2절, 제3장 및 제5장제2절(제64조 제1항 제6호는 제외한다). 다만, 다른 규정에 따라 준용되는 경우는 해당 규정을 적용한다.

| 6. 상시근로자 5명 미만을 사용하는 사업장 | 제2장제1절·제2절, 제3장(제29조 제3항에 따른 추가교육은 제외한다), 제47조, 제49조, 제50조 및 제159조(다른 규정에 따라 준용되는 경우는 제외한다) |

비고: 제1호부터 제6호까지의 규정에 따른 사업에 둘 이상 해당하는 사업의 경우에는 각각의 호에 따라 적용이 제외되는 규정은 모두 적용하지 않는다.

산업안전보건법 시행령 [별표 3]

안전관리자를 두어야 하는 사업의 종류, 사업장의 상시근로자 수, 안전관리자의 수 및 선임방법
(제16조 제1항 관련)

사업의 종류	사업장의 상시근로자 수	안전관리자의 수	안전관리자의 선임방법
1. 토사석 광업 2. 식료품 제조업, 음료 제조업 3. 목재 및 나무제품 제조; 가구제외 4. 펄프, 종이 및 종이제품 제조업 5. 코크스, 연탄 및 석유정제품 제조업 6. 화학물질 및 화학제품 제조업; 의약품 제외 7. 의료용 물질 및 의약품 제조업	상시근로자 50명 이상 500명 미만	1명 이상	별표 4 각 호의 어느 하나에 해당하는 사람(같은 표 제3호·제7호·제9호 및 제10호에 해당하는 사람은 제외한다)을 선임해야 한다.
8. 고무 및 플라스틱제품 제조업 9. 비금속 광물제품 제조업 10. 1차 금속 제조업 11. 금속가공제품 제조업; 기계 및 가구 제외 12. 전자부품, 컴퓨터, 영상, 음향 및 통신장비 제조업 13. 의료, 정밀, 광학기기 및 시계 제조업 14. 전기장비 제조업 15. 기타 기계 및 장비제조업 16. 자동차 및 트레일러 제조업 17. 기타 운송장비 제조업 18. 가구 제조업 19. 기타 제품 제조업 20. 서적, 잡지 및 기타 인쇄물 출판업 21. 해체, 선별 및 원료 재생업 22. 자동차 종합 수리업, 자동차 전문	상시근로자 500명 이상	2명 이상	별표 4 각 호의 어느 하나에 해당하는 사람(같은 표 제7호·제9호 및 제10호에 해당하는 사람은 제외한다)을 선임하되, 같은 표 제1호·제2호(「국가기술자격법」에 따른 산업안전산업기사의 자격을 취득한 사람은 제외한다) 또는 제4호에 해당하는 사람이 1명 이상 포함되어야 한다.

수리업 23. 발전업			
24. 농업, 임업 및 어업 25. 제2호부터 제19호까지의 사업을 　　제외한 제조업 26. 전기, 가스, 증기 및 공기조절 공 　　급업(발전업은 제외한다) 27. 수도, 하수 및 폐기물 처리, 원료 　　재생업(제21호에 해당하는 사업 　　은 제외한다) 28. 운수 및 창고업 29. 도매 및 소매업 30. 숙박 및 음식점업 31. 영상·오디오 기록물 제작 및 배 　　급업 32. 방송업 33. 우편 및 통신업 34. 부동산업	상시근로자 50명 이상 1천명 미만. 다만, 제34호의 부 동산업 (부동산 관리업은 제외한 다)과 제37호의 사 진처리업의 경우 에는 상시근로자 100명 이상 1천명 미만으로 한다.	1명 이상	별표 4 각 호의 어 느 하나에 해당하 는 사람(같은 표 제 3호·제9호 및 제 10호에 해당하는 사람은 제외한다. 다만, 제24호·제26 호·제27호 및 제 29호부터 제43호 까지의 사업의 경 우 별표 4 제3호에 해당하는 사람에 대해서는 그렇지 않다)을 선임해야 한다.
35. 임대업; 부동산 제외 36. 연구개발업 37. 사진처리업 38. 사업시설 관리 및 조경 서비스업 39. 청소년 수련시설 운영업 40. 보건업 41. 예술, 스포츠 및 여가관련 서비스업 42. 개인 및 소비용품수리업(제22호 　　에 해당하는 사업은 제외한다) 43. 기타 개인 서비스업 44. 공공행정(청소, 시설관리, 조리 등 　　현업업무에 종사하는 사람으로서 　　고용노동부장관이 정하여 고시하 　　는 사람으로 한정한다) 45. 교육서비스업 중 초등·중등·고등 　　교육기관, 특수학교·외국인학교 　　및 대안학교(청소, 시설관리, 조 　　리 등 현업업무에 종사하는 사람 　　으로서 고용노동부장관이 정하여 　　고시하는 사람으로 한정한다)	상시근로자 1천 명 이상	2명 이상	별표 4 각 호의 어 느 하나에 해당하 는 사람(같은 표 제7호에 해당하는 사람은 제외한다) 을 선임하되, 같 은 표 제1호·제2 호·제4호 또는 제 5호에 해당하는 사람이 1명 이상 포함되어야 한다.

46. 건설업	공사금액 50억원 이상(관계수급인은 100억원 이상) 120억원 미만(「건설산업기본법 시행령」 별표 1의 종합공사를 시공하는 업종의 건설업종란 제1호에 따른 토목공사업의 경우에는 150억원 미만)	1명 이상	별표 4 제1호부터 제7호까지 또는 제10호에 해당하는 사람을 선임해야 한다.
	공사금액 120억원 이상(「건설산업기본법 시행령」 별표 1의 종합공사를 시공하는 업종의 건설업종란 제1호에 따른 토목공사업의 경우에는 150억원 이상) 800억원 미만		
	공사금액 800억원 이상 1,500억원 미만	2명 이상. 다만, 전체 공사기간을 100으로 할 때 공사 시작에서 15에 해당하는 기간과 공사 종료 전의 15에 해당하는 기간(이하 "전체 공사기간 중 전·후 15에 해당하는 기간"이라 한다) 동안은 1명 이상으로 한다.	별표 4 제1호부터 제7호까지 또는 제10호에 해당하는 사람을 선임하되, 같은 표 제1호부터 제3호까지의 어느 하나에 해당하는 사람이 1명 이상 포함되어야 한다.

426

공사금액 1,500억원 이상 2,200억원 미만	3명 이상. 다만, 전체 공사기간 중 전·후 15에 해당하는 기간은 2명 이상으로 한다.	별표 4 제1호부터 제7호까지의 어느 하나에 해당하는 사람을 선임하되, 같은 표 제1호 또는 「국가기술자격법」에 따른 건설안전기술사(건설안전기사 또는 산업안전기사의 자격을 취득한 후 7년 이상 건설안전 업무를 수행한 사람이거나 건설안전산업기사 또는 산업안전산업기사의 자격을 취득한 후 10년 이상 건설안전 업무를 수행한 사람을 포함한다)자격을 취득한 사람(이하 "산업안전지도사등"이라 한다)이 1명 이상 포함되어야 한다.
공사금액 2,200억원 이상 3천억원 미만	4명 이상. 다만, 전체 공사기간 중 전·후 15에 해당하는 기간은 2명 이상으로 한다.	
공사금액 3천억원 이상 3,900억원 미만	5명 이상. 다만, 전체 공사기간 중 전·후 15에 해당하는 기간은 3명 이상으로 한다.	별표 4 제1호부터 제7호까지의 어느 하나에 해당하는 사람을 선임하되, 산업안전지도사등이 2명 이상 포함되어야 한다. 다만, 전체 공사기간 중 전·후 15에 해당하는 기간에는 산업안전지도사등
공사금액 3,900억원 이상 4,900억원 미만	6명 이상. 다만, 전체 공사기간 중 전·후 15에 해당하는 기간은 3명 이상으로 한다.	

		이 1명 이상 포함되어야 한다.
공사금액 4,900억원 이상 6천억원 미만	7명 이상. 다만, 전체 공사기간 중 전·후 15에 해당하는 기간은 4명 이상으로 한다.	별표 4 제1호부터 제7호까지의 어느 하나에 해당하는 사람을 선임하되, 산업안전지도사 등이 2명 이상 포함되어야 한다. 다만, 전체 공사기간 중 전·후 15에 해당하는 기간에는 산업안전지도사등이 2명 이상 포함되어야 한다.
공사금액 6천억원 이상 7,200억원 미만	8명 이상. 나만, 전체 공사기간 중 전·후 15에 해당하는 기간은 4명 이상으로 한다.	
공사금액 7,200억원 이상 8,500억원 미만	9명 이상. 다만, 전체 공사기간 중 전·후 15에 해당하는 기간은 5명 이상으로 한다.	별표 4 제1호부터 제7호까지의 어느 하나에 해당하는 사람을 선임하되, 산업안전지도사등이 3명 이상 포함되어야 한다. 다만, 전체 공사기간 중 전·후 15에 해당하는 기간에는 산업안전지도사등이 3명 이상 포함되어야 한다.
공사금액 8,500억원 이상 1조원 미만	10명 이상. 다만, 전체 공사기간 중 전·후 15에 해당하는 기간은 5명 이상으로 한다.	
1조원 이상	11명 이상[매 2천억원(2조원이상부터는 매 3천억원)마다 1명씩 추가한다]. 다만, 전체 공사기간 중 전·후 15에 해당하는 기간은 선임 대상	

		안전관리자 수의 2분의 1(소수점 이하는 올림한다) 이상으로 한다.

비고

1. 철거공사가 포함된 건설공사의 경우 철거공사만 이루어지는 기간은 전체 공사기간에는 산입되나 전체 공사기간 중 전·후 15에 해당하는 기간에는 산입되지 않는다. 이 경우 전체 공사기간 중 전·후 15에 해당하는 기간은 철거공사만 이루어지는 기간을 제외한 공사기간을 기준으로 산정한다.

2. 철거공사만 이루어지는 기간에는 공사금액별로 선임해야 하는 최소 안전관리자 수 이상으로 안전관리자를 선임해야 한다.

산업안전보건법 시행령 [별표 5]

보건관리자를 두어야 하는 사업의 종류, 사업장의 상시근로자 수, 보건관리자의 수 및
선임방법(제20조 제1항 관련)

사업의 종류	사업장의 상시근로자 수	보건관리자의 수	보건관리자의 선임방법
1. 광업(광업 지원 서비스업은 제외한다) 2. 섬유제품 염색, 정리 및 마무리 가공업 3. 모피제품 제조업	상시근로자 50명 이상 500명 미만	1명 이상	별표 6 각 호의 어느 하나에 해당하는 사람을 선임해야 한다.
4. 그 외 기타 의복액세서리 제조업(모피 액세서리에 한정한다) 5. 모피 및 가죽 제조업(원피가공 및 가죽 제조업은 제외한다) 6. 신발 및 신발부분품 제조업	상시근로자 500명 이상 2천명 미만	2명 이상	별표 6 각 호의 어느 하나에 해당하는 사람을 선임해야 한다.
7. 코크스, 연탄 및 석유정제품 제조업 8. 화학물질 및 화학제품 제조업; 의약품 제외 9. 의료용 물질 및 의약품 제조업 10. 고무 및 플라스틱제품 제조업 11. 비금속 광물제품 제조업 12. 1차 금속 제조업 13. 금속가공제품 제조업; 기계 및 가구 제외 14. 기타 기계 및 장비 제조업 15. 전자부품, 컴퓨터, 영상, 음향 및 통신장비 제조업 16. 전기장비 제조업 17. 자동차 및 트레일러 제조업 18. 기타 운송장비 제조업	상시근로자 2천명 이상	2명 이상	별표 6 각 호의 어느 하나에 해당하는 사람을 선임하되, 같은 표 제2호 또는 제3호에 해당하는 사람이 1명 이상 포함되어야 한다.

19. 가구 제조업
20. 해체, 선별 및 원료 재생업
21. 자동차 종합 수리업, 자동차 전
    문 수리업
22. 제88조 각 호의 어느 하나에
    해당하는 유해물질을 제조하
    는 사업과 그 유해물질을 사
    용하는 사업 중 고용노동부장
    관이 특히 보건관리를 할 필
    요가 있다고 인정하여 고시하
    는 사업

23. 제2호부터 제22호까지의 사업 을 제외한 제조업	상시근로자 50명 이상 1천명 미만	1명 이상	별표 6 각 호의 어느 하나에 해당 하는 사람을 선임 해야 한다.
	상시근로자 1천 명 이상 3천명 미만	2명 이상	별표 6 각 호의 어느 하나에 해당 하는 사람을 선임 해야 한다.
	상시근로자 3천 명 이상	2명 이상	별표 6 각 호의 어느 하나에 해당 하는 사람을 선임 하되, 같은 표 제 2호 또는 제3호에 해당하는 사람이 1명 이상 포함되 어야 한다.
24. 농업, 임업 및 어업 25. 전기, 가스, 증기 및 공기조절 공급업 26. 수도, 하수 및 폐기물 처리, 원 료 재생업(제20호에 해당하는 사업은 제외한다) 27. 운수 및 창고업	상시근로자 50명 이상 5천명 미만. 다만, 제35호의 경우에는 상시근 로자 100명 이상 5천명 미만으로 한다.	1명 이상	별표 6 각 호의 어느 하나에 해당 하는 사람을 선임 해야 한다.

| 28. 도매 및 소매업
29. 숙박 및 음식점업
30. 서적, 잡지 및 기타 인쇄물 출판업
31. 방송업
32. 우편 및 통신업
33. 부동산업
34. 연구개발업
35. 사진 처리업
36. 사업시설 관리 및 조경 서비스업
37. 공공행정(청소, 시설관리, 조리 등 현업업무에 종사하는 사람으로서 고용노동부장관이 정하여 고시하는 사람으로 한정한다)
38. 교육서비스업 중 초등·중등·고등 교육기관, 특수학교·외국인학교 및 대안학교(청소, 시설관리, 조리 등 현업업무에 종사하는 사람으로서 고용노동부장관이 정하여 고시하는 사람으로 한정한다)
39. 청소년 수련시설 운영업
40. 보건업
41. 골프장 운영업
42. 개인 및 소비용품수리업(제21호에 해당하는 사업은 제외한다)
43. 세탁업 | 상시근로자 5천 명 이상 | 2명 이상 | 별표 6 각 호의 어느 하나에 해당하는 사람을 선임하되, 같은 표 제2호 또는 제3호에 해당하는 사람이 1명 이상 포함되어야 한다. |
| 44. 건설업 | 공사금액 800억원 이상(「건설산업기본법 시행령」 별표 1의 종합공사를 시공하는 업종의 건설업종란 제1호에 따른 토목공사업에 속하 | 1명 이상[공사금액 800억원(「건설산업기본법 시행령」 별표 1의 종합공사를 시공하는 업종의 건설업종란 제1호에 따른 토목공사업 | 별표 6 각 호의 어느 하나에 해당하는 사람을 선임해야 한다. |

432

는 공사의 경우에는 1천억 이상) 또는 상시근로자 600명 이상	은 1천억원)을 기준으로 1,400억원이 증가할 때마다 또는 상시근로자 600명을 기준으로 600명이 추가될 때마다 1명씩 추가한다]

사업장 위험성평가에 관한 지침

[시행 2020. 1. 16.] [고용노동부고시 제2020−53호, 2020. 1. 14., 일부개정]

제1장 총칙

제1조(목적) 이 고시는 「산업안전보건법」 제36조에 따라 사업주가 스스로 사업장의 유해·위험요인에 대한 실태를 파악하고 이를 평가하여 관리·개선하는 등 필요한 조치를 할 수 있도록 지원하기 위하여 위험성평가 방법, 절차, 시기 등에 대한 기준을 제시하고, 위험성평가 활성화를 위한 시책의 운영 및 지원사업 등 그 밖에 필요한 사항을 규정함을 목적으로 한다.

제2조(적용범위) 이 고시는 위험성평가를 실시하는 모든 사업장에 적용한다.

제3조(정의) ① 이 고시에서 사용하는 용어의 뜻은 다음과 같다.
1. "위험성평가"란 유해·위험요인을 파악하고 해당 유해·위험요인에 의한 부상 또는 질병의 발생 가능성(빈도)과 중대성(강도)을 추정·결정하고 감소대책을 수립하여 실행하는 일련의 과정을 말한다.
2. "유해·위험요인"이란 유해·위험을 일으킬 잠재적 가능성이 있는 것의 고유한 특징이나 속성을 말한다.
3. "유해·위험요인 파악"이란 유해요인과 위험요인을 찾아내는 과정을 말한다.
4. "위험성"이란 유해·위험요인이 부상 또는 질병으로 이어질 수 있는 가능성(빈도)과 중대성(강도)을 조합한 것을 의미한다.
5. "위험성 추정"이란 유해·위험요인별로 부상 또는 질병으로 이어질 수 있는 가능성과 중대성의 크기를 각각 추정하여 위험성의 크기를 산출하는 것을 말한다.
6. "위험성 결정"이란 유해·위험요인별로 추정한 위험성의 크기가 허용 가능한 범위인지 여부를 판단하는 것을 말한다.
7. "위험성 감소대책 수립 및 실행"이란 위험성 결정 결과 허용 불가능한 위험성을 합리적으로 실천 가능한 범위에서 가능한 한 낮은 수준으로 감소시키기 위한 대책을 수립하고 실행하는 것을 말한다.
8. "기록"이란 사업장에서 위험성평가 활동을 수행한 근거와 그 결과를 문서로 작성

하여 보존하는 것을 말한다.

② 그 밖에 이 고시에서 사용하는 용어의 뜻은 이 고시에 특별히 정한 것이 없으면 「산업안전보건법」(이하 "법"이라 한다), 같은 법 시행령(이하 "영"이라 한다), 같은 법 시행규칙(이하 "규칙"이라 한다) 및 「산업안전보건기준에 관한 규칙」(이하 "안전보건규칙"이라 한다)에서 정하는 바에 따른다.

제4조(정부의 책무) ① 고용노동부장관(이하 "장관"이라 한다)은 사업장 위험성평가가 효과적으로 추진되도록 하기 위하여 다음 각 호의 사항을 강구하여야 한다.

1. 정책의 수립·집행·조정·홍보
2. 위험성평가 기법의 연구·개발 및 보급
3. 사업장 위험성평가 활성화 시책의 운영
4. 위험성평가 실시의 지원
5. 조사 및 통계의 유지·관리
6. 그 밖에 위험성평가에 관한 정책의 수립 및 추진

② 장관은 제1항 각 호의 사항 중 필요한 사항을 한국산업안전보건공단(이하 "공단"이라 한다)으로 하여금 수행하게 할 수 있다.

제2장 사업장 위험성평가

제5조(위험성평가 실시주체) ① 사업주는 스스로 사업장의 유해·위험요인을 파악하기 위해 근로자를 참여시켜 실태를 파악하고 이를 평가하여 관리 개선하는 등 위험성평가를 실시하여야 한다.

② 법 제63조에 따른 작업의 일부 또는 전부를 도급에 의하여 행하는 사업의 경우는 도급을 준 도급인(이하 "도급사업주"라 한다)과 도급을 받은 수급인(이하 "수급사업주"라 한다)은 각각 제1항에 따른 위험성평가를 실시하여야 한다.

③ 제2항에 따른 도급사업주는 수급사업주가 실시한 위험성평가 결과를 검토하여 도급사업주가 개선할 사항이 있는 경우 이를 개선하여야 한다.

제6조(근로자 참여) 사업주는 위험성평가를 실시할 때, 다음 각 호의 어느 하나에 해당하는 경우 법 제36조 제2항에 따라 해당 작업에 종사하는 근로자를 참여시켜야 한다.

1. 관리감독자가 해당 작업의 유해·위험요인을 파악하는 경우
2. 사업주가 위험성 감소대책을 수립하는 경우
3. 위험성평가 결과 위험성 감소대책 이행여부를 확인하는 경우

제7조(위험성평가의 방법) ① 사업주는 다음과 같은 방법으로 위험성평가를 실시하여야 한다.

1. 안전보건관리책임자 등 해당 사업장에서 사업의 실시를 총괄 관리하는 사람에게 위험성평가의 실시를 총괄 관리하게 할 것

2. 사업장의 안전관리자, 보건관리자 등이 위험성평가의 실시에 관하여 안전보건관리책임자를 보좌하고 지도·조언하게 할 것

3. 관리감독자가 유해·위험요인을 파악하고 그 결과에 따라 개선조치를 시행하게 할 것

4. 기계·기구, 설비 등과 관련된 위험성평가에는 해당 기계·기구, 설비 등에 전문지식을 갖춘 사람을 침여하게 힐 깃

5. 안전·보건관리자의 선임의무가 없는 경우에는 제2호에 따른 업무를 수행할 사람을 지정하는 등 그 밖에 위험성평가를 위한 체제를 구축할 것

② 사업주는 제1항에서 정하고 있는 자에 대해 위험성평가를 실시하기 위한 필요한 교육을 실시하여야 한다. 이 경우 위험성평가에 대해 외부에서 교육을 받았거나, 관련학문을 전공하여 관련 지식이 풍부한 경우에는 필요한 부분만 교육을 실시하거나 교육을 생략할 수 있다.

③ 사업주가 위험성평가를 실시하는 경우에는 산업안전·보건 전문가 또는 전문기관의 컨설팅을 받을 수 있다.

④ 사업주가 다음 각 호의 어느 하나에 해당하는 제도를 이행한 경우에는 그 부분에 대하여 이 고시에 따른 위험성평가를 실시한 것으로 본다.

1. 위험성평가 방법을 적용한 안전·보건진단(법 제47조)

2. 공정안전보고서(법 제44조). 다만, 공정안전보고서의 내용 중 공정위험성 평가서가 최대 4년 범위 이내에서 정기적으로 작성된 경우에 한한다.

3. 근골격계부담작업 유해요인조사(안전보건규칙 제657조부터 제662조까지)

4. 그 밖에 법과 이 법에 따른 명령에서 정하는 위험성평가 관련 제도

제8조(위험성평가의 절차) 사업주는 위험성평가를 다음의 절차에 따라 실시하여야 한다. 다만, 상시근로자 수 20명 미만 사업장(총 공사금액 20억원 미만의 건설공사)의 경우에는 다음 각 호중 제3호를 생략할 수 있다.

1. 평가대상의 선정 등 사전준비

2. 근로자의 작업과 관계되는 유해·위험요인의 파악

3. 파악된 유해·위험요인별 위험성의 추정

4. 추정한 위험성이 허용 가능한 위험성인지 여부의 결정

5. 위험성 감소대책의 수립 및 실행

6. 위험성평가 실시내용 및 결과에 관한 기록

제9조(사전준비) ① 사업주는 위험성평가를 효과적으로 실시하기 위하여 최초 위험성평가시 다음 각 호의 사항이 포함된 위험성평가 실시규정을 작성하고, 지속적으로 관리하여야 한다.

1. 평가의 목적 및 방법
2. 평가담당자 및 책임자의 역할
3. 평가시기 및 절차
4. 주지방법 및 유의사항
5. 결과의 기록·보존

② 위험성평가는 과거에 산업재해가 발생한 작업, 위험한 일이 발생한 작업 등 근로자의 근로에 관계되는 유해·위험요인에 의한 부상 또는 질병의 발생이 합리적으로 예견 가능한 것은 모두 위험성평가의 대상으로 한다. 다만, 매우 경미한 부상 또는 질병만을 초래할 것으로 명백히 예상되는 것에 대해서는 대상에서 제외할 수 있다.

③ 사업주는 다음 각 호의 사업장 안전보건정보를 사전에 조사하여 위험성평가에 활용하여야 한다.

1. 작업표준, 작업절차 등에 관한 정보
2. 기계·기구, 설비 등의 사양서, 물질안전보건자료(MSDS) 등의 유해·위험요인에 관한 정보
3. 기계·기구, 설비 등의 공정 흐름과 작업 주변의 환경에 관한 정보
4. 법 제63조에 따른 작업을 하는 경우로서 같은 장소에서 사업의 일부 또는 전부를 도급을 주어 행하는 작업이 있는 경우 혼재 작업의 위험성 및 작업 상황 등에 관한 정보
5. 재해사례, 재해통계 등에 관한 정보
6. 작업환경측정결과, 근로자 건강진단결과에 관한 정보
7. 그 밖에 위험성평가에 참고가 되는 자료 등

제10조(유해·위험요인 파악) 사업주는 유해·위험요인을 파악할 때 업종, 규모 등 사업장 실정에 따라 다음 각 호의 방법 중 어느 하나 이상의 방법을 사용하여야 한다. 이 경우 특별한 사정이 없으면 제1호에 의한 방법을 포함하여야 한다.

1. 사업장 순회점검에 의한 방법
2. 청취조사에 의한 방법
3. 안전보건 자료에 의한 방법
4. 안전보건 체크리스트에 의한 방법

5. 그 밖에 사업장의 특성에 적합한 방법

제11조(위험성 추정) ① 사업주는 유해·위험요인을 파악하여 사업장 특성에 따라 부상 또는 질병으로 이어질 수 있는 가능성 및 중대성의 크기를 추정하고 다음 각 호의 어느 하나의 방법으로 위험성을 추정하여야 한다.

1. 가능성과 중대성을 행렬을 이용하여 조합하는 방법
2. 가능성과 중대성을 곱하는 방법
3. 가능성과 중대성을 더하는 방법
4. 그 밖에 사업장의 특성에 적합한 방법

② 제1항에 따라 위험성을 추정할 경우에는 다음에서 정하는 사항을 유의하여야 한다.

1. 예상되는 부상 또는 질병의 대상자 및 내용을 명확하게 예측할 것
2. 최악의 상황에서 가장 큰 부상 또는 질병의 중대성을 추정할 것
3. 부상 또는 질병의 중대성은 부상이나 질병 등의 종류에 관계없이 공통의 척도를 사용하는 것이 바람직하며, 기본적으로 부상 또는 질병에 의한 요양기간 또는 근로손실 일수 등을 척도로 사용할 것
4. 유해성이 입증되어 있지 않은 경우에도 일정한 근거가 있는 경우에는 그 근거를 기초로 하여 유해성이 존재하는 것으로 추정할 것
5. 기계·기구, 설비, 작업 등의 특성과 부상 또는 질병의 유형을 고려할 것

제12조(위험성 결정) ① 사업주는 제11조에 따른 유해·위험요인별 위험성 추정 결과 (제8조 단서에 따라 같은 조 제3호를 생략한 경우에는 제10조에 따른 유해·위험요인 파악결과를 말한다)와 사업장 자체적으로 설정한 허용 가능한 위험성 기준(「산업안전보건법」에서 정한 기준 이상으로 정하여야 한다)을 비교하여 해당 유해·위험요인별 위험성의 크기가 허용 가능한지 여부를 판단하여야 한다.

② 제1항에 따른 허용 가능한 위험성의 기준은 위험성 결정을 하기 전에 사업장 자체적으로 설정해 두어야 한다.

제13조(위험성 감소대책 수립 및 실행) ① 사업주는 제12조에 따라 위험성을 결정한 결과 허용 가능한 위험성이 아니라고 판단되는 경우에는 위험성의 크기, 영향을 받는 근로자 수 및 다음 각 호의 순서를 고려하여 위험성 감소를 위한 대책을 수립하여 실행하여야 한다. 이 경우 법령에서 정하는 사항과 그 밖에 근로자의 위험 또는 건강장해를 방지하기 위하여 필요한 조치를 반영하여야 한다.

1. 위험한 작업의 폐지·변경, 유해·위험물질 대체 등의 조치 또는 설계나 계획 단계에서 위험성을 제거 또는 저감하는 조치
2. 연동장치, 환기장치 설치 등의 공학적 대책

3. 사업장 작업절차서 정비 등의 관리적 대책

4. 개인용 보호구의 사용

② 사업주는 위험성 감소대책을 실행한 후 해당 공정 또는 작업의 위험성의 크기가 사전에 자체 설정한 허용 가능한 위험성의 범위인지를 확인하여야 한다.

③ 제2항에 따른 확인 결과, 위험성이 자체 설정한 허용 가능한 위험성 수준으로 내려오지 않는 경우에는 허용 가능한 위험성 수준이 될 때까지 추가의 감소대책을 수립·실행하여야 한다.

④ 사업주는 중대재해, 중대산업사고 또는 심각한 질병이 발생할 우려가 있는 위험성으로서 제1항에 따라 수립한 위험성 감소대책의 실행에 많은 시간이 필요한 경우에는 즉시 잠정적인 조치를 강구하여야 한다.

⑤ 사업주는 위험성평가를 종료한 후 남아 있는 유해·위험요인에 대해서는 게시, 주지 등의 방법으로 근로자에게 알려야 한다.

제14조(기록 및 보존) ① 규칙 제37조 제1항 제4호에 따른 "그 밖에 위험성평가의 실시내용을 확인하기 위하여 필요한 사항으로서 고용노동부장관이 정하여 고시하는 사항"이란 다음 각 호에 관한 사항을 말한다.

1. 위험성평가를 위해 사전조사 한 안전보건정보

2. 그 밖에 사업장에서 필요하다고 정한 사항

② 시행규칙 제37조 제2항의 기록의 최소 보존기한은 제15조에 따른 실시 시기별 위험성평가를 완료한 날부터 기산한다.

제15조(위험성평가의 실시 시기) ① 위험성평가는 최초평가 및 수시평가, 정기평가로 구분하여 실시하여야 한다. 이 경우 최초평가 및 정기평가는 전체 작업을 대상으로 한다.

② 수시평가는 다음 각 호의 어느 하나에 해당하는 계획이 있는 경우에는 해당 계획의 실행을 착수하기 전에 실시하여야 한다. 다만, 제5호에 해당하는 경우에는 재해발생 작업을 대상으로 작업을 재개하기 전에 실시하여야 한다.

1. 사업장 건설물의 설치·이전·변경 또는 해체

2. 기계·기구, 설비, 원재료 등의 신규 도입 또는 변경

3. 건설물, 기계·기구, 설비 등의 정비 또는 보수(주기적·반복적 작업으로서 정기평가를 실시한 경우에는 제외)

4. 작업방법 또는 작업절차의 신규 도입 또는 변경

5. 중대산업사고 또는 산업재해(휴업 이상의 요양을 요하는 경우에 한정한다) 발생

6. 그 밖에 사업주가 필요하다고 판단한 경우

③ 정기평가는 최초평가 후 매년 정기적으로 실시한다. 이 경우 다음의 사항을 고려하여야 한다.

1. 기계·기구, 설비 등의 기간 경과에 의한 성능 저하
2. 근로자의 교체 등에 수반하는 안전·보건과 관련되는 지식 또는 경험의 변화
3. 안전·보건과 관련되는 새로운 지식의 습득
4. 현재 수립되어 있는 위험성 감소대책의 유효성 등

제3장 위험성평가 인정

제16조(인정의 신청) ① 장관은 소규모 사업장의 위험성평가를 활성화하기 위하여 위험성평가 우수 사업장에 대해 인정해 주는 제도를 운영할 수 있다. 이 경우 인정을 신청할 수 있는 사업장은 다음 각 호와 같다.

1. 상시근로자 수 100명 미만 사업장(건설공사를 제외한다). 이 경우 법 제63조에 따른 작업의 일부 또는 전부를 도급에 의하여 행하는 사업의 경우는 도급사업주의 사업장(이하 "도급사업장"이라 한다)과 수급사업주의 사업장(이하 "수급사업장"이라 한다) 각각의 근로자 수를 이 규정에 의한 상시근로자 수로 본다.
2. 총 공사금액 120억원(토목공사는 150억원) 미만의 건설공사

② 제2장에 따른 위험성평가를 실시한 사업장으로서 해당 사업장을 제1항의 위험성평가 우수사업장으로 인정을 받고자 하는 사업주는 별지 제1호서식의 위험성평가 인정신청서를 해당 사업장을 관할하는 공단 광역본부장·지역본부장·지사장에게 제출하여야 한다.

③ 제2항에 따른 인정신청은 위험성평가 인정을 받고자 하는 단위 사업장(또는 건설공사)으로 한다. 다만, 다음 각 호의 어느 하나에 해당하는 사업장은 인정신청을 할 수 없다.

1. 제22조에 따라 인정이 취소된 날부터 1년이 경과하지 아니한 사업장
2. 최근 1년 이내에 제22조 제1항 각 호(제1호 및 제5호를 제외한다)의 어느 하나에 해당하는 사유가 있는 사업장

④ 법 제63조에 따른 작업의 일부 또는 전부를 도급에 의하여 행하는 사업장의 경우에는 도급사업장의 사업주가 수급사업장을 일괄하여 인정을 신청하여야 한다. 이 경우 인정신청에 포함하는 해당 수급사업장 명단을 신청서에 기재(건설공사를 제외한다)하여야 한다.

⑤ 제4항에도 불구하고 수급사업장이 제19조에 따른 인정을 별도로 받았거나, 법 제17조에 따른 안전관리자 또는 같은 법 제18조에 따른 보건관리자 선임대상인 경

우에는 제4항에 따른 인정신청에서 해당 수급사업장을 제외할 수 있다.

제17조(인정심사) ① 공단은 위험성평가 인정신청서를 제출한 사업장에 대하여는 다음에서 정하는 항목을 심사(이하 "인정심사"라 한다)하여야 한다.

1. 사업주의 관심도
2. 위험성평가 실행수준
3. 구성원의 참여 및 이해 수준
4. 재해발생 수준

② 공단 광역본부장·지역본부장·지사장은 소속 직원으로 하여금 사업장을 방문하여 제1항의 인정심사(이하 "현장심사"라 한다)를 하도록 하여야 한다. 이 경우 현장심사는 현장심사 전일을 기준으로 최초인정은 최근 1년, 최초인정 후 다시 인정(이하 "재인정"이라 한다)하는 것은 최근 3년 이내에 실시한 위험성평가를 대상으로 한다. 다만, 인정사업장 사후심사를 위하여 제21조 제3항에 따른 현장심사를 실시한 것은 제외할 수 있다.

③ 제2항에 따른 현장심사 결과는 제18조에 따른 인정심사위원회에 보고하여야 하며, 인정심사위원회는 현장심사 결과 등으로 인정심사를 하여야 한다.

④ 제16조 제4항에 따른 도급사업장의 인정심사는 도급사업장과 인정을 신청한 수급사업장(건설공사의 수급사업장은 제외한다)에 대하여 각각 실시하여야 한다. 이 경우 도급사업장의 인정심사는 사업장 내의 모든 수급사업장을 포함한 사업장 전체를 종합적으로 실시하여야 한다.

⑤ 인정심사의 세부항목 및 배점 등 인정심사에 관하여 필요한 사항은 공단 이사장이 정한다. 이 경우 사업장의 업종별, 규모별 특성 등을 고려하여 심사기준을 달리 정할 수 있다.

제18조(인정심사위원회의 구성·운영) ① 공단은 위험성평가 인정과 관련한 다음 각 호의 사항을 심의·의결하기 위하여 각 광역본부·지역본부·지사에 위험성평가 인정심사위원회를 두어야 한다.

1. 인정 여부의 결정
2. 인정취소 여부의 결정
3. 인정과 관련한 이의신청에 대한 심사 및 결정
4. 심사항목 및 심사기준의 개정 건의
5. 그 밖에 인정 업무와 관련하여 위원장이 회의에 부치는 사항

② 인정심사위원회는 공단 광역본부장·지역본부장·지사장을 위원장으로 하고, 관할 지방고용노동관서 산재예방지도과장(산재예방지도과가 설치되지 않은 관서는 근

로개선지도과장)을 당연직 위원으로 하여 10명 이내의 내·외부 위원으로 구성하여야 한다.

③ 그 밖에 인정심사위원회의 구성 및 운영에 관하여 필요한 사항은 공단 이사장이 정한다.

제19조(위험성평가의 인정) ① 공단은 인정신청 사업장에 대한 현장심사를 완료한 날부터 1개월 이내에 인정심사위원회의 심의·의결을 거쳐 인정 여부를 결정하여야 한다. 이 경우 다음의 기준을 충족하는 경우에만 인정을 결정하여야 한다.

1. 제2장에서 정한 방법, 절차 등에 따라 위험성평가 업무를 수행한 사업장
2. 현장심사 결과 제17조 제1항 각 호의 평가점수가 100점 만점에 50점을 미달하는 항목이 없고 종합점수가 100점 만점에 70점 이상인 사업장

② 인정심사위원회는 제1항의 인정 기준을 충족하는 사업장의 경우에도 인정심사위원회를 개최하는 날을 기준으로 최근 1년 이내에 제22조 제1항 각 호에 해당하는 사유가 있는 사업장에 대하여는 인정하지 아니 한다.

③ 공단은 제1항에 따라 인정을 결정한 사업장에 대해서는 별지 제2호서식의 인정서를 발급하여야 한다. 이 경우 제17조 제4항에 따른 인정심사를 한 경우에는 인정심사 기준을 만족하는 도급사업장과 수급사업장에 대해 각각 인정서를 발급하여야 한다.

④ 위험성평가 인정 사업장의 유효기간은 제1항에 따른 인정이 결정된 날부터 3년으로 한다. 다만, 제22조에 따라 인정이 취소된 경우에는 인정취소 사유 발생일 전날까지로 한다.

⑤ 위험성평가 인정을 받은 사업장 중 사업이 법인격을 갖추어 사업장관리번호가 변경되었으나 다음 각 호의 사항을 증명하는 서류를 공단에 제출하여 동일 사업장임을 인정받을 경우 변경 후 사업장을 위험성평가 인정 사업장으로 한다. 이 경우 인정기간의 만료일은 변경 전 사업장의 인정기간 만료일로 한다.

1. 변경 전·후 사업장의 소재지가 동일할 것
2. 변경 전 사업의 사업주가 변경 후 사업의 대표이사가 되었을 것
3. 변경 전 사업과 변경 후 사업간 시설·인력·자금 등에 대한 권리·의무의 전부를 포괄적으로 양도·양수하였을 것

제20조(재인정) ① 사업주는 제19조 제4항 본문에 따른 인정 유효기간이 만료되어 재인정을 받으려는 경우에는 제16조 제2항에 따른 인정신청서를 제출하여야 한다. 이 경우 인정신청서 제출은 유효기간 만료일 3개월 전부터 할 수 있다.

② 제1항에 따른 재인정을 신청한 사업장에 대한 심사 등은 제16조부터 제19조까지

의 규정에 따라 처리한다.

③ 재인정 심사의 범위는 직전 인정 또는 사후심사와 관련한 현장심사 다음 날부터 재인정신청에 따른 현장심사 전일까지 실시한 정기평가 및 수시평가를 그 대상으로 한다.

④ 재인정 사업장의 인정 유효기간은 제19조 제4항에 따른다. 이 경우, 재인정 사업장의 인정 유효기간은 이전 위험성평가 인정 유효기간의 만료일 다음날부터 새로 계산한다.

제21조(인정사업장 사후심사) ① 공단은 제19조 제3항 및 제20조에 따라 인정을 받은 사업장이 위험성평가를 효과적으로 유지하고 있는지 확인하기 위하여 매년 인정사업장의 20퍼센트 범위에서 사후심사를 할 수 있다.

② 제1항에 따른 사후심사는 다음 각 호의 어느 하나에 해당하는 사업장으로 인정심사위원회에서 사후심사가 필요하다고 결정한 사업장을 대상으로 한다. 이 경우 제1호에 해당하는 사업장은 특별한 사정이 없는 한 대상에 포함하여야 한다.

1. 공사가 진행 중인 건설공사. 다만, 사후심사일 현재 잔여공사기간이 3개월 미만인 건설공사는 제외할 수 있다.

2. 제19조 제1항 제2호 및 제20조 제2항에 따른 종합점수가 100점 만점에 80점 미만인 사업장으로 사후심사가 필요하다고 판단되는 사업장

3. 그 밖에 무작위 추출 방식에 의하여 선정한 사업장(건설공사를 제외한 연간 사후심사 사업장의 50퍼센트 이상을 선정한다)

③ 사후심사는 직전 현장심사를 받은 이후에 사업장에서 실시한 위험성평가에 대해 현장심사를 하는 것으로 하며, 해당 사업장이 제19조에 따른 인정 기준을 유지하는지 여부를 심사하여야 한다.

제22조(인정의 취소) ① 위험성평가 인정사업장에서 인정 유효기간 중에 다음 각 호의 어느 하나에 해당하는 사업장은 인정을 취소하여야 한다.

1. 거짓 또는 부정한 방법으로 인정을 받은 사업장

2. 직·간접적인 법령 위반에 기인하여 다음의 중대재해가 발생한 사업장(규칙 제2조)
   가. 사망재해
   나. 3개월 이상 요양을 요하는 부상자가 동시에 2명 이상 발생
   다. 부상자 또는 직업성질병자가 동시에 10명 이상 발생

3. 근로자의 부상(3일 이상의 휴업)을 동반한 중대산업사고 발생사업장

4. 법 제10조에 따른 산업재해 발생건수, 재해율 또는 그 순위 등이 공표된 사업장 (영 제10조 제1항 제1호 및 제5호에 한정한다)

5. 제21조에 따른 사후심사 결과, 제19조에 의한 인정기준을 충족하지 못한 사업장

6. 사업주가 자진하여 인정 취소를 요청한 사업장

7. 그 밖에 인정취소가 필요하다고 공단 광역본부장·지역본부장 또는 지사장이 인정한 사업장

② 공단은 제1항에 해당하는 사업장에 대해서는 인정심사위원회에 상정하여 인정취소 여부를 결정하여야 한다. 이 경우 해당 사업장에는 소명의 기회를 부여하여야 한다.

③ 제2항에 따라 인정취소 사유가 발생한 날을 인정취소일로 본다.

제23조(위험성평가 지원사업) ① 장관은 사업장의 위험성평가를 지원하기 위하여 공단 이사장으로 하여금 다음 각 호의 위험성평가 사업을 추진하게 할 수 있다.

1. 추진기법 및 모델, 기술자료 등의 개발·보급

2. 우수 사업장 발굴 및 홍보

3. 사업장 관계자에 대한 교육

4. 사업장 컨설팅

5. 전문가 양성

6. 지원시스템 구축·운영

7. 인정제도의 운영

8. 그 밖에 위험성평가 추진에 관한 사항

② 공단 이사장은 제1항에 따른 사업을 추진하는 경우 고용노동부와 협의하여 추진하고 추진결과 및 성과를 분석하여 매년 1회 이상 장관에게 보고하여야 한다.

제24조(위험성평가 교육지원) ① 공단은 제21조 제1항에 따라 사업장의 위험성평가를 지원하기 위하여 다음 각 호의 교육과정을 개설하여 운영할 수 있다.

1. 사업주 교육

2. 평가담당자 교육

3. 전문가 양성 교육

② 공단은 제1항에 따른 교육과정을 광역본부·지역본부·지사 또는 산업안전보건교육원(이하 "교육원"이라 한다)에 개설하여 운영하여야 한다.

③ 제1항 제2호 및 제3호에 따른 평가담당자 교육을 수료한 근로자에 대해서는 해당 시기에 사업주가 실시해야 하는 관리감독자 교육을 수료한 시간만큼 실시한 것으로 본다.

제25조(위험성평가 컨설팅지원) ① 공단은 근로자 수 50명 미만 소규모 사업장(건설업의 경우 전년도에 공시한 시공능력 평가액 순위가 200위 초과인 종합건설업체 본사 또는 총 공사금액 120억원(토목공사는 150억원)미만인 건설공사를 말한다)의 사

업주로부터 제5조 제3항에 따른 컨설팅지원을 요청 받은 경우에 위험성평가 실시에 대한 컨설팅지원을 할 수 있다.

② 제1항에 따른 공단의 컨설팅지원을 받으려는 사업주는 사업장 관할의 공단 광역본부장·지역본부장·지사장에게 지원 신청을 하여야 한다.

③ 제2항에도 불구하고 공단 광역본부장·지역본부·지사장은 재해예방을 위하여 필요하다고 판단되는 사업장을 직접 선정하여 컨설팅을 지원할 수 있다.

제4장 지원사업의 추진 등

제26조(지원 신청 등) ① 제24조에 따른 교육지원 및 제25조에 따른 컨설팅지원의 신청은 별지 제3호서식에 따른다. 다만, 제24조 제1항 제3호에 따른 교육의 신청 및 비용 등은 교육원이 정하는 바에 따른다.

② 교육기관의장은 제1항에 따른 교육신청자에 대하여 교육을 실시한 경우에는 별지 제4호서식 또는 별지 제5호서식에 따른 교육확인서를 발급하여야 한다.

③ 공단은 예산이 허용하는 범위에서 사업장이 제24조에 따른 교육지원과 제25조에 따른 컨설팅지원을 민간기관에 위탁하고 그 비용을 지급할 수 있으며, 이에 필요한 지원 대상, 비용지급 방법 및 기관 관리 등 세부적인 사항은 공단 이사장이 정할 수 있다.

④ 공단은 사업주가 위험성평가 감소대책의 실행을 위하여 해당 시설 및 기기 등에 대하여 「산업재해예방시설자금 융자 및 보조업무처리규칙」에 따라 보조금 또는 융자금을 신청한 경우에는 우선하여 지원할 수 있다.

⑤ 공단은 제19조에 따른 위험성평가 인정 또는 제20조에 따른 재인정, 제22조에 따른 인정 취소를 결정한 경우에는 결정일부터 3일 이내에 인정일 또는 재인정일, 인정취소일 및 사업장명, 소재지, 업종, 근로자 수, 인정 유효기간 등의 현황을 지방고용노동관서 산재예방지도과(산재예방지도과가 설치되지 않은 관서는 근로개선지도과)로 보고하여야 한다. 다만, 위험성평가 지원시스템 또는 그 밖의 방법으로 지방고용노동관서에서 인정사업장 현황을 실시간으로 파악할 수 있는 경우에는 그러하지 아니한다.

제27조(인정사업장 등에 대한 혜택) ① 장관은 위험성평가 인정사업장에 대하여는 제19조 및 제20조에 따른 인정 유효기간 동안 사업장 안전보건 감독을 유예할 수 있다.

② 제1항에 따라 유예하는 안전보건 감독은 「근로감독관 집무규정(산업안전보건)」 제10조 제2항에 따른 기획감독 대상 중 장관이 별도로 지정한 사업장으로 한정한다.

③ 장관은 위험성평가를 실시하였거나, 위험성평가를 실시하고 인정을 받은 사업장에 대해서는 정부 포상 또는 표창의 우선 추천 및 그 밖의 혜택을 부여할 수 있다.

제28조(재검토기한) 고용노동부장관은 이 고시에 대하여 2020년 1월 1일 기준으로 매 3년이 되는 시점(매 3년째의 12월 31일까지를 말한다)마다 그 타당성을 검토하여 개선 등의 조치를 하여야 한다.

부칙 〈제2020-53호, 2020. 1. 14.〉

이 고시는 2020년 1월 16일부터 시행한다.

안전·보건에 관한 업무 수행시간의 기준 고시

[시행 2022. 1. 27.] [고용노동부고시 제2022-14호, 2022. 1. 18., 제정]

제1조(목적) 이 고시는 「중대재해 처벌 등에 관한 법률」(이하 "중대재해처벌법"이라 한다) 제4조 및 같은 법 시행령 제4조 제6호단서후단에 따라 「산업안전보건법 시행령」 제16조 제2항, 제20조 제2항 및 제24조 제3항에 따라 겸직하는 안전관리자, 보건관리자 및 안전보건관리담당자의 안전·보건에 관한 업무 수행시간의 기준을 정함을 목적으로 한다.

제2조(원칙) 중대재해처벌법에 따른 개인사업주 또는 경영책임자등은 안전관리자, 보건관리자 및 안전보건관리담당자가 안전·보건에 관한 업무(「산업안전보건법」 제17조, 제18조 및 제19조에 따라 정해진 수행업무를 말한다)를 겸직하는 경우 안전·보건에 관한 업무 수행에 지장이 없도록 하여야 한다.

제3조(업무 수행시간의 기준) ① 안전관리자, 보건관리자 및 안전보건관리담당자 각각의 안전·보건에 관한 업무 수행을 위한 최소시간은 연간 585시간 이상이 되도록 하여야 한다.

② 재해위험이 높은 업종(「고용보험 및 산업재해보상보험의 보험료징수 등에 관한 법률」 제14조 제3항 및 같은 법 시행규칙 제12조에 따라 분류되어 해당 사업장이 가입된 산업재해보상보험 상 세부업종을 말한다)에 속하는 사업장의 경우 제1항에도 불구하고 사업장의 안전관리자, 보건관리자 및 안전보건관리담당자 각각의 안전·보건에 관한 업무 수행의 최소시간은 702시간 이상으로 한다. 재해위험이 높은 업종은 별표 1과 같다.

③ 제1항 및 제2항에도 불구하고 사업장의 상시근로자 수(「산업안전보건법 시행령」 별표 3 및 별표 5의 "사업장의 상시근로자의 수"와 동일한 방법으로 산출한다)가 100명 이상인 경우에는 사업장의 안전관리자, 보건관리자 및 안전보건관리담당자 각각의 안전·보건에 관한 업무 수행의 최소시간에 100명 이상 200명 미만인 사업장의 경우에는 100시간을, 200명 이상 300명 미만인 사업장의 경우에는 200시간을 추가하여야 한다.

부칙 〈제2022-14호, 2022. 1. 18.〉

제1조(시행일) 이 고시는 2022년 1월 27일부터 시행한다.

제2조(유효기간) 이 고시는 2024년 1월 26일까지 효력을 가진다.

공중이용시설 및 공중교통수단의 재해예방에 필요한 인력 및 예산 편성 지침

[시행 2022. 1. 27.] [국토교통부고시 제2022-55호, 2022. 1. 24., 제정]

제1조(목적) 이 기준은 「중대재해 처벌 등에 관한 법률」 시행령 제10조에 따른 공중이용시설 또는 공중교통수단 및 이용자 또는 그 밖의 사람의 안전에 대하여 필요한 인력과 예산의 기준을 정하는 것을 목적으로 한다.

제2조(정의) 이 법에서 사용하는 용어의 정의는 다음과 같다.
1. "공중이용시설"이란 「중대재해 처벌 등에 관한 법률」 제2조 제4호에 따른 공중이용시설을 말한다.
2. "공중교통수단"이란 「중대재해 처벌 등에 관한 법률」 제2조 제5호에 따른 공중교통수단을 말한다.
3. "사업주"란 「중대재해 처벌 등에 관한 법률」 제2조 제8호에 따른 사업주를 말한다.
4. "경영책임자등"이란 「중대재해 처벌 등에 관한 법률」 제2조 제9호에 따른 경영책임자등을 말한다.

제3조(공중이용시설 관련) ① 사업주와 경영책임자등은 다음 각 목의 사항이 이행되도록 인력을 확보·편성한다.
1. 공중이용시설의 유해·위험요인 확인·점검
2. 공중이용시설의 유해·위험요인이 발견 또는 신고 접수된 경우 긴급안전점검, 긴급안전조치(이용제한, 위험표지설치 등), 정비·보수·보강 등 개선
② 사업주와 경영책임자등은 다음 각 목의 사항이 이행되도록 예산을 편성·집행한다.
1. 공중이용시설의 유해·위험요인 확인·점검
2. 공중이용시설의 유해·위험요인이 발견 또는 신고 접수된 경우 긴급안전점검, 긴급안전조치(이용제한, 위험표지설치 등), 정비·보수·보강 등 개선
3. 중대시민재해 발생 시 원인 개선과 유사사례 방지 등을 위한 종사자 교육 또는 이용자 안내 조치
4. 안전관리에 필요한 시설 및 설비의 설치, 물품·보호구 및 장비의 구입
5. 시행령 제11조에 따른 안전의무 이행 점검

제4조(공중교통수단 관련) ① 사업주와 경영책임자등은 다음 각 목의 사항이 이행되도록 인력을 확보·편성한다.

1. 공중교통수단의 유해·위험요인 확인·점검
2. 공중교통수단의 유해·위험요인이 발견 또는 신고 접수된 경우 긴급안전점검, 긴급안전조치(운행제한 등), 차량 등의 정비·보수·보강·교체 등 개선

② 사업주와 경영책임자등은 다음 각 목의 사항이 이행되도록 예산을 편성·집행한다.

1. 공중교통수단의 유해·위험요인 확인·점검
2. 공중교통수단의 유해·위험요인이 발견 또는 신고 접수된 경우 긴급안전점검, 긴급안전조치(운행제한 등), 차량 등의 정비·보수·보강·교체 등 개선
3. 중대시민재해 발생 시 원인 개선과 유사사례 방지 등을 위한 종사자 교육 또는 이용자 안내 조치
4. 안전관리에 필요한 설비의 설치, 물품·보호구 및 장비의 구입
5. 시행령 제11조에 따른 안전의무 이행 점검

제5조(재검토기한) 국토교통부장관은 「훈령·예규 등의 발령 및 관리에 관한 규정」에 따라 이 고시에 대하여 2022년 1월 1일 기준으로 매 3년이 되는 시점(매 3년째의 12월 31일까지를 말한다)마다 그 타당성을 검토하여 개선 등의 조치를 하여야 한다.

부칙 〈제2022-55호, 2022. 1. 24.〉

이 고시는 2022년 1월 27일부터 시행한다.

원료 및 제조물로 인한 중대시민재해 예방에 필요한 인력 및 예산 편성 지침

[시행 2022. 1. 27.] [환경부고시 제2022－26호, 2022. 1. 27., 제정]

제1조(목적) 이 지침은 「중대재해 처벌 등에 관한 법률 시행령」 제8조에 따른 원료나 제조물 관련 안전보건관리체계 구축 및 이행을 위해서 필요한 인력과 예산의 기준을 정하는 것을 목적으로 한다.

제2조(정의) 이 지침에서 사용하는 용어의 정의는 다음과 같다.
1. "제조물"이란 「중대재해 처벌 등에 관한 법률」(이하 "법"이라 한다) 제2조 제6호에 따른 제조물을 말한다.
2. "사업주"란 법 제2조 제8호에 따른 사업주를 말한다.
3. "경영책임자등"이란 법 제2조 제9호에 따른 경영책임자등을 말한다.

제3조(인력 확보) 사업주와 경영책임자등은 다음 각 호의 사항을 이행하는 데 필요한 인력을 확보한다.
1. 법 제9조 제1항 제4호의 안전·보건 관계 법령에 따른 안전·보건 관리 업무
2. 원료, 제조물의 생산·제조시 안전점검, 안전진단, 성능시험, 성능평가, 품질검사, 안전정보 알림, 품질관리체계 운영, 유해·위험요인 신고접수 및 처리 등 유해·위험요인 점검업무
3. 원료, 제조물의 보관·유통시 보관·진열 위생관리, 제품표시확인, 부패·변질·유통기한 관리, 안전정보 알림, 안전운송, 유해·위험요인 신고접수 및 처리 등 유해·위험요인 점검업무
4. 유해·위험요인이 발견 또는 신고 접수된 경우 제2호 또는 제3호에 따른 긴급안전점검을 실시하고 사업주 또는 경영책임자등에게 보고하고, 조치가 필요한 경우 해당 원료 및 제조물의 파기, 수거, 판매중지 또는 관련 시설 등의 정비, 보수, 보강 등 긴급안전조치 및 조치결과통보 업무
5. 법 제9조 제1항 제4호의 안전·보건 관계 법령에 따른 안전보건교육, 직무교육, 관리자교육, 판매자교육, 기술교육, 위생관리교육 등 의무교육

제4조(예산 편성·집행) 사업주와 경영책임자등은 다음 각 호의 사항을 이행하는 데 필요한 예산을 편성·집행한다.

1. 법 제9조 제1항 제4호의 안전·보건 관계 법령에 따른 인력·시설 및 장비 등의 확보·유지
2. 유해·위험요인의 점검을 위한 인력·시설 및 장비 등의 확보·유지
3. 유해·위험요인이 발견 또는 신고 접수된 경우 긴급안전점검 및 조치가 필요한 경우 긴급안전조치
4. 법 제9조 제1항 제4호의 안전·보건 관계 법령에 따른 안전보건교육, 직무교육, 관리자교육, 판매자교육, 기술교육, 위생관리교육 등 의무교육

제5조(재검토기한) 환경부장관은 「훈령·예규 등의 발령 및 관리에 관한 규정」에 따라 이 고시에 대하여 2022년 7월 1일 기준으로 매 3년이 되는 시점(매 3년째의 6월 30일까지를 말한다)마다 그 타당성을 검토하여 개선 등의 조치를 하여야 한다.

부칙 〈제2022-26호, 2022. 1. 27.〉

이 고시는 2022년 1월 27일부터 시행한다.

중대산업재해 수사심의위원회 및 자문단의 구성 · 운영에 관한 규칙

[시행 2022. 1. 27.] [고용노동부훈령 제393호, 2022. 1. 27., 제정]

제1장 총 칙

제1조(목적) 이 규칙은 「중대재해 처벌 등에 관한 법률」 제정의 입법 취지를 산업현장에 실현하고 중대산업재해 수사의 전문성 및 국민의 신뢰제고를 위하여 설치하는 중대산업재해 수사심의위원회와 중대산업재해 자문단의 운영에 필요한 사항을 규정함을 목적으로 한다.

제2조(설치) 중대산업재해 수사심의위원회(이하 "위원회"라 한다)와 중대산업재해 자문단(이하 "자문단"이라 한다)은 고용노동부 산업안전보건본부(이하 "산업안전보건본부"라 한다)에 설치한다.

제2장 중대산업재해 수사심의위원회 구성 · 운영

제3조(위원회 심의신청) ① 고용노동부 지방고용노동관서의 장(이하 "지방관서의 장"이라 한다)은 관할 사업장에서 「중대재해 처벌 등에 관한 법률」(이하 "중대재해처벌법"이라 한다) 제2조 제7호의 종사자(이하 "종사자"라 한다)가 사망한 사건에 대하여 해당 사건이 중대재해처벌법 제2조 제2호가목의 중대산업재해인지가 불분명한 경우 별지 제1호의 서식에 따라 중대산업재해 심의신청서를 작성하여 산업안전보건본부에 위원회의 심의를 신청할 수 있다.
② 지방관서의 장은 제1항의 심의를 신청하는 경우에 위원회의 심의가 원활히 진행될 수 있도록 사고 경위, 사망의 의학적 원인(필요시 사망진단서 · 부검결과서 등 첨부), 심의 필요성 등을 포함하여 심의신청서를 제출하여야 한다.

제4조(위원회 상정 여부 심사) ① 산업안전보건본부 중대산업재해감독과장(이하 "중대산업재해감독과장"이라 한다)은 제3조 제1항에 따라 심의신청이 접수된 경우 해

당 사건이 위원회 심의대상인지를 10일 이내에 판단하여 지방관서의 장에게 통보해야 한다.

② 중대산업재해감독과장은 제1항에 따른 판단결과 해당 사건이 위원회 심의대상인 경우 별지 제2호의 서식에 따라 사건설명서를 작성하여 위원회 안건으로 상정한다. 이 경우 심의에 필요한 사항 외에 사건관계인의 개인정보가 침해되지 않도록 인적 사항을 공개하지 않는 등 필요한 조치를 취하여야 한다.

제5조(심의대상) 위원회는 제4조 제2항에 따라 상정된 안건의 사건이 중대재해처벌법 제2조 제2호가목에서 규정한 중대산업재해에 해당하는지에 대하여 심의한다.

제6조(위원회 구성) ① 위원회는 위원상 1명을 포함한 10명 이상 15명 이내의 위원과 간사 1명으로 성별을 고려하여 구성한다.

② 내부위원은 고용노동부 산업안전보건본부장(이하 "산업안전보건본부장"이라 한다)이 지명하는 국장·과장급 공무원 3명 이내로 임명한다.

③ 외부위원은 다음 각 호의 어느 하나에 해당하는 사람 중에서 고용노동부장관이 위촉한다.

1. 변호사 자격이 있는 사람으로서 법률에 관한 사무에 10년 이상 종사한 사람
2. 의학에 관한 학식과 경험이 풍부한 사람으로 대학병원 등에서 의사로 10년 이상 재직한 사람
3. 대학이나 공인된 연구기관에서 법률학 또는 산업안전보건 분야의 조교수 이상의 직에 10년 이상 재직한 사람
4. 산업안전보건 분야에서 10년 이상 활동한 사람으로서 학식과 경험이 풍부한 사람

제7조(위원의 제척·기피) ① 위원이 다음 각 호의 어느 하나에 해당하는 경우에는 해당 심의에서 제척된다.

1. 심의대상 사건의 피의자, 피해자 또는 고소인·고발인 경우(피의자, 피해자 또는 고소인·고발인이 법인 또는 단체인 경우 그 대표자를 포함한다.)
2. 제1호의 사람과 친족 관계에 있거나 있었던 경우
3. 제1호의 대리인, 변호인(법무법인 또는 합동법률사무소 소속인 경우 해당 법무법인 또는 합동법률사무소에 소속된 변호인을 포함한다.) 또는 보조인인 경우
4. 제1호와 법률자문계약을 체결한 변호사

② 심의대상에 해당하는 사건의 근로감독관은 제1항 각 호의 사유가 있는 위원에 대하여 위원장에게 기피를 신청할 수 있고, 위원회는 의결로 기피 여부를 결정한다.

제8조(이해충돌행위 방지) ① 제6조 제3항 및 제16조 제3항에 따라 위촉된 위원은 별

지 제5호 서식의 서약서를 작성하여야 하고 위촉기간 중 이를 준수하여야 한다.

② 위원이 제7조 제1항의 사유에 해당하는 경우에는 스스로 그 사안의 심의·의결을 회피할 수 있다.

제9조(위원 임기 및 해촉) ① 위원장 및 외부위원의 임기는 각 2년으로 하되, 1회에 한정하여 연임할 수 있다.

② 고용노동부장관은 위원으로서의 품위를 손상하는 행위를 하거나 불가피한 사정으로 직무를 수행하기 어려운 경우에는 위원을 해촉할 수 있다.

③ 고용노동부장관은 사임 또는 제2항에 따른 해촉 등으로 외부위원이 7명 미만으로 감소한 경우, 새로 위원을 위촉한다. 이 경우 새로 위촉된 위원의 임기는 전임자 임기의 남은 기간으로 한다.

제10조(운영) ① 위원회는 수시로 개최한다.

② 위원장은 중대산업재해에 대한 신속한 수사 개시를 위하여 제4조 제1항에 따라 중대산업재해감독과장이 지방고용노동관서에 심의대상 사건임을 통보한 날부터 30일 이내에 위원회를 소집하여야 한다.

③ 위원장은 위원회를 소집하려면 회의 개최 7일 전까지 회의의 일시·장소를 위원들에게 서면(전자우편 등 전자적 방법도 포함한다.)으로 알려야 한다. 다만, 긴급하게 소집하여야 할 때에는 회의 개최 전날까지 구두(口頭), 전화, 그 밖의 방법으로 알릴 수 있다.

④ 위원장은 심의에 필요한 경우 사건관계인이 아닌 전문가로부터 심의사항에 관련된 자료 등을 제출받을 수 있고, 심의기일에 근로감독관, 전문가 등을 출석하게 하여 설명이나 의견을 들을 수 있다.

⑤ 위원회의 심의는 비공개로 진행한다.

제11조(위원회 개의, 의결) 위원회 회의는 재적위원(위원장을 포함) 과반수의 출석으로 개의하고, 출석위원 과반수의 찬성으로 의결한다.

제12조(심의결과서) ① 위원회는 심의가 종료되면 별지 제3호 서식의 '중대산업재해수사심의위원회 심의결과서'(이하 "심의결과서"라 한다)를 작성한다.

② 심의결과서에는 심의결과를 기재하고 위원장과 위원들이 서명·날인한다.

제13조(심의결과 통보) 중대산업재해감독과장은 제9조에 따른 심의결과서를 토대로 별지 제4호 서식의 심의결과통보서를 작성하여 위원회의 심의가 종료된 날로부터 3일 이내에 사건 관할 지방관서의 장에게 통보한다.

제14조(심의 효력) 사건의 관할 지방관서의 장은 위원회의 심의 결과를 존중하여야 한다.

제3장 중대산업재해 자문단 구성·운영

제15조(자문단 역할) 자문단은 다음 각 호의 사항에 대하여 의견 제시, 자문 등 역할을 담당한다.
1. 종사자의 부상, 질병이 중대재해처벌법 제2조 제2호 나목, 다목에서 규정하고 있는 부상, 질병에 해당하는지에 대한 의학적 판단
2. 중대재해처벌법 위반 사건 수사와 관련한 법 규정 및 제도 전반에 대한 이론적·실무적 의견 제시
3. 그 밖에 산업안전보건본부장의 요청 또는 자문단의 의사에 따라 자문단에서 논의하기로 한 사안에 대한 의견 제시

제16조(자문단 구성) ① 자문단은 30인 이내의 위원으로 구성한다.
② 제6조 제3항의 위원장 및 외부위원은 자문위원에 포함된다.
③ 제2항 외의 자문위원은 다음 각 호의 어느 하나에 해당하는 사람 중에서 고용노동부장관이 위촉한다.
1. 변호사 자격이 있는 사람으로서 법률에 관한 사무에 5년 이상 종사한 사람
2. 의학에 관한 학식과 경험이 풍부한 사람으로 대학병원 등에서 의사로 5년 이상 재직한 사람
3. 대학이나 공인된 연구기관에서 법률학 또는 산업안전보건 분야의 조교수 이상의 직에 5년 이상 재직한 사람
4. 산업안전보건 분야에서 5년 이상 활동한 사람으로서 학식과 경험이 풍부한 사람
④ 자문위원의 임기는 2년으로 하되, 연임할 수 있다. 다만, 본인의 희망 또는 불가피한 사정이 있는 경우에는 임기만료 이전에 해촉할 수 있다.
⑤ 자문단의 운영을 위해 중대산업재해감독과장을 간사로 둔다.

제17조(자문단 운영) ① 산업안전보건본부장은 제14조 각 호에 대한 자문이 필요하다고 판단하는 경우 자문단 회의를 개최한다.
② 산업안전보건본부장은 필요시 의학, 법률 등 자문 유형별로 관련된 자문위원만을 대상으로 회의를 개최할 수 있다.
③ 산업안전보건본부장은 필요시 회의 개최 없이 서면을 통하여 자문단의 의견 및 자문 등을 청취할 수 있다.
④ 자문단 회의는 비공개로 진행하며 자문 내용은 공개하지 않는 것을 원칙으로 한다.

제4장 보칙

제18조(비밀누설 금지) ① 위원회 외부위원, 자문위원은 사건관계인의 사생활을 보호하고 수사의 보안을 유지하기 위하여 필요한 조치를 취한다.

② 제1항의 위원들은 심의·자문과정에서 알게 된 비밀을 외부에 공개하거나 누설하여서는 아니 된다.

제19조(수당) 예산의 범위 내에서 위원회 외부위원, 자문위원들에게 수당과 여비를 지급할 수 있다.

제20조(운영세칙) ① 이 규칙에서 정한 사항 외에 위원회의 운영에 관하여 필요한 사항은 위원회의 의결로 정한다.

② 이 규칙에서 정한 사항 외에 자문단의 운영에 관하여 필요한 사항은 산업안전보건본부장으로부터 위임을 받아 중대산업재해감독과장이 위원들과 협의하여 결정한다.

부칙 〈제393호, 2022. 1. 27.〉

이 규칙은 2022년 1월 27일부터 시행한다.

[별지 제1호 서식]

중대산업재해 심의신청서

□ 당해 사건 내용

사고발생일	
사업장명	
사고경위	
사망·부상·질병 의학적원인	
사건관계인 의견	

□ 심의대상

□ 심의 필요성 (중대산업재해 여부가 불분명한 사유)

20 . . .

ㅇㅇ지방고용노동청(지청)장

안전계획 표준(안)

※ 안전계획 표준(안)은 기업 또는 기관의 특성에 따라 수정하여 활용

❶ 하나의 공중이용시설을 운영하는 기업 또는 기관

▶ 〈표〉 형식의 간단한 안전계획 표준(안) 활용

〈안전계획 표준(안): 단일 공중이용시설 운영·관리 기관용〉

00년 안전계획			
			00기관, 00년 00월
1. 공중이용시설 개요			
공중이용시설명		소유자	(사진대지)
관리주체		준공년도	
소재지			
공중이용시설 현황(제원 등)			
2. 안전 예산 및 인력 현황			
안전 예산	① 안전점검 비용	• 공중이용시설에 대한 정기안전점검, 정밀안전진단, 긴급 안전점검 등의 비용	
	② 보수·보강 비용	• 시설의 안전과 정비·점검을 위한 장비 확보비용 • 시설물의 보수·보강 등의 비용	

구분	내용
③ 안전조치 비용	• 공중이용시설에 대한 긴급안전조치, 이용제한 등 안전조치 등 비용
④ 인건비	• 안전점검 또는 보수·보강 업무 수행인력 인건비
⑤ 기타 비용	• 그 외 안전확보에 소요되는 비용
안전 인력	• 안전점검 또는 보수·보강 업무 수행인력

3. 00년 추진계획 및 점검

구분		내용	추진일정	예산확보 여부	미확보시 조치계획
안전점검 등	정기안전점검	(점검대상, 점검내용 등)			
	정밀안전점검	(점검대상, 점검내용 등)			
	정밀안전진단	(점검대상, 점검내용 등)			
유지관리	관리1	(보수·보강 대상, 수량 등)			
	관리2	(보수·보강 대상, 수량 등)			

❷ 하나의 공중교통수단을 운영하는 기업 또는 기관

▸ 〈표〉 형식의 간단한 안전계획 표준(안) 활용

〈안전계획 표준(안): 단일 공중교통수단 운영·관리 기관용〉

00년 안전계획			
			00기관, 00년 00월

1. 공중교통수단 개요

공중교통수단명		소유자		(사진대지)
관리주체		준공년도		
소재지				
공중교통수단 현황(수량 등)				

2. 안전 예산 및 인력 현황

안전 예산	① 안전점검 비용	• 공중교통수단에 대한 정기안전점검, 정밀안전진단, 긴급안전점검 등의 비용
	② 보수·보강 비용	• 공중교통수단의 정비, 보수·보강, 부품 교체 등 비용
	③ 안전조치 비용	• 공중교통수단에 대한 긴급안전조치, 이용제한 등 안전조치 등 비용
	④ 인건비	• 안전점검 또는 보수·보강 업무 수행인력 인건비
	⑤ 기타 비용	• 그 외 안전확보에 소요되는 비용
안전 인력		• 안전점검 또는 보수·보강 업무 수행인력

3. 00년 추진계획 및 점검

구분		내용	추진일정	예산확보 여부	미확보시 조치계획
안전점검 등	정기안전점검	(점검대상, 점검내용 등)			

	정밀안전점검	(점검대상, 점검내용 등)			
	정밀안전진단	(점검대상, 점검내용 등)			
유지관리	관리1	(보수·보강 대상, 수량 등)			
	관리2	(보수·보강 대상, 수량 등)			

대표이사 안전보건계획 수립 가이드북 – 일부 발췌

II. 제도 개요

1. 의무대상

- 상법 제170조에 따른 주식회사 중
  - ① 상시근로자 500명 이상을 사용하는 회사
  - ② 토건 시공능력 순위 1,000위 이내 건설회사

2. 대표이사 의무내용

- 대표이사는 정관에서 정한 절차에 따라 매년 안전 및 보건에 관한 계획을 수립하여 이사회에 보고하고 승인받을 의무가 있습니다.

  ※ (안전보건계획) 사업장에서 안전보건관리를 체계적으로 수행하기 위하여 매년 수립하는 계획서로 협력업체를 포함하여 기업 전체 근로자의 안전보건에 관한 내용을 포함함

- 대표이사가 회사의 안전 및 보건에 관한 계획을 이사회에 보고하지 않거나, 승인을 받지 않은 경우에는 1,000만원 이하의 과태료가 부과됩니다(법 제175조 제4항 제2호).

- 또한, 대표이사는 수립된 안전보건계획을 성실하게 이행하고, 그 이행을 평하하여 그 평과결과를 차년도 안전보건계획에 반영하여야 합니다.

3. 안전 및 보건에 관한 계획에 포함되어야 할 내용

- 대표이사는 회사의 안전 및 보건에 관한 계획을 수립할 때 사업장별 산업재

해위험요인에 대한 자체 평가와 개선방안을 고려하여 다음의 내용을 계획에 포함하여야 합니다.

① 안전·보건에 관한 경영방침

② 안전·보건관리 조직의 구성·인원 및 역할

③ 안전·보건관련 예산 및 시설현황

④ 안전·보건에 관한 전년도 활동실적 및 다음 연도 활동계획 수립

4. 안전보건계획 수립·이행 절차

매년 안전보건계획 수립·검토		안전보건계획 이사회 보고 및 승인		안전보건계획 성실 이행		안전보건계획 이행실적 평가		차년도 안전보건계획 수립에 반영
대표이사	→	대표이사	→	대표이사	→	대표이사	→	대표이사
세부실행계획 및 소요예산 등 반영 ※ 필요시 정관에 절차 및 안전보건계획 수립시기 등 규정 (정관상 절차 준수)		이사회는 안전보건 경영방침 등 안전 보건계획에 포함 되어야 할 사항 및 소요예산의 적정성 확인		안전보건계획에 따른 경영방침이 각 사업장의 안전보건관리의 세부실행 기준이 되도록 하는 등 대표이사의 주도로 안전보건 경영 실행		안전보건계획에 따른 안전보건 경영의 이행성과 및 사업장 안전보건관리 변화 분석·평가		안전 및 보건여건 변화 분석 및 안전보건계획 이행 평가결과를 차년도 계획수립 시 반영하여야 함

- 계획의 수립, 이행, 평가 및 개선이라는 안전보건계획의 과정은 매년 기업의 안전보건 환경변화에 대응하여 지속적으로 개선·보완되어야 합니다.

- 대표이사는 매년 전년도 안전보건계획의 이행실적에 대한 평가를 바탕으로 미흡했던 부분을 보완하고 구체적인 추진일정과 소요예산을 반영하여 안전 보건계획을 수립하여야 합니다.

  ※ 안전·보건계획을 수립하고 검토하는 과정에서 **대표이사**는 사업장 **안전·보건관리자** 로부터 산업재해가 발생한 사고내용·빈도, 위험성이 높은 작업의 원인과 개선방안 등에 관한 **의견을 청취**하고 산업재해 위험요인에 대한 **자체평가 후 개선방안이 이행** 될 수 있도록 하여야 함

5. 안전보건계획 5요소(SMART)

- 안전보건계획은 회사의 사고나 재해를 막는 활동을 실천하기 위한 기본이 되는 것으로, SMART 기법을 활용하여 회사의 안전보건을 실질적으로 개선할 수 있도록 계획을 작성하여야 합니다.

  ① 구체성이 있는 목표를 설정할 것(Specific)

  ② 성과측정이 가능할 것(Measurable)

  ③ 목표달성이 가능할 것(Attainable)

  ④ 현실적으로 적용 가능할 것(Realistic)

  ⑤ 시기가 구체적인 실행계획일 것(Tims-limited)

■ **산업안전보건법**

제14조(이사회 보고 및 승인 등) ① 「상법」 제170조에 따른 주식회사 중 대통령령으로 정하는 회사의 대표이사는 대통령령으로 정하는 바에 따라 매년 회사의 안전 및 보건에 관한 계획을 수립하여 이사회에 보고하고 승인을 받아야 한다.

② 제1항에 따른 대표이사는 제1항에 따른 안전 및 보건에 관한 계획을 성실하게 이행하여야 한다.

③ 제1항에 따른 안전 및 보건에 관한 계획에는 안전 및 보건에 관한 비용, 시설, 인원 등의 사항을 포함하여야 한다.

제175조(과태료) ④ 다음 각 호의 어느 하나에 해당하는 자에게는 1천만원 이하의 과태료를 부과한다.

2. 제14조 제1항을 위반하여 안전 및 보건에 관한 계획을 이사회에 보고하지 아니하거나 승인을 받지 아니한 자

■ **산업안전보건법 시행령**

제13조(이사회 보고·승인 대상 회사 등) ① 법 제14조 제1항에서 "대통령령으로 정하는 회사"란 다음 각 호의 어느 하나에 해당하는 회사를 말한다.

1. 상시근로자 500명 이상을 사용하는 회사
2. 「건설산업기본법」 제23조에 따라 평가하여 공시된 시공능력(같은 법 시행령 별표 1의 종합공사를 시공하는 업종의 건설업종란 제3호에 따른 토목건축공사업에 대한 평가 및 공시로 한정한다)의 순위 상위 1천위 이내의 건설회사

② 법 제14조 제1항에 따른 회사의 대표이사(「상법」 제408조의2제1항 후단에 따라 대표
이사를 두지 못하는 회사의 경우에는 같은 법 제408조의5에 따른 대표집행임원을 말한다)
는 회사의 정관에서 정하는 바에 따라 다음 각 호의 내용을 포함한 회사의 안전 및 보건에
관한 계획을 수립해야 한다.
1. 안전 및 보건에 관한 경영방침
2. 안전·보건관리 조직의 구성·인원 및 역할
3. 안전·보건 관련 예산 및 시설 현황
4. 안전 및 보건에 관한 전년도 활동실적 및 다음 연도 활동계획

■ 시행일: 2021년 1월 1일

Ⅲ. 안전보건계획 수립 시 포함할 내용 및 유의사항

1. 안전보건에 관한 경영방침

▶ 대표이사는 안전·보건에 대한 확고한 인식과 리더쉽을 발휘하여 안전 및 보건에
관한 경영방침을 수립하여 공표하여야 합니다.

안전·보건 경영방침 공표 최고 경영자는 회사에 적합한 안전 및 보건에 관한
경영방침을 정하여야 하며, 이 방침에는 최고 경영자의 안전보건 정책과 목표,
안전보건 성과개선에 대한 의지가 분명히 제시되고 회사 모든 구성원에게 공
표되어야 합니다.

안전·보건 경영방침 세부전략으로 고려할 사항

① 회사 안전보건 위험의 특성과 조직의 규모에 적합하여야 합니다.
② 회사 모든 근로자(협력업체 포함)의 안전보건을 확보하기 위한 지속적인 개
선 및 실행의지를 포함하여야 합니다.
③ 법적 요구사항 및 그 밖의 요구사항의 준수의지를 포함하여야 합니다.
④ 최고 경영자의 안전보건 경영철학과 근로자의 참여 및 협의에 대한 의지를

포함하여야 합니다.

⑤ 최고 경영자는 안전보건방침이 조직에 적합한지를 정기적으로 검토하여야 합니다.

⑥ 최고 경영자는 안전보건방침을 간결하게 문서화하고, 서명과 시행일을 명기하여 조직의 모든 구성원 및 이해관계자가 쉽게 접할 수 있도록 공표하여야 합니다.

2. 안전 · 보건관리 조직의 구성 · 인원 및 역할

▶ 안전보건경영을 효율적으로 추진하려면 반드시 체계적인 산업안전보건 조직이 갖추어져야 합니다.

대표이사 회사의 안전보건에 대한 책임을 완수하기 위해서는 산재예방대책에 대한 검토, 기획이나 그 실행을 담당하는 안전 · 보건관리 조직을 구성하고 적절한 역할을 부여하여야 합니다.

조직구성 안전 · 보건관리 조직구성 시 고려해야 할 사항

① 회사의 특성과 규모에 부합하여야 합니다.

② 조직을 구성하는 관리자의 책임과 권한이 분명해야 합니다.

③ 생산 등 조직의 주요 업무 및 기능과 직결된 조직이어야 합니다.

④ 조직의 기능이 충분히 발휘될 수 있는 제도적 체계를 갖추어야 합니다.

※ 안전보건경영체제 내에서 통상의 관리책임과 권한은, 상급자는 차 하급자에게 자신의 직무권한을 위임할 수 있으나, 그 직무에 대한 책임은 위임할 수 없습니다.

⑤ 협력업체 근로자 안전보건 관리를 위한 조직구성이 반영되어야 합니다.

조직인원 안전 · 보건관리조직 인원구성 시 고려해야 할 사항

① 회사에서 사용되는 기술 및 전문지식이 있어야 합니다.

② 안전보건관리자는 능력 및 경험을 갖추어야 합니다.

③ 위험을 사전에 예방할 수 있는 전문적인 안전보건능력을 갖추어야 합니다.

④ 안전보건상의 책임(공동장비, 작업장소 및 인원관리) 지정과 업무분장을 해야 합니다.

⑤ 문제점을 지적·보완할 수 있는 관리자를 조직원으로 구성해야 합니다.

조직역할 안전·보건방침 효율적 안전·보건관리 역할수행 시 고려해야 할 사항

① 안전보건조직에서 수행하는 산재예방활동에 적극 협력될 수 있도록 책임과 권한을 부여해야 합니다.

② 안전보건관리부서는 적절한 관리통제능력을 유지하도록 하고, 이를 정기적으로 점검해야 합니다.

③ 안전보건조직은 다른 부서 및 현장 생산조직과 기능·역할을 명확히 분담하고 현장근로자(협력업체 근로자 포함)의 고충사항·개선의견을 들어야 합니다.

④ 동일한 작업장소에서 작업하는 책임자(동일한 장소에서 협력업체 작업 등이 혼재해서 행해지는 경우 관계수급인 관리자 포함)간의 협조체제를 구축해야 합니다.

⑤ 조직 내의 위험요소들을 이해하고 이들을 통제하기 위하여 기술적 문제뿐만 아니라 인적 요소(협력업체 포함)를 고려한 안전보건관리를 하여야 합니다.

협력업체에 대한 안전보건관리(산안법 제63조 참조)

도급인은 사업장의 유해·위험요인을 가장 잘 알고 있으므로 사업장에서 작업하는 자신의 근로자와 관계수급인 근로자의 산재예방을 위하여 안전·보건의 시설의 설치 등 필요한 안전·보건조치 의무를 이행하여야 합니다.

관련 용어의 정의

• (도급인) 물건의 제조·건설·수리 또는 서비스의 제공, 그 밖의 업무를 도급하는 사업주이며, 건설공사발주자는 제외됨

• (수급인) 도급인으로부터 물건의 제조·건설·수리 또는 서비스의 제공, 그 밖의 업무를 도급받은 사업주

• (관계수급인) 도급이 여러 단계에 설쳐 체결된 경우에 각 단계별로 도급받는 사업주 전부

• (건설공사발주자) 건설공사를 도급하는 자로서 건설공사의 시공을 주도하여 총괄·관리하지 아니하는 자

⑥ 사고발생 시에는 그에 대한 근본적인 원인을 찾아 분석하고, 유사한 사고를 사전에 예방할 수 있는 조치를 취해야 합니다.

⑦ 관리감독자는 적극적으로 안전보건상의 문제를 찾아 사고 발생 전 위험요소를 제거하는 활동을 적극적으로 추진해야 합니다.

3. 안전보건관련 예산 및 시설

▶ 안전보건 방침과 계획을 이행할 수 있는 예산을 배정하고, 필요한 시설·장비도 구비해야 합니다.

대표이사 안전보건 투자는 단기간 회계적 이윤보다는 미래지향적인 성격을 갖고 투자하여 노동력을 보호하고 안전한 제품생산과 사회의 신뢰를 얻어 회사가 지속적이고 안정적으로 성정하여야 합니다.

안전보건 예산 회사의 안전보건 예산 반영 시 고려해야 할 사항
- 필요한 비용 등이 예산(협력업체 근로자 안전보건조치를 위한 예산 포함)에 충분히 반영되었는지 평가 필요
① 설비 및 시설물에 대한 안전점검 비용
② 근로자 안전보건교육 훈련 비용
③ 안전관련 물품 및 보호구 등 구입 비용
④ 작업환경측정 및 특수건강검진 비용
⑤ 안전진단 및 컨설팅 비용
⑥ 위험설비 자동화 등 안전시설 개선 비용
⑦ 작업환경개선 및 근골격계질환 예방 비용
⑧ 안전보건 우수사례 포상 비용
⑨ 안전보건지원을 촉진하기 위한 캠페인 등 지원

안전보건 시설 회사의 안전보건 시설(협력업체 근로자 안전보건조치를 위한 시설 포함) 설치 시 고려해야 할 사항

① 안전보건기설을 충분히 갖추어야 합니다.

② 위험기계·기구의 방호시설 및 방호장치를 설치해야 합니다.

③ 유해화학물질취급의 안전시설은 화학물질의 유출·누출 감시장치 및 설비를 설치해야 합니다.

④ 추락방지시설, 국소배기장치, 소음방지시설, 가스검지기 등을 설치해야 합니다.

⑤ 근로자의 건강을 유지·증진하기 위함 시설을 설치해야 합니다.

안전 · 보건 관계 법령상 의무교육 규정

구 분	내 용
산업안전보건법	법 제29조(근로자에 대한 안전보건교육)
	시행규칙 제26조(교육시간 및 교육내용): 사업주가 근로자에게 실시함
	시행규칙 [별표 4] 안전보건교육 교육과정별 교육시간(제26조 제1항 등 관련)
	시행규칙 [별표 5] 안전보건교육 교육대상자별 교육내용(제26조 제1항 등 관련)
	안전보건교육규정(고시)
	법 제31조(건설업 기초안전보건교육)
	시행규칙 제28조(건설업 기초안전보건교육의 시간 · 내용 · 방법 등)
	법 제32조(안전보건관리책임자 등에 대한 직무교육)
	법 제114조(물질안전보건자료의 게시 및 교육)
	시행규칙 제168조(물질안전보건자료대상물질의 관리 요령 게시)
	시행규칙 제169조(물질안전보건자료에 관한 교육의 시기 · 내용 · 방법 등)
	법 제126조(작업환경측정기관) 제2항
	작업환경측정 및 정도관리 등에 관한 고시(고시)
	법 제146조(지도사의 교육)
	시행규칙 제232조(지도사 연수교육)
원자력안전법	법 제106조(교육훈련)
	시행령 제148조(방사선작업종사자 및 수시출입자 교육)
	시행규칙 제138조(방사선작업종사자 및 수시출입자 교육)
	시행규칙 [별표 5의2] 교육의 과정 및 시간(제138조 제6항 관련)
	제148조의3(방사선관리구역 출입자 교육)

구분	내용
약사법	법 제15조(연수교육): 약사 및 한약사
	시행규칙 제5조(약사 또는 한약사의 연수교육)
	법 제44조의3(안전상비의약품 판매자의 교육)
	시행규칙 제26조(안전상비의약품 판매자 등의 교육 실시), 시행규칙 제27조(안전상비의약품 판매자 등의 교육계획 등)
	법 제34조의4(임상시험 종사자에 대한 교육)
	의약품등의 안전에 관한 규칙 제38조의2(임상시험 교육의 내용·시간방법 등)
	의약품 임상시험 종사자 교육 및 교육실시기관 지정에 관한 규정(고시)
	법 제37조의2(제조관리자 등에 대한 교육)
	의약품등의 안전에 관한 규칙 제44조(제조관리자 교육의 내용·시간방법 등)
	법 제37조의4(안전관리책임자에 대한 교육)
	의약품등의 안전에 관한 규칙 제47조의2(안전관리책임자 교육의 내용·시간방법 등)
마약류관리법	법 제50조 (마약류취급자와 원료물질수출입업자등의 교육)
	시행규칙 제47조(마약류취급자와 원료물질수출입업자등의 교육)
화장품법	법 제5조(영업자의 의무 등)
	시행규칙 제14조(책임판매관리자 등의 교육)
농약관리법	법 제23조(농약등의 안전사용기준 등)
	시행령 제21조(농약등의 안전사용 기준 등에 대한 교육)
	농약 판매관리인 교육 실시요령(고시)
	농약의 안전사용등에 관한 교육 실시요령(고시)
사료관리법	법 제16조(위해요소중점관리기준) 제5항, 제6항
	시행규칙 제17조(교육훈련 등)
	사료공장 위해요소중점관리기준(고시): 제9조의2(교육훈련 등), [별표 5]

구분	내용
총포·도검·화약류 등의 안전관리에 관한 법률	법 제22조(교육의 실시) 제1항: 시행령 제26조(교육실시): 교육대상자, 제4항: 시행령 제26조의2(안전교육 실시)
	법 제39조(자체안전교육) 시행규칙 제48조(자체안전교육계획의 기준): 시행규칙 [별표 14]
건강기능식품에 관한 법률	법 제13조(교육)
	시행규칙 제18조(교육실시기관 등)
	시행규칙 제19조(교육시간)
	시행규칙 제20조(교육계획 등)
의료기기법	법 제6조의2(품질책임자 준수사항 등)
고압가스 안전관리법	법 제23조(안전교육)
	시행규칙 제51조(안전교육): [별표 31]
화학제품안전법	법 제44조(교육훈련 및 홍보) 시행규칙 제42조(교육훈련 및 홍보)
식품위생법	법 제41조(식품위생교육): 영업자 및 식품접객업 영업자의 종업원
	법 제48조(식품안전관리인증기준) 제5항
	시행규칙 제64조 (식품안전관리인증기준적용업소의 영업자 및 종업원에 대한 교육훈련)
	법 제56조(교육): 조리사와 영양사 – 매 2년
	시행규칙 제83조(조리사 및 영양사의 교육)
화학물질관리법	법 제33조(유해화학물질 안전교육): 기술인력, 유해화학물질관리자, 취급 담당자, 사업장의 모든 종사자
	시행규칙 제37조(안전교육의 실시 등)
광산안전법	법 제7조(안전교육):광업권자, 조광권자, 광산근로자 및 광산안전관리직원
	전문기관은 안전교육에 관한 기록을 교육이 종료한 날부터 5년간 보존
	시행령 제8조(안전교육): 교육기관과 교육과정
	시행규칙 제10조(안전교육): 교육대상자별 교육과정 및 교육시간 [별표 1]

구분	내용
수입식품안전관리특별법	법 제17조(위생 교육)
	시행규칙 제23조(위생교육 시간 등)
	법 제26조(교육명령)
	시행규칙 제45조(수입식품등의 안전에 관한 교육명령)
	시행규칙 [별표 8] 종업원에 대한 위행교육
어린이놀이시설 안전관리법	법 제20조(안전교육): 안전관리자
	시행규칙 제20조(안전교육): 안전교육의 내용·기간 및 주기
	어린이놀이시설 안전관리자 사이버교육 운용에 관한 고시
승강기 안전관리법	법 제29조(승강기 안전관리자) 제5항, 제6항: 승강기 안전관리자
	시행규칙 제52조(승강기관리교육의 내용) [별표 10]: 내용 및 기간, 교육주기: 3년
	승강기 안전운행 및 관리에 관한 운영규정(고시) 제7조(승강기관리교육의 교육과정 등) [별표 1], [별표 2]: 교육과정, 교육대상자, 교육주기, 교육과목, 교육시간, 교육기간
	법 제52조(기술자에 대한 교육 등)
	법 제73조(기술교육과 직무교육의 내용 및 시간 등) [별표 13] 기술교육과 직무교육의 시간·내용·방법·평가 및 주기
	승강기 기술자의 경력 등 신고 및 기술교육·직무교육에 관한 운영규정
위험물안전관리법	법 제28조(안전교육): 안전관리자, 탱크시험자, 위험물운반자, 위험물운송자 등
	시행규칙 제78조(안전교육) [별표 24]: 안전교육의 과정·기관과 그 밖의 교육의 실시에 관한 사항 등
해사안전법	법 제46조(선박의 안전관리체제 수립 등) 제6항, 시행령 제16조(안전관리책임자 및 안전관리자의 자격기준 등) [별표 3]
	안전관리책임자 등의 교육에 관한 규정(고시)
지하수법	법 제34조의2(교육 등)
	시행령 제42조(교육 등): 교육대상, 교육내용

구분	내용
수도법	법 제36조(교육)
	시행령 제52조(수도시설의 관리에 관한 교육 등): 교육내용, 교육대상자
먹는물관리법	법 제28조(품질관리교육)
	시행규칙 제17조(품질관리교육), 제18조(교육과정 등)
	법 제43조(검사기관의 지정) 시행규칙 제36조의3(검사기관 기술인력 교육)
도시가스사업법	법 제30조(안전교육)
	시행규칙 제50조(안전교육): [별지 14] 안전교육 대상자의 범위·교육기간 및 교육과정
선박안전법	법 제41조의2(위험물 안전운송 교육 등) 제6항
	위험물 선박운송 기준(고시) 제27조(교육대상자, 교육내용): [별표 28]
액화석유가스의 안전관리 및 사업법	법 제41조(안전교육)
	시행규칙 제66조(안전교육) [별표 19]: 대상자의 범위·교육기간·교육과정
전기안전관리법	법 제25조(전기안전관리자의 교육)
	시행규칙 제37조(전기안전관리자 등의 교육) [별표 11]: 전기안전관리자의 전기안전교육(제37조 제1항 제1호 관련) [별표 12]: 시공관리책임자의 전기안전교육(제37조 제1항 제2호 관련)
시설물안전법	법 제19조(소규모 취약시설의 안전점검 등) 제9항
	시행규칙 제17조(소규모 취약시설의 안전 및 유지관리에 관한 교육)
석면안전관리법	법 제24조(석면건축물안전관리인의 교육)
	시행규칙 제33조(석면안전관리교육의 시기 등)

중소사업장 중대재해처벌법 자율진단 체크리스트

〈안전보건 확보의무 이행 자율진단 체크리스트〉

■ 자율진단 체크리스트 활용 방법

○ 사업장 실태를 반영하여 '이행', '미이행', '해당없음'에 진단결과 체크(V)

○ 자율진단 후 체크포인트에 따라 미흡한 부분을 보완하여, 중대재해처벌법 의무를 이행

※ 중대재해처벌법상 의무 이행이란, '단순 확인'이 아니라 '사업주 또는 경영책임자가 의무사항을 직접 실시하거나, 이행여부를 직접 점검하도록 하고, 점검결과에 따라 필요한 조치까지 이행'하는 것임

■ 활용 예시

진단사항	진단결과		
	이행	미이행	해당없음
회사의 안전보건에 관한 목표와 경영방침 설정하고 있습니까?	V		
안전보건 목표와 경영방침을 사업 또는 사업장 내 모든 구성원이 알 수 있도록 게시·안내하고 있습니까?		V	
안전보건 목표 및 경영방침을 주기적으로 검토하고 있습니까?	V		
안전보건 업무를 전담하는 조직을 구성·운영하고 있습니까?			V

체크포인트
▶ '미이행' 또는 '이행 중이지만 미흡한' 부분을 '체크포인트' 관리방안에 따라 이행·보완

가. 안전보건관리체계 구축 및 그 이행에 관한 조치(법 제4조 제1항 제1호)

1) 안전보건에 관한 목표 및 경영방침 설정(시행령 제4조 제1호)

1. 사업 또는 사업장의 안전·보건에 관한 목표와 경영방침을 설정할 것

진단사항	진단결과		
	이행	미이행	해당없음
① 회사의 안전보건에 관한 경영방침을 설정하고 있습니까?			
② 회사의 안전보건에 관한 목표를 설정하고 있습니까?			
③ 안전보건 목표와 경영방침을 사업 또는 사업장 내 모든 구성원이 알 수 있도록 게시·안내하고 있습니까?			
④ 안전보건 목표 및 경영방침을 주기적으로 검토하고 있습니까?			

체크포인트

〈1〉 사업주 또는 경영책임자는 회사의 규모와 특성을 고려하여 안전보건 목표와 경영방침을 수립
　※ (안전보건 방침) 산업재해 예방, 위험성 감소, 근로자 건강증진 등을 명시한 최고경영자의 의지·원칙·선언문
　※ (안전보건 목표) 안전보건 방침에 따라 위험성평가 결과, 산업재해 발생현황 등을 기반으로 실현가능성이 있는 구체적 목표

(고려사항)

> ◉ 안전보건 경영방침
> 1. 유해·위험요인 특성 및 조직규모에 적합할 것
> 2. 모든 근로자(협력업체 등 포함)의 안전보건 확보를 위한 의지를 포함할 것
> 3. 법령 준수의지를 포함할 것
> 4. 최고경영자의 안전보건 경영철학과 근로자의 참여 및 협의에 대한 의지를 포함할 것

⊙ 안전보건 목표

● 측정가능한 안전보건 개선을 목표로 구체적으로 설정할 것

※ '무재해 달성' 등 광범위한 목표는 바람직하지 않음

(예시)

⊙ 안전보건 경영방침

나는 종사자의 안전과 건강의 확보가 기업활동의 기반이라는 인식하에 안전하고 쾌적한 작업환경을 확보하기 위하여 다음과 같은 활동을 추진해 나가겠습니다.

1. 위험성평가를 더욱 강화하여 산업재해를 예방하겠습니다.
2. 안전보건관계법 및 안전보건관리규정을 잘 준수하겠습니다.
3. 종사자 건강의 유지·증진을 위한 활동을 추진해 나겠습니다.
4. 임직원과 이해관계자의 참여를 바탕으로 안전보건관리체계를 구축·운영하겠습니다.

년 월 일

○○ 주식회사 ○○ 공장 사업주(경영책임자) ○ ○ ○

⊙ 안전보건 목표

− 사고성 재해율 00% 감소 − 위험요인·아차사고 신고건수 00건 달성

〈2〉 수립된 안전보건 목표와 경영방침을 사업장 내 모든 구성원이 인지할 수 있도록 게시·안내

(준비사항)

⊙ 경영책임자의 서명, 시행일을 명기하여 인트라넷·게시판 등에 게시
⊙ 주요 업무관계자(하청, 파견, 고객 등) 출입 시, 메일 등을 통해 안내

〈3〉 안전보건 목표와 경영방침을 주기적으로 검토·점검

(점검사항)

⊙ 안전보건 방침이 조직에 적합한지
⊙ 안전보건 목표를 달성했는지
⊙ 목표가 올바르게 설정되었는지(검토결과가 양호함에도 산업재해 발생건수가 증가한 경우 등

2) 안전보건 전담조직 구성 · 운영(시행령 제4조 제2호)

2. 「산업안전보건법」 제17조부터 제19조까지 및 제22조에 따라 두어야 하는 인력
   이 총 3명 이상이고 다음 각 목의 어느 하나에 해당하는 사업 또는 사업장인 경
   우에는 안전 · 보건에 관한 업무를 총괄 · 관리하는 전담조직을 둘 것. 이 경우
   나목에 해당하지 않던 건설사업자가 나목에 해당하게 된 경우에는 공시한 연도
   의 다음연도 1월1일까지 해당 조직을 두어야 한다.

   가. 상시근로자 수가 500명 이상인 사업 또는 사업장
   나. 「건설산업기본법」 제8조 및 같은 법 시행령 별표 1에 따른 토목건축공사업
       에 대해 같은 법 제23조에 따라 평가하여 공시된 시공능력의 순위가 상위
       200위 이내인 건설사업자

진단사항	진단결과		
	이행	미이행	해당없음
안전보건 업무를 전담하는 조직을 구성 · 운영하고 있습니까? ※ 전담조직 구성 · 운영 적용 제외 대상(해당없음 V) – 안전보건 전문 인력이 3명 미만 → 전담조직 구성 · 운영 미대상 – 상시근로자 수 500명 미만이거나 시공능력 순위 상위 200위 이외 건설사업장 → 전담조직 구성 · 운영 미대상			

체크포인트

산업안전보건법상 두어야 하는 인력이 총 3명 이상이고 상시근로자 수가 500명 이상(또는 시공능력 순위가 상위 200위 이내)인 사업 또는 사업장의 경우, 안전보건 전담조직을 구성 · 운영

[표 1] 산업안전보건법상 필요한 인력

안전관리자(17조)	50명 이상 제조업, 80억원 이상 건설업
보건관리자(18조)	50명 이상 제조업, 800억원 이상 또는 600명 이상 건설업

안전보건관리담당자(19조)	20명 이상~50명 미만 – 5개 업종(제조업, 임업, 하수·폐수 및 분뇨처리업, 폐기물수집, 운반, 처리 및 원료재생업, 환경정화 및 복원업)
산업보건의(22조)	50명 이상 보건관리자를 두어야 하는 사업장(의사를 보건관리자로 선임하거나 전문기관에 위탁한 경우 제외) ※ 기업규제완화법에 따라 산업보건의는 선임하지 않을 수 있음

(고려사항)
⊙ 사업주 또는 경영책임자 직속(직접 지휘를 받는 조직)
⊙ 안전보건 업무를 총괄·관리
⊙ 2인 이상으로 구성

(준비사항)
⊙ 전담조직 조직도 및 개인별 업무분장표
⊙ 자격증 및 직무교육 실적
⊙ 전담조직의 활동 내역 등

3) 유해·위험요인 확인·개선 절차 마련, 점검 및 필요조치(시행령 제4조 제3호)

3. 사업 또는 사업장의 특성에 따른 유해·위험요인을 확인하여 개선하는 업무절차를 마련하고, 해당 업무절차에 따라 유해·위험요인의 확인 및 개선이 이루어지는지를 반기 1회 이상 점검한 후 필요한 조치를 할 것. 다만, 「산업안전보건법」제36조에 따른 위험성평가를 하는 절차를 마련하고, 그 절차에 따라 위험성 평가를 직접 실시하거나 실시하도록 하여 실시 결과를 보고받은 경우에는 해당 업무절차에 따라 유해·위험요인의 확인 및 개선에 대한 점검을 한 것으로 본다.

진단사항	진단결과		
	이행	미이행	해당없음
① 유해·위험요인을 확인·개선하는 업무절차를 마련하고 있습니까?			
② 업무절차에 따라 확인 및 개선이 이루어지는지 반기 1회 이상 점검하고 있습니까?			

480

③ 점검 결과에 따른 필요한 조치를 하고 있습니까?			

체크포인트

〈1〉 ①과 ②의 의무를 직접 실시하거나, 현장관리자에게 의무준수를 지시
　※ (도급 사업 시) 도급사업주 및 수급사업주 모두 실시 주체이며, 사업장 실정에 맞게 각각 실시하거나 공동으로 수행

(고려사항)

⊙ 유해·위험요인 확인 절차 • 사업장의 유해·위험요인*을 파악하는 체계적인 과정 　* 모든 기계·기구·설비 현황 및 위험요소, 화재·폭발·누출 위험이 있는 화학물질과 건강위해 물질 등 • 종사자 의견청취 절차 포함	⊙ 유해·위험요인 개선 절차 • 확인된 유해·위험요인별 제거·대체·통제 방안 마련 • 현장작업자, 관리감독자 등과 함께 개선 방안 마련 • 산업안전보건법령, 산업안전보건기준에 관한 규칙 등을 참고하여 유해·위험요인이 개선될 때까지 조치

(점검사항)

⊙ 정해진 절차대로 운영되고 있는지
⊙ 위험요소가 적절히 감소조치(제거·대체·통제)되고 있는지

〈2〉 직접 점검 또는 실시결과를 보고받은 후, 필요한 조치를 이행
(고려사항)

⊙ 해당 유해·위험 수준에 맞는 실질적인 조치가 현장에서 이루어질 수 있도록 해야 함

(예시)

⊙ 전문성 부족으로 유해·위험요인에 대한 감소대책이 제대로 수립되지 않고 있는 경우, 전문성을 갖춘 안전인력을 배치하거나 외부 민간위탁기관의 자문을 받는 등 조치 이행

◆ 참고사항

☞ 「산업안전보건법」상 위험성평가 절차가 마련되어 있지 않은 경우, '[부록] 위험성평가 절차 체크리스트'를 참고

4) 안전보건 관련 예산 편성 및 집행(시행령 제4조 제4호)

4. 다음 각목의 사항을 이행하는 데 필요한 예산을 편성하고 그 편성된 용도에 맞게 집행하도록 할 것

　　가. 재해 예방을 위해 필요한 안전 · 보건에 관한 인력, 시설 및 장비의 구비

　　나. 제3호에서 정한 유해 · 위험요인의 개선

　　다. 그 밖에 안전보건관리체계 구축 등을 위해 필요한 사항으로서 고용노동부장관이 정하여 고시하는 사항

진단사항	진단결과		
	이행	미이행	해당없음
① 안전 · 보건 관련 예산을 편성하고 있습니까?			
② 편성된 예산이 용도에 맞게 집행되는지 확인하고 있습니까?			

체크포인트
〈1〉 안전 · 보건 관계 법령에 따른 의무 이행
(고려사항)

⊙ 사업장 및 동종업계 산업재해 통계, 위험성평가 실시 결과, 시설 · 설비 개선 필요성 등 고려
⊙ 편성 절차 마련 및 종사자 의견 청취
⊙ 예산 편성 항목
－ 법령 준수 사항, 안전보건 인력, 시설 · 장비 및 유해 · 위험요인 개선을 위한 사항 등

〈2〉 예산이 용도에 맞게 집행되고 있는지 점검
(점검사항)

⊙ 예산 항목이 적정한지
⊙ 용도에 맞게 집행되고 있는지
⊙ 미집행 항목이 있는지, 있다면 이유는 무엇인지 등

(준비사항)

⊙ 예산편성 근거 및 심의 자료
⊙ 용도에 따른 예산 집행 내역 및 집행 증빙 자료
⊙ 용도 외 사용에 대한 징계 등 제재 기준 등

◆ 참고사항

50인 미만 중소기업은회사의 재정적, 기술적 여건을 고려하여, 고용노동부 및 산업안전
보건공단의 재정지원사업, 전문기관 위탁 등 외부자원(예산·인력) 활용 방안 검토

[표 2] 안전보건공단 재정·기술지원 사업

구분		지원대상	지원내용
재정지원	클린 사업장 조성지원	• 상시근로자 수 50인 미만 - 위탁기관의 기술지원 사업장 - 위험성평가 인정사업장	• 지원금액: 사업장당 최대 3,000만원 • 아래 기준 해당시 각각 1,000만원 추가 지원 - 위험성평가 인정사업장, 강소기업 선정 사업장 - 고위험업종(산재보험료율 상위업종 등) 등 • 지원비율: 공단 판단금액의 50% 또는 정액 - 10인 미만 및 고위험 업종은 70% 지원
	산업재해 예방시설 융자지원	• 산재보험료 미체납 사업장 • 산업재해예방 목적으로 설립된 법인 또는 민간기관	• 지원한도: 사업장 당 10억원 한도 • 대출금리: 연리 1.5% • 지원대상 품목(산업재해·직업병 예방을 위한 시설

				장비 – 유해위험 기계·기구 설치 및 교체, 국소배기 시설 등)
	안전투자 혁신사업		• 상시근로자 수 50인 미만 – 안전인증제도 이전 제작 험 기계·기구 보유 사업장 – 뿌리산업 노후화된 공정 및 설비 보유 사업장	• 설비 구매, 제작 및 설치, 기존 설비 해체비용 등 업비 50%(1억원 한도)
기술지원 (민간위탁)	소규모 사업장 기술지원 (안전, 보건, 건설, 화학, 서비스)		• 50인 미만 제조업 사업장	• 각 분야별 재해발생 위험 도가 높은 사업장을 중심 으로 민간재해예방기관의 위탁을 통해 사업장 재해 예방활동을 집중 지원

5) 안전보건관리책임자 등의 충실한 업무 수행을 위한 조치(시행령 제4조 제5호)

5. 「산업안전보건법」 제15조, 제16조 및 제62조에 따른 안전보건관리책임자, 관리감독자 및 안전보건총괄책임자(이하 "안전보건관리책임자등")가 같은 조에서 규정한 각각의 업무를 각 사업장에서 충실히 수행할 수 있도록 다음 각 목의 조치를 할 것
가. 안전보건관리책임자등에게 해당 업무 수행에 필요한 권한과 예산을 줄 것
나. 해당 업무를 충실하게 수행하는지를 평가하는 기준을 마련하고, 그 기준에 따라 반기 1회 이상 평가·관리할 것

진단사항	진단결과		
	이행	미이행	해당없음
① 안전보건관리책임자 등이 산업안전보건법에서 규정한 업무를 충실히 수행할 수 있도록 필요한 권한과 예산을 주고 있습니까?			

※ 적용 제외 대상(해당없음 V)
- 상시근로자 수 50인 미만 제조업 등 → 안전보건
  관리책임자 선임 미대상(산업안전보건법 시행령
  [별표 2] 참고)
- 도급 사업이 아닌 경우 → 안전보건총괄책임자 선
  임 미대상			

② 업무를 충실하게 수행하는지 여부를 평가하는 기 준이 마련되어 있습니까			
③ 평가 기준에 따라 업무수행의 충실성 여부를 반기 1회 이상 평가 및 관리하고 있습니까?			

체크포인트

〈1〉 안전보건관리책임자 등이 업무를 충실히 수행할 수 있도록 권한과 예산을 부여
   ※ (안전보건관리책임자) 실질적인 사업장 총괄·관리자(공장장, 현장소장 등) - 소규
      모 사업장은 주로 사업주가 역할 수행
   ※ (관리감독자) 생산 관련 업무 지휘 담당자(부서장, 직장·반장 등 중간관리자)
   ※ (안전보건총괄책임자) 도급 사업 시 도급인 근로자와 관계수급인* 근로자의 업무 총
      괄·관리자
   * (관계수급인) 도급이 여러단계에 걸쳐 체결된 경우에 각 단계별로 도급받은 사업주
      전부

(준비사항)

⊙ 안전보건관리책임자 등에 대한 선임계 (권한 부여에 대한 증빙 서류)
⊙ 업무 수행 지침 마련 (업무분장, 교육 등 법령상 의무, 근무일지 등 업무 수행내역
   기록 및 보고절차 등 포함)
⊙ 업무 수행에 필요한 예산 편성 근거 및 집행 내역 (예산 부여에 대한 증빙 서류)

〈2〉 안전보건관리책임자 등에 대한 업무수행 평가기준 마련 (※ 아래 [표 3] 참조)

〈3〉 업무를 충실히 수행하는지 평가기준에 따라 주기적으로 평가·관리(반기 1회)
(활용방안)

⊙ 인사평과체계 개선(안전활동 관련 평가 비율 5% → 30% 확대) → 공장장 등 안전
   활동에 대한 동기부여

◆ 참고사항

[표 3] 산업안전보건법상 안전보건관리책임자 등의 적용 대상 및 업무

구 분	안전보건관리책임자 (15조)	관리감독자(16조)	안전보건총괄책임자 (62조)

적용
사업장
	• 업종별 상이
	– (건설) 20억원↑
	– (제조) 50명↑
	– (서비스업, 농업 등)
	  300명↑
	– (기타) 100명↑
		• 5인 이상	• 도급 사업 시
			• 업종별 상이
			– (건설) 20억원↑
			– (제조) 100명↑
			– (조선, 토사석 광업
			  등) 50명↑

주요
업무
	•도급 사업 시
	•업종별 상이
	– (건설) 20억원↑
	– (제조) 100명↑
	– (조선, 토사석 광업
	  등) 50명↑
		• 해당 작업 기계·기구
		  또는 설비 점검, 작
		  업장 정리정돈
		• 작업복·보호구방호장
		  치 점검, 교육·지도
		• 산재 보고 및 응급조치
		• 안전·보건관리자 업
		  무에 대한 협조
		• 위험성평가 관련, 위
		  험요인 파악·개선
			• 위험성평가 실시
			• 사업주의 작업중지
			• 도급 시 산업재해 예
			  방조치
			• 안전보건관리비 사용
			  에 관한 협의·조정
			• 안전인증 및 자율안
			  전확인 대상기계 등
			  사용 여부 확인

6) 안전보건 전문인력 배치(시행령 제4조 제6호)

6. 「산업안전보건법」 제17조부터 제19조까지 및 제22조에 따라 정해진 수 이상의 안전관리자, 보건관리자, 안전보건관리담당자 및 산업보건의를 배치할 것. 다만, 다른 법령에서 해당 인력의 배치에 대해 달리 정하고 있는 경우에는 그에 따르고, 배치해야 할 인력이 다른 업무를 겸직하는 경우에는 고용노동부장관이 정하여 고시하는 기준에 따라 안전 · 보건에 관한 업무 수행시간을 보장해야 한다.

진단사항	진단결과		
	이행	미이행	해당없음
① 산업안전보건법에 따라 안전·보건 전문인력을 배치하거나, 안전보건관리기관에 위탁하고 있습니까?			

※ 적용 제외 대상(해당없음 V) - 상시근로자 수 20인 미만 사업장 → 안전보건 전문인력 선임 미대상			
② 배치된 안전보건인력이 다른 업무를 겸직하는 경우, 고용노동부장관이 고시하는 안전보건에 관한 업무시간을 보장하고 있습니까?			

체크포인트

〈1〉 산업안전보건법에 따른 안전보건 전문인력을 배치하거나 전문기관에 위탁

(준비사항)

- ⊙ 안전보건 전문인력에 대한 선임계 (권한 부여에 대한 증빙 서류)
- ⊙ 업무수행 지침 마련 (업무분장, 교육 등 법령상 의무, 근무일지 등 업무 수행내역 기록 및 보고절차 등 포함)

〈2〉 전문인력이 다른 업무를 겸직하는 경우, 안전보건 업무 수행을 위한 시간을 보장

(겸직 예시)

- ⊙ 상시근로자 300명 미만 사업장
- ⊙ 건설업 공사금액 120억원 미만인 사업장(안전관리자에 한함)
- ☞ 안전관리자, 보건관리자 및 안전보건관리담당자는 다른 업무와의 겸직 가능

(준비사항)

- ⊙ 타 업무 겸직 시 안전보건 관련 업무수행 시간 부여(고시 연내 제정 예정)
- ⊙ 실제 업무수행 여부 및 수행 시간에 대한 확인 절차 마련
- – 절차에 따라 확인한 결과 안전보건 업무를 위한 시간이 부여되지 않고 있는 경우, 업무 범위·시간에 대한 지침 마련, 예산 부여 등 안전보건 업무 시간 보장을 위해 필요한 조치를 해야 함

◆ 참고사항

[표 4] 산업안전보건법상 안전보건 전문인력의 적용 대상 및 업무

구분	적용 사업장	선임대상/자격	주요 업무
안전관리자	• 업종별 상이	관련 자격증	• 위험성평가, 위험기

(17조)	– (건설) 80억원↑ – (제조 등) 50명↑ * 건설 120억원↑, 제조 등 300명↑ 전담자 선임	또는 학위 취득자 등	계·기구, 안전교육, 순회점검에 대한 지도·조언 및 보좌 • 산재 발생 원인 조사·분석, 재발방지를 위한 기술, 산재 통계 유지·관리·분석 등에 대한 지도·조언 및 보좌
보건관리자 (18조)	• 업종별 상이 – (건설) 800억원↑ * 토목공사는 1,000억원↑ – (제조 등) 50명↑ * 300명↑ 사업장 전담자 선임	관련 자격증 또는 학위 취득자 등	• 위험성평가, 개인 보호구, 보건교육, 순회점검에 대한 지도·조언 및 보좌 • 산재 발생 원인 조사·분석, 재발방지를 위한 기술, 산재 통계 유지·관리·분석 등에 대한 지도·조언 및 보좌 • 가벼운 부상에 대한 치료, 응급처치 등에 대한 의료행위 (의사·간호사) • MSDS 게시·비치, 지도·조언 및 보좌
산업보건의 (22조)	• 보건관리자 선임 대상 동일 * 보건관리자를 의사로 선임하거나 위탁한 경우 미선임 가능	직업환경 또는 예방의학 전문의	• 건강진단 결과 검토 및 근로자 건강보호 조치 • 건강장해 원인조사 및 재발방지 조치 ☞ 기업규제완화법에 따라 산업보건의는 선임하지 않아도 됨
산업보건의 (22조)	• 아래 업종의20~49인 사업장은 1명	안전·보건 관리자	• 안전관리자 및 보건관리자의 역할 수행

	이상 * 제조업, 임업, 폐수 및 분뇨처리업 등	또는 교육 이수(겸임가능)	☞ 50인 미만 사업장은 2024년 1월 27일부터 중대재해처벌법 대상

7) 종사자 의견 청취 절차 마련 및 개선방안 이행 점검(시행령 제4조 제7호)

7. 사업 또는 사업장의 안전·보건에 관한 사항에 대해 종사자의 의견을 듣는 절차를 마련하고, 그 절차에 따라 의견을 들어 재해 예방에 필요하다고 인정하는 경우에는 그에 대한 개선방안을 마련하여 이행하는지를 반기 1회 이상 점검한 후 필요한 조치를 할 것. 다만, 「산업안전보건법」 제24조에 따른 산업안전보건위원회 및 같은 법 제64조·제75조에 따른 안전 및 보건에 관한 협의체에서 사업 또는 사업장의 안전·보건에 관하여 논의하거나 심의·의결한 경우에는 해당 종사자의 의견을 들은 것으로 본다.

진단사항	진단결과		
	이행	미이행	해당없음
① 안전·보건에 대한 종사자의 의견을 청취하는 절차가 마련되어 있습니까? (산업안전보건법상 산업안전보건위원회, 협의체도 종사자 의견청취 절차로 인정) ※ 산안법상 산업안전보건위원회, 협의체 등 적용 제외 대상 → 별도의 종사자 의견 청취절차를 마련해야 함 - 상시근로자 50인 미만 제조업 등 → 산업안전보건위원회 미대상 - 도급 사업이 아닌 경우 → 안전보건 협의체 미대상			
② 절차에 따라 종사자의 의견을 청취하고 있습니까?			
③ 의견청취 결과 개선이 필요한 경우, 개선방안을 마련하여 이행하고 있습니까?			
④ 개선방안 이행 여부를 반기 1회 이상 점검하고 필요한 조치를 하고 있습니까?			

체크포인트

〈1〉 안전보건에 대한 종사자의 의견을 듣는 공식적인 절차를 마련하고, 절차에 따라 종사자 의견 청취
   ※ (종사자) (1) 근로기준법에 따른 근로자 (2) 도급, 용역, 위탁 등 계약의 형식에 관계
      없이 그 사업의 수행을 위하여 대가를 목적으로 노무를 제공하는 자 (3) 사업이 여러
      차례 도급 된 경우 각 단계의 수급인, 수급인의 근로자 · 노무를 제공하는 자

(고려사항)

> ⊙ 사업 또는 사업장의 규모, 특성에 따라 종사자 의견 청취 절차를 마련할 것
>   - 사내 온라인 게시판 또는 건의함 활용, 사업장 또는 팀 단위 주기적인 회의 개최 등)

〈2〉 의견청취 결과, 필요한 개선방안을 마련 · 이행

〈3〉 개선방안 이행 여부를 주기적으로 점검하고, 점검결과에 따라 예산 부여 등 필요한 조치 수행
   (반기 1회)

◆ 참고사항

[표 5] 산업안전보건법상 종사자의 의견 청취 방법

구분	산업안전보건위원회(제24조)	안전보건 협의체(제64조)	노사협의체(제75조)
적용대상	업종, 상시근로자 수에 따라 상이(제조 등 50인↑)	도급인 사업장에서 관계수급인 근로자가 작업	공사금액 120억원↑ 건설업(토목공사 150억원↑)
구성	근로자위원 및 사용자위원	도급인 및 수급인 전원	근로자위원 및 사용자위원

논의사항	• 산업재해 예방계획 수립
	• 안전보건관리규정 작성 ·
	  변경
	• 안전보건교육 관련 사항
	• 작업환경 점검 · 개선
	• 근로자의 건강진단
	• 산업재해 통계 기록 및 유지
	• 중대재해 원인조사 및 재
	  발방지 대책
	• 유해위험 설비 도입 시 안
	  전보건조치
		• 작업시작 시간
		• 작업 또는 작업장 간 연락 방법
		• 재해발생 위험 존재 시 대피방법
		• 위험성평가 실시 관련 사항 등
		※ 도급인의 산업재해예방조치인 합동점검,
		  순회점검도 종사자 의견을 청취할 수 있
		  는 방법임	

운영	정기회의(분기별), 임시회의	매월	정기회의(2개월), 임시회의
벌칙	500만원 이하 과태료	500만원 이하 벌금	500만원 이하 과태료

[표 6] 종사자 의견 청취를 위한 안전보건 활동 예시

구분	TBM 활동(작업 전 안전미팅)	아차사고 발굴활동	안전제안 활동
실시 절차	① (작업 시작 전) 관리감독자 중심으로 현장에서 소규모 (5-7명) 단시간(5-10분) 회의 개최 ② (회의 중) 보호구 및 건강상태 점검 및 안전 작업 방법 논의(전원 발언 기회 부여) ③ (회의 종료 직전) 당일 작업 위험요인 및 보호구 착용 재강조 ④ (회의 종료 후) 안전보건 확보 관련 내용 작업절차에 반영	① 종사자에게 아차사고 사례 공유 지시 ② '게시판', '아차사고 발표대회 개최' 등 사례 공유 창구 마련 ③ 안전관리부서 공유된 아차사고 사례 평가 ④ 우수 공유사례 선정 및 포상(인센티브) ⑤ 안전관리부서 아차사고 예방을 위한 조치 실시 ⑥ 교육자료 및 사례집 제작에 공유사례 활용	① 사업장 위험성 감소에 대한 '아이디어 제안 창구' 마련(안전제안함, 안전신문고 등 설치) ② 안전관리부서 제안된 '아이디어' 평가 ③ 우수 아이디어 선정 및 포상(인센티브) ⑤ 선정된 아이디어에 따라 가능한 신속하게 위험성 감소 조치 실시 ⑥ 즉시 조치가 어려운 경우에는 중장기적으로 안전보건관리체계 개선 등에 활용

8) 중대산업재해 발생 시 매뉴얼 마련 및 조치 여부 점검(시행령 제4조 제8호)

8. 사업 또는 사업장에 중대산업재해가 발생하거나 발생할 급박한 위험이 있을 경우를 대비하여 다음 각 목의 조치에 관한 매뉴얼을 마련하고, 해당 매뉴얼에 따라 조치하는지를 반기 1회 이상 점검할 것

　가. 작업 중지, 근로자 대피, 위험요인 제거 등 대응조치

　나. 중대산업재해를 입은 사람에 대한 구호조치

다. 추가 피해방지를 위한 조치

진단사항	진단결과		
	이행	미이행	해당없음
① 중대산업재해 발생에 대비하여, 작업중지, 근로자 대피 등 대응조치, 구호조치 및 추가 피해방지 조치에 관한 매뉴얼을 마련하고 있습니까?			
② 매뉴얼에 따라 조치하는지 반기 1회 이상 점검하고 있습니까?			

체크포인트

〈1〉 중대산업재해가 발생하거나 급박한 위험이 있을 경우를 대비하여, 비상 대응 매뉴얼 마련

(준비사항)

> ⊙ 중대산업재해 등 사고 발생에 대한 대응 매뉴얼 마련
> − 작업중지, 근로자 대피, 위험요인 제거 등 대응조치
> ● 산업안전보건법에 따른 작업중지 규정 반영
> · 사업주의 작업중지(제51조), 근로자의 작업중지(제52조)
> · 산업재해가 발생할 급박한 위험이 있다는 합리적인 이유가 있을 때에는 사업주는 근로자의 작업중지 및 대피에 대해 불리한 처우를 해서는 안 됨
> − 중대산업재해를 입은 사람에 대한 구호조치
> ● 119 등 긴급상황시 연락체계, 기본적인 응급조치 방안 포함
> − 추가 피해방지를 위한 조치
> ● 현장 출입통제, 전체 사업장에 재해상황 공유, 원인분석 및 재발방지 대책 마련 등
> ⊙ 필요시 대응 훈련(시뮬레이션) 실시
> − 대응계획에 따른 구성원별 역할, 보호구 착용, 대피방법 등 교육
> − 훈련과정에서 발견된 문제점을 검토하여 대응계획에 반영·개선
> ⊙ 비상대응 시설·장비 목록 파악

(예시)

> ⊙ 대응 매뉴얼 작성 예시
> − 중대한 위험요인을 바탕으로 재해(화재·폭발, 누출, 질식, 붕괴 등) 시나리오 작성
> ※ 다수 사업장을 보유한 경우, 사업장별로 시나리오 작성

- 시나리오별 대응계획(절차) 마련
- (재해 발생 시) 구호조치, 추가 피해방지 조치, 발생 보고 등 포함
- (급박한 위험 시) 작업중지, 근로자 대피, 위험요인 제거, 상황 보고 전파 등 포함
- (기타) 인력, 장비 보유 현황, 경보·비상연락체계, 교육·훈련계획 등
- ⊙ 사고 발생 시 대응 프로세스 예시
① 현장 대응(긴급 처리, 2차 재해 방지, 대관 신고) → ② 작업중지 해제 → ③ 사고조사 대응 → ④ 유족 합의 → ⑤ 각 절차별 보고

〈2〉 매뉴얼에 따른 조치 여부를 주기적으로 점검하고, 점검결과에 따라 필요한 조치 수행

(반기 1회)
◆ 참고사항
  ⊙ 중대산업재해가 발생할 급박한 위험 예시(출처: 고용노동부 안전보건관리체계 구축 가이드북)
  - 높이 2m 이상 장소에서 작업발판, 안전난간 등이 설치되지 않아 추락위험이 높은 경우
  - 비계, 거푸집, 동바리 등 가시설물 설치가 부적합하거나 부적절한 자재가 사용된 경우
  - 토사, 구축물 등의 변형 등으로 붕괴사고의 우려가 높은 경우
  - 가연성·인화성 물질 취급장소에서 화기작업을 실시하여 화재·폭발의 위험이 있는 경우
  - 유해·위험 화학물질 취급 설비의 고장, 변형으로 화학물질의 누출 위험이 있는 경우
  - 밀폐공간 작업 전 산소농도 측정을 하지 않은 경우
  - 유해화학물질을 밀폐하는 설비에 국소배기장치를 설치하지 않은 경우

9) 도급, 용역, 위탁 시 평가기준·절차 마련 및 점검(시행령 제4조 제9호)

9. 제3자에게 업무의 도급, 용역, 위탁 등을 하는 경우에는 종사자의 안전·보건을 확보하기 위해 다음 각 목의 기준과 절차를 마련하고, 그 기준과 절차에 따라 도급, 용역, 위탁 등이 이루어지는지를 반기 1회 이상 점검할 것
  가. 도급, 용역, 위탁 등을 받는 자의 산업재해 예방을 위한 조치 능력과 기술에 관한 평가 기준·절차
  나. 도급, 용역, 위탁 등을 받는 자의 안전·보건을 위한 관리비용에 관한 기준
  다. 건설업 및 조선업의 경우 도급, 용역, 위탁 등을 받는 자의 안전·보건을 위한

공사기간 또는 건조기간에 관한 기준

진단사항	진단결과		
	이행	미이행	해당없음
① 도급, 용역, 위탁 등을 받는 자의 산재예방 조치 능력과 기술을 평가하는 기준·절차를 마련하고 있습니까?			
② 도급, 용역, 위탁 등을 받는 자의 안전·보건을 위한 관리비용에 관한 기준을 마련하고 있습니까?			
③ 건설업 및 조선업의 경우, 도급, 용역, 위탁 등을 받는 자의 안전·보건을 위한 공사기간 또는 건조기간에 관한 기준을 마련하고 있습니까?			
④ 기준·절차에 따라 도급, 용역 및 위탁이 이뤄지는지 반기 1회 점검하고 있습니까?			

체크포인트

〈1〉 제3자에게 도급, 용역, 위탁 계약 시, 종사자의 안전·보건 확보를 위한 기준·절차 마련

(준비사항)

⊙ 도급, 용역, 위탁 등을 받는 자의 산재예방 조치 능력과 기술에 관한 평가기준·절차 마련
- (평가항목) 안전보건관리체제, 위험성평가 실행 수준, 안전보건교육 계획, 사용 기계·기구의 안전성, 비상시 대응계획, 최근 산업재해발생 현황 등

※ 계약체결 시 고려사항
- 평가기준에 부적합한 업체와는 계약하지 않을 것
- 계약서에 안전보건 확보를 위해 필요한 조건 명시(작업절차 준수, 순회점검 및 작업 전 안전미팅 실시, 비상훈련 참여, 안전보건교육 실시 등)
- 안전보건 확보 조건을 이행하지 않을 경우에 대한 조치방안 마련

⊙ 도급, 용역, 위탁 등을 받는 자의 안전·보건 관리 비용에 관한 기준 마련
- 수급인이 사용하는 시설, 설비, 장비 등에 대한 안전보건조치에 필요한 비용, 종사자의 개인 보호구 등 안전보건 확보를 종합적으로 고려

⊙ 도급, 용역, 위탁 등을 받는 자의 안전·보건을 위한 공사기간(건설업) 또는 건조기

간(조선업) 기준 마련
- 과도하게 짧은 공사기간을 제시한 업체는 선정하지 않을 것

〈2〉 기준·절차에 따라 계약이 체결되는지 주기적으로 점검(반기 1회)
◆ 참고사항
⊙ 적격수급인 선정을 위한 계약 절차(출처: 고용노동부 도급사업 안전보건관리 운영 매뉴얼)
   ① 계약 입찰(안전작업 계획서 및 안전보건수준평가 기준 제시)
   ② 입찰서류 검토(수급업체 평가)
   ③ 업체 계약(적격 수급업체 선정)
   ④ 도급사업 안전보건활동 실시(산업안전보건법상 도급인 안전보건조치 및 산재예방조치, 정보 제공 등)
   ⑤ 수급업체 안전보건 수준 재평가 및 환류 (우수 사업장 인센티브 부여, 미흡 사업장 도급 전 안전보건관리 반영)

나. 재해 발생 시 재발방지 대책의 수립 및 그 이행에 관한 조치(법 제4조 제1항 제2호)

진단사항	진단결과		
	이행	미이행	해당없음
① 재해 발생 시 재발을 방지하기 위한 대책을 수립하고 있습니까?			
② 수립된 재발방지 대책을 이행하고 있습니까?			

체크포인트

〈1〉 사업장에서 발생한 재해에 대한 재발방지 대책을 수립

(준비사항)

⊙ 재발방지 대책 수립 절차 마련
   (1) 재해발생 원인조사 및 결과분석 → (2) 유해·위험요인 및 발생원인 파악(수시 위험성평가 실시) → (3) 파악된 위험요인 제거·대체 및 통제 방안 검토 → (4) 종합적 개선대책 수립
※ 해당 업무는 산업안전보건법상 안전보건관리책임자의 직무에 포함된 내용으로, 안

> 전보건관리책임자의 업무가 충실히 이행되도록 조치해야 함

〈2〉 재발방지 대책을 이행하기 위한 조치(위험요인 파악, 위험성 감소조치 등)를 실시

(고려사항)

> ⊙ 재해의 위험도, 사업 또는 사업장의 특성 및 규모 등을 고려하여 유해·위험요인 확
> 인·개선 절차(시행령 제4조 제3호)에 반영될 수 있도록 할 것

다. 행정기관 명령 등 이행에 관한 조치(법 제4조 제1항 제3호)

진단사항	진단결과		
	이행	미이행	해당없음
중앙행정기관·지방자치단체가 개선, 시정을 명령한 경우, 필요한 조치를 이행하고 있습니까			

체크포인트

중앙행정기관·지방자치단체가 관계 법령에 근거한 처분으로 개선·시정명령을 한 경우, 필요한 조치 실시

◆ 참고사항
⊙ '관계 법령'에 따른 시정·명령이란
  • 해석상 '관계 법령'은 지방자치단체가 개선·시정명령을 할 수 있는 법령까지 포함되므로, '안전·보건관계 법령'보다 범위가 넓고 포괄적임
  • 개선·시정명령의 불이행이 중대재해의 원인으로 작용해야 하므로, 사실상 지방노동청·환경청 관계 법령상 시정·명령으로 볼 수 있음
⊙ 산업안전보건법에 따른 시정명령 예시
  • 제53조(고용노동부장관의 시정조치 등)
  • 제56조(중대재해 원인조사 등)에 따라 고용노동부 장관은 중대재해 발생 사업장의 사업주에게 안전보건개선계획의 수립·시행, 그 밖에 필요한 조치를 명할 수 있음

라. 안전·보건 관계 법령에 따른 의무 이행에 필요한 관리상의 조치(법 제4조 제1항 제4호)

1) 안전·보건 관계법령에 따른 의무 이행(시행령 제5조 제1호·제2호)

1. 안전·보건 관계 법령에 따른 의무를 이행했는지를 반기 1회 이상 점검(해당 안전·보건 관계법령에 따라 중앙행정기관의 장이 지정한 기관 등에 위탁하여 점검하는 경우를 포함한다. 이하 이 호에서 같다)하고, 직접 점검하지 않은 경우에는 점검이 끝난 후 지체 없이 점검 결과를 보고받을 것

2. 제1호에 따른 점검 또는 보고 결과 안전·보건 관계 법령에 따른 의무가 이행되지 않은 사실이 확인되는 경우에는 인력을 배치하거나 예산을 추가로 편성·집행하도록 하는 등 해당 의무이행에 필요한 조치를 할 것

진단사항	진단결과		
	이행	미이행	해당없음
① 안전·보건 관계 법령 의무를 이행하고 있습니까?			
② 안전·보건 관계 법령에 따른 의무 이행여부를 반기 1회 이상 점검하고 있습니까? (전문기관에 위탁하여 점검하는 경우도 인정)			
③ 직접 점검하지 않는 경우, 점검이 끝난 후 지체 없이 점검결과를 보고 받고 있습니까?			
④ 점검 또는 보고 결과, 의무가 이행되지 않는 사실이 확인되는 경우 해당 의무 이행에 필요한 조치를 하고 있습니까?			

체크포인트

〈1〉 안전·보건 관계 법령에 따른 의무 이행

(예시)

- ⊙ 산업안전보건법(노무를 제공하는 사람의 안전·보건의 유지·증진)
- ⊙ 광산안전법(광산근로자에 대한 위해 방지)

⊙ 원자력안전법(방사선작업종사자에게 안전한 작업환경 제공)

⊙ 항공안전법

⊙ 선박안전법

⊙ 연구실 안전환경 조성에 관한 법률(연구활동종사자의 건강과 생명 보호)

⊙ 폐기물관리법

⊙ 생활물류서비스산업발전법(생활물류서비스 종사자 보호)

⊙ 선원법

⊙ 생활주변방사선 안전관리법(원료물질 또는 공정부산물 취급·관리 시 관련종사자 건강 보호) 등

※ 안전·보건 관계 법령 범위에 시행령, 시행규칙, 고시도 포함됨

〈2〉 점검 또는 보고 결과에 따라, 인력 배치, 예산 추가 편성·집행 등 의무 이행에 필요한 조치를 실시

(고려사항)

⊙ 안전·보건 관계 법령에 따라 중앙행정기관의 장이 지정한 기관 예시

– 산업안전보건법상 안전관리전문기관(법 제17조), 보건관리전문기관(제18조), 안전보건진단기관(제47조), 건설재해예방전문기관(제73조)

⊙ 점검 업무 위탁 시, 해당 사업장의 안전보건 업무 위탁을 수행한 업체가 아닌 다른 기관을 통해 수행

(준비사항)

⊙ 반기 1회 이상 의무 이행에 대한 점검 기록

⊙ 점검 결과에 따른 보고자료

⊙ 인력 배치 및 예산 확보 내역 등 필요한 조치 지시 자료 등

2) 안전·보건 관계법령에 따른 안전보건교육 의무 이행(시행령 제5조 제3호·제4호)

3. 안전·보건 관계 법령에 따라 의무적으로 실시해야 하는 유해·위험한 작업에 관한 안전·보건에 관한 교육이 실시되었는지를 반기 1회 이상 점검하고, 직접 점검하지 않은 경우에는 점검이 끝난 후 지체 없이 점검 결과를 보고받을 것

4. 제3호에 따른 점검 또는 보고 결과 실시되지 않은 교육에 대해서는 지체 없이 그 이행의 지시, 예산의 확보 등 교육 실시에 필요한 조치를 할 것

진단사항	진단결과		
	이행	미이행	해당없음
① 안전 · 보건 관계 법령에 따라 유해 · 위험한 작업에 관한 안전보건교육 실시 의무를 준수하고 있습니까?			
② 안전보건교육 실시 여부를 반기 1회 점검하고 있습니까?			
③ 직접 점검하지 않는 경우, 점검이 끝난 후 지체 없이 점검결과를 보고 받고 있습니까?			
④ 점검 또는 보고 결과, 실시되지 않는 교육에 대해 지체 없이 교육 실시에 필요한 조치를 하고 있습니까?			

체크포인트

〈1〉 안전 · 보건 관계 법령에 따른 의무 이행

(예시)

- ◉ 「산업안전보건법」 상 유해 · 위험 작업에 관한 안전보건교육
- − (근로자) 상용직 16시간, 일용직 2시간
- − (특수형태근로종사자) 일반 16시간, 단기간 또는 간헐적 작업 시 2시간
- ◉ 「항공안전법」 상 위험물 취급에 관한 교육
- ◉ 「선박안전법」 상 위험물 안전운송 교육

〈2〉 점검 또는 보고 결과, 실시되지 않는 안전보건교육 확인 시 예산 추가 편성 · 집행 등 교육 의무 준수에 필요한 조치를 지체 없이 실시

(준비사항)

- ◉ 안전보건교육 실시 자료(교육 일지 등)
- ◉ 교육 계획 및 관계 법령에 따른 교육 내용 보고 자료
- ◉ 교육 실시를 위한 예산 확보 지시 자료 등

참고문헌

국회사무처, 제383회 국회(임시회) 법제사법위원회 회의록

고용노동부, 2019. 1. 산업안전보건법 전부 개정법률 주요 내용 설명자료

고용노동부·안전보건공단, 위험성 평가 이행·점검 매뉴얼, 2021

고용노동부, 중대재해처벌법 해설, 2021

고용노동부, 중대재해처벌법령 FAQ, 2022

고용노동부, "산업재해 예방을 위한 2022 안전·보건계획 수립 가이드북" 2022

국토교통부, 중대재해처벌법 해설 – 중대시민재해(시설물·공중교통수단), 2022

환경부, 중대재해처벌법 해설 – 중대시민재해(원료·제조물), 2021

소방청, 중대재해처벌법해설 – 중대시민재해(다중이용시설), 2021

사법정책연구원, 징벌적 손해배상의 적정한 운영방안에 관한 연구, 2019

김성돈, 형법총론(제5판), 성균관대학교출판부, 2017

김일수/서보학, 새로 쓴 형법총론(제13판), 박영사, 2018

박상기, 형법총론(제9판), 박영사, 2012

송인택 외 4, 중대재해처벌법해설, 박영사, 2021

신동운, 형법총론(제10판), 법문사, 2017

신승욱/김형규, 중대재해처벌법, 박영사, 2021

이재상 외 2, 형법총론(제10판), 박영사, 2019

이정훈, 꼭 알아야 할 중대재해에 따른 형사책임, ㈜중앙경제, 2021

임웅, 형법총론(제10정판), 법문사, 2018

최병록, 제조물책임법, 박영사, 2018

가영현, "중대재해처벌법의 쟁점과 개선방안 – 사업주와 경영책임자등의 의무와 책임을 중심으로", 건축시공 제21권 제2호(2021)

권오성, "소위 '기업살인법' 도입 논의의 노동법적 함의", 노동법이론실무학회, 「노동법포럼」 제34호(2021. 11.)

권혁, "중대재해처벌법의 법체계적 지위와 해석상 쟁점 연구", 대검찰청·노동법이론실무학회 공동학술대회(2021. 10.)

김동욱, 「중대재해처벌법의 법체계적 지위와 해석상 쟁점 연구」에 대한 토론문, 대검찰청·노동법이론실무학회 공동학술대회(2021. 10.)

김상민, "중대재해처벌법 시행령(안)의 법리적 검토", 한국경영자총협회 주관 중대재해 처벌법령 개선 토론회(2021. 8.)

김성룡, "중대재해처벌법의 적용을 둘러싼 형사법적 쟁점 검토", 법무부·고용노동부 공동학술대회(2021. 12.)

김용희, 「중대재해처벌법의 적용을 둘러싼 형사법적 쟁점 검토」에 대한 토론문, 법무부·고용노동부 공동학술대회(2021. 12.)

이재목, '「중대재해 처벌등에 관한 법률」상 징벌적손해배상 규정의 문제점, 홍익법학 제22권 제1호(2021. 2.)

전형배, "중대재해처벌법의 해석상 쟁점", 노동법이론실무학회, 「노동법포럼」 제34호 (2021. 11.)

정진우, "위험성평가의 기본", 대한산업보건협회, 「산업보건」 통권299권(2013년 3호),

정진우, "중대재해처벌법 제정과정에서의 법적 쟁점과 남겨진 과제", 한남대학교 과학기술법연구원, 과학기술법연구」 제27권 제2호(2021)

정진우, "중대재해처벌법 쟁점과 과제", 한국경영자총협회 주관 중대재해처벌법령 개선 토론회(2021. 8.)

조성혜, 「중대재해처벌법의 법체계적 지위와 해석상 쟁점 연구」에 대한 토론문, 대검찰청·노동법이론실무학회 공동학술대회(2021. 10.)

지석, "중대재해처벌 등에 관한 법률의 주요쟁점사항들에 관한 고찰", 월간노동법률, 2021. 5.

최명선, "현장에서 바라본 중대재해처벌등에관한법률 적용의 쟁점과 과제", 법무부·고용노동부 공동학술대회(2021. 12.)

최정학, "중대재해처벌법 — 기업경영자 처벌의 논리", 서울대학교 노동법연구 제51호 (2021)

최진원, "중대재해처벌법 관련 실무상 쟁점", 국회의원 박대수 주최 정책토론회(2021. 11.)

한국경영자총협회 외 35, "중대재해처벌법 시행령 제정안에 대한 경제계 공동건의서"(2021. 8.)

한국경영자총협회·중소기업중앙회, "중대재해처벌법 대응을 위한 중소기업 안전관리 진단 매뉴얼"(2022. 1.)

홍채은, "소비자관점에서 본 중대재해처벌법에서의 중대시민재해", 한국소비자원, 소비자정책동향 제116호

공저자 약력

권 선 영(權善英)

변호사

T. 02-3703-1796
E. seonyeong.kwon@kimchang.com

학력
제44회 사법시험 합격(2002)
고려대학교(법학사, 2003)
대법원 사법연수원(34기, 2005)

경력
수원지방검찰청 검사
법무부 장관정책보좌관
국가정보원 법률연구관
서울중앙지방검찰청 검사
김·장 법률사무소(2018~현재)
서울지방변호사회 중대재해처벌법 대응 TF팀 위
　원(2022. 2.~현재)

김 성 주(金晟柱)

변호사

T. 02-3703-5873
E. sungjoo.kim@kimchang.com

학력
서울대학교(법학사, 1998)
대법원 사법연수원(31기, 2002)
UC Berkeley School of Law(Visiting Scholar, 2007)

경력
인천지방검찰청 검사
서울중앙지방검찰청 검사
대검찰청 검찰연구관
서울남부지방검찰청 공안부장
서울중앙지방검찰청 공공수사제3부장
김·장 법률사무소(2020~현재)
서울특별시 법률 고문(중대재해처벌법)(2022. 2.~
　현재)

도 주 호(都周虎)

변호사

T. 02-3703-1912
E. jooho.do@kimchang.com

학력
경찰대학교(법학사, 2005)
제55회 사법시험 합격(2013)
대법원 사법연수원(45기, 2016)

경력
경기광명경찰서 사이버수사팀
경기광명경찰서 강력범죄수사팀장
경기광명경찰서 경제범죄수사팀
법무법인 태평양
김 · 장 법률사무소(2019~현재)

마 석 우(馬奭宇)

변호사

T. 02-3703-5724
E. seogwoo.ma@kimchang.com

학력
서울대학교(법학사, 1994)
대법원 사법연수원(33기, 2004)
숭실사이버대학교(소방방재학, 2017)

경력
경찰청 수사국 계장
대통령비서실 민정수석실 법무비서관실 행정관
공무원재해보상심의회 심의위원(2018~현재)
연세대학교 공학대학원 겸임교수(2019, 2021~현재)
소방청 고문변호사 및 정책자문위원(2019~현재)
김 · 장 법률사무소(2020~현재)

백 기 봉(白奇峯)

변호사

T. 02-3703-4716
E. keebong.paek@kimchang.com

학력
서울대학교(법학사, 1987)
제31회 사법시험 합격(1989)
대법원 사법연수원(21기, 1992)
Columbia Law School(LL.M., 1998)
한양대학교 법과대학원(법학박사, 2008)

경력
서울지방검찰청 검사
법무부 검찰4과 검사
대구지방검찰청 공안부장검사
법무부 국제법무과장
서울중앙지방검찰청 형사제4부장검사
유엔마약및국제범죄사무소, 선임법률자문관
김 · 장 법률사무소(2014~현재)

이 문 한(李文漢)

변호사

T. 02-3703-1497
E. moonhan.lee@kimchang.com

학력
한양대학교(법학사,1994)
제37회 사법시험 합격(1995)
대법원 사법연수원(27기, 1998)
한양대학교(법학박사, 헌법, 2020)

경력
서울지방검찰청 검사
대검찰청 검찰연구관
대검찰청 공안3과장
서울중앙지방검찰청 공공형사부장검사
국회 법제사법위원회 전문위원(환노위담당)
의정부지검 고양지청장
김 · 장 법률사무소(2021~현재)

임 재 동(林在東)

변호사

T. 02-3703-1242
E. jdlim@kimchang.com

학력
제35회 사법시험 합격(1993)
대법원 사법연수원(25기, 1996)
성균관대학교 대학원(석사과정 수료, 노동법 전
   공, 2006)

경력
서울지방검찰청 검사
대검찰청 검찰연구관(노동 및 선거 담당)
노동교육원, 노동사범수사실무 강사
사법개혁추진위원회 노동분쟁해결제도 연구위원
김·장 법률사무소(2006~현재)

진 동 혁(陳棟奕)

변호사

T. 02-3703-1231
E. donghyuk.chin@kimchang.com

학력
제40회 사법시험 합격(1998)
서울대학교(법학사, 1999)
대법원 사법연수원(30기, 2001)
서울대학교 법과대학원(법학석사, 2017)

경력
서울중앙지방검찰청 검사
대전지방검찰청 천안지청 검사
수원지방검찰청 검사
법무부 검찰국 공안기획과 검사
김·장 법률사무소(2011~현재)

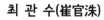

최 관 수(崔官洙)

변호사

T. 02-3703-1032
E. kschoi1@kimchang.com

학력
연세대학교(학사, 경영학, 1993)
제39회 사법시험 합격(1997)
대법원 사법연수원(29기, 2000)
고려대학교 노동대학원(노동법, 2017)

경력
대구지방검찰청 검사
수원지방검찰청 평택지청 검사
서울지방검찰청 검사
대통령비서실 민정수석실 공직기강 비서관실 행정관
김·장 법률사무소(2006~현재)
국가정보원 고문변호사(2018. 2.~현재)

홍 용 준(洪容浚)

변호사

T. 02-3703-1385
E. yongjun.hong@kimchang.com

학력
서울대학교(법학사, 1994)
제42회 사법시험 합격(2000)
대법원 사법연수원(32기, 2003)

경력
서울중앙지방검찰청 검사
부산지방검찰청 검사
수원지방검찰청 검사
중앙선거관리위원회와 서울시장후보 홈페이지 사이
  버테러 진상규명 특검 파견
대검찰청 검찰연구관
김·장 법률사무소(2017~현재)

※ 공저자 성명은 가나다 순임

중대재해처벌법

초판발행	2022년 4월 22일
초판3쇄발행	2023년 7월 25일
지은이	김·장 법률사무소 중대재해대응팀
펴낸이	안종만·안상준
편 집	윤혜경
기획/마케팅	장규식
표지디자인	BEN STORY
제 작	고철민·조영환
펴낸곳	(주)박영사
	서울특별시 금천구 가산디지털2로 53, 210호(가산동, 한라시그마밸리)
	등록 1959. 3. 11. 제300-1959-1호(倫)
전 화	02)733-6771
f a x	02)736-4818
e-mail	pys@pybook.co.kr
homepage	www.pybook.co.kr
ISBN	979-11-303-4172-9 93360

copyright©김·장 법률사무소 중대재해대응팀, 2022, Printed in Korea

정 가   35,000원